W0170986

UTB **2840**

Eine Arbeitsgemeinschaft der Verlage

Beltz Verlag Weinheim · Basel
Böhlau Verlag Köln · Weimar · Wien
Verlag Barbara Budrich Opladen · Farmington Hills
facultas.wuv Wien
Wilhelm Fink München
A. Francke Verlag Tübingen und Basel
Haupt Verlag Bern · Stuttgart · Wien
Julius Klinkhardt Verlagsbuchhandlung Bad Heilbrunn
Lucius & Lucius Verlagsgesellschaft Stuttgart
Mohr Siebeck Tübingen
C. F. Müller Verlag Heidelberg
Orell Füssli Verlag Zürich
Verlag Recht und Wirtschaft Frankfurt am Main
Ernst Reinhardt Verlag München · Basel
Ferdinand Schöningh Paderborn · München · Wien · Zürich
Eugen Ulmer Verlag Stuttgart
UVK Verlagsgesellschaft Konstanz
Vandenhoeck & Ruprecht Göttingen
vdf Hochschulverlag AG an der ETH Zürich

Gebhard Rusch / Helmut Schanze /
Gregor Schwering

Theorien der Neuen Medien

Kino – Radio – Fernsehen – Computer

Wilhelm Fink

Die Autoren:
Helmut Schanze, Prof. em., seit 1987 Prof. an der Universität Siegen. Seit den 1960er Jahren Arbeiten zur Erschließung neuer Medien für die Literaturwissenschaft, seit Anfang der 1970er Jahre zur Mediengeschichte. Medienwissenschaftliche Veröffentlichungen zuletzt: *Handbuch der Mediengeschichte*. Stuttgart 2001; *Lexikon Medientheorie/Medienwissenschaft*. Stuttgart/Weimar 2002. Mithrsg. der *Geschichte des Fernsehens in der Bundesrepublik Deutschland* (1993/94).

Gregor Schwering ist wissenschaftlicher Mitarbeiter am Forschungskolleg „Medienumbrüche" der Universität Siegen. Seine Forschungsschwerpunkte liegen u.a. in der Medien- und Literaturtheorie, in der Literatur des 20. Jahrhunderts sowie der Ästhetik und Romantik. Zuletzt erschien von ihm zusammen mit Jens Schröter und Urs Stäheli (Hrsg.): *Media Marx. Ein Handbuch*. Bielefeld 2006 sowie zusammen mit Gebhard Rusch und Helmut Schanze (Hrsg.) das Themenheft „Mediendynamik" der Zeitschrift *Navigationen* 1/2007.

Gebhard Rusch, Prof. für Kommunikations- und Medienwissenschaft am Institut für Medienforschung der Universität Siegen, seit 1998 Gastprofessor an der Universität Innsbruck. Zahlreiche Buch- und Aufsatzveröffentlichungen, darunter: *Erkenntnis, Wissenschaft, Geschichte. Von einem konstruktivistischen Standpunkt*. Frankfurt a. M. 1987; *Einführung in die Medienwissenschaft*. Opladen 2002; *Konstruktivistische Ökonomik*. Marburg 2006. Zuletzt erschien: „Mediendynamik. Explorationen zur Theorie des Medienwandels." In: *Navigationen* 1/2007.

Bibliografische Information der Deutschen Nationalbibliothek

Die Deutsche Nationalbibliothek verzeichnet diese Publikation in der Deutschen Nationalbibliografie; detaillierte bibliografische Daten sind im Internet über http://dnb.d-nb.de abrufbar.

Gedruckt auf umweltfreundlichem, chlorfrei gebleichtem
und alterungsbeständigem Papier ⊗ ISO 9706

© 2007 Wilhelm Fink GmbH & Co. Verlags-KG
(Wilhelm Fink GmbH & Co. Verlags-KG, Jühenplatz 1, D-33098 Paderborn)

www.fink.de

ISBN 987-3-7705-4219-2

Printed in Germany.
Herstellung: Ferdinand Schöningh, Paderborn
Einbandgestaltung: Atelier Reichert, Stuttgart

UTB-Bestellnummer: 978-3-8252-2840-8

Inhalt

3. Kurs

Gebhard Rusch

Vorwort

Zum Ende des 20. und zu Beginn des 21. Jahrhunderts ist ein in alle Lebensbereiche eingreifender Prozess zu beobachten, der, im Blick auf seine Dynamik, den Namen eines Medienumbruchs verdient. ‚Neue Medien‘ werden zu Gegenständen des Alltags; sie verändern ganze Berufszweige und greifen nachhaltig in den kulturellen Bereich ein. Gleichwohl besteht ein Mangel an Orientierungswissen. Umstritten sind sowohl der Begriff wie die Funktion jener Vielzahl an ‚Neuen Medien‘, die gleichwohl auf einer ‚Plattform‘, dem ‚Computer im Netz‘ aufsetzen. Es vermischen sich Prozesse der Fusion wie auch der Ausdifferenzierung, immer wieder werden neue Medien durch noch neuere und bessere überboten. Der Gerätemarkt, das Angebot an Inhalten und Nutzungsformen ist ebenso reichhaltig wie unübersichtlich geworden. Auch das Angebot an Theorien ist kontrovers. Zwischen Praxis und Theorie der Medien fehlen angemessene, wissenschaftliche Formen der Vermittlung. Versuche einer Lehrdarstellung treffen auf eine Mediendynamik, die das Lehrbuch scheinbar überflüssig werden lässt. Der hier vorgelegte Band ist der Versuch, Grenzen zu bestimmen und Entwicklungen aufzuzeigen. Er soll einerseits der Mediendynamik Rechnung tragen, andererseits folgt er bewährten Prinzipien der Lehrdarstellung.

Ziel des Bandes

Ziel des vorliegenden Bandes ist es, die begrifflichen und mediengeschichtlichen Voraussetzungen wie auch die systematischen Fragestellungen gegenwärtiger Mediendiskurse darzustellen, soweit sie Bezug auf den Status der gegenwärtig avanciertesten Kommunikationssysteme haben. Es sind die Bedingungen aufzuweisen, unter denen die Ausdifferenzierung des Mediensystems auf der technisch vorausgesetzten ‚Digitalen Plattform‘ der Neuen Medien erfolgreich stattfinden kann. Eine Darstellung der Theorien der Neuen Medien setzt eine Analyse der Theorien der Audiovisionen als neue Medien in den Mediendebatten der ersten Hälfte des 20. Jahrhunderts voraus, um die neue Qualität der

Mediendiskurse an dessen Ende, deren Defizite und Verkürzungen im Blick auf die Frage des Mediengebrauchs und der neuen Wahrnehmungsmöglichkeiten zu exponieren. Sie erfasst aktuelle medientheoretische Reflexionen in Wissenschaft, Kunst, Kritik, Wirtschaft und Alltag in ihren wesentlichen Dimensionen. Unter Medientheorien werden dabei nicht nur Konzepte ausgewiesener Medientheoretiker, sondern auch die Modelle der Praxis, der Medienanalyse und der empirischen Medienforschung sowie des Mediengebrauchs verstanden.

Kursstruktur der Darstellung

Der Aufbau des Bandes folgt dem Modell eines dreifach gegliederten Kurses. Die drei Durchgänge, die Einleitung, welche die Voraussetzungen und Formen der Theorien der Neuen Medien verhandelt, der historische Diskurs und der systematische Aufriss, bestehen jeder für sich, sind aber historisch, begrifflich und systematisch miteinander verbunden.

Im ersten Kurs wird die Frage nach dem Begriff der Neuen Medien gestellt. Ausgangspunkt ist die Theorie vom doppelten Medienumbruch im 20. Jahrhundert, der die Frage nach der ‚Neuheit‘ der Medien zugleich mit der nach ‚Medien‘ und dem ‚Medium‘ überhaupt gestellt hat. War das, was in der ersten Hälfte des 20. Jahrhundert mit dem Begriff des ‚Mediums‘ bestimmt wurde, noch weithin unspezifisch und begrifflich unfest, und standen, ex post gesehen, die durch technische Innovationen bestimmten Einzelmedien nahezu unverbunden im Mittelpunkt öffentlicher Debatten, so konzentrieren sich die Mediendiskurse der zweiten Hälfte des 20. Jahrhunderts schließlich auf die einzige, alle Medien in sich einschließende Diskussion um die Möglichkeiten und Grenzen des ‚Digitalmediums‘.

Als Zwischenschritt, an dem der Begriff der Neuen Medien erstmals aufscheint, sind spezifische Formen der Verbreitung von Medieninhalten zu nennen, die das bisherige Prinzip ‚one to all‘, das Prinzip der Massenmedien, zugunsten einer Verbreitung ‚one to many‘ oder ‚many to many‘ auflösen, an deren Ende dann ein Begriff wie der des ‚Individualmediums‘ (‚one to one') stehen kann. Dem entsprechen unterschiedliche Formate in der Begriffsbildung. Ältere Formate des akademischen Disputs und der sogenannten Querelen werden durch Formate der politischen Debatte und der wissenschaftlichen Diskurse überlagert. Die unterschiedlichen Formate, in denen Begriffsbildungen sich vollziehen, bringen eine Pluralität an Medienbegriffen hervor, die zum Kennzeichen der gegenwärtigen medientheoretischen Diskussionen geworden sind. Unterschiedliche Agenten nehmen unterschiedliche Interessen unter unterschiedlichen Annahmen wahr. Vereinigte sich die Kunstdiskussion des ausgehenden 19. Jahrhunderts unter einem Begriff des ‚Gesamtkunstwerks' und konnte dieser Allgemeinbegriff sich nur als Spezialfall, als bestimmte Form des Musiktheaters durchsetzen, so ist auch der Medienbegriff der Pluralität der Medien gegenüber nicht zum Allgemeinbegriff geworden. Das ‚Digitalmedium' (bzw. das ‚Internet') bleibt dabei, trotz seines universalen Anspruchs, ein Medium unter anderen.

Gleiches gilt von den Vertretern der jeweiligen Theorieansätze. Sie nehmen jeweils entweder ihren Ansatz als universal geltend an, oder sie beschränken sich auf eines der Einzelmedien, das sie als paradigmatisch für alle anderen Medien ansehen. Die Entstehung des Begriffs der Neuen Medien im Bereich der Verteilmedien und die Dominanz des Kanalbegriffs wird in den 1990er Jahren vom Begriff des ‚Netzes' abgelöst, die technischen Aspekte konkurrieren offen oder versteckt mit den kommunikationstheoretischen, den gesellschaftlichen und den psychologischen, rechtlichen und ökonomischen. Gleichermaßen kommt es zu einem Wechsel der Paradigmen. Die Leittheorien und die Behauptungen über das ‚Dominanzmedium' entsprechen jedoch keineswegs dem empirisch zu erhebenden Mediengebrauch. So sind fraglos auch noch gegenwärtig die Massenmedien (wie das Fernsehen) bestimmende Medien, und die Internet-Community erweist sich ökonomisch als weniger ertragreich, als dies gelegentlich in den global angesetzten Theorien postuliert wird. Zum Voraussetzungskomplex gehören auch, und nicht zuletzt, die in Methodendiskussionen versteckten Theorieansätze, einschließlich der Gebrauchstheorien, die keineswegs nur als naive und damit theorielose Annahmen abgetan werden können.

Der zweite Kurs umfasst alle die Ansätze, die als Kanon und als Referenz aus den Debatten über die nunmehr alten, aber in ihrer Zeit paradigmatisch ‚modernen' Einzelmedien übernommen werden. Neben einer Vielzahl von Einzelmedien, Basismedien und Wahrnehmungsformen, die es nicht gestattet ‚dem Medium' eine dominante Stellung gegenüber ‚den Medien' einzuräumen, ist der Begriff des ‚Neuen' an den Medien nur dort zu entwickeln, wo die radikale Neuheit erstmals zu einer ebenso radikalen Veränderung der Wahrnehmung führen konnte. Steht am Anfang dieser Diskussionen bereits um 1920 ein Begriff des ‚Mediums', der dem heutigen durchaus nahe kommt und endet diese Diskussion in einem Begriff der Massenmedien, der im genauen Gegensatz zu dem zu stehen scheint, was die Neuigkeit der Neuen Medien ausmacht, so bleibt dieser historische Widerspruch gleichwohl in der gegenwärtigen Konkurrenz von Massenmedien und Individualmedien erhalten.

Dabei ist die öffentliche Debatte vornehmlich dem Begriff und der Eingrenzung bzw. Regulierung der Massenmedien gewidmet, die Individualmedien dagegen scheinen in den Diskursformationen des 20. Jahrhunderts eine Art unterdrückte Randexistenz zu führen. Wenn der Medienbegriff von den Rändern herkommt, mehr von der Parapsychologie als von der Psychologie, mehr aus den Zonen der Klinik als aus denen einer unbefragten Gesundheit, mehr aus der Anormalität als aus der Normalität, so darf doch aus der Marginalität der Mediendiskurse nicht auf eine Irrelevanz der öffentlichen und veröffentlichten, publizistisch wie wissenschaftlich geprüften Diskussionen um Medien geschlossen werden. Dass, aus der Sicht der Theorieentwicklung, sich solche Debatten vor allem auf Einzelmedien wie Film und Radio beziehen, die in der Öffentlichkeit hör- und sichtbar werden, lässt nicht nur auf anzunehmende Gewaltverhältnisse schließen, sondern auf ein wie auch immer als vordergründig einzustufendes Interesse eben der Öffentlichkeit, die den ‚Gebrauchswert' der neuen medialen Techniken für sich beanspruchen darf. Dabei scheint der explizite Medien-

begriff gegenüber einer Fülle von Äquivokationen und
Assoziationen zu verschwinden. Die Wiedergewinnung
eines expliziten Medienbegriffs ist einer der zentralen,
die Mediendebatten wie auch die Mediendiskurse for-
mierenden Prozesse, an denen sich eine Darstellung der
Theorien der Neuen Medien, auch im Blick auf die Vermittlung ihrer Inhalte, beteiligen muss.

Der dritte Kurs ist ein Versuch, generell die Begrifflichkeit der Neuen Medien in Theorie und Gebrauch
zu bestimmen. Er kommt aber nicht aus ohne seine
‚Vorgeschichte‘, jene radikale technische Modernität,
die mit dem Medienumbruch um 1900 zum Postulat
einer ‚Veränderung der Wahrnehmung‘ und einem
neuen Medienbegriff führen konnte. Er geht einerseits
von einem expliziten Medienbegriff aus, der den Begriff der Massenmedien und den Begriff der Individualmedien umfasst und ‚das Neue Medium‘ nicht allein
als anarchisches Hypermedium sieht, sondern seine
vielfältigen Nutzungsformen, die zu einer neuen Ausdifferenzierung auf der ‚Digitalen Plattform‘ führen.
Gerade die Vielzahl der Gebrauchsformen und der sie
begründenden Theorien des Gebrauchs sind es, die einerseits jede einheitliche ‚Theorie der Neuen Medien‘
auch immer als einseitig erscheinen lassen, aber andererseits auch den nicht mehr nur vage postulierten,
sondern zu allen Formen der Interaktion (bis hin auch
zur bewussten und positiv erlebten Passivität) bereiten,
kompetenten Nutzer als Subjekt der medialen Prozesse annehmen darf. Dies setzt eine kritische Medientheorie, die Verblendungszusammenhänge, Ideologien,
falsche Bilder und Befehle befragt, keineswegs außer
Kraft. Ihre Motive gelten, wie an der Theoriegeschichte des expliziten Medienbegriffs gezeigt, nach wie vor.
Eine Theorie der medialen Möglichkeiten zeigt immer zugleich auch die Grenzen von Vermittlung auf.
Verständigung geht nicht in Kommunikation auf. Sie
fordert die Anstrengung auch des Begriffs von den
Kommunikatoren. Beeinflussung über Medien kann
nicht dadurch verhindert werden, dass man die Neu-
en Medien in gleicher Weise zu kontrollieren versucht,
wie dies, vergeblich oft, im Kontext der nunmehr alten
Massenmedien versucht wurde. Das Motiv des mündi-
gen Nutzers darf nicht als Ausrede für Beliebigkeiten

im Umgang miteinander gelten. Die sogenannte ‚Net-
tiquette' ist kein schönes Beiwerk. Es sind Grenzen zu
setzen, deren Dimensionen allerdings sich nicht mehr
auf die ‚nationalen Grenzen' des 19. und 20. Jahrhunderts beschränken. Eine übergreifende Gebrauchsthe-
orie der Neuen Medien ist die entscheidende Vorraus-
setzung, um Ziele in den unterschiedlichsten Bereichen
wissenschaftlicher, rechtlicher, politischer und künstlerischer Handlungsfelder angemessen beschreiben und
voranbringen zu können.

Methodisches Konzept

Basis der vorliegenden Darstellung sind Forschungs-
arbeiten, die sich einerseits auf den Forschungsstand
zum Thema im Rahmen der Kommunikations- und
Medienwissenschaften insgesamt beziehen, andererseits auf die Thematik des Forschungskollegs ‚Medie-
num-brüche' und dessen Teilprojekt ‚Mediendynamik.
Prinzipien und Strategien der Fusion und Differenzierung von Medien.', das im Jahr 2001 begonnen wurde.
In diesem Projekt wird eine methodologische Parallel-
führung von Mediennutzungsforschung und medien-
theoretisch-diskurs-analytischer Arbeit verfolgt. Wie in
der Reflexion der Medienbegriffe gezeigt, entstehen sie
in einem dialektischen Prozess zwischen Theorie und
Empirie. Dies gilt nicht nur für die ‚großen' Theorien
und das Projekt einer umfassenden, empirischen Medienforschung, sondern auch in den kleinsten Elementen von Medientheorie und Mediennutzung. In jeder
Mediennutzung ist eine Medientheorie, ein Begriff des
Mediums vorausgesetzt. Die Technologien der ‚Neuen
Graphien' im 19. Jahrhundert sind ihrerseits auslösen-
de Momente für die ‚Krise der Sprache' und damit einer Reflexion auf die spezifische Medialität von Sprache und Schrift. Medienwissenschaftliche Forschung
kommt ohne kritische Theorie, aber auch ohne Medienempirie nicht aus. Dass aufgeklärte Mediennutzung
einerseits, theoretische Annahmen andererseits nicht
nur konfligieren, sondern sich gegenseitig bedingen,
sollte deshalb auch forschungsmethodisch einge-
löst werden. Es geht also nicht allein um eine Kritik
der Medien als ‚Hidden Persuaders', die ihr Geschäft

jenseits der Interessen der Mehrheit verfolgen und nicht allein um eine zahlenmäßige Erfassung anonymer und nur anonym zu erhebender Nutzungsfälle, sondern um den umfassenden kritischen Anspruch, der mit dem Begriff Neue Medien verbunden ist.

Der Begriff der Masse muss im Sinne eines kritischen Begriffs ebenso ausdifferenziert werden wie der Begriff des Mediums selber in seinem Widerspruch zum Begriff der Masse. Der neue Medienbegriff postuliert die Kompetenz und die Personalität des Nutzers. Theorie und Forschung müssen sich dem unabweisbaren Widerspruch von Personalität und Anonymität der Neuen Medien auch methodisch stellen. Was einerseits als Verfall des Individuums kritisch beschrieben wird, kann auf der anderen Seite nicht unkritisch als mündiger Nutzer postuliert werden. Die gegenwärtigen Divergenzen der Methodiken der empirischen Sozialforschung einerseits und einer Diskursanalyse, basierend auf einer kritischen Theorie der Medien andererseits, stellen Herausforderungen an die Medienwissenschaft dar, die sie nicht durch vorschnelle Forderungen nach Integration auflösen kann. Sieht man aber in den langen Zahlenreihen der Mediennutzung seit dem Beginn des 20. Jahrhunderts nicht nur das Problem einer vereinsamten Masse, und sieht man die Theoriegeschichte der Medien nicht nur als die abgehobene Spekulation von Intellektuellen ohne Erfahrungsgehalt, so lassen sich in systematischer wie auch medienhistorischer Sicht Wechselbezüge zwischen den jeweiligen Mediendebatten und -diskursen und der konkreten Mediennutzung erkennen. Die Bearbeitung der faktischen Trennung von Medientheorie und Mediennutzung lässt sich auch für die Forschung und ihre Methodik zum Programm erheben.

Der vorliegende Band stellt im Rahmen dieses Konzepts die theoretische Seite einer Wechselbeziehung zwischen Medientheorie und Medienempirie dar. Er setzt auf Medienerfahrung beim Nutzer, auf den erfahrenen Leser, Seher und Hörer. Erkennbar wird die Funktion von Medientheorien als gehaltene Anschauung nur auf der Basis eben jener Zahlenwerke, welche faktisch über Erfolg und Misserfolg von Medienprodukten bei einem anonym bleibenden Publikum entscheiden. Selbst der Einzelnutzer im Neuen Medium legt zu Recht Wert auf das, was er, seit dem 18. Jahrhundert, als seine Privatsphäre begreift, und was ihm als unantastbar zugesichert ist. Dass gerade die Neuen Medien durch ‚intelligente Agenten' unter Vorgabe ihrer Nützlichkeit in diese geschützte Sphäre effektiv wie niemals zuvor eindringen, macht alle Publikumsforschung im Neuen Medium zum methodischen Problem. Einerseits sind alle bisherigen Probleme der Datenerhebung scheinbar geschwunden – jede Sekunde der Nutzung kann erfasst und abgerechnet werden – andererseits ist die universelle Kontrolle zum Regelfall geworden. Medientheorie wie Medienempirie stoßen auch methodisch an Grenzen, deren Formulierung allein nicht deren Überwindung impliziert.

Als roter Faden der Darstellung kann das Paradox des Medienbegriffs selber dienen. Einerseits soll, nach dem Axiom vom Medium als Botschaft, schon das Medium die Botschaft sein, wie der vielzitierte Satz des Medienhistorikers und Medientheoretikers Marshall McLuhan nahe legt. Andererseits wird durch kein neues Medium ein altes wirklich ersetzt, ein Satz, der unter dem Namen ‚Riepl'sches Gesetz' bekannt geworden ist. Die beiden Feststellungen sind, was die ‚Neuen Medien' anbetrifft, medientheoretisch einzulösen und mit einer Theorie der Mediennutzung zu verbinden. Die zitierten ‚Mediengesetze' beschreiben nichts anderes als die Paradoxie der Vermittlung selbst. Ein Medium steht zwischen den Kommunikationspartnern, es ermöglicht Kommunikation oder restringiert sie. Eine Theorie der medialen Möglichkeiten ist immer auch eine Theorie der Störungen. Mediengeschichtlich, mit jedem neuen Medium, kumulieren sich die Möglichkeiten wie auch die Restriktionen. Dabei werden die jeweils alten Medien zu Utopien der Kommunikation. Dies zeigt sich im frühen 20. Jahrhundert mit der Utopie des ‚guten Buchs', am Ende des 20. Jahrhunderts in der Forderung nach ‚Kinoqualität', die sich durch die ‚Neuen Medien' durchgehend, zu Hause wie am Arbeitsplatz, einlösen lässt.

Während das ‚Riepl'sche Gesetz' die Hoffnungen und Befürchtungen eines Medienumbruchs von den ‚Büchern' zu den ‚analogen Massenmedien' als den neuen Medien des ausgehenden 19. und frühen 20. Jahrhunderts prognostisch beschreibt, ist McLuhans bekannte These als Rückblick auf das ‚Ende der Gutenberg-Galaxis' angelegt. Die Emergenz der ‚Neuen Medien' am Ende des 20. und zu Beginn des 21. Jahrhunderts löst beide ‚Gesetze' ein. McLuhan wird prognostisch gelesen, das ‚Riepl'sche Gesetz' dagegen rückwärtsgewandt. Den nunmehr alten Medien wird das Gesetz der Störung zugeschrieben, den ‚Neuen Medien' die Medienutopien. Indem McLuhan die alten Medien in ihrer restriktiven Gestalt modelliert hat, öffnet er zugleich ein historisches Verständnis für die Medien vom Anfang der Mediengeschichte bis in die Gegenwart, die er mit den Termini der ‚Buschtrommel' und des ‚Globalen Dorfs' verschränkt. Er nimmt damit die auch die ältere, von Walter Benjamin entwickelte These von der ‚Ubiquität' der Medien auf, der die Kommunikationsgesellschaft, ja jeder Einzelne, nicht entrinnen kann. Das Paradigma der Medialität - Alles ist vermittelt - ist Ausgangspunkt und Ende der Theorien der Neuen Medien selber.

Die in der folgenden Darstellung getroffene Aufteilung des Stoffes nach Voraussetzungen und Problemen, nach den vier großen Schritten der Entwicklung der Medien im 20. Jahrhundert: Film – Radio – Fernsehen – Computer, nach den historischen Debatten bis in die 1960er Jahre (McLuhans Einsatzpunkt für eine kritische Medienhistorie) und dem systematischen Aufriss der Theorien der Neuen Medien bis zum Beginn des 21. Jahrhunderts, zwischen Restriktionen und Utopien, zwischen Erwartungen an die Medienzukunft und konkreten Nutzungsformen verdankt sich damit der Entwicklung des Wissens über Medien im 20. Jahrhundert.

Innerhalb der drei großen Teile des Buches ist jedes Kapitel in sich geschlossen konzipiert und kann daher auch so gelesen werden. Das führt notwendig zu Redundanzen. Einerseits. Andererseits erhält der Leser dadurch die Chance, sich auch knapp sowie unabhängig von größeren Kontexten schlüssig zu informieren.

Die fett gedruckten Stichworte an den Seitenrändern sollen das Auffinden wichtiger Themenfelder auch über die Kapitelüberschriften hinaus ermöglichen.

Zum Schuss möchten wir Stephan Wittig für seine jederzeit zuverlässige und professionelle Arbeit bei der Erstellung des Layouts des Buches sowie Diethard Sawicki für seine Geduld danken, die er mit uns gehabt hat.

1. Kurs

1. Vorklärungen und Grundbegriffe

Digitalmedien – Digitalmedium?

Aufgabe der Medientheorie ist es, die Frage: ‚Was ist ein Medium' einlässlich zu beantworten. Dies gilt auch für die ‚Neuen Medien' und deren Theorie. Die Einführung Neuer Medien im letzten Drittel des 20. Jahrhunderts hat eine breite medientheoretische Debatte ausgelöst. Anlass war ein vielfältiges Angebot neuer medialer Möglichkeiten, deren Geschichte und Vorgeschichte mit den Begriffen der ‚Digitalisierung', der ‚Universalisierung', der ‚Elektronik' und des ‚Mediums' selber zu den Anfängen der ‚Moderne' im 19. und 20. Jahrhundert zurückgehen. Gleichwohl wird die Einführung des vernetzten ‚Persönlichen Rechners' als Universalmedium für alle Lebensbereiche am Ende des 20. Jahrhunderts als Schock registriert. Nach der Digitalisierung der Drucktechniken, nach Einführung der Kabel- und Satellitenverbreitung, mit den neuen digitalen Speichermedien (Compact Disc, CD-ROM, DVD), der digitalen Telefonie (ISDN, ADSL), des ‚Internets' und des digitalen Fernsehens (DVB), den digitalen Medien, kann der ‚Computer im Netz' als ‚Neues Medium' schlechthin, als „Digitale Plattform"[1] gefasst werden.

Digitale Platform

In der Diskussion zum Thema Neue Medien geht es um Annahmen über eine neue Medienpraxis utopischer Qualität und zugleich um den kulturkritischen Rückbezug auf Einzelmedientheorien des Drucks, des Films, des Hörfunks und des Fernsehens. Es ging um das ‚Neue Medium' als definitives Ende einer fünfhundertjährigen ‚Gutenberg-Galaxis', mit enthusiastischen und eschatologischen Perspektiven, aber auch um eine „Wiederkehr des Buchs".[2]

Im Kontext einer radikalen Theorie der Medialität wurden grundsätzliche erkenntnistheoretische und anthropologische Fragen neu gestellt. Wahrheit und Fiktion erscheinen im ‚Cyberspace', dem virtuellen Raum der Neuen Medien, in untrennbarer Verschränkung.

Das so historisch beschriebene ‚Neue Medium' steht am Ende einer von der Antike über die Frühe

[1] Zum Begriff vgl. Helmut Schanze: Neue Medien – Digitalmedium – Multimedia. Versuch einer Definition. In: *Medienwissenschaft*, Nr. 4, 1995. S. 395-401. Ders.: Digitale Plattform. In: ders./ Manfred Kammer: *Interaktive Medien und ihre Nutzer.* Bd. 4. Theorie der Nutzerrolle. Baden-Baden 2002, S. 13-20.

[2] Helmut Schanze: Die Wiederkehr des Buchs. Zur Metaphorik der Digitalmedien. In: *Osnabrücker Beiträge zur Sprachtheorie* (OBST) 50. Neue Medien. (hrsg. v. U. Schmitz) Oldenburg 1995, S. 53 -60.

Neuzeit in die Moderne reichenden Geschichte des Denkens in Prozessen, das alle Substantialitäten auflöst. Aus ästhetischer Sicht geht es um radikal neue Formen künstlerischen Ausdrucks, die mit den Begriffen ‚Netzkultur' und ‚Netzkunst' bezeichnet werden. In Kunstgeschichten wird die ‚Moderne' von einer ‚Postmoderne' abgelöst. Begriffe wie ‚Informationsgesellschaft', ‚Wissensgesellschaft' und ‚Informationszeitalter' fassen den revolutionären Charakter der neuen Medienkonstellation in Bezug auf gesellschaftliche Entwicklungen.

Medienbegriff

Kennzeichnend für die neuen Medientheorien und die sich gleichzeitig etablierende Wissenschaft von der Mediengeschichte ist, dass der die Diskurse zusammenführende Medienbegriff sich erst Ende der 80er Jahre als der entscheidende Reflexionsbegriff erwiesen hat. Er geht jedoch zurück auf Debatten um neue technische Medien, um Film und Funk, zu Beginn des 20. Jahrhunderts. Seine Durchsetzung fällt in die Zeit des Übergangs von den Analogmedien (dem ‚alten' Film, dem ‚alten' Hörfunk, dem ‚alten' Fernsehen) zu den Digitalmedien als den Neuen Medien. Erst die Digitalisierung der bewegten Bilder löst den Schock der Neuen Medien aus.

Spezifisch für die Theoriebildung, nicht dagegen für die Praxis der Neuen Medien, ist eine aktuelle Verkürzung, die den Begriff des ‚Mediums' auf ‚visuelle Medien' bzw. auf ‚ikonische Medien' einschränkt. In den Debatten um Neue Medien sind das optische Element und seine Konsequenzen leitend, obwohl Text und Ton, fast unauffällig, die digitale Revolution vorweg genommen haben.

Uneinheitlich ist auch die Begrifflichkeit im Kontext der Diskussion. Der ältere Begriff des Mediums verweist auf einen naturwissenschaftlichen Begriffsgebrauch. Noch älter ist sein Gebrauch im Blick auf magische Praktiken. Der in Ansätzen fassbare Medienbegriff des 18. Jahrhunderts bringt ihn mit Traditionen der Mündlichkeit zusammen, die von der Tradition der Schrift aufgehoben wurden.[3] ‚Media' bzw. ‚Medien' sind in diesem Begriffsgebrauch vorrational konnotiert. Um 1800, in den Medienreflexionen der Romantiker, werden der Abbruch der oralen Tradition

[3] Vgl. Friedrich Schiller: Was heißt und zu welchem Ende studiert man Universalgeschichte. In: *Sämtliche Werke Bd. IV* (hrsg. v. Peter-André Alt) München 2004, S. 749-767 (hier: S. 761)

und der Umbruch vom Manuskript zum gedruckten Buch als neuzeitliche Verlusterfahrungen beschrieben. Die Unmittelbarkeit mündlicher Kommunikation erscheint als utopischer Stoff des romantischen Buchs. Die Photographie begründet nicht zuletzt einen neuen ‚Realismus' in Kunst und Literatur.

Im frühen 20. Jahrhundert verschiebt sich der Begriffsgebrauch erneut. Das erste belegte Vorkommen als Reflexionsbegriff (bei Walter Benjamin) stellt das Medium Sprache in den Vordergrund.[4] Auf dieser begrifflichen Basis kann in den 20er Jahren der Begriff der ‚Massenmedien', Presse, Film und Radio, eingeführt werden, der die neuen, technischen ‚Apparate' im Blick auf Produktion, Distribution und Rezeption beschreibt. Der Begriff ‚Medium', bezogen auf die menschliche Sprachfähigkeit, wird in der Folge kritisch gegenüber dem ihn einschränkenden Begriff der ‚Massenmedien' genutzt. Das kulturkritische Problem des Traditionsverlusts bezieht sich nicht mehr nur auf die ‚alte' Mündlichkeit und das Manuskript, sondern auch auf das ‚gute Buch'.

Mit dem Medienumbruch am Ende des 20. Jahrhunderts sind die ‚Massenmedien' zu ‚alten' Medien geworden; sie erscheinen nur mehr als Nutzungsformen des ‚Neuen Mediums' auf der ‚Digitalen Plattform'. Die Digitalisierung wird als Verbesserung aller alten Medien genutzt, zugleich aber auch als Erweiterung der medialen Möglichkeiten.

Rekonstruiert man den Begriff eines ‚Neuen Mediums' mediengeschichtlich, so tritt zunächst die Schrift als das neue Medium gegenüber der Sprache, des Bildes und des Tons auf. Die Erfindung der allfähigen Schrift steht am Beginn der Mediengeschichte. Sprache, Bilder und Töne können notiert, beschrieben und festgehalten werden. Das alte Bild und der vergehende Hauch des Tons werden dominiert durch die festen Buchstaben, die Geltung für alle Lebensbereiche beanspruchen. Die erste der technischen Graphien – der Buchdruck – revolutioniert die Schreibtechniken bis zur Dominanz der ‚Presse' um 1800. Schrift und Druck werden im Prozess der Vollalphabetisierung zum Gemeingut. Bis zum Ende des 19. Jahrhunderts werden auch die Basismedien Ton und Bild durch neue Graphien

[4] Walter Benjamin: Über Sprache überhaupt und über die Sprache des Menschen. In: *Gesammelte Schriften Bd. II.1.* Frankfurt a.M. 1991, S. 140-157 (hier S. 142). (Hinweis von Gregor Schwering)

Mediengeschichte und Medienbegriff

wie Telegraphie, Photographie, Phonographie und Kinematographie technifiziert. Die Verbreitung und Speicherung einer technisch hergestellten Unmittelbarkeit der Bilder und Töne, über ‚Draht' (On-Line) bei Telegraph und Telephon, über den ‚Äther' (Off-Line) beim Funkentelegraphen und in der Funkentelephonie, dem ‚Radio' sowie die industriell hergestellten Presseerzeugnisse, werden dem technischen Medienbegriff der ‚Massenmedien' zugeordnet. Ihr Kennzeichen ist die technisch-industrielle Produktion und Verbreitung einerseits, die Nutzung durch ein persönlich nicht mehr fassbare Öffentlichkeit andererseits. Das ‚disperse Publikum', das schon die Drucktechnik erreichen will, wird nun mit dem sozialphilosophischen Begriff der ‚Masse' identifiziert. Der ‚Massenpresse' und den technischen ‚Audiovisionen' wird, über die Assoziation mit dem Begriff der unaufgeklärten ‚Masse', eine (sekundäre) Irrationalität zugeschrieben.[5]

Im Begriff der Massenmedien (bezogen auf die neuen, technischen Medien) ist das beschreibende und das kritische Potenzial zu unterscheiden. In der Forschung zum Thema Massenmedien bildet sich bereits in den 40er Jahren ein Dualismus von Beschreibung (Empirie) und Kritik (als Ideologiekritik und Analyse von Verblendungszusammenhängen) heraus. Nur schwer ist der beschreibende Begriff aus seinem kulturkritischen Zusammenhang zu lösen. Dass die technisch hergestellten und verbreiteten Bilder und Töne eine Manipulation der Sinne vornehmen, ist nur scheinbar eine Trivialität. In ihr schlägt avancierte Rationalität in Irrationalität um. Sobald sich Medien als Audiovisionen von der Schrift und ihrer Rationalität scheinbar lösen und einen unmittelbaren Zugang zur Wirklichkeit suggerieren, verfallen sie, wie schon die Sprache selber, dem Verdacht der Lüge, dem Ideologieverdacht.

Die ‚Veränderungen der Wahrnehmung' durch die Medien, mit Sprache und Schrift beginnend, werden dramatisch im Kontext der neuen, scheinbaren Unmittelbarkeit der technisch hergestellten Wirklichkeit der Bilder und Töne, der die mühsame Intellektualität der Schrift nichts mehr entgegenzusetzen hat. Eindrucksvoll wird dies von Hugo von Hofmannsthal in seinem ‚Brief' des fiktiven ‚Lord Chandos' beschrieben.[6]

Medienbegriff

[5] Helmut Schanze: Rundfunk, Medium und Masse. Voraussetzungen und Folgen der Medialisierung nach dem 1. Weltkrieg In: E. Lersch, H. Schanze: *Die Idee des Radios.* Konstanz 2005, S. 11-27.

[6] Hugo von Hofmannsthal: Ein Brief. Vgl. das Kap. *Literaturdebatten*

Die Audiovisionen spielen mit der Suggestion der Unmittelbarkeit, die sich einer komplexen, schwer durchschaubaren Technik der Vermittlung bedient und welche die traditionellen Lernprozesse der Schrift für ‚das Publikum', bzw. ‚die Masse', überflüssig zu machen scheint. Im Innenbereich der Produktion, im Arkanum der ‚Kulturindustrie', ist jedoch graphisches Wissen nach wie vor unverzichtbar. Die neuen technischen Medien sind professionell immer noch als ‚Graphien' ausgewiesen. Sprache und Schrift verbergen sich unter einer Oberfläche ‚analoger' Signale, die von den Sinnesorganen ohne weitere Übersetzungsleistungen wahrgenommen werden können. Auf der Seite des Publikums ist ihre Wirkung die des unmittelbaren ‚Dabei-Seins'.

Mit der ‚Digitalen Plattform' wird die strikte Bindung des Medienbegriffs an den Begriff der Masse nur teilweise gelöst. Neben den alten Massenmedien erscheinen neue Individualmedien. Einerseits werden die Nutzungsformen aller alten Massenmedien simuliert andererseits ergeben sich neue, interaktive und individualisierte Nutzungsformen. Man spricht von ‚computer literacy' und kehrt damit zurück an den Beginn der Alphabetisierung. Die professionellen Technologien der neuen Graphien Druckkunst, Telegraphie, Photographie, Phonographie, Kinematographie werden zu populär genutzten Programmpaketen zusammengefasst. Professionelle Techniken sind keine Arkana mehr. Jeder, der einen Rechner nutzt, darf mit Fonts, Layout, Farbeffekten, Montage usw. spielen. Nie hat das Wissen der Jünger Gutenbergs eine größere Verbreitung gefunden. Auch werden die professionellen und staatlich regulierten Techniken der Verbreitung von Bildern und Tönen, ‚an Alle', nunmehr auch senderseitig allgemein nutzbar. Im ‚Neuen Medium' aber stecken, wie in den russischen Püppchen, stets alle nunmehr alten Medien.

Von Anbeginn ist der Medienbegriff ambivalent. Er geht von der Differenz von Rede und Schrift aus und nimmt deren scheinbare Aufhebung im technischen Bild, im technischen Ton, sowohl beschreibend wie auch kritisch in den Blick. Der Begriff des Mediums selber ist ein im strikten Sinn historisch-kritischer.

Seine Bindung an neue Technologien und an den Begriff der Masse bedarf stets der kritischen Reflexion, die in der Differenzierung und Spezifizierung der Begrifflichkeiten des Mediums selber und seiner von ihm beanspruchten ‚Neuheit' besteht. Die Entwicklung der Digitalmedien stellt beides, die Sprachlichkeit aller Medien wie auch die technologische Neuheit, und damit den oder die Medienbegriffe in Rede. Die Neuheit der Neuen Medien ist es, die immer wieder neue Differenzen erzeugt.

Der Begriff Medium selber erscheint in diesem Kontext als ‚floating pattern', ungenau. Er verändert sich im historischen Fluss, abhängig von technischer Innovation und gesellschaftlichem Wandel. Den in der Geschichte der Medien postulierten ‚Veränderungen der Wahrnehmung' gegenüber ist der Begriff keineswegs neutral. Mit jeder neuen Medienkonstellation entsteht ein neuer, grundlegend veränderter Medienbegriff. Die Dichotomie ‚alt' versus ‚neu' verschiebt sich mit den technischen Innovationen. Die gegenwärtige Begrifflichkeit des ‚Neuen Mediums' weist Schichtungen auf, sie verweist auf eine Vorgeschichte, eine Geschichte im 20. Jahrhundert und eine unübersehbare Aktualität. Seine Zukunft fordert zu Prognosen heraus, die nicht nur einfache Fortschreibungen der Vergangenheit sein können.

Konzept des ‚Neuen Mediums', drei Schritte

Das Konzept des ‚Neuen Mediums' am Ende des 20. Jahrhunderts verdankt sich damit einer dreischrittigen Denkbewegung:

- An ihrem Beginn steht der Begriff des durch die Technologieentwicklung zum ‚alten Medium' gewordenen Mediums der ‚Sprache', festgehalten in der Schrift, verbreitet im Buch und der Presse. Mit der Differenzierung von Langue und Parole, von Sprache und Sprachnutzung, definiert die neue Sprachwissenschaft bei Ferdinand de Saussure erstmals die Medialität von Sprache selber.
- Aus der Beschreibung der neuen, technischen Anordnung (des Dispositivs) und dem kritischen Potenzial des Begriffs lässt sich der Begriff der Massenmedien als ‚plurale tantum' entwickeln. Der Begriff weist von Anfang an eine innere Spannung auf. Sie entsteht einerseits aus dem sozialpsychologischen

Begriff der Masse und ihrer mangelnden Erkenntnisfähigkeit (die sich traditionell als Literarität bzw. als Schriftgebrauch ausweist), einer offenen Irrationalität, und andererseits aus der inneren Rationalität und Professionalität der industriell-technischen Medienproduktion. Die Sprache, als uneingeschränkte Rationalität, bleibt (bei Sigmund Freud) immer noch der Königsweg zur Seele und damit der Gegenpol zur manipulierenden Technik der Bilder und Töne.

- Der Begriff des ‚Neuen Mediums' gewinnt, in einem dritten Schritt, sowohl den kritischen wie auch den technologischen Begriff des Mediums, für das Individuum wie auch als Gemeingut, als durchgehende Rationalität der Simulation, von Außen und Innen, zurück. Dies macht zugleich seine utopische Qualität aus.

Neue Medien – ein ‚vager' Begriff?

Das Konzept der Neuen Medien ist charakterisiert einerseits durch seine historische Schichtung, andererseits durch eine topische Vagheit. Sie gilt nicht nur für den Medienbegriff selber, seine Verkürzungen und Erweiterungen, sondern auch für den Topos der ‚Neuheit'. Durch die Begrifflichkeit wird ein Gegensatz der Neuen Medien zu den ‚Alten' aufgesetzt, was immer auch diese alten Medien seien. Die Neuheit der Neuen Medien ist ihr Programm. Die Topik des Neuen verspricht einen Erfahrungsraum, der nie zuvor betreten und vermessen worden ist. Sie signalisiert Abenteuer, ist Ausdruck einer Utopie und fordert die Darstellung des Undarstellbaren. Sie verbindet sich mit der Topik des Anderen, des Überwirklichen, des Magischen, den Sinnen und der Gegenwart Entzogenen. Dieses Andere verlässt die Traditionen und die gewohnten Ordnungen, zeitlich wie räumlich. Neue Medien gehen über alles, was bisher Medien genannt wird, hinaus. Die Attribute ‚Meta', ‚Hyper' und ‚Cyber', die mit dem neuen Medienbegriff verbunden werden, zeigen Überbietungsstrategien an, die alle bekannten Rahmungen sprengen. Aus der Sicht einer Theorie der Sprachverwendung, wie sie die antike Rhetorik darstellt, ist das Moment des Pathos unverkennbar in den Begriff

Programm der ‚Neuheit'

eingeschrieben. Dieses Pathos bestimmt auch die aktuellen Mediendiskurse.

Der Begriff des ‚Neuen Mediums‘, aus der Differenz zur Tradition eines noch unfesten Medienbegriffs herauszulesen, postuliert aber nicht nur eine unbestimmte ‚Neuheit‘ als Definiens. Sie ist bestimmt durch unterschiedliche kulturwissenschaftliche Begriffe. Zu ihnen zählen Innovation, Modernität, Avantgarde und Alterität, Begriffe, die selber wieder der Bestimmung bedürfen. Sie sind verortet in unterschiedlichen Diskursen und unterschiedlichen Disziplinen. Eine ‚Theorie der Neuen Medien‘ hat nicht nur den Begriff des Mediums historisch zu entwickeln, sondern ihn in den jeweiligen Diskursformationen aufzusuchen und wiederum kritisch zu differenzieren.

Die Digitalisierung, die als Motor der Innovation ausgemacht wird, konfrontiert den Nutzer mit der freigesetzten Dynamik des Fortschritts im Bereich der ‚Hardware‘ und der ‚Software‘. Es werden immer neuere, bessere und schnellere digitale Medienprodukte angeboten. Die Grunderfindungen der Neuen Medien jedoch haben im Regelfall schon ein ehrwürdiges Alter, die technischen Entwicklungen sind aufwändig und kleinschrittig. Im Begleitdiskurs werden sie aber stets als ‚große Schritte‘ ausgewiesen. Über die langwierige Ingenieursarbeit legt sich die Grundbedeutung der Berufsbezeichnung, die im 18. Jahrhundert mit dem ‚Geniewesen‘, dem militärischen Einsatz verbunden ist. Edisons geflügeltes Wort vom groben Missverhältnis von ‚Inspiration‘ und ‚Perspiration‘ wird vergessen. Neue Medien gelten als Quelle der Inspiration, obwohl gerade im produktiven Umgang mit ihnen ein Äußerstes an quälender Einzelarbeit erfordert ist. Jeder noch so kleine Fehler in der Hardware, jeder Programmierfehler zeitigt Folgen, die der Einzelne, der am Produktionsprozess beteiligt ist, kaum mehr übersieht.

Die Neuen Medien sind ‚modern‘ im Wortsinn, weil sie die Medien der Moderne, die Presse wie die Audivisionen, perfektionieren, sie sind neu, weil sie dies in einer Technik bewerkstelligen, die einen völligen Austausch der bisherigen Apparate und der auf sie bezogenen Denkweisen erfordern. Auf der ‚Digitalen Plattform‘ sind alle bisherigen Medien aufstellbar, vom

Buch bis zum Fernsehen. Sie erscheinen als differente Nutzeroberflächen einer einheitlichen Technologie. In ihnen verschränken sich Fortschritt und Tradition einer Moderne, die selbst bereits zu einer ‚zweiten Moderne' geworden ist. Die Fragen der Soziologie nach dem Verhältnis von Medien und Gesellschaft sind unübersehbar als Diskurse über Medieninnovationen und Modernisierungsbewegungen formuliert. Die ‚Netzwerkgesellschaft' (Manuel Castells) produziert ihre eigenen Probleme der ‚Identität' und des gesellschaftlichen Wandels, der als ‚Medienumbruch' erfahren wird. Die ‚zweite Moderne' definiert sich als ‚Risikogesellschaft' (Ulrich Beck).

Als künstlerische Mittel dienen die Neuen Medien der avancierten Kunstproduktion. Wie der Begriff der ‚Moderne' ist auch der Begriff einer künstlerischen Avantgarde, wie ihn Theorien der Neuen Medien in Anspruch nehmen, historisch zu spezifizieren. Und auch hier lässt sich von einem doppelten Begriff ausgehen. Die Avantgarden des ersten Medienumbruchs des 20. Jahrhunderts werden zu ‚klassischen Avantgarden', die des zweiten scheinen lediglich den Habitus zu bewahren, obwohl ihre Mittel (die Medien) ungleich mächtiger sind als die der ersten. Sie stehen in Gefahr, nunmehr ihre Träume in Realitäten umsetzen zu können, und sie werden sich des Schreckens der Realisierung umso mehr bewusst. Während die ersten Avantgarden Technik als ein Gegenbild, als Hoffnung oder Schreckbild gegenüber eingefahrenen Sehweisen anwenden konnten, hält die Realität der unbegrenzten Möglichkeiten ein Potenzial bereit, das ein bloßes Spiel kaum noch zulässt und die Grenzen zur Realisierung bisher unvorstellbar nah rücken lässt. Die Körper, von denen die Medien ausgehen, werden zu Opfern ihrer Medialisierung. Was als Happening beginnt, wird zur medial inszenierten Selbstaufgabe, die Tausende aus ihrer Zuschauerrolle in die Rolle der unfreiwilligen Probanden hineinzieht. Der gegenwärtige Diskurs über Kunst und Künstler ist unübersehbar ein Diskurs über Medien und Neue Medien, deren Materialität und deren Virtualität.

Avantgarde

Kennzeichnend für Medien ist die Aufhebung der Differenz von Nähe und Ferne, von Hier und Dort. Der Philosoph und Soziologe Th. W. Adorno, einer der

Nähe und Ferne

frühen Medientheoretiker, hat die Ideologie des Fernsehens als die einer Vorspiegelung falscher Nähe kritisiert, die ein Fernsehen im Wortsinn nicht zulasse. Das wirklich Andere dürfe nicht in den Blick kommen, da es den Fernseher als Konsumenten nur irritiere. Die allfähige Simulation, welche die Neuen Medien kennzeichnet, hebt diese Differenz scheinbar auf. Sie ist das Andere schlechthin. Das Andere wird zum Hier und Jetzt. Die medialen Möglichkeiten schlagen um in generierte Wirklichkeiten. Damit ist auch die spezifische Alterität der Neuen Medien und des neuen Medienangebots historisch doppelt zu bestimmen. Während die Mediendiskussionen der 20er Jahre von einer möglichen Weltkultur durch Medien bestimmt waren, einer internationalen Medienkultur, die aber durch nationale und koloniale Einschränkungen, wie sie das 19. Jahrhundert vorgegeben hatte, in ihr Gegenteil verkehrt wurde, steht die Problematik der Neuen Medien vor dem postkolonialen Problem der Globalisierung. Die Zugänglichkeit der Neuen Medien, ihre weltumgreifenden Dimensionen, sind zum ökonomischen Problem jener Staaten und Völker geworden, die sich den Zugang zu Neuen Medien nicht leisten können. Die anthropologischen Diskurse über Alterität werden zunehmend als Diskurse über unterschiedliche Medialitäten formuliert.

Pluralität der Medienbegriffe

Versucht man, den Medienbegriff im Kontext der Neuen Medien genauer zu fassen, so stößt man auf eine Pluralität der Medienbegriffe. Von unterschiedlichen Ansätzen her wird versucht, ein ‚Mittel‘ oder ein ‚Mittleres‘ zu definieren. Unterschiedliche Disziplinen sind an der Begriffsbildung beteiligt und bringen ihre Interessen und Fragestellungen ein. Die gesellschaftswissenschaftlichen Disziplinen weisen hin auf neue Freiheitsgrade, aber auch neue Restriktionen, die psychologischen und psychiatrischen bestätigen im Ansatz der Medialität und Konstruktivität ihre mentalen Modelle und erproben den direkten Anschluss der neuen Technik an die Hirnzellen im Sinne von Prothesen, die wirtschaftswissenschaftlichen sehen neue ökonomische Möglichkeiten, die rechtswissenschaftlichen neuen Regelungsbedarf, die Sprach- und Literaturwissenschaften neue Formen der Sprachverwendung, die Kunstwissenschaften und die Künste neue Formen der Wahrnehmung und der künstlerischen Produktion. Jedes wissenschaftliche Fach, wie auch die künstlerische Produktion im weitesten Sinn, legt seine Utopien in die Topik der Neuen Medien, jedes entwickelt für sich einen Begriff der Neuen Medien, ohne dabei auf Kompatibilität der Begrifflichkeit zu achten.

Der Pluralität der Medienbegriffe ist in einer Darstellung der Theorien der Neuen Medien Rechnung zu tragen. Das gegenwärtige Theorieangebot reflektiert diese komplexe Situation, in der sich mediale Kontinuität und Diskontinuität verschränken, auf einer Vielzahl von Theorieebenen und mit unterschiedlichen theoretischen Ansätzen. Gemeinsam ist der Bezug auf Medienerfahrungen, die vor und in der Einführung der Neuen Medien liegen und die, kulturkritisch und (oder) prognostisch, fortgeschrieben werden. Was in den Mediendebatten der 1920er Jahre an theoretischen Einsichten über die Mediendifferenzen gewonnen wurde, wird diskursiv radikalisiert und neu konfiguriert.

Diskursgeschichte der Medienbegriffe

Will man sich über den Status gegenwärtiger medientheoretischer Ansätze Orientierung verschaffen, so bietet sich das Modell einer multiplen Diskursgeschichte an, die weit zurückführt, medienhistorisch bis zur Schrifterfindung als Übergang von Vorgeschichte zur Geschichte und zum magischen Mediengebrauch. Die Erschütterung des Schrift- und Buchprimats ist Kern der Debatten um die Funktion von Medienapparaten um 1900. Die gegenwärtigen Annahmen über Medien und deren Gebrauch sind noch immer wesentlich von den Erfahrungen mit den technischen Medien bestimmt, die im ersten Medienumbruch um 1900 als radikal neue Kommunikationsmittel (Mittel der Massenkommunikation) erschienen sind. Der Schock des ersten Medienumbruchs im 20. Jahrhundert präfiguriert den Mediengebrauch des zweiten. Die Digitalmedien werden als technisch verbesserte Audiovisionen erfahren, wie zuvor die audiovisuellen Massenmedien als vorgebliche Verbesserungen der alten Medien wie Theater, Buch, Zeitung, die aber keineswegs ersetzt werden können.

Sprache als Medium

Eine kleine Geschichte des neueren Medienbegriffs, die auf einen Begriffsgebrauch abzielt, der nicht allein technologisch oder nur vortechnisch-magisch bestimmt ist, kann von der frühen Verwendung im heutigen Sinn bereits in einem Aufsatz von Walter Benjamin *Über Sprache überhaupt und über die Sprache des Menschen*[7] aus dem Jahr 1917 ausgehen. Dort wird Sprache als ,Medium' der Mitteilung bestimmt und eine ,Sprache der Technik' postuliert. In der Terminologie des Psychologen Karl Bühler, in seinem ,Organonmodell', das seit 1918 vorliegt, wird Sprache als ,Instrument' begriffen.[8] Er verweist darüber hinaus auf die Unterscheidung zwischen ,Langue' und ,Parole', Sprachsystem und Sprachverwendung, wie sie beim Begründer der modernen Sprachtheorie, bei Ferdinand de Saussure entwickelt wird. Mit den Sprachfunktionen ,Ausdruck', ,Appell' und ,Darstellung' bezieht sich Bühler ausdrücklich auf den Zusammenhang seiner neuen Sprachfunktionstheorie mit der Entwicklung der neuen Medien um 1900.

[7] Vgl. hierzu auch das Kap. *Literaturdebatten.*

Karl Bühlers Schüler Paul Lazarsfeld entwickelt, ausgehend von den begrifflichen Grundlagen der modernen Sprachtheorie, vom neuen Begriff einer ,Sprache der Technik' und von dem Organonmodell der Sprache, in den 1920er Jahren den neuen wissenschaftlichen, beschreibenden Begriff der ,Massenmedien'. In den Arbeiten von Th. W. Adorno, Mitarbeiter Lazarsfelds im ,Radio Research Project', wird Benjamins und Bühlers ,sprachlicher' Medienbegriff wiederum mit dem der amerikanischen Massenkommunikationsforschung, dem ,sprachlosen' Begriff der ,Mass Media' und ihrer Ikonizität, konfrontiert. Medien als Massenmedien verfallen als Instrumente einer neuen Sozialtechnik der Ideologiekritik einer ,Dialektik der Aufklärung'. Der Versuch einer Rettung des ,sprachlichen' und damit ,weiten' Medienbegriffs gegen den verengenden Begriff der Massenmedien stellt eine für die neuere Medientheorie entscheidende Reflexionsleistung der Kritischen Theorie dar. Sie kritisiert eine Moderne, die die Medien allein einer allumfassenden

[8] Karl Bühler nimmt in seiner *Axiomatik* in § 1, *Idee und Plan der Axiomatik* ausdrücklich auf die neue mediale Situation um 1900 Bezug: *„Dass die Linguistik überhaupt aufs Beobachten angewiesen sei, bedarf keiner Erörterung; ihr Ruf als wohlbegründete Wissenschaft hängt zum guten Teil an der Zuverlässigkeit und Exaktheit ihrer Feststellungsmethoden. Wo geschriebene Dokumente fehlen oder wo deren Zeugnis durch Beobachtungen in vivo ergänzt werden kann, zögert denn die Forschung auch nicht am wahren Quellpunkt und direkt zu schöpfen; sie zögert in unseren Tagen z. B. nicht, Dialektaufnahmen an Ort und Stelle zu machen und die Laute in vivo zu erfassen oder das seltene und schwer beobachtbare konkrete Sprechereignis auf Schallplatten zu fixieren, um es zu wiederholter Beobachtung präsent zu haben. Fixierbar auf Schallplatten ist freilich nur das Hörbare am konkreten Sprechereignis und dieses erste nur wiegt zentnerschwer in der Methodendiskussion. Denn zum vollen, und*

‚visuellen Kultur' oder der (Un-)Kultur der Bilder zuordnet und nur von einer Fusion, nicht einer Differenzierung der Medien ausgeht, in der auch die ‚Töne' und die ‚Texte' neben den ‚Bildern' eine neue Qualität gewinnen können.

Aus der Schulgeschichte des Medienbegriffs, hier markiert mit den Namen de Saussure, Benjamin, Bühler, Lazarsfeld und Adorno, lässt sich die Diskursformation des Begriffs der Neuen Medien rekonstruieren. Der moderne Begriff des Mediums entsteht in der Folge der Sprachkrise um 1900 und deren sprachtheoretischer Reflexion. Diese wiederum lässt sich zurückführen auf die neue mediale Möglichkeit der Aufzeichnung, Verarbeitung und Wiedergabe von Tönen und Bildern mit Hilfe der Phonographie und Photographie, (scheinbar) ohne Nutzung des Systems der Sprache. Basal für die moderne Linguistik ist die Unterscheidung von Sprachsystem und Sprachgebrauch, von ‚Langue' und ‚Parole'. Das ‚Medium' vermittelt zwischen System und Gebrauch. Aus der Unterscheidung von ‚System' und ‚Gebrauch' wird die moderne Sprachfunktionstheorie entwickelt. Spezifikum der neuen technischen Medien ist ihr massenhafter Gebrauch, im Gegensatz zu dem der Sprache, deren Gebrauch individuell und nur im Ausnahmefall gekonnter Rhetorik massenhaft ist. Die neuen (technischen) Medien, einschließlich des Buchdrucks, werden funktional als Massenmedien (im Gegensatz zur Sprache und zur Schrift) definiert. Sie technifizieren in neuer Weise die ‚Parole'. Gegen diesen Begriff der ‚Massenmedien' ist der an der Sprache orientierte Begriff des Mediums kritisch einzusetzen. Als mediengeschichtlich die Unterscheidung von individuellem (sprachorientierten) Mediengebrauch und massenhaftem Mediengebrauch auf einer ‚Digitalen Plattform' technisch obsolet wird, kann der Begriff des Mediums wiederum zu einem beschreibenden Begriff werden. Der Begriff des Mediums kann nunmehr in umfassender Weise gebraucht werden, sowohl als kritischer wie auch als beschreibender Begriff.

In diesem Sinn wird in Bezug auf die Neuen Medien immer von einem ‚doppelten' Medienbegriff zu handeln sein. Die Namen der Theoretiker sind dabei traditionell, sie beschreiben eine kohärente Diskurs-

das ist so viel wie 'sinnvollen' oder 'bedeutungsvollen' Sprechereignis, gehört weit mehr als nur das Hörbare. Wie aber wird, was dazu gehört, miterfasst und der exakten Beobachtung zugänglich gemacht? Wie immer man die Sache auch drehen und wenden mag, so muss der sprachforschende Beobachter ganz anders wie der Physiker das mit Ohren und Augen Erfasste (sei es von aussen oder innen, wie man zu sagen pflegt) verstehen. Und dies Verstehen muss derselben Sorgfalt eines methodischen Vorgehens unterworfen werden wie die Aufnahme der flatus vocis, der Schallwellen, des Lautbildes.“ Karl Bühler: Die Axiomatik der Sprachwissenschaft. Frankfurt a.M. 1969, S. 12.

Bereits 1918 hatte Bühler sein „Organonmodell“, die erste der Sprachfunktionstheorien des 20. Jahrhunderts vorgelegt. Walter Benjamin rezensiert Bühlers „Axiomatik“ in der Fassung von dessen „Sprachtheorie“ von 1934 und weist ausdrücklich auf die frühe Fassung hin. Er zitiert Bühlers Überlegungen über die Zeigefunktion des sprachlichen Zeichens und den Hinweis auf die „Deixis am Phantasma“ im Blick auf „andere Zeigehilfen“ – ein genuin kinematographisches Thema.

formation eines angenommenen Schulzusammenhangs. Offen bleibt die Möglichkeit, die rekonstruierte Diskursformation auch außerhalb dieses Schulzusammenhangs aufzusuchen. Eine Analyse von Medientheorien des 20. Jahrhunderts enthält Hinweise darauf, dass die hier angesetzte Diskursformation als paradigmatisch anzusehen ist, also nicht auf die genannten Theoretiker beschränkt bleiben muss.

Der kritische Ansatz rechtfertigt für eine Darstellung der Theorien der Neuen Medien den Rückgriff auf die Theoriegeschichte der Medien im gesamten 20. Jahrhundert, ihre Brüche und Umbrüche, ihre Innovationen, ihre doppelte Modernität, ihren Avantgardismus und ihre Alteritäten. Er gibt den Theorien der Neuen Medien jene historische Tiefendimension, die sie, bei aller ,Cultur der Oberfläche' (Friedrich Nietzsche) in Moderne und Postmoderne zu Theorien im Wortsinn, zu gehaltenen Anschauungen werden lassen. Er ist notwendig zur Bestimmung und Ausdifferenzierung der unterschiedlichen Medienbegriffe wie auch der unterschiedlichen Dimensionen von Neuheit, die im Schock der Neuen Medien und ihren unübersehbaren mentalen und sozialen Dimensionen als zweiter Medienumbruch im 20. Jahrhundert erfahren werden.

Der beschreibende Ansatz fordert eine Empirie der Nutzungsformen. Er setzt damit die medienwissenschaftliche Methodendiskussion fort, die mit der empirisch-statistischen Erfassung eines ,dispersen Publikums' in den 20er Jahren begann und eine Theorie der Medienwirkung auf massenpsychologischer Basis entwickelt hat. Beide Ansätze sind theoriegeschichtlich aufs Engste mit einander verbunden.

Zum Stand der Forschung

Versucht man, den Stand der Forschung zum Thema im Sinne einer disziplinär-wissenschaftlichen Arbeitsweise zusammenzustellen, so ergibt sich, trotz der genannten begrifflichen Schwierigkeiten mit dem Konzept der Neuen Medien, ein vergleichsweise übersichtliches Bild. Die Auseinandersetzung mit Neuen Medien rekurriert auf eine technologische Basis. In der klassischen Verbindung einer naturwissenschaftlich orientierten Mathematik mit den Ingenieurwissenschaften entwickelt sich seit den 1970er Jahren das Fach Informatik mit den beiden Entwicklungslinien der ‚Numerik' und der ‚Nicht-Numerik'. Schwerpunkt ist der Begriff des ‚Programms', mit seinen technischen Voraussetzungen und seinen Anwendungsfeldern.

Vergleichsweise früh beteiligen sich die Fächer der Sprach-, Schrift- und Kommunikationswissenschaft (Linguistik und Literaturwissenschaften, Publizistik) an der Diskussion um die Neuen Medien. Dies ist von ihrem Gegenstand her und dessen potentiellem Verlust, auch aus der Beschreibung von Verlusterfahrungen im ‚romantischen Buch', der ‚romantischen' wie auch ‚neo-romantischen' Medienproblematik, begründet. Die Frage nach der Veränderung des Literatur- und Textbegriffs im Kontext Neuer Medien gehört schon in den 1970er und 80er Jahren zu den sprach- und literaturwissenschaftlichen Fragestellungen. Medientheorien und Mediengeschichten nehmen ihren Ausgangspunkt beim ‚ersten Medium', der Schrift und deren Verhältnis zu Oralität und Ikonizität der Wahrnehmung und des Ausdrucks. Kunstwissenschaftliche, auch musikwissenschaftliche Arbeiten folgen. Ebenso früh wird auf das pädagogische Anwendungsfeld der Neuen Medien gesetzt. Die breite Literatur zum Thema ‚Lernen mit Neuen Medien', ‚Medien und Schule' reflektiert das Problem der Restriktionen und medialen Möglichkeiten im Umgang mit Neuen Medien. Der vage Begriff des ‚Neuen Mediums' und seine erkennbar ökonomische, soziale und rechtliche Bedeutung wie auch seine ‚Wirkung' im Sinne eines neuen ‚Individualmediums' qualifizieren den Gegenstand für Forschungen im Bereich der Gesellschaftswissenschaften und ihrer methodischen Zugänge. Die beteiligten Fächer, sofern nicht das Anwendungsinteresse vorwiegt, reflektieren den Gegenstand Neue Medien aus ihrer jeweiligen disziplinären bzw. interdisziplinären Fragestellung und im Rahmen ihrer Theoriebildung, die sich zugleich im Kontext neuer Medien verändert, so in Begriffen einer ‚Informationsgesellschaft' oder ‚Wissensgesellschaft', einer Krise der ‚Identität', einer ‚postnationalen Konstellation', einer ‚Cyberdemocray' u.a.m.

Diskussionen und Forderungen

[9] Vgl. z.B. die zusammenfassende Darstellung von Rainer Kuhlen: *Informationslinguistik.* Tübingen 1986 sowie sein Hypertext-Buch: ders.: *Hypertext – Ein nicht-lineares Medium zwischen Buch und Wissensbank.* Heidelberg 1991 und die im Problemfeld neu begründete Informatik (vgl. dazu Britta Schinzel (Hg.): *Schnittstellen – Zwischen Informatik und Gesellschaft.* Braunschweig 1996).

[10] So bei Sybille Krämer: *Symbolische Maschinen.* Darmstadt 1988.

[11] Vgl den Kongressbericht zur Tagung ‚The New Medium'. Siegen 1990 (hrsg. v. Helmut Schanze); P.B. Anderson u.a. (Hg.) *The Computer as Medium.* Cambridge 1993; Norbert Bolz/Friedrich A. Kittler/Georg Christoph Tholen (Hg.) *Computer als Medium.* München 1993; Howard Rheingold: *The Virtual Community. Finding Connection in a Computerized World.* London 1994 sowie den Sammelband von Martin Warnke/Wolfgang Coy/Georg Christoph Tholen (Hg.): *HyperKult: Geschichte, Theorie und Kontext digitaler Medien.* Basel 1997. Der Begriff ‚Datenautobahn', der bereits als ‚Information Highway' in den USA eingeführt war, steht im Titel des Datensicherheitsreports von Klaus Brunnstein: *Vom Internet-Chaos zu den Datenautobahnen. Datensicherheitsreport.* April 1995. 1995 erscheint Nicholas Negropontes: *Being Digital* (New York) und Florian Rötzers Buch: *Die Telepolis Urbanität im globalen Zeitalter*

Quantitativ wie auch qualitativ sind die Forschungen zu den Neuen Medien heute von Anwendungsfragen einerseits, von gesellschaftstheoretischen und psychologischen sowie allgemein-politischen Fragestellungen andererseits dominiert. Es geht um das Problem der Vereinbarkeit von Theorie und Praxis in den genannten Bereichen. Leitend sind hier die psychologischen und soziologischen Theoriebildungen, die allgemeine Medienwissenschaft als Kulturwissenschaft und Kommunikationstheorie – hier sind die Studien von Joshua Meyrowitz und Manuel Castells zu nennen – sowie philosophische Reflexionen der mit den Neuen Medien gestellten Sach- und Methodenproblematik (Zeit, Raum), aber auch Bücher mit dezidiert politischer Programmatik.

Theoretische Begriffsklärungen, Theorien der Neuen Medien, sind dabei eher randständig. Hier sind vor allem die ‚betroffenen' Fächer, die Sprach- und Literaturwissenschaften[9], aber auch philosophisch-epistemologisch ausgerichtete Publikationen als Foren der Begriffsdiskussion zu nennen.[10]

Eine überschaubare Anzahl von Titeln, die um 1990 bis 1995 erschienen, eröffnen den expliziten Diskurs um eine ‚Theorie der Neuen Medien'. J. D. Bolter veröffentlicht 1989 seine philosophisch-kulturgeschichtliche Untersuchung *Turing's Man*, an die er 1991 seine Studie *Writing Space* anschließt. 1990 ist die Siegener Konferenz der Gesellschaften für literaturwissenschaftliche und linguistische Datenverarbeitung und für die Datenverarbeitung in den Geisteswissenschaften dem Thema ‚The New Medium' gewidmet. Im gleichen Jahr folgt im deutschen Sprachraum Norbert Bolz mit seiner *Theorie der neuen Medien*. 1993 erscheint sein Buch *Am Ende der Gutenberg-Galaxis*, das sich auf Friedrich Nietzsche, Walter Benjamin und Marshall McLuhans medientheoretische Ansätze abstützt und auf diese Weise einen Rückbezug der Theorie auf das ‚Buchzeitalter' und seine philosophischen und psychologischen Problemstellungen initiiert. Norbert Bolz, Friedrich Kittler und Christoph Tholen geben 1993 den Band *Computer als Medium* heraus.[11]

Die Theoriebildung kann sich darüber hinaus auf ‚allgemeine' Medientheorien beziehen, wie sie beispielshalber bei Julika Griem und Rainer Leschke[12] zusammenfassend dargestellt sind, sowie auf eine Diskursgeschichte der Medientheorien, die immer wieder neue Funde aufweisen kann, sowie auf die Geschichte des Medienbegriffs im 20. Jahrhundert und seine ‚Medienumbrüche'. Seiner Grundthese nach sind die historischen Ansätze ebenso aufzunehmen wie ihre jeweils aktuellen Systematisierungen.

Die gegenwärtige Forschungsdiskussion konzentriert sich auf drei Bereiche. Zum einen ist es der Bereich der Neuen Medien als ‚Wissensmedien' (Knowledge Media), der sich vor allem mit dem Design, also den Zugangsoberflächen zu vorhandenen Wissensbeständen beschäftigt. Hier geht es um den Zugang, die Erschließung und die Sicherung von Medienbeständen und deren Nutzung für edukative, wissenschaftliche und beraterische Zwecke. Der zweite Bereich bezieht sich auf die Neuen Medien als Unterhaltungsmedien, so die neuen Medien der Audiovision. Der dritte Bereich betrifft die Neuen Medien als Mittel der künstlerischen Produktion, der ‚Medienkunst' im weitesten Sinn. In dieser Bereichstrennung ist die alte Trias von Lehre, Unterhaltung und Bildung, von ‚docere', ‚delectare' und ‚movere' erkennbar, wie sie bereits die eine der beiden ältesten Medientheorien, die Theorie der Rhetorik ausgebildet hat, wie sie auch für das Theater als Medium gilt und wie sie sich in den Aufgabenstellungen der Medien der Graphien und der Audiovisionen finden.

Kennzeichnend für die Neuen Medien auf der Digitalen Plattform sind jedoch auch umfassende Hybridisierungen, Steigerungen in der Leistungsfähigkeit wie auch Kreuzungen und funktionale Verbindungen, die zugleich ein Höchstmaß an Differenzierung im Blick auf individuelle Nutzungen bieten. Die Analogie zu Verfahren der Pflanzenzucht und der Chemie bietet sich insofern an, als es auch hier um ‚Generica', um Entwicklungen auf der Basis von organisch-generischen Prozessen handelt. Während die Bereiche der neuen Wissens- und Unterhaltungsmedien wesentlich traditionell verfahren und neue Nutzungsformen erproben, ist es der Bereich der Medienkunst, der neue Ansätze in der Produktion in den Blick nimmt. Dementsprechend unterschiedlich sind auch die Forschungsansätze und -erwartungen.

(Mannheim). Ebenfalls in diesem Jahr fasst F. Webster die Theorien der Informationsgesellschaft zusammen: ders.: *Theories of the Information Society*. London.

[12] Rainer Leschke: *Einführung in die Medientheorie*. München 2003; Julika Griem: *Bildschirmfiktionen. Interferenz zwischen Literatur und neuen Medien*. Tübingen 1999.

2. Systematische und historische Konzepte der Theorien der Neuen Medien

Digitalmedien – Analogmedien?

Die gegenwärtig Neuen Medien können als ‚Digital-medien' definiert werden. Damit steht die Medientechnik am Ausgangspunkt der Definition. Die medientheoretische Forschung hat diesen Ausgangspunkt als ‚medientechnisch-mediales Apriori' formuliert.[1] Mit ihm wird die Priorität der Medientechnik in der Bestimmung dessen, was Medien leisten können, behauptet. Das medientechnische Apriori weist eine hohe Plausibilität auf. Ohne technische Erfindungen gäbe es keine Medienentwicklung. Das Gegenargument jedoch ist ebenso haltbar: Jedes Medium antwortet auf einen Bedarf der Nutzer. So manche technische Erfindung verschwand über lange Zeit. Es fehlte ihr die angepasste Mimik, die Nutzeroberfläche, welche vom Nutzerinteresse (‚vom Menschen') her konstruiert sein muss. Der technische Apparat braucht ein ‚human interface'. Der Mensch ist so ausgestattet, dass er nur ‚analoge' Signale wahrnehmen und verarbeiten kann. Erst ein den menschlichen Sinnen angepasstes Endgerät ermöglicht Eingabe und Ausgabe. Es macht eine digital verarbeitete und distribuierte Information hörbar und/oder sichtbar, damit verstehbar. Nach digitaler Aufnahme, Speicherung, Verarbeitung und Verbreitung ist, technisch gesehen, eine Wandlung digitaler Signale zu analogen notwendig, gegebenenfalls durch Täuschung der trägen Augen und Ohren über eine Diskontinuität, die als Kontinuität erscheint. Den Digitalmedien sind stets Analogmedien nachgeschaltet. Das ‚medientechnisch-mediale Apriori' also oszilliert zwischen einem ‚analogen Apriori' und einem ‚digitalen Apriori', wobei Letzteres das Charakteristische jener Rationalität ist, die die Medientechnik von Anbeginn auszeichnet.

[1] Vgl. Dierk Spreen: *Tausch, Technik, Krieg. Die Geburt der Gesellschaft im medientechnisch-medialen Apriori.* Hamburg 1998. Siegfried J. Schmidt: *Kalte Faszination. Medien, Kultur, Wissenschaft in der Mediengesellschaft.* Weilerswist 2000. Knut Hickethier: Gibt es ein medientechnisches Apriori? Technikdeterminismus und Medienkonfiguration in historischen Prozessen. In: Markus Behmer u.a. (Hg.) *Medienentwicklung und gesellschaftlicher Wandel.* Opladen 2003, S. 39-52. Für die Differenz ‚Analog/Digital' vgl. jüngst Jens Schröter/Alexander Böhnke: *Analog/Digital – Opposition oder Kontinuum? Zur Theorie und Geschichte einer Unterscheidung.* Bielefeld 2004.

Apriori der Kunst

In dem hier in Frage gestellten Apriori der Medientechnik ist eine viel ältere, notwendige Voraussetzung aller Medien enthalten, das künstlerisch-mediale

Apriori. Alles, was vermittelt vor den Sinnen erscheint, verdankt sich der Kunst eines Erfinders, einer Verwandlung von ‚Natur' in ‚Kunst'. ‚Kunst', die menschliche Hervorbringung, und ‚Technik' sind im Begriff der Erfindung unlösbar mit einander verbunden. Kunst ist markiert durch die Differenz zwischen Sein und Schein. Der technisierte Übergang von Sein zu Schein trägt zu Recht den Namen eines Mediums. Es ist die Materialisierung der Differenz, der Grenze, die zugleich überschritten wird. Der Mittler, das Medium selber gehört keiner der beiden Welten direkt an.

Die moderne Geschichte der Medien, nimmt man Walter Benjamin beim Wort, ist eine Geschichte der technischen Reproduzierbarkeit. Sie beginnt mit der Schrift, ihr folgen der Druck mit beweglichen Lettern, die Reproduktionstechnik der Lithographie und der Photographie, der ‚pencil of nature', das paradigmatische Analogmedium. Mit dem Phonographen und mit den ‚lebenden Bildern' der Kinematographie geht das Schreiben, also die Materialisation der inneren Töne und Bilder, vollends von der Hand an den technischen Apparat über. Die technische Audiovision schafft, in Konkurrenz und Ablösung der Bild- und Tonkünste, die sie quasi beerbt, eine die Wirklichkeit beschreibende, analoge zweite Welt, eine Kunstwelt, indem sie die graphische Technik ins Innere des Produktionsprozesses verlegt. Die Bilder und die Töne werden, im Wortsinn, vor-geschrieben. Ohne Bücher im weiten Sinn (Noten und Texte) gibt es weder Schallplatten noch Filme. Die alten Medien Bild, Ton, Text, werden zu Medien der Kunst, die der zweiten Natur der Technik zuzuliefern hat. Die Differenz der Kunst wird zur Differenz zwischen Genie und Apparat. Bertolt Brecht hat diese Differenz und ihre Ideologisierung zum Gegenstand seines ‚Schema der Abbauproduktion' gemacht. Während die künstlerische Produktion Neues hervorbringe, löse die technische (Re-)Produktion dieses Neue in seine einzelnen Produktionsschritte auf, um es kommerziell zu verwerten und damit auch zu entwerten.

Apriori der Differenz

Streng genommen gibt es kein Medium ohne die Differenz von Natur und Kunst. Das künstlerisch-mediale und das technisch-mediale Apriori lassen sich auf ein Apriori der Differenz zurückführen. Es gilt für die Analogmedien wie für die Digitalmedien. Die Digitalmedien kennen eine zweite Differenz. Zu unterscheiden ist bei den Digitalmedien zwischen digitalem Medium und analoger Oberfläche. Beim sogenannten Analogmedium erübrigt sich diese Unterscheidung. Es bleibt in der ersten Differenz von Sein und Schein. Wird der Körper zum Medium, so ist er bereits von sich selbst entfremdet. Was mit der Rede vom analogen Medium nur gemeint sein kann, ist eine Darstellungsweise, welche die Differenz tendenziell nicht sichtbar oder hörbar macht, ein Naturalismus, der die scheinbare Übereinstimmung zum Gesetz erhebt. Der ,Naturalist' Arno Holz hat dieses ,Kunstgesetz' um 1900 bereits in die Formel „Kunst = Natur – x" gebracht und die Medialität der Kunst postuliert: „Man revolutioniert die Kunst […] nur, in dem man ihre Mittel revolutioniert." Und das heißt, in seinen Worten, dass eine Annäherung an die Natur nur nach „Maßgabe ihrer jeweiligen Reproduktionsbedingungen"[2] erfolgen kann. Die Annäherung ist beim Analogmedium nicht im mathematischen Sinn der Differentialrechnung zu denken, sondern als Anähnelung nach der Struktur des Materials, in der sie erfolgt. Das analoge Reproduktionssystem hält die erste Differenz so klein wie nur eben möglich, nach den Bedingungen des Materials. Es arbeitet mit Kopien (den ,Reproduktionen').

Während die Anähnelung bei den Analogmedien den gesamten Produktionsprozess beherrscht, ist sie bei den Digitalmedien die Funktion allein der Oberfläche. Zwischen dem Pinselstrich, der Struktur des Marmors, dem Korn des Films einerseits, dem Pixel andererseits erscheint die zweite Differenz. Bei den Digitalmedien wird das Material nebensächlich. Entscheidend ist nicht die ,Tiefe', sondern die ,Oberfläche', das ,Interface'. Damit verschwindet der Begriff der Kopie, der für alle bisherigen, analogen Reproduktionstechniken konstitutiv ist. Analoge Medien weisen ein materiales

Kunst = Natur – x

[2] Arno Holz: Die Kunst ihr Wesen und ihre Gesetze. In: *Das Werk* Bd. X: Die neue Wortkunst. Berlin 1925, S. 83.

Original vor, das, im Sinne des Kunstgesetzes, nach Maßgabe der jedweiligen Reproduktionsbedingungen, vervielfältigt wird. Die Digitalmedien dagegen kennen keine Kopie im materialen Sinn. Computerkunst muss auf den Begriff auch des Originals verzichten. Digitalmedien simulieren die Annäherung an das ‚Sein‘, die ‚Natur‘, im Wege der zweiten Differenz, die sich über die erste legt. Die Digitalmedien sind im Wortsinn ‚Hypermedien‘.

Analog/Digital

Die Differenz von Digitalmedien und Analogmedien ist eine Differenz höherer Ordnung. Sie baut auf einer Differenz erster Ordnung, jener von Sein und Schein, auf und lässt diese, im Sinne der High Fidelity, der perfekten Simulation, für die Sinne scheinbar verschwinden. Die Digitalmedien erheben die Differenz zu ihrem Proprium. Es ist nicht die Null und die Eins, also die Zahlenfolge, sondern es ist die Zahl selber, rein und ohne Inhalt gedacht, welche dieses Proprium symbolisiert.

Die Tatsache, dass auf der ‚Digitalen Plattform‘ alle analogen Medien nur ‚erscheinen‘, nicht die ‚Wirklichkeit‘ selber, macht die Digitalmedien zu Erben aller medialen Evolutionen. Sie tragen die Spuren der Medienevolutionen an sich, wie die Gene des Menschen vergangene Katastrophen der Menschheitsgeschichte. Die neue Medienkonstellation der ‚Digitalen Plattform‘, auf der die alten mit den neuen Medien in schöner Eintracht nebeneinander koexistieren, ohne vom mächtigeren Nachfolger (dem Buch, dem Film, dem Fernsehen) quasi gefressen zu werden, in der den uralten Medien sogar eine neue Freiheit spendiert wird, den alten Bildern schöne und opulente ‚Museen‘, den ‚Dokumenten‘ die ‚Ordner‘, den alten ‚Büchern‘ schöne ‚Regale‘, den Musikstücken die ‚Alben‘, den alten Filmen die ‚Kinematheken‘, den Videos ihre ‚Videotheken‘ usw., ist durch eine rigide Ordnung des Nebeneinander ausgezeichnet. Alles dies vermag ein ‚Personal Computer‘ ‚im Netz‘ zu leisten, wenn er mit entsprechenden Programmen ausgestattet ist und die nötigen Ein- und Ausgabegeräte, die ‚human interfaces‘, aufweist.

Damit ist die neue Rede vom ‚technisch-medialen Apriori‘ jedoch nur zum Schein plausibilisiert. Allein die mediale Technik ist es, die uns die Welt zur

Erscheinung bringt. Technischer und mentaler Apparat, die ,sinnliche Wahrnehmung' und deren Verarbeitung – so die These der Psychologie der mentalen Modelle –, sind letztlich ununterscheidbar. Das Denken, Fühlen, Merken kann nun, technisch gesehen, auch außerhalb des menschlichen Körpers stattfinden. Der Apparat nähert sich dem Menschen, wie umgekehrt der Mensch und seine Wahrnehmung nach dem Modell des Apparats modelliert werden. Wenn es richtig ist, dass Wahrnehmung im Gehirn in gleicher Weise prozessiert wird wie in einem technischen Apparat, so ist das ,technisch-mediale Apriori' in der Tat unhintergehbar. Die Beschreibbarkeit der Welt ist die Voraussetzung für ihre Erkennbarkeit. Ansonsten bliebe sie ein ,Ding an sich'.

Medienphilosophisches Apriori: Zeit, Raum und das Problem der Person

Nimmt man den Begriff vom ,Apriori' im strikt philosophischen Sinn, so wie ihn Kant in seiner ,Kritik der reinen Vernunft' und in seinen ,Prolegomena' von 1783 eingeführt hat, so geht es um die „Möglichkeit der Erfahrung überhaupt"[3]. Diese ist die Grundlage der Möglichkeit einer ,reinen Naturwissenschaft'. Sie wiederum muss unabhängig sein von aller Erfahrung. Kants Frage nach der ,reinen Sinnlichkeit', die ihn zur Frage des ,Apriori' führte, hat ihre Auflösung in einer ,transcendentalen Ästhetik', die den aller Erfahrung vorausgehenden Begriffen von ,Raum' und ,Zeit' gewidmet ist.

Medien greifen an der Stelle ein, wo, wie es bei Kant heißt, unsere Sinnlichkeit ,gerührt' wird. An dieser Stelle schöpft der Verstand „seine Gesetze (a priori) nicht aus der Natur, sondern schreibt sie dieser vor."[4] Kants Rede von der notwendigen ,Vorschrift', ohne die Erfahrung überhaupt nicht möglich ist, modelliert den mentalen Apparat als einen schreibenden. Die Kantische Konzeption des Apriori lässt sich damit medientheoretisch weiterdenken. Medientheorie wird als Theorie einer neuen, technisch vermittelten ,Sinnlichkeit' zu einer fortzuschreibenden, modernen ,Ästhetischen Theorie'.

[3] Immanuel Kant, Prolegomena zu einer jeden künftigen Metaphysik, die als Wissenschaft wird auftreten können. Hrsg. v. Karl Vorländer: In: *Philosophische Bibliothek Bd. 40.* Hamburg 1957, S. 79.

[4] Ebd.

Die Ordnungen des Nebeneinanders im Kontext Neuer Medien weisen, ausgehend von der Kantischen Lehre von der reinen Sinnlichkeit, drei Dimensionen auf. Es sind die Ordnungen des Raums, der Zeit und der Person, des ‚Ichs', das alle ‚meine' Vorstellungen begleitet. An allen diesen Ordnungen lässt sich die Differenz höherer Ordnung festmachen.

Nähe und Ferne II

In der Ordnung des Raums stellt sich die Frage nach Ferne und Nähe. Ist es das Auszeichnende der ‚alten' Medien, dass sie, mit Walter Benjamin, vom wohligen Schock der Aufhebung der Nähe profitieren, die gleichwohl eine Ferne ist – Fernsehen zeigt nichts als das Allernächste und Allervertrauteste, aber beileibe nicht das Fremde, Ferne im Wortsinn – so können die Neuen Medien die Ferne überwinden. Dies gilt für das alte, analoge Fernsehen wie auch für das neue, digitale. Der Unterschied besteht in jener zweiten Differenz. Technisch gesehen zeigt das Digitalmedium einen fremden, natürlichen Raum wiederum nur vermittelt, als artifiziellen Raum, der am Bildschirm sichtbar gemacht wird. In Computervisionen wird er Cyberspace genannt, weil er Körper greifbar macht, die nur im Modell, im Rechner gehalten werden, und die nicht mehr in irgendeiner Wirklichkeit, in einem Irgendwo existieren. Räumliche Nähe wird (wieder) zu einer unendlichen Ferne, das Ungreifbare ist ihr Gesetz. Das aber nichts zu tun hat mit dem alten Unbegreiflichen, dem Numinosen. Das Modell selber aber ist mit höchster Rationalität generiert.

In der Ordnung der Zeit stellt sich die Frage nach deren medialer Überbrückung. Die nunmehr alten Medien sind Medien der Vergegenwärtigung des Vergangenen. Der Text entfaltet eine prognostische Kraft in der Beschreibung, Bilder der Zukunft sind unlösbar an die der Vergangenheit verkoppelt. Die Neuen Medien dagegen sind in Bezug auf ihre Temporalität auf das Prinzip der Echtzeit (der Direktheit) verpflichtet. Ihre Artefakte sind im Augenblick erzeugt, ihre Perpetuierung erfordert eine ständige Neuerzeugung. Ohne Auffrischung (‚refresh') werden Bilder am Bildschirm nicht sichtbar, weniger aus Gründen der Trägheit der Augen (hier wird das Verfahren des Films simuliert und modifiziert), sondern deshalb, weil sie schlicht keine Dauer haben.

In der Ordnung der Person nähern sich die Neuen Medien unübersehbar dem Körper an. Sie bilden quasi eine zweite Haut, ein ‚Interface'. Der Personal Computer und der Personal Digital Agent treten ihren Siegeszug in der Ordnung der Person an. Züge der Vermenschlichung des Automaten, ein alter Traum, verdecken das, was der Computer als ‚Hilfsmittel', als Merk- und Denkzeug zu leisten zunächst nur vorgibt. Die naive Freude an der Selbsttätigkeit des Automaten, zu vergleichen der bei den Affen, die uns so menschlich entgegenkommen, bis hin zur Attribuierung von persönlichen Eigenschaften (‚sie' beim Großrechner, ‚er' bei den Mikrocomputern), hat kaum etwas mit der Leistungsfähigkeit jener Geräte zu tun, die heute bereits als vorsintflutlich erscheinen. Ebenso naiv ist die Freude an den kleinen Bildchen, den Icons, die angeblich den Gebrauch des Rechners überhaupt erst ermöglichen, in Wahrheit aber nichts als Speicher- und Rechenzeitfresser sind. Das Internet funktioniert auch ohne ein grafisches User Interface. In der Ordnung der Person aber erweisen sich die graphischen Interfaces als unverzichtbar.

Person und Neue Medien

In der Summe der drei Ordnungen von Zeit, Raum und Person erscheint das unterscheidende Merkmal des Digitalmediums, das Merkmal der Interaktivität. Es ist das Zugleich von Mobilität, Echtzeit und Personalisierung. Die Aufhebung des Raums, die ständige Vergegenwärtigung und die Personalisierung lassen das Digitalmedium als ein Gegenüber erscheinen, mit dem, quasi wie mit einem Menschen, auf allen Ebenen interagiert werden kann. Joseph Weizenbaums ‚ELIZA', das erste der digitalen Frage- und Antwortsysteme, ‚versteht', was ihm gesagt wird, und gibt Antworten in ‚natürlichsprachlichen' Sätzen.

Joseph Weizenbaum
ELIZA

Das neue Mediensystem setzt auf dem ‚Computer als Medium' auf. Er bildet die Plattform für die digitalisierten Medien. Technisch gesehen führt die Weiterentwicklung der audiovisuellen Medien zu Mediensimulationen, die nicht als revolutionär Neue Medien erscheinen, sondern als Verbesserungen der alten. Darüber hinaus ist eine Fülle von Hybriden zu beobachten, welche die Funktionen der Medien der Audiovision mit Textmedien und mit Kommunikationsmedien verbinden. Dadurch, dass prinzipiell jedes der bisher getrennten Medien einzeln oder in Kombination auf der Digitalen Plattform als neues Medium erscheinen kann, ergibt sich eine unabsehbare Vielfalt von neuen Kommunikationsprodukten. Sie alle spielen mit den analogen Medien und damit mit der Differenz von Sein und Schein im Sinne der zweiten Differenz der digitalen Ästhetik der Simulation und Modellierung.

Skalierbarkeit der Neuen Medien

Neue Medien sind prinzipiell als ‚Generica‘, als Nachahmerprodukte, zu kategorisieren. Praktisch (aus Nutzersicht) handelt es sich um die analogen Oberflächen des Digitalmediums, die entweder die bisherigen Darstellungs- und Wahrnehmungsformen einzeln anbieten, oder um eine Kombination von Darstellungs- und Wahrnehmungsformen. Dies ist der Begriffskern von ‚Multimedia‘. Bisher umfasst Multimedia Bild, Ton und Text auf der Digitalen Plattform.[5] Utopien von Multimedia beziehen den Tastsinn und den Geruchssinn mit in die Darstellungs- und Wahrnehmungsformen ein, sprechen also den Gesamtbereich der fünf Sinne des Menschen an. Die Digitale Plattform und ihre Oberflächen, die geeignet sind, alle alten Medien, bis hin zu den Basismedien Text, Ton und Bild (Geruch und Geschmack in der utopischen Variante), zu simulieren, stellen eine Summe der medialen Möglichkeiten vor die Sinne des Menschen.

Auch das Merkmal der Interaktivität ist dadurch gekennzeichnet, dass es skalierbar ist. Die Rollen von Anbieter und Nutzer werden zunehmend, von der einen Seite der Digitalen Plattform zur anderen, von fehlender Interaktivität bis zur Interaktivität des Gesprächs, austauschbar. Bei diesem Rollentausch sind wiederum die Skalen der Zeit, des Ortes und der Person anzusetzen: Direktheit, Mobilität und Personalität.

Am Beispiel des Digitalfernsehens wie auch der digitalen Telefonie lassen sich die Dimensionen und ihre Skalierbarkeit aus Sicht des Nutzers erläutern. Fernsehen kann ‚live‘, ‚en direct‘ senden oder aber auch zeitversetzt. Gleiches gilt auch für die Nutzung. Die Sendung wie auch das Gespräch wird aufgezeichnet und später gesehen oder gehört. Die Zeitdimension

[5] Vgl. Helmut Schanze: Standpunkte: Neue Medien – Digitalmedium – Multimedia. Versuch einer Definition. In: *Medienwissenschaften. Rezensionen 4/95.* Marburg 1995, S. 395-401.

(Echtzeit versus Aufzeichnung) strukturiert das Programm im ‚alten' Fernsehen. Diese Struktur wird auf der Digitalen Plattform dynamisiert. Es ist eine Skala der Direktheit zu realisieren, wie sie sich in Begriffsprägungen wie ‚Near Video on Demand' ausweist. Gleiches gilt für die Telefonie. Im Netz lässt sich eine Abrufstruktur aufbauen, mit der der Nutzer theoretisch alle Inhalte, die bisher dem ‚Rundfunk' vorbehalten waren, auch auf die Endgeräte der zukünftigen Breitbandnetze ‚herunterladen' kann.

‚on demand'

Fernsehen wie Telefonie sind ortsgebunden, aber auch mobil möglich. Multimediale Inhalte sind auf mobilen Geräten zu empfangen wie auch zu senden. Das ‚alte' Mobiltelefon und der ‚alte' tragbare Fernseher werden durch die Digitalisierung perfektioniert und an allen nur denkbaren Orten verfügbar gemacht.

Die Dimensionen der Direktheit und der Mobilität heben die Bindung an Zeit und Raum auf. Texte, Bewegtbilder und Töne sind zu jeder Zeit, an jedem Ort abrufbar. Die Dimension der Individualität passt das Angebot an die subjektiven Bedürfnisse und Wünsche an. Es sind diese Dimensionen, die dem ortsfesten ‚Dispositiv' Fernsehen mit seinem festen Zeittakt letztlich abgehen, dem Internet aber positiv zugerechnet werden müssen. Direktheit, das ‚Live-Prinzip', ist das Prinzip des Fernsehens schlechthin. Aber schon hier wird oft das Prinzip nur simuliert. Vergessen wird, dass hier die Einmaligkeit der Sendung, die Anwendung des Prinzips der Direktheit auch auf die fiktionalen Programme, der Grund für ein Ereignis ist. Von der Direktheit des Theaters als darstellendem Medium bleibt das Fernsehen immer weit entfernt.

Auch im Netz der Netze, dem Internet, ist ein Minimum an Interaktivität oder ein Maximum möglich. Man kann sich für maximale Echtzeit oder Zeitverschiebung entscheiden, für ‚Video on Demand' oder für ein festes Programmschema, für eine ortsfeste Installation des Bildschirms mit Ohrensessel und Bierflasche, oder für ein Handy in der Rocktasche beim Jogging, für ein Massenprogramm für Alle oder für ein ganz individuelles, auf die eigenen Bedürfnisse zugeschnittenes Medienangebot zum Abruf. Und umgekehrt ist auch die eigene Sendung an Einen, Viele und Alle möglich.

Die Digitalisierung perfektioniert und dynamisiert das Angebot an Nutzungsformen, die, im Sinne der zweiten Differenz, an die ‚alten', analogen Medien und ihre Nutzung angepasst sind.

Hybridität und Pluralität der Neuen Medien

Die Netzstruktur bietet bezüglich der genannten Dimensionen, um in der Terminologie der Pflanzenzucht zu bleiben, hochdifferenzierte Hybride an, Produkte also, die jeweils genau für bestimmte Zwecke gestaltet sind. Je nach den Zielen des Anbieters, die nicht immer die Ziele des Nutzers sein müssen, werden, je nach technischen und ökonomischen Möglichkeiten, Mischungen angeboten, ein Mehr oder Minder an Interaktivität, Direktheit, Mobilität und Individualisierung, deren Nutzen in Pilotprojekten in einem Verfahren von ‚trial and error' erprobt werden können. Die Frage ist, ob der Nutzer die neue Oberfläche überhaupt annimmt, oder doch lieber bei den gewohnten, differenzierten Oberflächen bleibt.

Wenn es richtig ist, dass sich im Kontext der Multimedia die großen Einzelmedien Text, Bild und Ton, die auf der Verschiedenheit der menschlichen Wahrnehmungsformen beruhen, gesondert entwickeln und nur auf der Digitalen Plattform in wechselnden Zusammensetzungen integriert werden, so gilt auch für die Medienproduktion, dass sie sich in den getrennten Bereichen entwickelt. D.h.: Die Textproduktion wird die Normen der Textmedien weiter entwickeln, die Tonproduktion die der Tonmedien, die Bildproduktion die der Bildmedien. Es gibt nach wie vor mindestens drei Basismedien. Dem gemäß gibt es Text-, Ton- und Bildinhalte, die miteinander über traditionelle Transformationsregeln verbunden sind. Deren Erforschung ist Gegenstand der Intermedialitätsforschung. Sie kann historisch als Mediengeschichte angelegt sein oder aktuell als Medienästhetik. Sie baut auf einer Textästhetik, einer Tonästhetik und einer Bildästhetik auf, die im Übrigen unterschiedlich entwickelt sind.

Da jede beliebige Form mit jedem beliebigen Inhalt verbunden werden kann, entsteht eine Fülle von Kommunikationsprodukten, die von Seiten des anbietenden wie des nachfragenden Nutzers nicht mehr zur Gänze ‚beurteilt' werden können. Er benötigt Navigatoren, Hilfestellungen, Autoritäten, sog. ‚Metamedien'.[6] Hier kommt es darauf an, verlässliche Instanzen zu finden, die einerseits die Freiheit der Nutzer garantieren, d.h. den Umschlag in die totale Manipulation verhindern, andererseits ihm Orientierungswissen bereitstellen.

‚Rein' also tritt das Digitalmedium niemals auf. Die perfekte Simulation lässt den Unterschied von Sein und Schein in Schein aufgehen, dieser Schein aber behält stets eine vermittelte Referenz auf ‚Welt', auf jene erste Differenz, die als die Differenz der Kunst beschrieben wurde. Die Analogmedien ermöglichen Reproduktion, eine zweite Erfindung legt sich über die erste. Walter Benjamins Unterscheidung von ‚Kunstwerk' und ‚Kunstwerk im Zeitalter seiner technischen Reproduzierbarkeit' reflektiert die erste Differenz, die er mit dem ‚Verlust der Aura' beschreibt. Die Digitalisierung legt sich über Original und Kopie, indem sie den Unterschied zwischen beiden aufhebt. Simulation und Modellierung schaffen neue Welten nach eigenen Gesetzen, die über das Prinzip der Mimesis (Darstellung und Nachahmung) mit der ‚Natur' verbunden bleiben. Damit kehrt sie zur alten Differenz zurück – die neuen Welten gleichen den Fiktionen der Kunst. Wenn sie auch die Medialisierung selber nachahmt bzw. fingiert, erhebt sie den Anspruch auf ‚Medienkunst'. In der Praxis der Neuen Medien allerdings ist die Perfektionierung der alten medialen Apparate, der ‚technischen Reproduktion', das pragmatisch entscheidende Merkmal. Die Neuen Medien nähern sich den alten an, sie besetzen deren Terrain. Als generische Medien sind sie einerseits dem Kunstgesetz verpflichtet, das die Differenz zur Natur statuiert, andererseits sind sie, als Produktionen, völlig unabhängig von diesem Gesetz. Die alten Medien werden wiederum simuliert. Sie werden zu Metaphern so, wie die alte Kunst mit der Wirklichkeit umging, im Modus des ‚als ob'.

Metaphorik der Neuen Medien

Die Theorie der Digitalmedien kann somit von einer Theorie der Metapher abgeleitet werden.[7] Deren

[6] Helmut Schanze/Manfred Kammer (Hg.): *Metamedien. Türen zum Netz.* Baden-Baden 1998.

Original/Kopie

[7] Helmut Schanze: Textwissenschaftliche Vorüberlegungen. In: ebd., S. 13-25.

Metapher/Metonymie
Digitalität

Bestimmung als ‚Bewegung', im psychologischen Sinn als ‚Übertragung', allerdings lässt einen zweiten, ebenso zentralen Aspekt des Digitalmediums unberücksichtigt, die Erkenntnis nämlich, dass das Digitalmedium immer das verweigert, was es verspricht, nämlich die reale Präsenz des Körpers in Raum und Zeit. Unter den klassischen Figuren der Rhetorik wäre demnach nicht die Metapher, sondern eher die Metonymie als Leitfigur einer Medientheorie zu nennen. Sie verspricht einen Teil, der für das ‚Ganze' steht. Dieses Ganze aber ist nie fassbar und wird, auch vom Digitalmedium, verweigert. Das noch so genau simulierte Gegenüber ist und bleibt Schein, ein ‚als ob'. Das Digitalmedium oszilliert zwischen metaphorischer und metonymischer Struktur. Meint man, eine Möglichkeit ergriffen zu haben, entgleitet der Schleier und wird, wie der Sohn der Helena und des Faust im ‚Zweiten Teil' der Goetheschen Tragödie zur ‚Wolke' – ein Bild, das treffend das beschreibt, was an Möglichkeiten und Verweigerungen vom Digitalmedium ausgeht. Dies ist nichts anderes als die Konsequenz, welche eine umfassende Digitalisierung auslöst: Es bleibt kein Rest mehr, in dem die ‚Wirklichkeit' und ihr Modell zusammenhängen, da die Ähnlichkeit selber dem Verfahren der Digitalisierung unterworfen ist. Wo wir eine Ähnlichkeit, ein Analogon sehen, ist dies selber nicht nur der Betrug der Augen (wie beim Film), sondern der Betrug auch des Tast- und Hörsinns. Die Tonspur der Schallplatte enthielt immerhin noch ein Analogon der musikalischen Parameter. Die digitale Aufzeichnung ist nur noch über einen Code mit dem Ausgangston und dem durch das Endgerät reproduzierten Ton verbunden.

Zu Recht wird in der Forschung auf die Kodierung als ein Verfahren verwiesen, in dem auch die virtuellen Textwelten erstellt werden. Sie sind keine Reproduktionen, sondern genuine Produktionen. Ihre Herstellung, und das ist der Unterschied, erfolgt jedoch durch den Körper selbst, als Produktionen seiner äußersten Möglichkeit, der Einbildungskraft. Sprachliche ‚Bewegung' bedarf des mentalen Apparats. Das Digitalmedium ist, und hier ist eine Analogie besonderer, vielleicht auch täuschender Art gegeben, selber eine ‚Mentale Maschine',

die das, was der Körper bislang als ‚Innenwelt' erzeugte, nun als ‚Außenwelt' hervorbringt. Die Unkör-
perlichkeit der ‚Mentalen Maschine', die Herstellung
eines ‚Denkzeugs', eines ‚Merkzeugs' und eines ‚Ein-
bildungszeugs', sind zugleich die historischen Etap-
pen in der Entwicklung des Computers als Medium,
vom Rechner über den Speicher zum Modellierer. Die
programmgesteuerte Rechenmaschine bedient sich des
Formalismus der Sprache, um sie schließlich als ‚nicht-
numerische Datenverarbeitung' im eigenen Terrain zu
konturieren.

Vorgeschichte der Digitalisierung

Dass die Digitalisierung der Textwelten als erste gelang
(Stichwort ‚Textverarbeitung'), ist einer Simplifizie-
rung der Textwelten zu verdanken, die ein Analogon
im Bereich der Formalismen (der Grammatik nämlich)
zu Hilfe nahm, um einen schlagenden Anfangserfolg
zu erzielen, dessen Auswirkungen bis heute noch nicht
zu übersehen sind.

Die Anfangserfolge der Tonverarbeitung beruhen
auf der Vorgeschichte der Tonhöhendarstellung in
der Notenschrift. Auch hier geht es um eine lange Geschichte der Parametrisierung und der Normierung.
Die Tonverarbeitung kann auf eine lange Geschichte
der Grammatikalisierung der Töne zurückgreifen.

Die Bildverarbeitung, mit den Stufen der Standbild-
verarbeitung und der Bewegtbildverarbeitung, gilt immer noch als die den digitalisierenden Verfahren wider-
ständigste. Die Materialität der Kunst, ihre Körperlichkeit im weiteren Sinn, kann nie völlig im Modell aufgehen. Entscheidend ist hier ein doppelter Umweg. Zum
Einen ist es die Rasterung, die Theorie des Bildpunktes,
in den avancierten Verfahren der technischen Reproduktion, die eine Digitalisierung mit analogen Mitteln
darstellt, zum Anderen ist es die Tatsache des Augen-
trugs und der Einzelbilderfolge des Films, die eine Digitalisierung konzeptionell vorbereitet. Die Kombination
von Pixel und Frame und die (schon für die Töne eingeführten) rechnenden Kompressionsverfahren machen
letztlich die ‚Grafische Datenverarbeitung' zum Universalwerkzeug. Die Bezeichnung der Multimedia hält

den Bezug des Digitalmediums auf die alten Medien und ihre quasi-digitalisierenden Verfahren fest.

Körper, Neue Medien, Medienkunst

Der Umgang des Neuen Mediums mit der ersten Differenz, der Differenz der Kunst, hat einen Begriff und künstlerische Arbeiten hervorgebracht, welche die erste Differenz mit der zweiten verbinden, die ‚Medienkunst'. Nimmt man, als integrierendes Verfahren, das Verfahren der Fiktion (der ‚Kunst' im weitesten Sinn) hinzu, so ist ‚Medienkunst' nichts weniger als die Anwendung des Kunstverfahrens auf die eigenen Objekte, die einstmals die Würde und die Magie der künstlerischen Arbeit, der Sprachkunst, der Tonkunst und der Bildkunst ausmachten. Genauer besehen handelt es sich um den Formalismus (die ‚Grammatik') der Kunst, die in den Digitalmedien zu sich selber kommt. Medienkunst stellt die Medialität selber in Rede durch die Entdeckung des Körpers, der keineswegs nur als jenes einheitliche ‚Ich' der kantischen Konzeption erfahren wird, sondern als ein freudianisches Ich, Es und Über-Ich.

Aus linguistischer und auch aus der Sicht der Kunst- und Musikwissenschaften stellt sich die Frage, ob und inwieweit der semantische und der pragmatische Aspekt bei einer umfassenden Digitalisierung unberücksichtigt bleiben dürfen. Da das Kodierungsverfahren selber die Semantik keineswegs ausschließt, und da die ‚Nutzeroberflächen' selber nichts Anderes sind als Simulationen von Situationen des menschlichen Umgangs mit Systemen, also Pragmatiken im Wortsinn, so sind auch hier die Anfangserfolge des entwickelten Digitalmediums so schlagend, dass sich weitere Nachfragen scheinbar erübrigten.

Wenn hier von Anfangserfolgen, von Überraschungseffekten, ja von durchschaubaren Täuschungen die Rede ist, so lässt dies vermuten, dass dem analogen Mediensystem und seinen Gegenständen, der ‚Wirklichkeit' und dem ‚Körper', eine nostalgische Priorität eingeräumt wird. Dem ist entgegenzuhalten, dass das Prinzip der schrittweisen Anähnelung, unter striktem Verzicht auf Ähnlichkeit (auf Analogie der

Darstellungsform), also der Verzicht auf allen Zauber, das Prinzip der Digitalmedien selber ist. Es ist also keinesfalls ausgemacht, dass eine Rückkehr zu den Riten der Körperlichkeit jene Semantik und jene Pragmatik verbürgt, der sich das Verfahren selber immer nur annähern, die es aber nie erreichen kann. Ist die Differenz zum Mittel der Darstellung geworden, so ist ein Leben jenseits der Differenz, eine Behauptung einer ,Substanz', die in Körperlichkeit und Wirklichkeit vermutet wird, erneut kritisch zu befragen.

Neue Medien und Ideologie

Im Zeitalter der analogen Medien konnte zu Recht die Frage gestellt werden, ob die fortschreitende Aufklärung in Mythologie zurückschlage. Diese Frage, so scheint es, ist im Zeitalter der Digitalmedien obsolet geworden. Hier schlägt alles und nichts in Mythologie zurück. Die magischen Praktiken haben – scheinbar - eine unbestrittene Herrschaft angetreten. Selbst die apokalyptischsten aller Visionen ist nicht mehr nur denkbar, sondern auch, in fataler Weise diabolisch, realisierbar geworden.

Umso mehr wird es notwendig, neben den Möglichkeiten der Digitalmedien, neben der Unwahrheit des ,Ganzen', auch auf die unaufhebbare Differenz zwischen dem Dargestellten und der Darstellung zu verweisen. Es ist die Ästhetik der Digitalmedien, die Frage nach der ,sinnlichen Wahrnehmung' und ihrer Medialisierung, an der sich ihr Problem aufzeigen lässt. Sie sprechen zu den Sinnen, ihre technisch möglichen Verdrahtungen (ein verkürzender Sprachgebrauch), sie nutzen die Nähe zum Körper und zur Wirklichkeit, die sich der Definition entzieht. Der Sprung als Verfahren, der die Modelle von der Natur, die nach der klassischen Definition keinen Sprung (,saltus') aufweisen soll, unterscheidet, zeichnet sie aus. Dem gegenüber ist der Unterschied von ,analog' und ,digital', sofern er auf die Linie des Fortschritts der Mediengeschichte aufgeschrieben ist, sekundär.

Ist die Digitalisierung eine ,petitio principii' der Darstellung eines eigentlich Undarstellbaren, so wird die Frage nach dem ,Digitalen Apriori' zu einer

Fragestellung jenseits oder vor der Mediengeschichte, die sie in ihrem Rahmen weder beantworten soll noch will. Zugleich ist die Geschichte dieser Differenz das ‚movens‘ der Mediengeschichte. In ihrer endzeitlichen Variante lässt sie eine Weiterentwicklung über den Begriff einer reinen Differenz nicht mehr zu. Das Digitalmedium ist das Ende der Medien, so, wie der Begriff des Mediums in seiner heutigen Fassung erst erscheint, als ‚der Computer‘ sich von der reinen Rechenmaschine zur programmierbaren Datenverarbeitungsmaschine entwickelt hat. Sieht man dagegen Mediengeschichte prognostisch, so markiert der Begriff des Digitalmediums nur einen Schritt auf dem Wege einer offenen Geschichte der medialen Differenzierung, die nicht mehr nur dem ‚digitalen Apriori‘ gehorcht, sondern auch einem ‚analogen Apriori‘. Löst einerseits das Digitalmedium die Rede vom Ende der Kunst ein, so verweist andererseits allein schon der produktive Umgang mit dem digitalen ‚pencil of nature‘, mit der digitalen ‚camera stylo‘, das ‚Schreiben mit dem Computer‘ auf eine reale Geschichte zukünftiger Medientransformationen, die noch keineswegs an ihr Ende gekommen ist. Diese Zukunftserwartung setzt voraus, dass auch im Begriff der Kunst ein Zeitkern eingeschrieben ist, der die Rede vom ‚Digitalen Apriori‘ als einer unhintergehbaren Grundannahme zwar nicht außer Kraft setzt, ihm aber eine kritische Funktion zuweist. Nimmt man Analogie und Digitalität als Gegensatz, und diesen als anthropologische Konstante, nach der die Welt sich zu ordnen hat, so fasst dieser Gegensatz eine Geschichte der technischen Naturbeherrschung. Erst in ihrer Komplementarität setzen die Begriffe von ‚Analog‘ und ‚Digital‘ längst noch nicht ausgeschöpfte kreative Möglichkeiten frei.

3. Die Neuheit der Neuen Medien

Die Frage nach dem Status von Medientheorien kann sich am Ort ihres Erscheinens und am Format orientieren, unter dem sie auftreten. Geht man davon aus, dass Theorien der Neuen Medien einer doppelten Modernität antworten, wie sie das 20. Jahrhundert mit seinen rasanten Entwicklungen in der Medientechnik aufgestellt hat, so sind es doch keineswegs nur Fragen der technischen Innovation, die für die Theorie entscheidend sind. Neue Medientechnik ist nur einer der Anlässe, die zu medientheoretischen Formulierungen führen. Ein medientechnisches ‚Apriori‘ kann es nur insoweit geben, als Medientechniken Probleme der Nutzung überhaupt erst schaffen. Die technisch-mediale Möglichkeit ist nur der Ausgangspunkt von Medienutopien, die den Bruch mit allen bisherigen Formen von Wahrnehmung erwarten. Solche Utopien basieren auf dem naturwissenschaftlich-technischen Fortschrittsgedanken, postulieren aber Diskontinuität, eine radikale Neuerung. Dass neue Medientechniken den Avantgarden des 20. Jahrhunderts als Demonstrandum einer radikalen Neuorientierung dienen, dass ihre Manifeste stets auf den umwälzenden Charakter der Technik selber verweisen, machen Theorien der Neuen Medien jeweils zum Ort des Gedankens an eine von der Gegenwart und auch von der Vergangenheit getrennte Zukunft. Theorien sowohl der Einzelmedien (wie Film und Rundfunk) wie auch die der ‚Gesamtkunstwerke‘ treten regelmäßig mit dem Gestus der Radikalität auf.

Medientechnik

Dies berechtigt, die Begriffe ‚Medium‘ und ‚Umbruch‘ zusammen zu stellen. Sind Theorien der Neuen Medien regelmäßig gekennzeichnet durch einen mit Emphase beanspruchten Bruch bisheriger Gewöhnlichkeiten, so begreifen sie auch eine Theorie der Medienumbrüche. Dass hier nicht allein politische Umbrüche (der gesellschaftlichen Verhältnisse und politischen Verfassungen) gemeint sind, sondern immer und zugleich auch Umbrüche der mentalen Dispositionen, eingeschlossen Kognition und Wahrnehmung, machen Theorien der Neuen Medien abhängig von einer Theorie sowohl der gesellschaftlichen wie auch der

Medienumbruch

mentalen Dynamiken. Wenn in einem Medienumbruch die ‚innere‘ wie auch die ‚äußere‘ Welt des Menschen betroffen ist, wird die Medientheorie ein Schnittpunkt von soziologisch-politischen wie auch mentalitätstheoretischen Überlegungen. Sie bezieht sich auf technische Innovation, ohne doch eine vollständige Geschichte der Technik aufzunehmen.

Derart generalisiert jedoch wird eine Medientheorie in Bezug auf ihre Gegenstandsbestimmung überfordert und unspezifisch. Sie wird zur allgemeinen Theorie des mentalen Apparats, ist aber, je nach ihrem Anspruch, allenfalls eine Theorie der ‚Erweiterungen‘ der mentalen Möglichkeiten. Sie greift in eine allgemeine Theorie der Kommunikation ein, die sie als technisch vermittelte spezifiziert. Sie macht Gebrauch von gesellschaftlichen wie auch von mentalen Modellen, ohne diese ersetzen zu können. Sie demonstriert den technischen Fortschritt, ohne doch das Agens abzugeben und vollständig beschreiben zu können, das Technik und Wissen in immer neue Wissensgebiete drängt.

Die Analyse von medialen Modellen also kann sich des Begriffs eines Medienumbruchs zwar versichern, darf aber eine vollständige Lösung aller Probleme von Sozialgeschichte, Mentalitätsgeschichte und Technikgeschichte, von ‚Revolutionen‘ schlechthin nicht versprechen. Die systematische und historische Verschränkung von Medienbegriff und Neuheit macht eine Bestimmung nicht nur der Leistung von Medien, sondern auch des Begriffs der ‚Neuheit‘ in deren Rahmen notwendig.

Theorien der Neuheit: Fortschritt, Innovation, Avantgarden und Alteritäten

Neuheit ist primärer Inhalt von Medien, als Novität, Neuerscheinung, Uraufführung, Premiere, Ur- und Erstsendung, Begriffe, die mit bestimmten Wertvorstellungen des Erstmaligen eines schöpferischen Augenblicks verbunden werden. Die mediale Reproduktion, die den Erfolg bestätigende ‚Wiederholung‘, die Möglichkeit der Reprise, der Wiederaufnahme, der ‚Neuauflage‘ und der Wiedersendung machen die Worte ‚Zum Ersten Male‘ zu einem Hinweis auf das Ereignis, das sich letztlich nie wiederholen kann, dessen

Wiederholung aber alle künstlerische und technische Anstrengung gilt, bis hin zur Aufhebung der Grenze zwischen ‚alt' und ‚neu', die Originalität und Kopie ununterscheidbar macht. Der Anfang des Mediums ist ihm exterritorial, ohne ihn aber kann es nicht prozessieren. Das Ende der Neuen Medien ist die Aufhebung des Begriffs der Kopie in den einer reinen Neuheit. Die Doppelheit von auratisierter Neuheit und technischer Reproduzierbarkeit aber bleibt den Neuen Medien eingeschrieben. Sie strukturiert ihr Programm.

Die Neuheit der Neuen Medien ist jedoch auch systematisch zu spezifizieren, als (technische) Innovation, als (gesellschaftliche und lebensweltliche) Modernität, als (künstlerische) Avantgarde und als (örtliche und zeitliche) Alterität des Fremden, des Abweichenden, Marginalen und seiner (kolonisierenden) Entdeckung. Die Begriffe des Neuen zeigen Zonen der Überlappung und der Komplementarität. Sie definieren sich gegenseitig in einem Begriffsfeld des Neuen, das kultur- wie auch wissenschaftsgeschichtlich unterschiedlich fokussiert und ausgearbeitet werden kann. Neuheiten bilden und modulieren Medientheorien und damit die Begrifflichkeit der Neuen Medien. Sie bestimmen das methodische Vorgehen bei der Medienanalyse und konfigurieren den Mediengebrauch. Diesen funktionalen Charakter teilen sie mit Theorien der Neuheit, des technischen Fortschritts, der Innovation, der Modernität, der Avantgarden wie auch mit der Alterität.

Soziologische Innovationstheorien heben auf Veränderungsprozesse ab, die geplant und kontrolliert verlaufen. Die neuen Techniken sind Schritte in Optimierungsprozessen. Ziel ist die Realisation neuer technischer Möglichkeiten, im Falle der Medieninnovation, die Anwendung neuer medialer Möglichkeiten. Das Modell des technischen Fortschritts suggeriert einen ständigen Fortschritt in deren Erweiterung. Die Theorien der Innovation lassen Medien zu Trägern von Fortschrittsutopien werden.

Theorien der Modernität versprechen nicht nur den technischen Forschritt, sondern auch einen Fortschritt, dessen Ende sich in der Verwirklichung gesellschaftlicher Utopien ausweist. Sie erkennen die Zeichen der Modernität an Äußerungsformen, die Fortschritt

Theorien der Modernität

signalisieren und zugleich den Bruch mit allen traditionellen Formen behaupten. Die als fortschrittlich ausgewiesenen gegenwärtigen Handlungsschemata werden zu Handlungsnormen erhoben. Paradigma der Modernität ist die Architektur im weitesten Sinne, die mit den traditionellen Stilformen bricht und das ‚Ornament' verwirft. Die Form soll der Funktion folgen. Die sogenannte ‚Klassische Moderne' rechnet ab mit allen Traditionen und prüft sie auf Brauchbarkeit. Die Wechselbeziehung der derart als modern klassifizierten Neuen Medien des ersten Medienumbruchs wird im zweiten zum Kennzeichen der Epoche selber. Das Zeitalter des zweiten Medienumbruchs ist das Medienzeitalter oder das Zeitalter der zweiten Modernität. An die Stelle des technisch-funktionalen Designs der Gegenstände des täglichen Lebens tritt das technisch-funktionale Design der digitalen Werkzeuge, die zweckmäßige und funktionale Architektur der Rechner.

Auch die Theorien der Avantgarden weisen eine spezifische Dialektik auf, die ein Traditionsverhältnis mit dem einer absoluten Modernität vermitteln muss. In den Theorien der Avantgarden gehen die Theorien der Modernität in den Bereich der künstlerischen Produktion über. Zugleich wird die Grenze des technischen Fortschritts reflektiert. Die ‚Dialektik der Aufklärung' ist nicht zuletzt an Erfahrungen der medialen Dynamik gebunden. Medien erscheinen in ihr auch theoretisch zuerst als Massenmedien. Sie stehen für das Avancement der Massen, vor denen sich die Herrschenden fürchten müssen und sind die Hoffnung der Unterdrückten. Sie dienen der Volksverdummung wie auch der Volkserziehung zum Besseren hin; sie sind die ‚geheimen Verführer' und die neuen ‚Schulen der Nation'.

Theorien der Alterität   Theorien der Alterität benennen die Fortschritte in der Entdeckung der Welt und des Menschen, den raumgreifenden Fortschritt, als kolonisierenden Habitus, der letztlich das Fremde und damit das Eigene vernichtet. Globalisierung, die Entwertung des Fremden und Marginalen, wird als Bruch der Kontinuitäten erfahrbar. Der Medienumbruch um 1900 fällt zeitlich zusammen mit dem Höhepunkt und der Krise des Kolonialismus. Die Ethnologie bedient sich der Neuen Medien, um Aktivitäten zu dokumentieren.

Die Neuheit der Neuen Medien bezieht sich nicht nur auf den technischen Fortschritt, jene Innovationen, die zu einem immer besseren technischen Gerät führen sollen, sondern auch auf die Bewegungen der Modernität, der Avantgarden und das Bewusstsein der Alterität, das sich, in einer Dialektik der Aufklärung, aus dem Fortschrittsgedanken selber entwickelt.

Neue Medien und Medienumbrüche

Die so spezifizierte Neuheit der Neuen Medien verdankt sich vor allem der ersten Modernität, und damit dem Medienumbruch um 1900, und sie gilt bis in die zweite Moderne hinein, die man ihrerseits als Medienmoderne definieren kann. Sie kann damit als Zweite Moderne ausgewiesen werden. Auch wenn man die Theorien der Avantgarden als Leittheorien nimmt, wie in der ‚postmodernen' Theoriebildung, so ist von einer Zweiten Avantgarde zu reden. Die Theorien der Alterität machen den inneren Widerspruch in einer Mediengesellschaft bewusst, die bei allem Anspruch auf globale Geltung dennoch das Fremde als Fremdes nicht zur Kenntnis nehmen will. Schon der Film und das Radio kennen diese Doppelheit. Medien normieren das Lachen und das Weinen der Welt auf den Standard eines Weltdorfes. Sie dringen vor in die letzten Winkel der Welt und vernichten das, was als romantische Ferne verklärt wird. Die Neuen Medien radikalisieren diese Tendenzen. Die technische Realität des Internets gilt als Beweis für die Wirklichkeit der Globalisierung, ein Beweis allerdings, der angesichts der überwältigenden Zahl der Nicht-Nutzer des Neuen Mediums kaum angetreten werden kann. Zahlen über die Nutzung der Neuen Medien in den Entwicklungsländern sprechen eher von einer neuen Aufteilung der Welt. Gegenüber den Alteritäten des ausgehenden Zeitalters der Kolonisation ergibt sich auch hier ein Typus einer zweiten Alterität.

Elektronische Moderne

Mit Photographie und Telephonie bricht die Medientechnik mit den traditionellen Graphien. Neue Memorial- und Kommunikationsmedien stehen zur

Verfügung, auf das reine Abbild, auf mündliche Sprache, Bild und Ton gegründet, ohne Schriftkenntnis scheinbar sofort verfügbar. Die neuen Graphien sind basiert auf dem Fortschritt der Naturwissenschaften.

Die Photographie revolutioniert die Abbildungskünste, das Telefon das Gespräch. Auch wenn sich die Bildkunst der neuen Verfahren nur im Geheimen bedient, entstehen auch ohne die Hilfe des Malers Porträts und Landschaften. Der Porträtierte wird technisch verewigt, die Zeit seines Gesichts im Augenblick festgehalten. Beim Telefon sieht man seinen Gegenüber nicht, aber man hört ihn aus der Ferne sprechen. Der Raum des Gesprächs wird entgrenzt. Basierend auf der Photographie, diese vom Augenblick zur Bewegung führend, tritt im letzten Jahrzehnt des 19. Jahrhunderts der Kinematograph in Konkurrenz zu ihr, aber auch zu den lebendigen Beschreibungen der Literatur. Die Pose ‚beim Photographen', das Salutieren vorm Telefonapparat beim Befehlsempfang wird Gegenstand der gefilmten Karikatur. Der Kinematograph revolutioniert erneut das Sehen, erfindet aber auch die Erinnerung als Rückblende, den Traum als inneres Kino neu.

Am Ende des 19. Jahrhunderts kommt die Technik der globalen Radiophonie, die erste der elektronischen Medientechniken, hinzu. Die Elektronik ist Teil des naturwissenschaftlichen Fortschrittsparadigmas. In Bezug auf die Medientechnik jedoch ergibt sich ein Paradigmenwechsel. Während Licht- und Schallwellen als naturwissenschaftliche Medien alter Art anzusprechen sind, sind elektrische Wellen den Sinnen nicht mehr zugänglich. Eine unsinnliche Verbreitungstechnik entsteht, die zunächst nur an den anonymen Empfänger, tendenziell ‚An Alle', gerichtet ist. Aus der Zweiweg-Kommunikation wird die Kommunikation von einem Punkt an unbegrenzt viele. Zum Ende des Jahrhunderts bereits ist auch der Bildfunk technisch vorbereitet. Die Braun'sche Röhre wird zum Fenster zur Welt. Die technischen Voraussetzungen für das 20. Jahrhundert als Zeitalter der Audiovisionen sind erfunden.

Die elektronischen Medien können so, neben den Druckmedien, zu den Massenmedien des 20. Jahrhunderts aufsteigen. Überall, wo es um Sinn und Sinnlichkeit geht, werden die neuen, unsinnlichen Medien zu

Agenten des Wandels, auch im Bereich der Künste. Diese müssen sich neu gegenüber den neuen Sinnestechniken positionieren. Die Geschichte der Künste, der Literatur, der Musik, der Bildenden Kunst, erfährt um 1900 den Umbruch zur Moderne.

Die Utopie der ,Roaring Twenties' ist, mediengeschichtlich gesehen, der Zeitpunkt, an dem sich das globale Massenmedium ,Hörfunk' erstmals mit einem Kultur- und Nachrichtenprogramm meldet. Der Film wird zum Tonfilm. Die technische Erfindung des ,Fernsehers' steht bereits im Labor. Das Ende des Umbruchs zu den Analogmedien ist zugleich der Anfang des Umbruchs zu den Digitalmedien. Die Hollerith-Maschinen beginnen ihren Siegeszug im Zeichen der Rationalisierung bereits in den 1930er Jahren.

Euphorien und Apokalypsen

Mediengeschichte ist als Erfindergeschichte der Medien, als Geschichte des technischen Fortschritts schreibbar. Die Anwendungsgeschichte – und damit die Kulturgeschichte der Neuen Medien, die das ,Gutenberg-Zeitalter' einer verzögerten Kommunikation ablösen – ist dagegen ein komplizierter, mit Euphorien und Apokalypsen, mit globalen Verständigungsutopien und mit brutaler Kriegsführung unlösbar verbundener Prozess. Die Neuen Medien der ,Jahrhundertwende' werden zunächst der Politik dienstbar gemacht: den Heeresleitungen, dem Führer. Massenmedien nennt man die neuen Kommunikationsmittel nicht, weil sie den Massen dienen, sondern deshalb, weil sie dazu gebraucht werden können, die Massen zu beherrschen. Ende der 1910er, vor allem in den 1920er Jahren, im und nach dem ersten Weltkrieg, verbindet sich die Erfindergeschichte, zögernd, mit Rückschlägen, dann aber, mit geradezu schrecklicher Konsequenz, mit der politischen Geschichte. Die Erfindergeschichte und die Kunstgeschichte der Jahrhundertwende werden zu deren Vorgeschichte. Die ,Geschichte' – genauer, die moderne Antigeschichte – beginnt mit der Koppelung der Erfindergeschichte an die politische Geschichte. Der erste Einsatz des Fernsehers zu den Olympischen Spielen 1936 erscheint als ein drapierter Kriegseinsatz, dem der Hörfunk durch ,Gleichschaltung' 1933 längst unterworfen war.

Technische Reproduzierbarkeit und Kritische Theorien

Bereits in den 1920er Jahren wird das ,Zeitalter der technischen Reproduzierbarkeit' in seiner Widersprüchlichkeit theoretisch bearbeitet. Die Neuen Medien, so Paul Valéry in seinem Essay *La conquête de l'ubiquité* von 1928[1], betreffen den Kern des poetisch-künstlerischen Prozesses selber, die ,Erfindung'. Melancholisch blicken Poet und Philosoph auf die neue Medienwelt: Möbel reden und singen, Türen blasen Fanfare, Musik ist überall, ewiger Sonntag ist die Folge, aber auch ewige Verdrießlichkeit, Vereinzelung und Traurigkeit. Alle Medienkritik wird, angesichts des ,Volksempfangs', zu einer Kritik der Macht und der Mächtigen. Freud, Brecht und Benjamin, Adorno und Horkheimer, Lacan, Derrida und Foucault formulieren den äußeren, den gesellschaftlichen und inneren, den psychologischen „Machtapparat aus Kalkül" (Fontane im Zitat von Rainer Werner Fassbinder) in Kritischen Theorien nicht zuletzt im Blick auf die Massenmedien der Moderne.

Der Ubiquität der Massenmedien gegenüber können die Kritischen Theorien nur einen emphatischen Begriff der Kunst denken, als Inbegriff eines machtfreien Raums der Möglichkeiten. Die Neuen Medien gestatten auch das ,Andere' zu gestalten, einen Raum im Übergang, an den Grenzen, in den Zwischenräumen zwischen den Medien. Die andere Seite der Kritischen Theorien der Massenmedien ist eben jener negative Begriff der Kunst, der die Alternativen am Rande des Kulturbetriebs aufsucht.

Die Geltung der Kritischen Theorien als Theorien des Übergangs, der Grenze und der Marginalitäten wird in Theorien der ,Postmoderne' bestritten. Dem ,faustischen Zeitalter' folge, so J. David Bolter, das Zeitalter Alan Turings, des Erfinders des programmierbaren Rechners. Dass sich die Kritischen Theorien der Moderne nicht einfach fortschreiben lassen, dies wird dem aufmerksamen Beobachter der intellektuellen Szene kaum entgehen. Ob sie aber einfach zum Müll der Geschichte geworfen werden können, dies steht

[1] Vgl. Paul Valéry: Die Eroberung der Allgegenwärtigkeit. In: *Werke.* Bd. 6 (hrsg. v. Jürgen Schmidt-Radefeldt) Frankfurt a.M. 1995, S. 479-483.

mit Gründen in Frage. Die Tagesdebatte enthält die Namen, die das medialisierte Gespräch vorzeigt. Bill Gates, nicht der Erfinder, sondern der Vermarkter, gibt den Ton an wie einst Kaiser und Könige. Visualisierungen und Visionen fusionieren im neuen Medium, das nach den Texten und den Tönen zuletzt auch die bewegten Bilder erreicht, und die drei Basismedien zu einer visuell dominierten ‚Oberfläche‘ konvergieren lässt. Die Trias von ‚Oberfläche‘ (im Sinne Nietzsches), von ‚technischer Reproduzierbarkeit‘ und von ‚Medium is the Message‘ im Sinne McLuhans hat Norbert Bolz zur Grundlage seiner *Theorie der neuen Medien* gemacht und verweist damit auf deren Geschichte in der ‚Moderne‘.

Digitalmedien

Der Medienumbruch um 2000, der als Sprung erfahrene technische Schritt zu den Digitalmedien, hat seine lange Vorgeschichte in den technischen Erfindungen des 19. und 20. Jahrhunderts: Turings Automat, die Hollerith-Maschine, der programmierbare Rechner, die Miniaturisierung der Technik, der Personalcomputer, die Multimedia-Maschine und die globale Netzwerktechnologie, das ‚Internet‘: Nach stiller Evolution beginnt an der ‚Jahrtausendwende‘ eine neue mediale Zeitwende. Nicht mehr geht es um eine revolutionäre Sinnlichkeit; die Neuen Medien stellen eine neue unsinnliche, virtuelle Welt vor, welche die sinnliche Welt als eine Form der Simulation mit enthält. Was mit dem Theater und seiner Mimesis begann, wird nun zum universellen Werkzeug der Welterkenntnis und Weltmodellierung. Noch sind die Folgerungen nicht absehbar. Schon aber herrscht der melancholische Blick: Ein Zeitalter der Fragmentierung und der Beliebigkeit wird vorausgesagt, ein Verlust des Ortes und der Zeit. Zu euphorischen Visionen kommen die apokalyptischen, wie stets an Zeitenwenden. Das Begriffsinventar der Kritik der Massenmedien wird in schnellen Visionen und Szenarien fortgeschrieben, noch ehe sich die Digitalmedien entfaltet haben. Sie erben, als perfektionierte Audiovision, alle Hoffnungen, die in das Zeitalter der technischen Reproduzierbarkeit gesetzt wurden, die Entgrenzungen von Zeit und Raum, aber auch alle

Befürchtungen gegenüber einer noch weitergehenden
Medialisierung aller menschlichen Grundverhältnisse.
Ein neues visuelles Zeitalter wird prognostiziert, Bil-
der von überallher in Echtzeit, perfekte Simulationen.
Erneut müssen sich alte Künste neu positionieren, nun
die der Schallplatte, des Films, des Fernsehens.

Medien und Krieg: Armaturen der Sinne

Die Erfindergeschichte der Audiovisionen ist gezeichnet durch die historischen Begriffe des Krieges und der
Revolution. Wo das Primat sei, beim Krieg oder bei der
Erfindung: dies alles mag kaum noch verschlagen. Methodisch ist der Komplex kaum aufzulösen; er wird in
den letzten Jahren zum unhinterfragten Grundgesetz
von Mediengeschichte überhaupt. Als ‚smart weapons‘
eines chirurgisch zu führenden Schlags sind auch noch
die neuesten der Neuen Medien, die stillen, interaktiven Medien, zu Machttechnologien prädestiniert.
  Die Frage nach dem Krieg als dem ‚Vater aller Dinge‘, nach den ‚Armaturen der Sinne‘ also, gleicht der
alten Frage nach dem ‚Ei der Leda‘: Wer hat den Krieg
begonnen? Die mediengeschichtlichen Thesen von
Marshall McLuhan, Paul Virilio und Friedrich Kittler
zum Thema ‚Krieg und Audiovision‘ können nicht
ohne ihren konkreten geschichtlichen Erfahrungszu-
sammenhang gelesen werden. Ihr Argument geht vom
Medienumbruch zur Audiovision aus: ‚Grammophon
Film Typewriter‘ sind Kittlers Titelmedien. Zwar ist
keine Erfindung neutral, ihre Inanspruchnahme nie
zufällig, die Frage nach den geschichtlichen Bedingungen und Konsequenzen aber ist epochenspezifisch zu
stellen. In den Ritzen der Broadcast-Medien hat sich
ihr geschichtlicher Augenblick festgefressen, der Augenblick, in dem sie von den obersten Heeresleitungen
in Dienst genommen wurden.
  Die Frage ist, ob der Medienumbruch um 2000 eine
Art Steigerungsstufe des ersten darstellt. Diese Frage
muss bei einer unerhörten und bis heute nicht bewäl-
tigten Vergangenheit der nunmehr alten Medien zur
Zukunftsfrage geraten. Offen ist, was geschieht, wenn
sorgfältig ‚regulierte‘ Massenmedien ‚de-reguliert‘
werden. Wer sich auf einen Automatismus der ‚Selbst-

Regulierung' verlässt, verletzt das scheinbar abgetane Wachsamkeitspostulat, wie es Hans Magnus Enzensberger gegenüber den ‚Netzen' postuliert.

Bewahrende Medienkritik läuft ins Leere, wenn Medienwächter die fernen ‚Inhalte' auf die nahen Server holen, um sie besser kontrollieren zu können. Zur Freude der ‚Nutzer' wird dadurch die Wartezeit auf problematische ‚Seiten' verkürzt. Der Einbau eines – natürlich immer wieder von den Freunden des Chaos zu dechiffrierenden – Jugendschutzcodes ist offensichtlich nur die Fortsetzung der Regulierung mit alten, gleichwohl für die Neuen Medien nicht tauglichen Mitteln.

Die Radikalität, mit der Medien als Massenmedien an Krieg und Revolution gekoppelt werden, auch die Plausibilität des Ansatzes, muss auf den Prüfstand der Erfahrung gestellt werden. Dies ist keine quantitative Frage allein; der Umschlag von Quantität in Qualität, von Evolution in Revolution, reicht als Beschreibungsmodell nicht aus. Die analoge Audiovision und ihre Erfindungsgeschichte ist nicht nur an den Fortschritt der Revolution von 1918, sondern auch an den Rückbruch von 1933 und den Zusammenbruch von 1945 gekoppelt. Letzterer erhält eine versöhnliche Dimension dadurch, dass er das Gründungsdatum der ‚Vereinten Nationen' und der Verkündung der allgemeinen Menschenrechte darstellt: die Urkunde von Globalisierung und Individualisierung (im positiven Sinne). Die in den Rundfunkstaatsverträgen in Deutschland festgeschriebene ‚Staatsferne' ist Folge einer historischen Erfahrung mit der an Krieg und Machtmissbrauch gekoppelten analogen Audiovision. Sie reflektiert die Bedingungen ihrer Entstehung: ihre Koppelung an das politische Zeitalter der Massen. Dessen historische Ambivalenz geht auch auf die Neuen Medien über.

Massenmedien und Digitalmedien

Summiert man die Perspektiven des ersten Medienumbruchs im 20. Jahrhundert, so wird man festhalten dürfen, dass die neuen audiovisuellen Medien im Wortsinn ‚revolutionär' sind. Sie koppeln sich, über den ‚Aufstieg der Massen', an das zweite Revolutionskonzept mit seiner ganzen Ambivalenz. Technisch gesehen ist das Broadcasting eine Nachricht an alle. Seine Affinität zu Revolution und zu Massenbewegungen, aber auch zum faschistischen Missbrauch, ist scheinbar ‚natürlich'. Demokratisierung und Kommerzialisierung sind weitere Dimensionen im historisch-politischen Kontext, die ebenfalls affin sind zu den Massenmedien. Man darf durchaus von einer Inklination der Medien zur Politik der Masse sprechen. Dagegen lässt sich aber auch festhalten, dass die Rundfunkgeschichte nicht mit Notwendigkeit in die Gleichschaltung läuft. An utopische Zonen wie die des frühen Hörspiels sind zumindest zu erinnern. Die anglo-amerikanische Entwicklung zeigt andere Perspektiven, die nach 1945 auch in Deutschland aufgenommen werden können.

Die Frage ist, ob und inwieweit die revolutionären Tendenzen im Medienumbruch der ersten Moderne zur ‚zweiten' (Ulrich Beck), zu den Digitalmedien, einfach fortgeschrieben werden darf. In erster Näherung, ebenfalls auf technologischer Basis, scheint dieser Ansatz plausibel zu sein. Die Fiktion vom Internet als Kreation des Pentagon, wie sie ‚Hobbes' Timeline' im Internet verbreitet und die in Deutschland gutgläubige Leser gefunden hat, kursiert als historisches Faktum. Dass man dabei einer literarischen Konstruktion folgt, einem im Grunde sehr ernst gemeinten Spiel, haben die Verfasser dieser Legende dem ‚geneigten Leser' mit ‚Hobbes' (vordergründig: dem englischen Philosophen des *Leviathan*) signalisiert. Unter dem Philosophen verbirgt sich der Literat und sein Mythos: Die kleinen Hobbits (die Vorläufer der Hacker und aller guten Lebewesen) müssen sich der bösen Orcs erwehren. Der ausführliche Anhang von Tolkiens *Lord of the Rings* enthält das Vorbild der ‚Time-Line'. Das Pentagon ist der ‚Urheber', weil es nur dann die guten Leute an der Westküste der Vereinigten Staaten geben kann, die das Neue Medium demokratisieren wollen. Ob es nicht doch von Anbeginn demokratisch war: Diese Frage ist wie bei allen Ursprungsmythen nicht zu beantworten. Geschichte und Fiktion sind unlösbar verknotet. Abgesehen von der politisierenden, für den Erfolg des Internets und seinen ‚Hype' entscheidenden Legende: Digitalmedien sind für den Nutzer primär evolutionäre Medien, nicht revolutionäre. Die Digitale Plattform ist geeignet, alle alten Medien, besser, schöner, stabiler, zu ‚simulieren'.

Der ‚Computer im Netz', das ‚Neue Medium', ist ein technischer Fortschritt, der einen inneren Widerspruch trägt. Obwohl er dem Grunde nach evolutionär ist, nimmt er die alten revolutionären Medien in sich auf. Das revolutionäre Potenzial des Neuen Mediums ist technologisch begründet, nicht aber in der Technologie selber, sondern im Blick auf die Inhalte: die Massenmedien. Nach dem Satz, dass die Inhalte der Neuen Medien immer die alten Medien sind, erbt das neue Medium auch deren revolutionären Charakter. Die Verkäufer der Neuen Medien werden auch in Zukunft alle Welt mit ihren revolutionären Innovationen in Atem halten, je mehr, wenn es bei einer im Grunde seit Jahrzehnten stabilen technischen Plattform um die Inhalte geht. Um Bewegtbilder zeigen zu können, werden die Rechner ‚aufgerüstet'. Glücklicherweise, könnte man sagen, nur die Rechner, gäbe es inzwischen nicht eine Tendenz zum simulierten Krieg, der, wie im Golfkrieg, nur allzu schnell in den analogen Krieg zurück brechen kann.

Das viel zitierte Interesse des Militärs an der neuen digitalen Technik ist paradox. Es nutzt sie, weil sie analoge Systeme besser, schneller und sicherer machen soll. Die Großrechner als Kontrollinstrumente aber sind längst von den ‚Mikrorechnern' auf den Schreibtischen abgelöst worden. Der ‚Computer im Netz' ist eine durch und durch zivile Technik, auch wenn er durch die ‚Orcs' gefördert wurde. Bei *Star Wars* und ‚Intelligenten Waffen' handelt es sich um spannende Science Fiction nach dem Modell von Jules Verne und Orwell, die nun mehr aber praktisch wird und damit nicht mehr zu verniedlichen ist. Uralte Systeme der Vernichtung werden als neu verkauft. Spiel und Wirklichkeit werden nicht mehr getrennt.

Medienästhetiken

Medienästhetisch ist die Frage zu stellen, ob die Digitalmedien ebenso für den ‚Rausch' und den ‚Traum' stehen können, wie die der entwickelten Audiovision. Auch ist die Frage nach der ‚Geschwindigkeit' im Zeitalter der Neuen Medien neu zu stellen. Wieder ist zu

differenzieren: Einerseits kann eine digital perfektionierte Audiovision den Rausch der Bilder verstärken.
Dies gilt auch für die Töne. Andererseits stellt sich die
Frage, ob ‚das Digitalmedium' nicht im Kern doch ein
Textmedium ist, das, schon aufgrund der sehr aufwen-
digen Programmierungstechniken, sehr viel ‚ruhiger'
sein muss als die analoge Audiovision. Dies gilt allerdings nicht für die Rezeption, sondern nur für die Produktion, in die der ‚interaktive Nutzer' eingebunden
ist. Angesichts des Rollentauschs zwischen Autor und
Nutzer ist das reine ‚Surfen' im Internet nur ein erster
Effekt. Praktisch und theoretisch läuft die Nutzung des
‚Computers im Netz' auf komplexe Formulierungstechniken hinaus, in denen ‚Echtzeit' angestrebt, bei
produktiver Nutzung jedoch nie erreichbar ist.

Magie der Neuen Medien

‚Hermetisch' sind bereits die Medien der Audiovision.
Mit ihnen schließt das Zeitalter der ‚Produktion' im
klassischen Sinn der Bücher und der Schwerindustrie.
Thomas Mann hat bereits den neuen Gott der Zeit entdeckt. Schon die Antike kannte den Gott unter vielerlei Namen und Gestalten: Hermes-Mercurius, den Gott
der Beredsamkeit, der Kaufleute und der Händler, und
Hermes-Thot, den dreiköpfigen phönizisch-ägyptischen
Gott, dem auch die Schrifterfindung zugeschrieben
wird. Er ist der Mediengott schlechthin. Schon der Film
verbraucht die Mythen gnadenlos mit seiner filmischen
‚Abbauproduktion', wie sie Brecht genannt hat. Bereits
das Zeitalter der Audiovisionen ist eine Interpretations-
und Präsentationskultur. Da die Neuen Medien diese Eigenschaften geerbt haben, scheint im neuen Medienumbruch keine eigene revolutionäre, radikale Neuheit auf.
Sie, die Modernität selber, ist nicht mehr die Form der
Kultur, sie ist selber zum verfügbaren Inhalt geworden.
   Der ungebrochene Optimismus der Internet-Ge-
meinde hat auch für die ‚Moderne' eine ‚Site' gefunden, an der sie ihr revolutionäres Wesen ausleben
kann. ‚Cyberkunst' ist zu einer wohl definierten Nische
geworden, ihre Voraussetzungen sind technisch-wis-
senschaftliche Apparate, die in ihrer Umständlichkeit
weit über das hinausgehen, was schon für Goethe das

unmittelbare Schauen und Fühlen zum Unding machte. Man muss kein Maschinenstürmer sein, wenn man
die Koexistenz und Koevolution der Medien auch für
die Zukunft behauptet. Das Buch und das Tafelbild,
das Orchester und der Solist sind bis heute nicht ersetzt. Gerade Bücher werden im Internet zu Millionen
geordert. Das papierlose Büro hat mit seiner Druckinflation die Papiermühlen ans Laufen gebracht. Die neue
Immaterialität ist im Grunde nichts als eine neue mediale Materialität. Globalisierung und Echtzeit sind *per
se* keine neuen Qualitäten, wohl aber Interaktivität im
Sinne einer produktiven Nutzung der Neuen Medien.
Die Zahl neuer Kanäle, die Verfügbarkeit nahezu aller
Inhalte übertrifft in Dimensionen das, worauf die Demokratiebewegungen des ersten Medienumbruchs ihre
Hoffnungen setzten, die dann brutal enttäuscht wurden. Anstelle der ,Masse' tritt der ,individuelle Nutzer',
dessen Souveränität allenthalben gefeiert wird.

Multimedia und Hybridisierungen

Einige Tendenzen im Blick einer ,Veränderung' der
Text-, Bild- und Tonkünste sind bereits erkennbar, wie
überhaupt – dies gilt auch für den Medienumbruch
um 1900 – die Künstler in ihrer Sensibilität den Theoretikern vorauseilen. Neben der Fusionierung und
Hybridisierung der basalen Ausdrucksmedien – ein
Stichwort ist Multimedia-Kunst – zeigen sich charakteristische Ausdifferenzierungen. Produktiv aufgenommen wird die Trennung von ,Hardware' und ,Software'. Die Arbeit mit den basalen Ausdrucksmedien, die
auch Stahl, Stein und der menschliche Körper selber
sein können, macht über deren Materialität Differenzen zu einer nur technisch realisierbaren Virtualität erfahrbar. Demgegenüber steht die multimediale Arbeit
im Kunstraum der Simulationen, der Herstellung von
Modellen und virtuellen Welten. Da sich auch hier die
Ausdruckformen überkreuzen können, entstehen Formen von künstlichen Netzwerken, die zu interaktiven
Erfahrungsräumen, zur ,Netzkunst', werden. Die feste   *,Netzkunst'*
Installation, kennzeichnend für die entwickelte Audiovision und ihre Kunstszene, wird zu einem beweglichen Spiel mit sich verändernden Konstellationen

fortentwickelt. Die Inhalte, die alten Mythen, die alten Bilder, die alten Formen gewinnen einen Spielraum und neue Spielzeiten. In vielfältigen Formen ziehen die Digitalmedien ins Theater ein und lassen Phantasmagorien neuer Art auf den alten Bühnen entstehen. Computermusik verbündet sich mit Schrift und Bild. Neue und alte Bilder begegnen sich im virtuellen Museum. Das Denk- und Merkzeug Computer verändert die Schreibwerkstätten.

Die Kultur- und Mediengeschichte des 20. Jahrhunderts hat die Paradoxien, Brüche und Inkonsequenzen nicht nur auszutragen und zu thematisieren, sie hat sie auch, unter der Industrie der Sinne, zu gestalten. Schillers Postulat an der Zeitwende um 1800, das die Krise der Sinnlichkeit unter der Dominanz des Buchs zum Gegenstand hat, gilt heute wie damals. Er bietet die autonome Kunst, die Freiheit des Spiels, als Heilmittel an. Friedrich Schlegel entwickelt daraus seine ‚Progressive Universalpoesie'. Seine Universalgeschichte, die ohne ‚Ironie' nicht denkbar ist, wird – mit einer gewissen Regelmäßigkeit – zu Zeiten von Wenden immer wieder entdeckt. Die beiden medialen Zeitwenden des 20. Jahrhunderts haben eine unterschiedliche Qualität. Sieht man einerseits die Inklusionsproblematik (die Digitalmedien sind auch Massenmedien), und sieht man andererseits die Tendenzen zur Auflösung und Individualisierung der Massenmedien, sowie die für das neue Medium kennzeichnende Interaktivität, so ergeben sich komplexe Interaktions- und Wahrnehmungsmuster, die mit denen der klassischen Audiovision brechen, sie zugleich aber fortführen.

4. Argumentationen, Dispute, Querelen, Debatten, Diskurse. Formate der Medientheorien im 20. und am Beginn des 21. Jh.

Medienbegriffe im Kontext

Ist die Frage nach dem Begriff der Neuen Medien nur im Kontext von historischen Konstellationen zu beantworten, so ergeben sich auch Unterschiede in der Begrifflichkeit in Bezug auf die Art und Weise, wie die Ansätze zur Definition eines Begriffs vorgetragen werden. Die Definition geschieht regelmäßig nicht zuerst im Kontext der Wissenschaft. Der Raum der Entstehung der modernen Medienbegriffe ist einerseits ein dezidiert marginaler, andererseits ein öffentlicher, was den Gegenstand anbetrifft. Schon der ältere Medienbegriff der Elemente hatte zwei Seiten, eine magisch-mythische und eine naturwissenschaftliche.

Der magisch-mythische Medienbegriff (der den Mensch als Medium braucht) knüpft an wunderbare Geschichten an. Der naturwissenschaftliche Medienbegriff wiederum hat eine ältere Dimension (die Lehre von den Elementen) und eine neuere, die der modernen Chemie und Physik seit dem 19. Jahrhundert, als der ‚Feuerstoff‘, das ‚Phlogiston‘ abgelöst wird von der rechnenden Chemie und ihrer naturwissenschaftlichen Bestimmung der Verbrennungsvorgänge. Goethes ‚Wahlverwandtschaften‘ stehen mit ihrem Begriff eines ‚Mittlers‘ (personalisiert in der Romangestalt mit dem sprechenden Namen) am Übergang von den mythischen Vorstellungen zu einer naturwissenschaftlichen Begrifflichkeit. Der naturwissenschaftliche Medienbegriff stabilisiert sich im Zeitalter des wissenschaftlichen Fortschritts, das zugleich mit dem Vorbegriff eines Neuen Mediums, des elektrischen Stroms, die Voraussetzungen für das Zeitalter der Elektronischen Medien legt. Der Begriffs der Massenmedien verkoppelt den technischen Medienbegriff mit einem psychologisch-soziologischen Zentralbegriff, dem Begriff der Masse, und erst die Entkoppelung des Begriffs des Mediums vom Begriff der Masse lässt, im sog. zweiten Medienumbruch, den Begriff der Neuen Medien hervortreten. Dieser Medienbegriff wiederum entwickelt sich im

Magie/Mythos/ Naturwissenschaft

Kontext sprachtheoretischer Überlegungen und kann als Reflexion der neuen Mediensituation im Umbruch von den Medien der Graphien zu den Medien der Audiovision gedeutet werden.

Jede dieser Phasen in der Begriffsentwicklung ist gekennzeichnet durch eine spezifische Form der Herausarbeitung der Begrifflichkeit. Während der magisch-mythische Medienbegriff (sofern man überhaupt von einem Begriff sprechen kann und nicht vielmehr von Personifikationen) mit Geschichten (Fabeln, Mythen) operiert, die ein Mystagoge bzw. ein Mythologe vorträgt, entstehen die naturwissenschaftlichen Begrifflichkeiten in abgegrenzten Disputen über die Möglichkeit und Wirklichkeit dessen, was man nicht sieht, aber doch über seine Effekte wahrnimmt. Der Feuerstoff ist unsichtbar, sein Effekt ist die Wärme, die bei der Verbrennung entsteht, und das Licht erst sichtbar, wenn es auf einen Gegenstand trifft. Die Frage nach dem, was ‚zwischen den Dingen' ist, beschäftigt die Philosophie als Wissenschaft von der Natur der Dinge und des Menschen als eines erkennenden und fühlenden Wesens. Über Begründungen ist zu streiten, und der wissenschaftliche Streit erhält die Form des regulierten Gesprächs, des Disputs, in dem die Meinungen der Gelehrten aufeinanderprallen. Der Streit selbst hat das einzige Ziel, die Wahrheit über die Dinge und das, was zwischen ihnen und den Menschen ‚ist', zu ergründen.

Das Postulat der Messbarkeit verändert die Situation grundlegend. Anstelle des Disputs tritt das Experiment, das der Demonstration der Effekte und ihrer Berechenbarkeit dient. Das ‚Dazwischen' wird methodisch in Frage gestellt, seine Existenz ist nur noch in der Formel aufzusuchen. Anstelle des geregelten Gesprächs treten der demonstrierende Vortrag (die klassische Experimentalvorlesung) und das eigene Experiment.

Die Gegenstände, die nicht der Messbarkeit sich erschließen, die Grundfragen also der Wahrnehmung des Wahren, Schönen und Guten, werden in einer ‚Gelehrtenrepublik' in Form der ‚großen Fragen' vorgelegt. Aus der Form des gelehrten Disputs wird die Form der öffentlichen ‚Querele', der großen ‚Preisausschreiben', der akademisch-öffentlichen Auseinandersetzung, an der eine sich vergrößernde Anzahl der Schreib- und

Querele

Lesefähigen, der ‚Literaten' und ‚Schriftsteller' sich beteiligen kann. Neben dem konzentrierenden Experiment steht die eine Öffentlichkeit konstituierende ‚Societé de gens de lettres', die sich als Verfasserkollektiv einer ‚Grande Encyclopédie' ausweist (in Frankreich). Sie führen die Querelen in Sachen Philosophie, Politik und Ökonomie und demonstrieren den Umfang und die Leistungsfähigkeit des modernen naturwissenschaftlichen Wissens.

Mit der Erweiterung des Begriffs der Öffentlichkeit auf eine allgemeine Öffentlichkeit im 18. und 19. Jahrhundert tritt im Prozess des ‚Strukturwandels der Öffentlichkeit' (Habermas) in den periodisch erscheinenden Druckschriften und im Parlament, das die Öffentlichkeit personell vertritt, eine dritte Form der Aushandlung von Begriffen hinzu: die Form der literarischen und politischen Debatte. Es ist diese Form, *Debatte* in der die Begriffe der Einzelmedien und der Begriff der Massenmedien entstehen. In Mediendebatten wird einerseits die Funktion der Einzelmedien verhandelt, wie auch, im Blick auf ‚Öffentlichkeit', Begriff und Funktion der Kommunikationsmittel, mit denen Öffentlichkeit hergestellt bzw. manipuliert werden kann.

Die Mediendebatten sind vornehmlich den Fragen der Definition und Regulierung jener Medien gewidmet, die eine ‚große Öffentlichkeit' herstellen. Die ‚Masse' als Adressat wird nur über Medien erreicht, über Zeitung, Film und Radio. Ist der Begriff der Masse ideologisch besetzt, so ermöglichen Medien als Agenturen der Öffentlichkeit, sind sie im falschen Besitz, eine ‚geheime Verführung'. So geht es zum einem um die publizistische Funktion, um die Herstellung von Öffentlichkeit, zum anderen um Ideologiekritik, d.h. um den kritischen Aufweis von Verblendungszusammenhängen. Wenn Bertolt Brecht in seinen Überlegungen zur Radiotheorie fordert, dass die Hörer an die ‚großen Debatten' herankommen müssten, und dass die Empfänger zu Sendern werden sollten, ist damit zugleich der Status einer Mediendebatte erreicht, in der der Begriff des ‚Massenmediums' in Frage gestellt wird. Diese Debatten haben einen äußeren wie einen inneren Begriff. Der kritisierte Begriff ist der des Massenmediums, das von den Herrschenden gebraucht wird, der innere ist der des ‚Mediums‘, das von den ‚Massen‘, also den Beherrschten, im Sinne der Emanzipation eingesetzt werden soll. Diese Doppelheit ist es, die Walter Benjamin in seinem Kunstwerkaufsatz in einer Art *historia tripartita*, vom alten, ‚auratischen‘ Begriff des Kunstwerks über das reproduzierte Kunstwerk zum neuen, emanzipatorischen Kunstwerk (bei Benjamin ist es die neue Filmkunst) ausformuliert. Bei Benjamin trifft man auf einen dreifachen Medienbegriff, einen ‚alten‘, einen ‚neuen‘ (der Begriff des ‚Massenmediums‘) und einen utopischen, des Mediums, das den Massen nutzt und sie nicht manipuliert.

Diskurse

Der postmoderne Begriff des Neuen Mediums verdankt sich einer Gegenbewegung, welche die Elemente der in der öffentlichen Debatte ausgesparten, marginalisierten Begriffe aufnimmt und das Interesse des Individuums gegenüber den gesellschaftlichen Zwangsmitteln vertritt. Der Begriff nimmt eine frühmoderne Praxis der wissenschaftlichen Rhetorik, der des ‚discours‘, auf und erweitert den Begriff auf eine fortlaufende Rede, die immer wieder erneut die Gegenrede gegen das öffentliche und veröffentlichte Wissens hält. Sie nimmt Praktiken der älteren Formen der Konfliktregelung durch Rede auf, besteht aber auf deren Unabschließbarkeit im Sinne eines Letzturteils.

In allen diesen Formen, in denen Medienbegriffe entstehen, steht zugleich das gewählte Medium im Zentrum. Mit Magie, Mythos, Disput, Querele, Experiment, Debatte und Diskurs sind immer zugleich die Medien angesprochen, in denen sich die jeweiligen Medienbegriffe ausweisen. Es handelt sich um Formatierungen der Begrifflichkeit; die jeweiligen Realisationen lassen sich als Formate im heutige Sinn einer Programmgestaltung beschreiben.

Der jeweilige Medienbegriff hebt auf die Form ab, in der er sich entwickelt und ist selbst eine Spezifikation der Form. Der Medienbegriff der magischen Praxis ist ein definiert anderer als der einer ‚Sozietät‘ der Aufklärung. Nimmt man den Begriff der Neuen Medien prinzipiell als einen generischen, so spielen die ältesten Formate auch noch in den Debatten und Diskursen der aktuellen Medientheorien eine offene oder verdeckte Rolle. Dispute und Querelen maskieren sich als

Diskurse, die öffentlichen Debatten rufen Geheimwissen auf und spielen öffentlichkeitswirksam mit magischen Praktiken. Es wird die Form des Experiments vorgeschoben, wenn eine Lösung nicht in Sicht ist, vor allem auf Kosten des Publikums, das mit *trial and error* über den Stand der technischen Entwicklungen im Unklaren gelassen wird. Die Neuen Medien versprechen ein Mehr an Rationalität, das untermischt ist mit uralten, irrationalen Versprechungen.

Topik der Mediengeschichtsschreibung

Die Doppelstruktur des Raums, in dem Theorien der Neuen Medien zu verorten sind, die des Öffentlichen und des Geheimen, lässt einerseits eine anekdotische (geheimgeschichtliche im Wortsinn), andererseits aber auch eine strikt publizistische Darstellung der Theoriegeschichte der Medien zu. Die Theorien der Neuen Medien lassen sich nach ihrem Theorieraum als Diskurstheorien wie auch als publizistische Theorien anordnen. Dennoch lässt sich eine Verbindung zwischen dem marginalen und dem zentralen Theorieraum ableiten. Während die Diskurstheorien unter Verzicht auf ein Letzturteil Gewaltverhältnisse in der Medienpraxis aufklären (wie es dem Impetus der Theorien des Poststrukturalismus zu unterstellen ist), gehen die publizistischen Theorien von Postulat der Verständigung aus und markieren kritisch den engen Rahmen, den sie den gesellschaftlichen Verhältnissen zuschreiben. Werden Medien als ‚Zwangsapparate‘ modelliert, so ist damit die Botschaft formuliert, dass ihnen durch Aufklärung des Verblendungszusammenhangs zu entrinnen sei. Werden Medien in publizistischen Theorien als Kommunikationsorganisationen ausgewiesen, so ist deren angenommene Macht zu beschränken, sofern sie zur Manipulation genutzt werden sollen. In Mediendebatten wird die ‚äußere Macht‘ der Medien verhandelt, in Mediendiskursen die ‚innere Macht‘. Die Mediendebatten sind, trotz des Postulats eines ‚herrschaftsfreien‘ (und dies heißt eines wo möglich medienfreien) Dialogs, von einer Angst beherrscht, dass die Medien eben doch nicht nur ‚Vermittler‘, oder, im schlechtesten Falle, ‚Störer‘ der Kommunikation sind, und dass

Debatten – Diskurse

das Störpotential möglichst klein gehalten werden soll, sondern von einer uneingestandenen Einsicht in die Unentrinnbarkeit der Medialität, jene ‚Veränderung der Wahrnehmung', die Walter Benjamin, ausgehend von Paul Valérys Essay *Conquête de l'ubiquité* bereits für den ersten Medienumbruch postuliert hat. Die Neuen Medien erfüllen dieses Postulat technisch, lassen aber auf der anderen Seite die Hoffnung zu, dass nun die ‚Störung' auch möglichst klein gehalten werden kann. Auf die Debatten um Sinn und Zweck, um den Nutzen und die Grenzen Neuer Medien, antwortet ein Mediendiskurs, der die Veränderung der Wahrnehmung als substantiellen Eingriff in den mentalen Apparat selber in Anschlag bringt.

Mediendebatten, öffentlich geführt in Parlamenten, in den Medien, werden von Mediendiskursen beantwortet, die selber eine tiefere Einsicht in Zwangsapparate und die Psychologie der Wahrnehmung versprechen. Dort wird die Oberfläche vermutet, hier aber das revolutionäre Potential. Während in den Mediendebatten um das Funktionieren der Medien gestritten wird, um die technischen Spezifikationen und die rechtlichen Regelungen, um die Folgen der technischen Innovation, um Formen der Organisation und deren Steuerung, ist in den Mediendiskursen von den Zwangsmechanismen, von der mentalen Disposition und deren Veränderung durch Medien die Rede.

Der Begriff der Massenmedien, wie ihn der Medienumbruch um 1900 hervorgebracht hat, enthält einerseits ein durchaus rationales Moment. Er ist der Versuch, die neuen Kommunikationsmittel in ihrem Funktionieren und in ihren Wirkungen auf den Einzelnen und die Gesellschaft zu beschreiben. Andererseits ist mit ihm auch ein irrationales Moment verbunden. Die ‚Masse', ihre Wünsche und ihre Triebe, werden durch die neuen Kommunikationsmittel bedient, während sich eine Elite des Funktionierens noch der alten Medien, – die als solche aber nicht begriffen werden – bedienen darf. Der technische Fortschritt wird auf den Kopf gestellt: Alt ist das Gute, neu ist das Schlechte.

Die Theorien der Moderne geraten in den öffentlichen Debatten um die Rolle der Medien in einen Zwiespalt. Die avantgardistische Modernität konfligiert mit

der Parteilinie, die – koste es was es wolle – zu verfolgen ist. Einlässliche Medientheorie wird zum Sektierer-
tum gestempelt, das ohnehin von der Mehrheit nicht
akzeptiert werden könne. An die Stelle der Moral der
Debatte tritt eine Rechthaberei, in der Folge eine Auflösung der Debattenkultur. Dass mit dem Jahr 1933 ein
medientechnischer Begriff, der Begriff der Gleichschaltung, alle Mediendebatten für beendet erklärt, und
dass von nun an nur noch eine geheime, widerständi-
ge Theorieentwicklung geführt werden kann, schreibt
sich in die Theorien der Neuen Medien nachdrücklich
ein. Der Terminus von der Einschreibung verdankt
sich einer medienhistorischen Reflexion: Im Theorieraum des Redens, in den Medien Film und Radio sind
in Deutschland von 1933–1945 keine Mediendebatten
mehr zu führen. Nach 1945 ist der Theorieraum als
Raum des Hörens und des Sehens überhaupt erst neu
zu gewinnen.

So erscheinen die neuen Theorien der Audiovision
einerseits als Wiederaufnahme der in den Debatten
vor 1933 gewonnenen publizistischen Begrifflichkeit
(Medien als Kommunikationsorganisationen), aber
ohne deren Verortung in einem Diskussionsraum,
den es überhaupt erst zu rekonstruieren gilt, andererseits als der Versuch, die Avantgarden überhaupt erst
durchzusetzen. So wird das Paradigma der kritischen
A-Medialität in doppelter Weise bestätigt. Zum einen
durch den gegründeten Verdacht auf eine umfassende
Manipulation der Massen durch Medien, zum anderen durch den vergeblichen Versuch, das Paradigma
der Medialität überhaupt erst zu etablieren. Film und
Rundfunk werden als Objekte betrachtet, die allenfalls
in einem hochregulierten Kontext als Kommunikationsorganisationen unter strikter Beobachtung durch
gesellschaftliche Gruppen eingerichtet werden können. Bestellt werden in Deutschland (‚revolutionäre‘)
‚Rundfunkräte‘, die durch ‚gesellschaftlich relevante
Gruppen‘ besetzt werden und in denen, so die Annahme, die relevanten Mediendebatten zu führen sind. Mit
dem Sieg des Antiparlamentarismus und der Korrup-
tion des Rätegedankens ist der Niedergang auch der
Mediendebatten beschlossen. Das Gegenmodell des
‚staatlichen‘ und des ‚kommerziellen‘ Rundfunk bleibt

als Folie präsent, als Residuum eines Medienbegriffs, der kritisch mit dem Begriff des Massenmediums und seinen Verwertungszusammenhängen konfrontiert worden ist.

Seine Praxis jedoch ist eine des Exils oder einer mehr oder minder alteuropäischen Spezialität inmitten eines ‚Radio Research Projects' (Paul Lazarsfelds und seine Mitarbeiter Th. W. Adorno und Hans Eisler), dessen Auftraggeber den stillen Wunsch haben, ein Wissen über ‚das Publikum' zu erlangen, das sie den Werbetreibenden verkaufen können. Die Rundfunkräte nach 1945 sind der Versuch, den Rundfunk aus dem engeren Staatszusammenhang wie auch aus der kommerziellen Bestimmung zu lösen; Mediendebatten jedoch werden in diesen Gremien nicht geführt. Die Ordnung des Rundfunkwesens ist vielmehr die Sache des höchsten Gerichts, das in maßgeblichen Entscheidungen den Rundfunk reguliert.

Kabelrundfunk

Eine Wende tritt erst ein, als mit der vergleichsweise späten Zulassung eines ‚kommerziellen' Rundfunks (Hörfunk und Fernsehen) wieder eine Diskussion über Neue Medien geführt wird, die in Wahrheit bereits längst alte Medien sind. Denn neu ist Kabelrundfunk 1985 sicher nicht – seine Abschaffung führt in den 1930er Jahren in England zu einer ersten Anti-Regulierungsdebatte, da mit ihr die Schaffung des BBC-Monopols verbunden ist. Neu ist die Linderung der Frequenzknappheit, die durch die Satellitentechnik ermöglicht wird. In Ansätzen wird jedoch damit die Forderung nach einem ‚Rückkanal' realistisch und damit auch die Aufnahme von Momenten jener Mediendebatten, die in den 1920er Jahren geführt werden. Neu ist auch die komplexe elektronische Steuerung der Verbreitung.

Aktiviert werden die Gegenmodelle in Deutschland allerdings erst, als der digitale Medienumbruch auch im Bereich der Mediennutzung erkennbar wird. Dass es sich beim ‚Computer' um ein neues Medium handeln könnte, ist bereits bei der radikalen Veränderung im Bereich der Druckmedien erkennbar gewesen. Doch hier ist eine Nachholbewegung, die unter Neuen Medien Verbreitungsformen wie Kabel und Satellit rubriziert und mit der Einführung des amerikanischen Systems des ‚Kommerzfernsehens' in Gesamtprogrammen

nicht nur in einem am Rande eingesetzten ‚Vorabend-
programm' antwortet, eher hinderlich gewesen. Auch
ist der Begriff des Mediums eher ein esoterischer als
ein exoterischer. Noch ist der Medienbegriff an den Begriff der ‚Masse' scheinbar untrennbar gekoppelt.

Die Erkenntnis, dass der programmierbare Rechner
als ‚Personal Computer' ein ‚Medium' darstelle, ist erst
um 1990 in die wissenschaftliche Diskussion eingegan-
gen. Zum einen wird eine innerwissenschaftliche Debatte geführt, die das Neue Medium als ein universell
einsetzbares Kommunikationsgerät modelliert, zum
anderen wird es in einer Variante des Diskursmodells
aufgerufen. Im Jahr, in dem an der Universität Siegen
die wissenschaftliche Konferenz ‚The New Medium'
stattfand und die Fragen einer standardisierten Be-
schreibungssprache von Dokumenten unter diesem
Label diskutierte,[1] veröffentlichte Norbert Bolz seine
„Theorie der neuen Medien"[2], die auf postmodernen
Theoriebildungen aufsetzte und damit explizit den
Theoriestrang aufnahm, der die avantgardistischen
Diskussionen seit den 1920er Jahren bestimmt hat
und der nun um das neue ‚Dispositiv' erweitert werden kann. Die medienphilosophischen Ansätze einerseits und die praktischen Fragen anderseits kommen
in dem Augenblick aufeinander zu, als mit einer Be-
schreibungssprache mit Bewegtbildelementen, der
‚Hypertext Markup Language', die Diskurselemente
mit den Elementen der technischen Innovation im ‚Internet' konvergieren. Die neue, multimediale Medien-
fusion, die den alten Diskussionen um die Einführung
der Audiovisionen aufs Haar zu gleichen scheint, mit
allen ihren Hoffnungen und Ängsten, wird als tauglich
angesehen, den ‚Computer im Netz' als Universalmedium zu modellieren.

Die Dynamik der Medienentwicklung lässt schon
bald eine neue Ausdifferenzierung erscheinen. Je mehr
die diskursiven Elemente der Theorie der (Neuen)
Medien auch Gegenstand öffentlicher Debatten und
Hoffnungen, mehr noch, der Enttäuschungen werden
konnten, die nicht zuletzt mit Defiziten der Modellierung selber zu begründen sind, desto mehr wird auch
die Pluralität der Medienbegriffe in die wissenschaftliche Forschung wie auch in die öffentliche Debatten

[1] Vgl. Manfred Kammer: Geschichte der Digitalmedi-en. In: Helmut Schanze (Hg.): *Handbuch der Medien-geschichte*. Stuttgart 2001, S. 519-550.

[2] Norbert Bolz: *Theorie der neuen Medien*. München 1990.

eingeführt. Der Form nach bleibt die Begriffsbildung im Rahmen von Diskursformationen. Noch ist das Neue Medium eine Besonderheit, entfaltet ein widerständiges Potenzial in einer Szene, die sich selbst als ‚Hacker' bezeichnet und eine gute Welt gegen eine umfassende Welt der Machthaber in Militär und Industrie vertritt.

Die künstlerische Praxis selber entwickelt einen Diskurs, der einerseits sich bereits im Netz in Form von Chats und Foren abspielt, andererseits in den Formen der Ausstellung und der Vernissage zu Manifesten konkretisiert. So haben Netzkünstler wie Jeffrey Shaw, Laurie Anderson, die Gruppe Art+Com immer auch Theorieelemente in ihre künstlerische Praxis eingeführt und als Manifeste publiziert. Sie berufen sich auf eine Theorietradition, die nicht zuletzt auf die sprach- und kunsttheoretische Essayistik der 1920er bis 80er Jahre zurückgeht. Hier hat sich ein fester Kanon von Autoren und Texten herausgebildet, die im Bereich der entsprechenden Ausbildungsgänge in ‚Readern' zum Thema Neue Medien Gegenstand von Seminardiskussionen und Vortragsveranstaltungen werden. Beispiel hierfür ist der Reader von T. Druckrey. Lev Manovichs Buch *Language of New Media*[3] ähnelt eher einem Steinbruch als einer konsistenten Theorie, die es dem Anspruch nach sein will.

[3] Lev Manovich: *The Language of New Media*. Cambridge u.a. 2001.

Die historischen wie auch die aktuellen Formate der Begriffsbildung lassen eine Unterscheidung zwischen öffentlichen Debatten über Medien, in denen der Begriff des Kommunikationsmittel (der technische Begriff) und der Begriff der Kommunikationsorganisation (der publizistische Begriff), Regulierung und Deregulierung der Medien vorherrschen, und der Mediendiskurse zu, in denen Technologien, Medienutopien und Medienapokalypsen verhandelt werden. Die unterschiedlichen Begriffe der Neuen Medien sind damit auch unterschiedlichen Formaten der Begriffsbildung zugeordnet, die begriffshistorisch bestimmt werden können. Selbst ältere Formen der Begriffsentwicklung können dabei wieder aufgenommen werden. Sie sind nicht nur Traditionsbestände, sondern wirken in aktuelle Fragestellungen mit ein. Da der abstrakte Mittler immer nur konkret gefasst werden kann, als Organisator und als

‚gatekeeper' in Kommunikationsprozessen, als Produzent und Verbreiter von Kommunikationsprodukten, ist die Topik der Medien zugleich eine Lehre von den Formen, in denen die Begriffsbildung erfolgt.

In der Analyse von Argumentationsstrukturen medientheoretischer Texte erscheint die Pluralität der Medienbegriffe als konstituierendes Element. Die Begrifflichkeit der Neuen Medien ist dadurch spezifiziert, dass in ihr die Begriffe der Novität (Innovation, Modernität, Avantgarde, Alterität) gegenüber den Traditionsargumenten präferiert werden, oder, im Gegenargument, negativ herausgearbeitet werden. Die Theorien der Neuen Medien erfüllen damit eben jene Strukturmomente der Habitualität, der Potentialität, der Intentionalität und der Symbolizität, die Lothar Bornscheuer für Topiken generell herausgearbeitet hat.[4] Die in der Einleitung angesprochene Vagheit oder Ungenauigkeit einer Begriffsbildung stellt damit einen offenen Horizont dar, der Problementwicklungen generell kennzeichnet. Gerade die nicht abgeschlossene Begrifflichkeit der Neuen Medien ist in die Frage ihrer Definition aufzunehmen.

[4] Lothar Bornscheuer: *Topik. Zur Theorie der gesellschaftlichen Einbildungskraft*. Frankfurt a.M. 1976.

5. Medientheoretiker und Medientheorien

Leittheorien und Leittheoretiker

Wendet man sich den Theorien der Neuen Medien in ihrer Pluralität und in ihrem Bezug auf den zweifachen Medienumbruch des 20. Jahrhunderts zu, so ist eine Ausdifferenzierung nach Theoriereihen geboten. Zum einen lassen sich Leittheorien ableiten, die selber aber, nach den Gesetzen von Markt, Wissenschaft und Persönlichkeit, stets mit Namen verbunden werden können. So sind Walter Benjamins integrale Theorie der ‚Veränderung der Wahrnehmung' und Theorien der Neuen Medien von Friedrich A. Kittler, Norbert Bolz und Lev Manovich zwar in eine Reihe zu stellen, nicht aber die einer ‚Theorie der Massenmedien', wie sie, ausgehend von der amerikanischen Wirkungsforschung der 40er Jahre, in den 50er Jahren in Deutschland von Erich Feldmann, in den 60er Jahren von Gerhard Maletzke vorgelegt wurde. In der Reihe der Theorien der Neuen Medien ist die Berufung auf Marshall McLuhans Mediengeschichte durchaus prominent, eine Beziehung im Kern der Theoriebildung und auf den Gegenstand, den McLuhan verhandelt, aber ist kaum möglich. Die Geschichte der Medientheorien verläuft so diskontinuierlich wie die Geschichte der Medien im 20. Jahrhundert. Sie ist durch Diskontinuitäten in der Begrifflichkeit wie auch in der Methodik gekennzeichnet. Die Aufzählung einer Folge von Namen, sei es dem Alphabet nach, sei es nach der Zeit des Erscheinens, ergibt keinesfalls eine Art von rotem Faden. Jede Systematisierung stößt auf Idiosynkrasien in der Theoriebildung, die sich nicht auf eine kontinuierliche Entwicklung im Sinne eines Fortschritts zur ‚Medienwissenschaft' aufschreiben lassen. In die Darstellung sind deshalb die Theorieentwürfe einzelner Medientheoretiker wie auch die Zusammenhänge zwischen den Entwürfen kritisch aufzunehmen.

Im Rahmen des *Handbuchs der Mediengeschichte* hat Rainer Leschke unterschieden zwischen einer „primären Intermedialität", den „Einzelmedienontologien" einerseits und den „Generellen Medientheorien" bzw. den „Generellen Medienontologien" andererseits, die in „Intermedialitätsdebatten" ausmünden.[1]

[1] Rainer Leschke: Medientheorie. In: Helmut Schanze (Hg.): *Handbuch der Mediengeschichte*. Stuttgart 2001, S. 14-40.

Theorien der Neuen Medien treten im Regelfall mit dem Anspruch einer generellen Medientheorie auf. Bei näherer Untersuchung erweisen sie sich regelmäßig als generelle Medienontologien, und dort, wo sie das neueste Medium als Universalmedium ausrufen, als Einzelmedienontologien (so bei Howard Rheingold, bei Sherry Turkle und bei Hartmut Winkler).

Die historische Folge in der Entstehung der Medientheorien weist eine eigentümliche Kreisbewegung auf. Mit der Ausdifferenzierung der Medien auf der ‚Digitalen Plattform' werden jene Mediendebatten wieder aktualisiert, mit denen die medientheoretische Reflexion zu Beginn des 20. Jahrhunderts begann, mit der Frage also, welcher Status dem jeweils ‚neuen Medium' (als Einzelmedium Film, Funk, Fernsehen) spezifisch zuzumessen sei, der Frage, ob der ‚Kunstanspruch' des Neuen Mediums gerechtfertigt sei. Was in den Mediendebatten der 1920er Jahre jedoch konstitutiv war, die Konkurrenz der Medien, wird nunmehr abschließend beantwortet: Das ‚Neue Medium' löse alle Medienhoffnungen der Vergangenheit ein. Es ist scheinbar ohne Konkurrenz. In der Situation der Konkurrenzlosigkeit des Neuen Mediums behaupten jedoch die nunmehr alten Medien ihr Recht. Noch ist nicht bewiesen, dass das ‚Neue Medium' überhaupt einen eigenen Inhalt habe. War dies schon bei den Medien der Audiovision zweifelhaft, und konnte man, wie Bertolt Brecht, von einer ‚Abbauproduktion' sprechen, so verstärkt sich dieser Verdacht angesichts der Tatsache, dass das ‚Neue Medium' stets nur im Plural der Medien auftritt, die es selber technisch verbessert darbietet. Der Satz McLuhans von den Medien als Botschaften ihrer selbst gewinnt so seine Aktualität wie auch die ideologiekritische These, in deren Kontext der moderne Medienbegriff entstand. In ihr sind Medien nicht die ‚neuen' Medien, sondern der Körper, die Schrift, die Musik, allenfalls der Text, die von den technischen Apparaten industriell verbraucht werden. Die Massenmedien geben nur vor, Medien zu sein. Sie arrogieren einen Gehalt, den sie in Wahrheit um des Profites willen zerstören.

Damit sind die Debatten der ‚primären Intermedialität' (Leschke) für die Theorien der Neuen Medien von besonderem Interesse. Es sind nicht nur die sensiblen

Literaten, die einen Begriff des Mediums entwickeln, das dem Anspruch, Mittler zu sein, gerecht wird, sondern auch die heute als ‚Medienphilosophen' bekannten Kritiker der Kultur, wie Benjamin und Adorno, die neu zu lesen sind. Und es sind die ersten Theoretiker des ‚Kinos', welche heute Anspruch auf die Begründung einer ‚Theorie der Neuen Medien' erheben dürfen. Namen wie Béla Balázs, Rudolf Arnheim und Siegfried Kracauer können in einer umfassenden Darstellung einer ‚Theorie der Neuen Medien' nicht fehlen, auch wenn sie als Kinotheoretiker gelten.

Ob diese Theoretiker trennscharf dem Bereich der ‚Einzelmedienontologien' oder den ‚Generellen Medientheorien' zuzuordnen sind, muss, aus dem Fokus einer Darstellung der Theorien der Neuen Medien, offen bleiben. Immerhin können sowohl Benjamin wie auch Adorno einen Medienbegriff vorweisen, der dem avanciertesten Begriff des ‚Mediums' entspricht und der dem Begriff der Massenmedien entgegengesetzt ist. Dies unterscheidet Benjamin und Adorno ihrerseits von den Theoretikern der Massenmedien, wie Paul Lazarsfeld, Gerhard Maletzke, Harold Lasswell, u.a. bis zu Niklas Luhmann. Die Medientheoretiker, die von der Kritischen Theorie ausgehen, sie aber um den bei Benjamin und Adorno eingeführten doppelten (kritischen und deskriptiven) Medienbegriff zugunsten der alleinigen Dominanz des Begriffs der Massenmedien verkürzen oder den ästhetischen Ansatz neutralisieren, erweisen sich in Bezug auf den Anspruch einer ‚generellen' Medientheorie als defizitär. Eingeschränkt werden muss auch der Anspruch jener Theorien, die als ‚Bildschirm-Medientheorien' im Sinne einer Theorie der Bildmedien auftreten. So richtig es ist, dass ‚Multimedia' in einer Fusion von Bildern und Texten besteht, so bleiben doch die Töne davon medial getrennt, auch wenn sie im Speicher unifiziert sind. Lautsprecher und Bildschirm sprechen als Oberflächen des Digitalmediums getrennte Sinne an. Die avanciertesten Theorien der Bildmedien sind damit nicht als generelle Theorien der Neuen Medien anzusprechen, auch wenn sie als solche auftreten.

Von diesen Theoriesträngen trennt Leschke die Vertreter von ‚generellen Medienontologien' ab. Der

Modellfall ist die Theoriebildung bei Marshall McLuhan. So wird seine Darstellung genereller Medienontologien zu einer Darstellung der Schule McLuhans, bzw. der McLuhan-Rezeption. In der Tat ist McLuhan weder der Kritischen Theorie und ihrem Medienbegriff noch der Theorie der Massenmedien zuzuordnen, obwohl er Motive sowohl der Kulturkritik der Moderne wie auch der Theorien der Massenmedien produktiv aufnimmt. Seinem Anspruch nach wird sein Medienbegriff zu einem Universalwerkzeug der Darstellung einer Weltgeschichte nach dem Zerfall der Universalgeschichte wie auch der Nationalgeschichten. Ob man ihm die „essayistischen Oppositionsketten"[2] zugute hält oder dies ihm vorwirft: McLuhans Versuch, Geschichte neu zu schreiben, hat den Begriff einer Mediengeschichte überhaupt erst möglich gemacht. In diesem Impetus der historischen Alterität, die auch methodisch statuiert wird, schließen sich Theoretiker wie Vilém Flusser, Jean Baudrillard, Paul Virilio und Friedrich A. Kittler an.

Die gegenwärtigen Debatten um den Begriff der Intermedialität schließen einerseits an die älteren Debatten an (mit der Leitdebatte ‚Literatur und Film', so bei Franz Albersmeier) oder konzentrieren sich auf das ‚Mediale' oder ‚die Medialität' als ein Phänomen des generalisierten Übergangs oder des ‚Dazwischen', das bei allen Medien zu beobachten ist, so bei Joachim Paech. Dieser Übergang ist nur zu beobachten, wenn er in und an konkreten Werken der Kunst thematisch wird. Generell nicht fassbar, ist Intermedialität als Konkretion des Dazwischen, das ‚Bild zwischen den Bildern' (Joachim Paech). Bei Jürgen E. Müller wird die Konkretion wieder zu einer Art ‚Medienontologie', die dem ‚Zeitalter der medialen Vernetzungen' als generelle Signatur zugeordnet wird.

Methoden, Disziplinen, Künste

In der gegenwärtigen Diskussion um Neue Medien ist somit eine Gleichzeitigkeit des Ungleichzeitigen zu beobachten. Wie die Theorien des Medienumbruchs sich an Theorien der Neuheit orientieren und diese als Theorien der Innovation, der Modernität, der Avantgarden und der Alterität spezifizieren, so lassen sich auch die

[2] Leschke: Medientheorien (Anm. 1), S. 31.

Intermedialität

Theorien der Neuen Medien methodisch ihren Ansätzen nach diesen Theorien zuordnen. Dies betrifft nicht nur die Zuordnung zu Theorien der Medien (in einem weiten Sinn) und zu Theorien der Massenmedien (in jenem engeren Sinn) wie ihn die empirischen Kommunikationswissenschaften zur Abgrenzung des Forschungsfeldes eingeführt haben. Während Medientheoretiker und -politiker wie Howard Rheingold, Al Gore u.a. den Theoretikern der Innovation zuzuordnen sind, verstehen sie sich zugleich als Theoretiker der Modernität. Sie zielen auf neue Architekturen und nutzen das begriffliche Inventar der ‚Klassischen Moderne'.

Die allgemeineren Theorien der ‚Bildmedien' dagegen lassen sich den Theorien der Avantgarden zuordnen. In Bezug auf den Begriff der Modernität wählen sie den Ausgangspunkt in der Lehre von der Perspektive, die das ‚moderne Sehen' im 15. Jahrhundert begründete. Die sog. ‚postmodernen' Medientheorien dagegen statuieren die Erfahrung der Alterität, die zum denkbar weitesten Medienbegriff führt, der am Körper ansetzt und letztlich Medien mit diesem verschmilzt. Sie schreiben die Geschichte der Neuen Medien zurück bis zur ersten Differenz, die im ersten Bild der Kunst an den Wänden der Höhlen des vorzeitlichen Menschen gesehen wird. Ihre erste kritische ‚Theorie der Neuen Medien' ist jenes ‚Höhlengleichnis' bei Platon, in dem *Platons ‚Höhlengleichnis'* die erste Medialität der Schattenbilder mit dem Gedanken der Unerkennbarkeit der Wahrheit verbunden ist.

Bei den Zuordnungen, die kritisch intendiert sind, ist stets nicht nur mit Positionen, sondern auch mit Personen zu argumentieren. Im Sinne des topisch-argumentationstheoretischen Ansatzes erscheint das Personal der Theorien der Neuen Medien nicht nur als Frage nach der Qualität der Argumentationen, nach ihren Medien, nach der Zielsetzung, die sie mit dem Entwurf ihrer Theorie verbinden, und nach dem Gebrauch, der von ihnen, als Personen, gemacht wird. Die Rolle des Theorieproduzenten erschöpft sich nie in der reinen Theorieproduktion. Im Falle einer Medientheorie sind es vor allem die Medien selber, die sie verbreiten und die von ihr Gebrauch machen. Eine Medientheorie, die dem Buch eine Präferenz zuweist, dürfte von den Buchmedien aufgenommen werden, eine ‚Theorie der

Neuen Medien' hat die Chance, sofern sie eine Fusion aller Medien im ,Neuen Medium' formuliert, in allen ,alten' Medien Verbreitung zu finden. Medien sind, was Theorien anbetrifft, durchaus nicht inhaltsneutral. Sie haben selbst Plätze entwickelt (Publikationsorte, Sendeplätze), die Theorie brauchen, ja verbrauchen im Sinne der Abbauproduktion, wie dies Brecht den Umgang mit den alten Medien im Kontext Neuer Medien treffend beschrieben hat.

Der Theorieverbrauch, die jeweilige ,Mode', machen Theorieelemente und Personen, die sie vertreten, zu verfügbaren Sprechern, zu Vertretern von Standpunkten, die den topischen Charakter von Medientheorien auf eine Nullebene des theoretischen Anspruchs bringt. Ist der Standpunkt einmal ausgesprochen, so wird der Sprecher mit dem Standpunkt so identifiziert, dass sein Name für die Sache steht. Es reicht aus, wenn beispielshalber in einer Diskussion der Name Theodor W. Adorno fällt, um einen Standpunkt, der nicht der Adornos sein muss, sondern eine möglichst kurze und merkbare Formulierung aus einem Diskussionskontext, der nicht bekannt sein muss, hinreichend zu befestigen oder schlicht abzutun. Adorno wird identifiziert mit einigen wenigen Sätzen aus dem gemeinsam mit Max Horkheimer formulierten Essayband *Dialektik der Aufklärung*. Seine Radio- und Musikarbeiten bleiben außer Betracht. Dies erleichtert den ,Talk' im Massenmedium, verhindert aber nachgerade den einlässlichen Umgang mit theoriehaltigen Texten, die auf einzelne, womöglich kurze Texte abbreviiert werden und somit in Kontexten der Lehre und der Medien fungibel gemacht werden.

Der Prozess der Konversation, der eine spezifische Zuordnung eines Lesemediums zu einem Gesprächsinhalt voraussetzt (mit der Erinnerungsstütze des Konservationslexikons) hat damit eine Transformation erfahren, die den Dialog zum Selbstzweck und zum Sendeformat gemacht hat. Im Falle der Neuen Medien ist es eine besondere Ehrlichkeit, wenn der sogenannte ,Talk' der Audivision als ,Chat', kurz, als Geschwätz auf der einen Seite dekuvriert, auf der anderen Seite, positiv, zum Kult erhoben wird. Die erneute Positivierung der kritisch entwerteten Formen dürfte eine besondere Form der Transformation der alten Medien in

,neue' sein. So ist das entwertende *name dropping*, das jedem Standard der traditionellen Wissenschaft mit ihren belegenden Zitaten widerspricht, zu einer Tugend einer sich als post-modern gerierenden Wissenschaft avanciert. Die Kenntnis der Namen ist fraglos keine Kenntnis der jeweiligen Theorie, respektive des Standpunktes, der mit dem Namen angesprochen ist, umgekehrt aber ist die Funktion eines Namens in einer Theoriegeschichte ein erwünschtes Ordnungselement, das gerade fragmentierte und diskontinuierliche Theorieentwicklungen beschreibbar macht.

Eine Geschichte des durch die Topik der Mittler und die Topik des Neuen beschriebenen Feldes ist eine Geschichte jener Autoren, die sich in sie Kraft ihrer durchgehaltenen Standpunkte eingeschrieben haben. Sie bilden einen lesbaren, wenn auch nicht immer konsequenten Text, dessen Anfänge im Regelfall im benannten Namenlosen verlaufen – im Hinweis auf einen mythischen Schrifterfinder namens Theut, über bekannte Weise, Plato, Aristoteles, Quintilian, deren philosophische und rhetorische Autorität auf die antik-mittelalterliche Bildungspraxis, den ,Lehrplan des Abendlandes', verweist, über die Dogmengeschichte der Philosophie, der Psychologie, der Soziologie, mit Namen wie Thomas von Aquin, Descartes, Kant, Hegel, Nietzsche bis zu den Hauptvertretern der an der Entwicklung der modernen Geistes- und Gesellschaftswissenschaften und ihren jeweiligen Wenden, dem ,lingustic turn', ,critical turn', dem ,rhetorical turn', dem ,performative turn', dem ,iconic turn' und auch dem ,medial turn', wobei die Gründernamen jeweils für eine als diskontinuierlich erfahrene Wissenschaftsentwicklung stehen. Die jeweils alte Tradition wird abgebrochen – die alten Namen werden nicht mehr, oder nur noch negativ genannt – eine neue wird begründet, wobei ein hoher Verbrauch an Tradition zu registrieren ist.

Dem Wissenschaftsverbrauch in der Zeit steht die horizontale Differenzierung nach Disziplinen gegenüber. Medienwissenschaften werden entweder im Feld der jeweils modernsten, interdisziplinäre Wendung betrieben (bis hin zum Zusammenfall der nun nicht mehr allerletzten Wendung mit dem Gegenstand selber, im ,medial turn') oder in voneinander abgeschotteten

Einzeldisziplinen, die allenfalls zu Großräumen zusammengeschlossen werden. Man argumentiert im Medienbereich als Soziologe, als Psychologe, als Historiker, als Philosoph, als Gesellschaftswissenschaftler oder als Geisteswissenschaftler, jeweils auf dem Hintergrund der eigenen Fachtraditionen und der jeweiligen Dogmengeschichte des Fachs. Die ,großen Namen' sind mehr den übergreifenden Fragestellungen zugeordnet, die ,kleineren Namen' den Dogmengeschichten der Einzelfächer.

Keinem der Namen ist jedoch von vornherein in Bezug auf Theoriehaltigkeit eine Präferenz zuzuweisen. Eine Darstellung von Theorien der Neuen Medien muss mehr leisten als eingeschränkte Theoriebiographien. Der diskontinuierliche Charakter der Theorieentwicklung, die jeweiligen wissenschaftsgeschichtlichen, literarischen und technologischen Bruchzonen erlauben keine auf einen bestimmten Fokus ausgerichtete Darstellungseinheit. Die folgenden Darstellungen konzentrieren sich auf die Bruchzonen. Dabei sind überraschende Konstellationen durchaus beabsichtigt. Darzustellen sind Theoriekonfigurationen, in denen die Namen nicht als bloße Autoritäten und Standpunkte auftreten, sondern als Teil von Argumentationen, die jeweils die ,Neuheit' der ,Medien' über den Tag hinaus exponieren.

6. Leittheorien

Definitionsversuche: Technik – Ökonomie – Soziologie
– Psychologie

Sichtet man die neuere Literatur, so besteht Einigkeit
darüber, dass mit den Neuen Medien, mit dem Digitalmedium oder den Multimedia ein mediengeschichtlicher Einschnitt bezeichnet ist, der mit den Epochen
verglichen wird, die mit dem Buchdruck um 1500 und
mit der Phonographie und Kinematographie um 1900
gegeben sind. Dies hat Folgen für die Theorien Neuer
Medien, die sich auf unterschiedliche, historisch bestimmte Gegenstände beziehen.

In diesen Zusammenhängen sind Definitionen
dessen, was unter den wechselnden Begriffen Neue
Medien, Digitalmedium und Multimedia verstanden
werden soll, gefordert. Die technisch-kommerzielle
Dynamik jedoch überrollt die Definitionsversuche,
hebt man auf das technisch vorgegebene Dispositiv ab.
Sicher ist: Die ‚neue Medienrevolution‘ ist noch stärker
als die ihr vorangehende durch Technik geprägt. Die
Informations- und Kommunikationstechnologie ist ein
Feld, in der eine Großindustrie tätig ist, die selber ohne
eine informationswissenschaftliche Grundlegung, die
Informatik, nicht auskommt, die ohne die ingenieur-
wissenschaftlichen Verfahren nicht bestehen kann.

In allen Bereichen der Neuen Medien sind darüber
hinaus ökonomische Faktoren wirksam. Dass die Ökonomie, auch theoretisch, im Zeitalter der Massenmedi-
en zur Grundlage allen medialen Handelns ausgeru-
fen wird, zur ‚Basis‘, gegenüber der die ‚Inhalte‘ und
‚Formen‘ im traditionellen Verständnis der ‚Geisteswissenschaften‘ nur noch marginale Bedeutung haben
können, ist inzwischen zu einer mediengeschichtlichen
Einsicht geworden. Seine ideologiegeschichtliche Brisanz aber hat sie nahezu vollständig eingebüßt. Die
Kapitalismuskritik, die Kritik an der ‚Kulturindustrie‘
(Adorno/Horkheimer) scheint kaum noch zu verfan-
gen. Dies heißt aber nicht, dass einfach zur Tagesord-
nung übergegangen werden kann. Immerhin: das ‚ökonomische Interesse‘ zumindest an den Neuen Medien
ist auch insofern begründet, als Produktion in und mit

den Neuen Medien nicht nur bedeutende Investitionen erfordert, sondern auch beachtliche Gewinne meint schreiben zu können.

Wenn heute von Neuen Medien die Rede ist, so stehen der technische und der ökonomische Aspekt im Vordergrund. Medientechnik und Medienmarkt sind die Leitwörter der Diskussion. Hinzu kommt der rechtliche Aspekt, der mit dem ökonomischen über Prozesse der Regulierung und Deregulierung eines Marktgeschehens verbunden ist. Bei diesen Faktoren wird die Medienwissenschaft, sofern sie sich um eine Definition der Neuen Medien bemüht, nicht stehen bleiben können. Technik und Markt geben die Leitbilder für die Entwicklung Neuer Medien ab. Der Einbezug der Technik und der Ökonomie in die Antwort auf die Frage: ‚Was ist ein Neues Medium' ist unabdingbar.

Sieht man sich weiter in der Literatur um, so ist von vornherein das Thema der Neuen Medien als ein politisches und gesellschaftlich relevantes besetzt. Es geht um die gesellschaftlichen Auswirkungen der Neuen Medien. Insofern macht es Sinn, sie unter den Kategorien der Politik und Soziologie anzugehen. Und nicht zuletzt berührt die Medienrevolution die Frage der Wahrnehmung und Kognition schlechthin, also ästhetische und psychologische Fragestellungen. Die Begrifflichkeit im Kontext Neuer Medien oszilliert zwischen traditionell geisteswissenschaftlichen, sozialwissenschaftlichen und technologischen Fragestellungen. Es haben sich Leittheorien herausgebildet, die einerseits die Begrifflichkeit bestimmen, andererseits aber auch, wie zu zeigen ist, durch den gegenwärtigen Medienumbruch bestimmt werden.

Mit den folgenden Überlegungen zu gegenwärtig kursierenden Definitionsrahmungen für Theorien der Neuen Medien wird keine Prioritätssetzung verbunden. Sie werden als koexistent und als partiell erklärungsmächtig angesehen. Sie beanspruchen auch in der Summe keine enzyklopädische Vollständigkeit. Ihre Ausführung ist den späteren Kapiteln vorbehalten. Ausgegangen wird von kommunikations- und medienwissenschaftlichen Überlegungen zum Begriff und zur Praxis der Neuen Medien.

Kultur der Neuen Medien

Die Frage ist, ob sich die geisteswissenschaftlichen Ausprägungen medienwissenschaftlicher Betrachtung, die
Mediengeschichte und die Medienästhetik, wenn sie
sich nicht schon selber als Verbundwissenschaften verstehen, in die Frage nach der Definition der Neuen Medien einschalten können. Gewisse Ansatzpunkte sprechen dafür: Historie und Ästhetik der Medien sind, zumindest was die Medien der Audiovision, geschweige
denn der Neuen Medien anbetrifft, ein oft geäußertes
und immer wieder beschworenes Desiderat, wenn es
um die kulturellen Voraussetzungen und Auswirkungen der Neuen Medien, mit anderen Worten, um Medienkultur geht.

Führt man die mediengeschichtliche Betrachtung
ins Diskussionsfeld um die Neuen Medien ein, so wird
man, was die Definitionsstücke anbelangt, darauf verwiesen, dass es sich beim Potential der Neuen Medien,
also ihren vermuteten und bereits eingetretenen Auswirkungen, stets um zwei Typen der Betrachtungsweise handelt. Zum einen geht es um das revolutionäre,
die gesamte Kommunikationssituation verändernde
Potential eines Neuen Mediums. Wer würde heute
noch bestreiten, dass es sich bei der Buchdruckerkunst
um mehr als nur um einen ‚Agenten des Wandels‘[1]
handelte. Es ging auch um die Schaffung eines radikal neuen Kommunikationssystems. Für die Audiovisionen gilt Ähnliches. Auch sie haben um 1900 einen
grundsätzlichen Wandlungsprozess im Gesamtbereich
der ‚Künste‘, der Literatur, der Musik, der bildenden
Kunst zur Folge gehabt. Die Frage, ob denn die Künste
nicht der Medienrevolution quasi vorangegangen sind,
sie vorformuliert haben, oder ob sie den technischen
Erfindungen folgten, muss offen gehalten werden. Be-
währt haben sich Theorien der Wechselwirkung von
‚Künsten‘ und ‚Techniken‘. Die Trennung von ‚Technik‘ und ‚Kunst‘ selber im 18. und 19. Jahrhundert, im
Zeitalter der aufsteigenden Naturwissenschaften, ist
ein Thema, das zur Vorgeschichte der Medienrevolution um 1900 gehört. Noch weithin unaufgearbeitet ist
die Frage nach der Rolle von Telegraphie und Photographie im 19. Jahrhundert. Mit den neuen Techniken

[1] Elizabeth Eisenstein: *The printing press as an agent of change.* 2 Bde. Cambridge 1979.

der ‚silbernen Klassizität' beginnt das Ende des Buchzeitalters, das zugleich seinen technischen Höhepunkt
in der schnellen Presse feiert.

Zum Anderen geht es um das evolutionäre Potential der jeweils Neuen Medien. Der Buchdruck setzt
auf der Handschrift auf, ist geradezu ein Imitat, eine
Verbesserung der Handschrift, sollte eine Typographie
sein. Das Gewerbe trägt stolz bis heute diesen Namen
aus alter Zeit. Ähnliches gilt, von der Namensgebung
her, auch von der Photographie, der Phonographie, der
Kinematographie, den Basistechnologien der Audiovision, die sie mit Telegraphie zu einem universellen
Kommunikationssystem auf technisch-wissenschaftli-
cher Grundlage verbinden. In diesen Fällen muss man,
ohne dass die Metaphorik und ihr Versuch, das Neue
auf das gute Alte zurückzuführen und damit akzeptabel zu machen, von einem ‚evolutionären' Potential der
damals Neuen Medien sprechen. Die Metaphorik der
Kritik der Audiovision hat einen eigentümlich konser-
vativen Anstrich. Walter Benjamin spricht von einem
‚Verschwinden der Aura', setzt also einen magischen
Begriff der Vormoderne im Sinne einer negativen Dialektik zur Beschreibung der ‚Wirkungen' der Audiovision ein. Das ‚universelle Dorf' McLuhans ist keine
schmeichelhafte Bezeichnung.

In Medienrevolutionen verbinden sich also ‚revolutionäre' und ‚evolutionäre', ‚heiße' und ‚kalte' Potentiale, um die Kategorien von Marshall McLuhan
aufzunehmen. Die Frage ist, ob und inwieweit der mediengeschichtliche Gedanke der Unterscheidung von
‚revolutionären' und ‚evolutionären' Potentialen etwas
zur Aufklärung in der gegebenen Begriffsverwirrung
um Neue Medien, Digitalmedium und Multimedia
beitragen könnte.

‚Der Computer im Netz', das Digitalmedium zumindest im wissenschaftlich-technischen Bereich, nimmt
eine revolutionäre Rolle dann ein, wenn er dazu dient,
das harte ‚Experiment' durch schonende Modellbildung
und Simulation abzulösen. Man wird, als Medienhisto-
riker, aber einwenden können, dass eine solche Funktion, die Funktion des Probehandelns, schon dem alten
Medium Theater zugeschrieben werden konnte. Seine
mediengeschichtliche Konstitution auf Basis der Schrift

macht es zum ältesten Programmmedium überhaupt. Das moderne Theater der Simulationen und Modelle, in den modernen Veranschaulichungssystemen als Virtual Reality präsentiert, kann in der Tat unter dem Aspekt der Urverwandtschaft mit dem ‚Alten Medium‘ verhandelt werden, was Rückwirkungen auf dessen jetzige Existenzform als prominentes Kulturmedium zeitigt. Zu prüfen aber ist, ob es sich nicht hier doch nur wieder um eine metaphorische Rede handelt, die das evolutionäre Potential erfasst, ohne das ‚revolutionäre‘ Moment zu beachten. Ort, Zeit und Handlungseinheit, die immer wieder berufenen drei Einheiten des Theaters sind es, die von den modernen technischen Medien aufgelöst werden. Das Digitalmedium ist durch umfassende Ubiquität im räumlichen wie im übertragen zeitlichen Sinn gekennzeichnet. Anstelle einer Handlungseinheit tritt Modularität.

Über dieses revolutionäre Potential der Neuen Medien, das Digitalmedium oder der ‚Computer als Medium‘[2] sind medienästhetische und medienhistorische Betrachtungen zunächst immer bei einer Versicherung eines Potentials geblieben. Die Beschreibungen, die sich aufgrund konkreter Artefakte zu historischen Zusammenhängen fügen ließen, lassen nur das Paradox einer Geschichte der Gegenwart zu. Und hier bereits wäre darauf zu achten, ob nicht beim jeweils beschriebenen Objekt, nennen wir es die ‚schönen Modelle‘, oder die ‚gelungenen Simulationen‘, nicht wieder eher das evolutionäre Potential als das revolutionäre in Rede steht.

‚Theorie der neuen Medien‘

Der erste Versuch einer einheitlichen *Theorie der neuen Medien*, wie ihn Norbert Bolz 1990 vorgelegt hat, knüpft an drei wissenschaftshistorisch revolutionäre Konzepte an: an Nietzsches Philosophie der ‚Oberfläche‘ als kulturhistorisches Konzept, an Benjamins auf die Bild- und Bewegtbildtheorie abhebendes Konzept eines ‚Kunstwerks im Zeitalter der technischen Reproduzierbarkeit‘ und an McLuhans neue Form der Geschichtsschreibung, die auf einer Evolution der Medien aufsetzt. Ihre Einheit gewinnt Bolz’ Darstellung

[2] Vgl. den Titel von Norbert Bolz/Friedrich A. Kittler/ Georg Christoph Tholen (Hg.): *Computer als Medium.* München 1994.

in ihrem konsequent medienphilosophischen und post-modernen Anspruch, der systematische und historische Gegenpositionen sowie mögliche andere Theorien der Neuen Medien auslässt. Auch kann die Basis seiner Theoriebildung, seine spezifische Interpretation des Oberflächenbegriffs bei Nietzsche, verstanden in Sinne eines ‚Interfaces‘, seine Ableitung des Medienbegriffs aus dem späten Aufsatz Walter Benjamins mit der Mittelpunktstellung des Begriffs des ‚Ikonischen‘ und seiner spezifisch postmodernen Interpretation der Audiovisionsgeschichte bei McLuhan, diskutiert werden. Zum ersten ist die historische Verortung der Lebensphilosophie bei Nietzsche wie bei Benjamin in deren Sprachbegriff zu beachten, zum zweiten der eindeutige Bezug der McLuhanschen Konzeption auf das Zeitalter der Audiovisionen und deren Erfahrungszusammenhänge. Der einfachen Fortschreibung eines ‚Endes der Gutenberg-Galaxis‘ auf das Ende des Zeitalters der Analogmedien ist die Doppelstruktur der Mediengeschichte des 20. Jahrhunderts, die zuerst den Schock der bewegten Bilder und der technisch aufgezeichneten und verbreiteten Töne verarbeitet und, im Medienumbruch um 2000, den Basismedien Bild, Ton und Text auf der Digitalen Plattform neue Spielräume gibt, entgegenzusetzen.

Sprachkrise

Wie komplex jedoch der ‚junge Benjamin‘ gerade die Sprachkrise um 1900 als ‚Medienumbruch‘ wahrgenommen hat, zeigt sich im Aufsatz *Über die Sprache* von 1917. Der Aufsatz antwortet implizit auf die von de Saussure vorgeschlagene Begrifflichkeit der Unterscheidung von ‚Langue‘, dem Sprachsystem, und der ‚Parole‘, dem jeweiligen Sprachgebrauch, und behauptet in diesem Kontext die ‚Medialität‘ von Sprache überhaupt. Ist nicht mehr die Schrift allein der Ort, an dem Sprache festgehalten werden kann, so ist es deren Primat, das in Rede gestellt werden muss. Schon Nietzsches Entdeckung des sprachtheoretischen Primats der mündlichen Rede, seine Neudefinition des Rhetorischen als ein dem Literarischen Vorausgehendes, im Satz „Die Sprache ist Rhetorik",[3] stellt Schrift und Buch als bloße Medien vor. Benjamin gewinnt mit dem Begriff einer Medialität der Sprache eine Basis, von der aus er, später, das ‚Zeitalter der technischen

[3] Vgl. Joseph Kopperschmidt/Helmut Schanze (Hg): *Nietzsche oder „Die Sprache der Rhetorik"*. München 1994.

Reproduzierbarkeit' sowohl kritisch betrachten wie auch als historische Konsequenz einer Erschütterung des Schriftprimats darstellen kann. Er ist darin keineswegs radikal gegen die gleichzeitigen Überlegungen von Theodor W. Adorno zu setzen, der an einer Kritik des Radios arbeitet, also an jenem Massenmedium, das die Sprachfunktionen instrumentalisiert und industrialisiert. Es gibt, um 1920, eine professionelle Textindustrie mit einer eigenen Theorie, so auch eine Bildindustrie und eine Tonindustrie, die erst in der entwickelten Audiovision, dem Fernsehen, organisatorisch, aber nicht technisch, zusammengefasst werden. Die technische Integration leistet erst die Digitale Plattform. Eine Geschichte der Medientheorien hat die Trias der Massenmedien, in der Massenpresse und ihrer Kritik, in den Bildmedien wie auch den Tonmedien zu beachten, im Sinne einer multimedialen Betrachtungsweise, die Unterschiede und Konvergenzen der Basismedien differenzierend darstellt.

Multimedia

Der Kernbereich der medienökonomischen Betrachtungsweise bezieht sich zunächst vor allem auf das evolutionäre Potential des Neuen Mediums. Hier tritt der kulturhistorisch vorgeprägte Begriff der ‚Multimedia' ein.

Multimedia meint ein Doppeltes. Zum einen meint es die Vereinigung der drei für die Entwicklung der kulturellen Kommunikation entscheidenden Darstellungs- bzw. Wahrnehmungsformen: Text, Bild und Ton. Diese sind an sich noch keine Medien. Die Formen der Darstellung und Wahrnehmung können aber zur grundsätzlichen Definition von Medien überhaupt, neben den technischen und organisatorischen Spezifika, eingesetzt werden. So sprechen wir vom Buch wesentlich als einem Textmedium, unter dem Medium Buch verstehen wir die gesamte Kommunikationsorganisation, die sich aus der Verbindung der Darstellungsform Text mit dem graphischen Gewerbe, dem Verlagswesen und seinem dispersen Publikum ergibt. Die Schallplatte definieren wir als Tonmedium, den Film zunächst als Bewegtbildmedium.

Von Multimedia spricht man seit den zwanziger Jahren dieses Jahrhunderts (im Zeitalter der Audiovisionen, die Ton und Bild vereinigt), wenn verschiedene Darstellungsformen im künstlerischen Handlungsraum miteinander verbunden werden. Dieser alte Multimediabegriff stellt sich als die künstlerische Reaktion auf organisatorische Vereinigung der Darstellungsformen der Massenmedien dar, ist also selber aus der Differenz von Technik und Kunst zu erklären, die er zu überwinden trachtet.

Dies ist auch bei den Neuen Medien der Fall. Der Unterschied allerdings ist gravierend. Während Multimedia im traditionellen Sinn die Medien (als Darstellungsformen) im Objekt oder Ereignis zusammenführt (als Gesamtkunstwerk, als Collage, als Environment, als Performance), führt das Neue Medium die verschiedenen Darstellungs- und Wahrnehmungsformen auf einer geeigneten technischen ‚Plattform' zusammen. Die Unterschiede der Darstellungs- und Wahrnehmungsformen bleiben als solche gewahrt, gemeinsam ist die digitale Speicherform. Selbst im Multimedia-Computer werden Text, Bild und Ton in getrennten Programmen (oder dedizierten Programmen) verarbeitet und, was den Audiobereich anbetrifft, auch getrennt präsentiert. Die Text-Bild-Integration auf dem Bildschirm ist nicht ohne programmtechnische und wahrnehmungstheoretische Probleme (Verschwinden des festen Buchstabens), obwohl sie als ‚Wysiwyg' und ‚Windows', als Lösung der Bild-Text-Integration angesehen wird. Nur scheinbar siegt hier das Bild des Textes über den Text. Die grundsätzliche Frage, ob die Alphabetschriften ein Fortschritt gegenüber den Bilderschriften sind, sei hier nicht diskutiert. Zumindest aber sei festgehalten, dass das zu Grunde liegende Programm, das die Multimedia zusammenbringt, auf dem Niveau der Alphabetisierung geschrieben werden muss.

Ein weiteres, wesentliches Merkmal lässt die Multimedia-Idee vor allem als Nutzung des evolutionären Potentials des Digitalmediums erscheinen. Im Einzelfall nämlich bedeutet die Nutzung der Digitalen Plattform nichts anderes als die Realisation des ‚besseren' Drucks (sei es als ‚Desk Top Publishing' oder als professionelle Satztechnik), des besseren Tons (bei der CD und bei DAB) oder des besseren Bilds (bei Standbild und Bewegtbild, bei Photo-CD bis DVB). Hier ändern sich weder grundsätzlich die Formate noch die Inhalte, es ergeben sich allenfalls qualitativ erweiterte Möglichkeiten.

Digitale Plattform

Die Digitalisierung eröffnet die Möglichkeit, auf der ganzen Bandbreite der Medien, von den Medien der persönlichen Kommunikation bis hin zur Massenkommunikation, neue Kommunikationsprodukte zu entwerfen und zu implementieren, die auf der digitalen Plattform aufsetzen. Insofern sind die heute in Rede stehenden Neuen Medien letztlich nur noch zu unterscheiden durch den Grad der ‚Interaktivität‘. Prinzipiell lässt sich immer Text, Bild und Ton vereinigen, von Digital Video Broadcasting (DVB) bzw. Digital Audio Broadcasting (DAB) über Near Video on Demand (NVOD) und Video on Demand (VOD) über On-Line-Services bis hin zu den Mehrwertdiensten der Telekommunikation. Was jeweils angeboten wird, ist eine Frage der Phantasie des Produzenten und, was den Erfolg anbetrifft, eine Frage der Akzeptanz der Produkte beim Nutzer. Anzunehmen ist, dass dieser wesentlich nur das bessere Fernsehen, die bessere Telefonie und einige wenige der auf der Gesamtbandbreite liegenden Produkte akzeptieren wird, und zwar vor allem dann, wenn sie den geläufigen Nutzungsweisen nicht völlig entgegenlaufen. Die Frage ist, ob Produkte nach dem Prinzip ‚Wie ein Buch‘ eher akzeptiert werden als verwirrende Angebote eingeschränkter Interaktivität zu vergleichsweise hohen Preisen. Zur Frage nach der Definition der Multimedia ergibt sich als erste Antwort: Die vielen neuen Kommunikationsprodukte sind Ergebnis des evolutionären Potentials des Digitalmediums. Für den Nutzer ordnen sie sich auf einer Skala von ‚Broadcasting‘ zu ‚Narrowcasting‘, von Rundfunk zu Telekommunikation an. Die Laxheit der Telefonie geht auf die elektronische Post über, die traditionell ausgeübte Inhaltskontrolle der Massenmedien (heute nur noch als Organisationskontrolle vorgesehen) speist die Notwendigkeit, auch im Internet nach einem ‚Code

of Conduct' zu suchen. Neu ist die Vielzahl der Über-
gangsformen zwischen Regulierung und Deregulierung, die zu den Kennzeichen des Marktes der Neuen
Medien gehören. Dies ist zunächst verwirrend, muss
aber von einer klaren Definition nicht abhalten. Definitionen müssen auch Übergänge fassen können, wie
dies Leibniz mit seinem Infinitesimalkalkül demonstriert hat.

Die Mediengeschichte gibt, was den Handlungs-
rahmen anbetrifft, die medialen Möglichkeiten vor,
in denen auch bisher Inhalte und spezifische Formate akzeptiert wurden. Auch die Neuen Medien müssen auf den „erfolgreichen Formulierungen" (Marvin
Minsky)[4] aufsetzen, unter denen über Jahrhunderte
unser mentaler Apparat zu seinen jetzigen Leistungen
(und Fehlleistungen) sich entwickelt hat. Sie sind in
den verschiedenen Mediengeschichten zu finden, in
der Kunstgeschichte, Musikgeschichte, der Theaterge-
schichte, der Literaturgeschichte und seit gut hundert
Jahren auch in der Film- und Fernsehgeschichte. Das
Repertoire und das Handlungswissen, das in diesen
Geschichten aufgeschrieben ist, wird als Stoff noch
eine lange Zeit das bestimmen, was gegenwärtig als
Multimedia mit beachtlichem Anspruch auf Innovationen auftritt.

Die Auflösung der Begrifflichkeit in das ‚revolutionäre' Digitalmedium selber, und dessen im Sinne der
Medienevolution nutzbaren Möglichkeiten als ‚Plattform' für verschiedene Medien, einschließlich deren
partieller Integration (sogenannte Multimedia), lässt
nicht nur den unterschiedlichen mediengeschichtlichen Stellenwert, sondern auch die unterschiedlichen
Handlungsmöglichkeiten deutlich werden. Multimedia kann in diesem Sinn die perfektionierte Audiovision genannt werden, die sich mit der perfektionier-
ten Telekommunikation verbindet. Deren gesamtes
ästhetisches und stoffliches Wissen muss in die Mul-
timedia-Produktion eingehen. Gegenüber deren Standards lässt sich auch mit einer Experimentierklausel
in Zukunft nicht mehr argumentieren. Die noch so
technisch perfekte Multimedia-Show bleibt inakzep-
tabel, wenn sie nicht den historisch-ästhetischen Standards genügt.

[4] Ders.: *Mentopolis*. Stuttgart 1990.

Die Experimentierklausel darf nur gelten, wenn man es mit dem revolutionären Potential des Digitalmediums selber zu tun hat. Gelungene Simulationen entfalten in der Tat einen nicht unbeträchtlichen, auch sinnlichen Reiz. Der falsche Reiz einer Scheininnovation dagegen führt zur Enttäuschung (im Sinne einer Aufhebung der Täuschung), wie sie im Bereich der nicht perfekten Multimedia sich schnell einstellt.

Was das evolutionäre Potential des Digitalmediums anbetrifft, die ‚Multimedia-Plattform‘ also, so besteht deren Innovation vor allem in der Kombination von Eigenschaften alter Medien. Entsprechend dem Band zwischen ‚Broadcasting‘ und ‚Narrowcasting‘ lassen sie sich auf einer Skala der Interaktivität anordnen. Jedes neue Kommunikationsprodukt auf dieser Plattform hat, was seine Funktionsweise und seine Inhalte (‚Stoffe‘) anbetrifft, seinen definierten Platz auf dieser Skala. Bei der Digitalen Telefonie handelt es sich um beste Telefonie. Die Inhalte stellen, wie schon zuvor, die Kommunikationspartner her. In der Bildtelefonie stellen sie sich gegenseitig vor und dar. Beim Digitalen Fernsehen handelt es sich tendenziell um das beste Fernsehen, mit höchster Auflösung, im Kinoformat 16 auf 9. Dazwischen liegen die vielen Neuen Medien: Kompromisse und Kombinationen, Rundfunk mit Rückkanal, Videodatenbanken mit aktiver Anforderung usf.

Ist so die Definition der Multimedia-Plattform als das evolutionäre Potential des Digitalmediums geleistet, und lassen sich die Neuen Medien durchgehend als Kompositmedien zwischen Rundfunk und Telefonie beschreiben, so ist die Frage, wie denn die gegenwärtige, auch definitorische Hektik auf dem Markt der Kommunikationsprodukte zu erklären ist.

Die Rede von den Neuen Medien beginnt in den 1970er Jahren. Zu beobachten ist damals über die Kabeltechnik ein erster Innovationsschub, der zu einer Vermehrung des Programmangebots führt. Zu beobachten ist aber damals bereits, dass sich mit den vernetzten Computern ein Neues Medium herausbildet. Zwar ist auch heute noch das Medium Fernsehen ein die gesellschaftliche Kommunikation prägendes Medium, die technischen Innovationen gehen jedoch vom Digitalmedium aus.

Zwar hat die Digitale Plattform die Dynamik der Medienentwicklung ausgelöst, die gegenwärtige Hektik aber ist vor allem ein Kampf um Rechte, um Inhalte, um Marktanteile auf der Digitalen Plattform, die selbst wiederum in Konkurrenz zu den alten Medien der Audiovision tritt. Es gibt eine endliche Zahl von Nutzern, die ein endliches Zeitbudget haben und eine endliche Menge Geldes für alle die vielen neuen Kommunikationsprodukte zwischen Fernsehen einerseits und Telekommunikation auf der anderen Seite ausgeben werden.

So ist ein Positionierungswettbewerb auf der Digitalen Plattform entstanden, in dem es in der Tat für den einzelnen Anbieter um die Zukunft gehen muss. Da Produktion und Nutzung nicht beliebig vermehrt werden können, wird die Digitale Plattform genutzt, sich möglichst günstig, in denkbar bester Qualität auf dem Markt der Kommunikationsprodukte zu präsentieren.

Blickt man auf die Informations- und Kommunikationstechnik selber, so handelt es sich im wesentlichen bereits um eine hoch entwickelte und eingeführte Großtechnik. Neu ist deren hoher Anteil im Gesamtbereich der Kommunikation von der Individualkommunikation bis zur Massenkommunikation. Es geht von der digitalen Plattform, wenn man sie, wie dies im Kommunikationsbereich geschieht, evolutionär, d. h. zur qualitativen und quantitativen Steigerung des Kommunikationsangebots nutzt, eher eine deutlich stabilisierende Wirkung auf den Markt aus.

Auch Multimedia, die multimediale Infocity, muss zeigen, ob sie die eingesetzten Investitionen wert sein kann. Beim gegenwärtigen Softwaremangel, beim limitierten Budget der Nutzer und der Konkurrenz der alten Medien stellt sich die Frage, nicht ob, sondern nur wann die Ernüchterung eintreten wird. ,Video on Demand' wird sich nicht mit alten Filmen o.ä. bestreiten lassen, nur weil hier die Rechte ohne größeren Aufwand zu bekommen sind. Alle Mehrwert- und On-Line-Dienste bedürfen erheblicher, die Qualität sichernder Investitionen, die bei hohen Netzkosten nur schwer zu erwirtschaften sind.

Mit den Stichworten der Technischen Innovation, der Kommerzialisierung und der Deregulierung, mit Medientechnologie, Medienökonomie und Medien-

recht, ist das Feld der jüngsten Medienentwicklung
umfassend in seinen Hauptfaktoren beschrieben. Ist
es richtig, dass sich in ihr vor allem das evolutionäre
Potential des Digitalmedium auswirkt, so bleiben die
Ästhetik, die Inhalte, die Handlungsrollen in den Medien wesentlich immer noch die ‚alten'. Hier aber, in
der Geschichte der Medien, ihrer Ästhetik, sind auch
für die alten Medien noch Forschungsdefizite zu registrieren, die eine ästhetisch-pragmatisch orientierte Medienwissenschaft, als Wissenschaft von den Inhalten,
Formen und handelnden Personen, von Produzenten,
Verarbeitern, Distributoren und Rezipienten rechtfertigen können. Für diese Medienwissenschaft sind die
alten Medienwissenschaften: Musik-, Kunst-, Theater-,
Literatur-, Film- und Fernsehwissenschaft mit ihrer Suche nach dem produktiv Neuen vorbildgebend.

Interaktivität und Individualisierung

Bei der Diskussion um die Formen, die Inhalte und die
Wirkweise der Neuen Medien wird überschätzt oder
übersehen: Nicht die ‚Sender' sind es, welche eine ‚Botschaft' auf einen machtlosen Empfänger einströmen
lassen. Es sind die Nutzer selber, die sich ihr Opus auf
den Bildschirm bringen. Das Werk des Autors wird
zum Werk des Nutzers. Seine Fähigkeiten der Aus- *Nutzer/User*
wahl, der Kombination, seine Kreativität in der Nutzung sind entscheidend. Konfrontiert mit einem globalen Angebot an Inhalten muss der Nutzer als ‚eigener
Programmdirektor' sein Programm gestalten können.
Interaktivität ist das Kennzeichen der Neuen Medien.
Das Schlagwort ‚Get connected' meint eine Struktur, in
der es nicht nur auf den ‚Provider', sondern vor allem
auf den ‚User' ankommt. Eine dialogische Struktur
macht jeden Sender zum Empfänger, jeden Empfänger
auch zum Sender. Das ‚Netz' ist prinzipiell eine solche
dialogische Struktur von vielen Nutzern.
  Genauere Betrachtung bringt das utopische Dialog-
modell, das Modell der grenzenlosen Freiheiten, an
seine Grenzen. Mehr als alle Techniken zuvor, die ‚auf
Knopfdruck', ‚plug and play', funktionieren sollen,
verbinden die modernen, digitalen Technologien technische Lösungen mit einem umfassenden Wissen über

Funktion und Nutzung. Zur Hardware tritt mehr als je zuvor die Software, zum Gerät das Programm. Eine neue Abhängigkeit des Nutzers entsteht: die Abhängigkeit von Technik und Programm. In die Programme, die als ‚Oberfläche' bzw. als Schnittstelle zwischen Mensch und Maschine fungieren, werden, in Form von metaphorischen Maschinen, Vorgaben, Begriffen, Symbolen, ‚Icons' und Formularen, die Nutzungsformen und letztlich auch die Nutzerrollen vorgeschrieben. Was die älteste der Informationstechnologien, das Buch, fast selbstverständlich leistete, die individuelle Nutzung eines fast unbegrenzten Informationsangebots, muss bei modernen elektronischen Medien über Abrufprozeduren erreicht werden, welche die Nutzungsmöglichkeiten oft rigide einschränken. Sofern es nicht nur um das Telefonieren im Internet geht, oder um Mail-Systeme, in denen elektronische Briefe ausgetauscht werden, geht es bei den Digitalmedien auch und vor allem um neue Varianten der asymmetrischen Kommunikation. In ihnen sind die Rollen von ‚Client' und ‚Server', von ‚Provider' und ‚User' klar unterschieden. Der ‚Provider' liefert nicht nur die ‚Inhalte', er liefert auch die ‚Oberfläche', der sich der ‚User' bedient.

Die für das Digitalmedium postulierte Interaktivität ist keineswegs ein Bestandteil der Technik. Interaktivität bleibt solange ein Schlagwort, ehe sie nicht auch für den Nutzer der Netze und der digitalisierten Inhalte auch praktisch werden kann. Das Problem der neuen Informationstechnologien ist zuerst ein ‚Nutzerproblem'. Das ‚Nutzungsprodukt', der ‚Navigator' bzw. der ‚Explorer' im Netz, ein Stück Software, ist für den Netzzugang erforderlich. Der Nutzer ist es, der in einem System vorab modelliert wird; das Nutzermodell entscheidet über die Nutzungsmöglichkeiten und die Nutzungseinschränkungen. Jede noch so sorgfältig programmierte Nutzeroberfläche eines interaktiven Mediums setzt ein Bild, oder Bilder der Nutzer, eine Nutzungs- und Nutzertypologie voraus.

Gleiches gilt für die postulierte Individualität. Individuelle Nutzung wird an individuelle Bezahlung (wie beim Buch) gekoppelt, was den Begriff der Individualisierung auf die Art und Weise der Abrechnung reduziert. Sie ist technisch möglich, generiert aber das

Problem des Schutzes der individuellen Nutzerdaten. Auch hier muss der für die alten Druckmedien geltende Standard erst durch entsprechende Programme überhaupt erst gesichert werden.

Traditionalismus der Neuen Medien

Alle Neuen Dienste bedienen sich praktisch der ‚alten‘ Medien (und der ‚alten‘ Nutzer). Hieraus ergibt sich die angedeutete paradoxe Situation: Wäre das Zugangsproblem gelöst, von hier aus die Nutzerfreiheit gesichert (was den Erfolg neuer ‚Oberflächen‘ ausmacht, auch in kommerzieller Hinsicht, man denke an ‚Explorer‘ oder ‚Netscape Navigator‘ oder ‚Google‘ und ‚Yahoo‘-Suchsysteme), so bleibt das Problem der Verfügbarkeit der ‚Inhalte‘. Die ‚Inhalte‘ der Neuen Medien aber sind, so McLuhans Satz, immer die alten Medien. Dies meint, dass deren Formen und deren Inhalte nun zu ‚Inhalten‘ werden. Das Problem der ‚neuen Dienste‘ ist die Verfügbarkeit der ‚alten‘ Formen und Inhalte, der alten ‚Werke‘. Die ungekrönten Sieger sind, neben den kommerziell nutzbaren Datenbanken, derzeit das (‚elektronische‘) Buch und der Film – weil sie ‚Inhalte‘ haben. Der Rundfunk (einschließlich des Fernsehens), die alten Netzwerke, müssen sich neu positionieren. Da es auf der digitalen Plattform keine natürlichen Platzvorteile mehr gibt, lässt sich die Attraktivität für den Nutzer nur durch Qualitäten steigern. Dies aber heißt: durch gestaltete Inhalte, attraktive Inszenierungen, durch die ‚schöne Form‘. Indirekt erhält das Werk des Autors einen neuen Stellenwert.

Die sogenannten alten Medien haben neue Spielräume gewonnen. Dies gilt vor allem für die Printmedien, die sich als Motor der Entwicklung erwiesen haben. Es gilt aber auch für die Tonmedien und die Bewegtbildmedien (Phonographie und Film). In eine problematische Situation sind dagegen die analogen Verteilmedien, insbesondere Rundfunk und Fernsehen, gekommen. Sie müssen sich in Bezug auf die Netzwerktechnologie neu orientieren. Auf einer Skala der Interaktivität, vom ‚digitalen Fernsehen‘ mit geringer, meist nur selektiver Interaktivität, bis zur digitalen Telefonie, mit dialogischer Interaktivität, lassen sich die

Neuen Medien positionieren. Deren Kleinschrittigkeit, der entscheidende Gewinn der Digitaltechnologie, lässt eine nahezu unbegrenzte Vielfalt an Kommunikationsprodukten zu. Sobald es auf den Nutzer und die gestalteten Inhalte ankommt, sind die alten Medien gefragt. Ist man gegenüber einer Menschenveränderung durch Medien skeptisch, so stellt sich ein anthropologischer Traditionalismus ein. McLuhans ‚extensions of man' selbst setzen den Menschen als primären Kommunikator ein, dessen Wahrnehmungsmöglichkeiten durch Apparate erweitert werden.

Die Neuen Medien verändern die Handlungsrollen der in den Medien Tätigen grundlegend. Wie die Rolle des ‚Rezipienten', der als ‚Nutzer' auftritt, hat sich auch die Rolle des Produzenten gewandelt. Er wird zum Anbieter eines Dienstes. Aus dem Produkt wird eine Dienstleistung. Die Frage ist auch hier, sieht man von der reinen Dialogstruktur ab, wie die Rolle des Anbieters in Differenz zur Handlungsrolle des Produzenten definiert werden kann. Ist er nur eine Art neudefinierter Distributor, oder ‚Provider', der seine ‚Inhalte' von einem ‚Content Provider' bezieht, der selbst wieder nur Rechte an ‚Paketen' von ‚Software' besitzt, die er von den ‚alten' Produzenten erworben hat? Hier, am Ende einer Kette, treten der alte Autor und das alte Werk wieder in den Kommunikationszusammenhang ein, sofern es sich um gestaltete Inhalte handelt. Die in Frage stehenden Rechte beziehen sich auf die persönlich geistige ‚Schöpfung' eines Urhebers. Das Urheberrecht, zumindest in Deutschland, definiert ‚Autor'

Autor/Werk   und ‚Werk' traditionell, im Sinne einer Genieästhetik, so, wie sie im Buchzeitalter ausgebildet wurde. Eine ‚Theorie der Neuen Medien' hat demnach zu klären, welchen neuen Status die alten Begriffe des Autors und des Werkes gewinnen konnten. Diese Klärung lässt sich nur über eine historische Reflexion der Konzepte von Autorschaft und Werk erreichen, da, nach mediengeschichtlicher Einsicht, ältere Konzepte keineswegs obsolet werden, sondern im jeweils neuesten kopräsent sind.

Historische Werkbegriffe und deren Auflösung: Von der ‚Rede' zum ‚Gesamtkunstwerk'

Alle Formen der asymmetrischen Kommunikation beziehen ihr Modell von dem des Redners auf dem Forum. Alle Formen der symmetrischen Kommunikation leiten sich vom Dialog ab. Nicht ohne Grund haben diese Modelle (der Rhetorik und der Dialektik) Konjunktur im Zeitalter der Neuen Medien. Die Modelle stellen die jeweiligen Eckpunkte auf der Digitalen Plattform, zwischen ‚Rundfunk' und ‚Telefonie', dar. Für das Opus des Redners bereits gilt, dass es als Dienstleistung konzipiert ist: Der Redner, ob als Anwalt, als Lobredner oder als Redner in einer Beratungssituation, vertritt *Rhetorik* eine Sache oder eine Person. Regelmäßig hat er einen Auftraggeber. Bei Quintilian, einem der ‚Lehrer des Abendlandes', findet sich der Redner in der schwierigen Situation, über alles angemessen reden zu müssen (und zu können). Sein ‚Werk' ist die ‚gute Rede', die sich wiederum in verschiedenen Redearten ausfaltet (Quintilian, Inst. orat., II, 14, 5). Durch ‚Kolorierung' wird dem Werk eine parteigünstige Form gegebene (Quint. IV, 2, 88). Diesem ‚Werk' ist der umfangreichste Teil des rhetorischen Lehrgangs gewidmet. Das ‚Werk' des Rhetors aber ist eines, das nicht, im Sinne des emphatischen Kunstbegriffs, als autonom anzusehen ist, vielmehr auf einen ‚Zweck', eine ‚Überzeugung' im Hörer herzustellen, angelegt ist. Heinrich Lausberg nennt die Rede ein Kunstwerk, das zugleich ein ‚soziales Faktum'[5] sei. Es hat ein ‚Aptum', das auf den Hörer zielt. Das Modell des Hörers ist die entscheidende Voraussetzung für Erfolg oder Misserfolg der Rede. Die Theorien des Zuschauers und des Lesers lassen sich aus diesem Grundmodell entwickeln. In jedem Werk der asymmetrischen Kommunikation ist ein Modell des Rezipienten verborgen. Die neueren Theorien vom impliziten Hörer, Leser und Seher (die Rezeptionsästhetik) haben diesen Sachverhalt aktualisiert und explizit gemacht. Damit wird die Rede zum impliziten Dialog. Redner und Publikum sind quasi vertauschbar. Der Sender wird zum Empfänger, der Nutzer zum Autor.

In der Geschichte der Kunst, der Literatur und der Musik hat sich der ‚Werkbegriff' aus diesem

[5] Heinrich Lausberg: *Handbuch der literarischen Rhetorik*, Bd. I. Münster 1960, S. 507.

Funktionszusammenhang gelöst. Die Geschichte der
‚Künste' im Zeitalter des Buchs lässt sich als deren
Autonomisierung von Zwecksetzungen beschreiben.
Die Kunstgattungen lösen sich aus dem Gefüge der
rhetorischen Gebrauchsgattungen heraus und bilden
eine eigene Welt mit eigenen Formgesetzen. Die Po-
etik löst sich aus der Rhetorik heraus. Die besondere
Rezeption der Kunstprodukte ohne Zweck wird im
18. Jahrhundert die Domäne einer neuen Theorie der
sinnlichen Wahrnehmung, der ‚Ästhetik'. Neben den
Gebrauchsgattungen wird im Rahmen der Entwicklung der literarischen Gattungen die Trias von Epik,
Lyrik und Dramatik fixiert, im Bereich der bildenden
Kunst das Tafelbild und die Plastik, im Bereich der
Musik endlich die Form der Sonate und der großen
Sinfonie. Der Werkbegriff erhält eine philosophisch-
metaphysische Dimension. Der gottgleiche Kreator
wird in den Mittelpunkt der Kunstgeschichte gestellt. Die ‚Gestaltungshöhe' entscheidet über Rechte am Kunstwerk, über Autorschaft. Dies setzt einen
geschlossenen Werkbegriff voraus, dessen Konturierung Abgrenzungen von anderen Kunstwerken und
‚Nicht-Kunst' zulassen.

Abgesehen davon, dass es neben der ‚absoluten'
Kunst stets auch Gebrauchskunst – dann aber minde-
ren Ranges – geben kann: In seiner Peripetie, mit dem
romantischen Postulat des Kunstwerks, das kein Gesetz über sich kennt, wird die Unabgrenzbarkeit der
Kunst, ihre fragmentarische und progressive Struktur erkannt. Die romantische Kunsttheorie verweist
auf die Mischungsmöglichkeiten der Gattungen, auf
para-rhetorische Spielwerke, wie die Arabesken und
die Grotesken, sowie auf die modernen Prosaformen
des Romans und der Novelle, um den universellen
Anspruch einer ‚Progressiven Universalpoesie' zu belegen. Und so laufen seit der romantischen Wende der
Kunsttheorie die beiden Werkbegriffe des klassischen,
des geschlossenen ‚Opus', und die des ‚offenen' Werks,
das den Hörer, Seher und Leser zu seiner Ergänzung
braucht, Gedicht und Rede, nebeneinander her. Dies
gilt für die bildende Kunst, die Musik und die Literatur
gleichermaßen. Das Tafelbild, die Plastik, das gezählte
Opus des Komponisten, die Gesamtausgabe der Werke:

Diese Materialitäten bestehen ohne Publikum, in Museen, in Noten, auf Regalen. Dies gilt auch für die komplexeste Form des medialen Ereignisses im Gutenberg-Zeitalter, für die ‚Oper', welche die Werke des Dichters und des Musikers (und in der Aufführung, des Malers und Plastikers) integriert. Die ‚Werke' sind jederzeit verfügbar und aktualisierbar. Abgesehen von der Zeit ihrer Entstehung haben sie eine potentielle Ewigkeit gewonnen. Auf den einzelnen Rezipienten kommt es nicht an. Er ist, wie Friedrich Schlegel formuliert hat, ‚Postulat wie Kirche'. Die Fragmente, die Arabesken und Grotesken, der Roman bedürfen dagegen des Lesers, der sie für sich ergänzt. Aber auch er bleibt in der Anonymität eines dispersen Publikums, auch wenn er sich als Kenner und Wissender erweisen muss. Als Kritiker kann er Werke nach ästhetischen Maßstäben beurteilen, deren Subjektivität er jedoch immer eingestehen muss. Am Ende des Buchzeitalters erweist sich der utopische Begriff des ‚Gesamtkunstwerks' als Sammelpunkt widersprüchlicher Konzepte: Werk eines Meisters, geschlossen, doch ohne ein Publikum nicht realisierbar. Auf dieses Publikum geht die ‚Geschlossenheit' des Werkes über: Es wird zur ‚Gemeinde'.

Eine neue Offenheit des künstlerischen Werkbegriffs wird erreicht mit Beginn des Zeitalters der Audiovisionen. Der Literaturhistoriker Volker Klotz hat darauf hingewiesen, dass die ‚offene Form' des Dramas, nach einer Dominanzperiode der klassisch geschlossenen Form, um die Jahrhundertwende zur präferierten Form der literarischen Avantgarden werde.[6] Die Vorgeschichte der offenen Form (etwa die Dramatik Georg Büchners) wird als Vorgeschichte der Moderne entdeckt. Neu entdeckt werden auch die fragmentarischen Formen der Romantik. Der Begriff des geschlossenen Werks mit Anfang, Mitte und Ende dagegen wandert, als Kategorie einer geschlossenen, professionellen Produktion mit einer organisierten Vielzahl von Autoren hinüber ins Film-, Hörfunk- und Fernsehgeschäft. Dort hat man es mit abgrenzbaren Entitäten zu tun, die handelbar und sendbar sind. Der Werkbegriff erhält die ökonomische Dimension, die er letztlich schon im Zeitalter des Buchs, der ‚besonderen Ware', gewonnen hatte. Der Nutzer ist als zahlender Kunde modelliert,

[6] Volker Klotz: *Geschlossene und offene Form im Drama.* München 1960.

der das Werk in unterschiedlicher Materialität konsumiert. Der Rezipient ist zum Konsumenten geworden, das Werk zur Ware.

Anders ist dies im Bereich der ‚anspruchsvollen‘ Künste. Die Avantgarden setzen auf Experiment, Schock, Performance und Happening, Dimensionen, die ohne eine definiertes Publikum, unterschieden vom ‚Massenpublikum‘ der Massenmedien, nicht auskommen. Den geschlossenen, organisiert hergestellten Werken der Unterhaltungsindustrie treten die offenen Kunstwerke entgegen. Die Avantgarden verstehen sich nicht nur als Gegner des klassischen Kunstwerks, sondern auch als Gegenbewegungen zu den geschlossenen Werken einer Kulturindustrie, der man den Verrat am Autonomiepostulat der Kunst vorwirft. Der emphatische Kunstbegriff betont den Bruch, das radikal Andere, die Utopie einer versöhnten Welt. Er setzt auf den kleinen Kreis der Wissenden und modelliert sein Publikum als Avantgarde eines künftigen Publikums. Das ‚offene Kunstwerk‘ nimmt die Rolle des alten, des klassischen Kunstwerks ein. Noch immer aber bleibt das Kunstwerk ein Werk des Autors.

Mit dem Eintreten der Digitalmedien ergibt sich eine neue Situation. Nun sind es die ‚offenen Strukturen‘, die ‚Netze‘, also dialogische Strukturen, die industriell hergestellt werden können. Das kommerzielle Design nutzt komplexe Inszenierungstechniken, die Werbung kann zu Recht als eine Kunst angesprochen werden. Sie nutzt die avanciertesten Formulierungstechniken in Wort, Bild und Ton. Die ‚schönen Bilder‘ funktionalisieren die Autonomie der Kunst.[7] An die Stelle der kommerziellen Diffusion der Werke tritt die Fusion von Kunst und Kommerz, die Aufhebung der Differenz von Kunst und Zweck. Auf der Seite der Diffusion ist eine ‚Ermüdung‘ der geschlossenen Programmkonzepte des ‚klassischen‘ Fernsehens festzustellen.[8] Erneut kommt es zu einer Re-definition des Werkbegriffs. Der utopische Anspruch des Empfängers als Senders ist technisch einlösbar, folglich verliert er seine exklusiv-avantgardistische Funktion. Fluxus, Happening, Zapping sind Phänomene der Gebrauchskunst, des täglichen Lebens geworden, das Postulat, dass jeder Mensch ein Künstler sei, ist zur Alltagsphrase gewor-

[7] Vgl. Siegfried J. Schmidt/ Brigitte Spieß: *Werbung, Medien und Kultur*. Opladen 1995.

[8] Vgl. Hartmut Winkler: *Der filmische Raum und der Zuschauer. Apparatus – Semantik – Ideology*. Heidelberg 1994.

den. Aktivität und Interaktivität sind Kategorien des technisch Machbaren.

Das Werk im Digitalmedium als Werk des Nutzers nimmt damit erneut Strukturen des alten rhetorischen Werkbegriffs auf. Es nimmt dessen ästhetische Verabsolutierung zurück. Der gestaltete Inhalt gewinnt im virtuellen Forum insofern eine neue Qualität, als er nicht nur mehr zeit- und ortsunabhängig zur Verfügung steht, sondern auch beliebig selektiert und verarbeitet werden kann. Die virtuelle Präsenz, die von der realen Präsenz beim digitalen Telefon wiederum bis zur radikalen Zeitversetzung der Server-Systeme gehen kann, lässt eine Fläche von Wahrnehmungsmöglichkeiten entstehen, in der die Anteile von ‚Anbieter' und ‚Nutzer' am Werk kaum mehr zu bestimmen sind. So kann, in der Form des Medienkunstwerks, sich durchaus die ‚alte' Werkstruktur wiederherstellen. Der Anspruch der Kunst wandert erneut auf die Seite des Werks; der Gang vom Werk des Autors zum Werk des Nutzers lässt sich also auch umgekehrt lesen. Eine kritische ‚Theorie der Neuen Medien' wird anerkennen, dass in solchen Rückgriffen Vorgriffe zu sehen sind.

Damit ist auch eine neue Genredebatte zu führen. Genres, schon im Kontext der Moderne lediglich Orte, an denen sich Formen in Überbietung neu entwickeln, werden zu Gattungsschemata, die jeweils durch den Nutzer aktualisiert werden können. Die einfache Opposition von ‚geschlossenen' und von ‚offenen' Formen, unter denen sich die ‚Gebrauchsformen' unterschichten lassen, verliert ihre Kontur. Die auf Offenheit angelegten Werke wie auch die klassischen Werke werden unterschiedslos zu Gegenständen des Gebrauchs. Was für die Werke der ‚Alten' gilt, dass sie durch Geschichte und Gebrauch fragmentiert worden sind, gilt nun auch für die Werke der ‚Neueren', die schon bei ihrer Entstehung Fragmente sind: Sie werden zu Elementen der Sinnproduktion im virtuellen Forum. Die Verarbeitungskategorie hat sich den Kategorien der Produktion, der Distribution und auch der Rezeption gegenüber als die überlegene erwiesen: keine Produktion, keine Distribution, keine Rezeption ohne Transformation durch den Nutzer. Der Ort des Werkbegriffs, so scheint es, ist verschwunden. Wer von Werken redet, meint eine

[9] J. W. Leach: *The Twentieth Century Novel*. Zit. nach Reinhold Grimm: Romane des Phänotyp. In: ders.: *Strukturen. Essays zur Literatur*. Göttingen 1963.

[10] Vgl. Christian W. Thomsen/Irmela Schneider (Hg.): *Hybridkultur: Medien, Netze, Künste*. Köln 1997.

vergangene Form. Selbst die Editionsphilologie muss Abschied vom ‚festen' Text nehmen und den Versuch machen, komplexe ‚Textprozesse' zu dokumentieren. Die provozierende Formel des Romantheoretikers J. W. Leach „Exit Author"[9] wird zur umfassenden, nichts mehr definierenden Aussage.

In der gegenwärtigen Medienentwicklung zeigen sich zwei Tendenzen: Einerseits das ‚Zusammenwachsen' der Künste in Fortsetzung der avantgardistischen Praxis, zu fassen mit dem Begriff der ‚Hybridisierung'[10] und die ebenso beobachtbare erneute Ausdifferenzierung der Künste, die Betonung ihres Eigenwerts als basale Wahrnehmungsformen. Sie schließen einander nicht aus. Für den Werkbegriff bedeuten sie, dass das Konzept eines Werk des Autors keineswegs obsolet geworden ist; im Gegenteil, es erhält neue Aktualität. Für die Medienkunst ist es konstitutiv. Für die Mediennutzung bietete es einen Orientierungsrahmen, an der sich die Freiheit des Nutzers erproben kann. Die Vielfalt der Nutzerrollen ist ein Realisat der Möglichkeiten, die sich auf der Digitalen Plattform ergeben kann. Bisher herrscht ‚Multimedia', eine vage Begrifflichkeit. Sie ist auszudifferenzien in eine Vielzahl von neuen Formen der Interaktion, bei denen hinter der Maschine auch wieder ein Mensch erscheint. Die ‚man-machine-interaction' ist auszuweiten in ein Konzept der ‚man-machine-man-interaction'. Dies war schon seit jeher der Sinn der Medien und der Werke. Die Renaissance des Werkbegriffs, die Rückkehr zu geschlossenen Formen und zum Opus des Rhetors bzw. zum Dialog, kann die Geschichte der Medien nicht einfach zurückdrehen. Das virtuelle Forum der Netze ist kein Marktplatz, der sinnlich fassbar wäre. Das aktionistische Postulat, so zu tun, als ob es den Redner und sein Publikum gebe, ändert nichts an der Ferne zwischen Beiden, die sich, im Sinne von Walter Benjamin, als Nähe ausgibt. In einem historischen Schichtenmodell der Kommunikation behält der Begriff des Autors, des Werkes und des Rezipienten seinen systematischen Platz. Die Universalkategorie des Nutzers faltet sich bei genauerer Betrachtung in ihre Komponenten auf. Als Verarbeiter ist er Rezipient und Produzent zugleich. Problematisch wird die Materialität des Werkes. Aber diesen

Charakter als festgehaltenen Transitus hatte es, nach biblischer Auffassung, von Anbeginn der Schöpfung. Es war die der verschwindenden Stimme. Ihm folgt die göttliche Installation des Bilderverbots.

Medien und Gesellschaft

Die Theorie der Massenmedien ist eine Theorie, die ohne die Entwicklung einer modernen Gesellschaftstheorie nicht denkbar ist. Umgekehrt kann gesagt werden, dass die modernen Verfahren der empirischen Sozialwissenschaften eine ihrer zentralen Anwendungen in der empirischen Medienforschung gefunden haben, so, dass ,Medienwissenschaft' gelegentlich mit empirisch vorgehender Sozialforschung gleichgesetzt werden kann. Gleiches gilt für die kritische Soziologie und ihr zentrales Paradigma der ,Kulturindustrie', das ebenfalls auf den Begriff der Massenmedien und ihrer soziologische Implikate abhebt. Dort ist zu fragen, ob die Differenz zwischen dem kritisch angesetzten Medienbegriff und dem kritisierten Begriff der Massenmedien nicht unter der Dominanz der Massenmedien selber verschwunden ist und erst im Kontext der Neuen Medien wieder hervortreten kann. Die Wiederaufnahme des ,alten' Medienbegriffs, der sich an Sprache orientiert, ist Ausgangspunkt der Mediendiskurse der 1980er und 90er Jahre.

Die Frage ist, ob und inwieweit die sozialwissenschaftliche Grundlagendiskussion den Medienumbruch zu den Neuen Medien reflektiert. Bejaht man diesen Ansatz, so darf man die Systemtheorien und die Theorien der sozialen Differenzierung nicht als Voraussetzungen für Theorien der Neuen Medien betrachten, sondern als deren Folge. In der Tat hat sich die systemtheoretische Betrachtung der Gesellschaft, wie sie Niklas Luhmann durchgeführt hat, im Kontext des Medienumbruchs gegenüber einer rein auf die Massenmedien fixierten Gesellschafts- und Kommunikationstheorie plausibilisiert. Zugleich erscheint der Medienbegriff der Systemtheorie als der weitest denkbare, also unspezifischste. Kritisch kann man auch von der Medientheorie als dem blinden Fleck der Systemtheorie sprechen, soweit sie nur als sozialwissenschaftliche

Theorie auftritt. Erst in der Verbindung mit evolutions-biologischen Ansätzen und im Kontext einer Theorie der selbstorganisierenden Systeme kann Siegfried J. Schmidt eine integrative Theorie der Medien auch als ,Theorie der Neuen Medien' aufstellen.[11]

Damit ist auch das sozialwissenschaftliche Methodenproblem neu gestellt. Ist der ,Nutzer' nicht mehr mit soziologisch-empirischen Verfahren zu messen, sind ,Nutzergruppen', bzw. ,Zielgruppen' nicht mehr nur als Publika nach sozialwissenschaftlichen Kategorien zu klassifizieren, sondern von ihren unterschiedlichen Interessen und ,Milieus', so zeigt sich, dass die Erweiterung des Medienbegriffs zu einer Entgrenzung des sozialwissenschaftlichen Methodenparadigmas führen muss. Die Forderung nach Inter- und Transdisziplinarität in den Sozialwissenschaften ist nicht zuletzt der Veränderungen des Medienbegriffs geschuldet, der eine im klassischen Sinn sozialwissenschaftliche Methodik im Umgang mit Medien als Massenmedien in Frage stellt.

Medien und Ökonomie

Die Ökonomie der Neuen Medien setzt auf einer Betrachtungsweise auf, die sich selber der Medienentwicklung verdankt. Aus Sicht der Wirtschaftgeschichte sind Medienprodukte stets die avanciertesten gewesen. So geht der Buchdruck den Weg von der Manufaktur zur Druckindustrie, der Buchhandel gibt mit dem Verlagswesen eine Form vor, die zum Motor des neuzeitlichen Kapitalismus wird. Die Ökonomien des Films und des Fernsehens stehen im Mittelpunkt der Ausbildung der ökonomischen Theorien der Regulierung und der Deregulierung. Die Theorie der Deregulierung wurde von Ronald Coase zuerst am Fallbeispiel ,Payola', also an einer aktuellen Medienproblematik, entwickelt. Seine frühen Arbeiten beziehen sich auf die Monopolisierungstendenzen, die zur Gründung der BBC führten, und auf die Frage nach dem Untergang der Kabelnetze, die mit den Neuen Medien eine Renaissance erleben. Aus den Überlegungen von Ronald Coase und deren Engführung mit der Medienthematik lässt sich eine ,Agenturtheorie der Medien' ableiten.[12] Deren Kern ist

[11] Vgl. auch Niklas Luhmann: *Die Realität der Massenmedien*. Opladen 1996.

[12] Vgl. Joan Kristin Bleicher/Rolf Großmann/Gerd Hallenberger/Helmut Schanze: *Deutsches Fernsehen im Wandel. Perspektiven 1985–1992.* Siegen 1993 (Arbeitshefte Bildschirmmedien 40), S. 13ff.

ein Modell von Akteuren, die im Auftrag eines ‚Prinzipals' tätig sind. Dabei können Aufträge angenommen werden, die denen des ‚öffentlich-rechtlichen Rundfunks' entsprechen (der ‚Prinzipal' ist, theoretisch, ‚die Öffentlichkeit'), oder ökonomische Zielsetzungen eines Prinzipals, der möglichst viel Publikum erreichen will, um es der Werbeindustrie anbieten zu können. Auf der Digitalen Plattform kann ein Auftrag in der Erzeugung eines möglichst großen ‚Verkehrs' (‚traffic') in den Netzen bestehen. Hier setzt die ‚Netzwerkökonomie' an.

Die neueren Theorien einer Netzwerkökonomie tragen den Gedanken an das ‚Neue Medium' schon in der Benennung. Der Wirtschaftswissenschaftler Hanns Abele entfaltete die neue ökonomische Theorie in einer Berechnung der Rentabilität der Österreichischen Bundestheater. [13]

Michael L. Katz und Carl Shapiro gehen 1985 vom Beispiel des Telefonnetzes aus, um ökonomische ‚Netzwerkeffekte' zu beschreiben. So ist der Nutzen der Teilnehmer am Netzwerk umso größer, je zahlreicher die Teilnehmer sind.[14] Die E-Mail und das Internet leiten ihren Wert aus ihrer Reichweite ab, die aber nicht mehr als Einschaltquote definiert wird, sondern als fassbare Anzahl konkreter Nutzer. Sie werden als Knoten im Netz definiert, von jedem Nutzer ist ein ‚Linie' zu jedem anderen schaltbar. Die Vorgeschichte der Neuen Medien und ihrer ökonomischen Effekte steht in der Folge ältere Netzwerke, wie Eisenbahnen und der Zahlungssysteme der Banken.[15]

Auf der anderen Seite sind die Neuen Medien gekennzeichnet durch einen ausgesprochenen Konservatismus. Auf individueller Autorschaft, auf Handwerklichkeit bis zur Handwerkelei (der ‚bricolage') wird im Medienbereich nachdrücklich bestanden. Die Erwartungen im Medienumbruch führen zu Enttäuschungen, da ein gesichertes Rationalisierungspotential nicht zu erwirtschaften ist. Der Primat der Ökonomie schlägt um in eine Anti-Ökonomie, die Voraussagen und Berechnungen unmöglich macht. Gerade weil der Nutzer der Neuen Medien als ‚interaktiver Nutzer' direkt angesprochen werden kann, reichen die Berechnungen der älteren rechnenden Ökonomie nicht aus. Verfahren der Statistik werden erweitert um spieltheoretische

[13] Vgl. Hanns Abele/H. Bauer: *Die Bundestheater in der österreichischen Wirtschaft*. Österreichischer Bundestheaterverband. Wien 1984. Hanns Abele/Antonio Riva (Hg.): *Digitalisierung und Globalisierung: Chancen und Risiken für den Rundfunk*. Berlin-Brandenburg, 1999. Hanns Abele: Hat der HOMO OECONOMICUS eine Rolle in Netzwerken?. In: Helmut Schanze/Manfred Kammer (Hg.): *Interaktive Medien und ihre Nutzer*. Bd. 1: Voraussetzungen, Anwendungen, Perspektiven. Baden-Baden 1998.

[14] Vgl. Michael L. Katz/Carl Shapiro: Network Externalities, Competition and Compatibility. In: *American Economic Review* 424, 1985.

[15] Vgl. Carl Shapiro/Hal. R. Varian: *Information Rules: A Strategic Guide to the Network Economy*. Harvard 1998.

Ansätze und Berechnungen über Netzwerkeffekte, Umwegrenditen, erwartete Side-Effects. Ökonometrische Verfahren werden zunehmend komplexer. An Stelle einer einfachen Theorie des ökonomischen Handelns tritt eine Vielzahl von Theorien, deren Bezug auf die unterschiedlichen Theorien der Medien unverkennbar ist. Die ökonomischen Theorien der Medien sind selber Medientheorien geworden.

Wahrnehmung, Kognition, Konstruktion

In einem basalen Medienbegriff ist auszugehen von einer Differenz zwischen Körperlichkeit und Medialität. Die Neuen Medien sind durch eine Tendenz zur Minimalisierung dieser basalen Differenz ausgezeichnet. Ideal der Neuen Medien ist der direkte Anschluss an den biologischen Apparat, der sich der Medien zu seiner ‚Erweiterung' (McLuhan) bedient. Von Interesse ist dabei die medientheoretische Aufklärung der Differenz, die zum Verschwinden gebracht werden soll. Die medientheoretische Frage dabei ist, ob nicht die These von der unhintergehbaren Medialisierung, die den Kernpunkt der avanciertesten Medientheorien darstellt, nicht selber, erkenntnistheoretisch betrachtet, eine *petitio principii*, also einen klassischen Fehlschluss darstellt, der gleichwohl, will man überhaupt von Medien reden, notwendig ist. Seit Platon und spätestens seit Kant ist das Problem der ‚sinnlichen Erkenntnis' eines der ‚Vermittlung' zwischen den ‚Verstandeskräften' und dem, was sich den ‚Sinnen' darbietet. Platons ‚Höhlengleichnis' und Kants Theorie vom ‚Schematismus' lassen sich als frühe Medientheorien lesen, als Reden über sinnliche Wahrnehmung, die nie in Sprache aufgeht, ihrer aber bedarf, will man überhaupt sinnvoll von einer ‚Wirklichkeit' reden.

Macht man das Prinzip einer unabdingbaren Bindung des Gedankens an Sprache für eine ‚Theorie der Neuen Medien' fruchtbar, so ist zweierlei zu beachten: Zum einen ist die Sprache im Kontext der Medien nicht mehr in dem Maße privilegiert, wie sie es in der Erkenntnistheorie Kants noch sein konnte. Zum anderen ist die Kenntnis der Biologie der Wahrnehmung (also die naturwissenschaftliche Erkenntnis über neuro-

Biologischer Apparat

psychologische Funktionen und Prozesse) so fortgeschritten, dass in der Tat der Anschluss der Neuen Medien an den mentalen Apparat nicht nur denkbar, sondern auch machbar erscheint. Was bisher nur Rede über den mentalen Apparat ist, wird biotechnisch realisierbar. Dem Modell, das die Medien als ‚Wirklichkeit' darbieten, entspricht das ‚mentale Modell'. Der Medienapparat, als technisches Dispositiv, hat nicht mehr nur sein Analogon im mentalen Apparat und umgekehrt, sondern ist, de facto, eine Art Verdoppelung des Menschen, er wird zur ‚Menschmaschine'.

Die damit verbundenen philosophischen und erkenntnistheoretischen Probleme werden auf diese Weise zu Problemen der Theorien der Neuen Medien. Sind Medientheorien zugleich Theorien der Kognition (also der menschlichen Wahrnehmung) im umfassenden Sinn, so sind die ‚Logien' (Analogien, Metaphoriken, Metonymien), mit denen Kognition beschrieben wird, auch medientheoretisch zu lesen. An der neueren Entwicklung der Kognitionstheorien kann die Komplementarität von Medientheorie und biologischen Kognitionstheorien aufgewiesen werden. Nicht zu entscheiden ist, ob es sich um komplementäre Reden oder um einen einheitlichen Funktions- und Technikzusammenhang handelt, der, ist nur endlich das Ziel der vollständigen Annäherung von ‚Mensch' und ‚Maschine' erreicht, gleiche Funktionsabläufe in biotechnischer Hinsicht aufweist. Mit dem gelungenen Einbau des Medienapparats in den mentalen Apparat ist dieses Ziel zumindest tendenziell erreicht und damit die Differenz von Körper und Medium aufgehoben.

Kognition

Seit den 1980er Jahren, mit Entwicklung der Neuen Medien, ist eine Engführung von Linguistik, Kommunikationswissenschaften, Computerwissenschaften und Kognitionswissenschaften zu beobachten. Nicht nur werden ‚sprechende Computer' vorgestellt und Frage- und Antwortsysteme als ‚intelligente Systeme' bezeichnet, sie erscheinen, wie Joseph Weizenbaum gezeigt und kritisiert hat,[16] auch als ‚Intelligenzen', die menschliche Fähigkeiten im Wege der Simulation so präsentieren, dass sie, bei Beibehaltung der räumlichen Differenz, als Oberflächen erscheinen, denen konzediert werden kann, dass sie kommunikationsfähig

[16] Joseph Weizenbaum: *Macht und Ohnmacht der Computer*. Frankfurt a.M. 1976.

sind. Parallel zu diesen Entwicklungen werden in den Laboratorien der klinischen Psychologie Apparaturen entwickelt, die als ‚Prothesen' bestimmte mentale Fähigkeiten ersetzen können. Diese Entwicklung kann bis zum Sehen ohne Augen, zum Hören ohne Ohren und zum Schreiben ohne Hände geführt werden. Im Mittelpunkt dieser Forschungen steht die Frage nach dem Zusammenhang zwischen Gehirn und Verhalten: die Frage, „wie Verhalten und Erleben neuronale Prozesse beeinflussen und wie umgekehrt neuronale Veränderungen sich im Verhalten und Erleben auswirken".[17] In seinem Buch *The Society of Mind* (dt. *Mentopolis*) hat Marvin Minsky eine Engführung der Programmiertechniken der „Artifiziellen Intelligenz" mit Hirnprozessen plausibilisiert.

[17] Vgl. Niels Birbaumer/ Herta Flor/Kurt Hahlweg u. a. (Hg.): *Enzyklopädie der Psychologie, Serie Klinische Psychologie.* Band 3, Grundlagen der Verhaltensmedizin. Göttingen 1999. Dies. (Hg.): *Enzyklopädie der Psychologie, Serie Klinische Psychologie.* Band 4, Verhaltensmedizin. Spezifische Syndrome. Göttingen 2001.

Kognitionstheorien können mit dem Kognitionsbiologen Gerhard Roth als ‚Computational Theories of Mind' (im Sinne eines Titels von J. Fodor) betrachtet werden. Sie sehen das menschliche Gehirn als informationsverarbeitendes System. Sieht man in diesem Sinne den Computer als ‚The New Medium', so ergibt sich von hier aus eine Doppelsicht des ‚Innen' und des ‚Außens', auf deren ‚Interface' sich Kommunikation und Kognition abspielt. ‚Konstruktiv' sind beide, die Maschine zur (künstlichen) Herstellung von Wirklichkeit und die Maschine zur (natürlichen) Wahrnehmung einer Wirklichkeit, die in einem strikten Sinn vom mentalen Apparat ‚erzeugt' wird. Dem äußeren Milieu entspricht ein Inneres, dem ein Ich als perzipierende Einheit zugeordnet wird, um eine für das Überleben notwendige Ordnung zu schaffen.

Diese Ansicht des menschlichen (bzw. natürlichen) kognitiven Apparats, des Gehirns, greift aber insofern zu kurz, als eine Beschreibung von Hirnprozessen als Informationsprozesse außer Acht lässt, dass es sich (auch) um Prozesse der Konstitution und Verarbeitung von Bedeutungen handelt. Das Gehirn konstituiert und bewertet Informationen im Sinne der Semiotik ‚pragmatisch', also in Handlungskontexten. Der erzeugende Apparat unserer Gefühle ist, nach der Theorie von Wolf Singer, ein ‚verteiltes System'. Dies fordert eine kommunikationstheoretische und, in Konsequenz, medientheoretische Betrachtungsweise dieser Prozesse.[18] Wenn man, wie Roth, die Kategorie des ‚Geistes' im Kontext physikalischer ‚Medien' erörtert, und wenn man von einer „sehr engen Parallelität von Hirnprozessen und kognitiven Prozessen"[19] sprechen kann, so besteht zwischen den McLuhanschen ‚Erweiterungen' des Menschen, jenen ‚Kommunikationsorganisationen', die er sich zur Verständigung schafft, und der von Marvin Minsky postulierten ‚Gesellschaft des Geistes', also jenen Agenturen, die das ‚Geistwesen' Mensch ausmachen, nicht nur eine rhetorische Analogie, sondern eine Strukturparallelität. Sie plausibilisiert den Gedanken einer ‚Veränderung der Wahrnehmung' durch die selbstgeschaffenen Medien, insofern sie einerseits zur ‚Umwelt' der Menschen gehören, andererseits erklärt sie aber auch jene Wirkungen, die durch Medien auf und in anderen Menschen erzeugt werden können, bzw. die sie selbst über ‚erfolgreiche Formulierungen' erzeugen.

Dem Prinzip der ‚Neutralität des neuronalen Codes' entspricht bei den Neuen Medien das der Neutralität des technischen Codes, der die digitale Plattform abgibt, welche die Verarbeitung aller Modi der Sinnlichkeit (wenn auch mit charakteristischen Einschränkungen) und die Simulation eines menschlichen Gegenübers ermöglicht. Das offene Problem bleibt das der ‚Bewertung', und damit das der ‚Inhalte' in einem weiten Sinne. Deren Angemessenheit reguliert sich nicht im Mediensystem, auch wenn deren Agenten dies in Anspruch nehmen, sondern bei seinen Nutzern. Waren diese, bei den sog. Massenmedien, empirisch-soziologisch zu fassen, so fordern die Möglichkeiten der individuellen und interaktiven Nutzung eine Methodik, die einerseits das ‚Gattungswesen' und seine spezifische Ausstattung berücksichtigen muss, andererseits das ‚Individuum' mit seinen spezifischen Hoffnungen, Wünschen, d. h. jenem unwiederholbaren Zusammenhang von Kognition und Emotion, der jeden Mediengebrauch in eine Erfahrungsgeschichte einbettet. Medienkulturgeschichte tritt neben Mediensoziologie.

[18] Vgl. Gerhard Roth: Erkenntnis und Realität: Das reale Gehirn und seine Wirklichkeit. In: Siegfried J. Schmidt (Hg.): *Kognition und Gesellschaft. Der Diskurs des Radikalen Konstruktivismus* 2. Frankfurt a.M. 1992.

[19] Ebd., S. 301.

Medienkulturen

Der Bezug von Medientheorien auf Kulturtheorie und die Annahme einer Wechselbeziehung von Kultur (verstanden im weiten Sinn der ‚Hervorbringungen des Menschen'), hat die Kulturtheorie zu einer Leittheorie im Medienzeitalter werden lassen. Zum einen kann dabei der in den Theorien der Massenmedien vorherrschende Gegensatz von ‚Kultur' und ‚Medien' abgebaut werden, zum anderen sollen die Ansätze, die sich aus einem kritisch eingesetzten Medienbegriff der ‚Cultural Studies' ergebenden, theoretisch formuliert werden. Zum dritten soll mit der Begriffsbildung ‚Medienkulturwissenschaften' der Unterschied zwischen geisteswissenschaftlichen und sozialwissenschaftlichen Ansätzen bearbeitet und ausgeglichen werden. Medienkulturtheorien verstehen sich als integrative Theoriebildungen, die auch unterschiedliche disziplinäre Entwicklungen und Theoriebildungen zusammenfassen, so Regelkreismodelle, Modelle gesellschaftlicher Dynamik, Subjektmodelle der Kommunikation, konstruktivistische und kognitivistische Modelle der biologischen bzw. neurobiologischen Evolution und anthropologische Ansätze. Zentrale Aussage der Medienkulturtheorien ist die strukturelle Koppelung[19] von individueller Kognition und sozialer Kommunikation. Leitvorstellung ist die des ‚Kulturprogramms', das zugleich ein Medienprogramm ist. Die von S. J. Schmidt postulierte ‚Medienkulturwissenschaft' vereinigt Medienepistomologie, Mediengeschichte, Medienkulturgeschichte sowie Trans- und Interkulturalitätsforschung. In ihrem Rahmen sind Theorien der Neuen Medien in unterschiedlichen Theoriezusammenhängen postulierbar, die sie in einem Theorienetzwerk zusammenführen.[20] Auch dieses Konzept erweist sich als eine generalisierende Topik, deren Voraussetzung in der Annahme einer universellen ‚Medialisierung' auch der erkennenden und beschreibenden Wissenschaft von den Medien besteht. Es bestimmt mit seinen Teilbereichen die Orte, an denen definierendes Wissen über Neue Medien aufgesucht werden kann.

[19] Vgl. Siegfried J. Schmidt (Hg.): *Kognition und Gesellschaft. Der Diskurs des Radikalen Konstruktivismus 2.* (Anm. 18).

[20] Vgl. ebd.

2. Kurs

1. Kino-Debatten

Der Mythos

Die Urszene ist Legende: Unter den Kurzfilmen, welche die Brüder Auguste und Louis Lumière ab dem 28. Dezember 1895 im Keller des Grand Café am Boulevard des Capucines in Paris vorführen,[1] ist auch der eines in den Bahnhof einfahrenden Zuges. Der nur fünfzig Sekunden lange Streifen zeigt folgendes: Die Kamera ist so postiert, dass der Zug aus der Ferne heran und auf sie zurast. Die Dampflokomotive wird immer größer, das Bild immer schwärzer, der Zug kommt zum Stehen. Aus den Wagen steigen Fahrgäste, Gewimmel auf dem Bahnsteig, der Film ist zu Ende. Eine unspektakuläre Sequenz, die der Kameramann Louis Lumière in La Ciotat eingefangen hat. Sollte man meinen. Denn der Mythos, der sich um diesen ‚Ur-Film' und vor allem seine Aufführung rankt, berichtet anderes. Ihm zufolge sollen sich die Zuschauer im ‚Salon Indien' des Grand Café vor der im Film heranrollenden Lok so erschrocken und geängstigt haben, dass sie in Panik gerieten und aufsprangen: Da sie sich mit der Kameraperspektive identifizierten, fürchteten sie, von der Maschine zermalmt zu werden.

In der Forschung ist diese Geschichte umstritten. Mehr noch: Mittlerweile kann sie endgültig ins Reich der Fabel verwiesen werden.[2] Nichtsdestoweniger wird sie bis heute kolportiert[3] und befördert sowie illustriert dabei weiterhin jene Annahme vom Schock und der Brisanz des neuen Mediums, dessen Realistik der Abbildung und Darstellung nicht nur alles bisher Gesehene übertrifft, sondern das darin ein Identifikations- und Verführungspotential bereithält, das bedrohlich zu werden verspricht. In diesem Sinne steht nun weniger die Frage nach der möglichen Wahr- oder Unwahrheit einer Urszene auf dem Programm, als vielmehr das Rätsel, warum sie sich so hartnäckig hat behaupten können. Wieso also ist das der Fall?

Mit Roland Barthes Beobachtung der *Mythen des Alltags* lässt sich ein Mythos als „doppeltes System"

[1] Zur ‚Geburtsstunde' des Films vgl. aktuell und aus medienhistorischer Perspektive Thomas Elsaesser: *Filmgeschichte und frühes Kino. Archäologie eines Medienwandels.* München 2002; Klaus Kreimeier: Mediengeschichte des Films. In: Helmut Schanze (Hg.): *Handbuch der Mediengeschichte.* Stuttgart 2001, S. 425-454; Ulrike Hick: *Geschichte der optischen Medien.* München 1999, S. 115-341.

[2] Vgl. Martin Loiperdinger: Lumières Ankunft des Zugs. Gründungsmythos eines neuen Mediums. In: *KINtop* 5/1996, S. 36-70, hier S. 37-44 und 66. Dabei formiert dieser Mythos sich zwar nachträglich, ist aber von seinem ‚Auslöser' zeitlich nicht so weit entfernt, wie man vielleicht glauben möchte. Bereits um 1900 entstehen Filme, welche die Geschichte im o.g. Sinne aufgreifen (vgl. ebd., S. 39). – Vielen Dank an Joseph Garncarz und Jens Schröter für ihre wertvollen Hinweise in Sachen Lumière und darüber hinaus.

[3] Vgl. die zahlreichen Beispiele in ebd., S. 37-40 sowie jüngst nochmals Ralf Schnell: *Medienästhetik. Zu Geschichte und Theorie audiovisueller Wahrnehmungsformen.* Stuttgart/Weimar 2000, S. 15.

[4] Roland Barthes: *Mythen des Alltags*. Übersetzt von Roland Scheffel. Frankfurt a.M. 1964, S. 104. Und: „Der Mythos ist weder eine Lüge noch ein Geständnis. Er ist eine Abwandlung." (ebd., S. 112).

[5] Ebd., S. 117.

[6] Lotte H. Eisner: *Die dämonische Leinwand*. Frankfurt a.M. 1979, S. 100f.

[7] Ebd., S. 100.

bestimmen, in dem es zu einer Verschiebung kommt.[4] Hier schießen Reales und Imaginäres so zusammen, dass sie sich wechselseitig durchdringen und überformen sowie dabei in eine Konstruktion münden, die gleichzeitig zuviel und zuwenig sagt. Indem sie übertreibt und schematisiert, trachtet die Konstruktion danach, Heterogenes zu „entwende[n]":[5] Sie schneidet Realität auf eine Eindeutigkeit zu. Mithin bietet sich für den Mythos von Lumières Lokomotive folgende Deutung an: Die Frage nach dem neuen Medium beantwortet er mit der Wucht eines ganzen Zuges. Das Medium, so suggeriert er, bedroht und verführt uns, die Wirklichkeit mit ihrer Verfilmung zu verwechseln. Jenes verkehrt diese, es saugt ihr den Lebenssaft aus: „Und wie einstmals im Grand Café die Zuschauer sich unwillkürlich erschrocken auf ihren Sitzen zurückwarfen, weil Lumières in den Bahnhof einfahrende Lokomotive riesengroß auf sie zuzufahren schien, so kommt NOSFERATU als unheimliche Drohung auf uns zu und lässt uns zusammenschrecken."[6]

Indem Eisner den Mythos von der rohen Gewalt des Lumièreschen Dampfrosses in das schleichend Gefährliche des unheimlichen Parasiten aus Friedrich Wilhelm Murnaus Draculaadaption übersetzt, bleibt dessen struktureller Kern trotzdem erhalten. Zuvorderst distanziert das neue Medium sein Publikum, indem es dieses desorientiert. Dennoch birgt es in einem eine Faszination, die in ihm selbst, seinen Möglichkeiten, zu suchen ist. Denn exakt davon handelt die Verfeinerung des Mythos bei Eisner einerseits: Im Kino kann die Gefahr, das Schreckliche, Monströse, Ungewohnte in amüsanter Form genossen werden. Der scheinbar direkte Angriff auf Leib und Leben durch die pure Präsenz eines herannahenden Zuges wandelt sich zum Gespenst, dessen filmische Existenz den ursprünglichen Horror zwar und nochmals furchterregend heraufbeschwört, die Zuschauer aber nicht mehr von den Sitzen reißt. Im Gegenteil: „Spannung" hält sie dort fest.[7] Doch bedeutet diese Sublimation noch keine Entwarnung, wenn sich nun andererseits der Verdacht aufdrängt, der Film sei als Vampir oder Parasit noch viel unheilvoller, da er sein Werk der Verführung maskiert betreibt und erst dann als Verhängnis in Erscheinung tritt, wenn bereits alles zu spät, d.h. die Realität schon vom Schatten ihrer selbst, der Simulation, eingeholt ist. So gesehen involviert das Spannungsfeld des Film-Mythos als ein doppeltes System eine Dialektik, in der Faszination und Unbehagen auch dann unaufhebbar aneinander gekoppelt sind, wenn das Pendel, wie in der Legende um Lumières Lok, deutlich zu der einen Seite auszuschlagen scheint.[8] Im selben Moment entfernt sich der Mythos nicht einfach von der Realität. Er ist, wiederum nach Barthes, keine Lüge. Vielmehr gibt er über die Begegnung mit einem Anderen – Was/Wie ist das neue Medium? – Auskunft, die er jedoch vielschichtig artikuliert. Was dabei genau auf dem Spiel steht, wird zunächst im Kontext der sogenannten Kino-Debatte zu rekonstruieren sein.

Kino-Debatte

Der Begriff der ‚Kino-Debatte' bezeichnet heute einen Höhepunkt in der Geschichte der Medientheorie am Beginn des 20. Jahrhunderts in Deutschland. Ihr Forum sind Zeitungen und literarische Zeitschriften. An diesen Orten melden sich Schriftsteller, Kritiker, Liebhaber und Kenner des neuen Mediums zu Wort, um es in unterschiedlicher Weise – je nach Standpunkt, Schreibweise, Textsorte verschieden – zu gewichten. Im Sinne eines *Stich*- oder *Schlagworts* aber wurde der Begriff der ‚Kino-Debatte' nicht schon seinerzeit geprägt, sondern verdankt sich einer Zusammenstellung von Texten aus jener Ära, die unter diesem Titel von Anton Kaes herausgegeben wurden.[9] Als Kanon, Ausschnitt und Fokus früher Filmpublizistik stehen sie darin sowohl für die Frage nach dem Medium in seinen Anfängen als auch für die vielfältigen Hoffnungen oder Befürchtungen ein, welche den Kinematographen in seinen Anfängen begleiten.

Zum Zeitpunkt der ‚Kino-Debatte' ist die Pionierphase des Kinos beendet. Der Film hat die Varietés, Wanderbühnen und Jahrmärkte verlassen und ist in eigene Lichtspielhäuser eingezogen. Parallel dazu ändert sich das vorgeführte Programm. Spielfilme treten an die Stelle der vormals gezeigten Kurzstreifen.[10] Stärker als je zuvor wird das Kino zum Ort der Erzählung

[8] Entsprechend provoziert der vorgeblich unerhörte Wahrnehmungsschock auch hier bereits sein Gegenteil: Die Fabel von dem ungebremst in den Zuschauerraum hineinrasenden Zug wurde zu Werbezwecken ausgeschlachtet (vgl. Loiperdinger: Lumières Ankunft des Zugs [Anm. 2, S. 46]).

[9] Anton Kaes: Einführung. In: ders. (Hg.): *Kino-Debatte. Texte zum Verhältnis von Literatur und Film 1909 – 1929*. München/Tübingen 1978, S. 1-35. Zuvor war bereits ein Ausstellungskatalog mit ähnlichem Schwerpunkt erschienen: *Hätte ich das Kino! Die Schriftsteller und der Stummfilm*. Stuttgart 1976. Vgl. weiterhin: Jörg Schweinitz (Hg.): *Prolog vor dem Film. Nachdenken über ein neues Medium 1909 – 1914*. Leipzig 1992. Albert Kümmel/Petra Löffler (Hg.): *Medientheorie 1888 – 1933. Texte und Kommentare*. Frankfurt a.M. 2002. Helmut H. Diederichs (Hg.): *Geschichte der Filmtheorie. Kunsttheoretische Texte von Méliès bis Arnheim*. Frankfurt a.M. 2004.

[10] Ende 1909 kommen die ersten, etwa einstündigen Langfilme in die Kinos. Vgl. Jürgen Wilke: *Grundzüge der Medien- und Kommunikationsgeschichte*. Köln/Weimar/Wien 2000 S. 313.

[11] Die sich daher auch besonders lebhaft an der ‚Kino-Debatte' beteiligen (vgl. Kaes: *Einführung* [Anm. 9], S. 2 und 17-22 sowie Harro Segeberg: Literarische Kino-Ästhetik. Ansichten der Kino-Debatte. In: Corinna Müller/ders. (Hg.): *Die Modellierung des Kinofilms. Mediengeschichte des Films Bd. 2. München* 1998, S. 193-219). Vgl. auch Kap. 3.

[12] Ders.: Das Theater der kleinen Leute. In: Kaes: *Kino-Debatte* (Anm. 9), S. 37f. Zitate aus diesem und anderen Texten aus Kaes' Anthologie werden fortan durch eingeklammerte Seitenzahlen im Fließtext nachgewiesen.

[13] Ders.: Kino als Erzieher. In: Kaes: *Kino-Debatte* (Anm. 9), S. 59-62.

Theater der kleinen Leute

von Geschichten. So tritt es in Konkurrenz zur Arbeit der Schriftsteller.[11] Parallel dazu gewinnt es an kulturellem Selbstbewusstsein, sozialer Reichweite und ökonomischer Bedeutung. Das Kino gerät in die Diskussion. Mit am Anfang derselben steht ein Text Alfred Döblins von 1909.[12] Er zeigt den „Höhergebildete[n]" (37, 38) betreten. Besucht er ein Kino, hat er vor allem ein Problem: Er sieht zweierlei. Zum einen stellt er fest, dass jene „Technik sehr entwicklungsfähig, fast reif zur Kunst [ist]." (38) Zum anderen haftet der Errungenschaft Gewöhnliches an. Sie biedert sich den Wünschen ihres Publikums an, indem sie ihnen folgt: „Der kleine Mann, die kleine Frau kennen keine Literatur, keine Entwicklung, keine Richtung. Sie pendeln abends durch die Straßen [...], sehen sich einen gestürzten Gaul an; sie wollen gerührt, erregt, entsetzt sein. Der stärkste Toback steht [im Kino; G.S.] bereit." (37) So aber ist es nichts (fast nichts) mit der Filmkunst oder der Eigenständigkeit des Kinos. In beinahe jeder Hinsicht bleibt es „Vergnügungsautomat", d.h. im Dunstkreis ordinärer und zielloser Zerstreuung: „Panem et circenses sieht man erfüllt." (38) „[S]chärfste Konkurrenz" macht es allein den „Sechserdestillen" und stillt darin das Bedürfnis nach rauschhafter Befriedigung in den „optischen Täuschungen". (ebd.) Doch sollte man sich hier niemals zu sicher sein. Das neue Medium zeigt/ist mehr und der Text sagt es: „[S]ehr delikat" (ebd.) muss man nennen, was auf der anderen Seite dieser ‚Trivialisierungsmedaille' zu sehen ist.

Franz Pfemferts etwa zwei Jahre später gedruckter Beitrag verkürzt sein Argument auf einen Namen:[13] „‚Edison' heißt die Formel, auf die unsere Zeit zu bringen ist." (59) Nach Pfemfert repräsentiert der Name des vielseitigen Erfinders jedoch insbesondere den dem Technikfortschritt komplementären kulturellen Verfall dieser Tage. Der Autor präzisiert: „'Edison' heißt der Schlächterruf einer kulturmordenden Epoche. Das Feldgeschrei der Unkultur". (ebd.) Das Kino ist danach nur der Gipfel einer auch ansonsten seelenlosen Großstadtmaschinerie, deren Einheitsarchitektur und uniforme Grundordnung der Film nun seinerseits wieder hofiert. In diesem Kurzschluss ergibt sich dann eine Wirklichkeit „brutale[r] Bildreporterei", die, obwohl sie Realität allein „[a]bklatsch[t]" (61), um sie auf „Orgien" (60) der Banalität zu reduzieren, dennoch überragend zu werden droht. Indem es dem populären und allgegenwärtigen Medium gelingt, Wahrnehmung und Phantasie zu koppeln, ist es ein Mittel der Überredung und direkten Steuerung, ein gefährlicher „Erzieher" (59, 61). Hierin eignet sich das Lichtspiel ausgezeichnet zum Herrschaftsinstrument: „Zur Stärkung des Patriotismus [...]. Manöverbilder folgen. Der gut preußische Militärgeist schlägt Rad vor Kinderseelen". (62) In der Konsequenz ist das Kino ebenso ein Hort der Unkultur und Verdummung wie ein Instrument der Propaganda.[14] So aber ist es unannehmbar. Es muss dem Publikum „vorenthalten" (61) werden.

Walter Hasenclevers 1913 erschienener Artikel widmet sich demselben Thema – „Kintopp als Erzieher" –, bezieht aber die entgegengesetzte Position.[15] Ihm gilt der ‚Kintopp' ebenfalls als „Hypnose" (47). Doch ist er darin nicht einfach unmenschlich, d.h. er überträgt seine Technik des Wahrnehmens keineswegs auf die Zuschauer, um aus ihnen Roboter des Staatsdienstes oder Kulturmords zu machen. An Stelle dessen führt das Kino zuletzt auf genuin menschliche Tugenden zurück, indem es sich ihnen erneut annähert. Als „äußerste Konsequenz menschlicher Expansionen" (48) ist Hasenclevers Kino wesentlich „Verheißung" sowie „Errettung" (49) der Liebe und Phantasie. Indem es auf diese Weise der „sterilisierten Geistigkeit" (48) seiner Zeit widerstrebt, etabliert es notwendig ein eigenes Profil. Im Kino werden Traum und Realität ununterscheidbar: „Die Szenerie des Traumbildes", schreibt Hasenclever in einer ‚Regieanweisung' zu seinem Beitrag in Pinthus' *Kinobuch*, „kehrt jetzt, als in Wirklichkeit bestehend, wieder."[16] Das ist das „Chaos" (48), welches der Film in den Regelkreisläufen der Moderne anrichtet, sein Merkmal und seine Kunst. Obwohl selbst ein Produkt der Technik, scheint er doch mehr als sie zu sein: „Hier schöpft der Kintopp aus gleichem Wesen wie die Lyrik" (ebd.), er verbindet sich expressionistischer Verkündigung (vgl. ebd.).

Walter Serners gleichfalls 1913 veröffentlichte Stellungnahme schreibt scheinbar eine Apologie der Schaulust im Kino.[17] Diese taucht im Text als ein „Ur-

[14] Vgl. dazu auch ausführlich Kap. 5.

[15] Ders.: Der Kintopp als Erzieher. Eine Apologie. In: Kaes: *Kino-Debatte* (Anm. 9), S. 47-49 (Zitat: S. 47).

[16] Ders.: Die Hochzeitsnacht. Ein Film in drei Akten. In: Kurt Pinthus (Hg.): *Das Kinobuch*. Frankfurt a.M. 1983, S. 35-44, hier: S. 41. Zu Pinthus' *Kinobuch* vgl. Kap 3.

[17] Ders.: Kino und Schaulust. In: Kaes: *Kino-Debatte* (Anm. 9), S. 53-58. Vgl. auch vom Verf.: Walter Benjamin und Walter Serner: Optisch-Unbewusstes und Schaulust. Zur Signatur eines Medienumbruchs. In: *Sprache und Literatur* 1/2004, S. 14-24.

[18] Zum „Medium ohne Botschaft" vgl. Georg Christoph Tholen: Medium ohne Botschaft. Aspekte einer nicht-instrumentellen Medientheorie. In: *Nummer* 4,5/1996, S. 102-112, (hier: S. 110-112.)

Aufregungszustand

trieb" und „Wollust" (56) auf, der/die im Kinosaal ihre „Befriedigung im Bilde" (ebd.) finden. Dort knüpft die Schaulust an die längst vergangenen Zeiten an, deren sinnenfreudige oder blutrünstige Spektakel die fortschreitende Zivilisation „dem Volk [...] Tag um Tag mehr raubt". (54) Indem das Kino das aufzeigt, bricht es mit diesem Zustand: „[D]em Volk [wird] hier fast in alter Schwere" (ebd.), was zuvor mithilfe kultureller Anstrengungen domestiziert ward. Doch resultiert daraus keine Rückkehr der Menschen als reine Schau- und Triebwesen. Zwar ist der „Aufregungszustand" (56, 57) der Schaulust jetzt ein anderer, intensiverer, insofern das Kino ihn nicht verdrängt, vielmehr in jedem Fall zu begünstigen scheint. Trotzdem ist damit der „Stoß" (55) aus der alten Ordnung nicht schon kompensiert. Ein Teil des in ihm hervorgetretenen Risses – der „rissige[n] Lasur" (ebd.) – lebt im Kino fort, wenn im Auge der Kamera die „größte Desillusion" zur „größten Illusion" (ebd.) wird: Auch wenn die Kinoleinwand den „Zauber der Kulisse" (54) entlarvt, zeigt sie das Reale nicht in seiner ganzen Fülle, da sie die Desillusion in eine weitere Illusion packt. So skizziert Serner das Medium im und als einen offenen (doppelbödigen) Übergang, in dem es zunächst zu einer Flexibilisierung kommt. Die Schaulust findet sich darin ohne rechte Einbettung. Sie ist vor allem verunsichert. Keinem von beiden kann sie trauen: den alten Medien nicht mehr, dem neuen auch nicht.

Die hier stellvertretend ausgewählten Texte der ‚Kino-Debatte' decken diese keineswegs in all ihren Facetten, wohl aber in ihrer allgemeinen Tendenz ab. Dies, insofern sie zeigen, wie in ihr zwiespältige Ratlosigkeit (Döblin) gegenüber dem neuen Medium, dessen wütende Ablehnung (Pfemfert) oder emphatische Begrüßung (Hasenclever) sowie die hellsichtige Analyse (Serner) Hand in Hand gehen und sich dabei zu einer Struktur verdichten, die besonders eines verdeutlicht: Bei seiner Ankunft verursacht der Film weder ein kollektives Trauma noch erzeugt er einen umfassenden (massenpsychotischen) Sog des Imaginären, sondern stiftet Verwirrung. Das aber heißt vorläufig nichts anderes, als dass das neue Medium im Grunde keine eindeutige Botschaft ist oder sendet,[18] da es – im

Gegenteil – zwischen Anwesen- und Abwesenheit auf der Schwelle bleibt:[19] „Kurz, der Film gibt uns kein Bild, das er dann zusätzlich in Bewegung brächte – er gibt uns unmittelbar ein Bewegungs-Bild. Sicher liefert er auch einen Schnitt, aber einen beweglichen, keinen unbeweglichen Schnitt plus abstrakte Bewegung."[20] Nicht grenzt das Medium demnach an einen allgemein durchschlagenden, positiv oder negativ umwälzenden Sinn, sondern erlaubt die Stiftung und spätere Differenzierung des letzteren; indem der Film die Bilder aus der Ruhe bringt, gleicht er einem offenen Raum,[21] der nachträglich zur Projektionsfläche diverser Interessen und sozialer Praktiken taugt. Dies wäre als ein erster Eindruck aus der Frühzeit der Diskussionen um das Kino festzuhalten. Er ist im folgenden, d.h. anhand der Texte einer erweiterten ‚Kino-Debatte', zu überprüfen und zu spezifizieren.

Anfänge der Fimtheorie (Balázs, Arnheim)

Die Entwicklung des Films schreitet zügig voran. Noch vor dem Ersten Weltkrieg kommen aufwendig produzierte, abendfüllende Spielfilme in die Kinos.[22] Im Krieg dient das neue Medium dann, wie Pfemfert bereits argwöhnt, sowohl als Propagandamittel wie auch der Zerstreuung der Soldaten und Bevölkerungen an und hinter der Front. Ebenfalls aus einer Initiative des Militärs geht Ende 1917 die Zentralisierung der deutschen Filmwirtschaft hervor (Gründung der UFA). In Fortsetzung des Trends zur technischen Innovation gelingt bereits 1919 die erfolgreiche Synchronisation von Ton und Bild im Film. Sie bleibt jedoch vorerst folgenlos.[23] Bis auf weiteres okkupiert der Stummfilm die Kinopaläste und erregt darin auch als künstlerische Praxis Aufmerksamkeit. Vor diesem Horizont sind die folgenden Texte anzusiedeln.

„Für die Zeitgenossen war *Der sichtbare Mensch* schlicht eine Offenbarung."[24] Gemeint ist ein Buch des ungarischen Filmtheoretikers und Dichters Béla Balázs, das 1924 bei seiner Veröffentlichung Furore macht und dessen filmwissenschaftliche Relevanz bis heute unbestritten ist. Sein Autor geht davon aus, dass der Film als „Volkskunst" in der Mentalität der Großstädter jene

---

[19] „Die Schwelle ist ganz scharf von der Grenze zu scheiden. Schwelle ist eine Zone. Wandel, Übergang, Fluten liegen im Worte ‚schwellen' und diese Bedeutungen hat die Etymologie nicht zu übersehen." (Walter Benjamin: Das Passagen-Werk. In: *Gesammelte Schriften* [hg. von Rolf Tiedemann u.a.] Bd. V.1. Frankfurt a.M. 1991, S. 618).

[20] Gilles Deleuze: *Das Bewegungs-Bild. Kino 1.* Übersetzt von Ulrich Christians und Ulrike Bockelmann. Frankfurt a.M. 1997, S.15.

[21] „Im Medienumbruch von einem Mediensystem zum anderen steht die Zeit quasi still". (Helmut Schanze: Integrale Mediengeschichte. In: ders. (Hg.): *Handbuch der Mediengeschichte* [Anm. 1], S. 207-280 [hier: S. 216]).

[22] Vgl. Kurt Pinthus' Rezension des Films *Quo Vadis?* von 1913: ders.: Quo vadis – Kino? In: Kaes: *Kino-Debatte* (Anm. 9), S. 72-75.

[23] Vgl. Klaus Kreimeier: *Mediengeschichte des Films* (Anm. 1), S. 436f.

[24] Helmut H. Diederichs: „Ihr müsst erst etwas von guter Filmkunst verstehen." Béla Balázs als Filmtheoretiker und Medienpädagoge. In: Béla Balázs: *Der sichtbare Mensch oder die Kultur des Films.* Frankfurt a.M. 2001, S. 115-147, hier: S. 142.

25 Balázs: *Der sichtbare Mensch* (Anm. 24), S. 10f. bzw. genauer: Der Film ist die Kunst, aus der „der Volksgeist [...] entsteht" (ebd.). Zitierweise im folgenden durch Seitenzahlen im Fließtext.

26 „Ich fürchte", hält Balázs den Verächtern des Kinos entgegen, „dass ihr die Güte der Filme an einer falschen Norm messet und die Maßstäbe anderer, ihnen wesensfremder Künste an sie legt" (12).

27 „Das Bild der Welt im Wort ergibt ein lückenloses und sinnvolles System [...]" (20).

28 Vgl. zu ähnlichen Positionen Kap. 3.

Das Gesicht des Anderen

Rolle übernommen hat, die früher „Mythen, Legenden und Volksmärchen gespielt haben."[25] Gleichwohl ist der Film und seine Spielstätte deswegen keinesfalls anstößig oder als kulturelle Leistung zu missachten, er/sie stellt vielmehr ein autonomes Kunstschaffen aus und dar.[26] Warum?

Am Anfang von Balázs' Argument steht rigorose Sprachkritik: „Das Wort scheint den Menschen vergewaltigt zu haben. Prokrustes-Begriffe warfen vieles über Bord [...]". (18) Aus dieser Perspektive zwängen Rede und Schrift die Lebenswelt in ein Korsett: Sie degeneriert zum Anhängsel einer „verintellektualisierte[n]" (ebd.) Begriffsmühle, die, weil sie alles, auch das Bild,[27] systematisch zu fassen sucht, den Menschen und seine Wirklichkeit aushöhlt.[28] Auf der Strecke bleibt dabei jene *„lebendig[e] Physiognomie"* (59), die sowohl die Menschen als auch die Dinge in ihrer Eigenart auszeichnet. Anders gesagt: Auf dem Spiel steht die Möglichkeit einer Interaktion des Menschen mit seiner Umgebung, die nicht in einer rein begrifflichen Wahrnehmung aufgeht, da sie unterhalb derselben funktioniert sowie diese sprengt. In diesem Sinne lässt Balázs „Goethe über den Film" (39) sprechen, indem er aus dessen *Beiträgen zu Lavaters physiognomischen Fragmenten* zitiert: „'Was den Menschen umgibt, wirkt nicht allein auf ihn, er wirkt auch wieder zurück auf selbiges, und indem er sich modifizieren lässt, modifiziert er wieder rings um sich her.'" (ebd.) Dieses Potential einer Wechselseitigkeit des Umgangs als Teilhabe an einer noch unbestimmten, keineswegs völlig instrumentellen Hinwendung hat spätestens der erwachsene, d.h. buchkulturell ge- und verbildete Mensch verloren. Doch ist sie nicht einfach verschwunden: „Das Kind kennt diese Physiognomien gut, weil es die Dinge noch nicht ausschließlich als Gebrauchsgegenstände, Werkzeuge, Mittel zum Zweck ansieht, bei denen man nicht verweilt." (59) Aber nicht nur die Kinderaugen, auch der Film gibt dem Anderen „sein eigenes Gesicht" (ebd.) zurück. Und indem er den Anderen aus der Ordnung der Zwecke entlässt, befreit er im Umkehrschluss der Wechselseitigkeit mich selbst. Dieses Indiz unterscheidet das Medium von allen anderen und macht es gleichzeitig zu einer Kunst, vor der die bisherigen Künsten verblassen.[29] Laut Balázs kann auf der Leinwand eine „Aura" (65) wieder erwachen, welche die Begrifflichkeit der Worte und Buchstaben als willkürliche Trennung der Menschen von ihresgleichen und den Dingen verschüttet hatte: Im filmischen Bild wandelt sich „das Milieu [...] zur sichtbaren ‚Aura' des Menschen, zu seiner über die Konturen des Körpers erweiterten Physiognomie" (ebd.). Die im Kinosaal beheimatete *„Flächenkunst"* (27) tendiert mitnichten zu Verbergung und Abschweifung, sondern verfährt nach dem, von Balázs wiederum bei Goethe entlehnten, Leitsatz: „‚[W]as innen ist, ist außen.'" (ebd.) So drückt das Medium den ganzen Menschen[30] statt nur dessen Verstellung im Gespinst der Sprache aus und ist folglich *Mittleres* im idealen Sinne des Wortes: Es versöhnt (den einzelnen) und integriert (alle anderen). Der stumme Film „spricht" die „einzige gemeinsame Weltsprache". (22)[31]

Diesen hoffnungsfrohen Enthusiasmus wird sich Rudolf Arnheim nicht länger zu eigen machen. Als sein Buch *Film als Kunst* acht Jahre nach Balázs Erfolg publiziert wird, ist der Tonfilm schon ein wohlbekanntes Phänomen. Mit ihm kehren die nationalen Sprachgrenzen zurück. Doch lehnt Arnheim den Tonfilm auch aus anderen Gründen ab. Der Redakteur der *Weltbühne* erkennt in ihm eine Verwässerung des künstlerischen Potentials des Mediums. Noch in den 1970er Jahren schreibt Arnheim im Vorwort zur Neuausgabe von *Film als Kunst*, dass „der Tonfilm überall in der Welt eine vielfach zerstörerische Umwälzung" in Gang brachte.[32] Für den Autor kappt er eine „reiche Entwicklung" (9), für die der Stummfilm auf seinem Höhepunkt einsteht. Welche?

Arnheims theoretische Grundlage, mit der er seine Beobachtungen am Gegenstand vornehmlich organisiert, ist die Gestaltpsychologie. Diese lernt er während seines Studiums bei Max Wertheimer und Wolfgang Köhler kennen.[33] In der Konsequenz denkt Arnheim den Sehakt als eine Syntheseleistung, die sich keineswegs „rechnerisch erledigen ließe". (26) Erschautes erübrigt sich nicht in der Summe seiner Teile. Vielmehr tritt eine Eigenleistung des Betrachters, eine „charakteristische Ansicht", hinzu, die Orientierung überhaupt

[29] „Es gibt keine Kunst, die so berufen wäre, dieses ‚Gesicht der Dinge' darzustellen, wie der Film." (59). Vgl. dazu auch Joachim Paech: *Literatur und Film*. Stuttgart/Weimar ²1997, S. 161f.

[30] Zu dieser „Anthropomorphisierung medialer Technik" siehe zuletzt Rainer Leschke: Medientheorie. In: Schanze: *Handbuch der Mediengeschichte* (Anm. 1), S. 14-40, hier: S. 20.

[31] Dass Balázs Argument trotz des Pathos, mit dem es auftritt, nicht haltlos war, zeigt Wilke: *Grundzüge der Medien- und Kommunikationsgeschichte* (Anm. 10), S. 320. Allerdings verlief die Aufführung eines Stummfilms niemals wirklich ‚stumm'. Vielmehr wurde sie durch ‚Erklärer' oder ‚Filmerzähler' sowie durch Musik (vom Klavierspiel bis zum Orchesterklang) begleitet.

[32] Rudolf Arnheim: *Film als Kunst*. Frankfurt a.M. 2002, S. 9. Zitate werden im folgenden durch Seitenzahlen im Text nachgewiesen. Zur „unglücklich[en]" Rezeptionsgeschichte von Arnheims Buch vgl. Karl Prümm: Epiphanie der Form. Rudolf Arnheims ‚Film als Kunst' im Kontext der zwanziger Jahre. In: ebd., S. 275-312, hier: S. 310f. (Zitat: S. 310).

[33] Vgl. Karl Prümm: *Epiphanie der Form* (Anm. 32), S. 280 sowie auch Arnheim selbst: *Film als Kunst* (Anm. 32, S. 21, 104).

[34] Vgl. etwa ebd., S. 11, 21, 24, 39, 95, 127, 153.

[35] „[W]ir [haben] die Aufnahmebedingungen des Filmbildes im einzelnen durchgeprüft und gefunden, dass schon im Allerprimitivsten die bedeutsamsten Abweichungen bestehen zwischen dem Bild, das die Kamera von der Wirklichkeit und dem, das das menschliche Auge von der Wirklichkeit liefert." (127)

[36] Klaus Kreimeier: *Mediengeschichte des Films* (Anm. 1), S. 439. Gemeint ist hier jene Kontroverse die „mit dem Auftritt des sowjetischen Revolutionsfilms" (ebd.) ins Zentrum der Diskussion um die ‚Filmsprache' gerät: „Ist die [...] Parallel- und Kontrastmontage nur ein Mittel emotional aufgeladener Narration innerhalb einer von grundsätzlicher Linearität und zeitlicher Kontinuität bestimmten Erzähllogik – oder ist sie operabel im Sinne einer ‚Intellektualisierung' der einzelnen Filmeinstellung zum bildlichen Begriff, zur Metapher, zum Attraktionszentrum einer nicht-narrativen Argumentation", die an das „Abstraktionsvermögen" des Zuschauers „appelliert". (ebd.) Texte aus dieser Debatte von Sergej M. Eisenstein, Wsewolod I. Pudowkin, Dziga Vertov u.a. finden sich in Franz-Josef Albersmeier (Hg.): *Texte zur Theorie des Films*. Stuttgart ³1998 oder Diederichs: *Geschichte der Filmtheorie* (Anm. 9). Für einen Überblick zum Thema vgl. aktuell Schnell: Medienästhetik (Anm. 3), S. 51-94.

erst ermöglicht.[34] Das aber hat Folgen für die filmische Übertragung von Realität. Diese lässt sich schlicht nicht mit jener verwechseln: „Man darf den Leuten, die den Film geringschätzig ein mechanisches Abbildverfahren nennen, also zunächst entgegenhalten, dass schon im allereinfachsten Fall, schon bei der photographischen Abbildung eines ganz einfachen Gegenstandes, ein Gefühl für dessen Wirklichkeit verlangt wird, das ganz außerhalb einer mechanischen Beschäftigung liegt!" (ebd.)

Damit treten „Weltbild und Filmbild" (24) unheilbar auseinander und Arnheims Schrift hört nicht auf, dies zu buchstabieren: Das Medium bildet die Realität nicht ab, sondern durchformt sie nach eigenen Gesetzen, also nach dem Blickwinkel der Kamera.[35] Kunst, das ist Arnheims nächster Schritt, ist der Film folglich immer dann, wenn der „Filmkünstler" sich an diese Richtlinien hält sowie noch eine weitere Grundregel beachtet: Für den Filmemacher kommt es nämlich „darauf an, dass er die Charaktereigenschaften seines Materials bewusst unterstreiche, und das nun wiederum so, dass dadurch der Charakter des dargestellten Objekts nicht zerstört, sondern im Gegenteil verstärkt, konzentriert, gedeutet wird." (49) Wenn Film und Realität sich schon nicht tatsächlich begegnen können, so sollten sie doch glaubhaft aufeinander verweisen. Der experimentell abweichende oder in sich offene Film ist Arnheims Sache nicht. Dementsprechend kritisiert er die Praxis der Montage: Versteigt sie sich zur „Verachtung für das Unmontierte", wirkt sie aufgesetzt, „stören[d]" bzw. sogar „gewaltsam". (alle Zitate: 97f.) Dieser Beitrag Arnheims zur „Montage-Debatte"[36] offenbart nun die Kehrseite seiner Position: Zwar leugnet der Autor die erzählerischen Vorteile und ästhetischen *Highlights* der Montage keinesfalls, er führt den Film sogar auf letztere zurück – „Film ist also im Grunde Montage von Einzelfilmbildchen." (104) –, doch darf dieser Eingriff oder Spezialeffekt den Rahmen der Filmrealität als „einheitliches Stück Wirklichkeit" (105) nicht überschreiten. Der Sinn, die Homogenität des Ganzen hat Vorrang. Indem Arnheim sich auf diese Weise als rigoroser Systematiker entpuppt, zeigt er umgekehrt alle weiteren, ‚unpassenden' Versuche des Verrats an den Gesetzen des Mediums.[37] Der Film als realistisches und doch anderes Sein der Realität darf sich weder zu weit von dieser entfernen noch zu nahe an sie heranreichen. Exakt das aber, beklagt Arnheim, geschieht im Tonfilm: „Zeigt das Bild etwa den Teilausschnitt eines Zimmers, und hört man gleichzeitig ein Geräusch aus einer anderen, nicht sichtbaren Ecke desselben Raums, so ist die Ausschließlichkeit, mit der der Bildausschnitt bisher ‚galt‘, doch wohl aufgehoben". (225) In diesem Sinne bedeutet der Tonfilm das Ende jener „völlig neue[n] ästhetische[n] Spezies" (22), die Arnheim im Stummfilm auszeichnet und feiert.

So folgen dem Stimmengewirr der ‚Kino-Debatte‘ die Systematisierungsentwürfe der Theoretiker. Ihnen geht es vor allem darum, das Neue des Mediums zu fixieren, es zu sichern sowie es allgemein einsehbar zu machen. Zugleich beabsichtigen sie, es darin zu nobilitieren, d.h. gegen die Vorwürfe der Trivialkultur und der bloß technischen Wiedergabe und Wiederholung einen Kunstcharakter (Gestaltungspotential) zu unterstreichen und diesen von anderen Künsten (Theater etc.) abzutrennen. Dabei kommt es ebenso zu diskursiven Verhärtungen, da die Unsicherheit und Ratlosigkeit – „Quo vadis – Kino?" (Pinthus) –, welche die ‚Kino-Debatte‘ in ihren Anfängen noch durchzogen, immer mehr in den Schatten eines reflektierten und reflektierenden Wissens treten: Wo zunächst ein „Aufregungszustand" (Serner) herrscht, zeichnen sich nun planmäßig ausholende Denkanstöße, Definitionen und Normsetzungen ab. Dem impulsiven Urteil, in dem sich Faszination und Irritation als zwei Seiten derselben Medaille verschränken, tritt ein Argumentationszusammenhang zur Seite, der bemüht ist, die Sensationen eines Bruchs zu sichten und zu taxieren.[38] Gleichzeitig bleiben in diesen Abschottungen nur Spuren des ehemals prekären – doppelt offenen – Horizonts erhalten: In dem Maße, wie das Sprechen über das Medium an Prägnanz, Eloquenz und Gemeinplätzen zulegt, spannt es das Medium in diese Rationalisierungen ein. Bezeichnend dafür ist Arnheims oben zitierte Einsicht, dass der Film eigentlich eine Montage von Einzelbildern sei, die sich nachträglich zu einem Gesamteindruck verdichten. Damit scheint alles klar:

[37] Vgl. dazu Prümm: *Epiphanie der Form* (Anm. 32), S. 299-305.

[38] Vgl. dazu Franz-Josef Albersmeier (Hg.): Filmtheorien in historischem Wandel. In: ders.: *Texte zur Theorie des Films* (Anm. 36), S. 3-29, hier: S. 8f.

Filmtheorie

[39] Vgl. etwa zu den Positionen der ‚Tonfilm-Debatte' Friedrich Kittler: *Grammophon Film Typewriter*. Berlin 1986, S. 252-256.

[40] Zu diesem ‚Amerikanisierungsprozess' vgl. neuerdings Joseph Garncarz' Analyse des deutschen Star-Systems. In: ders.: Art & Industry: German Cinema of the 1920s. In: Lee Grievesson/Peter Kramer (Hg.): *The Silent Cinema Reader*. London/New York 2004; S. 389-400.

[41] Allerdings rekurriert Foucault in seiner Situierung des Begriffs nicht auf den Film, sondern die Geschichte des Sexes: „Man hat nicht nur den Bereich dessen, was sich über den Sex sagen ließ, ausgebreitet [...]; man hat vor allem den Diskurs an den Sex angeschlossen und zwar vermöge eines komplexen und vielfältig wirkenden Dispositivs [...]. Zensur des Sexes? Eher hat man einen Apparat zur Produktion von Diskursen über den Sex installiert, zur Produktion von immer mehr Diskursen, denen es gelang, zu funktionierenden und wirksamen Momenten seiner Ökonomie zu werden." (ders.: *Der Wille zum Wissen. Sexualität und Wahrheit Bd. 1*. Übersetzt von Ulrich Raulff und Walter Seitter. Frankfurt a.M. 1983, S. 34f.) So aber wäre der in Anlehnung an Foucault gebrauchte Dispositiv-Begriff von einem – in der Filmtheorie ebenfalls einflussreichen – anderen zu unterscheiden. Für Jean-Louis Baudry geht es im Dispositiv „allein" um „die Projektion [des Films;

Dem Filmeindruck korreliert ein Moment des Schnitts, der harmonische Auftritt des Mediums ergibt sich nicht von selbst. Da Arnheim nun aber im Fortgang der Argumentation deren Akzent auf die Einheit der Diegese verschiebt, instrumentalisiert er jenen Zwischenschritt zum Vehikel dieser Totale. Der Schnitt und damit die andere, störende Seite des Mediums muss, um des richtigen Effekts willens, im Endprodukt aufgehoben werden.

Auf Seiten der Film-Praxis entsprechen dem technische Neuerungen und eine umfassende Professionalisierung des Betriebs, die, von den Theoretikern z.T. kritisch bis verärgert beäugt,[39] vom Zuschauer angenommen werden. Die Filmindustrie kalkuliert und expandiert; das Kino entdeckt sein Publikum und mobilisiert es im großen Stil.[40] Und so gibt Arnheim am Schluss seines Buches zu Protokoll: „Die Zukunft des Films wird bedingt sein durch die Wirtschaft und die Politik der Zukunft [...]. Wie es uns gehen wird, davon hängt ab, wie es dem Film gehen wird." (272) Spätestens in den 1920er Jahren also wird das Kino als ‚Dispositiv' beschreibbar und beschrieben, als eine, mit Michel Foucault, Anordnung, in der sich Praktiken und Diskurse überlappen,[41] um sich das Medium einzuverleiben und es zu dominieren.[42]

Das ist – skizzenförmig – die Situation des Films im Deutschland vor Adolf Hitlers ‚Machtergreifung' im Januar 1933. Danach ändert sich das Bild nachdrücklich. Mit zuvor nie gekannter Konsequenz wird das Kino als Propagandainstrument erkannt und eingesetzt.[43] In dieser ‚Gleichschaltung' erweist sich die Struktur des Dispositivs als rücksichtslos auf die Spitze getriebene. Der Faschismus, so konstatiert Walter Benjamin im Pariser Exil, hat Mittel und Wege gefunden, die „Aura auf neue Art abzuschaffen."[44] Was ist damit gemeint?

Der Film im Fahrwasser der Politik: *Von Caligari zu Hitler?* (Benjamin, Kracauer)

Benjamins Aura-Begriff gehört zu den strittigsten seines Werks. Der Autor bezeichnet damit die „einmalige Erscheinung einer Ferne, so nah sie sein mag." (479, 480) Diese führt er vorderhand mit dem Kultbild eng:

Im Kultbild vereinen sich Wahrnehmung und Medium (Bild) zum Ritual, das den Aufnehmenden festhält und distanziert; obwohl das Artefakt – etwa ein Madonnenbild (Benjamins Beispiel) – in nächster Nähe bereitsteht, suggeriert es doch eine irreduzible Unnahbarkeit, d.h. es entfaltet jenen Schein unwiederbringlich echter Kostbarkeit und spiritueller Reinheit, der ihm im Laufe der Tradition zugeschrieben wurde. Dort verdinglicht sich das Objekt zum Fetisch. Die technische Reproduktion zertrümmert nun diese Aura, wenn sie *„an die Stelle seines* [des Artefakts; G.S.] *einmaligen Vorkommens sein massenweises [setzt]."* (477) Insofern das Madonnenbild technisch reproduzierbar ist, löst es sich von seinem Ort und kann unabhängig von ihm zirkulieren. Indem es als Ansichtskarte auftritt, hat es sich vom Ritual um die Originalität entfernt. Für Benjamin ist der „machtvollste Agent" (478) dieser Tendenz der Film, weil er ihr zugleich eine neue Qualität hinzufügt: Nicht bloß erlaubt er eine Vervielfältigung des Einmaligen (das war, wie Benjamin bemerkt, schon immer möglich), sondern situiert es in einem anderen Wahrnehmungsraum. In der Zeitlupe beispielsweise kann der Film „Bilder festhalten, die sich der natürlichen Optik schlechtweg entziehen." (476)

An diesem Punkt erweist sich der Verlust der Aura einerseits als historisches Phänomen, andererseits und im selben Zug berührt er als Spielart der „Art und Weise, in der die menschliche Sinneswahrnehmung sich organisiert – das Medium, in dem sie erfolgt – [...]" (478) ein allgemeines Problem: Was dem Betrachter angesichts des Kunstwerks widerfährt, lässt sich auf Anderes übertragen. Desgleichen gerät Balázs' Aura-Begriff ins Zwielicht. War dieser noch von der Annahme einer glücklichen Integration des Menschen in die Verhältnisse des Kinos geprägt, bleibt Benjamin diesbezüglich misstrauisch. Zwar erreicht die Wahrnehmung mithilfe des Mediums Erstaunliches, doch kann deshalb von einer medialen Glückseligkeit keine Rede sein. „Anders", notiert Benjamin, ist der Film vielmehr dadurch, dass „an die Stelle eines vom Menschen mit Bewusstsein durchwirkten Raums ein unbewusst durchwirkter tritt." (500) Dabei hatte schon Sigmund Freud betont, dass etwas im Unbewussten unfassbar

G.S.]", in welche das Subjekt „eingeschlossen ist." (ders.: Das Dispositiv: Metapsychologische Betrachtungen des Realitätseindrucks. Übersetzt von Max Looser. In: *Psyche* 11/1994, S. 1047-1074 [Zitate: S. 1052, Anm.]).

[42] Die diversen Facetten dieses Dispositivs erläutert Kreimeier in ders.: Dispositiv Kino. Zur Industrialisierung der Wahrnehmung im 19. und frühen 20. Jahrhundert. In: Harro Segeberg (Hg.): *Die Perfektionierung des Scheins. Das Kino der Weimarer Republik im Kontext der Künste. Mediengeschichte des Films Bd. 3.* München 2000, S. 17-34.

[43] Vgl. Felix Moeller: Blitzkrieg und nationalsozialistische Filmpropaganda. Aus den Tagesaufzeichnungen von Joseph Goebbels 1939 bis 1941. In: Ute Daniel, Wolfram Siemann (Hg.): *Propaganda. Meinungskampf, Verführung und politische Sinnstiftung 1789-1989.* Frankfurt a.M. 1994, S. 133-146; Peter Reichel: *Der schöne Schein des Dritten Reiches. Faszination und Gewalt des Faschismus.* Frankfurt a.M. 1993, S. 180-207 sowie Kap. 5 der vorliegenden Ausarbeitung.

[44] Ders.: Das Kunstwerk im Zeitalter seiner technischen Reproduzierbarkeit (3. Fassung). In: *Gesammelte Schriften.* (Anm. 19) Bd. I.2., Frankfurt a.M. 1991, S. 470-508, hier: S. 508. Zitierweise im folgenden durch Seitenzahlen im Text .

[45] Benjamin zitiert hier Arnheim (vgl. Arnheim: *Film als Kunst* [Anm. 32], S. 118).

[46] Vgl. dazu Michael Wetzel: *Die Enden des Buches oder die Wiederkehr der Schrift: von den literarischen zu den technischen Medien.* Weinheim 1991, S. 172f. Und vom Verf.: Medienpsychologie. In: Schanze (Hg.): *Handbuch der Mediengeschichte* (Anm. 1), S. 96-118 (hier: S. 104).

Aura als Optisch-Unbewusstes

bleibt. Benjamin, der sich auf Freuds Funde stützt, folgt ihm darin: Neben der wimmelnden Fülle der Details entdeckt das Kameraauge auch „ganz [U]bekanntes" (ebd.) im Bekannten. Dennoch kann die Wahrnehmung dessen nicht Herr werden. Das Andere verschwimmt ihr zum „'eigentümlich gleitende[n], schwebende[n], überirdische[n].'" (ebd.) der Realität.[45] In der Konsequenz ist das „Optisch-Unbewusste" (ebd.) des Films und seines Publikums zugleich ermächtigt und entmachtet. Es kommt den Dingen nah, ohne sie präzise einordnen zu können. An dieser Neigung des Optisch-Unbewussten zerbricht der Aurakult als Konvention des Unnahbaren. Doch hat sich das Problem der Aura damit nicht schon erledigt. Da nämlich das Optisch-Unbewusste eine gewisse Distanz nicht unterschreitet, bewahrt es einen Rest der Aura-Struktur. Vom Ritual befreit, kehrt sie im Gewande technischer Reproduzierbarkeit zurück.[46] So schaffen der Film und mit ihm das Kino die Aura nicht einfach ab, sondern aktualisieren sie auf subtile, medial gebrochene Weise. Im neuen Medium bleibt, trotz aller Nähe zum Gegenstand, die Distanz zum/des Anderen gewahrt: Der „Tatort" des Films „ist", vergleichbar dem der Photographie, „menschenleer". (485) Wird er trotzdem gefüllt, d.h. einem ökonomischen oder politischen Ritual unterworfen, beginnt jene Auslese von neuem, aus der für Benjamin allein „der Star und der Diktator als Sieger hervorgehen." (492, Anm.)

Aus diesem Blickwinkel wird der Umgang mit dem neuen Medium zum Politikum. Benjamin wendet sich hier zum einen gegen das Filmkapital, zum anderen gegen den Faschismus. Während die Vertreter des einen im Star- den Aurakult als profitables Geschäft renovieren, entfesselt der andere, indem er im Film die Aura, d.h. ihren Rest im Begehren des Optisch-Unbewussten, austreibt, einen totalen und totalitären *„Aufstand der Technik"* (507). Der Autor des Kunstwerkaufsatzes sucht dies nun mit einer Medientheorie zu kontern, die das Andere des/im Film weder verrechnet noch verwirft. Nur wenn das Staunen über die zuletzt bodenlose Vielfalt der medialen Inszenierung sowie der darin (*re-*) präsentierten Wirklichkeit im Kino anhält, wehrt dieses sich zum einen gegen seine Vereinnahmung, und ist zum anderen Indiz für eine auch reale Unverfügbarkeit des Anderen. Zur treibenden Kraft einer *„Politisierung der Kunst"* (508) als deren nicht-ritualisierte – zugleich überraschende und die Zusammenhänge unterbrechende – Praxis wird der Film immer dann, wenn er diesen schmalen Grat der Offenheit gegen die Schließungsbemühungen von Kapital und Politik zur Geltung bringt.

Einen anderen Weg in dieselbe Richtung geht Siegfried Kracauer. Auch er sieht sich angesichts des NS-Regimes dazu veranlasst, das neue Medium von einer politischen Seite her zu beobachten. Im amerikanischen Exil vollendet er jenes Buch, dessen Programm bis heute provokant klingt: „Die Filme einer Nation reflektieren ihre Mentalität unvermittelter als andere künstlerischen Medien. [...] So spielt sich hinter der offen darliegenden Geschichte der ökonomischen Schwankungen, sozialen Erfordernisse und politischen Machenschaften eine geheime Geschichte ab, die die inneren Dispositionen des deutschen Volkes ins Spiel bringt. Die Aufdeckung dieser Dispositionen im Medium des deutschen Films könnte dazu beitragen, Hitlers Aufstieg und Machtergreifung zu verstehen."[47] Addiert man zu dieser „[T]iefenpsychologi[e]" (7) des Kinos den Titel des Buches, wird sein Einsatz noch deutlicher: Auf einer bestimmten Ebene kommt das hier stellvertretend aufgerufene Hauptwerk des expressionistischen Films – Robert Wienes *Das Kabinett des Dr. Caligari* von 1919 – dem Fundament des Nationalsozialismus beunruhigend nahe. Oder nochmals zugespitzt: Es gibt eine Mentalität „des deutschen Volkes", die sich in beidem einfindet: „Was zählt, ist weniger die statistisch erfassbare Popularität von Filmen, als die Popularität ihrer bildlichen und erzählerischen Motive." (14) Dieselben Motive, pointiert Kracauer, peilt allerdings auch die Ideologie des ‚Dritten Reiches' an: Die Figur des Dr. Caligari ist eine „sehr spezifische Vorahnung", weil sie „auf jene Manipulation der Seelen vordeutet, die Hitler als erster im Riesenmaßstab praktizieren sollte." (79)

In der Konsequenz seiner Kernthese widmet Kracauer Wienes Film ein eigenes Kapitel. Dort seziert er die Produktion auf ihre zeitgenössischen Kontexte hin. Nach dem Ersten Weltkrieg, so sein psychologischer

[47] Ders.: Von Caligari zu Hitler. Eine psychologische Geschichte des deutschen Films. Übersetzt von Ruth Baumgarten und Karsten Witte. In: *Schriften* (hg. von Karsten Witte) Bd. 2 Frankfurt a.M. 1979, S. 11 und 18. Zitierweise im folgenden durch Seitenzahlen im Fließtext.

Von Caligari zu Hitler

[48] Das Drehbuch des *Caligari* stammt von Hans Janowitz und Carl Mayer.

[49] „Die Originalhandlung war ein Bericht über wirkliche Gräueltaten; Wienes Bearbeitung verwandelte den Bericht in eine vom nunmehr geistesgestörten Francis ersonnene und erzählte Phantasie." (72) So stellt Kracauer es dar – und schafft damit einen weiteren Film-Mythos: Wie die Wiederentdeckung des ursprünglichen Drehbuchs zeigt, war die von Kracauer ins Zentrum seiner Kritik gerückte ‚Umarbeitung' bereits in Janowitz' und Mayers Konzeption angelegt. Vgl. dazu Stefan Andriopoulos: Kinematographie und Hypnose. In: *Hofmannsthal. Jahrbuch zur Europäischen Moderne 8/2000*, S. 215-245 (hier: S. 225f.).

Befund, zogen sich „die meisten Deutschen [...] von der harten Außenwelt ins Reich der Seele" (74) zurück. Auf diese Weise umgeben sie sich mit einer „Schutzhülle" (ebd.), die politische Handlungen erstickt oder wenigstens erschwert: Der ‚Wahnsinn' oder das Chaos der Umwelt, d.h. die Destabilisierungen, die mit dem Zerfall des Kaiserreiches und dem Übergang zur Weimarer Republik einhergehen, werden nicht als zu bewältigende Fakten, sondern primär als psychische Zustände erlebt. Dieses Dilemma spiegelt sich nun für Kracauer im *Caligari* und betrifft ebenso die Umstände bei der Realisierung des Films. So zehrt die ursprüngliche Idee des Films davon,[48] dass „die Deutschen sich während ihres Rückzugs in sich selbst dazu bewegt fühlen, ihre traditionelle Autoritätsgläubigkeit in Frage zu stellen" (ebd.) Entsprechend skizziert das Drehbuch den Anstaltsdirektor als Wahnsinnigen und Verbrecher, der endlich „zur Abdankung gezwungen" (71) wird. Doch wird diese Absicht, so Kracauer weiter, durch die von Wiene ergänzte Rahmenerzählung des Films durchkreuzt.[49] Insofern nämlich Wienes Umsetzung des Films von der Originalhandlung abweicht, verkehrt sie deren Botschaft als Darstellung und Problematisierung „wahnwitziger Autorität" (ebd.) in ihr Gegenteil und denunziert sie: Da der Größenwahn der Autorität nun lediglich in der Phantasie eines Geisteskranken existiert, bahnt der Film einer Renaissance der Macht den Weg. Der Anstaltsdirektor, die Autorität, erscheint nicht länger als Unhold, vielmehr als ein Wissender, der „auch heilen" (73) kann.

Für Kracauer bestätigt sich mit dieser Analyse zunächst zweierlei. Zum einen koppelt *Caligari* die revolutionäre Tat an ihre Halluzination. Darin illustriert der Film die paradoxe „Doppelseitigkeit deutschen Lebens", in der ein psychischer Zwiespalt, der Wunsch nach Umwälzung *und* Einkehr, dazu führt, dass sich die Mehrheit der Deutschen „bis herunter zur Masse der sozialdemokratischen Arbeiter, revolutionärer Tätigkeit [enthielten]". (74) Zum anderen eignet sich Wienes Bearbeitung, wenn sie den Sturz des Tyrannen durch die Rahmenepisode buchstäblich einklammert, als Symbol dafür, dass eine Demission der „in Deutschland heimischen Art der Autorität" (76) nicht wirklich erwünscht ist: „Mag es Absicht sein oder nicht, CALI-GARI legt eine Seele bloß, die zwischen Tyrannei und Chaos hin und her gezerrt wird." (81) Gleichzeitig ordnet sich die Sprache des Films dieser Tiefenstruktur unter. Das expressionistische Pathos, das in der Vorkriegsdichtung deren Revolutionsaufrufe bekräftigt hatte, gerinnt im Filmstudio zur „Manier" und läuft darin auf „eine vollkommene Verwandlung materieller Dinge in emotionale Ornamente hinaus." (75) Zuletzt wird diese Abstrahierung als gefühlsselige und systematische Aussperrung der Realität noch durch die reine Studioproduktion verstärkt. Die Macher des *Caligari* und ihre Nachfolger in der Reihe „der ganz im Studio hergestellten Filme" ziehen „die Herrschaft über eine künstliche Welt der Abhängigkeit von den Zufällen der Außenwelt vor." (81) Hierin offenbart sich ein tieferer Sinn für „durchgreifende Organisation, der sich von diesem Werk an im deutschen Film kundgibt." (83)[50]

Alle diese Faktoren, in erster Linie aber die Verachtung der Filmverantwortlichen für die, wie Kracauer später schreiben wird, „ausgesprochene Affinität" des Mediums „zur ungestellten Realität",[51] bedingen nun dessen Perversion. Deren Zentrum und Richtung legt Kracauer zum Schluss seiner Interpretation einem französischen Grafen in den Mund: Der *Caligari* ist „'bezaubernd und abstrus wie die deutsche Seele [...]. Die französische Seele sprach vor über einem Jahrhundert in der Revolution [...]. Nun warten wir darauf, was ihr uns und der Welt zu sagen habt.'" Kracauer: „Der Graf brauchte nicht lange zu warten." (83)

In Kracauers Bilanz ist das Kino seinen Kinder- und Jugendjahren entwachsen.[52] Der Film hat seine Unschuld verloren, wenn er der Mitschuld an einer globalen Katastrophe verdächtigt werden kann.[53] Was Balázs nach 1918 und trotz aller während des Ersten Weltkrieges filmisch umgesetzten Propaganda noch bejubeln konnte, endet, folgen wir Kracauer (und anderen), zuerst für Deutschland und dann für die Welt in der Konfrontation mit Diktatur, Todeslagern und Krieg. So klingen die Kino-Debatten abrupt aus. Abschließend, so heißt das Urteil der daran zuletzt Beteiligten, geht das neue Medium in eine allgemeine Mobilmachung über. Am Vorabend und während des Zweiten Weltkrieges

[50] „Die Fähigkeit der Deutschen, sich selbst zu organisieren, verdankt sich nicht wenig ihrer Sehnsucht danach, sich zu unterwerfen." (83)

[51] Siegfried Kracauer: *Theorie des Films. Die Errettung der äußeren Wirklichkeit* (hg. von Karsten Witte). Übersetzt von Friedrich Walter und Ruth Zellschan. Frankfurt a.M. 1985, S. 11 und 45.

[52] Allerdings bedeutet diese Abrechnung noch keine Verwerfung. Kracauer ist nicht so blind, die Vorzüge, Errungenschaften und Meisterleistungen des deutschen Films nicht dennoch zu sehen und zu würdigen. Doch bleibt sein Grundgedanke davon unberührt: „Da Deutschland so [mit Hitlers Aufstieg zur Macht; G.S.] verwirklichte, was in seinem Film von Anfang an bereits angelegt war, nahmen die Leinwandgestalten tatsächlich Leben an. [...] Selbsternannte Caligaris hypnotisierten zahllosen Cesares Mordbefehle ein." (287).

[53] Bekanntlich hegt nicht nur Kracauer diesen Verdacht. Max Horkheimer und Theodor W. Adorno schlagen in ihrer *Dialektik der Aufklärung* ähnliche Töne an (vgl. Kap. 5). Auch Benjamins Entwurf zehrt, wie gesagt, maßgeblich davon, das neue Medium immer auch als Gefahr (und deren Entgegnung) auf dem Feld der Politik zu denken.

54 Loiperdinger: *Lumières Ankunft des Zugs* (Anm. 2), S. 46.

55 I.M. Pacatus (d.i. M. Gorkij): Flüchtige Notizen. Übersetzt von Jörg Bochow. In: *KINtop* 4/1995, S. 13-16 (hier: S. 14).

56 A. P(eško)v (d.i. M. Gorkij): Von der Gesamtrussischen Ausstellung. Der Kinematograph von Lumière. Übersetzt von Jörg Bochow. In: ebd., S. 16-20 (hier: S. 18).

57 Loiperdinger spricht hier von einem *„Hyperrealismus"* und zeigt, dass Gorkijs Eindruck sich ähnlich auch in den anderen Urtexten des Mythos wiederfindet (vgl. ders.: *Lumières Ankunft des Zugs* [Anm. 2], S. 44-48 [Zitat: S. 45]).

58 Jacqueline Rose: *Sexualität im Feld der Anschauung*. Übersetzt von Catherina Zakravsky. Wien 1996, S. 224.

Unheimliches

stehen die Theoretiker dem Kino nicht mehr vielseitig hin- und hergerissen gegenüber. An Stelle dessen formulieren sie eine Anklage: Sie entdecken das Kino in unheilvoller Rolle inmitten des Geschehens.

Das Leitmedium des Medienumbruchs um 1900: Ein Schock?

Welchen Stellenwert im Nachdenken über das Medium kann dessen mythische Urszene jetzt beanspruchen? Ist sie mit Kracauers Bilanz nicht in den Rang einer luziden Antizipation von dereinst schockierenden Verkettungen aufgerückt?

Der Mythos, wurde mit Barthes gesagt, stellt die Frage nach dem Rätsel des Anderen. Und indem er diese mitnichten eindeutig, vielmehr im Zwiespalt zwischen Wahrheit und Unwahrheit beantwortet, bietet er keine befriedigende Lösung an. Hervorragend lässt sich dies an Maksim Gorkijs früher (1896) Variante der „Panik-Legende"[54] ablesen: „[...] auf der Leinwand erscheint ein Eisenbahnzug. Er rast wie ein Pfeil direkt auf Sie zu – Vorsicht! Es scheint, dass er direkt auf die Dunkelheit zustürzt, in der Sie sitzen, und aus Ihnen einen zerfetzten Sack aus Haut macht [...]. Doch auch dies ist ein Eisenbahnzug aus lauter Schatten."[55] Deutlicher noch wird die Stoßrichtung von Gorkijs Bericht, wenn man eine weitere Notiz desselben Autors hinzuzieht: „Es ist schaudererregend, diese graue Bewegung von grauen Schatten zu sehen, schweigende, geräuschlose Schatten. [...] Was immer es auch sein mag – es zerrüttet die Nerven."[56] Im Vordergrund des Textes steht danach keineswegs die Verwechslung des Bewegungs-Bildes mit der Realität, das Ungeheure des Schauplatzes geht nicht unmittelbar von dem Zug aus. *Was immer es auch sein mag* – dieses Unheimliche ist vielmehr der Einsatz der Erzählung. Laut Gorkij begleiten Schatten, Grautöne und Schweigen die Szene und ziehen sie darin ins Zwielicht, der Realismus der Abbildung kippt ins Surreale.[57] In diesem Sinne spricht der Mythos nun weniger von einer Panik im Kinosaal, von geschockten Zuschauern, sondern von einer „Panik im Herzen der filmischen Äußerung selbst."[58] Dabei geht es darum, dass es „eine Störung geben könnte, die sich nicht in Form einer

Erklärung auflösen ließe, und die, wie das Problem der Beziehung des Kinos zu sich selbst, bestehen bliebe."[59] Das Medium kann sich nicht umgehen: Wie Gorkij betont, ist es weder vollkommener Abdruck dessen, was es abbildet noch ist es in dem, was es gemäß seiner Eigenlogik erschafft, perfekt. Folglich ist es auf Imagination – es „scheint" – angewiesen. Doch hilft dies nichts, wenn die faszinierende Sicht auf den Gegenstand unversehens in surreale Schatten umschlägt.[60] Solche Ambiguität des Mediums „zerrüttet die Nerven". Sie ist es, welche sich als bleibende Impression ein- und aufschreibt und macht daher den Kern der Auskunft des Mythos über das neue Medium aus. Die legendäre und legendenhafte Überformung, ihr Schematismus, übernimmt nun die Aufgabe, das Fragwürdige der Realität anzugleichen; der Schrecken des heranrasenden Zuges ist immer noch weniger unheimlich als ein schattenhaftes, gesichts- und namenloses Ungewisses.

In dieser Hinsicht lässt sich die zu Beginn formulierte Hypothese, der Film-Mythos sei ein doppelt offenes System, das eine Lücke sowohl indiziert als auch einzukleiden versucht, untermauern: Der Mythos zeigt den Medienumbruch als Insistenz einer Leerstelle, als einen Übergang, dessen Schilderung als Schatten und in Grautönen, als nervtötendes Schweigen genau die unbestimmte Irritation einer Wende andeutet, die sich in der Paarung mit der ‚Schock-Präsenz' einer Filmlokomotive nur scheinbar klären lässt. Aber was bleibt davon? Lebt diese Ausrichtung auf das weniger eindeutig Schockierende als vielmehr zweischneidig Prekäre des Umbruchs weiterhin fort oder nutzt sie sich im Fortgang des Wandels ab?

Wie gesehen, hält die im Auftauchen des neuen Mediums gestiftete Verwirrung zu Beginn des 20. Jahrhunderts noch an. Zu vielstimmig ist die Diskussion um dessen Vor- und Nachteile in ihren z.T. auch paradoxen Reaktionen.[61] Unsicherheit sowie leidenschaftliches Engagement addieren sich in der öffentlichen Erörterung zu einem Für und Wider, in dem die systematische Betrachtung die Ausnahme bleibt.[62] Der Nachhall der Irritation ist hier noch deutlich spürbar. Doch kann von einem Schockzustand keine Rede sein, insofern gerade der „Aufregungszustand" das wesentliche

[59] Ebd., S. 226.

[60] Dass dies nicht allein für Lumières Kino und seine technischen Mängel gilt, zeigt Rose in ihrer kritischen Auseinandersetzung mit Christian Metz' Filmtheorie (ebd., S. 203-227).

[61] So etwa, wenn der Text des radikalen Demokraten Pfemfert für die Geste des Despoten, die Zensur, Partei ergreift.

[62] Als solche kann die bereits 1913 als Dissertation vorgelegte Studie von Emilie Altenloh: *Zur Soziologie des Kino. Die Kino-Unternehmung und die sozialen Schichten ihrer Besucher* gelten. Eine andere, vor allem in der jüngeren Vergangenheit stark rezipierte Ausnahme bildet Hugo Münsterbergs Schrift *Das Lichtspiel. Eine psychologische Studie* (*The Photoplay. A Psychological Study*). 1916 in den USA und unter unglücklichen Umständen erschienen, spielte sie für die Kino-Debatten allerdings keine Rolle. Zu Münsterbergs Filmtheorie vgl. ausführlich Kap. 4.

[63] Exakt in dieser Hinsicht legitimiert etwa Arnheim seinen Sprechort, wenn er ausdrücklich auf seine „spezielle ‚Vorbildung'" hinweist, „die darin bestand, immer wieder Filme anzusehen, oft mit intelligenten Filmleuten über konkrete Detailfragen ihres Faches zu sprechen, manchmal auch bei der Arbeit im Atelier zuzusehen und schließlich selbst einmal eine Filmkamera zu handhaben und einen Film zu schneiden". (Arnheim: *Film als Kunst* [Anm. 32], S. 20f.)

[64] Albert Klöckner: Das Massenproblem in der Kunst. Über Wesen und Wert der Vervielfältigung (Film und Funk). In: Kümmel/Löffler: *Medientheorie 1888-1933* (Anm. 9), S. 299-311 (hier: S. 306; meine Hervorhebung; G.S.).

[65] Bertolt Brecht bringt dies schon frühzeitig auf den Punkt: Der „Dichter", der eine Karriere als Drehbuchautor anstrebt, kennt die Gepflogenheiten des Betriebs nicht. Beispielsweise weiß er nichts über „die Bedürfnisse und Mittel der einzelnen Ateliers. Kein Ingenieur entwirft eine komplizierte Wasseranlage auf Vorrat in der Hoffnung, es werde sich schon einmal eine Firma finden, die gerade diese Anlage dringend braucht." Sowie: „Die Knaben, die an der Quelle sitzen, haben eine tiefe Abneigung gegen die Knaben, die sich an die Quelle setzen wollen." (Ders. Über Film. In: Kaes: *Kino-Debatte* [Anm. 9], S. 155f. [hier: S. 155])

[66] Vgl. auch Kap. 6.

Kennzeichen der frühen ‚Kino-Debatte' ist: Indem das Medium innerhalb der Polyphonie der Debatte vor allem gemäß seiner Ambiguität wahrgenommen wird, behauptet erstere den Charakter der Schwellenerfahrung. So bleibt die Sensibilität für die offene Reichweite des Umbruchs vorerst sichtbar. Einige Jahre später hat sich das Blatt gewendet. Jetzt arbeiten Filmtheoretiker als/und spezialisierte Kritiker an der Vermessung der Leerstellen. Das Kino erscheint darin ausdifferenziert und der Film als Objekt planmäßiger Ausschlüsse und Abschottungen (dies ist es, dies ist es definitiv nicht). Dort haben die ursprünglichen Schwankungen in der Reflexion kaum noch Platz. Die Spur des Offenen, Zweischneidigen im Sprechen über das neue Medium verliert sich in fixen Kontextualisierungen, d.h. in einem, wie auch immer motivierten, entschieden auftretenden Fachwissen,[63] dessen Koordinaten (z.B. in der Filmkritik oder der ‚Montage-Debatte') auf die Praxis zurückwirken. Mit der professionellen Überschneidung von Theorie und Praxis rundet sich das Kino zum Dispositiv ab: In seiner „*Kultur* des Auchsehens"[64] produziert es, obwohl massenwirksam, ebenso eine Rede der Macht und der Hierarchisierung.[65] Diese kann nun, insofern sie, siehe Brechts ‚Knaben', einen Zwiespalt des Dispositivs reklamiert, als letztes Merkmal ehemaliger ‚Aufregung' gewertet werden.

Nach dem Aufstieg der Nazis zur Macht verschärft sich die Lage, da die ihm folgende ‚Gleichschaltung' das Dispositiv gnadenlos perfektioniert. Solche propagandistische Abschließung bedingt dann eine Rückbesinnung auf die Ambiguität des Mediums: Könnte dieses nicht, so der Befund, in dem Benjamin wiederholt das Irritationspotential und die Offenheit technischer Reproduzierbarkeit in den Vordergrund rückt, ebenso ein Gegengift gegen die tyrannische Instrumentalisierung sein? Der in seiner argumentativen Komplexität, d.h. in der Konturierung des Mediums *zwischen* Kunst und Politik,[66] strukturell wieder an die Schwellensituation der Debatte anschließende Beitrag, verhallt jedoch vorerst ungehört. Die späteren Wortmeldungen scheren sich nicht um die darin angeschriebene Produktivität des Uneindeutigen. Sie legen das Kino eindeutig auf Seiten der Täter und des Tatverdachts fest; eines

Verdachts, der, so heißt es, nicht erst mit Hitler und seinem Propagandaminister auf die Welt kommt, sondern bis in die Frühzeit des Films zurückreicht.

Mit dieser Verurteilung des Mediums als Tücke des schleichend Gefährlichen, das die Zuschauer fasziniert und entrückt an den Schrecken fesselt, wird nun der Film-Mythos in dem Bild zitierbar, das ihm neun Jahre nach Kracauers *Von Caligari zu Hitler* in Eisners *Dämonischer Leinwand* zugeschrieben wird: Nosferatu heißt das Gesicht der „Drohung",[67] die dem Publikum mit und auf der Leinwand entgegentritt und mit der sich die mythische Urszene einseitig verdüstert: Nachträglich verschwindet das Spannungsfeld im Diskurs über das Kino und den Film gänzlich unter dem Deckmantel der Prophezeiung. Die Sprache eines diffus Unheimlichen des Mediums – der Mythos – verengt sich zu der bis in die Gegenwart populären Schock-, Manipulations- und Katastrophenwarnung.[68]

So kann das Sprechen über den Film (die Kino-Debatten) am Ende der vorgestellten Überlegungen als ein Versuch gelesen werden, ein Unbestimmtes des Gegenstandes sowie des Umbruchs, für den das Bewegungs-Bild steht, vorläufig abzuarbeiten. In diesem Raum treffen sich Entwürfe der, sowohl nachhaltig reflektierten als auch eher affektiv vertretenen, Öffnung des medialen und historischen Horizonts und solche der, ebenso unterschiedlich vorgebrachten, Schließung derselben. Das Medium sowie der Wandel, den es auslöst, bleibt in den diversen Anstrengungen, sein Erscheinen und seine Erscheinungen auszuloten, an eine Struktur des Merkwürdigen gebunden. Indem es wiederholt Rede und Gegenrede provoziert, markiert es jene Differenz, welche den Differenzen vorausgeht, d.h. sie begleitet, ohne von ihnen eingeholt zu werden. Diese insgesamt hybride Konstellation aber ist das einzige, das der Mythos in seiner Rede über das Medium bereits ‚vorweg' nimmt. In diesem Sinne rührt er an eine allgemeine und andauernde Problematik. Er wird wieder und wieder erzählt werden.

[67] Eisner spricht bezüglich des expressionistischen Films von einer „gefährlichen Abgründigkeit abstrakter Gestaltung" und lehnt sich in Teilen an Kracauers Interpretation an (vgl. dies.: *Die dämonische Leinwand* [Anm. 6], S. 21ff.; Zitat: S. 22).

[68] Bezüglich des Manipulationspotentials der Massenmedien erfährt diese Warnung in Deutschland erst in den 1970er Jahren und u.a. im Hinweis auf McLuhans Medientheorie sowie im Anschluss an Benjamins Positionen ihre Relativierung (vgl. dazu etwa Hans Magnus Enzensberger: Baukasten zu einer Theorie der Medien. In: *Kursbuch* 20/1970, S. 159-186; zu Enzensbergers – kritischem – Verweis auf McLuhan vgl. ebd., S. 177f.). Dennoch heißt es Jahre später an prominenter Stelle, dass schon die „erste Premiere" des Kinos die „Phantasie des Publikums" mit „der Realität des Schreckens und der Gefahr" besetzt: „Von Anfang an machte der Film klar, welche mitreißende, welche propagandistische Kraft ihm innewohnt." (Hellmuth Karasek: Lokomotive der Gefühle. In: *Der Spiegel* 52/1994 [zit. nach Loiperdinger: Lumières Ankunft des Zugs, Anm. 2, S. 39; vgl. dazu auch Loiperdingers Erläuterungen in ebd., S. 37f.]).

2. Radio-Debatten

„An alle" – das Medium für die Massen?

Als sich in der zweiten Hälfte des Jahres 1918 das deutsche Kriegsheer aufzulösen beginnt, sind unter den zurückflutenden Truppen auch zahlreiche Soldaten, die während des Ersten Weltkrieges eine Technik kennen- und bedienen gelernt hatten, welche die Verbreitung von Nachrichten mittels elektromagnetischer Wellen ermöglicht. Benötigt werden dazu Geräte, die, indem sie solche Schwingungen nutzen,[1] Signale erzeugen und absetzen, die dann durch Empfänger lokalisiert und aufgenommen werden können. Diese ‚Funksprüche' breiten sich kreisförmig (radial) und in Lichtgeschwindigkeit aus. Entscheidender Gebrauchsvorteil der Sende- und Empfangstechnologie aber ist, dass die Übermittlung drahtlos erfolgen kann, dass keine Kabelarbeiten zu ihrem Betrieb nötig sind. Dabei ist das Informationssystem zum damaligen Zeitpunkt nicht eigentlich neu. Schon 1898 hatte Guglielmo Marconi die erste funktelegraphische Verbindung zwischen England und Irland hergestellt, 1901 glückte ihm die Überbrückung des Atlantiks. 1902 wird in den USA erstmals die menschliche Sprache per Funk übermittelt. Doch bleibt der Einsatz des neuen Mediums begrenzt. Er beschränkt sich weitgehend auf den Militär-, den Kolonial- und den Schiffsfunkverkehr.

Auf deutschem Boden liegt die Fernmeldehoheit seit 1871 in den Händen des Reiches bzw. spätestens seit 1902 in denen der Reichspost. Dies betrifft auch die Errichtung von Aufgabe- und Aufnahmestellen des Nachrichtentransfers. 1908 wird das Gesetz auf die neuen „[e]lektrische[n] Telegraphenanlagen, welche ohne metallische Leitungen Nachrichten vermitteln" ausgedehnt.[2] In der Konsequenz ist die staatliche Prüfung auf dem Gebiet des Fernmeldewesens umfassend begründet und fixiert. Mit dem Kollaps des Kaiserreiches lockert sich nun die Einbettung des Mediums in die Kanäle der Macht und Kontrolle. Denn der Zusammenbruch gestattet es einer Gruppe erfahrener Spezialisten, Sendungen auf eigene Rechnung abzusetzen: „Es waren diese Funker der Nachrichtentruppe, die für

[1] Vgl. dazu Winfried B. Lerg: *Rundfunkpolitik in der Weimarer Republik*. München 1980 (= Rundfunk in Deutschland Bd. 1 [hg. von Hans Bausch]), S. 23f. und Jürgen Wilke: *Grundzüge der Medien- und Kommunikationsgeschichte. Von den Anfängen bis ins 20. Jahrhundert*. Köln 2000, S. 326f. Allgemein zu den Anfängen des Rundfunks und dessen späterer Geschichte vgl. Edgar Lersch, Helmut Schanze (Hg.): *Die Idee des Radios. Von den Anfängen in Europa und den USA bis 1933*. Konstanz 2004 (= Jahrbuch Rundfunkgeschichte 2004); Konrad Dussel: *Hörfunk in Deutschland. Politik, Programm, Publikum (1923-1960)*. Potsdam 2002; ders.: *Deutsche Rundfunkgeschichte. Eine Einführung*. Konstanz 1999; Edgar Lersch: *Mediengeschichte des Hörfunks*. In: Helmut Schanze (Hg.): *Handbuch der Mediengeschichte*. Stuttgart 2001, S. 455-489.

[2] Der Gesetzestext wird zitiert nach Lerg: *Rundfunkpolitik in der Weimarer Republik* (Anm. 1), S. 30.

Funkerspuk

[3] Ebd.: S. 35f.

[4] Vgl. dazu zuletzt Dominik Schrage: *Psychotechnik und Radiophonie. Subjektkonstruktionen in artifiziellen Wirklichkeiten 1918-1932*. München 2001, S. 216 (Funksprüche zit. nach ebd.) sowie Dussel: *Deutsche Rundfunkgeschichte* (Anm. 1), S. 22.

[5] Vgl. Lerg: *Rundfunkpolitik in der Weimarer Republik* (Anm. 1), S. 38.

[6] 1914 waren alle bis dato existierenden Funkanlagen für militärische Zwecke beschlagnahmt worden.

[7] Friedrich Kittler: *Grammophon Film Typewriter*. Berlin 1986, S. 149. Vgl. dazu kritisch Helmut Schanze: Rundfunk, Medium und Masse. Voraussetzungen und Folgen der Medialisierung nach dem I. Weltkrieg. In: Lersch, ders. (Hg.): *Die Idee des Radios* (Anm. 1), S. 11-27 (hier: S. 18f.).

[8] „Jeder, der ein Funkgerät hat, kann ein Sender sein. Jeder, der einen Sender hat, kann ‚An alle' einen ‚Rundspruch' absetzen. Jeder, der ein Empfangsgerät ‚bereithält', ist ein potentieller Empfänger. Rundfunk ermöglicht Kommunikation zwischen Menschen." (Schanze: Rundfunk, Medium und Masse. [Anm. 7], S. 14)

[9] Vgl. Lerg: *Rundfunkpolitik in der Weimarer Republik* (Anm. 1), S. 39-41 oder Dussel: Deutsche Rundfunkgeschichte (Anm. 1), S. 24.

die weitere Entwicklung des Funks und für die Entstehung des Rundfunks in Deutschland bedeutsam werden sollten."[3] Warum?

„An alle!" So begann der Morsefunkspruch, der im November 1917 die Bildung einer Sowjetregierung in Russland bekannt gab. „An alle!" lauten auch die ersten Worte jener Meldung, mit welcher der Berliner Arbeiter- und Soldatenrat ein Jahr später seinen Erfolg verkündet: „An alle! Hier hat die Revolution einen glänzenden, fast ganz unblutigen Sieg errungen."[4] Weiterhin fordert der ‚Zentralsoldatenrat der Funker' die Mannschaften der Funktruppe auf, sich in den Dienst einer ‚Zentralfunkleitung' (ZFL) zu stellen, um den Auf- und Ausbau eines autonomen Informationsnetzes zu gewährleisten und aufrechtzuerhalten. Binnen kurzer Zeit kann die ZFL so über ein überregionales Vermittlungssystem verfügen.[5] Damit war das Monopol der Reichspost erstmals durchbrochen. Mehr noch: Obwohl die Adresse des Funkspruchs ‚An alle' de facto nur wenige, eben die Funker, erreichte, weitet sie doch den zuvor sorgfältig limitierten und überwachten Horizont des Funkverkehrs – ‚An Ausgewählte' – ins Allgemeine aus. Das Medium des Befehls, der militärischen Führung,[6] dessen Problem vor allem die Abschottung der Botschaft gegen das Ohr des Feindes war, wird nun von diesem Hindernis befreit, d.h. gemäß seiner offenen Reichweite eingesetzt. Auf diese Weise macht solcher „Missbrauch von Heeresgerät" primär deutlich,[7] wozu das Medium seine Nutzer ursprünglich befähigt: Es gestattet, sich gegen die Absicht der Auswahl ‚An alle' zu wenden.[8]

Auf diese Situation des Kontrollverlusts reagiert die neue Reichsregierung mit der Einsetzung einer ‚Reichsfunkkommission', die den Funkbetrieb vorläufig organisieren und der Etablierung einer ordentlichen Dienststelle Vorschub leisten soll. Während der Einfluss der ZFL im Strudel der Bürokratie sowie dem öffentlichen Gezerre der Politik erstickt wird,[9] kann diese Behörde schließlich in Gestalt der ‚Reichsfunkbetriebsverwaltung' (RFBV) aus der Taufe gehoben werden. Auf Betreiben ihres Leiters, des einstigen Telefunken-Ingenieurs Hans Bredow, unterstellt sich die RFBV im April 1919 dem Reichspostministerium: „Damit waren auf den Tag genau fünf Monate nach der Entstehung jener Zentralfunkleitung alle revolutionären Spuren im deutschen Funkwesen beseitigt."[10]

Die Revolution der Funker überdauerte nicht einmal ein halbes Jahr. Doch indem die rebellischen Soldaten das scheinbare Defizit des Rundfunks, seine Offenheit, zum Vorteil wandeln, ermöglicht das Intermezzo ebenso einen Blick in die Zukunft: „Erst seit es das Radio gibt, sprechen wir von ‚den Massenmedien'."[11] Zugleich zeigt dieser Umbruch in der Geschichte des Rundfunks sowohl die Schwierigkeit, das neue Medium derart auf den Begriff zu bringen als auch den Zwiespalt des Mediums ‚für die Massen' selbst: Einerseits, d.h. im Sinne der kriegsmüden und auf den Umsturz der Überwachungsstrukturen bedachten Funker, impliziert es das Versprechen und die Realisierung friedlicher und demokratischer Verhältnisse. ‚An alle' steht dort für den „fast ganz unblutigen Sieg" der Revolution gegen das kriegstreiberische Regime eines Kaisers: Der „berühmte" Funkspruch war „kein Befehl zum Weiterkämpfen."[12] Andererseits, aus der Sicht der Regierungsmacht (auch einer demokratischen) und ihrer Behörden, indiziert das Medium die in der Rasanz und Präzision der Verbreitung und damit an Wirkmacht vorher unbekannte Gefahr der Übermittlung von Informationen ‚An alle'. Neben ökonomischen und juristischen Erwägungen steht darin auch die Warnung vor einer Gegenöffentlichkeit zur Debatte, die, da sie sich auf direktem Wege selbständig vernetzt und unterrichtet, die offizielle Definitionshoheit aushöhlt: „Mit der Ordnung aber, das wissen die Rundfunkdiener, fällt die Herrschaft."[13] So jedoch muss Ordnung hergestellt werden, und sie kann, ich nehme es vorweg, im Banne des Mediums sogar so dominant werden, wie es die Herrschaft angesichts des Mediums von der Unordnung befürchtet.

Exakt dieses, im Zwischenspiel der aufbegehrenden Fernmelder kurzfristig sichtbar werdende Schwanken des Mediums ‚für die Massen' lässt sich nun auch auf der Ebene des Begriffs nachzeichnen: Das Medium lässt sich auf keiner Seite festlegen und ist dennoch nicht neutral, wenn es Grenzen aufbaut *und* überschreitet. Insofern das ‚An alle', diese frühe Variante des *mass*

---

[10] Lerg: *Rundfunkpolitik in der Weimarer Republik* (Anm. 1), S. 45.

[11] „Der Grund dafür ist, [...], schnell einzusehen. Elektromagnetische Wellen erreichen augenblicklich, in Lichtgeschwindigkeit, eine beliebige Zahl von Empfängern, so dass der ursprünglich physikalische Begriff für die ‚Quantität der Materie' (Kant) auf ein molares Ensemble von Menschen Anwendung finden kann: die Masse. [...] Erst seit wir diesen schnellen, ubiquitären Effekt des Radios kennen [...], sind wir nun auch im Rückschluss verleitet, alle früheren Medien, zum Beispiel Telegrafie, Buch und Buchdruck, für Massenmedien zu erklären". (beide Zitate: Wolfgang Hagen: Zur medialen Genealogie der Elektrizität. In: Rudolf Maresch, Niels Werber [Hg.]: *Kommunikation – Medien – Macht*. Frankfurt a.M. 1999, S. 133-173 [hier: S. 138f.]).

[12] Schanze: Rundfunk, Medium, Masse (Anm. 7), S. 18.

[13] Oliver Jungen: Alle Äther lügen. Eine Semantik des Radios als Stimme der Wahrheit. In: *Sprache und Literatur* 2/2002, S. 48-71 (hier: S. 52). Vgl. dazu auch Dussel: *Deutsche Rundfunkgeschichte* (Anm. 1), S. 25 oder Lersch: Mediengeschichte des Hörfunks (Anm. 1), S. 457.

Massenmedium?

[14] Jungen: Alle Äther lügen (Anm. 13), S. 48.

[15] Vgl. Horst O. Halefeldt, Theresia Wittenbrink: Sendegesellschaften und Rundfunkordnungen. In: Joachim-Felix Leonhard (Hg.): *Programmgeschichte des Hörfunks in der Weimarer Republik* Bd. 1. München 1997, S. 23-352 (hier: S. 23).

[16] „Die offizielle Einführung des Radios in Deutschland geschah an einem Tag, an dem weiterhin 50 Prozent der Arbeiter arbeitslos waren, ein Kilo Brot 5000 Millionen Mark kostete, gerade der Hamburger Arbeiteraufstand blutig niedergeschlagen war; [...] es herrschte seit September Ausnahmezustand im Reich." (Wolfgang Hagen: Der Radioruf. Zu Diskurs und Geschichte des Hörfunks. In: Martin Stingelin, Wolfgang Scherer [Hg.]: *HardWar/SoftWar. Krieg und Medien 1914 bis 1945*. München 1991, S. 243-273 [hier: S. 257])

[17] Dussel (im Anschluss an Lerg): *Hörfunk in Deutschland* (Anm. 1), S. 41. Zu den Begebenheiten ‚hinter dem Vorhang' vgl. ausführlich und materialreich Lerg: *Rundfunkpolitik in der Weimarer Republik* (Anm. 1), S. 61ff. Die Verhältnisse in Amerika skizziert Wolfgang Hagen: Der neue Mensch und die Störung. Hans Fleschs vergessene Arbeit für den frühen Rundfunk. In: Albert Kümmel, Erhard Schüttpelz (Hg.): *Signale der Störung*. München 2003, S. 275-286 (hier: S. 278f) oder ders.: Der Radioruf. (Anm. 16), S. 255f.

media-Begriffs, sich in genau jenem Spannungsfeld verortet (es nicht einfach repräsentiert, sondern ihm angehört), meint, involviert und umfasst es immer und mindestens zweierlei: die Ordnung wie deren Unterbrechung, das Diktat wie die freie Meinungsäußerung, die Präsenz wie den Entzug derselben, die Elite der – in welcher Hinsicht auch immer – beteiligten Insider wie die zerstreute Öffentlichkeit der anonymen Amateure ‚da draußen'. In diesem Sinne, also als Hypothek solcher Ambiguität, wirft die Episode von 1918 ihren Schatten sowohl auf die Debatten um das Radio, den „unendlich perpetuierte[n] Funkspruch ‚An alle'",[14] als auch auf die Diskussionen um ‚Massenmedien', deren Macht und Ohnmacht, voraus. Das ist im folgenden zu präzisieren und zu überprüfen.

Radio-Debatte: *Wer waren alle?*

Das Radio erlebt seine Premiere für ‚alle', d.h. im Unterschied zu dem bereits existierenden ‚Wirtschaftsrundspruch' an eine eng begrenzte Klientel (Banken und große Unternehmen), am 29. Oktober 1923: Um 20 Uhr geht die ‚Radio-Stunde' (später ‚Funk-Stunde') Berlin als erste von nachher diversen regionalen Gesellschaften mit einer einstündigen Übertragung auf Sendung. Gesendet werden zur ‚Eröffnung des Vergnügungs-Rundfunks' ein Konzert und zum Schluss ertönt von einer Schallplatte die Nationalhymne ‚Deutschland, Deutschland über alles', gespielt von der Kapelle der Reichswehr.[15] Das war's. Die Presse der Hauptstadt nimmt davon eher am Rande Notiz. Zu übermächtig ist das sonstige Tagesgeschäft der von politischen Unruhen, Inflation und Arbeitslosigkeit gebeutelten Weimarer Republik.[16] Zudem hatten die Vorbereitungen zu dem Ereignis abseits der Öffentlichkeit stattgefunden. Ungleich den Verhältnissen in Großbritannien und den USA „blieben in Deutschland zunächst einmal alle relevanten Verhandlungen und Entscheidungen ‚hinter dem parteiensicheren Vorhang der Ministerialbürokratie'."[17] Darüber hinaus streiten die Radiomacher um die Durchsetzung ihrer jeweiligen Interessen in einer Programmstruktur, um Sendeplätze und Finanzen.[18] Kurz: Zu Beginn ist das Radio vor allem eine verwaltungstechnische Angelegenheit sowie mit sich selbst beschäftigt. Ein Publikum, so scheint es, ist nicht vorgesehen. Oder mit anderen – Bertolt Brechts – Worten: „Nicht die Öffentlichkeit hatte auf den Rundfunk gewartet, sondern der Rundfunk wartete auf die Öffentlichkeit […] *Man hatte plötzlich die Möglichkeit, allen alles zu sagen, aber man hatte, wenn man es sich überlegte, nichts zu sagen. Und wer waren alle?"*[19]

Mag der Befund mit Rücksicht auf Brechts eigene Radiokonzeption (s.u.) auch überspitzt sein – tatsächlich wird im Winter 1923/24 das Rundfunkhören „nachgerade zur Mode"[20] –, trifft er dennoch einen strukturellen Kern, den er in Form einer Frage aufwirft: *Wer waren alle?* In diesem Sinne führt die Spur des Radios als Potential *allen alles* mitzuteilen keineswegs zu einer Öffentlichkeit, sondern zunächst ins Nichts. Der Kanal zwischen Sender und Empfänger ist, obwohl eingerichtet, gestört. Zwar vermittelt er den Eindruck, ganz nah dabei zu sein, doch muss der Nutzer gerade deshalb und jederzeit mit Überraschungen rechnen. Genau diese Situation unwillkürlicher Unterbrechung inszeniert auch das erste Hörspiel der deutschen Radiogeschichte: Hans Fleschs *Zauberei auf dem Sender* aus dem Jahre 1924. Die ‚Handlung' desselben spielt in einem Rundfunkstudio, in das plötzlich eine Märchentante eindringt, um eine Geschichte zum Besten zu geben. Daraufhin geraten die Musiker und der Sprecher durcheinander, der Sender kann nicht abgeschaltet werden. Zusätzlich taucht ein Zauberer auf, der allerlei diffuses Getöse produziert: „Zersplitterndes Glas, Schreibmaschinengeklapper und Geräusche, denen die durcheinander sprechenden Stimmen im Studio keine Geräuschquelle zuordnen können […] durchmischen sich, es entsteht ein Chaos nicht mehr von Durcheinandergesprochenem oder -musizierten, sondern von freigesetzten Geräuschen, die zum Teil stimmhaft, zum Teil Gegenständen zuzuordnen, zum Teil undefinierbar sind."[21] Erst als sich die Musiker aufraffen können, den Walzer ‚An der schönen blauen Donau' fehlerfrei zu spielen, lässt sich der Zauber vertreiben.

Dabei entspricht dieses Moment der Störung nicht allein dem technischen Prinzip des Radios[22] oder illustriert die bis auf den heutigen Tag bekannten Defizite

[18] Vgl. Renate Schumacher: Programmstruktur und Tagesablauf der Hörer. In: Leonhard (Hg.): *Programmgeschichte des Hörfunks in der Weimarer Republik* (Anm. 15), S. 353-420 (hier: S. 355).

[19] Ders.: Radiotheorie 1927 bis 1932. In: *Gesammelte Werke* Bd. 18. Frankfurt a.M. 1967, S. 117-134 (hier: S. 128).

[20] Und ruft als solche wiederum Kontrollmaßnahmen hervor: vgl. Lerg: *Rundfunkpolitik in der Weimarer Republik* (Anm. 1), S. 98f. (Zitat ebd.).

[21] Schrage: *Psychotechnik und Radiophonie* (Anm. 4), S. 233 (dort findet sich eine ausführliche Lektüre des Hörspiels: vgl. ebd.: S. 232-235). Zu Fleschs Hörspiel und seiner Bedeutung siehe jüngst auch Hagen: Der neue Mensch und die Störung [Anm. 17].

[22] „Die allermodernste und allererstaunlichste Zauberei ist nämlich 1924 das Radio selbst. Es funktioniert auf Basis der Rückkoppelungen von Röhrenschwingungen. Im technischen Deutsch hieß es damals, elektrische Schwingungen in Röhren riefen ‚Störungen' hervor, nämlich geordnete Störungen im Äther, geordnete Störungen in der Form von Radio-Wellen die, einmal in Gang gesetzt, die Welt umkreisen. Nichts weniger als dieses Prinzip des Radios, die Rückkoppelung einer Störung, hat Hans Flesch zum Formprinzip seines ersten Radiohörspiels gemacht." (ebd.: S. 276).

[23] Für die damalige Situation vgl. Rudolf Arnheim: Kiebitz, Fachmann, Lautsprecher. In: ders. *Rundfunk als Hörkunst und weitere Aufsätze zum Hörfunk*. Frankfurt a.M. 2001, S. 203-206.

[24] Klabund: Als sie meine Stimme im Rundfunk hörte (Zum dritten Geburtstag der Funkstunde am 29. Oktober 1926). In: Irmela Schneider (Hg.): *Radio-Kultur in der Weimarer Republik. Eine Dokumentation*. Tübingen 1984, S. 43.

[25] Vgl. Irmela Schneider: Radio-Kultur in der Weimarer Republik. Einige Überlegungen. In: *Sprache im technischen Zeitalter* 85/1983, S. 72-88. Zum Stichwort ,Rundfunk-Debatte' vgl. ebd.: S. 74. Weitere Quellen zur ,Rundfunk-Debatte' bieten neben der bereits genannten Dokumentation von Schneider (Anm. 24) das ältere Buch von Gerhard Hay (Hg.): *Literatur und Rundfunk 1923-1933*. Hildesheim 1975 sowie aktuell Albert Kümmel, Petra Löffler (Hg.): *Medientheorie 1888-1933 Texte und Kommentare*. Frankfurt a.M 2002.

[26] „Mit der Einführung des Rundfunks wurden die meisten Vorurteile wieder belebt, die auch schon die Diskussion um den Film geprägt haben." (Schneider: Radio-Kultur in der Weimarer Republik [Anm. 25], S. 83) Zur ,Kino-Debatte' vgl. Kap. 1.

Kulturfaktor

der Übertragung.[23] Es bezeichnet ebenso das Maß einer Trennung, die der Schriftsteller Klabund (d.i. Alfred Henschke) zwei Jahre später in einem kurzen Gedicht auf den Punkt bringt: „Du hörtest meine Stimme wie von fern,/Sprach ich von einem andern Stern?/Du griffst mit Deinen Händen in das Leere,/Ob dort ein Leib ruht und ein Lächeln wäre./Kein Leib. Nur Stimme. Lippe nicht. Nur Wort./Und leise legtest Du den Hörer fort."[24] Die im Rundfunk hergestellte Verbindung ruht, trotz aller Nähe (Präsenz), auf einem Entzug derselben auf; die Stimme kommt von „fern", von einem „andern Stern". Wenn sie gleichwohl, der Technik sei Dank, nahe ist und sein kann, so nur um den Preis, dass in dieser Nähe die Ferne mitschwingt, dass sie sogar – als Ferne – so schmerzlich nahe kommt, dass die gerade hergestellte Nähe unerträglich wird. Als solchermaßen ambigue Fern-Nähe der Kommunikation nötigt erstere dazu, den Kontakt zu unterbrechen, d.h. den Kopfhörer beiseite zu legen: Die Hoffnung auf eine Erreichbarkeit des Anderen weicht der Einsicht in die Trennung von ihm; sie macht der „Leere" Platz.

Wer waren alle? Die bisher aufgerufenen Adressaten sowohl auf der Produzenten- als auch auf der Rezipientenseite beantworten Brechts Frage im Zwiespalt. Für sie tritt in der Wahrnehmung des neuen Mediums und im Umgang mit demselben eine Unruhe auf, die sie als Irritation, Trennung, Gegenwart des Unwägbaren auszeichnen. Damit stehen sie in der nach 1923 aufkommenden ,Rundfunk-Debatte' keineswegs alleine dar.[25] In diesem Sinne ist das Radio weit davon entfernt, den mit ihm aufgetretenen Umbruch auszubalancieren oder wenigstens notdürftig zu überbrücken.[26] Das befürchten auch die Offiziellen. Von Anfang an sind sie daher darum bemüht, den Rundfunk zum normalen Bestandteil der Lebenswelt zu machen. Bredow, inzwischen Staatssekretär für Fernmeldewesen und dann (ab 1926) Rundfunkkommissar der Reichsrundfunkgesellschaft, möchte das Radio zum „Kulturfaktor" entwickeln. Jedoch, davon ist er überzeugt, ist zur Stabilisierung des Mediums als dessen Akzeptanz bei der Masse der Hörer besonders eines nötig: Das Radio – sein Programm – muss sich weltanschaulicher Differenzen enthalten. „Er [der Rundfunk]", verkündet

Bredow, „will die durch politische und religiöse Unterschiede getrennten Volksgenossen zu einer gemeinsamen Hörerschaft zusammenschließen und fühlt sich dazu berufen, Trennendes zu beseitigen und einer großen Volksgemeinschaft die Wege zu ebnen."[27]

Der Plan des Staatssekretärs scheint aufzugehen. Das Programm der Radiosender ist durch ein Übergewicht an Kultur und Unterhaltung gekennzeichnet. Demgemäß werden Autoren und andere Kulturschaffende als Verantwortliche, Mitarbeiter sowie für Auftritte im Radio gewonnen. Zudem wird Unterhaltendes jeder Art, werden Reportagen, Sport- und Musikübertragungen sowie aktuelle Informationen gesendet. Als „akustische[s] Warenhaus" erobert das Radio den Alltag.[28] In der Folge steigt die Zahl der Teilnehmer trotz fehlerhafter Technik, trotz hoher Gerätepreise und Gebühren sprunghaft an. Während sie 1923 bei ca. 1500 lag, verzeichnen die Statistiken um 1930 schon etwa drei Millionen Hörer.

Ist das Radio damit beim Publikum – bei ‚allen' – angekommen? Ist das Unbehagen einiger Intellektueller also eine zu vernachlässigende Zeiterscheinung? Wie steht es mit dem ‚Funkerspuk' (Bredow) von 1918/19? Wurde das erklärte Ziel der Radiobeauftragten bei der Reichspost, die Spuren des Risses in der Historie des Mediums dauerhaft zu verwischen, d.h. das Radio zu einem staatstragenden Element wider die Absichten seiner Übernahme ‚von unten' zu etablieren,[29] verwirklicht? ‚Ja' und ‚nein'. Einerseits ist die Karriere des Radios zu einem populären Medium eine Geschichte des Erfolgs, die sich anhand des Anstiegs der Hörerzahlen auch direkt belegen lässt; wo anfangs nur wenige beteiligt waren, hören jetzt Millionen zu. Andererseits ist diese Geschichte in hervorragender Weise durch Strategien der Abschottung geprägt. Dort geht es von vornherein darum, ein zerstreutes, im Ganzen unübersichtliches Publikum dennoch zu kontrollieren.[30] ‚An alle'? Das ist wohl möglich – aber nur nach Maßgabe der Wenigen.[31] Ein Anzeichen dieser Kontrolle ist ein Programm, das zugleich ein Filter ist. In ihm wird versucht, die ‚Neutralität' des Mediums zu vollstrecken und zu behaupten. Es soll ein Mittler sein, aus dem alle Unordnung, alle unwillkommene Überraschung getilgt

[27] Vgl. dazu Horst O. Halefeldt: Das erste Medium für alle? Erwartungen an den Hörfunk bei seiner Einführung in Deutschland Anfang der 20er Jahre. In: Deutsches Rundfunkarchiv (Hg.): *Materialien zur Rundfunkgeschichte Bd. 2: Zur Programmgeschichte des Weimarer Rundfunks.* Frankfurt a.M. 1986, S. 83-151 (hier: S. 92-96; Bredow zit. nach ebd.: S. 93).

[28] Brecht: Radiotheorie (Anm. 19), S. 128.

[29] Vgl. Hagen: Der Neue Mensch und die Störung (Anm. 17), S. 278. Wobei, das zeigt Hagen, diese Absicht 1923 weniger der Realität als vielmehr der Paranoia der Verantwortlichen entsprach.

[30] „Über Wirkung und Reichweite des Rundfunks werden Spekulationen entfaltet, noch ehe das Medium selber seine Hörer erreicht. Diese sind, im Gegensatz zu den ‚Massen' im Kino, noch weniger fassbar der Zahl nach. Ihre zahlenmäßige Erfassung nach Gebührenzahlern und realen Nutzern bietet Anlass zum umfassenden Einsatz neuester Methoden der Kontrolle und Statistik. Die Gebühr, die ‚License fee' ist Zweck und Mittel zugleich." (Schanze: Rundfunk, Medium und Masse [Anm. 7], S. 17)

[31] Dass dies nicht ein allein deutscher, sondern auch ein internationaler Trend war, belegt jüngst noch einmal Lersch, Schanze (Hg.): *Die Idee des Radios* (Anm. 1).

[32] „Werner Mahrholz beschrieb 1929 eindringlich die verschiedenen Instanzen der Rundfunkzensur: Sie beginne mit der ‚Schere im Kopf' und ende beim Eingriff der Gremien. [...] Allein schon die Vorschrift, die Manuskripte vor der Sendung vorzulegen, wirft ein Licht auf den notwendigen zeitlichen Vorlauf, der Zeitnähe kaum zuließ." (Renate Schumacher: Radio als Medium und Faktor des aktuellen Geschehens. In: Leonhard [Hg.]: *Programmgeschichte des Hörfunks in der Weimarer Republik* Bd. 1 [Anm. 15], S. 423-621 [hier: S. 514])

[33] Jungen: Alle Äther lügen (Anm. 13), S. 67. Jungen spielt hier auf jene Störsender an, die während des Krieges als sog. Heulsender der Unbrauchbarmachung feindlicher Frequenzen dienten: Zur „Abschottung des Ätherraums sendet man Störsignale". (ebd., S. 49, Anm.)

[34] Ders.: Ballade von einem Bauernknecht, der Radio hörte. In: Schneider (Hg.): *Radio-Kultur in der Weimarer Republik* (Anm. 24), S. 49-51 (folgende Zitate S. 50f.)

[35] F.H.: Die Radio-Polizist-Maschine. In: Kümmel, Löffler (Hg.): *Medientheorie 1888-1933* (Anm. 25), S. 213-216 (Zitate werden im folgenden durch Seitenzahlen im Text nachgewiesen).

Überwachen und Steuern

ist.[32] So aber fürchtet diese Einfriedung nichts mehr, als die „Rückkehr des Geheuls",[33] die Störung oder Unterbrechung des vorauseilend fixierten Ablaufs. Im selben Zug produziert die Abgrenzung allerdings ebenso ihr Gegenteil: Zum einen provoziert sie den Widerspruch als Hoffnung auf eine emanzipative Nutzung des Mediums im Sinne der unreglementierten Sendung ‚An alle' und Versammlung der Gleichen. Zum anderen wird die verordnete Nähe des Rundfunks zu seinem Publikum als Versuch, ihn gegen Distanzen und Differenzen zu immunisieren, von der Hörerschaft auch als Entmündigung wahrgenommen.

Beide Tendenzen lassen sich an kurzen sowie prägnanten Beispielen verdeutlichen: J.R. Bechers *Ballade von einem Bauernknecht, der Radio hörte* zeichnet 1929 die Spur des Radios als Medium der Revolte und der Revolutionäre nochmals nach.[34] Da der Knecht am Empfänger der „Welt" lauscht, wird ihm klar, dass sein Elend kein Einzelfall ist, dass „wir, wir alle, Mensch und Vieh" nichts als „arme Knechte" sind. Doch bringt die Radiowelle als Tor zur Welt gleichzeitig die Nachricht von der internationalen Solidarität der Entrechteten: „Wir werden nicht mehr vor den Heiligenbildern knien. / Es werden alle, die da arm und elend sind, / mit großen Schritten durch die Städte ziehen. / Auf den Straßen liegt, wenn es auch windstill ist, ein Wind ..." In der Metapher des Windes, der kein unmittelbar fassbares Phänomen ist (sich dem Kalkül entzieht) und deshalb dem Sturm des Umsturzes vorausgeht und ihn entfachen hilft, zeigt sich das Radio als Gegenentwurf zu einer Praxis der Gängelung und Berechnung der Massen mittels des Mediums: Der Mensch, folgt er dem Radioapparat, wird seine Versklavung hinter sich lassen. Zwar ist er dazu auf unmerkliche – unsichtbare, nicht direkt fühlbare – Wellen angewiesen, doch können diese Wellen, ihre Effekte, zu dem „Meer" anschwellen, das die Unterdrückten vereint und ihre Unterdrücker überschwemmt.

Eine andere Blickrichtung als Kehrseite gleichwohl derselben Medaille offeriert ein Text, der das Radio explizit auf eine Überwachungs- und Steuerungsfunktion reduziert.[35] In der gleichzeitig unheimlichen und phantastischen Zuspitzung seines Beitrags erinnert der

Autor zunächst an die Herkunft des Rundfunks aus dem Geist der Kriegsmaschinerie: Er behauptet die aus Amerika kommende Erfindung eines per Funktechnologie ferngesteuerten Kriegsschiffs, das sein Handwerk unter absoluter Kontrolle und nur auf ,Knopfdruck' erledigt: „Ruderarbeit, Steuerung, das Feuern der Kessel, alles wurde von einem Kontrollschiff aus durch Radio bewirkt, und die ,Iowa' [Name des Kriegsschiffs; G.S.] fuhr so sicher, als ob auf der Landungsbrücke ein Kapitän stand, der seiner Mannschaft alle Anweisungen gegeben hätte. Dabei – es sei wiederholt – befand sich *kein einziges Lebewesen an Bord, Radio ersetzte alles."* (213) Von diesem erfolgreichen Experiment aus, so folgert der Text, ist der Weg zu anderen Anwendungen derselben Technik nicht weit: „Der nächste Schritt zur Einführung drahtlos dirigierter Kriegsmaschinen ist *der Radio-Polizist.* Er ist gedacht zur Unterstützung der Polizei". (214) Daraufhin entwirft die kurze Science Fiction das Portrait eines Polizeiautomaten oder -roboters bis in die Fülle der technischen Details hinein. Er soll vor allem gegen aufständische Volksmassen zum Einsatz kommen. Verweigert die „Menge" oder der „Pöbel" dem „Lautsprecher" der Ordnungsmacht den Gehorsam, kann diese aus der „Maschine Tränengas ausströmen lassen." (215) Zudem funktioniert der Radio-Polizist als Warnmelder oder Spitzel: Entfernt sich der Roboter aufgrund verdächtiger Umtriebe von seinem Platz, wird „ein Stromkreis geschlossen, der auf der nächsten Polizeiwache eine Glocke in Tätigkeit setzt". (216)

Radio-Polizist

Radio ersetzte alles. Mit diesem Satz lässt sich das Zentrum beschreiben, um das der Text in seiner Vision kreist. Im Gefolge der drahtlosen Wellen ergibt sich aus der Möglichkeit einer Beeinflussung von Maschinen ebenso die einer omnipräsenten (Fern-) Steuerung der Bevölkerung. Diese sieht sich im Radio-Polizisten einem Apparat ausgesetzt, der sich, gefahrloser, zahlreicher und billiger einsetzbar als alle menschlichen Exekutivorgane, durch pure Effizienz auszeichnet. Von Wenigen in einer Zentrale kontrolliert, kontrolliert der Radio-Polizist die Vielen auf der Strasse. Wo zuvor die Unübersichtlichkeit des „Pöbels" dominierte, regiert jetzt die Organisation der Überwachung des Einzelnen

36 Schumacher: Radio als Medium und Faktor des aktuellen Geschehens (Anm. 32), S. 514.

37 Siegfried Kracauer: Literatur und Rundfunk. In: *Schriften* Bd. 5.2 (hg. von Inka Mülder-Bach). Frankfurt a.M. 1999, S. 357-359 (hier: S. 359).

38 Die „Sendungen wurden von Kulturbeiräten mit Vetorecht kontrolliert, Nachrichten und Vortragsdienste wurden bei den Sendern durch Ausschüsse überwacht, für die die Landesregierung jeweils zwei und die Reichsregierung jeweils ein Mitglied ernannten." (Wolfgang Kapust: Entwicklung des Rundfunks nach 1945. In: Jörg Aufermann u.a. [Hg.]: *Fernsehen und Hörfunk für die Demokratie*. Opladen 1981, S. 34-51 (hier: S. 35).

Bürokratie

in der Masse; indem jeder erreicht werden kann, ist auch jeder erkannt. Darin verschwindet der Unterschied zwischen Mensch und Maschine. Was ihre Kontrolleure bereits sind, beginnen die Kontrollierten zu werden. Im alltäglichen Anschluss an das Kraftfeld der Steuerung mutieren sie selbst zu Vehikeln oder Funktionen einer übergeordneten Automatisierung. Mehr noch: Auch die Lenker des Prozesses müssen dessen Eigenlogik internalisieren. Wollen sie die Kontrolle nicht aufgeben, dürfen sie den Anschluss nicht verpassen: *Radio ersetzte alles*. Das ist der „Maschine *eigene* Gestalt". (ebd.) So skizziert der Beitrag den Kreislauf einer Technik der Observation und Verwaltung, die, durch die Möglichkeiten des Radios angestoßen, in ihm ihre allgegenwärtige Routine gefunden hat.

Spätestens hier verlässt die Science Fiction den Boden des Phantastischen, um den der Tatsachen zu betreten: „Entscheidend war [für das Radio der Weimarer Republik; G.S.] weniger die Zensur als solche als vielmehr der schwerfällige Apparat. Spontaneität und Improvisation, die Voraussetzung wirklicher Aktualität, erstickten häufig unter Routine und Ängstlichkeit."[36] Die Zensur, der „Zwang zur Neutralität",[37] ist als Programm der Beobachtung und Verhinderung doppelt codiert: Sie markiert und legitimiert keineswegs nur den konkreten Eingriff. Darüber hinaus bläht sie das Medium zu jener bürokratischen Struktur auf,[38] die in ihrem Regelkreislauf alle Fluchtwege präventiv – bevor die Schere des Zensors überhaupt aktiv wird – blockiert. Diese zweifache Lähmung als automatische Kontrolle des Rundfunks und ebensolche Entmündigung seiner Beteiligten (Produzenten wie Rezipienten) macht die *Radio-Polizist-Maschine* in ihrer extremen – phantastischen – Überzeichnung deutlich. Liest man den Text mithin im Sinne einer Medienkritik, prangert er schon frühzeitig (1925) und öffentlich Zustände an, welche die Masse der Hörer dann wiederholt und wirksam beklagt: „[D]ie Hörfunkprogramme in der Weimarer Republik [wurden] im Laufe der Zeit nicht nur unterhaltsamer, sondern auch politischer […]. Die Bildungsintentionen der Frühzeit hatten unter dem Druck der Hörerschaft nach und nach modifiziert werden müssen. Sie wurden jedoch nicht aufgegeben, sondern verloren nur an Gewicht."[39] Legt man hingegen den Akzent der Lektüre auf eine mögliche Beschreibung zukünftiger Realität, nimmt sie die Instrumentalisierung des Mediums in einem Staatsapparat vorweg, der gerade in den Faktoren der bürokratischen Effizienz, der Überwachung und Steuerung, der daraus resultierenden Vernichtung von Menschenleben in Lagern und Krieg seinen Ausdruck gefunden hat.

Radiotheorie (Brecht, Arnheim)

Brechts so genannte „Radiotheorie" ist kein systematischer Entwurf.[40] Vielmehr handelt es sich dabei um eine Sammlung einzelner Äußerungen (Vortrag, Erläuterungen, Aufsätze) des Autors zum Hörfunk, die nachträglich und nicht durch Brecht selbst zu einer ‚Theorie' erklärt wurden.[41] Nichtsdestoweniger hat sich in den Medienwissenschaften für diese Kompilation Brechtscher Thesen der Name ‚Radiotheorie' durchgesetzt. So wird er auch hier benutzt.

Brecht geht in der Radiotheorie von dem Paradox aus, dass das Radio, obwohl es doch den neuesten Stand der Technologie repräsentiere, eine „vorsintflutliche Erfindung" (119) sei: „Ich hatte, was das Radio betrifft, sofort den schrecklichen Eindruck, es sei eine unausdenkbar alte Einrichtung, die seinerzeit durch die Sintflut in Vergessenheit geraten war." (ebd.) Das klingt rätselhaft, wird aber durch die Allegorie, mit der Brecht seinen Befund flankiert, deutlicher: „Ich erinnere mich einer alten Geschichte, in der einem Chinesen die Überlegenheit der westlichen Kultur vor Augen geführt wurde. Er fragte: ‚Was habt ihr?' Man sagte ihm: ‚Eisenbahnen, Autos, Telefon.' – ‚Es tut mit leid, Ihnen sagen zu müssen', erwiderte der Chinese höflich, ‚das haben *wir* schon wieder vergessen.'" (ebd.) Der weise Mann, so lässt die bestimmte Höflichkeit des Chinesen ahnen, sieht in den Errungenschaften der Technik keinen Fortschritt. Im Gegenteil: Echter Fortschritt ist, sie wieder zu vergessen. Brechts „Eindruck" vom Radio ordnet sich dieser Erkenntnis unter und setzt sie fort: Auch das jüngste Kind der technischen Evolution kann bzw. sollte wieder vergessen werden. Den Grund dafür benennt Brecht mit beißendem Spott und Ironie: „Es

[39] Dussel: *Hörfunk in Deutschland* (Anm. 1), S. 173. Vgl. zur ‚Programmkritik' auch Ulrich Heitger: *Vom Zeitzeichen zum politischen Führungsmittel. Entwicklungstendenzen der Nachrichtenprogramme des Rundfunks in der Weimarer Republik 1923-1932.* Münster 2003, S. 441-443.

[40] Bertholt Brecht: Radiotheorie (Anm. 19), S. 117. Der Nachweis von Zitaten erfolgt fortan durch Seitenzahlen im Text.

[41] Vgl. Jan Knopf: *Brecht-Handbuch. Lyrik, Prosa, Schriften. Eine Ästhetik der Widersprüche.* Stuttgart, Weimar 1996, S. 494-496 (hier: S. 494) oder Schrage: *Psychotechnik und Radiophonie* (Anm. 4), S. 281-283.

Radio – eine vorsintflutliche Erfindung

Radio-Bourgeoisie

war ein kolossaler Triumph der Technik, nunmehr einen Wiener Walzer und ein Küchenrezept endlich der
ganzen Welt zugänglich machen zu können. Sozusagen aus dem Hinterhalt." (ebd.) Zugleich modifiziert
sich Brechts Einsatzpunkt. Nicht das neue Medium,
sondern seine gegenwärtige Nutzung, sein Programm,
ist eine Erfindung aus grauer Vorzeit.[42] Zunächst nämlich hatte der „Radio-Hurrikan", der in „Amerika" an
„der Arbeit war" durchaus die Form einer „wirklich
modernen Angelegenheit". (ebd.) Erst dessen Auftauchen „bei uns" (ebd.) hinterlässt das Gefühl eines lauen
Lüftchens, d.h. den faden Beigeschmack einer Kombination aus Walzertraum und Kochrezept. Ursache dieser Flaute ist, vermutet Brecht, der dominante Einfluss
einer Radio-„Bourgeoisie". (120) Sie preist immerfort
die großartigen „Chancen" (ebd.) des Mediums und
nimmt gleichzeitig Abstand davon, sie konsequent
zu realisieren. So wird das Nichtstun der Verantwortlichen als bloße Verwaltung des Mangels mit den unendlichen Potentialen des Apparats entschuldigt: „Die
Resultate des Radios sind beschämend, seine Möglichkeiten sind ‚unbegrenzt'. Also ist das Radio eine ‚gute
Sache'." (ebd.) Mit anderen Worten: Wenn das Radio
auf seine Zukunft reduziert wird, braucht man sich
um seine aktuelle Verfassung keine Sorgen zu machen. Dies „ist", sagt Brecht, „eine sehr schlechte Sache." (ebd.) Denn sie macht das Radio zu jener uralten
Einrichtung, in und mit der sich das sattsam Bekannte
lediglich auf neuestem technischen Niveau präsentiert
und reproduziert, also Vergangenheit und Zukunft
ohne Zäsur ineinander übergehen: „Würde ich glauben, dass diese Bourgeoisie noch Jahre lebte, so wäre
ich überzeugt, dass sie noch Hunderte Jahre von den
ungeheuren ‚Möglichkeiten' faselte, die zum Beispiel
im Radio stecken." (ebd.)

Somit hat sich das neue Medium, kaum auf der
Welt, bereits überlebt. Als Teil und Instrument der an-
tiquierten Weltsicht einer „Kaste" (121), die sich darin
nur scheinbar auf Neuerungen einlässt, muss es gleich
wieder vergessen werden. In den Händen einer bour-
geoisen Kultur, als Einrichtung des akustischen Waren-
hauses, kann es niemals zu Orkanstärke anwachsen.
Genau das ist folglich der „Hinterhalt" des Radios im

allgemeinen: Es dient der Befestigung eines hegemo-
nialen Begehrens, das, indem es „Möglichkeiten" ins
Spiel bringt und sie als solche festschreibt, allein den
eigenen Konservatismus meint, durchsetzt und unter-
mauert.

So zieht Brecht in jenem frühen Teil (1927) der Radiotheorie ein eher resignierendes Fazit: Er wünscht
sich eine das Medium begleitende Erfindung, welche
die gesendeten Programme für die Nachwelt konser-
viert: „Nachkommende Geschlechter hätten dann die
Gelegenheit, staunend zu sehen, wie hier eine Kaste
dadurch, dass sie es ermöglichte, das, was sie zu sagen
hatte, dem ganzen Erdball zu sagen, es zugleich dem
Erdball ermöglichte, zu sehen, dass sie nichts zu sagen
hatte." (120f.)

Doch schon kurze Zeit danach erweitert Brecht seinen Standpunkt. An Weihnachten 1927 unterbreitet er
im *Berliner Börsen-Courier* dem „Intendanten des Rund-   *Radio für die Demokratie*
funks" folgende „Vorschläge": „Meiner Ansicht nach
sollten Sie aus dem Radio eine wirklich demokratische
Sache zu machen versuchen." (121) Hier gehe es darum, die „*aktuellen* Ereignisse produktiv zu machen."
(ebd.) Das Radio und sein Programm solle sich nicht
mühsam irgendeinen Stoff zurechtlegen, sondern ihn,
so wie er ‚auf der Strasse' liegt, aufgreifen: „*Ich meine
also, Sie müssen mit den Apparaten an die wirklichen Ereignisse näher herankommen und sich nicht nur auf Reproduktion oder Referat beschränken lassen.*" (ebd.) Von da aus,
notiert Brecht, entfaltet das Medium erst seine wahrhaft demokratische Rolle. Es rückt denen auf den Leib,
die an einer Intransparenz der Verhältnisse interessiert
sind, um darin möglichst ungestört unter sich zu bleiben. Deshalb wären beispielsweise „wichtige *Reichs-
tagssitzungen*" (ebd.) ein geeignetes Objekt für Radio-
übertragungen, da diese die Abgeordneten zwängen,
ihre „Furcht" (122) vor der Öffentlichkeit aufzugeben
und sich nicht länger hinter undurchsichtigen politischen Ritualen zu verstecken. Gleiches gilt, so Brecht
weiter, für die Justiz. Die Gerichte wären, würden ihre
Sitzungen im Radio zugänglich gemacht, endlich dazu
aufgefordert, ihre „Entscheidungen vor dem gesamten
Volke" (ebd.) und nicht nur vor wenigen Anwesenden
zu treffen und zu rechtfertigen. Weiterhin könnte der

Rundfunk Interviews veranstalten, deren Livecharakter ohne die „Gelegenheit" der Beteiligten, sich lange zuvor „sorgfältige Lügen auszudenken", auskäme. (ebd.)

Anhand der kurzen Beispiele wird sehr präzise deutlich, was Brecht mit dem neuen Medium im Sinn hat: Es kann und sollte daher eine Öffentlichkeit herstellen, die diesen Namen verdient. Zur Debatte stehen somit vor allem die gesellschaftlichen Prozesse, die, wie die Rechtsprechung, zwar ‚im Namen des Volkes' vollzogen werden, de facto aber das Volk (seine Gesamtheit) aussperren. Doch reduziert Brecht den Vorgang der Übertragung ‚An alle' nicht auf eine bloße Wiedergabe oder künstliche Authentizitätseffekte. „[P]roduktiv" macht sie die gesendeten Ereignisse allererst dann, wenn sie sie darin aus ihrer Balance verschiebt. Ähnlich dem Leitfaden des Interviews, in dem der plötzlich mit dem Mikrophon Angesprochene weder die Möglichkeit hat, sich auf jede Frage akribisch vorzubereiten noch in der Lage ist, die eben getätigte Aussage nachträglich zu zensieren, muss es dem Medium stetig gelingen, für Unvorhergesehnes offen zu sein. Nur so ist ein Programm denkbar, das ‚Alle' „wirklich" *und* „demokratisch" involviert: Insofern eine solche Praxis die bisherige Tendenz des Rundfunks, dem Publikum Gewohntes anzubieten, um darin eine alte Ordnung zu verwalten, unterbricht, wirkt es der Organisation der Hörer gemäß dieser Hierarchie entgegen. Das Herzstück der Vorschläge Brechts an den Intendanten ist demzufolge das Experiment: Es „ist ohne Experimente einfach nicht möglich, Ihre Apparate oder das, was für sie gemacht wird, voll auszuwerten." (123)

Drei Jahre später – 1930[43] – bezeichnet Brecht das Radio in einem Vortrag „als Kommunikationsapparat". (127) Er knüpft daran die Forderung, dass der „Rundfunk aus einem Distributionsapparat in einen Kommunikationsapparat zu verwandeln" (129) sei. Was aber ist ein Distributionsapparat? Für den Autor hat der „Rundfunk *eine* Seite, wo er zwei haben müsste. Er ist ein reiner Distributionsapparat, er teilt lediglich zu." (ebd.) Hierin fasst Brecht die bereits vorgestellten Thesen nochmals zusammen: Weil der Hörfunk allein aussendet, erhält er nichts zurück. So teilt er nur zu, d.h.

Distributionsapparat vs. Kommunikationsapparat

er organisiert die Vielen nach dem Willen der Wenigen. Wenn das Programm durchweg „das öffentliche Leben lediglich zu verschönen" (128) beabsichtigt, hemmt es Alternativen. Diese sind vor allem im politischen Bereich zu suchen, wo „der Rundfunk die Berichte der Regierenden in Antworten auf die Fragen der Regierten zu verwandeln" (130) hätte. Solcher Verschiebung aber verweigern sich die Verantwortlichen des Rundfunks, da sie dessen Einseitigkeit zum Dogma erheben und darin genau „jene *Folgenlosigkeit*" billigend in Kauf nehmen, die „beinahe alle unsere öffentlichen Institutionen so lächerlich macht." (ebd.)

Dagegen setzt Brecht auf die zweite Seite des Mediums: „Der Rundfunk wäre der denkbar großartigste Kommunikationsapparat des öffentlichen Lebens, ein ungeheures Kanalsystem […], wenn er es verstände, nicht nur auszusenden, sondern auch zu empfangen, also den Zuhörer nicht nur hören, sondern auch sprechen zu machen und ihn nicht zu isolieren, sondern ihn in Beziehung zu setzen. Der Rundfunk müsste demnach aus dem Lieferantentum herausgehen und den Hörer als Lieferanten organisieren." (129) Exakt das ist der Unterschied des Kommunikations- zum Distributionsapparat. Während letzterer nur ver- bzw. zuteilt (ordnet), erlaubt ersterer die Umkehr des Sachverhalts. *Rückkopplung* In ihr ist der Hörer nicht mehr zum Schweigen und zum Konsum des kalkuliert Ausgewählten verdammt. An Stelle dessen wird er aktiviert, „in Beziehung" gesetzt. Um das zu präzisieren, verweist der Dichter auf seine eigene Arbeit, aus der er u.a. den *Ozeanflug* (*Der Flug der Lindberghs*) hervorhebt (vgl. 131). In seinen diesbezüglichen „Erläuterungen", die ebenfalls Eingang in die Radiotheorie fanden, schreibt Brecht: Der *Ozeanflug* „ist ein *Lehrgegenstand* und zerfällt in zwei Teile. Der eine Teil […] hat die Aufgabe, die Übung zu ermöglichen, das heißt einzuleiten und zu unterbrechen, was am besten durch einen Apparat geschieht. Der andere *pädagogische* Teil (der Fliegerpart) ist der Text für die Übung: Der Übende ist Hörer des einen Textteils und Sprecher des anderen Teils." (124f.) Somit besteht das strukturelle Konzept aus drei Eckpfeilern: Einleitung, Unterbrechung und Übung. Auf dieser Basis wird der Rollentausch ausführbar. Dabei ist der Beginn des

44 Brecht beschreibt seine Versuchsanordnung so: „Auf der linken Seite des Podiums war das Rundfunkorcheste: mit seinen Apparaten und Sängern, auf der rechten Seite der Hörer aufgestellt, der, eine Partitur vor sich, den Fliegerpart als den pädagogischen durchführte. Zu der instrumentellen Begleitung, die der Rundfunk lieferte, sang er seine Noten. Die zu sprechenden Teile las er, ohne sein eigenes Gefühl mit dem Gefühlsinhalt des Textes zu identifizieren, am Schluss jeder Verszeile absetzend, also in der Art einer *Übung*. Auf der Rückwand des Podiums stand die Theorie, die so demonstriert wurde." (126)

45 Vgl. zu beiden Aspekten Schrage: *Psychotechnik und Radiophonie* (Anm. 4), S. 284.

46 Brecht verweist dazu auf die „theoretischen Erkenntnisse" seiner „epischen Dramatik", ihre „Trennung der Elemente". (132)

Hörer als Produzent

Experiments im Sinne des Radios konventionell: Der Hörer bleibt an seinem Platz. Dann, nach der Unterbrechung, die, wie die Einleitung, „am besten durch einen Apparat geschieht", agiert er als Sprecher.[44]

Lässt man sich durch das hohe Abstraktionsniveau des Modells nicht zu dessen Abqualifizierung provozieren, sondern fragt folgerichtig nach dem Unterschied, den es in die Radiolandschaft einbringen möchte,[45] stellt sich dieser so dar: Durch die Unterbrechung des gewohnten Verhältnisses wird aus einem Kanal ein „Kanalsystem", in dem sich der Hörer zum Sprecher wandelt. Der momentane Abriss oder der Zerfall von Verbindung erlaubt deren Wiederaufnahme auf andere Art; erst die Lücke im System schafft den Raum, der „Austausch" (130) zur Folge hat.[46] Oder anders gesagt: Nur wenn es der Inszenierung gelingt, den Hörer aus seiner Identifizierung mit dem Gehörten zu lösen, hat sie ihn aktiviert. Doch ist dieser Ansporn nicht selbstverständlich. Er muss immer neu erobert, geübt werden. Für das Radio bedeutet das, nicht, wie etwa die „alte Oper", auf „Rauschzustände" (132) auszugehen, d.h. das Medium mit „Gefühlsinhalt[en]" zu verstopfen, sondern im Gegenteil es wieder und wieder als Faktor der Trennung von Gefühlsinhalten (Identifizierungen) ins Spiel zu bringen. Darin, akzentuiert Brecht, wandelt sich der Distributionsapparat in einen der Kommunikation. Ein Hörer, der sich nicht identifiziert, ist zum Widerspruch bereit. Allein aus dieser Perspektive „orientiert" sich der Rundfunk „an der Hauptaufgabe, dass das Publikum nicht nur belehrt werden, sondern auch belehren muss." (131)

Zugleich darf der Rezipient seine Chance nicht verpassen. Er muss üben, mit seiner Verantwortung kommunikativ umzugehen. So kann der *„Aufstand* des Hörers […], seine Wiedereinsetzung als Produzent" (126) nur erfolgreich sein, wenn auch er das Medium nicht passiv, vielmehr aktiv wahrnimmt. Dabei handelt es sich für ihn primär darum, das Medium als jene Zäsur oder Leerstelle zu begreifen, die einerseits noch zu füllen wäre, sowie andererseits und im selben Zuge das Potential birgt, jegliche Identifizierung in die Schwebe zu bringen: *„Durch immer fortgesetzte, nie aufhörende Vorschläge zur besseren Verwendung der Apparate im*

Interesse der Allgemeinheit haben wir die gesellschaftliche Basis dieser Apparate zu erschüttern, ihre Verwendung im Interesse der wenigen zu diskutieren." (133)

Dieser rote Faden als Vorschlag, das neue Medium gemäß einer Differenz und nicht zuerst im Sinne eines Instruments in gesellschaftliche Prozesse einzubetten, ist zugleich der Unterschied, den Brechts Radiotheorie gegen andere Nutzungen des Hörfunks in Stellung bringt. Auf ihrem Programm steht der Einschnitt in gewohnte Verkettungen, insofern sie der Macht der Auswahl als Auswahl der Macht dienen. Solche Strukturen der Identifizierung gilt es zu verfremden: Sie müssen überraschend – experimentell – aus ihren Kontexten verrückt werden. So öffnen sie sich der Diskussion. Vor diesem Hintergrund können sie auf neue Art, im Interesse aller, betrachtet und justiert werden. Ort dieser Bewegungen ist der Rundfunk nur und immer dann, wenn er als Umbruch, Trennung und Medium der Trennung konzipiert wird, also als Einstieg in eine massenweise Übermittlung von Informationen ohne deren Vermassung (Entdifferenzierung) und daher ohne Vermassung (Entdifferenzierung) des Publikums auskommt. So wären die „Interessen interessant zu machen". (131) Die Künstler und Schriftsteller aber, die sich auf eine Zusammenarbeit mit dem Radio einlassen oder auf sie hoffen, sollten diese Strukturen sowohl reflektieren als auch bereit sein, ihre Produktion im allgemeinen zu überdenken: „Die Frage, wie man Kunst für das Radio, und die Frage, wie man das Radio für die Kunst verwerten kann [...], müssen zu irgendeinem Zeitpunkt der wirklich viel wichtigeren Frage untergeordnet werden, wie man Kunst und Radio überhaupt verwerten kann." (123f.) Das neue Medium ist Fingerzeig in die Richtung einer *„anderen* Ordnung."[47] (134) Man muss es nur als solchen zu deuten wissen: „Sollten Sie dies für utopisch halten, so bitte ich Sie, darüber nachzudenken, warum es utopisch ist." (130)

Die Frage, ob und inwiefern Radio und Kunst zu einer fruchtbaren Beziehung fähig sind, beschäftigt Anfang der 1930er Jahre auch Rudolf Arnheim.[48] Darüber hinaus erweitert er seine Überlegungen zu einer Positionsbestimmung des Rundfunks bis zum Fernsehen: Welche Aufgaben übernimmt er in den

[47] Da sie den Rundfunk somit als Einsatz des sozialen Wandels denkt, d.h. von dessen Technik ausgeht, hat Brechts Radiotheorie keineswegs den Charakter der „schematische[n] Übertragung eines Gesellschaftsmodells auf ein technisches Verschaltungsmodell." (Schrage: Psychotechnik und Radiophonie [Anm. 4], S. 283). Vielmehr kehrt sie diese Perspektive um.

[48] Vgl. Rudolf Arnheim: *Rundfunk als Hörkunst* (Anm. 23). Das Buch wurde nach Arnheims Emigration aus Deutschland (1933) im Exil fertig gestellt und erschien 1936 zuerst auf Englisch unter dem Titel *Radio* (vgl. ebd.: S. 12). Zur verspäteten Rezeption des Buches hierzulande vgl. Helmut H. Diederichs: Radio als Kunst. Rudolf Arnheims rundfunktheoretische Schriften im biographischen Zusammenhang. In: ebd.: S. 217-236 (hier: S. 233ff.).

[49] Vgl. Kap. 1.

[50] Vgl. Arnheim: *Rundfunk als Hörkunst* (Anm. 23), S. 16. Der Nachweis von Zitaten aus diesem Buch erfolgt durch Seitenzahlen im Text.

Film und Radio

Zusammenhängen seiner Umwelt und welche könnte er darin übernehmen? Nach seinem ersten Buch, *Film als Kunst*,[49] widmet Arnheim somit auch dem anderen Leitmedium des Medienumbruchs um 1900 eine Monographie. Dabei stützt er sich in seinen Beobachtungen erneut auf die Gestaltpsychologie.[50] Der Rundfunk eröffnet dem Hörsinn eine neue, vielfältige und wunderbare Welt, die jedoch einer wirklichen Verankerung entbehrt: „Der Rundfunk beginnt auf der Folie des schweigenden Nichts. Erst die akustische Aktion, die Handlung bewirkt die Existenz." (98) Und: Wo die Augen „allein" ein „sehr vollständiges Weltbild [geben], [geben] die Ohren allein ein sehr unvollständiges." (87) So unterscheidet sich der Film vom Radio, da jener zu einer Einheit, dieses aber zum Bruch (mit) derselben tendiert. Daher „liegt für den Hörer zunächst die Verlockung nah, durch eigene Phantasie zu ,vervollständigen', was der Funksendung so offenbar ,fehlt'." (ebd.) Genau das aber ist, fährt Arnheim fort, einer gewinnbringenden Nutzung des Mediums unzuträglich: „Stellt man sich auf den Boden des Rundfunks, so muss man sich klarmachen, dass der Phantasiebetrieb des inneren Auges beim Rundfunkhörer nicht begrüßenswert ist, nicht zu fördern ist, sondern im Gegenteil das Verständnis für das eigentliche Wesen des Rundfunks, für die eigentlichen Bereicherungen, die nur er bieten kann, sehr behindert." (88) In diesem Sinne singt Arnheim das „Lob der Blindheit", (86) der sich Produzent wie Rezipient beugen müssen. Sie bezeichnet für ihn den Einsatzpunkt, von dem aus das neue Medium an Kontur zulegt und wird somit zu dessen Maßgabe: Sowie der Radiomacher sich in seiner Arbeit auf das Hörbare zu beschränken hat, ohne den „Hörer zu einer möglichst leibhaftigen, farbigen Ergänzung des fehlenden Sichtbaren anzuregen" (87) muss umgekehrt der Hörer sich auf diese „Konzentrierung" (90) verstehen. Dann kann sich die Welt der Radiowellen konsequent entfalten. Parallel dazu schließt sie eine Reproduktion des bereits Vorhandenen aus: „Verdammenswert […] sind Übertragungen aus Opern, Theatern und Kabarett-Übertragungen von Darbietungen, die sich besser im Senderaum arrangieren ließen." (ebd.)

Demnach muss die Hörwelt des Rundfunks mit ihrer Einzigartigkeit rechnen und die einzige Kunstform, welche ihr folglich adäquat ist, ist jene, die sie selbst hervorgebracht hat: das Hörspiel.[51] Hierin findet der Rundfunk erst zu der Existenz, die ihm noch die Reportage verweigert (vgl. 88f.): Er ist mitnichten „bloßer Übermittlungsapparat", sondern „durch eigne Formgesetze unterschiedene Hörwelt". (91) Entsprechend stellt das Hörspiel paradigmatisch die Handlung bereit, welche das Nichts überwindet. Jedoch löst es sich nicht völlig daraus. Als Hörkunst neigt die „Blindheit des Rundfunks" (102) zu Abstraktion und „Entrück[ung]" (88), zum „durchflochtene[n] Dialog" (101), zur „Hörmontage" (120) – kurzum zu Formen, die, um „nicht ergänzungsbedürftig durch [...] Optisches" (88) zu sein, das Medium „starke[r] Spannung" (103) aussetzen und „strenge Kompositionen" (108) erfordern. Darin aber bleibt das Nichts als basale Leerstelle der Übertragung insistent, es bedroht den Fortgang der Sendung. Gelingt eine Komposition „nicht, so zerreißt die Darbietung, und es entsteht der schlimme Eindruck eines Loches." (105) Ähnlich ringen die Hörer der Botschaft mit den Besonderheiten des Radios. Aufgrund der ‚Blindheit' des Mediums können sie, etwa bei der Darstellung einer Menschenmenge, diese zwar „verspür[en]", hören, sie aber nicht sehen und „daher auch nicht identifizieren". (104) „Das ist", pointiert Arnheim, „gespenstisch": „Sie sind da und doch nicht da – Geister!" (ebd.) So gesehen ist der Umgang mit dem Rundfunk eine zweischneidige Angelegenheit. Als Mittel der Überbrückung ist er da und doch nicht da, d.h. durch eine Ambiguität gezeichnet, die Löcher (Abrisse), blinde Flecken, Spukattacken (Verschiebungen) nicht ausschließt, weil sie von ihnen ausgeht.

Für Arnheim findet der Rundfunk im Hörspiel nicht nur die ihm primär angemessene Kommunikationsform, sondern ebenso das Anzeichen seiner Problematik. Weniger noch als der Film ist das Radio ein verlässliches Medium. Denn während die „partielle Unwirklichkeit" des Filmbildes immerhin auf eine Einheit des Sichtbaren verweist,[52] ist das Radio *per se* mit ‚Blindheit' geschlagen. Seine Stimme kommt aus dem Nichts, sie ist nicht wirklich gefestigt. Deswegen

[51] Vgl. auch Rainer Leschke: Medientheorie. In: Helmut Schanze (Hg.): *Handbuch der Mediengeschichte* (Anm. 1), S. 14-40 (hier: S. 23f.).

[52] „Wenn nur alles Wesentliche des Vorgangs gezeigt wird, ist die Illusion für uns komplett." (Rudolf Arnheim: *Film als Kunst.* Frankfurt a.M. 2002, S. 41; Zitat im Text ebd.: S. 40). Vgl. auch die Ausführungen zu Arnheims Filmtheorie in Kap. 1.

Übertragung und ihr Rest

[53] Zum frühen Fernsehen und dessen Geburtsstunde am 8. März 1929 vgl. zuletzt Birgit Schneider: Die kunstseidenen Mädchen. Test- und Leitbilder des frühen Fernsehens. In: Stefan Andriopoulos, Bernhard J. Dotzler (Hg.): *1929. Beiträge zur Archäologie der Medien.* Frankfurt a.M. 2002, S. 54-79.

[54] Vgl. aktuell zu einem Krieg der Fernsehbilder, der sehr wohl gelernt hat, mit den Unschärfen des Mediums virtuos umzugehen Klaus Kreimeier: Die Konfiguration des Bösen. Ikonographische Anmerkungen zum Bild Osama bin Ladens in den Massenmedien. In: *Navigationen* 2/2003, S. 11-20.

[55] Oder: „Arbeitende und Faule, Arme und Reiche, Junge und Alte, Gesunde und Kranke – alle hören sie das gleiche." (161) Vgl. dazu auch Diederichs: Radio als Kunst (Anm. 48), S. 225f.

ist ihre Chance, zu „allen zu sprechen" und von allen gehört zu werden zugleich eine „Kunst". (132) Im selben Zug sind Entgrenzungen vorprogrammiert, und sie resultieren nicht allein aus der grenzüberschreitenden Ausbreitung der Radiowellen. Vielmehr können diese sich in der Aufnahme ihres Programms auch gegen den Sender richten: „Man stelle sich einen Krieg vor, während dessen jeder Rundfunkhörer in täglichem Kontakt mit dem Leben der feindlichen Parteien bleiben kann, in dem er die Reden und Kriegsberichte von drüben hören, das Leben im Hinterlande der andern auf dem Fernsehschirm betrachten kann." Wird sich, fragt Arnheim, „die in früheren Kriegen durch Zeitung, Witzblattzeichnung, Film, Buch und Rede geschaffene Figur des Feindes aufrechterhalten lassen, wenn gleichzeitig der Fernsehrundfunk in Tätigkeit ist?" (beide Zitate: 146)[53]

Einerlei, ob solche Spekulationen aus heutiger Sicht überholt oder sogar naiv erscheinen,[54] unterstreichen sie doch noch einmal Arnheims prinzipielle Position, die der Instrumentalisierung des Mediums dessen Hybridität einschreibt. In diesem Sinne leitet sie auch die weiteren Beobachtungen und Überlegungen des Autors zum gesellschaftlichen Standort des Radios: „Der Rundfunk macht nicht nur die Grenzen zwischen Ländern sondern auch die Grenzen zwischen Landesteilen und Gesellschaftsklassen transparent." (148)[55] In der offenen Reichweite seiner Wellen ist der Rundfunk „sofort ein Besitztum aller geworden." (ebd.) Jeder, der einen Empfänger hat oder einem solchen aufsuchen kann, ist Teil des Netzes, das sich potentiell ohne Unterschied über Klassenschranken, Sprachbarrieren oder Nationalitäten hinweg aufspannt. Aber halt: „Darf somit jeder alles empfangen, was gesendet wird, so richtet sich andrerseits das, was gesendet wird, weitgehend nach den Grundsätzen, welche die Staatsführung bestimmt." (ebd.) Damit wandelt sich die ursprüngliche Offenheit des Kanals entweder in einen „liberalistischen Grundsatz", der peinlich genau darauf achtet, dass „nichts geboten wird, was ‚Andersdenkende verletzt'" (150) oder in einen „autoritären", ganz „bewusst im Sinne einer bestimmten Weltanschauung geleiteten Rundfunk." (152, 151) Beide Formate lehnt

Arnheim entschieden ab: letzteres aus dem nahe liegenden Grund, dass dort „Einseitigkeit als selbstverständliche Voraussetzung jeder geistigen Aktivität" (152) herrscht; ersteres, weil der Versuch, um jeden Preis Neutralität zu wahren, eine Bürokratie verlangt, die ebenfalls auf eine Zensur hinausläuft (vgl. 150f). Hier wie da ist die eigentliche Leistung des Mediums beschnitten. Diese erkennt Arnheim im Aufbau eines „‚organischen' Rundfunk[s]'", der seine ‚Blindheit' oder seinen grundsätzlichen Mangel an Einheit produktiv umsetzt, indem er ein flexibles Miteinander der Beteiligten erlaubt und gestaltet. Man „wird […] das Recht des Einzelnen, auszudrücken, was er will, und zu hören, was er will, kaum zu beschränken brauchen *Organische Struktur* und trotzdem nicht zu befürchten haben, dass daraus eine richtungslose Anarchie der Meinungen entsteht." (152) Wie ist das möglich?

Insofern das ungeschriebene aber praktische gültige Gesetz des neuen Mediums für Arnheim auf eine ‚Blindheit' hinausläuft sowie in dieser beschlossen ist, offeriert es den Teilnehmern sowohl Offenheit als auch Beschränkung. Einerseits richtet sich der Rundfunk ‚An alle', andererseits führt er die oben beschriebenen Probleme mit sich. Diese beruhen im wesentlichen auf den Prämissen des Hörsinns, der nur ein „sehr unvollständiges [Weltbild]" gibt. Das ist die organische Struktur des Mediums, da sie, wie Arnheim schreibt, in ihrer Technik mit allgemein menschlichen, „biologische[n]" (152) Merkmalen koinzidiert: In dieser Hinsicht entspricht die basisdemokratische Auslegung des Funks einem Teil der humanen Grundausstattung; sie verbindet die Menschen in dem, was sie nicht haben: „[…] ohne dass man es will und merkt", ist eine solche Nutzung des Radios der „natürliche Ausdruck des gemeinsamen Wesens und der daraus folgenden Lebensrichtung." (153) Zugleich ergibt sich die Kehrseite der Medaille aus diesem Schluss. Eine im Grunde unvollständige Hörwelt befördert immer auch die Versuchung, sie phantasmatisch zu überfrachten. Dies kann sowohl durch die unglückliche Anwendung der impliziten Regel, d.h. in einer Verfehlung der Kunst des Radiomachens oder -hörens geschehen als auch in der „Unterdrückung" (152) jener Regel durch Gesetze und andere willkürliche Maßnahmen. Dort dominiert an Stelle der natürlichen Freiheit aller eine „künstliche Gleichmacherei" (153). Gegen sie ist das ungeschriebene Gesetz des Mediums, dessen antiillusionistische Nähe zur Humanität, vor allem stark zu machen.

Doch ist damit noch nicht jede Tücke beseitigt. Auf dieser Seite des Mediums lauert ebenfalls eine Gefahr. Für Arnheim ist sie als Anarchie des Stimmengewirrs eines regellosen Durcheinanders und ebensolchen Gegeneinanders bestimmt. Auch ihr muss Einhalt geboten werden. Wieder erkennt der Autor den Haltepunkt in den Richtlinien des Mediums. Da der Rundfunk sich „an alle wendet und also eine organische Volksgemeinschaft voraussetzt, wird er, wo sie nicht besteht, dies sofort fühlbar machen." (ebd.) Gibt es also doch einen ‚Imperativ' des Radios, eine Anrufung, die, insofern sie alle in ihren Bann zieht, gleichzeitig auf alle Druck ausübt? Nein, da sie die Volksgemeinschaft entweder als schon „organische" voraus- oder als solche einsetzt. Diese aber vermittelt, wie gesagt, kein heiles Weltbild noch zielt sie auf eine solches im Sinne künstlicher Gleichmacherei. Demgemäß ist die im Rundfunk gestiftete Beziehung „nicht krankhafte Schwäche, die darin besteht, sich in allem stützen und führen lassen zu müssen", sondern „freiwillige Einordnung und Unterordnung" (163) der Teilnehmer in eine humane *Einheit in der Mannigfal-* (offene) „,Einheit in der Mannigfaltigkeit'" (156). Darin *tigkeit* zeigt sie der Anarchie des *anything goes* ihre Grenzen auf. Sie kann, bleibt sie sich selbst treu, in der „Vielheit die Einheit [wahren]." (156)

Arnheims Radiotheorie beschreibt in ihrem Konzept der wahrhaft sozialen Umsetzung und Nutzung des Mediums einen schmalen Grat. Beständig sieht sie sich einer doppelten Bedrohung ausgesetzt; weder Unterdrückung noch Anarchie entsprechen den Regeln der Radioapparatur. Stattdessen „ist der Rundfunk [...] eines der wertvollsten Hilfsmittel, das dem Einzelnen und der Gemeinschaft je zur Verfügung gestellt wurde." (169) Allerdings wird exakt diese Chance, dem Weltbild des Anderen aufgeschlossen zu begegnen, permanent und politisch gewollt versäumt: „[D]er Rundfunk [ist] als neuer, gefährlicher Versucher aufgetreten, und er hat auf der ganzen Linie gesiegt." Er tönt „den ganzen Tag, kommandiert unumschränkt die Gefühle und Gedanken". (beide Zitate: 163) Damit stumpfen seine Nutzer ab: „Wer nicht mehr zu wählen braucht, der wählt nicht mehr." (ebd.) Hörer wie Produzenten verfallen der ‚Blindheit' der Apparatur einseitig, da sie den Rettungsanker nicht wahrnehmen: „Schuld aber ist niemals das Instrument, sondern immer wer es handhabt." (171)

Beide – Brechts und Arnheims – Radiotheorien schildern das neue Medium zunächst als Differenz zu den bisherigen Praktiken der Kommunikation. Mit dem Rundfunk wird es erstmals möglich, sich ‚An alle' zu wenden sowie, schließen sie daraus, gegen die Vormacht der Wenigen das Recht der Vielen einzuklagen. Von seiner Struktur her ist der Rundfunk ein offenes Medium. Das macht seine Handhabe gleichzeitig problematisch. Denn die Offenheit als mögliche Freiheit der Nutzer im Umgang mit dem Medium ist durch es zwar angelegt, keinesfalls aber garantiert: In der Praxis des Programms ergibt sie sich nicht von selbst. Vielmehr muss sie erstritten und stetig behauptet werden. Somit erscheint das Radio vor allem als ein Unruheherd, der sowohl nach der einen (demokratischen) als auch nach der anderen (autoritären) Seite ausschlagen kann. Brecht und Arnheim schließen hier an die Perspektive an, welche das Radio seit seiner Erfindung begleitet, und die im ‚Funkerspuk' von 1918/19 ihre erste öffentliche Manifestation fand. Entgegen jedoch den Versuchen, den Rundfunk zum staatstragenden Instrument zu machen, d.h. den Zwiespalt des Mediums zu schließen oder ihn zu kontrollieren, beharren die Radiotheoretiker auf ihm als dem Element, das in der prekären Flexibilität des Mittels zugleich die seiner Nutzer erhält. Folglich ist für die Autoren nicht die Ordnung einer Hörerschaft, sondern deren Gestaltungskompetenz von Belang. Sie erst erlaubt ein Programm, das auf eine Verantwortung der Hörer auch in dem Unbehagen zielt, das letztere durchdringt.

Uneinig sind Brecht und Arnheim hingegen über die zukünftige Rolle des Mediums. Während der eine die Realisation seiner Thesen zum Rundfunk als Kommunikationsapparat zumindest nicht ausschließt – „Undurchführbar in dieser Gesellschaftsordnung, durch-

Radiotheorie

[56] Bertholt Brecht: Radiotheorie (Anm. 19), S. 134.

[57] Dieser Satz wurde von Arnheim in der deutschen Ausgabe seines Buches gekürzt (vgl. 170). Ich zitiere ihn hier nach Diederichs: Radio als Kunst (Anm. 48), S. 234 (zu Arnheims weiteren Kürzungen und Streichungen vgl. ebd.).

[58] Max Horkheimer/Theodor W. Adorno: *Dialektik der Aufklärung. Philosophische Fragmente.* Frankfurt a.M. 1996, S. 168. Zur ‚Kulturindustrie' vgl. ausführlich Kap. 5.

[59] Vgl. Heitger: *Vom Zeitzeichen zum politischen Führungsmittel* (Anm 39), S. 451f.

[60] Zu dieser Verstaatlichung des Rundfunks vgl. Dussel: *Hörfunk in Deutschland* (Anm. 1), S. 51-54. Für eine detaillierte Auflistung der wichtigsten Maßnahmen der Rundfunkreform vgl. ebd.: S. 54 oder auch Lerg: *Rundfunkpolitik in der Weimarer Republik* (Anm. 1), S. 500-514.

Rundfunkreform

führbar in einer anderen, dienen die Vorschläge, welche doch nur eine natürliche Konsequenz der technischen Entwicklung bilden, der Propagierung und Formung dieser *anderen* Ordnung."[56] –, äußert sich der andere deutlich pessimistischer: Der Rundfunk „[zeigt] die grotesken, unerträglichen Folgen einer übersteigerten Passivität des Massenmenschen [auf]." (169) Mit dieser Trägheit aber, welche dem Rundfunk bzw. dessen Nähe zur menschlichen Natur auch innewohnt, ist es wieder fragwürdig, ob er sein Potential der Aktivierung wird jemals wirksam entfalten können: „Die Kunst, *nicht* Rundfunk zu hören, die, wie wir gesehen haben, ein so wichtiges Element der Kunst, Rundfunk zu hören, ist, kann der Rundfunk selbst wohl nicht lehren."[57] So lässt das Unsicherheitspotential des Mediums Arnheim eher zweifelnd, Brecht eher im Vertrauen auf die Techniken der Kunst zurück.

Das „Maul des Führers"

Als „Maul des Führers" bezeichnen Max Horkheimer und Theodor W. Adorno das Radio in ihrer *Dialektik der Aufklärung* und reihen es damit in ihren Verriss der ‚Kulturindustrie' ein.[58] Dabei hatte die ‚Gleichschaltung' des Mediums zum Lautsprecher der Politik nicht erst mit Hitlers ‚Machtergreifung' begonnen. Erste Spuren dieses Trends zeichnen sich früher ab. Bereits Anfang der 1930er Jahre verstärkt die Regierung Heinrich Brünings die Bemühungen um eine Ausweitung des staatlichen Einflusses auf den Rundfunk.[59] Die Administration um den Reichskanzler Franz von Papen will diese Versuche endgültig realisieren. Dazu greift sie auf seit 1931 vorliegende Vorschläge des Rundfunkreferenten im Reichsinnenministerium, Erich Scholz, zurück. Dessen Planung kulminiert ein Jahr später in einer Rundfunkreform, mit welcher der Staat das Medium gänzlich für sich in Besitz nimmt.[60] In der Folge werden bestehende Maßnahmen der Überwachung nochmals intensiviert. Außerdem wird täglich und zur besten Sendezeit eine ‚Stunde der Reichsregierung' als Plattform für deren Selbstdarstellung ausgestrahlt. So sollen die Mängel der Politik durch eine Umstrukturierung des Informationsapparats gemildert werden:

Immer mehr gerät das Radio zu einem Vehikel politischen Marketings.[61] Zugleich ist der Weg zum „Maul des Führers" frei: „Völlig zu Recht ist [...] gesagt worden, dass mit der Rundfunkneuordnung von 1932 der Übernahme dieses Mediums durch die Nationalsozialisten nach ihrer ‚Machtergreifung' am 30. Januar 1933 aufs beste vorgearbeitet war."[62]

Ein Herzstück der NS-Politik ist ihr Verkauf. Für Hitler und seine Gefolgsleute besitzt die Propaganda einen hohen Stellenwert: Glaubten sie doch, ihr die Macht zu verdanken. In der Konsequenz übernimmt Joseph Goebbels, vormals Reichspropagandaleiter der NSDAP, im März 1933 das eigens geschaffene Ministerium für ‚Volksaufklärung und Propaganda'. Eines der ersten Ziele seiner Arbeit ist der Rundfunk: Goebbels leitet bereits zwei Tage nach der Vereidigung diesbezügliche Verhandlungen ein.[63] Darin sichert er sich die Kompetenzen für die Überwachung des Radioprogramms sowie die über das ausführende Personal einschließlich der Weisungsbefugnis gegenüber dem politischen Rundfunkkommissar.[64] Auf Basis dieser Vollmacht beginnt er mit der ‚Säuberung' des Mitarbeiterstabs gemäß der Nazi-Ideologie. An der Spitze des Rundfunks nimmt nach Bredows Rücktritt am 30. Januar 1933 im Juli desselben Jahres Eugen Hadamovsky seine Arbeit als ‚Reichssendeleiter' auf. Somit ist schon im ersten Jahr von Hitlers Diktatur die „Kontrolle über die Rundfunkprogramme und -information, die Kontrolle ihrer Produktion, fest in nationalsozialistischer Hand."[65] Allerdings hält die folgende Periode einer ‚Dauerbeschallung' des Publikums mit expliziter Propaganda (Führerreden etc.) nur kurz an.[66] Spätestens ab 1935 überwiegt auch im NS-Rundfunk die Unterhaltung. Insbesondere der Musikanteil des Programms steigert sich permanent: 1938 liegt er bei 70%.[67] Dennoch bleibt der ideologische Filter, durch den die Sendungen gepresst werden, immer intakt: Hörspiele und, wie es im Nazi-Jargon heißt, „Niggerei und jüdische Frivolitäten" stehen nicht auf dem Programm.[68] Nach den Niederlagen der Wehrmacht im Osten wird die ‚Unterhaltungsoffensive' nochmals gesteigert. Dazu kommt seit 1933 die Herstellung eines preiswerten Radiogeräts mit freilich eingeschränktem

[61] Vgl. Dussel: *Hörfunk in Deutschland* (Anm. 1), S. 51.

[62] Wilke: *Grundzüge der Medien- und Kommunikationsgeschichte* (Anm. 1), S. 333. Siehe auch Lerg: *Rundfunkpolitik in der Weimarer Republik* (Anm. 1), S. 524.

[63] Dabei hatte Goebbels den Rundfunk keineswegs euphorisch begrüßt. 1925 notiert er in sein Tagebuch: „Radio, Radio! Radio im Hause! Der Deutsche vergisst über Radio Beruf und Vaterland! Radio! Das moderne Verspießungsmittel! Alles im Hause! Das Ideal des Spießers!" (zit. nach Peter Reichel: *Der schöne Schein des Dritten Reiches. Faszination und Gewalt des Faschismus.* Frankfurt a.M. 1993, S. 159) Zugleich spiegeln diese Worte Goebbels Einschätzung des Radios als Instrument der Propaganda sehr wohl wieder.

[64] Vgl. Dussel: *Hörfunk in Deutschland* (Anm. 1), S. 55.

[65] Ebd.: S. 60. Doch war Goebbels darin nicht allmächtig: Außenministerium und Wehrmacht erstritten sich eigene Senderäume (vgl. ebd.: S. 62f.).

[66] Vgl. Lersch: Mediengeschichte des Hörfunks (Anm. 1), S. 466f. und Kap. 5 der vorliegenden Untersuchung.

[67] Lersch: Mediengeschichte des Hörfunks (Anm. 1), S. 468.

[68] Hadamovsky zit. nach ebd.: S. 469.

[69] Vgl. Wolfgang Hagen: Mediendialektik. Zur Archäologie eines Scheiterns. In: Rudolf Maresch (Hg.): *Medien und Öffentlichkeit. Positionierungen Symptome Simulationsbrüche.* München 1996, S. 41-65 (hier: S. 44 und 50). Zu Lazarsfelds *Radio Research Project* vgl. ebd.: S. 46f.

[70] Theodor W. Adorno: Über den Fetischcharakter in der Musik und die Regression des Hörens. In: *Gesammelte Schriften* Bd. 14 (hg. von Rolf Tiedemann). Frankfurt a.M. 1973, S. 14-50 (Nachweis von Zitaten fortan durch Seitenzahlen im Fließtext).

Adorno und das Radio

Wellenspektrum; der sogenannte Volksempfänger wird zum Alltagsmöbel jener Tage.

Genau diese Verquickung alltäglicher Berieselung mit einer aggressiven Doktrin zum Zwecke einer Vermarktung und Erhaltung derselben analysieren Horkheimer und Adorno als ‚Kulturindustrie'. In ihr bildet die Führerrede den absehbaren Endpunkt eines Kults der Ähnlichkeit, der jede Ausnahme von sich weist. Gleichzeitig mutieren die Medien zu jenen Lebensnerven der Diktatur, welche die Lenkung der Massen garantieren. Dabei gehen in Horkheimer/Adornos Abrechnung mit der ‚Kulturindustrie' auch Ergebnisse aus Paul Felix Lazarsfelds *Princeton Radio Research Project* ein.[69] In ihm hatte Adorno nach seiner Flucht in die USA zusammen mit u.a. Arnheim das Nutzerverhalten der Radiohörer erforscht: Der Philosoph, Musiktheoretiker und Komponist leitet den musikspezifischen Teil des Vorhabens.

Zu Beginn seiner Arbeit verfasst Adorno 1938 einen Aufsatz, in dem er sein Forschungsinteresse programmatisch erklärt.[70] Dort hält er dem Rundfunkhörer vor, dass er sich vielleicht (z.B. als ‚Radiobastler') als Herr über sein Gerät fühle, tatsächlich aber „allemal Gesten der behenden Unterordnung unter das, was der Apparat von ihm verlangt" ausführe. (43f.) In der Nutzung des Mediums ist der Nutzer niemals autonom. Schlimmer noch: „Hörer und Produkte", so Adorno, „[stimmen darin] zusammen", dass „die Struktur, der sich nicht folgen können, [...] ihnen gar nicht erst angeboten" wird. (37) Es geht demnach um eine Totalität, die jegliche Differenz voranfänglich verworfen hat. Daraus resultiert der „Hörtyp" des „Chauffeur[s]": „Sein Einverständnis mit allem Herrschenden geht so weit, dass er [...] von sich aus bereits je und je das leistet, was von ihm verlangt wird um des zuverlässigen Funktionierens willen." (44) So bedarf es zur Erzeugung dieser Paralyse keiner besonderen Anstrengung, sie stellt sich, wählt man die passenden Mittel, unverzüglich ein: „Die Researchbeobachtung, dass unter den Radiohörern die Freunde leichter Musik sich entpolitisiert zeigen, ist nicht zufällig." (ebd.) Denn in der Omnipräsenz amüsanter „Zerstreuung" (37) als einer sowohl perfiden als auch wirkmächtigen Form der Propaganda liegt das

Geheimnis des Erfolges der Diktatur, da erstere nicht nur jeden Unterschied kassiert, sondern darin auch allein „Pseudoaktivität" (43) zulässt: Von dem haltlosen Brei programmierter Unterhaltung bringt der Rezipient „[n]ichts nach [...] Hause, was ihm nicht ins Haus geliefert würde." (ebd.) Hierin nimmt Adorno bereits die Verdammung des Radios in der *Dialektik der Aufklärung* vorweg: Indem es sich, heißt es da, scheinbar neutral – unterhaltend – zeigt, „gewinnt es die trügerische Form desinteressierter, überparteilicher Autorität, die für den Faschismus wie gegossen ist."[71]

Adornos Anschlag auf das Radio als Unterhaltungsmedium unternimmt nicht nur eine Rettung hochkultureller Werte (Mahler, Schönberg) gegen die Dominanz des Boulevards, er zeigt auch das Misstrauen des Autors gegen die Masse und ihre Kultur im allgemeinen: Wer ‚alle' zu erreichen sucht, muss ‚allen' etwas bringen. So aber ist der Entdifferenzierung, der Gefahr der Vermassung, im Voraus der Weg bereitet: ‚An alle', das meint immer auch die Verflachung aller Unterschiede bis hin zur Eskamotierung der Differenz, welche den Abgrund aller Einheit markiert.[72] Gleichzeitig entbirgt sich eine doppelte Struktur der Verführung zur Macht wie zur Ohnmacht. Während einerseits die Mächtigen die Tendenz des Mediums zu einem Kontrollapparat ausbauen, ist es andererseits für die Ohnmächtigen allzu bequem, sich darin der Unterhaltung zu überlassen und also von der Belastung durch die eigenen Interessen erlöst zu sein. Schauplatz dieser Bewegung zum Stillstand ist der Rundfunk nach Adorno somit auch deshalb, weil er der Stimme den Anschein des Göttlichen verleiht. Zum einen taucht sie vermeintlich jenseits des medialen Flechtwerks auf, zum anderen suggeriert sie eine übermächtige Präsenz: „Ihren wahren Zusammenhang vermag kein Hörer mehr aufzufassen [...]. Das menschliche Wort absolut zu setzen, das falsche Gebot, ist die immanente Tendenz des Radios. Empfehlung wird zum Befehl."[73]

Das Radio – ein falscher Gott? Vehementer hätte die Kritik des neuen Mediums kaum ausfallen und heftiger hätten die Hoffnungen der Funker, Fleschs ‚Zauberei', Bechers Utopie, die Vorschläge und Annahmen Brechts und Arnheims nicht der Naivität bezichtigt

[71] Horkheimer/Adorno: *Dialektik der Aufklärung* (Anm 58), S. 168.

[72] „Der Schrecken, den Schönberg und Webern heute wie einst verbreiten, rührt nicht von ihrer Unverständlichkeit her, sondern davon, dass man sie nur allzu richtig versteht. Ihre Musik gestaltet jene Angst, jenes Entsetzen zugleich, jene Einsicht in den katastrophischen Zustand, dem die anderen bloß ausweichen können, indem sie regredieren." (50)

[73] Horkheimer/Adorno: *Dialektik der Aufklärung* (Anm. 58), S. 168.

Stimme

[74] Ebd. (folgendes Zitat ebd.).

[75] Marshall McLuhan: *Die magischen Kanäle/Understanding Media.* Übersetzt von Meinrad Amann. Basel 1994, S. 454.

[76] Ebd.: S. 450.

[77] „Das Ohr ist intolerant, in sich geschlossen und schließt anderes aus, während das Auge offen und neutral ist und Verbindungen herstellt." (ebd.: S. 458) – Zur Geschichte und Komplexität der Differenz Gesellschaft/Gemeinschaft (die McLuhan nicht explizit benutzt) vgl. im Rekurs auf Ferdinand Tönnies' *Gemeinschaft und Gesellschaft* (1887) Joseph Vogl: Einleitung. In: ders. (Hg.): *Gemeinschaften. Positionen zu einer Philosophie des Politischen.* Frankfurt a.M. 1994, S. 7-27 (hier: S. 11-15).

[78] McLuhan: *Die magischen Kanäle* (Anm. 75), S. 463.

Global Village

werden können. Denn all diesen Versuchen, im Rundfunk jenen Umbruch in der Medienlandschaft auszumachen und zu nutzen, der einen Unterschied macht, indem er über sich hinaus- in ein demokratisches Soziales hineinwächst, erteilen Horkheimer/Adorno eine scharfe Absage. Denn wozu, so kontern sie, eine professionell geleitete Medienmaschinerie die Massen (ver-)führt, hat ein Propagandaminister auf furchtbare Weise bewiesen. Weder musste er dazu die Instrumente schaffen noch diese pervertieren. Denn das „Maul des Führers" ist immer schon ein solches, da es mit der Sendung ‚An alle' einer von vornherein unumkehrbaren Struktur folgt: Als „Spätling der Massenkultur", so sehen es die Autoren der *Dialektik*, zeigt sich der Rundfunk nun als eine der reinsten Verkörperungen ihres Unheils:[74] Er zieht „durchweg" die „Konsequenzen" dieser Kultur, insofern er Masse, Medium und Macht allein im Zeichen alltäglicher Verwerfung des Anderen, d.h. im Zuge der Manipulation koppelt. Vor diesem Hintergrund erweist sich die These Horkheimers und Adornos, dass ‚Massenmedien' und insbesondere das Radio weniger der Emanzipation als vielmehr der massiven Persuasion und Kontrolle des Publikums dienen, als nicht nur momentane Einsicht. Auch für Marshall McLuhan steht zwei Jahrzehnte später fest, dass Hitler „seine politische Existenz nur dem Radio und den Lautsprecheranlagen [verdankt]."[75] Dabei liegt das hervorstechende Merkmal des neuen Mediums, so McLuhan weiter, in seinem Charakter der „Stammestrommel":[76] Es verengt das weitläufige und vielschichtige Blickfeld der Gesellschaft zur Hörigkeit in einer geschlossenen Gemeinschaft.[77] Doch führt gerade diese Verknappung paradoxerweise zu ihrer globalen Erweiterung. Wann immer der Rundfunk seine Botschaft ‚An alle' absetzt und darin sich die Distanz zum/des Anderen zur überschaubaren Einheit in einer Dorf- oder Stammesgemeinschaft verdichtet, greift das Medium in die Zukunft voraus: Zum ersten Mal „reduziert [das Radio; G.S.] auf jeden Fall die Welt auf den Dorfmaßstab".[78] Heute ist die Rede vom *global village* ein Gemeinplatz des Informationszeitalters und sie meint darin auch die Angleichung der Mediennutzer an die Grundzüge einer weltweiten Vernetzung.

Ob dort jedoch der Spruch der Funker im Umfeld des Medienumbruchs um 1900 oder der Versuch einer ‚Gleichschaltung' der Massen aus der „Echokammer"[79] des Medialen wiederkehrt, lässt sich um 2000 erneut als offene Frage formulieren.[80]

Analog zum Film, und hier können wir aus der Gegenwart des *global village* wieder an den Anfang der Argumentation zurückkehren, ist das Radio nicht an ein uniformes Profil gekoppelt. Konzepten und Praktiken, ein solches von oben nach unten herzustellen, stehen immer auch Warnungen oder Gegenentwürfe zur Seite. Dass letztere nicht ‚graue Theorie' bleiben müssen, zeigt der ‚Funkerspuk' am Ende des Ersten Weltkriegs. In diesem Sinne erweist sich das Medium hier ebenfalls im und als ein Zwiespalt seiner Struktur, das den Kontakt, indem es ihn eröffnet, zugleich irritiert und offen hält. An diese Verunsicherung (und ihre Produktivität) im Allgemeinen der Übertragung aber wäre – siehe Brecht – immer dann zu erinnern, wenn erstere in einer Propaganda von der Funktionalität des Austauschs unter zu gehen droht.

[79] Ebd.: S. 457.

[80] Vgl. zuletzt Jens Schröter: 8448 verschiedene Jeans. Zu Wahl und Selektion im Internet. In: Friedrich Balke, Gregor Schwering, Urs Stäheli (Hg.): *Paradoxien der Entscheidung. Wahl/Selektion in Kunst, Literatur und Medien*. Bielefeld 2004, S. 117-137 (hier: S. 131). Vgl. auch Kap. 5 und 6.

3. Literaturdebatten

Sprachkrise (Hofmannsthal)

„[D]ie abstrakten Worte, deren sich doch die Zunge naturgemäß bedienen muss, um irgendwelches Urteil an den Tag zu geben, zerfielen mir im Munde wie modrige Pilze." Dieser berühmte Satz aus Hugo von Hofmannsthals ‚Chandos-Brief'[1] gilt gemeinhin als *das* Indiz einer ‚Sprachkrise' nicht nur seines Autors, sondern der Moderne überhaupt. Geradezu paradigmatisch scheint er für jene ‚Umwertung der Werte' zu stehen, die im Zeitalter der Massenkultur und Industrialisierung auch die Sprache erfasst. Letztere, so lässt sich der Satz des Lord Chandos deuten, ist als Medium zur Welt untauglich geworden: Hilflos steht sie vor den Dingen, obwohl sie von ihnen spricht, wenn sie sie nicht länger verstehen kann. Auf diese Weise aber nährt die Sprache eine Skepsis gegen sich selbst. Sie artikuliert primär ein Misstrauen, das auch die Sehnsucht nach dem Jenseits der Sprache umfasst, nach einer authentischen, nicht medial gesteuerten Sinnstiftung: „Die Sprache trägt nicht mehr, sie gleicht einem sinkenden Schiff."[2]

So fügt sich Hofmannsthals *Brief* einerseits „in die Kultur- und Sprachkritik der Zeit", und kann andererseits zu deren Ikone werden, da der Text den beklagten Zustand dennoch „virtuos" inszeniert. Indem der Brief des Chandos jedoch vor allem als Zeitdokument, d.h. als Reaktion auf eine bestimmte Epoche und deren Mentalität gelesen wird, wandelt sich seine Litarizität, sein innersprachlicher Bezug, oftmals zum Vehikel dieser Diagnose.[3] In diesem Sinne soll es im folgenden darum gehen, den Text zunächst in seiner Aussage ernst zu nehmen: Es sind die Worte, genauer: es sind bestimmte („abstrakte") Worte, die dem Lord Chandos ungeheuerlich werden, die plötzlich ihren Wert und ihre Urteilskraft verlieren, um einem „fieberische[n] Denken [...] in einem Material, das unmittelbarer, flüssiger, glühender ist als Worte" (54) Platz zu schaffen. So allerdings liegt der „unerklärliche Zustand" (ebd.) nicht *einfach* jenseits der Sprache oder jenseits aller Möglichkeit des Ausdrucks, da er erst mit der Sprache

[1] Ders.: Ein Brief. In: *Sämtliche Werke. Kritische Ausgabe* (hg. von Rudolf Hirsch u.a.) Bd. XXXI. Frankfurt a.M. 1991, S. 45-55 (vorhergehendes Zitat: S. 48f.). Zitate aus diesem Text werden im folgenden durch Seitenzahlen im Fließtext nachgewiesen.

[2] Rolf Grimminger: Der Sturz der alten Ideale. Sprachkrise, Sprachkritik um die Jahrhundertwende. In: ders. u.a. (Hg.): *Literarische Moderne. Europäische Literatur im 19. und 20. Jahrhundert.* Reinbek bei Hamburg 1995, S. 169-200 (hier: S. 187; folgende Zitate ebd.).

[3] Vgl. dazu den kritischen Umgang mit der Forschung bei Rudolf Helmstetter: Entwendet. Hofmannsthals *Chandos-Brief*, die Rezeptionsgeschichte und die Sprachkrise. In: *DVjs* 3/2003, S. 446-480 (hier: S. 447-455).

Abstrakte Worte

⁴ Einen ähnlichen Ansatz wählt Helmstetter: Entwendet: Hofmannsthals *Chandos-Brief* (Anm. 3), S. 454f., 467.

⁵ Ralf Schnell: *Medienästhetik. Zu Geschichte und Theorie audiovisueller Wahrnehmungsformen.* Stuttgart/Weimar 2000, S. 168.

zur Welt kommt: Erst wenn die Sprache Welt auf eine gewisse Weise zurichtet, gibt es eine Kehr- oder Rückseite dieser Konstruktion, die sich unerwartet ins Spiel drängt, weil sie die gewohnten Sprechweisen bis zur Unkenntlichkeit verrätselt: „[S]o fremd sprechen sie mich an", schreibt der Lord über die bereits von ihm verfassten Schriften, dass „ich" sie „mein Eigentum zu nennen zögere." (46) Diese heikle „Gegenwart des Unendlichen" (52) im Diesseits der Sprache, die das Medium öffnet, um es darin auf die Probe zu stellen, soll nun zum Leitfaden einer Lektüre des ‚Chandos-Briefs' werden,⁴ die zugleich die Ankunft eines anderen Mediums nicht aus den Augen verliert: Zur Zeit der Abfassung des *Briefs* im Sommer 1902 ist der Film sieben Jahre alt.

Einen ersten Hinweis auf die in ihm angeschriebene Sprachproblematik gibt der Text in der durch den Autor vorgenommen Rahmenkonstruktion. Indem Hofmannsthal seine Schrift dem Philipp Lord Chandos in den Mund legt, der wiederum seinen Freund, den englischen Staatsmann und Philosophen Francis Bacon (1561-1626) adressiert, markiert er gleichzeitig einen spezifischen Kontext: „Mit Bacon setzt der Siegeszug eines Denkens ein, das Fortschritt als ein Fortschreiten naturwissenschaftlicher Erkenntnis und diese als die fortschreitende Herrschaft des Menschen über die Natur versteht. Hofmannsthal siedelt sein Textprojekt zudem exakt zu Beginn jenes Jahrhunderts an, in dem die Entwicklung der optischen Medien einen bahnbrechenden Aufschwung genommen hat".⁵ Demnach greift der Brief des Lord Chandos die Zeit auf, in der im Zuge der Nutzung neuer optischer Instrumente die Welt anders geordnet wird (Galilei, Kepler). Doch fällt der historische Wandel ebenso mit einer Umorientierung des Sprechens zusammen, insofern es beginnt, die neue Positivität der Anschauung und des Wissens zu repräsentieren. Michel Foucault hat das den Anfang des *klassischen Zeitalters (âge classique)* genannt, und er hat die Struktur des Diskurses, mit der die Umwälzung sich zur Geltung bringt und durchsetzt, analysiert: Vor der klassischen Epoche ging „[d]as Wesen der Sprache wie mit einer stummen Hartnäckigkeit dem, was man in ihr lesen konnte, und den Wörtern voraus, mit

Eine neue Weltordnung

denen man sie widerklingen ließ. Seit dem siebzehnten Jahrhundert ist diese massive und intrigierende Existenz der Sprache beseitigt. [...] Ihre ganze Existenz besteht in ihrer repräsentierenden Rolle, wird darin mit Exaktheit abgegrenzt und erschöpft sich schließlich darin. Die Sprache hat keinen anderen Ort mehr als die Repräsentation und keinen anderen Wert außerhalb dieser".[6] So praktiziert das klassische Zeitalter eine Entleerung der Sprache, insofern es sie ihrer teilnehmenden Textur beraubt. Die „Prosa der Welt"[7] gibt nicht mehr die offene Signatur einer Wahrnehmung, die sich den Dingen aussetzt wieder,[8] sondern das kritische Urteil eines Wissens, das sich von den Dingen trennt, um sie abzuwägen und einzureihen. Damit spitzen sich die Worte in der Abstraktion zu. Sie verengen sich zur Konvention, die alle Spuren des Anderen unterdrückt: „Vom klassischen Zeitalter an ist das Zeichen die *Repräsentativität* der Repräsentation, insoweit sie *repräsentierbar* ist." Oder: „Das wesentliche Problem des klassischen Denkens lag in der Beziehung zwischen dem *Namen* und der *Ordnung*: eine *Nomenklatur* zu entdecken, die *Taxinomie* war, oder ein Zeichensystem einzurichten, das transparent für die Kontinuität des Seins war."[9] An Stelle des dem „Wesen" ähnlichen Sprechens regiert der Kreislauf der Begriffe. Diese machen nur noch innerhalb ihrer Verweisungszusammenhänge Sinn. Sie repräsentieren nur dann (etwas), wenn sie dort anschließbar sind. Sonst bleiben sie grundlos. Im Brief des Lord Chandos liest sich das so: „Diese Begriffe, ich verstand sie wohl: ich sah ihr wundervolles Verhältnisspiel vor mir aufsteigen wie herrliche Wasserkünste, die mit goldenen Bällen spielen. Ich konnte sie umschweben und sehen, wie sie zueinander spielten; aber sie hatten es nur miteinander zu tun, und das Tiefste, das Persönliche meines Denkens, blieb von ihrem Reigen ausgeschlossen. [...] [M]ir war zumut wie einem, der in einem Garten mit lauter augenlosen Statuen eingesperrt wäre". (50)

Indem sich die Begriffe in ihrem Zirkel abschotten, benennen sie eine Welt, die bei aller Illumination unsichtbar bleibt. Das ist das Paradox, an dem Lord Chandos leidet und es ist ihm zunächst ein sprachimmanentes Problem. Zuvorderst steht nicht das

[6] Michel Foucault: *Die Ordnung der Dinge. Eine Archäologie der Humanwissenschaften.* Übersetzt von Ulrich Köppen. Frankfurt a.M. 1974, S. 115.

[7] Ebd.: S. 46 (Übersetzung verändert; G.S.).

[8] „Das Ähnliche umhüllt das Ähnliche, das jenes seinerseits umgibt, und vielleicht wird es neuerlich umhüllt durch eine Reduplizierung, die sich bis ins Unendliche fortzusetzen vermag." (ebd.: S. 50).

[9] Ebd.: S. 99. und 260.

Repräsentation

[10] Genauso beschreibt dies auch ein anderer und früherer Text, der in diesem Umfeld zu nennen ist: „Wir glauben etwas von den Dingen selbst zu wissen, wenn wir von Bäumen, Farben, Schnee und Blumen reden und besitzen doch nichts als Metaphern der Dinge, die den ursprünglichen Wesenheiten ganz und gar nicht entsprechen." Sowie: „Während jede Anschauungsmetapher individuell und ohne ihres Gleichen ist und deshalb allem Rubriciren immer zu entfliehen weiss, zeigt der grosse Bau der Begriffe die starre Regelmäßigkeit eines römischen Columbariums und athmet in der Logik jene Strenge und Kühle aus, die der Mathematik zu eigen ist." (Friedrich Nietzsche: Ueber Wahrheit und Lüge im aussermoralischen Sinne. In: *Kritische Studienausgabe* [hg. von Giorgio Colli und Mazzino Montinari] Bd. I. München/Berlin/New York 1988, S. 873-890 [hier: S. 879 und 882]).

[11] Helmstetter: Entwendet: Hofmannsthals *Chandos-Brief* [Anm. 3], S. 472.

Don Quijote

Verhältnis der Worte zum Ding, vielmehr die allgemeine Aufrüstung einer Sprache zur Debatte, die in der systematischen Abstrahierung jeglichen Kontakt zu ihrer Umwelt,[10] zum „Persönlichen" verliert. Erst die im Kreis gehende Sprache ist blind oder wird es, da sie die Lücken schließt: Sie okkupiert den Platz des „völlig Unbenannte[n] und auch wohl kaum Benennbare[n]" (ebd.), um es im Namen zu kassieren. Die Sehnsucht des Lords ist somit nicht die nach einer unvermittelten oder unverstellten Weltsicht, sondern die nach einem „Gefäß" (ebd.), das dem Anderen Raum gibt, nach einer „Sprache, in welcher die stummen Dinge zu mir sprechen" (54). Und obwohl Chandos das Sprechen dieser Sprache in seiner Vollendung auf das jüngste Gericht verschiebt, begegnet sie ihm doch auch während seines irdischen Daseins. Hier ist es „die unscheinbare Form", die „sonderbaren Zufälle", das „von niemand beachtete Daliegen oder -lehnen", welche oder welches ihm zur „Quelle" rätselhaften „Entzückens werden kann" (52f.). Allerdings gerät Chandos darin in Konflikt mit seinem sozialen Umfeld, er kann am Leben selbst seiner Familie nicht mehr teilnehmen. Der Lord sondert sich ab, sieht sich von der Kommunikation ausgeschlossen und unterbricht diese: „Es wurden mir auch im familiären und hausbackenen Gespräch alle die Urteile, die leichthin und mit schlafwandelnder Sicherheit abgegeben zu werden pflegen, so bedenklich, dass ich aufhören musste, an solchen Gesprächen irgend teilzunehmen." (49) Chandos kann/will sich der willkürlichen Kraft des Urteils nicht länger beugen. Eher nimmt er es in Kauf, Außenseiter zu sein, als von dem „Fluidum" des „Traumes und Wachens" (51) in der Spur der Sprache zu lassen. So aber nähert sich die Figur des Lord Chandos einer anderen literarischen Gestalt, auf die Hofmannsthals Rahmenkonstruktion auch direkt hindeutet: der des Don Quijote. Der Schriftsteller „hat Chandos nicht nur zum Zeitgenossen von Francis Bacon gemacht, sondern auch zum unmittelbaren Zeitgenossen des Ritters von der traurigen Gestalt".[11] Folgt man nun wieder Foucault, spielt dieser Ritter indes eine ganz bestimmte Rolle im Übergang von der mimetischen Prosa der Welt zur abstrakten Begrifflichkeit des klassischen Denkens. Welche?

Miguel de Cervantes' *Don Quijote* „ist das erste der modernen Werke, da man darin die grausame Vernunft der Identitäten und Differenzen bis ins Unendliche mit den Zeichen der Ähnlichkeit spielen sieht. Die Sprache zerbricht darin ihre alte Verwandtschaft mit den Dingen, um in jene einsame Souveränität einzutreten [...] Die Ähnlichkeit tritt dort in ein Zeitalter ein, das für sie dasjenige der Unvernunft und der Imagination ist."[12] Don Quijote wird von seiner Umwelt verspottet. Er folgt einer Sprache, die sie nicht spricht und sieht deshalb Dinge, die diese nicht sieht: Da ihm die Welt der Geschichte(n), der Ritterromane, Realität ist, teilen sich ihm die stummen Gegenstände lebhaft mit. Insofern der Ritter damit an einer alten Sprachregelung festhält, stellt er für die klassische Epoche ein Zeichen des Irrtums und des Irrsinns dar, mit dem diese ihr fürchterliches Spiel der Ausgrenzung treibt. Doch ist das nicht alles. Denn indem Cervantes seinen Protagonisten auf diese Weise skizziert und zum Helden werden lässt, bewahrt er zugleich das Andenken an eine integrierende Kraft der Worte. In dieser Hinsicht erkennt Foucault im *Don Quijote* ein Übergangsphänomen,[13] das zwischen den Ordnungen steht sowie darin zum Merkmal eines Umbruchs wird. Dasselbe lässt sich nun von der Figur des Lord Chandos sagen, insofern sie auf beiden Seiten eines Wendepunktes auftritt: Zum einen ist ihr die Sprache ihrer Umwelt nicht völlig fremd: „[I]ch bewirtschafte meine Güter, und meine Pächter und Beamten werden mich wohl etwas wortkarger, aber nicht ungütiger als früher finden". (53) Zum anderen ist es ihr jedoch unmöglich, darin ein „Nachgefühl des Wundervollen" (52) auszuschließen.

Bleibt man in dem von Hofmannsthal offerierten Kontext, ähneln sich die Figuren des Don Quijote und des Lord Chandos strukturell, da „hier dem Geist der Neuzeit die Diagnose gestellt wird".[14] Darin werden die Opfer eingeklagt, die der Übergang von einer Orientierung des Mediums zu einer anderen mit sich bringt. Das ist jedoch nur die eine Ebene des Textes. Denn legt man der Lektüre das Entstehungsjahr des *Briefs* zugrunde, dann dreht der ‚Narr' den Spieß um, da er vom Opfer zum Visionär wird. Indem jetzt das Universum der Begriffe von seinem Ende her gedacht

[12] Foucault: *Die Ordnung der Dinge* (Anm. 6), S. 81.

[13] Vgl. ebd., S. 80f. oder kurz: "Einerseits ist Don Quijote noch der Held des Ähnlichen, ist selbst ein Zeichen des Ähnlichen, andererseits aber ist der Zusammenhang von Zeichen und Ähnlichkeit aufgebrochen". (Axel Fliethmann: *Stellenlektüre. Stifter - Foucault*. Tübingen 2001, S. 110)

[14] Georg Braungart: *Leibhafter Sinn. Der andere Diskurs der Moderne*. Tübingen 1995, S. 227.

15   Schnell: *Medienästhetik* (Anm. 5), S. 159.

16   „Das Bilderuniversum (der damals neuen Medien; G.S.) war die Antwort auf ein beschreibbares historisches Problem, eine Reaktion [...] auf die Tatsache, dass Sprache und Schrift in eine tiefgreifende Krise geraten waren". (Hartmut Winkler: *Docuverse. Zur Medientheorie der Computer*. München 1997, S. 192).

Sprachkrise/Optik

wird, löst sich zugleich jenes Netz totaler Repräsentation auf, das, indem es eine volle Sagbarkeit der Welt in Aussicht stellt, die Wirklichkeit im Wort sicht- und (be-) greifbar erscheinen ließ: „Es zerfiel mir alles in Teile, die Teile wieder in Teile, und nichts mehr ließ sich mit einem Begriff umspannen." (49) Zum Vorschein kommt damit ein Unbehagen, ob das anscheinend so handliche Medium der Verständigung womöglich doch nicht so umstandslos funktioniert, wie man zu glauben bereit war.

Auch auf dieser Ebene signalisiert Hofmannsthals Text ein Zwischenspiel, in dem sich das Medium verändert. Es öffnet sich einem Anderen, da es zuvor ausgeschlossene Alteritäten produktiv ins Spiel bringt. In einem klärt sich der performative Widerspruch des Textes, d.h. die Tatsache, dass dieser in einer brillanten Sprache über die Misere derselben spricht. Denn während dieser Text auf Seiten der historischen Konstruktion in seinem Stil jenes Funkeln der Sprache beschwört, welches den Abstraktionen des klassischen Denkens zum Opfer fällt, annonciert er auf der anderen, was nun, mit dem Zerfall der Konvention, im Text möglich ist. Auf dem Spiel steht somit beide Male ein doppelter Bruch – ein Umbau und innerer Zwiespalt – der Sprache, den der *Brief*, wenn er davon mittels „abgründige[r] Szenen, prägnanter Bilder und spannungsreicher Metaphern" erzählt,[15] nicht nur abstrakt reklamiert, sondern auch vor Augen führt.

Doch ergibt sich mit der Rahmung des Textes noch eine weitere Frage: Wenn die fiktive Datierung des *Briefs* (*Anno Domini* 1603) dessen Problemstellung im Kontext eines signifikanten Aufschwungs der optischen Medien lesbar macht, wie steht es dann mit dessen realem Entstehungszeitraum? Liegt diesem eine ähnliche Konstellation zugrunde bzw. spielt auch diese, jüngst vergangene Seite einer ‚Sprachkrise' auf eine neue Optik an?[16]

Das neue und das alte Medium – Film und Sprache

Nachträglich hat Hofmannsthal diese Frage in gewisser Weise selbst beantwortet. Neunzehn Jahre nach dem *Brief* und ihm Gefolge seiner Arbeit für die Filmindustrie schreibt er eine Hommage an das Kino, die unter dem Titel *Der Ersatz für die Träume* publiziert wird.[17] Dabei konstruiert er wiederum eine Rahmenerzählung als fiktives Gespräch mit einem Freund, in die er seine Einlassung kleidet. Aber auch die Wahl der Argumente fällt ähnlich aus: Die Welt, in die der Film hineinbricht, ist komplett verziffert. So gehorcht das Leben dem Regime der Zahl, d.h. einer Rede als Unterwerfung allen Sprechens unter das Diktat der Abstraktion oder einer Weltsicht als Merkmal einer taxierenden Medialität, welche Namen nur ausspricht, um – buchstäblich – mit ihnen zu rechnen: „[N]ichts redet zum dem, der vorüberkommt [...]: das einzige, was spricht, ist die Nummer." (149) Sowie: „Diese Sprache der Gebildeten und Halbgebildeten, ob gesprochen oder geschrieben, sie ist etwas Fremdes. Sie kräuselt die Oberfläche, aber sie weckt nicht, was in der Tiefe schlummert. Es ist zuviel Algebra in dieser Sprache, jeder Buchstabe bedeckt wieder eine Ziffer". (150) Solche willkürliche Inszenierung der Sprache als Sprache einer willkürlichen Inszenierung von Wirklichkeit wird dann von einem Schauspiel eingeholt, das die Realität erneut und anders aufspürt: „[U]nd nun ist es wieder eine Kiste mit zauberhaftem Gerümpel, die sich auftut: das Kino." (151) Im Kino ist das „Gerümpel" in seine Sichtbarkeit zurückgerufen. Neben den durch die mathematische Präzision der Sprache zugerichteten Menschen und Dingen taucht gleichberechtigt und unwillkürlich das Unverbildete, Andere der Zahlenkolonnen auf. Der Film ist Vermittlung eines „Gestaltenrest[s]" (ebd.), da sich in und an ihm, wie im „Traum", das „tausendfältige Bild des Lebens ablesen" lässt (152). Mit seiner „Bilderschrift"[18] durchsetzt das Kino die „fade Leere" der sprachlichen „Maschine" (150) mit einer neuen Technik. Es wandelt jene durch diese, indem es die Zahl nicht nur bereichert, sondern unterminiert, sie an einen Umbruch „von der Ziffer zur Vision" (152) ausliefert: Der Blick des neuen Mediums (Kameraauge) modifiziert den auf das alte. In der Spur des Films wird die Sprache eine andere sein, da das Dogma der Nummer und des Zählens im Film als Wiedergeburt des Ähnlichen kollabiert.[19] Die „Prägekraft eines Mediums – und das ist die Vermutung, auf die es hier ankommt – entfaltet

[17] Im folgenden zitiert nach Anton Kaes: *Kino-Debatte. Texte zum Verhältnis von Literatur und Film 1909-1929*. München/Tübingen 1978, S. 149-152 (Der Nachweis von Zitaten erfolgt durch Seitenzahlen im Text).

[18] So kennzeichnet Sigmund Freud den Bilderwert des Traums als eine vor allem rätselhafte Beziehung zwischen Schrift und Bild (vgl. ders.: Die Traumdeutung. In: *Gesammelte Werke* [hg. von Anna Freud u.a.] Bd. II/III. Frankfurt a.M. 1999, S. 283f.). Vgl. dazu Kap. 4.

[19] „Ja dieser dunkle Wurzelgrund des Lebens, er, die Region wo das Individuum aufhört Individuum zu sein, er, den so selten ein Wort erreicht, [...] er bebt mit." (152)

Eine andere Sprache

[20] Sybille Krämer: *Das Medium als Spur und als Apparat.* In: dies. (Hg.): *Medien Computer Realität. Wirklichkeitsvorstellungen und Neue Medien.* Frankfurt a.M. 1998, S. 73-94 (hier: S. 78f.).

[21] Christian Metz fasst es wie folgt: „[D]as Kino ist eine Ausdrucksweise [langage] der Realität, das Charakteristische beim Kino ist seine Fähigkeit, die Welt in eine Rede zu transformieren, indem es ihm aber sein ,Welt-Sein' nicht nimmt." Aber: „Das Kino ist sicherlich keine *Sprache* [langue]". (ders.: *Semiologie des Films.* Übersetzt von Renate Koch. München 1972, S. 194 und 148)

[22] Winkler: *Docuverse* (Anm. 16), S. 209.

[23] Vgl. Fußnote 10 der vorliegenden Ausführungen. Auch E.T.A. Hoffmanns, Edgar Allen Poes, Gustave Flauberts oder Émile Zolas Texte können als Literaturen, in deren Sprache bereits eine filmische Perspektive (nicht: die Perspektive des Films) ,rumort', gelesen werden (vgl. Paech: *Literatur und Film.* Stuttgart/Weimar ²1997, S. 45-63, 178f.; zu der oben angerissenen Problematik vgl. S. 59).

[24] Friedrich A. Kittler: *Aufschreibesysteme 1800/1900.* München 1985, S. 252.

[25] Zudem ist damit ein Vorwurf entkräftet, den Robert Musil seinen Kollegen (besser: ihrer Kinobegeisterung) macht: „Nur wurde – und wird heute noch – der entscheidende Irrtum begangen, dass man als das, was

sich in der Dimension einer Bedeutsamkeit jenseits der Strukturen einer konventionalisierten Semantik."[20]

An der Stelle, und dies ist der Wendepunkt des Textes zu Hofmannsthals *Brief*, an der die Sprache anhand der Erfindungen des Mikroskops und des Fernrohrs den Dingen auf den Leib rückte, um sie in Reihenfolgen zu gliedern, sie zu berechnen und verstummen zu lassen, ruft das Bewegungs-Bild dazu auf, diese Ordnung zu verändern. In diesem Sinne ist nicht das Kino, vielmehr die Sprache, auf die es trifft, „Maschine". Zugleich verbündet sich der Film jener Rede, welche die Lebenswelt im Wort würdigt, anstatt sie zu überfallen.[21] Zur Debatte steht so weder das Festhalten an oder die Sehnsucht nach einer reinen Sichtbarkeit des „bloß Wirklichen" (ebd.) noch ein „Sprechen ohne Sprache"[22] oder ein Primat des einen Mediums über das andere. Eher geht es darum, die Mitteilung des Anderen nicht im Netz der Begriffe aufzuheben, sie also voranfänglich aus ihrem irritierenden Dasein zu vertreiben. Das ist es, was der Film für den Dichter zuallererst ,artikuliert' und darin insistiert das Lichtspiel auf einem Rätsel der Sprache und verknüpft sich mit ihm. Mit Hofmannsthal steht das Kino im Zentrum einer ,Sprachkrise' der Moderne, insofern es sie auf die Spitze treibt. Was sich mit Nietzsche (und anderen)[23] ankündigt, findet dort seine Bestätigung. Spätestens, wenn auf der Leinwand „in zerrissenen Fetzen eine ganze Literatur [...], nein, ein ganzes Wirrsal von Literaturen" (151) vorüberzieht, ist die Behauptung eines numerischen Kreislaufs der Sprache obsolet. An Stelle dessen tut sich ein Wirbel auf, der die Sprache im bewegten Bild an ihre Schwierigkeit, aber auch ihren Reichtum zurückverweist.

So lässt sich die ,Sprachkrise' als literarisches Phänomen in ihrer medialen Brisanz spezifizieren. Sie wird im Zusammenhang eines Medienumbruchs les- und beschreibbar, in dem weniger die Entwertung der Sprache bezüglich ihrer „Referenten" als „notwendigen, jenseitigen und wohl absurden Bezugspunkten von Diskursen" ansteht.[24] Vielmehr wird eine Unruhe des Mediums selbst offensichtlich und,[25] parallel dazu, der Weg auch in die andere Richtung frei: „Die Annäherung an die Literatur [...] und literarische Kultur [...] hat dem Film zugleich den Spielraum für die

Entwicklung eigener, filmischer Darstellungsmittel gewährt".[26] *Ut pictura poesis*: der Chiasmus des Horaz als
eine Wechselseitigkeit von Bild und Text scheint gegen
dessen Auftrennung – etwa in Gotthold Ephraim Les-
sings *Laokoon* – wieder gewonnen. Aber: Ist diese Perspektive nicht allzu retrospektiv angelegt und hält sie
darüber hinaus einer Prüfung stand, die sich auf mehr
als nur die Stimme eines Autors stützt?

Für eine neue Literatur im Zeichen des Kinos

Der Aufstieg des Kinos fällt im 20. Jahrhundert mit
dem der literarischen Avantgarden der Zeit zusammen: Während 1909 Filippo Tommaso Marinettis fu-
turistisches Manifest im *Figaro* gedruckt wird, überträgt Kurt Hiller 1911 den Begriff des Expressionismus
erstmals auf die neue deutschsprachige Literatur. Im
Kontext des gerade Ausgeführten erscheint dieses Zu-
sammentreffen der Entwicklungslinien nun nicht nur
zufällig. Die „Zerschmetterung der Sprache",[27] die
beispielsweise die Expressionisten ins Zentrum ihrer
Auffassung von Kunst und Leben stellen,[28] wäre nicht
ohne die Möglichkeit eines medial Anderen zu denken. Oder anders: Wenn Pinthus im Vorwort zu der
wohl berühmtesten Anthologie expressionistischer
Dichtung, der *Menschheitsdämmerung*, dazu auffordert
„rund herum, ... nicht vertikal, nicht nacheinander [zu
blicken]", dann ist diese Bezugnahme auf einen Blick
in seinem Abschied von einem anderen – im „erster-
benden 19. Jahrhundert", sagt Pinthus, begnügen sich
gängige Welterklärungsmodelle „nur das Nacheinander, das Aufeinander schematisch zu konstatieren; man
sah kausal, vertikal"[29] – keinesfalls nur literarisch gemeint: Sie lässt sich auf eine Begebenheit hin auflösen,
die Pinthus in seinem *Kinobuch*, einer Sammlung von
‚Kinostücken' expressionistischer Autoren, berichtet.

1913 besuchen er und einige junge Dichter ein Kino
in Dessau, wo sie die Verfilmung eines Romans sehen.
Doch fühlen sie sich durch die Ansagen des „kommen-
tierenden Erklärers" gestört: „Mehr noch: der Mann
hielt einen Zeigestock in der Hand, mit dem er gegen
die Leinwand hin auf den Gang der Personen und der
Ereignisse wies."[30] Anstatt aber die zu der Zeit übliche

es zu verdrängen gilt, das
‚Denken' ansah; vor allem
im Kunstbereich ist das bis
heute ein lebendiges Vor-
urteil geblieben." (ders.:
Ansätze zu neuer Ästhetik.
Bemerkungen über eine
Dramaturgie des Films. In:
Gesammelte Werke (hg.
von Adolf Frisé) Bd. II. Reinbek
bei Hamburg 1978, S. 1137-
1154 [hier: S. 1146]).

[26] Paech: *Literatur und Film*
[Anm. 23], S. 103.

[27] Kurt Pinthus: Zuvor. In:
ders. (Hg.): *Menschheitsdämmerung. Ein Dokument des
Expressionismus*. Reinbek bei
Hamburg [122-126]1984, S. 22-32
(hier: S. 30).

[28] Für die internationalen
Prozesse, die hier auszu-
breiten der Platz mangelt,
vgl. Paech: *Literatur und
Film* (Anm. 23), S. 152-157.
Das Verhältnis des internationalen Dadaismus zum
Film beleuchtet aktuell und
ausführlich Thomas Elsäs-
ser: *Filmgeschichte und frühes
Kino. Archäologie eines Medienwandels*. München 2002, S.
250-277.

[29] Pinthus: Zuvor. (Anm. 27)
S. 22-32.

[30] Dieses und nachfolgende
Zitate Kurt Pinthus: Vorwort
zur Neuausgabe [1963]. In:
ders. (Hg.): *Das Kinobuch*.
Frankfurt a.M. 1983, S. 7-17
(hier: S. 9f).

Kinobuch

[31] Diese Kritik ist auch vor dem Hintergrund des sogenannten Autorenfilmjahrs (1913/14) zu lesen, in dem mehrere Filme nach literarischen Vorlagen in die Kinos kamen (vgl. dazu Pinthus: Vorwort zur Neuausgabe [Anm. 30], S. 14f., Anton Kaes: Einführung. In: ders. (Hg.): Kino-Debatte [Anm. 17], S. 12f. und Paech: *Literatur und Film* [Anm. 23], S. 96-103).

[32] Pinthus: Einleitung. Das Kinostück (1913). In: ders. (Hg.): *Das Kinobuch* (Anm. 30), S. 19-28 (hier: S. 27f.).

[33] „[W]ir bemühten uns", resümiert der Herausgeber die Intention seiner Autoren, „jede Situation verfilmbar zu erfinden." ‚Drehbücher' im strengen Sinne wollte man jedoch nicht schreiben: „Darum ist es eigentlich gleichgültig, ob diese Kinostücke jemals über die weiße Wand flimmern werden, oder ob sie bleiben wie sie entstanden: Kino der Seele." (beide Zitate: ebd., S. 28)

[34] Pinthus: Zuvor (Anm. 27), S. 26.

[35] Pinthus: Einleitung: Das Kinostück (Anm. 32), S. 27.

[36] Pinthus: Zuvor (Anm. 27), S. 26.

[37] Ders.: Kinematograph. In: *Dichtungen und Briefe* (hg. von Regina Nörtemann). Zürich 1987, S. 25.

Hilfestellung des ‚Film-Erklärens' dankbar anzunehmen oder die Würdigung ihres eigenen Mediums durch das neue zu begrüßen, fällt den Schriftstellern „eine Besonderheit" auf. Sie echauffieren sich in „lange[n] und weitgreifende[n] Diskussionen über den falschen Ehrgeiz des damaligen jungen Stummfilms, das ans Wort und die statische Bühne gebundene Theaterdrama oder den mit dem Wort schildernden Roman nachahmen zu wollen". Vor den „neuen, unendlichen Möglichkeiten der nur dem Film eigenen Technik", fasst Pinthus die Meinungen der Freunde zusammen, verblasst die Sprache in Wort und Schrift.[31] Weder traditionelle literarische Mittel noch der den Film deutend nacherzählende Kommentar sind dem neuen Medium adäquat. Doch birgt diese Irritation gleichzeitig eine Chance, wenn es fortan für die Schriftsteller darum gehen kann, eine „Form [zu] suchen, die in etwa aufgezeichnetes Kino ist", also vor allem „Anschauungen ohne Begriffe" zu erfinden.[32] Und obwohl dieses Programm ein Kinobuch einleitet, d.h. den Versuch nicht Lyrik oder Kurzgeschichten, sondern Filme in Worten zu versammeln,[33] sind die Parallelitäten zum ebenso programmatischen Vorwort der *Menschheitsdämmerung* augenfällig. Beide Male steht die Unterbrechung der abstrakten Zirkulation der Sprache auf dem Spiel; es geht um die Möglichkeit, scheinbar lineare Begriffsoder Erzählmuster auf ihr „Labyrinth"[34] hin zu überprüfen und sie darin zu dezentrieren: „Das Schönste im Kino ist das Wunderbare".[35] So teilt sich, was im Film zu sehen ist, ebenso (in) der Literatur mit, wenn diese beginnt, die „Um-Wirklichkeit zur Un-Wirklichkeit aufzulösen."[36]

Jakob van Hoddis Gedicht unter dem Titel *Kinematograph,* das keine Aufnahme in die *Menschheitsdämmerung* fand, zeigt dies gleichwohl exemplarisch. Hier die erste Strophe: „Der Saal wird dunkel. Und wir sehn die Schnellen/Der Ganga, Palmen, Tempel auch des Brahma,/Ein lautlos tobendes Familiendrama/Mit Lebemännern dann und Maskenbällen."[37] Da van Hoddis die Übergänge seines Textes abrupt montiert, fällt die Reihung aus dem Rahmen: Bezieht sich „Schnellen" noch auf „Ganga", d.h. sind folglich die Stromschnellen des Ganges gemeint? Müsste es dann aber nicht *des*

Ganga heißen? Demnach gehört „Ganga" doch zu der Zeile, in der das Wort steht, zu deren ‚indischen Panorama'? Sind die „Schnellen" dann diejenigen, die zu spät kamen und sich nun beeilen, im Kinosaal ihre Plätze zu erreichen? Was haben Ganges, Palmen und Tempel mit einem Familiendrama bzw. dieses wiederum mit Maskenbällen gemein? Schon eine kurze Lektüre dieser wenigen Worte (Sätze?) macht deutlich: Möglich und wahrscheinlich ist vieles, sicher nichts. In diesem Sinne steht das Gedicht für eine Sprache, die das Korsett kausaler Verkettung abwirft. Doch geschieht das nicht einfach so. „Der Saal wird dunkel", der gewohnte Ort der Sprache prekär, weil diese ‚ins Kino gegangen' ist. Jedoch greift van Hoddis' Text darin mitnichten nur eine Kino-Erfahrung auf, sondern parodiert in seiner lakonischen Beiläufigkeit „auch die literarische Erbschaft eines Stefan George, der Reim, Rhythmus und dichterische Sprache insgesamt zu einer sakralen Sphäre hinaufstilisierte."[38] So kann die filmische Schreibweise, die Pinthus seinen Autoren aufgibt und nachsagt, zum Merkmal einer anderen Sprache werden, insofern jene diese ‚unter Strom' setzt. Ihr Einsatz dabei ist, bestehende Strukturen im Ein- und Zwischenschalten eines Bewegungs-Bildes zu verfremden, um an ihnen zu arbeiten.

In diesem Sinne stehen filmische Schreibweisen rigorosen und daher schon wieder abstrakten Reinheitsgeboten sowohl auf Seiten des Films als auch auf denen der Literatur gegenüber: Indem sie weder die Differenz des Films unterstreichen noch die der Literatur beschwören,[39] öffnen sie einerseits einen Übergang, um andererseits mit ihm auf der Schwelle zu bleiben. Auf diese Weise bahnen filmische Schreibweisen den Weg für eine dauerhafte Produktivität des neuen Mediums im alten. Darin tritt die Literatur nicht in den Schatten des Films, sondern tut es ihm auf eigene Art gleich: „Der Filmsehende", wird Bertolt Brecht 1930 über diese Entwicklung schreiben, „liest Erzählungen anders. Aber auch der Erzählungen schreibt, ist seinerseits ein Filmesehender." So bringt die „Verwendung von Instrumenten" den „Romanschreiber, der sie selbst nicht verwendet, dazu, das, was die Instrumente können, ebenfalls können zu wollen, das, was sie zeigen

[38] Silvio Vietta/Hans Georg Kemper: *Expressionismus*. München ²1983, S. 126.

[39] Vgl. zu ersterem Bela Balázs: „Feinheit und Kraft des Ausdrucks machen den Dichter. Feinheit und Kraft der Bildwirkung machen die Kunst des Films aus. *Darum hat er nichts mit der Literatur zu schaffen.*" (ders.: *Der sichtbare Mensch oder die Kultur des Films*. Frankfurt a.M. 2001, S. 26), zu letzterem Franz Pfemfert: Die „Fackelträger [gemeint ist u.a. die neueste Dichtung; G.S.] der Kultur eilen zur Höhe. Das Volk aber lauscht unten dem Geklapper des Kino und legt seinem Phonographen eine neue Walze auf …" (ders.: Kino als Erzieher. In: Kaes: *Kino-Debatte* [Anm. 17], S. 59-62 [hier: S. 62]). – Jahrzehnte später liest sich das so: „Seit 1895 treten auseinander: ein bilderloser Letternkult namens E-Literatur auf der einen Seite und auf der anderen lauter technische Medien, die wie Eisenbahn oder Film die Bilder motorisieren. Literatur versucht gar nicht erst mehr, mit den Wundern der Unterhaltungsindustrie zu konkurrieren. Sie gibt ihren Zauberspiegel an Maschinen ab." (Friedrich A. Kittler: Romantik – Psychoanalyse – Film: eine Doppelgängergeschichte. In: ders.: *Draculas Vermächtnis. Technische Schriften*. Leipzig 1993, S. 81-104 [hier: S. 91]).

Film und Roman

[40] Ders.: Der Dreigroschen-prozess. In: *Gesammelte Werke* Bd. 18. Frankfurt a.M. 1967, S. 156f.

[41] Paech: *Literatur und Film* (Anm. 23), S. 126 (vgl. auch ebd., S. 130).

[42] Näheres zu Joyce und Dos Passos findet sich ebd., S. 140-144.

[43] Walter Benjamin: Krisis des Romans. In: *Gesammelte Schriften* (hg. von Rolf Tiedemann u.a.) Bd. III. Frankfurt a.M. 1991, S. 230-236 (hier: S. 232).

[44] Alfred Döblin: An Romanautoren und ihre Kritiker. Berliner Programm. In: *Ausgewählte Werke in Einzelbänden* (hg. von Anthony W. Riley u.a.): *Schriften zu Ästhetik, Poetik und Literatur.* Olten/Freiburg im Breisgau 1989, S. 119-123 (hier: S. 119); alle folgenden Zitate S. 120f.

(oder zeigen könnten), zu jener Realität zu rechnen, die seinen Stoff ausmacht, vor allem aber seiner eigenen Haltung beim Schreiben den Charakter des Instrumentenbenützens zu verleihen."[40]

Filmische Schreibweise

Das Etikett ,filmischer Schreibweise' wird im engeren Kontext des Medienumbruchs um 1900 zumeist drei Romanen aufgeprägt, die u.a. deshalb als Keimzelle moderner Epik gelesen werden, weil es sich dort um die erzählerische Wiedergabe des *„durch das Hyper-Dispositiv Film-Kino-Großstadt"* strukturierten *„Blicks auf die Wirklichkeit"* handelt.[41] Gemeint sind James Joyce' *Ulysses* (1922), John Dos Passos *Manhattan Transfer* (1925) und Alfred Döblins *Berlin Alexanderplatz* (1929). In der Folge meiner bisherigen Orientierung an der deutschsprachigen Literatur möchte ich mich dem letzteren zuwenden.[42]

„Stilprinzip dieses Buches", notiert Walter Benjamin in seiner Rezension, „ist die Montage. Kleinbürgerliche Drucksachen, Skandalgeschichten, Unglücksfälle, Sensationen von 28, Volkslieder, Inserate schneien in diesen Text. Die Montage sprengt den ,Roman', sprengt ihn im Aufbau wie auch stilistisch, und eröffnet neue, sehr epische Möglichkeiten."[43] Damit ist die künstlerische Praxis des Romans, sein „Stilprinzip", prägnant umrissen und vorgestellt. Darüber hinaus, d.h. in der Setzung des Wortes ,Roman' in Anführungsstriche, wird die Position des Textes außer-/innerhalb der Tradition markiert: Der Roman ist einer und will doch, vermutet Benjamin, keiner (jedenfalls kein traditioneller) sein. Was genau heißt das?

Im vierten Jahrgang (1913/14) der von Herwarth Walden gegründeten Zeitschrift *Der Sturm* publiziert Döblin eine kurze Schrift, in der er sich für eine neue Epik ausspricht.[44] Hier polemisiert er gegen die Analysen und „Differenzierungsversuche" der „gegenwärtigen ernsten Prosaiker". In deren „Gedankenreihen" komme es allein „zu dürftigen oder hingepatzten ,Handlungen'", zu „abgeschmackten Buchstabenverbindungen", die „nie und nimmermehr als Mikroskope oder Fernrohre dienen, diese blinden Scheiben; sie können nicht zum Leitfaden einer lebennachbildenden Handlung werden." Bekannte Techniken des Sehens reichen nicht länger aus. Im Gegenteil: Sie verstellen die Sicht, da sie zu „Blicke[n] ohne Augen" mutiert sind. Diese zwanghafte Blindheit und „unkünstlerische Abstraktion" kann niemals zum Zentrum kreativen Schaffens werden.[45] Zugleich wiederholen sich in der Diagnose des Arztes Döblin die ähnlich bereits bei Hofmannsthal zu lesenden Metaphern. Aber auch die Kur, die der Doktor dem Patienten ‚Roman' verschreibt, erinnert an die des Österreichers: „Die Darstellung erfordert [...] einen Kinostil. In höchster Gedrängtheit und Präzision hat die ‚Fülle der Gesichte' vorbeizuziehen. [...] Rapide Abläufe, Durcheinander in bloßen Stichworten".[46] Die „Balkenversteifung" der Sprache als Verleugnung der ihr eigenen Komplexität lässt sich nur dann erweichen, wenn sie das Korsett der ungeschnittenen Reihenfolge oder des regelrechten Nacheinanders abwirft. Dennoch wäre ein Kinostil als bloße Übernahme des (Vor-) Bildes das falsche Mittel: Der Dichter als „Höhergebildete[r]" verlässt „das Lokal, vor allem froh, dass das Kinema – schweigt."[47] Er hat genug gesehen, genug, um anlässlich des Schweigens mit und an der Sprache zu experimentieren, d.h. die Literatur durch „frische Wendunge[n]" zu mobilisieren.[48] Allerdings: „Die Hegemonie des Autors ist zu brechen".[49] Er ist nicht derjenige, propagiert der Autor Döblin, der exklusiv über die Richtlinien des Erzählens verfügt. Der Text entsteht ebenso anderswo.

Genau diese „Entäußerung des Autors"[50] liest Benjamin aus *Berlin Alexanderplatz* heraus: „Berlin ist sein [Döblins; G.S.] Megaphon."[51] Nicht der Autor bestimmt und kontrolliert die Bahnen der Schrift, sondern diese verdichten sich gemäß der Knotenpunkte, welche die Sprache in der Spur ihrer Einbettungen vorgibt. Der Dichter „spricht aus ihr", indem ihm der Dialekt der Metropole – das „Berlinische" – den Weg weist. Von da aus auch bezeichnet das Stilprinzip der Montage, der Kinostil, keineswegs nur die Kopie einer Filmpraxis. Stattdessen bezeichnet und nutzt er eine Textur, die sich in der Schnittfolge ihrer Anschlüsse „gegen die Verschlossenheit des alten Romans kehr[t]." Die Wiedergabe von Gedankenreihen als linear verrichtete

[45] „Es hat sich in den Roman etwas eingezwängt", formuliert Döblin ca. drei Jahre später, nämlich „die Sucht" nach „klipp und klarer Problemstellung, eine abstrakte Strenge, Balkenversteifung, entschlossene Abdachung und Beendung." (ders.: Bemerkungen zum Roman. In: *Ausgewählte Werke* (Anm. 44), S. 123-127 (hier: S. 123).

[46] Ebd., S. 121f. Das Zitat stammt aus Goethes *Faust I* (vgl. dazu Harro Segeberg: Literarische Kino-Ästhetik. Ansichten der Kino-Debatte. In: Corinna Müller/ders. [Hg.]: *Die Modellierung des Kinofilms. Zur Geschichte des Kinoprogramms zwischen Kurzfilm und Langfilm 1905/06-1918* [Mediengeschichte des Films Bd. 2]. München 1998, S. 193-219 [hier: S. 211 Anm.])

[47] Alfred Döblin: Das Theater der kleinen Leute. In: Kaes (Hg.): *Kino-Debatte* (Anm. 17), S. 37f. (hier: S. 38). Vgl. auch Kap. 1.

[48] Döblin: An Romanautoren und ihre Kritiker (Anm. 44), S. 122. Vgl. auch Segeberg: Literarische Kino-Ästhetik (Anm. 46), S. 212f.

[49] Döblin: An Romanautoren und ihre Kritiker (Anm. 44), ebd.

[50] Ebd., S. 123

[51] Benjamin: Krisis des Romans (Anm. 43), S. 233, folgende Zitate ebd.

Kinostil

[52] Döblin: An Romanautoren und ihre Kritiker (Anm. 44), S. 119.

[53] Ders.: Der Autor als Produzent. In: *Gesammelte Schriften* (Anm. 43) Bd. II.2, S. 683-701 (Zitierweise im folgenden durch Seitenzahlen im Text). Ob Benjamin den Vortrag tatsächlich gehalten hat, ist strittig.

[54] Ders. Das Kunstwerk im Zeitalter seiner technischen Reproduzierbarkeit (3. Fassung). In: *Gesammelte Schriften* (Anm. 43) Bd. I.2, S. 471-508 (hier: S. 478). Für eine ausführliche Lektüre dieses Textes vgl. Kap. 1 und 5.

[55] Ebd., S. 473.

Autorschaft und technische Reproduzierbarkeit

und auf einen Schlusspunkt getrimmte Spracharbeit weicht einer Differenzierung, in der das Medium als flexible und unvorhersehbare Entfaltung seiner Prozesse, Konturen und Kombinationen einen Teil der Regie übernimmt.

In diesem Sinne meint der „Charakter des Instrumentenbenützens", auf den Brecht hinsichtlich solcher Konstellationen aufmerksam macht, nicht die Reduzierung der Sprache auf ein Werkzeug, das vom Autor in der Annnahme seiner Herrschaft über dieses gebraucht wird. Zur Debatte steht hingegen, das ‚Instrument' in einer Leitfunktion zu belassen, welche die bloße Funktionalität der üblichen Konstruktionen problematisiert: „Die Tür zur Diskussion steht offen."[52]

Autor, Leser, Massenmedien

Indem die Autoren die Sprache dem Filmbild öffnen, geraten nicht allein traditionelle Strukturen des Mediums, sondern auch die Funktionen ins Schwanken, welche deren systematische Schließung flankieren und absichern. Die Erschütterung der Konvention betrifft auch deren Pole. Ein Dokument dieser Bewegung und zugleich der Versuch, ihr unsentimental und auf innovative Weise zu begegnen, ist das Skript eines Vortrags, den Benjamin 1934 am *Institut zum Studium des Faschismus* in Paris zu halten beabsichtigt.[53]

Dabei denkt Benjamin über die Möglichkeiten einer politischen Repräsentation von Autorschaft nach, die sich insbesondere den massenmedialen Bedingungen ihrer Zeit zu stellen hat: Ob und wie kann es dem Autor im Zeitalter technischer Reproduzierbarkeit gelingen, sich mit (oder gegen?) diese zu behaupten? Hat er im polyphonen Konzert des Medienorchesters noch eine Stimme und, falls das so ist, wie wäre diese allgemein hörbar zu machen? Denn da die Techniken der Reproduktion, deren „machtvollster Agent" für Benjamin der Film ist,[54] die Traditionen auratischer Kunst zertrümmern, „setzen" sie ebenso „überkommene Begriffe – wie Schöpfertum und Genialität, Ewigkeitswert und Geheimnis – […]" außer Kraft.[55] Dieser Autoritätsverlust aber hat Folgen nicht allein für die künstlerische Praxis. Auch das (Selbst-) Bild ihrer Produzenten und

Rezipienten ist, laut Benjamin, zu revidieren. Im selben Zug verweist er für die politische Brisanz der Thematik auf die Notwendigkeit, dem Faschismus auch und gerade auf dem Feld des Kunstschaffens, d.h. der von den Nazis dort in Stellung gebrachten Propaganda der ‚Entartung', entgegen zu treten: „Nicht geistige Erneuerung, wie die Fascisten sie proklamieren, ist wünschenswert, sondern technische Neuerungen werden vorgeschlagen." (691)[56]

Im folgenden verknüpft Benjamin das Problem politisch wirksamer Autorschaft mit einem des Ortes. Wo steht das Werk, das eine Intervention in bestehende Verhältnisse zum Ziel hat und wie entfaltet es seine Stoßrichtung. Was auf den ersten Blick banal erscheint, erfährt durch Benjamin jedoch eine entscheidende Wendung, wenn er zwischen zwei Möglichkeiten der Performanz unterscheidet. Will man wissen, ob ein Text politisch reaktionär oder politisch progressiv ist, ist dies keine Frage des *Zu*: Wie verhält sich ein Artefakt zu den Verhältnissen seiner Umwelt?, sondern eine Frage des *In*: Wie steht ein künstlerisches Produkt in den „gesellschaftlichen Zusammenhänge[n]" (685)? Damit wird bereits deutlich, worum es weiter geht: Die Frage nach dem *Zu* ist letztlich eine Frage der Gesinnung, sie erschöpft sich in inhaltlichen Gesichtspunkten und verliert alles andere aus dem Blick. Die Frage nach dem *In* aber verfährt grundsätzlicher. Sie gestattet den Vergleich auf einer breiteren Basis, insofern sie nicht reflexartig auf eine Gesinnung schielt, sondern vor allem eine Verfahrenstechnik beobachtet.[57] Das Problem der Technik ist für Benjamin deshalb von so großer Bedeutung, weil mit ihm die herkömmlichen Interpretationsschemata hinfällig werden, deren Instrumentarium spätestens angesichts des Faschismus fragwürdig geworden ist. Denn fragt man nach der Gesinnung eines Textes, fragt man immer auch nach dessen Autor, d.h. man geht davon aus, dass erst ein ‚richtig' gesonnener Autor einen ebensolchen – glaubwürdigen – Text verfassen kann. Exakt diese Verhaftung von Autorschaft ist jedoch für den Faschismus von höchster Bedeutung, wenn er propagiert, dass jedwede ‚Entartung' der Kunst aus einer ‚Entartung' der Künstler (ihrer anderen ‚Rassezugehörigkeit', ihrer ‚Asozialität' etc.) hervorgehe.

[56] Die folgende Lektüre von Benjamins Text hält sich an meinem Beitrag: Autorschaft zwischen Ethik und Politik. Benjamin – Brecht – Foucault. In: *Navigationen* 2/2002, S. 15-31 (hier: S. 18-23).

[57] „Zugleich stellt der Begriff der Technik den dialektischen Ansatzpunkt dar, von dem aus der unfruchtbare Gegensatz von Form und Inhalt zu überwinden ist." (686)

Verhaftete Autoren

58 Dieser Satz findet sich ebenfalls in Benjamins *Kunstwerkaufsatz.*

59 Vgl. dazu auch Josef Fürnkäs: *Surrealismus als Erkenntnis. Walter Benjamin – Weimarer Einbahnstraße und Pariser Passagen.* Stuttgart 1988, S. 248f.

Offenheit der Schrift/Umbruch eines Verhältnisses (Autor/Leser)

Jener gewaltsamen Verkoppelung des Werks mit seinem Autor entzieht nun der Begriff der Technik den Boden, insofern er das Moment der Autorschaft vorerst beiseite lässt. Im Zentrum der Analyse steht der Text selbst, d.h. das Verfahren mit dem er sich an den Leser wendet. In dieser funktionalen (Er-) Öffnung als Primärannahme einer Medialität auch der künstlerischen Produktion lässt diese sich an die der Massenmedien annähern und es gehen der Lektüre wiederum Kategorien verloren, die für sie unbrauchbar sowie politisch zweideutig geworden sind. Literarische Gattungs- oder Formbegriffe sind, so Benjamin, von der Hand zu weisen, wenn sie sich nicht an einer allgemeinen Schriftkultur – „Literarisierung der Lebensverhältnisse" (688) – messen lassen, deren lebendiger Schauplatz und Beispiel die modernen Massenmedien – „Film und Rundfunk, Presse und Photographie" (697) – sind: „[I]ch", wendet sich Benjamin seinen Zuhörern zu, möchte „Sie darauf hinweisen, von einem wie umfassenden Horizont aus man die Vorstellungen von Formen oder Gattungen der Dichtung an Hand von technischen Gegebenheiten unserer heutigen Lage umdenken muss, um zu jenen Ausdrucksformen zu kommen, die für die literarischen Energien der Gegenwart den Ansatzpunkt darstellen." (687) Gegen einen literaturhistorischen Kanon, der immer noch von einem elitären Grundzug durchzogen ist und eine Autorfiktion hofiert, die problematisch ist, weil sie die Sonderheit der Dichtung an eine Sonderheit der schöpferischen Intelligenz knüpft, macht Benjamin ein Schrifttum stark, in dem der „Lesende" jederzeit „bereit" ist, ein „Schreibender" zu werden:[58] Da in der neuen Medienlandschaft „das Schrifttum an Breite gewinnt, was es an Tiefe verliert, beginnt die Unterscheidung zwischen Autor und Publikum [...] zu verschwinden." (beide Zitate: 688).[59]

In diesem, so Benjamin, „gewaltigen Umschmelzungsprozess" (687) verliert der Autor seinen privilegierten Ort. Er verschwindet am Platz der Etikettierungen, die im Dichter eine Ausnahmeerscheinung der Schreib- und Lesekultur erkennen wollen, um als „Produzent" (693) zurückzukehren. Keimzelle dieser Verschiebung ist für Benjamin eine Offenheit der Schrift als Zerfall der Autor-Leser-Hierarchie. Dort

kann ein Schriftsteller sich nicht mehr auf die Behauptung einer politisch oder künstlerisch hervorragenden
Begabung oder Gesinnung verlassen.[60] Er ist mit der
Dynamik einer unendlichen Transformationsarbeit
des Textes – „Literarisierung aller Lebensverhältnisse"
(694) – konfrontiert. So muss er eine Technik entwickeln, mit der er sich innerhalb dieser Verhältnisse zu
orientieren weiß. Dabei beinhaltet diese Wandlung des
Autors zum Produzenten keineswegs den Verzicht auf
eine künstlerische Praxis oder Differenz, es geht nicht
um die Einebnung „literarische[r] Tendenz" (684) im
schlichten Lob der Massenmedien und Massenkom-
patibilität. Zur Debatte steht vielmehr die Verabschiedung des Phantasmas von Autorschaft als Ort eines
authentischen Sprechens zugunsten einer, Benjamin zitiert Brecht, sprachtechnisch grundierten „Umfunktio-
nierung" (691) dieses Ortes. An die Stelle der Idee einer
direkten Übertragung ‚innerer Notwendigkeit' auf den
Text, aus dem jene dann auch wieder direkt herausge-
lesen werden kann, tritt das Merkmal medialer Differenz, in dem sich die Schrift dem Leser offen darbietet:
„[D]as Montierte unterbricht ja den Zusammenhang, in
welchen es montiert ist." (697f.) So verweist es diesen
in seiner Stellungnahme zum Text auf eine Eigenleistung, die doppelt codiert ist. Auf der einen Seite ist die
Schrift Umschlagplatz zwischen Autor und Leser und
umgekehrt: Da sich die Lektüre durch eine Leistung
des Lesers kennzeichnet, die nicht notwendig durch
eine Autorintention vorbestimmt ist, wird der Lesende
selbst zum Autor. Auf der anderen Seite teilt der Leser
die Verantwortung des Dialogs; insofern er Stellung
bezieht, bestimmt und erfährt er seine Position im Produktionsprozess: „Also ist maßgebend der Modellcharakter der Produktion, der andere Produzenten erstens
zur Produktion anzuleiten, zweitens einen verbesser-
ten Apparat ihnen zur Verfügung zu stellen vermag.
Und zwar ist dieser Apparat um so besser, je mehr er
Konsumenten der Produktion zuführt, kurz aus Lesern oder aus Zuschauern Mitwirkende zu machen
imstande ist." (696). Falls die literarische Tendenz auf
diese Weise stimmt, stimmt, schreibt Benjamin, auch
die „politische Tendenz" (685), da erstere den Rezipienten nicht kalt lässt oder auf ein reines Genießen hin

[60] Vgl. Benjamins Kritik an Döblin (690f.).

Politische Tendenz

[61] Ders.: *Die magischen Kanäle / Understanding Media*. Übersetzt von Meinrad Amann. Basel 1994, S. 261.

[62] Vgl. dazu auch Michael Wetzel: Autor/Künstler. In: Karlheinz Bark u.a. (Hg.): *Ästhetische Grundbegriffe* Bd. 1. Stuttgart/Weimar 2000, S. 480-544 (hier: S. 539).

[63] Zum Rundfunk vgl. Kap.2, zur Problematik ‚der Massenmedien' Kap. 2, 5 und 6. Zur Interaktion von Literatur und Massenmedien vgl. in direktem Anschluss an Benjamin Hans Magnus Enzensberger: Baukasten zu einer Theorie der Medien. In: *Kursbuch* 20/1970, S. 159-186 sowie Natalie Binczek/ Nicolas Pethes: Mediengeschichte der Literatur. In: Helmut Schanze (Hg.): *Handbuch der Mediengeschichte*. Stuttgart 2001, S. 282-315 (hier: S. 305-309).

[64] Michel Foucault: Was ist ein Autor? Übersetzt von Hermann Kocyba. In:*Schriften in vier Bänden/Dits et Écrits* [hg. von Daniel Defert u.a.] Bd. I 1954-1969. Frankfurt a.M. 2001, S. 1003-1041 (hier: S. 1015).

[65] Metz: *Semiologie des Films* (Anm. 21), S. 41. Vgl. dazu aktuell Alexander Böhnke: Holly's Body. In: *Navigationen* 1, 2/2004, S. 133-140.

[66] Ders.: Der Tod des Autors. Übersetzt von Matias Martinez. In: Fotis Jannidis u.a. (Hg.): *Texte zur Theorie der Autorschaft*. Stuttgart 2000, S. 185-193.

[67] Vgl. Fotis Jannidis u. a. (Hg.): *Rückkehr des Autors. Zur Erneuerung eines umstrittenen Begriffs*. Tübingen

ausrichtet. Insofern die literarische Tendenz ihn aktiv einbezieht, lässt sie ihn teilhaben und fordert ihn sowie den Autor auf, „seine Stellung im Produktionsprozesse sich zu überlegen." (699). Das gedruckte Wort als, so McLuhan, „Baumeister des Nationalismus" beginnt,[61] sich zu demokratisieren. Was folgt daraus?

„*Ein Autor, der die Schriftsteller nichts lehrt, lehrt niemanden.*" (696) So umreißt Benjamin die Aufgabe des Autors als Produzenten und erklärt sie mit dem Modellcharakter einer Produktion, die, indem sie zusammensetzt statt aufzufädeln, konstruktiv unterbricht. Dies, insofern sie einerseits ihr Publikum zur Intervention anspornt sowie andererseits eine Diskussion über diese Produktion entfacht, in der die bestehenden Verhältnisse sich im allgemeinen verfremden und darin am Produktionsapparat gearbeitet werden kann.[62] Entscheidend ist, den „Produktionsapparat" nicht zu „beliefern, ohne ihn zugleich […] zu verändern." (691) In diesem Sinne schlägt Benjamin für die Literatur einen Ort vor, der sich zu den vertrauten Fixierungen des Literatursystems doppelt asymmetrisch verhält: Er entzieht sich einer systematischen Schließung und denunziert diese Öffnung nicht als Defizit, sondern nimmt sie als konstitutive wie konstruktive Bedingung der Produktion an.

Mit Benjamins Text wäre die Perspektive des Medienumbruchs in der Literatur von der des Films auf die der anderen Massenmedien – Presse und Rundfunk – auszudehnen.[63] Darüber hinaus klingt dort (und, wie gesehen, auch bei Brecht oder Döblin) jene Kritik an einer überholten „Autor-Funktion" an,[64] die in Beiträgen von Roland Barthes, Foucault oder Metz ihre prominente Fortsetzung finden wird: Die „Filme", die „während ihrer industriellen oder handwerklichen Herstellung von Hand zu Hand gegangen sind, die vielen Radio- oder Fernsehsendungen, die von einem ganzen Team […] zusammengebastelt worden sind etc. … – kurz, alle[s] Erzählungen ohne Autor, zumindest in dem Sinne, den dieses Wort in der Tradition der ‚humanistischen Kultur' besitzt."[65] Zum ‚Slogan' dieser bis heute fortgesetzten Debatten ist dann der Titel eines Essays von Barthes – *Der Tod des Autors*[66] – avanciert.[67] Doch signalisieren schon die Gründungstexte der Diskussion, dass im Umgang mit diesem Schlagwort Vorsicht geboten ist: „Die Auslöschung des Autors ist für die Literaturkritik [...] zu einem gängigen Thema geworden. Das Wesentliche besteht indes nicht darin, ein weiteres Mal sein Verschwinden zu konstatieren; es gilt vielmehr, [...] die Orte ausfindig zu machen, an denen seine Funktion ausgeübt wird."[68] Mit anderen Worten: „Es geht [bei Barthes und Foucault; G.S.] um den Tod der Wertvorstellung Autor im Sinne ihrer Überlebtheit als eine auf bestimmte historische Rahmenbedingungen begrenzte Kategorie."[69] Zugleich gilt dies nicht zuletzt auch für jene ‚Renovierung' des Autors im ‚Autorenfilm' des Nachkriegseuropas, der unter dem Primat einer *caméra stylo* antritt.[70]

Medienumbruch um 1900: Von der ‚Sprachkrise' zum ‚Tod des Autors'?

Lässt sich der hier vorgelegte Überblick unter dieser Schlagzeile resümieren? Wohl kaum in jeder Hinsicht. Doch ist eine Generallinie damit durchaus zutreffend beschrieben.[71] Was die Klage des Lord Chandos eindrücklich formuliert, findet in den Literaturdebatten zu Anfang des 20. Jahrhunderts ein breites Echo. Dabei beobachten die Autoren zunächst zweierlei: Zum einen plagt sie ein Unbehagen in und an der Sprache, die sie zum Messinstrument erniedrigt und daher in ihrer möglichen Vielstimmigkeit und Reichweite beschnitten sehen. Zum anderen sind sie mit einem Bewegungs-Bild konfrontiert, das, obwohl stumm, all diese Mannigfaltigkeit einzufangen scheint. Solche Verunsicherung durch ein doppeltes Schweigen motiviert nun das Begehren nach einer wiederum zwiefachen Erweiterung. Einerseits soll die Fessel des alten Mediums, die dort, nach Döblin, verspürte „[E]ingezwängt[heit]" gesprengt, andererseits darin nicht hinter die Qualitäten des neuen Mediums zurückgegangen werden: Auf diese Weise, propagiert es das avantgardistische Programm, könnten sich Literatur und Film verschränken, ohne das die erstere zum Vehikel des letzteren verkäme: Die Erprobung neuer Schreibweisen nähert sich dem Film, indem sie sich verstärkt auf eine Dynamik und Komplexität der eigenen Mittel besinnt. Darin beabsichtigt

1999 und Heinrich Detering (Hg.): *Autorschaft. Positionen und Revisionen* (DFG-Symposion 2001). Stuttgart, Weimar 2002.

[68] Foucault: Was ist ein Autor? (Anm. 64), S. 1003.

[69] Wetzel: Autor / Künstler (Anm. 62), S. 481.

[70] Vgl. dazu zuletzt Michael Wetzel: Autor – Film – Schrift: *Passages de l'image*. In: *Sprache und Literatur* 1-2/2003, S. 141-150 (hier: S. 146-148).

[71] Vgl. dazu auch Helmut Schanze: Vom Werk des Autors zum Werk des Nutzers. In: ders., Peter Ludes (Hg.): *Qualitative Perspektiven des Medienwandels. Positionen der Medienwissenschaft im Kontext „Neuer Medien"*. Opladen 1997, S. 189-197.

Neue Schreibweisen

[72] Binczek/Pethes: Mediengeschichte der Literatur (Anm. 63), S. 300.

[73] Helmut Schanze: Integrale Mediengeschichte. In: ders. (Hg.): *Handbuch der Mediengeschichte* (Anm. 63), S. 207-280 (hier: S. 253f.).

[74] Wetzel: Autor/Künstler (Anm. 62), S. 483.

[75] Benjamin: Der Autor als Produzent (Anm. 53), S. 687.

[76] Ebd., S. 693.

[77] Ebd., S. 686. Zum ‚operierenden Schriftsteller' in exakt diesem Sinne vgl. auch Siegfried Kracauer: Der ‚operierende' Schriftsteller. Zu Tretjakovs Buch: „Feldherrn". In: *Schriften* Bd. 5.3 (hg. von Inka Mülder-Bach). Frankfurt a.M. 1990, S. 26-29.

[78] Wetzel: Autor/Künstler (Anm. 62), S. 497.

[79] Ders.: An Romanautoren und ihre Kritiker (Anm. 44), S. 122 (vgl. dazu auch Segeberg: Literarische Kino-Ästhetik [Anm. 46], S. 213).

[80] Jacques Derrida: Signatur Ereignis Kontext. Übersetzt von Donald Watts-Tuckwiller In: ders.: *Randgänge der Philosophie*. Wien 1988, S. 291-314 (hier: S. 313).

die „medienreflexive Literatur mit einer Tradition zu brechen, für die der ‚tote' Buchstabe nur ein Hilfsmittel zur Proliferation des lebendigen Geistes ist."[72] Brechts „Charakter des Instrumentenbenützens" oder Döblins „Kinostil" treten mithin keineswegs für eine Kopie des Neuen im scheinbar ewig Gestrigen ein oder als solche auf. Dagegen optieren sie für ein Umfunktionieren des Schauplatzes des alten Mediums, wenn sie es dem Ort des neuen aussetzen: „War das Gutenbergzeitalter noch ein Zeitalter, in dem sich die Rückkehr zur Mündlichkeit und zur Theatralität romantisch (d.h. in Buchform) formulieren ließ", so ist nun, mit den „neuen Graphien", auch eine „Neubestimmung der Aufgaben des Schriftstellers notwendig."[73]

Damit gehören zu diesem Übergang noch andere Zäsuren. Benjamin, der „als einer der ersten diesen epochalen Bruch problematisiert" erläutert es so:[74] „Dies alles, um Sie mit dem Gedanken vertraut zu machen, dass wir in einem gewaltigen Umschmelzungsprozess literarischer Formen mitten innestehen, […] in dem viele Gegensätze, in welchen wir zu denken gewohnt waren, ihre Schlagkraft verlieren könnten."[75] Nicht allein handelt es sich dabei um eine Niederlegung der „Schranke zwischen Schrift und Bild",[76] zwischen Inhalt und Form. Auch die Achse zwischen dem Autor und seinem Publikum ist in der Epoche der Massenmedien neu zu justieren. Denn der „operierende Schriftsteller" ist kein Dichter im klassischen Sinne.[77] Er hat mit seiner „Verklärung" als ‚'Künstler-Philosoph'", „Misanthrop" oder genialischer „Sonderling" nichts zu schaffen.[78] An Stelle dessen, gibt Benjamin die Route vor, adressiert er sich dem Leser mittels eines medientechnisch informierten Verfahrens. Dieses lädt jenen zur produktiven Teilhabe am Akt des Schreibens ein. Das Gewebe der Schrift verlangt somit nicht sofort nach einer Definitionshoheit, sondern markiert ein und entspricht einem Intermezzo des Anderen: „[I]ch bin nicht ich", schildert Döblin die Situation, „sondern die Straße, die Laternen, dies und dies Ereignis, weiter nichts."[79] Indem die Signatur als namhafte Identifizierung des Autors sowie als Schlusspunkt und Besiegelung des Textes damit ihr „Siegel spaltet",[80] gibt sie jener „Sprache, in welcher die stummen Dinge zu mir sprechen" Raum, die Hofmannsthals Lord Chandos beunruhigt und am Herzen liegt. Mit dem Zwischenspiel gerät alles in Bewegung. Das ist die Spur, in der sich der Medienumbruch um 1900 sowohl der ‚Sprachkrise' als auch dem ‚Tod des Autors' verbindet.

4. Drähte zur Seele

Metropolis

Das moderne Leben verwirklicht sich in den Groß-
städten. Sie bilden die Knotenpunkte des Verkehrs, die
Umschlagplätze der Information und Ökonomie, den
Pulsschlag der Politik, die Zentren der Kultur. In ih-
nen kulminieren die Facetten des Sozialen zu Ballungs-
räumen, die ihren Einwohnern besondere psychische
Anstrengungen abverlangen. So etwa beurteilt Georg
Simmel die Lage zu Anfang des 20. Jahrhunderts und
ergänzt: „Die psychologische Grundlage, auf der der
Typus großstädtischer Individualitäten sich erhebt, ist
die *Steigerung des Nervenlebens*, die aus dem raschen
und ununterbrochenen Wechsel äußerer und innerer
Eindrücke hervorgeht."[1] Dabei liegt der Kern dieser
Steigerung, argumentiert Simmel weiter, im Wesen des
Geld- und Warentauschs beschlossen. Wo immer die
Bewegung des Geldes im Spiel ist, setzen sich „rücksichtslose Härte" und endlose Routine durch. Und da
die Metropolen die Drehscheiben dieses Netzwerkes
herstellen – „[d]ie moderne Großstadt aber nährt sich
fast vollständig von der Produktion für den Markt"
– sind sie auch die bevorzugte Heimstatt einer Mentalität der Steigerung, die Simmel als allgemeine wie folgt
ausweist: „Der moderne Geist ist mehr und mehr ein
rechnender geworden. Dem Ideale der Naturwissenschaft, die Welt in ein Rechenexempel zu verwandeln,
jeden Teil ihrer in mathematischen Formeln festzulegen,
entspricht die rechnerische Exaktheit des praktischen
Lebens, die ihm die Geldwirtschaft gebracht hat". Die
Zerlegung der Lebenswelt in exakt bemessene Interes-
sensspielräume, d.h. ihre Ausdifferenzierung, fordert
und fördert ein Bewusstsein, welches ebenfalls einem
Differenzkalkül gehorcht und folgt. Dort erweist sich
die Logik der Naturwissenschaft nicht nur als alltägliche Praxis, sie unterwirft sich zudem ihrer Optimierung nach den Regeln der Geldwirtschaft:[2] Der „Geist"
klinkt sich in die Steigerungen ein, denen er ausgesetzt
ist. So mutiert der Mensch endgültig zum Spielball der
Operationen, die er um sich herum ins Werk setzt; er
findet sich nicht allein mit seiner Entwurzelung aus

[1] Ders.: Die Großstädte
und das Geistesleben. In:
Gesamtausgabe (hg. von
Ottheim Rammstedt) Bd. 7.
Frankfurt a.M. 1995, S. 116-
131 (hier: S. 116; folgende
Zitate S. 117-119).

[2] „Sind solche Taxonomi-
en", akzentuiert Stefan Rieger seine Simmellektüre,
„deren Ausgangsdaten im
Experiment erhoben wer-
den und deren Systemati-
sierung durch Anwendung
statistischer   Verfahren
(Feststellen von Häufigkei-
ten, Mittelwertbildungen
u.a.) vollzogen wird, erst
einmal erstellt, ist die Dif-
ferenzfähigkeit des Unter-
schiedswesen Mensch nicht
nur theoretisch behauptbar,
sondern operationalisier-
bar geworden. Steigerung,
Formalisierung und Dif-
ferenzierung ergeben eine
Matrix der Ökonomie, die
der Ausdifferenzierung eine
universale Entdifferenzierung entgegenhält: Alles ist
auf Kategorien wie Effizienz, Energie und Evolution
zurückzuführen." (ders.:
Steigerungen. Zum Verhältnis von Mensch, Medium,
Moderne. In: Gerhart von
Graevenitz [Hg.]: *Konzepte
der Moderne* [DFG-Sympo-
sion 1997]. Stuttgart/Wei-
mar 1999, S. 417-439 [hier:
S. 420]).

Steigerung

³ Simmel: Die Großstädte und das Geistesleben (Anm. 1), S. 125 (folgende Zitate S. 121f.).

⁴ Ders.: Der Autor als Produzent. In: *Gesammelte Schriften* (hg. von Rolf Tiedemann u.a.) Bd. II.2. Frankfurt a.M. 1991, S. 683-701 (hier: S. 699). Für eine ausführliche Lektüre dieses Textes vgl. Kap. 3.

Begutachtung

den Zusammenhängen der Gemeinschaft ab – da er sich psychisch umgestellt hat, erscheint sie ihm erstrebenswert. Der „Großstädter, in die Kleinstadt versetzt", empfindet eine „Beengung" seiner sonstigen Freiheiten und Möglichkeiten.³ Die Steigerung des Nervenlebens, welche die urbane Kultur bietet, fehlt ihm: Obwohl das großstädtisch „maßlos[e] Genussleben blasiert macht, weil es die Nerven so lange zu ihren stärksten Reaktionen aufregt, bis sie schließlich überhaupt keine Reaktion mehr hergeben", ist hinsichtlich des Primats der Steigerung jede Umkehr ausgeschlossen. Trotz drohender Ermattung wird weiter am Karussell der Waren, Genüsse und Reize gedreht.

Jene paradoxe Selbstdressur des Menschen als dessen freiwillige Auslieferung an einen „Generalnenner aller Werte", der diese Werte ebenso „[aus]höhlt", motiviert nun das Interesse, diese Zustände differenziert – gemäß ihrer Eigenlogik – in den Blick zu nehmen: „Der heutige Mensch;", bringt Walter Benjamin den Ausgangspunkt sowie die Methode auf den Punkt, „ein reduzierter also, in einer kalten Umgebung kaltgestellter. Da aber nur dieser uns zur Verfügung steht, so haben wir Interesse, ihn zu kennen. Er wird Prüfungen unterworfen, Begutachtungen."⁴ Dabei werden sich, dies wird im folgenden zu zeigen sein, innerhalb dieser Begutachtungen vor allem zwei Tendenzen herausstellen. Einerseits ermöglicht jene Überprüfung vor dem Hintergrund der Optimierung und mit Hilfe der dort eingesetzten Mittel (Differenzierung, Statistik, Automatisierung) die Aufzeichnung eines Menschen (-bildes), der (das) gerade im Unwägbaren seines Nervenlebens an die Grundsätze der Ökonomie angepasst oder anpassbar erscheint. Andererseits neigen die Versuche, den Menschen nicht länger als selbstbewussten Herrn seiner Verhältnisse zu begreifen dazu, ihn an ihm eigene Horizonte eines Anderen zu verweisen, das die Logik der Rechenmaschinen auch unterläuft. Für beide Stoßrichtungen aber gilt, dass sie von der Nervosität der Metropole, d.h. der Steigerung und damit der An- und Auffälligkeit des Nervenlebens in ihr, entscheidende Impulse empfangen. Dabei sind sie mit Techniken konfrontiert (oder arbeiten mit ihnen), die in Simmels Abriss zwar keine Erwähnung finden, dennoch aber wesentlich zu dem *„Hyper-Dispositiv"* Großstadt gehören,[5] dass der Soziologe beschreibt. Neue „Medien werden in diesem Prozess Daten erheben, speichern, exponieren, korrelieren und so ein neues Wissen vom Menschen ermöglichen. Wenn Kinematographen motorische Besonderheiten und Phonographen Spracheigentümlichkeiten aufzeichnen, treten in diesem Prozess Beobachtung und Bemessung psychischer Systeme und diese damit selbst in das Zeitalter ihrer technischen Reproduzierbarkeit."[6]

Photographische Klinik (Charcot) und Psychoanalyse (Freud)

Im Oktober 1885 reist Sigmund Freud nach Paris. Der junge Privatdozent hat ein Stipendium erhalten, das er für einen Aufenthalt an der Salpêtrière zu nutzen gedenkt. Direktor dieses Krankenhauses in der französischen Hauptstadt ist der Neuropathologe Jean-Martin Charcot, dessen außerordentlicher Ruf und dessen Publikationen und Vorlesungen zur Hysterie europaweit Aufsehen erregen. Freud stellt sich dem Arzt vor und darf bleiben. Bis Februar 1886 studiert er an der Salpêtrière, um seine Kenntnisse im Umgang mit dem „Rätsel der Hysterie" zu vermehren.[7] Was konnte er dort beobachten?

Der psychiatrischen Praxis Charcots geht mediengeschichtlich die Erfindung der Photographie voraus.[8] Ihr Aufzeichnungsverfahren erlaubt zum ersten Mal die Aufnahme von Bildern, deren dokumentarischer Wert unmittelbar einsichtig erscheint. Davon fasziniert, stattet Charcot seine Klinik mit einem photographischen Dienst aus.[9] Dieser bekommt den Auftrag, die Forschungsreihen und Konsultationen des Arztes mit der Kamera festzuhalten. Dafür fertigt der Photograph Albert Londe eine Technik, die es in der Nutzung von Kameras mit mehreren Objektiven erlaubt, sukzessive Momentaufnahmen herzustellen. Somit ist es möglich, medizinische Versuchsanordnungen beinahe filmisch aufzunehmen.[10] Mehr noch: *„Die photographische Platte ist die wahre Netzhaut des Gelehrten [...]. Zunächst ist sie dazu* bestimmt, die Beobachtung zu vervollständigen, dieses Werk, das unter der Sorgfalt der Mediziner errichtet

[5] Joachim Paech: *Literatur und Film*. Stuttgart / Weimar ²1997, S. 126.

[6] Rieger: Steigerungen. Zum Verhältnis von Mensch, Medium, Moderne (Anm. 2), S. 423.

[7] Sigmund Freud: Charcot. In: *Gesammelte Werke* (hg. von Anna Freud u.a.) Bd. I. Frankfurt 1999, S. 19-35 (hier: S. 31).

[8] Für das folgende vgl. auch vom Verf.: Medienpsychologie. In: Helmut Schanze (Hg.): *Handbuch der Mediengeschichte*. Stuttgart 2001, S. 96-118 (hier: S. 98-100).

[9] Vgl. Georges Didi-Huberman: *Erfindung der Hysterie. Die photographische Klinik von Jean-Martin Charot.* Übersetzt von Silvia Henke u.a. München 1997, S. 55-58.

[10] „Der Charcot-Mechaniker und Rolleiflex-Erfinder Albert Londe baute schon 1883 eine Kamera mit 9 oder 12 Objektiven, die auf Kommando eines Metronoms hin sukzessive Momentaufnahmen, also Filme avant la lettre lieferte. Objekt dieser Zerhackung: die Hysterikerinnen der Salpêtrière". (Friedrich A. Kittler: Romantik – Psychoanalyse – Film: eine Doppelgängergeschichte. In: ders. *Draculas Vermächtnis. Technische Schriften*. Leipzig 1993, S. 81-104 (hier: S. 94).

[11] Londe zit. nach Didi-Huberman: *Erfindung der Hysterie* (Anm. 9), S. 42f.

[12] Ders.: *Charcot* (Anm. 7), S. 30.

[13] Ebd.

[14] Vgl. Silvia Henke/Martin Stingelin/Hubert Thüring: Hysterie – Das Theater der Epoche. In: Didi-Huberman: *Erfindung der Hysterie* (Anm. 9), S. 359-383 (hier: S. 365).

[15] Vgl. Didi-Hubermann: *Erfindung der Hysterie* (Anm. 9), S. 113-115.

Hysterie

wurde und das alle Auskünfte über die Vorgänger und den aktuellen Zustand des Kranken enthält. [...] Man kann sogar sagen, dass in vielen Fällen ein einfacher, die Augen ansprechender Abzug viel mehr erzählt als eine vollständige Beschreibung."[11] Damit betont der Photograph das Programm, dem sich auch der Psychiater verpflichtet fühlt. In diesem Sinne widmet sich Charcot vor allem der Hysterie, die als psychische Krankheit die medizinische Diagnostik jener Zeit vor das eigentümliche Problem ihrer fehlenden organischen Ursache gestellt hatte: „Es hieß", schreibt Freud, „bei der Hysterie ist alles möglich, und den Hysterischen wollte man nichts glauben."[12] Hier will Charcot nun Abhilfe schaffen, insofern er beabsichtigt, mittels des Kameraobjektivs die fehlende „Objektivität" herzustellen.[13] Entgegen dem ärztlichen Wissen seiner Zeit möchte Charcot das widersprüchliche Erscheinungsbild der Hysterie, Krankheit ohne eindeutigen Grund zu sein, in ein einwandfreies klinisches Portrait überführen.[14] Das Auge der Kamera soll beweisen und rastern, was dem menschlichen Blick ansonsten entgeht.

So beginnt Charcot mit der Spurensuche, indem er in seinen Versuchsreihen Kamera und Klinik verschaltet: Insofern die hysterischen Anfälle seiner Patientinnen in ihren Phasen durch den Apparat dokumentiert werden, experimentiert der Psychiater mit Mensch und Maschine, um eine, wie Charcot es nennt, *„Aura hysterica"*[15] medial zu zertrümmern, d.h. ihren Kern sichtbar zu machen und ihn endgültig einzuordnen. Mediennutzung bedeutet hier den Einsatz des Objektivs als zeugnisgebendes *Interface*, das geradewegs zwischen einer Symptomatik der Hysterie und dem Blickwinkel der Ärzteschaft vermittelt. In der Konsequenz kehrt dieser Zirkelschluss jedoch zu den eigenen Anfängen zurück: Charcot und sein Photographenteam entdecken nicht den organischen Krankheitskeim der Hysterie, sondern entwickeln ein technisches Verfahren zur Abbildung der Effekte einer psychischen Bruchstelle. Dabei gibt dieses Verfahren in seiner Koppelung an ein psychiatrisches Wissenssystem keinen objektiven Eindruck wieder. Denn es ist die spezifische Ausrichtung des Kameraauges selbst, welche die Realität nicht schlicht beobachtet und abbildet, sondern ihrem

Gegenstand allein gemäß dieser Ausrichtung Konturen verleiht, ihn also in einer bestimmten Weise darstellt und vereinnahmt.[16] So aber bringt Charcots photographische Klinik nur wenig glaubwürdige Beweise für die empirische Erfassung einer Seelenkrankheit. Vielmehr ist es Freud, der dafür eintritt, dass in der Hysterie eine *„psychische* Realität"[17] ernst zu nehmen ist, die zu ihrer Erkundung anderer medialer Einschübe als der lückenlosen Einbindung in einen psychiatrisch-photographischen Verbund bedarf: Der „psychologische Gegenstand vertrug die ausschließlich nosographische Behandlung nicht, die er bei der Schule der Salpêtrière fand."[18] Indem Freud in der Konsequenz am Primat der ‚Sprechkur' festhält, liegt die „Originalität" der Psychoanalyse auch „weniger in Freuds Entdeckung des Unbewussten – dies ahnten vor ihm schon die Dichter –, sondern eher in der vor Freud beispiellosen Auffindung der Tatsache, dass *das Unbewusste spricht*, dass es [...] gleich einer Sprache gebaut ist".[19]

Traumdeutung – Bilderschrift

Ein sprachähnliches Unbewusstes, dass sich in Fehlleistungen, Symptomen, Witzen Geltung verschafft, ist kein irrationales Ding, das, wählt man nur die richtigen Mittel – Medien –, problemlos in eine klassifizierende Ratio zu überführen wäre. An Stelle dessen gerät es selbst in die Nähe einer Mittlerrolle. Und so distanziert sich Freud von Charcots Methoden der Objektivierung, um schließlich in der Analyse des Traums die *„Via regia zur Kenntnis des Unbewussten"* auszumachen.[20] Dabei erörtert er die scheinbar wirren Zusammenstellungen des Traums nicht länger nur als solche, sondern entdeckt in ihnen ebenso ein komplexes Spiel: „Der Trauminhalt ist gleichsam in einer Bilderschrift gegeben, deren Zeichen einzeln in die Sprache der Traumgedanken zu übertragen sind. Man würde offenbar in die Irre geführt, wenn man diese Zeichen nach ihrem Bilderwert anstatt nach ihrer Zeichenbeziehung lesen wollte." (283f.) Es geht demnach um Schrift und um Übertragung: Die Bilderschrift gibt das Rätsel vor, dass in eine Erzählung, einen „Dichterspruch" (284), zu übersetzen ist, weil ihr ein ebensolcher zu Grunde

[16] Vgl. ebd.: S. 58-78, 197-199. Kittler macht hier darauf aufmerksam, dass „jeder Test produziert, was er angeblich nur reproduziert." (ders. *Grammophon Film Typewriter*. Berlin 1986, S. 218)

[17] Ders.: Die Traumdeutung. In: *Gesammelte Werke* (Anm. 7) Bd. II/III, S. 625.

[18] Ders.: Charcot [Anm. 7], S. 34.

[19] Shoshana Felman: Welchen Unterschied macht die Pschoanalyse? Oder: die Originalität Freuds. Übersetzt von Gregor Schwering. In: Natalie Binczek/Peter Zimmermann (Hg.): *Eigentlich könnte alles auch anders sein*. Köln 1998, S. 157-175 (hier: S. 163).

[20] Freud: *Die Traumdeutung* (Anm. 17), S. 613 (Zitatnachweis im folgenden durch Seitenzahlen im Text).

Freud und der Schauplatz der Schrift

[21] Hans-Martin Lohmann: *Freud zur Einführung*. Hamburg ³1991, S. 22.

[22] Vgl. Karl Stockreiter: Traumrede. Der Bruch mit der klassischen Rhetorik in der Traumdeutung. In: Lydia Marinelli/Andreas Mayer (Hg.): *Die Lesbarkeit der Träume. Zur Geschichte von Freuds „Traumdeutung"*. Frankfurt a.M. 2000, S. 251-274 (hier: S. 266).

[23] Ders.: Das Unheimliche. In: *Gesammelte Werke* (Anm. 7) Bd. XII, S. 227-268 (hier: S. 237 und 235).

Unheimliches

liegt. Denn der Wert des Traums für den Träumer liegt gerade darin, von einer Verdrängungsgeschichte zu handeln sowie diese Verdrängung zum Teil auszusetzen: *„Der Traum ist die (verkleidete) Erfüllung eines (unterdrückten, verdrängten) Wunsches."* (166) Er ist ein Mischgebilde bzw. „eine Ersatzhandlung, als der unbewusste Wunsch – der für Freud immer aus der Kindheit und deren ungezügelten Wunsch-Egoismus stammt – nicht in der Wirklichkeit befriedigt werden kann, sondern nur halluzinatorisch, eben im Traum."[21]

Allerdings gelingt die Deutung oder Lektüre der Bilderschrift kaum restlos: Der Grund dafür ist zum einen, dass der nachträglich gegebene Traumbericht (etwa während einer Analyse) nur einen ungefähren Eindruck des selbst schon „verkleidete[n]" Traumerlebens gibt. So aber ähnelt diese Verbindung eher einem Palimpsest, in dem sich diverse spätere Texte schichtweise über eine frühere Schrift legen und sie entstellen.[22] Zum anderen „muss man" auch in den „bestgedeuteten" Träumen „oft eine Stelle im Dunkel lassen, weil man bei der Deutung merkt, dass dort ein Knäuel von Traumgedanken anhebt, der sich nicht entwirren will". Das ist „dann der Nabel des Traums, die Stelle, an der er dem Unerkannten aufsitzt." (530)

Es existiert somit ein Unheimliches des Traums genau in der Art, die Freud ersterem in seiner diesbezüglichen Abhandlung zuschreibt: „Also heimlich ist ein Wort, das seine Bedeutung nach einer Ambivalenz hin entwickelt, bis es endlich mit seinem Gegensatz unheimlich zusammenfällt. Unheimlich ist irgendwie eine Art von heimlich." Und: „Wir werden überhaupt daran gemahnt, dass dies Wort heimlich nicht eindeutig ist".[23] Das Heimliche als dass, was sowohl intim – heimelig – ist als auch der Gefahr eines Verrats unterliegt, tendiert nicht nur zu seinem Gegensatz, es fällt sogar mit ihm in eins. Die Sprache offenbart dies, da sie von einem *Un*heimlichen spricht und darin an jene Uneindeutigkeit gemahnt. Aber nicht nur das: Das Wort führt eine semantische Unschärfe nicht allein vor, es *ist* diese Unschärfe als der Ort, welcher die Bestimmung und Übertragung von Bedeutung fragwürdig macht: „Freuds Analyse folgend, ist vielleicht dies am unheimlichsten am Unheimlichen, dass es nicht das Gegenteil von heimlich ist, sondern eher das, was unheimlich *den Gegensatz* zwischen ‚heimlich' und ‚unheimlich' *subvertiert.*"[24] Nicht anders verhält es sich mit der Schrift des Traums, wenn diese in ihrem Zentrum, ihrem „Nabel" dunkel bleibt, um gleichzeitig und unheimlich (ohne Eindeutigkeit) von diesem Abgrund zu künden:[25] „Das Unbewusste ist das eigentlich reale Psychische, *uns nach seiner inneren Natur so unbekannt wie das Reale der Außenwelt, und uns durch die Daten des Bewusstseins ebenso unvollständig gegeben wie die Außenwelt durch die Angaben unserer Sinnesorgane.*" (617f.)

Damit lässt sich die Struktur des Traumrätsels präzisieren: „Der bildhafte Inhalt ist also wirklich eine Schrift, eine bedeutende Kette in szenischer Form",[26] bei der vor allem zu beachten ist, dass sie sich nie ganz schließt. Hierin bleibt sie an Zwischenräume, Schnitte, Sprünge verwiesen, welche die Inszenierung begleiten; als Medium bringt und hält diese Schrift das Bild in Bewegung, insofern sie zugleich „Projektionswand (*dream screen*)" und unheimlich ist.[27] Von da aus stellt sich das Traumerleben insgesamt als ein Phantasma dar, das nach einem „kinematographischen Prinzip" organisiert scheint,[28] insofern es seine Szenen durch Schnittfolgen montiert sowie diese Schnitte imaginär oder halluzinatorisch verkleidet (überbrückt) und auflädt.

Doch spricht Freud nirgendwo von einem ‚Kino der Seele' (Pinthus). Ein Angebot der UFA, an dem Film *Geheimnisse einer Seele* beratend mitzuwirken, lehnt er ab. Weiterhin lassen sich aus psychoanalytischer Perspektive gute Gründe für eine Skepsis gegenüber der Behauptung einer Analogie zwischen Traum und Kino vorbringen: „Das Subjekt, das träumt", unterstreicht etwa Christian Metz dieses Misstrauen, „glaubt wahrzunehmen. Wenn es vom Traum zum Filmzustand übergeht, kann es nur verlieren, und zwar in einem doppelten Sinn: Die Bilder sind nicht von ihm, können ihm also missfallen; und es glaubt trotz ihrer objektiven Realität weniger an sie als zuvor an die seiner Träume, da deren Wirkungsvermögen bis zur echten Illusion reichte. Als Wunscherfüllung ist der Film dem Traum in zweifacher Hinsicht unterlegen: Er ist fremd, und er wird als ‚weniger wahr' empfunden."[29]

[24] Shoshana Felman: Weiblichkeit wiederlesen. Übersetzt von Hans-Dieter Gondek. In: Barbara Vinken (Hg.): *Dekonstruktiver Feminismus. Literaturwissenschaft in Amerika.* Frankfurt a.M. 1992, S. 33-61 (hier: S. 58).

[25] In dieser Hinsicht hebt Jacques Derridas Freudlektüre diese Schrift von der phonetischen Schrift als einem Hort des Logos und des Bestimmbaren ab: „Die allgemeine Schrift des Traums überbordet die phonetische Schrift und stellt die Rede wieder an ihren Platz. Wie in den Hieroglyphen oder wie im Rebus ist die Stimme umgarnt." (ders.: Freud und der Schauplatz der Schrift. Übersetzt von Rodolphe Gasché. In: ders.: *Die Schrift und die Differenz.* Frankfurt a.M. 1976, S. 302-350 [hier: S. 332]). Vgl. hier auch Sybille Krämer: Das Medium als Spur und als Apparat. In: dies. (Hg.): *Medien Computer Realität. Wirklichkeitsvorstellungen und Neue Medien.* Frankfurt a.M. 1998, S.73-94 (hier: S. 80f.)

[26] Derrida: Freud und der Schauplatz der Schrift (Anm. 25), S. 333.

[27] Stockreiter: Traumrede. Der Bruch mit der klassischen Rhetorik in der Traumdeutung (Anm. 22), S. 264.

[28] Thanos Lipowatz: Über das Phantasma. In: *Riss* 25/1994, S. 15-42 (hier: S. 23).

[29] Ders.: Der fiktionale Film und sein Zuschauer. Eine metapsychologische Untersuchung. Übersetzt

von Max Looser. In: *Psyche* 11/1994, S. 1004-1045 (hier: S. 1038f.). Für eine Verschiebung der Traum-Film-Analogie in Richtung einer Ähnlichkeit zwischen Traum und Kinosituation vgl. Jean-Louis Baudry: Das Dispositiv: Metapsychologische Betrachtungen des Realitätseindrucks. Übersetzt von Max Looser. In: ebd.: S. 1047-1074.

[30] Kittler: *Grammophon Film Typewriter* (Anm. 16), S. 215.

[31] Vgl. weiterhin ders.: Einige Bemerkungen über den Begriff des Unbewussten in der Psychoanalyse. In: *Gesammelte Werke* (Anm. 7) Bd. VIII, S. 430-439 (hier: S. 436).

[32] Ebd.

[33] Ders.: Notiz über den „Wunderblock". In: *Gesammelte Werke* (Anm. 7) Bd. XIV, S. 3-8 (hier: S. 8).

Damit ist einerseits richtig: Die Psychoanalyse hält es vor allem mit dem Medium der Sprache: „Wenn Freud ‚Bilder hervorlockt', dann nicht, um sie wie Charcot speichern zu lassen, sondern um ihr Signifikanten-Rätsel zu decodieren."[30] Andererseits befand sich Freud bei Charcot auch inmitten eines Medienumbruchs (von der Photographie zum – beinahe – Film). So ist es nicht unbedingt ungewöhnlich, wenn er in der *Traumdeutung* und anderswo schreibt, dass er sich das Unbewusste wie einen „photographischen Apparat u. dgl." (541) vorstelle.[31] Dabei ist die Verschiebung, die Freud hier vornimmt, für das Verfahren der Psychoanalyse charakteristisch. Während Charcot das Medium äußerlich in Stellung bringt, um Unbewusstes aufzuzeichnen und zu rationalisieren, sieht Freud dieses Medium im Inneren der Beziehungen am Werk und bindet es darin an eine Ambiguität: Das Verhältnis der „bewussten Tätigkeit zur unbewussten" ähnelt der Photographie, insofern hier wie dort das „erste Stadium" ein „Negativ [ist]; jedes photographische Bild muss den ‚Negativprozess' durchmachen, und einige dieser Negative, die in der Prüfung gut bestanden haben, werden zu dem ‚Positivprozess' zugelassen, der mit dem Bilde endigt."[32] Aus dieser Sicht rückt Freud seinen Fund in den Kontext neuerer Medien. Jedoch hindert ihn dies nicht, auch fünfundzwanzig Jahre nach der *Traumdeutung* nochmals und anlässlich einer anderen Erfindung – der des ‚Wunderblocks' – an die signifikante Nähe des Unbewussten zum Schreibakt ohne Lichtbild zu erinnern: „Denkt man sich, dass während eine Hand die Oberfläche des Wunderblocks beschreibt, eine andere periodisch das Deckblatt desselben von der Wachstafel abhebt, so wäre das eine Versinnlichung der Art, wie ich mir die Funktion unseres seelischen Wahrnehmungsapparats vorstellen wollte."[33] Mithin fällt es Freuds Mitstreitern und Lesern zu, den durch den Gründer der Psychoanalyse nur sachte vorgezeichneten Pfad weiter in Richtung des Medienumbruchs um 1900 und seines Pioniers, des Films, zu gehen.

Psychoanalyse und Film: Ranks *Doppelgänger* und Benjamins *Optisch-Unbewusstes*

Otto Rank gehört zu Freuds ersten Parteigängern. Er redigiert die psychoanalytische Zeitschrift *Imago*, arbeitet als Freuds Privatsekretär und ist Mitglied des ‚Comités', in dem Freud nach den Zerwürfnissen mit Alfred Adler und Carl Gustav Jung seine engsten Schüler um sich schart.[34] 1914 veröffentlicht Rank in der *Imago* einen Beitrag zum Phänomen des Doppelgängers, der später auch erweitert in Buchform erscheint. Als Aufhänger zu seiner ansonsten mehr an der Literatur und den Volksmythen orientieren Darstellung wählt Rank einen kurz zuvor in die Kinos gekommenen Film: Hanns Heinz Ewers *Der Student von Prag*. Dieser erzählt die Geschichte einer Persönlichkeitsspaltung, in der ein Student seinem von ihm abgelösten Spiegelbild begegnet. Dabei verfährt Rank strikt psychoanalytisch, wenn er einen „zufälligen und banalen Ausgangspunkt", also eine populäre und alltägliche Episode, zur „Aufrollung weiterreichender psychologischer Probleme" aufgreift:[35] Wie Freud sich in seinen Arbeiten dem Traum, dem Witz oder der Fehlleistung widmet, wendet sich Rank dem Film zu. Dies geschieht unter dem zweiten Leitgedanken, dass es „oft einem modernen Bearbeiter gelingt, dem eigentlichen Sinn eines uralten und im Laufe der Überlieferung unverständlich gewordenen oder missverstandenen Stoffes auf intuitivem Wege wieder näher zu kommen." Die neuartige „Kinodarstellung" des Un- oder Missverstandenen erlaubt dessen Wiederholung unter anderen Vorzeichen. Indem die „Kinotechnik" das Erscheinen des Doppelgängers aus dem Dunstkreis des Imaginären isoliert, kann unheimlich realistisch auftauchen, was zuvor als Aberglaube oder romantische Phantasie galt bzw. in diese verschoben ward. Gleichzeitig wird die reale Brisanz des Phantasmas augenfällig: Das „bedeutsame Problem des Verhältnisses des Menschen zu seinem Ich"[36] findet sich nicht länger an den Rand gedrängt und pathologisiert, sondern taucht plötzlich im Herzen des Banalen, der Normalität auf: Nachträglich, im Licht des Films und im Dunkel des Kinos, lassen sich die Mythen und Schauergeschichten keineswegs mehr

Kinotechnik/Doppelgänger

[34] Zu diesen und weiteren biographischen Angaben vgl. Mladen Dolar: Otto Rank und der Doppelgänger. Übersetzt von Lydia Marinelli. In: Otto Rank: *Der Doppelgänger. Eine psychoanalytische Studie*. Wien 1993, S. 119-129 (hier. S. 119-122).

[35] Rank: *Der Doppelgänger* (Anm. 34), S. 7 (folgende Zitate ebd. und S. 8).

[36] Ebd.: S. 12.

[37] Ebd.: S. 7.

[38] Freud: Die Traumdeutung (Anm. 17), S. 53.

[39] Vgl. ebd.: S. 51 und 541.

[40] August Ruhs: Sprachspiele und Lichtspiele. Psychoanalytische Versuche in Kinematographie. In: *Riss* 39-40/1997, S. 13-43 (hier: S. 17). Vgl. zu letzterem auch Jacques Lacan: Das Spiegelstadium als Bildner der Ichfunktion, wie sie uns in der psychoanalytischen Erfahrung erscheint. Übersetzt von Peter Stehlin. In: *Schriften* (hg. von Norbert Haas) Bd. I. Weinheim/Berlin [3]1991, S. 61-70 sowie im Anschluss daran Dolar: Otto Rank und der Doppelgänger (Anm 34), S. 125-128.

[41] Rank: *Der Doppelgänger* (Anm. 34), S. 12 und 8.

[42] Dolar: Otto Rank und der Doppelgänger (Anm. 34), S. 123.

[43] Kittler: Romantik – Psychoanalyse – Film (Anm. 10), S. 98.

[44] Jacqueline Rose: *Sexualität im Feld der Anschauung.* Übersetzt von Catherina Zakravsky. Wien [2]1997, S. 223.

Film/Traumtechnik

einfach als solche von der Hand weisen und still stellen. Anders gesagt: Das Sprichwort ‚Träume sind Schäume' weicht mit der „an die Traumtechnik gemahnenden Kinodarstellung" endlich der Freudschen Einsicht,[37] dass sich der träumende Mensch strukturell „in derselben Lage befindet wie im Wachen",[38] dass das Unbewusste nicht unter- oder außerhalb des Bewusstseins ist, sondern dessen anderer Schauplatz.[39] Diesbezüglich holt der „moderne Bearbeiter" das Unheimliche aus seiner Versenkung und Ranks Studie akzentuiert dies außerdem „in seinem Kern", wenn sie angesichts der Kinodarstellung auf der inneren Spannung besteht, die jede Situation mit sich bringt, welche „die Begegnung eines Subjekts mit sich selbst arrangiert."[40]

Allerdings beschränkt sich dieser Zwiespalt nicht allein auf die Illustration, den Plot des Doppelgängers. Er betrifft ebenso das Medium der Darstellung, wenn dieses nach Rank sowohl durch eine ungeheure „Deutlichkeit" als auch einen „schattenhaft flüchtigen" Eindruck gekennzeichnet ist.[41] Der Doppelgänger als „paradigmatische[s] Modell" [42] fungiert darin als zweifache Auszeichnung einer Spaltung, in der das Unheimliche das Medium und dessen Inszenierung gleichermaßen heimsucht: „Klar ist", lässt sich daher im Anschluss an Rank behaupten, dass das Doppelgängermotiv im Film „Verfilmung selber verfilmt":[43] Denn innerhalb dieser komplexen Verdoppelungen ist eine „bestimmte Logik des Begehrens fest[zu]stellen, die durch die cinematische Maschine produziert und reproduziert wird; eine Logik, durch die sich der Apparat des Kinos als Repräsentationssystem abzuschließen versucht, jedoch ständig auf einen Fluchtpunkt des Systems stößt, an dem es seine Integration verfehlt".[44] Das aber ist genau der Punkt oder „Nabel", an dem der Film zwischen Deutlichkeit und Schatten hin- und herpendelt, d.h. der Traumtechnik strukturell gleicht und deswegen an diese gemahnen kann. Zugleich klärt der „moderne Bearbeiter" das Rätsel oder Missverständnis nicht. Jedoch erlaubt er einen ungewohnten Zugang auf „intuitivem Wege", wenn er die Aufgabe erneut und anders (im Zeichen eines Anderen) stellt.

Mit Ranks Verknüpfung von Filmtechnik und Psychoanalyse spitzt sich einerseits Freuds Annahme, dass das Unbewusste nicht das ganz Andere bewusster Realität ist, sondern ihr im Innersten angehört, zu.[45] Andererseits markiert diese Verknüpfung, dass das Unbewusste in diesen medialen Repräsentationen nicht aufgeht: Etwas darin versagt sich der technischen Logik und zieht diese damit in Zweifel.

Einen anderen Versuch, das Leitmedium des Medienumbruchs um 1900 mit Freuds Arbeit zu verschalten, stellt Benjamins Entwurf des „Optisch-Unbewussten" dar: „Der Film hat unsere Merkwelt in der Tat mit Methoden bereichert, die an denen der Freudschen Theorie illustriert werden können." Und: „Vom Optisch-Unbewussten erfahren wir erst durch sie [die Filmkamera; G.S.], wie von dem Triebhaft-Unbewussten durch die Psychoanalyse."[46] So entwickelt Benjamin dieses Konzept im Kontext seiner These von einer Zertrümmerung des Aurakultes durch die technische Reproduzierbarkeit, deren „machtvollster Agent" (478) für Benjamin der Film ist.[47] Doch geht es ihm ebenso und zunächst um eine allgemeine Wahrnehmungslehre, da er seiner Behauptung des Auraverlusts folgende zur Seite stellt: „*Innerhalb großer geschichtlicher Zeiträume verändert sich mit der gesamten Daseinsweise der menschlichen Kollektiva auch die Art und Weise ihrer Sinneswahrnehmung.*" (ebd.) Der Verlust der Aura ist demnach ein historisches wie allgemeines Phänomen, da er die „Art und Weise, in der die menschliche Sinneswahrnehmung sich organisiert – das Medium, in dem sie erfolgt – [...]" (ebd.) betrifft. Von da aus lässt sich Benjamins struktureller Einsatzpunkt vorab und kurz wie folgt bestimmen: Medium und Wahrnehmung sind nicht voneinander zu trennen und dennoch nicht eins. Weder steht eine unveränderliche humane Ausrüstung, die es in der Geschichte allein mit diversen Möglichkeiten des Ausdrucks und der Rezeption zu tun bekommt noch ein schließlich totales Medienzeitalter zur Debatte, das den Menschen „aufsaug[t]".[48] An Stelle dessen weist Benjamin auf die Wendepunkte hin, welche im Ablauf der Begegnungen von Wahrnehmung und Medien Änderungen stiften, d.h. einen offenen Horizont involvieren. In diesem Sinne berührt jene Kette von Umbrüchen im Verlust der Aura nun einen „empfindlichste[n] Kern" (477).

[45] Hanns Sachs psychoanalytische Interpretation von Sergej Eisensteins *Panzerkreuzer Potemkin* kommt zu demselben Schluss: „Hier ist der Film eine Art psychologische Zeitlupe, d.h. er zeigt uns Dinge, die im Leben ebenso sind, aber sich dort unserer groben Beobachtung entziehen, deutlich und nachweisbar." (ders.: Zur Psychologie des Films. In: Albert Kümmel/ Petra Löffler [Hg.]: *Medientheorie 1888-1933. Texte und Kommentare.* Frankfurt a.M. 2002, S. 426-431 [hier: S. 428]).

[46] Ders.: Das Kunstwerk im Zeitalter seiner technischen Reproduzierbarkeit (3. Fassung). In: *Gesammelte Schriften* (Anm. 4) Bd. I.2, S. 471-508 (hier: S. 498 und 500; Zitatnachweis im folgenden durch Seitenzahlen im Fließtext).

[47] Vgl. dazu die Ausführungen in Kap. 1. Ich setze sie hier voraus. Für das folgende vgl. auch vom Verf.: Walter Benjamin und Walter Serner: Optisch-Unbewusstes und Schaulust. Zur Signatur eines Medienumbruchs. In: *Sprache und Literatur* 1/2004, S. 14-24 (hier: S. 15-18).

[48] Kittler: *Grammophon Film Typewriter*, (Anm. 16) S. 3.

Somit ergibt sich die Brisanz der Aurazertrümmerung aus einer Wechselseitigkeit von Wahrnehmung und Medium in der zugleich Offenheit gegeben ist: Einerseits finden sich die Betroffenen keineswegs auf einem Boden medialer Sicherheit wieder. Sie können die technische Ausweitung ihrer Sinne nicht uneingeschränkt genießen: „Im Kino fallen kritische und genießende Haltung des Publikums zusammen." (497) Andererseits ist es ihnen nicht gegönnt, dem Wandel technischer Reproduzierbarkeit von Außen und somit im Bewusstsein eigener Unversehrtheit zuzuschauen. Dagegen bewegen sie sich innerhalb der Umwälzung auf unsicherem Grund: Sie handeln auf einem Terrain, das in gewisser Weise unfassbar ist. Denn dieser Raum ist „[a]nders", betont Benjamin, „vor allem dadurch, dass an die Stelle eines vom Menschen mit Bewusstsein durchwirkten Raums ein unbewusst durchwirkter tritt." (500)

Das Unbewusste im Kino

In der Folge entdeckt das Auge des Zuschauers durch den Blickwinkel der Kamera das ganz Unbekannte im Bekannten. Indem sich beispielsweise in der Zeitlupe das Andrängen unbewusster Strukturen im Kinosaal andeutet (vgl. ebd.), bildet erstere nicht lediglich einen Sonder- oder Störfall in einem ansonsten reibungslosen Gefüge ab, sondern markiert die Ausnahme, welche die Regel bestätigt: Insofern sie, Benjamin zitiert Rudolf Arnheim, „'gar nicht als Verlangsamung schneller Bewegungen'" (ebd.), vielmehr entscheidend als deren Verfremdung auftritt, gleicht sie dem Traum, in dem sich der Träumende ja, das ist Freuds These, trotz der Konfrontation mit einer ihm weitgehend unheimlichen Bilderwelt strukturell in „derselben Lage [befindet] wie im Wachen": Sowie der Träumende im Traum nur das erlebt, was ihn auch im Wachzustand angeht, sieht der Kinobesucher in der Zeitlupe nur das, was beim Abspielen des Films in Normalgeschwindigkeit immer schon mitläuft: Der Traum und die Kamera rühren an Übersehenes, Verdrängtes. Damit indizieren die Zeitlupe und ihre technischen Verwandten eine allgemeine Befindlichkeit des Filmpublikums, die, bevor und indem sich ihr Begehren zu einer Vertrautheit ordnet, noch die scheinbar bekanntesten Orte – „banale Milieus" (499) – durchzieht und verrätselt. Zugleich ist es „erforderlich, die im Kunstwerkaufsatz sozusagen mit leichter Hand eingeführte [...] Analogie von Film und Psychoanalyse genauer zu bedenken und damit auch den irritierenden Begriff des ‚Optisch-Unbewussten' ganz ernst zu nehmen."[49] Zusätzlichen Aufschluss dazu gewährt Benjamins Lesart des Surrealismus.[50]

Eine dem Filmzustand ähnliche Erfahrung bescheinigt Benjamin den Surrealisten, wenn diese den Traumschlaf der Dichtung vorziehen, d.h. „das Dichten [abstellen]", um fortan in ihren Texten die „Konturen des Banalen als Vexierbild zu entziffern".[51] Auch der Surrealismus, so lässt sich Benjamins These aus dem *Kunstwerkaufsatz* ausweiten, betreibt die Verabschiedung der Aura. Anstatt die Kultbilder an ihrem Platz, ihrem exklusiven „Hier und Jetzt" zu bestätigen,[52] rechnen die Surrealisten mit einer und setzen auf eine surreale Vielfalt des Alltäglichen, in der sich ein unbewusstes Begehren entfaltet: Wo der Aurakult einzig auf einer Situation der ‚Nähe' allein um den Preis einer darin zuletzt rituell fixierten Unnahbarkeit beharrt – die Aura als „Erscheinung einer Ferne, so nah sie sein mag" (479) –, verschiebt der Surrealismus die gleiche Koppelung in einen frappanten Zusammenhang. Dieser assoziiert beide Komponenten, indem er sie gleichzeitig voneinander emanzipiert. In den Arbeiten der Surrealisten können sich auf diesem Wege „Leib und Bildraum so tief durchdringen", dass es zu einem Ereignis der Nähe, zu einer „profanen Erleuchtung" kommt, das/die gleichwohl unter Vorbehalt steht: „Es bleibt ein Rest",[53] ein Traum- oder Vexierbild, ein Surreales des Blicks bzw. des Optisch-Unbewussten.

Vor diesem Hintergrund lässt sich jetzt nochmals akzentuieren sowie präzisieren, dass „Benjamins Bestimmung der filmischen Rezeption" keinesfalls nur „auf dem Ungewohnten der Montage – das sich mediengeschichtlich bald abnutzt – [beruht], sondern in dem, was darin sich diesem Gewöhnungsprozess widersetzt und unauflösbar bleibt."[54] Dabei beinhaltet dieser Wechsel in ein zwiespältiges Feld der Wahrnehmung und ihrer Organisation sowohl eine Chance als auch eine Schwierigkeit, die untrennbar aneinander gebunden sind: „Indem der Film [...] unter der genialen Führung des Objektivs auf der einen Seite die Einsicht in die Zwangsläufigkeiten vermehrt, von denen unser Dasein

[49] Burkhardt Lindner: Das Optisch-Unbewusste. Zur medientheoretischen Analyse der Reproduzierbarkeit. In: Georg Christoph Tholen u.a. (Hg.): *Übertragung – Übersetzung – Überlieferung. Episteme und Sprache in der Psychoanalyse Lacans*. Bielefeld 2001, S. 271-289 (hier: S. 282).

[50] Vgl. Josef Fürnkäs: *Surrealismus als Erkenntnis. Walter Benjamin – Weimarer Einbahnstraße und Pariser Passagen*. Stuttgart 1988, S. 143f. sowie Norbert Bolz: *Auszug aus der entzauberten Welt. Philosophischer Extremismus zwischen den Weltkriegen*. München 1989, S. 131f.

[51] Walter Benjamin: „Traumkitsch". In: *Gesammelte Schriften* (Anm. 4) Bd. II.2, S. 620-622 [hier: S. 621].

[52] Benjamin: Das Kunstwerk im Zeitalter seiner technischen Reproduzierbarkeit (Anm. 46), S. 476.

[53] Walter Benjamin: „Der Sürrealismus. Die letzte Momentaufnahme der europäischen Intelligenz." In: *Gesammelte Schriften* (Anm. 4) Bd. II.1, S. 295-310 (hier: S. 310).

[54] Lindner: Das Optisch-Unbewusste. Zur medientheoretischen Analyse der Reproduzierbarkeit (Anm. 49), S. 288.

[55] Ders.: Die Traumdeutung (Anm. 17), S. 609.

[56] Sigmund Freud: Vorlesungen zur Einführung in die Psychoanalyse. In: *Gesammelte Werke* (Anm. 7) Bd. XI, S. 383.

[57] Ebd.: S. 295.

[58] Freud: Das Unheimliche (Anm. 23), S. 253.

regiert wird, kommt er auf der anderen Seite dazu, eines ungeheuren und ungeahnten Spielraums uns zu versichern!" (S. 499) Zum einen ist der uneinholbare Rest jetzt nicht mehr Gegenstand einer ritualisierten Übung. Zum anderen kann diese Kehre die dort freigesetzten, d.h. aus dem Aurakult entlassenen, Effekte des Unbewussten (seines Begehrens) nicht überspringen. Sie findet erst in diesen ihren eigentümlichen Impuls: Wo die Ferne als kalkulierte Unnahbarkeit verschwindet, kehrt sie unheimlich in der Nähe wieder. Damit stellt sich der Umbruch zwischen zwei Modi der Wahrnehmung mit Benjamin als irritierende – surreale – Gemengelage dar, in der das eine nicht mehr ganz, das andere noch nicht ganz gilt. Was darin aus den Fugen gerät, ist eine Tradition der Wahrnehmung, die sich zu ihrer Erhaltung auf festgelegte Sicherheiten und deren Missbrauch verlässt. Was darin ansteht, ist, in der hier in ihrer Ambiguität aufscheinenden Verknüpfung von Leib und Bildraum, Wahrnehmung und Medium, Optisch-Unbewusstem und Film jene Chance leibhafter Anverwandlung der Technik nicht zu versäumen, die einem Aufstand der Technik, d.h. der Verwüstung des Körpers in Faschismus und Krieg vorbeugt (vgl. 507).

Medienumbruch um 1900:
Psychoanalytische Perspektiven

Freuds „theoretische Fiktion"[55] beschäftigt sich mit Steigerungen des Nervenlebens gerade insofern, als sie diese weder einem Primat der Effizienz noch der sofortigen Zuweisung einer Pathologie unterwirft. Mag eine psychische Realität auch noch so sehr im „Gegensatz zur *materiellen*" stehen,[56] Freud warnt davor, solche Phantasiebildung vorschnell als Trug, Hirngespinst oder bloße Verweigerung abzutun. Vielmehr erhärten sich hier die Anzeichen, dass, so Freuds berühmte Formel, das „Ich [...] nicht einmal Herr ist im eigenen Hause"[57] und die Analyse der Träume legt nahe, dies im Allgemeinen so anzunehmen. Doch tut sich mit dieser Analyse eine Lücke auf, die jegliche „'Allmacht der Gedanken'" zerbricht sowie darin unauslotbar bleibt.[58] Wenn aber das Unbewusste auf jene (Phantasie, Verdichtung) sowie diese (Verschiebung, Schnitt) doppelte

Weise „*Diskurs des Andern*" ist,[59] verfährt es im Grunde metaphorisch und metonymisch zugleich.[60] Darin wird es nicht nur der Sprache strukturell vergleichbar, sondern erinnert ebenso an die Situation des Kinos und die Machart des Films. Jedoch: Obwohl Freud sich durchaus eine gewisse Ähnlichkeit zwischen einem technischen und dem „seelische[n] Apparat"[61] vorstellen kann, zieht er es insgesamt doch vor, für seine Entdeckung an das *Setting* der ‚Sprechkur' sowie „das Schreiben zu ‚glauben'".[62]

Dies nehmen nun Schüler und Leser Freuds zum Anlass, dessen Spuren in Richtung auf das Medium zu folgen, welches der Mentalität der Steigerung auf neueste Art zu entsprechen scheint: Sowohl Rank als auch Benjamin gehen davon aus, dass der Film als „moderne[r] Bearbeiter" zuvor nie gekannte Räume erschließt. Während der eine mutmaßt, das neue Medium erleichtere „den Zugang" zu und das „Verständnis" für „psychologische Tatbestände und Beziehungen", geht der andere von folgendem aus: „Unsere Kneipen und Großstadtstraßen, unsere Büros und möblierten Zimmer, unsere Bahnhöfe und Fabriken schienen uns […] einzuschließen. Da kam der Film und hat diese Kerkerwelt […] gesprengt, so dass wir nun zwischen ihren weit verstreuten Trümmern gelassen abenteuerliche Reisen unternehmen."[63] Prämisse der Steigerung ist hier das Optisch-Unbewusste. Allerdings ist diese Ausweitung der Wirklichkeit im Zeichen ihrer Begutachtung des und durch das Optisch-Unbewusste(n) oder des Doppelgängers noch kein kalkulier- und daher im Prinzip unendlich steigerbares Unterfangen. Sie gehorcht keiner Ökonomie der Rationalisierung. Denn indem diese neue Innen- und Außenwelt bei aller offensichtlichen Effektivität zugleich ein Unheimliches oder einen surrealen Rest involviert, wiederholt sich in ihr ein „Unbehagen in der Kultur", das Freud dem menschlichen „Prothesengott" trotz (und aufgrund) seines technisch hochgerüsteten Ornats attestiert:[64] Auch die „neuen Graphien" überwinden das Rätsel der Buchstaben nicht.[65]

In dieser Hinsicht bedeutet die Gelassenheit, zu der Benjamin anlässlich der abenteuerlichen Reise durch die neuen, anderen Schauplätze des Zeitalters der

[59] Jacques Lacan: Das Seminar über E. A. Poes „Der entwendete Brief". Übersetzt von Rodolphe Gasché. In: *Schriften* Bd. I (Anm. 40), S. 7-60 (hier: S. 14).

[60] Vgl. Jacques Lacan: Das Drängen des Buchstabens im Unbewussten oder die Vernunft seit Freud. Übersetzt von Chantal Creusot und N. Haas. In: *Schriften* (Anm. 40) Bd. II, S. 15-59 (hier: S. 36f.).

[61] Ders.: Die Traumdeutung (Anm. 17), S. 541.

[62] Michel de Certeau: Der psychoanalytische ‚Roman'. Geschichte und Literatur. Übersetzt von Andreas Mayer. In: ders.: *Theoretische Fiktionen. Geschichte und Psychoanalyse* (hg. von Luce Giard). Wien 1997, S. 113-141 (hier: S. 139).

[63] Rank: Der Doppelgänger (Anm. 34), S. 8 und 7 und Benjamin: Das Kunstwerk im Zeitalter seiner technischen Reproduzierbarkeit (Anm. 46), S. 499f.

[64] Ders.: Das Unbehagen in der Kultur. In: *Gesammelte Werke* (Anm. 7) Bd. XIV, S. 419-506 (hier: S. 450f.; Zitat: S. 451).

[65] Helmut Schanze: Integrale Mediengeschichte. In: ders.(Hg.): *Handbuch der Mediengeschichte*. Stuttgart 2001, S. 207-280 (hier: S. 252). Zu den „neuen Graphien" vgl. ebd.: S. 252-262.

66 Benjamin: Das Kunstwerk im Zeitalter seiner technischen Reproduzierbarkeit (Anm. 46), S. 492 (Anm.).

67 Ders.: *Das Seminar Bd. II: Das Ich in der Theorie Freuds und in der Technik der Psychoanalyse.* (hg. und übersetzt von Hans-Joachim Metzger.) Weinheim/Berlin 1991, S. 390.

68 Meine biographische Skizze stützt sich auf Jörg Schweinitz: Psychotechnik, idealistische Ästhetik und der Film als mental strukturierter Wahrnehmungsraum: Die Filmtheorie von Hugo Münsterberg. In: Hugo Münsterberg: *Das Lichtspiel. Eine psychologische Studie [1916] und andere Schriften zum Kino* (hg. und übersetzt von J. Schweinitz). Wien 1996, S. 9-26 (hier: S. 9-15).

69 Hugo Münsterberg: *Grundzüge der Psychotechnik* (zit. nach Schweinitz: Psychotechnik, idealistische Ästhetik und der Film als mental strukturierter Wahrnehmungsraum [Anm. 68], S. 11).

70 Zur Nähe der Methoden der Psychotechnik zu denen Taylors und Gilbreth' vgl. jüngst Dominik Schrage: *Psychotechnik und Radiophonie. Subjektkonstruktionen in artifiziellen Wirklichkeiten 1918-1932.* München 2001, S. 112-129.

technischen Medien aufruft, wohl eine mögliche Emanzipation aus der unmenschlichen Hektik der Verbesserung als Steigerung der Effizienz. Nicht aber beinhaltet dieser Sprung auf die andere Seite der Medaille eine Versicherung des Reisenden gegen die Tücken und Unwägbarkeiten dieser Schauplätze. Folglich bleibt das Abenteuer auf dem Feld des Optisch-Unbewussten riskant, wenn aus den Umwälzungen durch die Apparaturen der technischen Reproduktion auch der „Diktator als Sieger hervorgehen" kann.[66] Das aber meint zuletzt nichts anderes, als dass in deren Mitte auf jene Schwierigkeit zu achten ist, die der Psychoanalytiker Lacan wie folgt benennt: „Was in einer Maschine nicht rechtzeitig kommt, verfällt ganz einfach und beansprucht nichts. Beim Menschen ist das nicht dasselbe, die Skansion ist lebendig, und was nicht rechtzeitig gekommen ist, bleibt in der Schwebe."[67]

Psychotechnik (Münsterberg)

Hugo Münsterbergs wissenschaftliche Laufbahn ist durch einen steilen Aufstieg und einen jähen Fall gleichermaßen geprägt.[68] Nach dem Studium der Medizin und Psychologie baut er zunächst ein experimentalpsychologisches Labor an der Freiburger Universität auf, um dann 1897 in die USA überzusiedeln. Dort wird er Präsident des Philosophischen Departments von Harvard, wo Münsterberg und seine Mitarbeiter intensiv Emotions-, Wahrnehmungs- und Aufmerksamkeitsforschung betreiben. Bald genießt er darob hohes Ansehen und beschäftigt sich in der Folge eingehend mit Marketing-Fragen sowie psychologischen Problemen in Geschäftswelt und Industrie. Den Schlüssel dazu glaubt er mit der von ihm so genannten ‚Psychotechnik' in der Hand zu haben. Münsterbergs Ziel ist dort, die Psychologie für „die bestmögliche, festeste und zweckmäßigste Organisation der Gesellschaft dienstbar" zu machen.[69] Im Gefolge der Versuche von Frederick W. Taylor oder Frank B. Gilbreth möchte er Arbeitsabläufe und Arbeiter so synchronisieren, dass sie sich optimal ergänzen:[70] Routine als fortlaufende Steigerung dieser Ergänzung oder als immer bessere An- sowie Einpassung der Mentalität an und in die Erfordernisse und

Wertmaßstäbe einer ökonomisch-technisch dominierten Ordnung markieren hier die Richtung.[71] In diesem Sinne erwirbt Münsterberg sich schnell den „Ruf des Begründers der angewandten Psychologie in Amerika" und ist ebenso darum bemüht,[72] diesen Ruf immer wieder zwischen seiner neuen und alten Heimat vermittelnd einzusetzen. Ist er in dieser diplomatischen Mission zunächst erfolgreich, gerät Münsterberg nach Beginn des Ersten Weltkriegs zwischen die Fronten. In den USA sieht er sich jetzt „heftigen Angriffen" ausgesetzt, die später zum völligen „Zusammenbruch seiner sozialen Persönlichkeit" führen.[73] Aber auch sein Werk bleibt von diesem Desaster nicht verschont. Insbesondere Münsterbergs 1916 kurz vor seinem Tod publiziertes Buch *The Photoplay* als Versuch, den Leitfaden der Psychotechnik auch an den Film anzulegen, wird von den Zeitgenossen und der Nachwelt nahezu ignoriert.[74] Erst gegen Ende des 20. Jahrhunderts befindet sich der Text wieder in der Diskussion.

Psychotechnik und das „Lichtspiel"

Getreu den Grundsätzen der Psychotechnik sieht Münsterberg im Film eine „einmalige Gelegenheit [...], weite Kreise an psychologischen Experimenten und an psychologischen Tests zu interessieren und auf diese Weise das Wissen um ihre Wichtigkeit für die Berufsberatung und für praktische Lebensfragen zu verbreiten."[75] Dabei nimmt der Professor sich keineswegs von dieser Praxisorientierung aus. Mehrfach ist Münsterberg in Filmstudios zu Gast. Für seine praktische wie theoretische Arbeit zum ‚Lichtspiel' maßgebend ist ein Befund, den Münsterberg in seinem Buch wiederholt aufgreift: „Die Bewegungswahrnehmung ist eine eigenständige Erfahrung, die nicht auf ein einfaches Sehen von einer Folge verschiedener Positionen reduziert werden kann. Ein eigentümlicher Bewusstseinsinhalt muss solch einer Folge visueller Eindrücke beigefügt werden." (46; vgl. weiterhin 47, 49, 50, 51, 57) Von da aus bezweifelt Münsterberg vor allem die Theorie des ‚Nachbildeffekts'. Worum geht es dabei?

Mit der Annahme des Nachbildeffekts reagiert die Wahrnehmungsforschung auf die durch Stroboskope

[71] Vgl. Nicolas Pethes: Der Test des großen Bruders. Menschenexperiment Massenmedium. In: Annette Keck/ders. (Hg.): *Mediale Anatomien. Menschenbilder als Medienprojektionen*. Bielefeld 2001, S. 351-372 (hier: S. 358) und Rieger: Steigerungen. Zum Verhältnis von Mensch, Medium, Moderne (Anm. 2), S. 417f.

[72] Schweinitz: Psychotechnik, idealistische Ästhetik und der Film als mental strukturierter Wahrnehmungsraum (Anm. 68), S. 10.

[73] Ebd.: S. 15.

[74] Vgl. ebd.: S. 14f. sowie kürzlich Helmut H. Diederichs: Zur Entwicklung der formästhetischen Theorie des Films. In: ders. (Hg.): *Geschichte der Filmtheorie. Kunsttheoretische Texte von Méliès bis Arnheim*. Frankfurt a.M. 2004, S. 9-27 (hier: S. 23f.).

[75] Münsterberg: *Das Lichtspiel* (Anm. 68), S. 37 (Zitierweise im folgenden durch Seitenzahlen im Fließtext).

[76] Münsterberg bezieht sich auf das Zoötrop: „Das Kind, das sein Zoötrop in Drehung versetzt und durch die Schlitze der schwarzen Hülle in die Trommel blickte, sah durch jeden Schlitz die Zeichnung eines Hundes in einer speziellen Position. Doch wenn die vierundzwanzig Schlitze das Auge passierten, so verschmolzen die vierundzwanzig unterschiedlichen Positionen zu einer kontinuierlichen Sprungbewegung des Pudels." (45)

[77] Christoph Hoffmann: φ-Phänomen Film. Der Kinematograph als Ereignis experimenteller Psychologie um 1900. In: Stefan Andriopoulos u.a. (Hg.): *Die Adresse des Mediums*. Köln 2001, S. 236-252 (hier: S. 246). Für eine detaillierte Beschreibung von Wertheimers Versuchsanordnung vgl. ebd. S. 246f.

[78] Vgl. ebd.: S. 247.

aufgeworfene Frage nach der „Bewegungserscheinung" (46):[76] Wie kommt es, dass diverse, sukzessive aufeinander folgende Bilder den Gesamteindruck eines kontinuierlichen Ablaufs erzeugen? „Die Routineerklärung der Bewegungserscheinung war", resümiert Münsterberg die Ergebnisse seiner Vorgänger und Kollegen, „dass jedes Bild von einer bestimmten Position im Auge ein Nachbild hinterlasse, bis das nächste Bild mit der leicht veränderten Position des springenden Tieres oder des marschierenden Mannes in Sicht sei, und dessen Nachbild dauere wiederum solange an, bis das dritte kommt. Die Nachbilder wurden für die Tatsache verantwortlich gemacht, dass keine Unterbrechungen bemerkbar sind, während die Bewegung selbst einfach aus dem Übergang von einer Position in eine andere resultiere." (ebd.)

Für Münsterberg ist diese These nicht allein im Verweis auf eigene Experimente unhaltbar, er bezieht sich auch auf die Testreihen des Gestaltpsychologen Max Wertheimer, um seine Kritik des Nachbildeffekts zu spezifizieren. Denn Wertheimer war in der Schrift *Experimentelle Studien über das Sehen von Bewegung* aufgrund der von ihm durchgeführten Tests zu dem Schluss gekommen, dass die Illusion der Bewegung mitnichten das schlichte Ergebnis mentaler Addition – ein Bild summiert sich über das Nachbild unmerklich zum nächsten auf – ist. Vielmehr tritt sie als „‚surplus'"[77] einer Bilderfolge ein: Um den Anschein eines Ganzen entstehen zu lassen, bzw. ihn zu festigen, muss eine psychische Aktivität eigener Ordnung hinzukommen.[78] Diese konstruktive Größe lokalisiert Münsterberg im Bewusstsein und überträgt sie auf die Situation des Zuschauers im Kino: Wendet dieser sich nämlich „der Filmwelt zu" (49) ist er einerseits und „objektiv" mit „ein[em] Bild nach dem anderen" (45) konfrontiert. Andererseits und darüber hinaus sieht er eine ununterbrochene *„tatsächliche Bewegung"* (49), die in ihrer sinnvollen Homogenität allerdings erst von *„seinem eigenen Bewusstsein erzeugt [wird]."* (ebd.) So fügt mitnichten die Wahrnehmung passiv, sondern zuletzt das Bewusstsein konstruktiv zusammen, was ihm mithilfe dieser Operation einheitlich vorkommt. Die Konsequenz daraus ist: *„Das Lichtspiel erzählt uns die*

Geschichte vom Menschen, indem es die Formen der Außen-
welt, nämlich Raum, Zeit und Kausalität überwindet und
das Geschehen den Formen der Innenwelt, nämlich Auf-
merksamkeit, Gedächtnis, Phantasie und Emotion anpasst."
(84) Damit ist der nicht nur zu Münsterbergs Lebzeiten
populäre Gedanke, der Film betreibe die „Errettung
der äußeren Wirklichkeit",[79] in weite Ferne gerückt.
An Stelle dessen steht ein „zentrale[r] Nervenprozess"
(49) zur Debatte, der sich im Anderen der Apparatur
zuvorderst selbst in Szene setzt, d.h. sich direkt in den
Datenfluss des Mediums einspeist: „Psychotechnik
verschaltet Psychologie und Medientechnik unter der
Vorgabe, dass jeder psychische Apparat auch ein technischer ist und umgekehrt."[80]

„Unwillkürliche Aufmerksamkeit"

„Psychologisch betrachtet", propagiert Münsterberg,
„ist aber die Bedeutung unser. [...] Das Beste kommt
nicht von außen." (51) Doch ist damit noch nicht alles gesagt, insofern die klare Ausdifferenzierung einer
Bedeutung, die, nach Münsterberg, „willkürliche Aufmerksamkeit" nur eine Spitze des Eisbergs bezeichnet:
„Mit unserer willkürlichen Aufmerksamkeit suchen
wir etwas, und wir nehmen das Angebot unserer Umwelt nur insoweit an, als es uns das bringt, wonach wir
suchen." (ebd.) Daneben agiert die Aufmerksamkeit
aber keineswegs so eindeutig selektiv und selbstsi-
cher, da sich das Bewusstsein anderen Bahnen öffnet:
„Alles, was an unsere natürlichen Instinkte appelliert,
was Hoffnung oder Furcht, Enthusiasmus, Entrüstung
oder irgendeine starke emotionale Erregung weckt, gewinnt Herrschaft über unsere Aufmerksamkeit." (52)
Demnach verfährt dieser Bereich der Aufmerksamkeit
nicht nur weit weniger autonom, er wird geradezu af-
fiziert. Wo die selektive Aufmerksamkeit die Umwelt
nach Anschlussmöglichkeiten überprüft, um das, was
unbefriedigend, überflüssig oder einfach unpassend
zu sein verspricht, auszusondern, erfährt sich der
andere Teil desselben Ensembles als einer Herrschaft
des Anderen ausgesetzt. In der Folge nennt Münsterberg solche Aufmerksamkeit „unwillkürlich". (51)
Gleichzeitig beharrt er darauf, dass diese Ebenen zwar

Willkürliche und unwill-
kürliche Aufmerksamkeit

[79] Vgl. den Untertitel von
Siegfried Kracauer: *Theorie*
des Films. Die Errettung der
äußeren Wirklichkeit (hg. von
Karsten Witte). Übersetzt
von Friedrich Walter und
Ruth Zellschan. Frankfurt
a.M. 1985.

[80] Kittler: *Grammophon Film*
Typewriter (Anm. 16), S. 238.

[81] Vgl. Frank Kessler: Zur Theorie des Lichtspiels. In: *Kintop* 5/1996, S. 207-209 (hier: S. 208).

analytisch scharf getrennt werden können, sich in der Lebenswelt aber durchweg überlappen: „Unser Leben ist ein großer Kompromiss zwischen dem, was unsere willkürliche Aufmerksamkeit anstrebt, und dem, worauf die uns umgebende Welt unsere unwillkürliche Aufmerksamkeit lenkt." (52) Wie aber passt das zu den angeblich vorwiegend konstruktiven Leistungen des Bewusstseins? Wie kann dieses sowohl willkürlich als auch unwillkürlich handeln? Münsterbergs erstes Beispiel zur Auflösung dieser Paradoxie ist die Sprache: „Mit dem Erlernen der Sprache haben wir gelernt, unsere eigenen Assoziationen und Reaktionen einem Klang, den wir wahrnehmen, hinzuzufügen." (51) Danach setzt die Wahrnehmung eines Anderen die Möglichkeiten der Konstruktion keinesfalls außer Funktion. Im Gegenteil: Erst die Belehnung eines bloßen Klangs mit eigenen Assoziationen verleiht ihm die Kraft des Wortes: „Nicht anders ist es mit den optischen Wahrnehmungen." (ebd.)

Großaufnahme

Was dabei aber grundsätzlich auf dem Spiel steht, zeigt, so Münsterberg, bahnbrechend das Lichtspiel.[81] Denn nur dieses hat mit der Großaufnahme ein Instrument zur Verfügung, das die Aufmerksamkeit sowohl lenkt als auch deren konstruktive Potenz auf höchstem Niveau antrifft: Taucht im Kino ein Ding „vergrößert" auf der Leinwand auf, versinkt „alles andere tatsächlich ins Dunkel." (ebd.) Während die unwillkürliche Aufmerksamkeit durch die monumentale Erscheinung emotional aufgestört wird, blendet die willkürliche Aufmerksamkeit, um das Bild zu ordnen, zugleich ihre Umgebung vollständig aus. Demgemäß fordert die Großaufnahme die Aufmerksamkeit in reinster Weise heraus und veranschaulicht zudem ihr doppeltes Prinzip: „Das Detail, das beobachtet wird, ist plötzlich zum ganzen Inhalt der Darstellung geworden, und alles, was unser Bewusstsein nicht beachten möchte, ist plötzlich unseren Augen entzogen und verschwunden." (56)

Damit entfaltet sich die Verschaltung des psychischen mit dem technischen Apparat allerdings verstärkt in eine Richtung: „Es ist als wäre die Außenwelt in unser Bewusstsein eingewoben". (57) Im Kinosaal wird der Zuschauer zum Anhängsel des Betrachteten. Mehr noch: Er erkennt das, was man ihm aufdrängt (oder: in ihn einwebt), nicht als solches, insofern er die Lenkung der unwillkürlichen Aufmerksamkeit – Anstachelung der Emotionen – willkürlich an diese Situation zurück bindet, d.h. im Banne der Konstruktion alles andere vergisst. Mit anderen – Schweinitz – Worten: „Der Film vermag [...] dadurch, dass er dem Rezipierenden entscheidende mentale Operationen voraus nimmt, die dieser dann mit unwillkürlicher Aufmerksamkeit nachvollzieht, eine Wahrnehmungssphäre voll starker Phantasie-Erlebnisse aufzubauen, die das Bewusstsein des Rezipierenden gleichsam umstellen und mit suggestiver Kraft von der Realität abziehen."[82]

So aber, folgert Münsterberg, befindet sich dieses „gebannte Publikum [...] zweifellos in einem Zustand gesteigerter Suggestibilität, ist also bereit, Suggestionen zu empfangen." (63) In diesem Sinne eignet sich der Film perfekt zum Medium subtiler Schulung: „Warum soll man ihm [dem Publikum; G.S.] dann nicht Nahrung für ernsthaftes Nachdenken geben, statt es lediglich mit bloßer Unterhaltung zu füttern?" (36)

Für Münsterberg ist das Kino mehr als jeder andere Ort des Schauspiels – hier vor allem: das Theater[83] – dazu geeignet, psychische Mechanismen zum einen einzusehen sowie, zum anderen, diese Einsichten produktiv umzusetzen. Indem das Kino vornehmlich beides, psychologisches Labor und psychologische Anwendung, ist, öffnet es sich für die Anliegen der Psychotechnik. Das „Lichtspiel der Zukunft", notiert Münsterberg in einem Artikel, der sein Buch in den Grundzügen bereits vorwegnimmt,[84] wird „zur Domäne des Psychologen werden", und es wird darin nicht nur den Gipfel „echter Kunst" erklimmen, sondern ausdrücklich und „wirklich zu einem Mittel kultureller Erziehung für jung und alt" aufsteigen.

Medienumbruch um 1900:
Psychotechnische Perspektiven

Münsterbergs Psychotechnik visiert eine Neuvermessung des Menschen im Zeichen des Managements, der Normalisierung, der routinierten Arbeitsteilung an. Darin hat die Psychologie die Aufgabe, helfend in die Entwicklungen von „Medizin, Handel und Industrie,

[82] Ders.: Psychotechnik, idealistische Ästhetik und der Film als mental strukturierter Wahrnehmungsraum (Anm. 68), S. 22.

[83] Münsterberg zieht das Theater durch seine ganze Argumentation hinweg als Vergleichsgröße zum Kino heran.

[84] Ders.: Warum wir ins Kino gehen. In: *Das Lichtspiel* (Anm. 68), S. 107-114 (hier und die folgende Zitate: S. 114).

Steuerung des Bewusstseins

[85] Ebd.

[86] Kittler: *Grammophon Film Typewriter* (Anm. 16), S. 240.

[87] Vgl. dazu Schweinitz: Psychotechnik, idealistische Ästhetik und der Film als mental strukturierter Wahrnehmungsraum (Anm. 68), S. 13f. Einige der Filmtitel nennt Rieger: *„Are You Fitted for Your Job, Testing Your Mind, Does Your Mind Work Quickly, Developing a Sense of Time, Testing Your Mind – Can You Remember Names and Places?, Testing Your Mind – 'Juggling'".* (ders.: Steigerungs. Zum Verhältnis von Mensch, Medium, Moderne [Anm. 2], S. 430).

[88] Pethes: Der Test des großen Bruders. Menschenexperiment Massenmedium (Anm. 71), S. 359.

Lichtbildwissen

Recht und Sozialreform" einzugreifen,[85] d.h. dazu beizutragen, dass diese Prozesse in möglichst optimalen Bahnen verlaufen. Diesbezüglich bietet der Film die Chance eines „Lichtbildwissens" (36), von dem zuvor „noch niemand zu träumen wagte" (34): Im Kino, so das psychotechnische Credo, lassen sich Mensch und Maschine dermaßen direkt koppeln – erstmals „implementiert ein Medium den neurologischen Datenfluss selber"[86] –, dass sie über sich selbst hinaus zu wachsen im Stande sind. Folglich avanciert das Lichtbildwissen des Medienumbruchs zu einem Paradigma der Steigerung, insofern es auf zweifache Weise ihr Instrument ist: Es bildet die Basis und gestattet den Vollzug dieser Optimierung. Münsterberg selbst gibt dazu das Beispiel: Er erarbeitet eine Reihe von Skripten für Kurzfilme mit psychologischen Tests, die unter dem Titel *Testing the Mind* von *Paramount Pictographs* realisiert werden:[87] „Es schien daher eine höchst fruchtbare Idee, als PARAMOUNT PICTOGRAPH begründet wurde, um geistige Anliegen und anspruchsvolle Erörterungen in die Kinos zu tragen." (36f.)

Auf dem Programm steht darin aber weniger eine ‚Reform' des Kinos im Sinne der Hebung des sittlichen Niveaus einer ansonsten ‚degoutanten' Massenunterhaltung: „Das Massenpublikum versammelt sich ohnehin." (36) Auch geht es nicht darum, die „Natur" des „zentralen Nervenprozesses" systematisch zu „bestimm[en]". (49) Stattdessen ist gerade die Attraktivität des Films für die Massen sowie die Beobachtung der dort anfallenden seelischen Aktivität Gelegenheit und Angelegenheit des Experiments: Für Münsterberg testet die kinematographische Apparatur „nicht etwa die grundsätzliche ‚anthropologische' Disposition des Menschen, sondern ausschließlich seine Fähigkeit zum Umgang mit eben solchen Apparaten."[88] Ist diese Fähigkeit erst einmal im vollen Umfang ausgelotet, d.h. in das praktische Leben und die Berufswelt integriert, „können", davon ist Münsterberg überzeugt, „[p]olitische und ökonomische, soziale und hygienische, technische und industrielle, ästhetische und wissenschaftliche Fragen" dem „Verständnis von Millionen auf keine Art andere Art näher gebracht werden." (37)

Drähte zur Seele: Positionen von Psychoanalyse und Psychotechnik

Dass die Neuerungen des Zeitalters der technischen Reproduzierbarkeit keineswegs allein als (wie im Film) ‚Augenschmaus' am Betrachter vorbeiziehen und damit in ihrem Genuss erledigt sind, eint die Bemühungen von Psychoanalyse und Psychotechnik. Doch kommen sie in der Bestimmung dieser Nachhaltigkeit am Ort der Seelenleistungen zu verschiedenen Schlüssen. Wo die Psychoanalyse eine Unverfügbarkeit des Unbewussten auch im Kontext der Maschinen bekräftigt,[89] ist für die Psychotechnik gerade das Moment unwillkürlicher Aufmerksamkeit dazu geeignet, die Apparate effektiv einzusetzen. Wo jene den Dynamiken der neuen Medienlandschaft auch kritisch bis reserviert (siehe Freud) gegenüber steht, fühlt diese sich diesem Fortschritt verbunden. Wo die Psychoanalyse Reibungsverluste stark macht – sich an ihnen orientiert –, möchte die Psychotechnik diese ausschalten. Oder kurz und auf einem signifikanten Nenner gebracht: Während die Psychoanalyse dem Traum eine auch emanzipierende Wirkung aus den Zwängen von Lebenswelt und Gesellschaft zuschreibt, öffnet sich die Psychotechnik den Strömungsbedingungen der Traumfabrik.

Angesichts solch unterschiedlicher Fokussierungen zerfällt die „*Steigerung des Nervenlebens*", von der Simmel anlässlich der allgemeinen Großstadtmentalität spricht, nun ebenfalls in zwei Teile: Einerseits kann sie im Rahmen eines ‚Unbehagens in der Kultur' angesprochen werden, d.h. als ein Leiden des ‚Prothesengottes' an den Geistern, die er – beileibe nicht nur zu seinem Unglück[90] – rief. Andererseits und mit Münsterberg lässt sich dort aber ebenso die Aufforderung herausstellen, dieses Unbehagen endlich zugunsten einer steten technischen Überformung und Verbesserung des Menschen und seiner Lebenswelt zu verabschieden. Hier kommt es darauf an, den bereits angestoßenen Prozess nicht zu stören. Im Hinblick auf diese Spaltung spitzt Benjamin die Unterschiede der Tendenzen, im Umfeld des Medienumbruchs um 1900 den Spuren der Seele im Netzwerk der Drähte (oder allgemeiner: der Medien)[91] nachzugehen, auf zwei Sätze zu: „Ein Blick auf

[89] Dass dies auch für die neuesten Medien gilt, zeigt Georg Christoph Tholen: Zwischen den Bildern. Zur Topik und Zäsur der Medien. In: Hannelore Pfeil/ Hans Peter Jäck (Hg.): *Eingriffe im Zeitalter der Medien*. Rostock 1995, S. 123-143 (hier: 137) oder Slavoj Žižek: Von der virtuellen Realität zur Vitualisierung der Realität. In: Robert Fleck (Hg.): *Zur Rechtfertigung der hypothetischen Natur der Kunst und der Nicht-Identität in der Objektwelt*. Köln 1992, S. 137-147 (hier: S. 138 und 146).

[90] Darauf legt Freud ausdrücklich Wert. (Vgl. ders.: Das Unbehagen in der Kultur [Anm. 64], S. 450).

[91] Auch die Sprache ist ja ein Medium: „[J]ede Sprache teilt sich *in* sich selbst mit, sie ist im reinsten Sinne das ‚Medium' der Mitteilung." (Walter Benjamin: Über Sprache überhaupt und über die Sprache des Menschen. In: *Gesammelte Schriften* (Anm. 4) Bd. II.1, S. 140-157 [hier: S. 142]).

Traum/Traumfabrik

[92] Ders.: Das Kunstwerk im Zeitalter seiner technischen Reproduzierbarkeit (Anm. 46), S. 498.

die Leistungspsychologie illustriert die Fähigkeit der Apparatur zu testen. Ein Blick auf die Psychoanalyse illustriert sie von anderer Seite."[92]

5. Schaltungen, Gleichschaltungen, Seelenmassage

Medium und Manipulation (zunächst: der Film)

Münsterbergs Auffassung, der Film gestatte es mittels diskreter ‚Einwebung' das Bewusstsein seiner Zuschauer positiv zu beeinflussen, erfährt an anderer Stelle eine weit weniger günstige Einschätzung. Denn wo der Psychotechniker von dem Einfall beseelt ist, im Kino könne der Mensch durch Suggestion und unter Umgehung der Langeweile geschult, d.h. für die Fährnisse des Alltags- und Berufslebens fit gemacht werden, steht für andere der Verdacht der Manipulation im Raum. Dabei artikuliert sich dieser Argwohn schon früh, er begleitet das neue Medium von Anfang an.[1] So schreibt etwa Franz Pfemfert im Jahre 1911: „Dennoch hat man ihm [dem Film; G.S.] jetzt auch die Schulstuben geöffnet. Kino wird an ‚nationalen' Feiertagen den Schulkindern vorgeführt. Zur Stärkung des Patriotismus. Das Kind sieht seinen Kaiser zur Parade reiten (Gesang der Klasse: ‚Heil dir …')."[2] Dann folgen „Manöverbilder". Der „gut preußische Militärgeist schlägt Rad vor Kinderseelen …" Im Kino kommt die Propaganda im untadeligen Gewand der Berichterstattung, des Unterrichts und der Bildung daher. Mehr noch: Der Film umgibt diese Maskerade auch mit den Insignien des Fortschritts und dem *Glamour* der Moderne: „'Edison' heißt die Formel der Zeit." Indem der Kinematograph die Seele derart auf Reisen schickt, besetzen seine Bilder die Phantasie. Oder mit Münsterbergs Begriffen: Eingewoben in die Aufmerksamkeit des Publikums steht der Militärgeist nicht länger für das, was er ist (nämlich der altbekannte Vorbote von Krieg und Tod), sondern erscheint als zeitgemäße und spannende Ansicht der Realität. Mitnichten, darauf weist Pfemferts Text hin, ist das neue Medium daher ein Ort des unschuldigen Vergnügens oder der harmlosen Entspannung. Es eignet sich ebenso und besonders als Vehikel der Manipulation, wenn es bereits die Jüngsten erreicht und vereinnahmt. Genau derselben Meinung sind nun auch diejenigen, denen Pfemfert – wie man sieht: nicht zu unrecht – solche Machenschaften unter-

[1] Vgl. dazu Kap. 1.

[2] Ders.: Kino als Erzieher. In: Anton Kaes (Hg.): *Kino-Debatte: Texte zum Verhältnis von Literatur und Film 1909-1929.* Tübingen 1978, S. 59-62 (hier: S. 62; nachfolgende Zitate ebd.).

Stärkung des Patriotismus

[3] Ders.: *Grammophon Film Typewriter*. Berlin 1986, S. 197.

[4] Ludendorff zit. nach ebd. Vgl. dazu auch Helmut Korte: Vom Kinematographen zur Nationalen Propaganda. Zur Entwicklung des frühen deutschen Films. In: ders. (Hg.): *Film und Realität in der Weimarer Republik*. München/Wien 1978, S. 11-89 (hier: S. 67-70).

[5] Louis Althusser: Ideologie und ideologische Staatsapparate (Anmerkungen für eine Untersuchung). Übersetzt von Peter Schöttler und Klaus Riepe. In: ders.: *Ideologie und ideologische Staatsapparate. Aufsätze zur marxistischen Theorie*. Hamburg/Berlin 1977, S. 109-153 (hier: S. 119). Dabei hat Althusser zwar nicht eigens das Kino, wohl aber den „Informationsapparat" (ebd.: S. 127) im Blick.

[6] Ebd.: S. 143 (folgendes Zitat ebd.).

[7] Ebd.: S. 142.

[8] Ebd.: S. 146.

[9] Ders.: Kino als Erzieher (Anm. 2), S. 61.

[10] Für die Aufzählung ideologischer Staatsapparate vgl. Althusser: Ideologie und ideologische Staatsapparate (Anm. 5), S. 119f.

stellt. 1917 schickt der General Erich von Ludendorff ein Schreiben an das Kriegsministerium, das, so Kittler, „Filmgeschichte" machen wird.[3] Der Offizier teilt mit, dass der Film „auch für die fernere Kriegsdauer" seine „gewaltige Bedeutung als politisches und militärisches Beeinflussungsmittel nicht verlieren [wird]." Er sei deshalb mit „höchste[m] Nachdruck" zu fördern.[4] Bekanntlich führte dieser Befehl zur Gründung der UFA.

Unabhängig von den weltanschaulichen Positionen der Autoren entscheidend ist der bei beiden prominente Gedanke, das Medium könne zum wesentlichen Teil einer Anordnung werden, welche die Verschaltung des Zuschauers mit dem technisch bewegten Bild in eine politische Gleichschaltung transformiert. In dieser Hinsicht erscheint das Kino jetzt und in hervorragender Weise als „ideologische[r] Staatsapparat" im Sinne Louis Althussers.[5] Wie keinem anderen Medium vorher gelingt es ihm, „Evidenzen als Evidenzen aufzudrängen":[6] Obwohl, bleiben wir bei Pfemferts Beispiel, die Kinder auf der Leinwand nur die Bilder eines Manövers sehen, ist deren Präsenz (Realistik) so ungewohnt und überwältigend, dass sie das Gefühl echter Teilhabe erzeugen, d.h., nach Althusser, die „*Wiedererkennung*" mit einer „Verkennung" verbinden. Parallel dazu ist die Tür zu einer ideologischen „*Anrufung*" aufgestoßen.[7] Indem die imaginäre Teilhabe nicht als solche, sondern als Antwort des Realen wahrgenommen wird, gibt sie dem Militärgeist unmittelbar Raum. Er kann als das überpersonale „SUBJEKT" ankommen,[8] dem Folge zu leisten für die „Kinderseelen" fortan eine Pflicht sein könnte. Doch Vorsicht: Der Film ist nur ein Teilstück des Ensembles und nicht schlicht dessen Essenz. An Stelle dessen geht Pfemfert davon aus – „Ich möchte nicht missverstanden sein." –, dass der Film weiterhin und unproblematisch z.B. „der Wissenschaft große Dienste leisten" wird.[9] *Per se* ist das Medium danach noch kein Garant des ideologischen Sinns. Vielmehr bedarf es dazu der Einbettung von dessen Funktion in das System ideologischer Staatsapparate, d.h. in ein zuletzt fixes Gefüge aus Politik, Schule, Information, Gerichtsbarkeit, Kirche, Kultur u.ä.[10] Nur wenn sich, wie Pfemfert beobachtet, Kinobesuch, Schule (Erziehung) und Kaiserhymne direkt überschneiden wird das Kind mit dem „Herrscherhaus auf kinematographischem Wege bekannt gemacht."[11]

Solche Komplexität medialer Anordnung, welche die Übermittlung erst nachträglich, d.h. in der Reduzierung auf eine bestimmte Botschaft oder einen bestimmten Kanal limitiert, ist für die Aktivisten der sich ab 1907 versammelnden ‚Kinoreformbewegung' kein Thema. Für sie ist das mit dem Film in die Welt gekommene und jedenfalls zu begrenzende ‚Übel' ebenso im Medium selbst zu suchen.[12] Demzufolge ist es die auf die Optik beschränkte Medialität, der pausenlose Wechsel der Bilder, ihr *„Flimmern und Wackeln"*, die sich daraus ergebende „Überanstrengung der Augen", kurzum: die Überflutung der Wahrnehmung durch eine Fülle starker Eindrücke, die jene *„Müdigkeit* und *Abspannung"*, Unkonzentriertheit und psychische Lethargie auslösen, welche die *„seelische Gesundheit"* dauerhaft schädigen. (104f.) Besonders aber „untergräbt" der filmisch erzeugte Stress die psychische Gesundheit der „Jugend." (113) So werden erst von diesen Voraussetzungen aus gesehen auch die Inhalte des Mediums gefährlich: „Wir wissen, dass *alle Suggestionen tiefer haften, wenn die Kritik schläft."* (110); erst der durch die Technik des Mediums nervlich zerrüttete Jugendliche verfällt dessen Verführungen. Im Kino abgestumpft und aller (Selbst-) Kritik beraubt, kann er, so glaubt die Theorie, zum Nachahmungstäter der Verbrechen werden, die ihm auf der Leinwand entgegenflimmern.[13]

In der Konsequenz ihres Standpunkts sagt die Kinoreformbewegung, deren Mitglieder sich zunächst aus der bürgerlichen Schicht rekrutieren, dem Film und seinen Spielstätten den Kampf an. Im Namen der „öffentlichen Hygiene" fordert sie die Zensur, um das *„Gift"* (113) zu beseitigen.[14] Da sich das Rad aber schwerlich zurückdrehen lässt, beharren die Anhänger der Kinoreform gleichfalls auf der staatlichen Kontrolle einer Industrie, die, so ein Beispiel, auf „ihre Programme [schreibt]: Nur für Erwachsene", nichtsdestoweniger aber „auch alle Kinder" zulässt und sich mithin „von dieser Bezeichnung nur eine stärkere Anziehungskraft auf die Menschen [erhofft], die das Pikante und Zweideutige oder Unanständige mit besonderer Gier aufsuchen." (101f.) Auf dem Wege der Zensur soll einer

[11] Pfemfert: Kino als Erzieher (Anm. 2), S. 62.

[12] Vgl. dazu stellvertretend für viele den Text des Psychiaters Robert Gaupp: Der Kinematograph vom medizinischen und psychologischen Standpunkt. In: Albert Kümmel/Petra Löffler (Hg.): *Medientheorie 1888-1933. Texte und Kommentare.* Frankfurt a.M. 2002, S. 100-113 (Zitate werden im folgenden durch Seitenzahlen im Fließtext nachgewiesen).

[13] Vgl. 110-112 sowie im Hinblick auf die Debatte um ‚Nachahmungstäter' Korte: Vom Kinematographen zur Nationalen Propaganda. Zur Entwicklung des frühen deutschen Films (Anm. 4), S. 60f.

[14] Vgl. genau dazu ebd.: S. 62.

Kinoreform

[15] Vgl. dazu ebd.

[16] Ders.: Kino als Erzieher (Anm. 2), S. 61f.

[17] Zit. nach Korte: Vom Kinematographen zur Nationalen Propaganda. Zur Entwicklung des frühen deutschen Films (Anm. 4), S. 67.

[18] Vgl. den Buchtitel von Harro Segeberg (Hg.): *Die Mobilisierung des Sehens. Zur Vor- und Frühgeschichte des Films in Literatur und Kunst. Mediengeschichte des Films Bd. 1.* München 1996.

[19] Ders.: *Film als Kunst.* Frankfurt a.M. 2002, S. 163 (Zitate werden im folgenden durch Seitenzahlen im Fließtext nachgewiesen).

Medienpraxis, die zuletzt „auf die rohen Masseninstinkte spekuliert" (113) das Handwerk gelegt sowie der Ausbreitung des Lehr- oder Kulturfilms, der freilich nur das geringere Übel darstellt (vgl. 108),[15] Vorschub geleistet werden. Der radikale Demokrat Pfemfert indes, der im Film zuerst eine Waffe der Staatsmacht zur Anpassung, Entmündigung und Lenkung der Bevölkerung erkennt und daher ebenfalls dessen Verbot befürwortet, begegnet den Ideen der Kinoreformer mit der Verachtung des anti-bürgerlichen Intellektuellen: „Man hat die ‚Veredelung der Kinematographie' gefordert. Bestrebungen, den ‚Kunstwert' des Films zu heben, machen sich bemerkbar. […] Dann soll doch lieber das Schauerdrama die Films beherrschen."[16]

Industrialisierung der Wahrnehmung: Die Ideologie der Unterhaltung

Zwischen 1914–18 wird die Filmproduktion umfassend in die nationale Propaganda aller am Krieg beteiligten Staaten eingegliedert. Ludwig Klitzsch, einer der Vordenker dieses Trends in Deutschland, schätzt die Bedeutung des Lichtspiels dabei folgendermaßen ein: „Das Kino ist für die Anschauungen der breiten Masse heute wichtiger als die Presse."[17] Somit, siehe auch Ludendorff, hervorragendstes Propagandamittel, wird es vor allem in dieser Hinsicht stabilisiert und ‚aufgerüstet'. Aber auch nach dem Ersten Weltkrieg bleibt die Annahme, der Film betreibe seine „Mobilisierung des Sehens"[18] im Hinblick auf die Promotion, Erhaltung und Durchsetzung bestimmter Hegemonien weiter attraktiv. Hier, in der Zeit der ‚Roaring Twenties' und danach, rücken dabei nochmals verstärkt die Interessen des Kapitals in den Vordergrund: Warum gelingt es der Filmindustrie, die Zuschauer immer wieder und mit immer wieder ähnlichen Produkten in die Kinos zu locken? Welche Mittel kommen dabei zur Anwendung? Was folgt daraus? Antworten auf diese Fragen findet Rudolf Arnheim in der „Psychologie des Konfektionsfilms".[19] Seine Argumentation benennt die Grundlagen des Gegenstandes zuerst wie folgt: „Der Industrielle arbeitet nach dem Diktat der Masse: er ersieht aus den Abrechnungen, welche Filme ‚groß gegangen' sind und welche nicht, und danach richtet er seine Produktion ein." (163) Diktat der Masse? Bestimmt das Publikum durch seine Nachfrage doch, was gespielt wird? Wird, im Umkehrschluss, der Unternehmer damit zum Dienstleister, der das Amüsement der Zuschauer vor die Gesetze des Marktes stellt? Nicht ganz, denn: „Was für Filme will nun die Masse?" (ebd.)

Arnheims Skizzierung der Masse und ihres Geschmacks ist ungnädig: Sowohl der „Durchschnittsmensch" (165) als auch eine Versammlung derselben ist „naiv" (163). Von der im Kino dargebrachten Illusion erhoffen sie sich den Ausgleich der in der Realität miserablen Verhältnisse. Alle die Nöte und Ängste, Ungerechtigkeiten und Hierarchien, die der graue Alltag permanent bereithält, können im Film aufgefangen und durchbrochen werden. Und, das ist entscheidend, es entsteht dabei nicht notwendig der Eindruck eines Märchens. Im Gegenteil – da die Technik des Films einen äußersten Realismus zulässt, wirkt auch der Anschein noch wirklich: „Im Film geht alles so zu, wie es in Wirklichkeit zuginge, wenn es so zuginge, wie es uns gerecht und schön erscheint." (ebd.) Das ist für Arnheim die Basis des „Stoff[s]", den sich die Masse „wünscht" (ebd.), wenn als Messlatte der signifikante Erfolg nicht künstlerischer Produkte, sondern der Konfektionsfilme fungiert. Folglich wird dasselbe in immer andere Formen gegossen: Der Arme wird durch seine ehrliche Arbeit reich, das Mädchen aus der Unterschicht heiratet den Adligen, den sie bezaubert und der sich nicht um Stand und Dünkel schert, das Böse wird allzeit bestraft, das Gute belohnt etc.[20] Soweit, so – nach Arnheim – schlecht. Denn: „So wie sich dem Psychologen aus einer belanglosen Traumgeschichte die Seelenkonstruktion seines Patienten enthüllen kann, so bieten diese albernen Filmgeschichten Material zu einer Psychologie des Durchschnittsmenschen." (165) Diese jedoch enthüllt Erschreckendes: Da der Konfektionsfilm sich darauf beschränkt, eine ‚Wiederkehr des Gleichen' zu inszenieren, „hätschelt" er das „träge Gewohnheitstier im Menschen." (164) Als Kassenschlager indiziert er die „gefährliche Tatsache, dass viele Millionen Menschen, denen die Konfektionsfilme gefallen, insgeheim und ohne es zu wissen Spießer gefährlichsten Kalibers

[20] Für weitere Beispiele dieser Art vgl. 165-170.

Film als Kompensation sozialer Missstände

[21] Vor diesem Hintergrund ist es für Arnheim auch einerlei, ob die Zuschauer einen Stumm- oder Tonfilm sehen: „Der zugehörige Klang hätte nichts beizusteuern, was nicht auch im Bild enthalten ist." (234)

Ablenkung und Ausbeutung des Publikums

sind"; im „Mief [ihres] Unterbewusstsein[s]" halten sie an einer „jahrhundertealten Tradition, die bis heute von Schule, Kirche und Staat eifrig genährt wird" (172f.) fest.

Mit anderen Worten: Der Konfektionsfilm kommt dem Publikum deshalb entgegen, weil er dessen unterschwellig „kulturfeindlich[e] und fortschrittsfeindliche" (164) Mentalität aufgreift, aktualisiert und perpetuiert. In der Konsequenz sorgt er „dafür, dass die Unzufriedenheit sich nicht in revolutionärer Tat entlade, sondern in Träumen von einer besseren Welt abklinge." (ebd.) Wo der „Proletarierseele" (172) im Kino das Gefühl offeriert wird, sie könne die leidvolle Erfahrung sozialer Ungerechtigkeit auf unterhaltsame Art hinter sich lassen, ist der Wille zum Umsturz in weite Ferne gerückt. So „wird, unter Umgehung von Tarifverhandlungen, die soziale Frage aus der Welt geschafft." (168)[21]

Davon profitiert selbstverständlich auch das Filmkapital. Solange es sich an die Spielregel hält, den Zuschauern zu geben, was sie – im Doppelsinne des Wortes – befriedigt, braucht es sich um den Profit, seine Unangefochtenheit, seine Macht in den und über die Köpfe der Menschen keinerlei Sorgen zu machen. Ergo ist es an der Fortführung dieses Zustandes interessiert. Das Filmkapital produziert weiter Unterhaltungsfilme, die das Publikum sowohl paralysieren als ihm das Geld aus den Taschen ziehen. Das Publikum aber glaubt weiter daran, dass es, wenn auch sonst nicht, im Kino nach seinen Bedürfnissen hofiert wird. Parallel dazu schiebt es diese Bedürfnisse vor sich her. Es möchte sich weiter unterhalten sehen.

So zeichnet Arnheim den Zirkel der „Ideologie der bürgerlichen Filmproduktion." (167) Die Macht der Masse ist dabei nur eine scheinbare. Vielmehr versteht es die Industrie sehr genau, den in die Mentalität der Mitglieder dieser Masse traditionell eingegrabenen „Mief" zu pflegen, um ihn auszubeuten. Nur so wird die Industrialisierung der Wahrnehmung als möglichst automatische Ausrichtung der letzteren auf die Koordinaten der kapitalistischen Maschinerie perfekt. In diesem Sinne modifiziert Arnheim Pfemferts These vom Medium als ideologischem Instrument: Spannt sich der Kreis der Indoktrination planmäßig auf, liegt dies nicht allein an der Wirkmacht des Werkzeugs in seiner Fixierung durch ein manipulatorisches System. Außerdem kommt es darin zu einer Aktivierung und Verfestigung von bereits vorhandenen Resten eines vorauseilenden Gehorsams im „Unterbewusstsein" (173) der Rezipienten. Von da aus ist der Propagandafilm – auch der, der Kaiser- und Manöverbilder im Gewand der Information oder Aufklärung zeigt – nur die eine Hälfte des Programms. Die andere gibt sich (noch) subtiler. Indem sie „Zuckerpastillen" (164) verteilt, verzichtet sie darauf, die Souveränität eines Monarchen oder die Leistungsfähigkeit der Armee ins, wie indirekt auch immer, Blickfeld zu rücken. Darin setzt sie nicht auf das Außergewöhnliche der Ordnung, sondern deren normalen „Mief". Dort aber braucht die ideologische Anrufung nicht extra stattzufinden. Vielmehr ist alles schon „jahrhundertealt" da.

Ideologie und Filmriss

Eine andere Perspektive auf dieses Problem eröffnet Edlef Köppens im gleichen Zeitraum wie Arnheims Buch erschienener Roman *Heeresbericht*. Köppen, der den I. Weltkrieg an der Front erlebte, danach Abteilungsleiter für Literatur bei der Berliner ‚Funkstunde' war und 1939 an den Folgen seiner Kriegsverletzungen starb, erzählt die Geschichte des Adolf Reisiger, der 1914 freiwillig Soldat wird und schließlich, nach Dutzenden von Einsätzen, den Dienst an der Waffe verweigert. Dabei greift der Text in einer kurzen Passage auch die Frage des Films als Vehikel der Ideologie auf.

Die dazu konstruierte Szene ist folgende: Im Februar 1916 sitzt der Unteroffizier Reisiger im Kino bzw. präziser: Er sitzt nach dem Heimaturlaub wieder im Bunker und erinnert sich an das Kinoerlebnis zu Hause. *Film und Krieg* Dort passierte es: „Der Film reißt. Blendend die weiße Wand, dass man die Augen schließen muss. Aber der Motor surrt, Motor surrt, surrt. Und dann, auf der weißen Wand, ungeheuer vergrößert, verzerrt, gigantisch zwei Hände, Finger, baumdick, die tasten und suchen. Der Operateur will flicken. Der Motor surrt, Motor surrt, die Finger drücken und suchen und greifen."[22]

[22] Edlef Köppen: *Heeresbericht*. Reinbek b. Hamburg 1976, S. 149 (Nachweis von weiteren Zitaten durch Seitenzahlen im Fließtext).

[23] Zum Phantasma der Ideologie vgl. Slavoj Žižek: *The Sublime Object of Ideology.* London/ New York 1989, S. 180f.

Abgrund des Mediums/Abbruch der Ideologie

Mit dem Filmriss geht weit mehr als ein Zelluloidstreifen in Stücke: In dem Moment, in welchem die auf der Leinwand dar- und im Gegenzug zum Krieg ausgestellte Normalität – „Titel: Die Frau!" (ebd.) – plötzlich einen Spalt freigibt, d.h. monströs wird, Verzerrungen und Ungeheuer gebiert, nicht mehr zu reparieren ist, zerfällt eine Weltsicht. Denn genau dies steht auf dem Spiel, wenn dem Soldaten nach seiner Rückkehr an die Westfront der zehntägige Urlaub zu dem plötzlichen Blick in den Abgrund des Mediums zusammenschnurrt: „Es blieb nicht mehr als ein Film, zu schnell gedreht, ungeschickt geschnitten, überhetzt, überhitzt, zu Bildchen, zu Fetzen zerrissen." (148) Da sich die Atmosphäre der Desillusion aber aus dem Kinosaal auf den ganzen Urlaub des Unteroffiziers überträgt und auch im Schützengraben noch nachhallt – „Und was war noch, Reisiger, auf Urlaub …?" (151) – wird der Film als Handhabe der Ideologie prekär: Die Deckung der Kinounterhaltung, die den aus dem Inferno der Schlachten heimgekehrten Soldaten einerseits von diesen Traumen ablenken soll, um ihn, andererseits, für neue Leiden im Dienst von ‚Vaterland und Majestät' seelisch zu wappnen, stürzt auf jenen Schnitt und Riss zusammen, der in den Zwischenräumen des Mediums nistet. Von diesem Punkt aus wird alles, sogar die im Trommelfeuer der Geschütze ersehnte Nähe der Familie, fremd: „Nur Verstehen gibt es nicht mehr, gibt es nicht mehr." (152)

Somit kennzeichnet der Film das Gegenteil der Ideologie. Dieselbe Maschinerie, die Ludendorff dem Kriegsministerium als herausragendes Mittel psychischer Einschwörung der Soldaten auf die Ziele von Heeresleitung und Staatsmacht empfiehlt, bringt jetzt das mit ihr errichtete Gebäude zum Einsturz. Der Motor „surrt, surrt" und läuft ins Leere, d.h. er lässt den unheimlichen Spalt im Phantasma der Ideologie auftauchen, den dieses zu verdecken bemüht war.[23] An den Ort des Verstehens einer Weltordnung tritt unerwartet dessen Anderes: „Verstehen gibt es nicht mehr." So jedoch erweist sich der Film nicht länger als zuverlässiger Partner der Ideologie, sondern wird gleichzeitig zu deren Risiko. In und trotz seiner ideologischen Funktion birgt er ein ideologiekritisches Potential, das nicht auf einen einfachen Kontrast oder eine andere Ideologie hinausläuft. Ebenso wenig treten aus dem Filmriss die schrecklichen Bilder des Krieges hervor. Stattdessen mündet die Abweichung in eine Verstörung, welche die Strukturen ideologischer Sinnstiftung als Anschein des *Heim*lichen in Frage stellt: „Und was war noch, Reisiger, auf Urlaub …?"

Medienverbund und Ideologie – Kulturindustrie (Horkheimer/Adorno)

Im Gefolge des Januar 1933 überrollt Deutschland eine Propagandawelle. Allein in diesem Jahr überträgt der Rundfunk fünfzig Reden Adolf Hitlers: „Keine Woche verging ohne eine Führerrede."[24] Mit dem damals neuesten Medium, das Joseph Goebbels (trotz früherer Vorbehalte) für das bedeutendste Massenbeeinflussungsmittel hält,[25] werden auch die anderen Medien ‚gleichgeschaltet'. Film, Presse und Buchwesen sind fortan dem eigens dazu geschaffenen ‚Reichsministerium für Volksaufklärung und Propaganda' und seinem Chef Goebbels unterstellt. Die Absicht dieser Maßnahme ist, die öffentliche Medienaktivität in einer Hand zu konzentrieren und durch diese kontrollieren zu lassen. Damit verbindet sich die Entlassung (‚Säuberung') von im Sinne der Nazi-Ideologie politisch ‚unzuverlässigen' oder ‚jüdischen' Entscheidungsträgern dieser Organisationen. Sie werden größtenteils durch Parteigänger des Regimes ersetzt. So ist es möglich, die Propaganda auf breitester Basis in Stellung zu bringen und ihr über die reine Meinungsmache hinaus weitere Sparten zu öffnen: „Nur nicht glauben", schärft Goebbels diesbezüglich seinen Rundfunkintendanten ein, „man könne sich im Dienste der nationalen Regierung am besten betätigen, wenn man Abend für Abend schmetternde Märsche ertönen lässt […]. Gesinnung muss sein, aber […] [d]ie Phantasie muss alle Mittel und Methoden in Anspruch nehmen, um die Gesinnung modern, aktuell und interessant den breiten Massen zu Gehör zu bringen, […]. Der Rundfunk soll niemals an dem Wort kranken, man merkt die Absicht und wird verstimmt."[26]

In diesem Sinne steht ein übergreifendes System und eine ebensolche Systematik der Kommunikation

[24] Peter Reichel: *Der schöne Schein des Dritten Reiches. Faszination und Gewalt des Faschismus.* Frankfurt a.M. 1993, S. 165.

[25] Vgl. ebd.: S. 159. Zum Rundfunk vgl. Kap. 2.

[26] Goebbels zit. nach Reichel: *Der schöne Schein des Dritten Reichs.* (Anm. 24) S. 159f.

‚Gleichschaltung' und Propaganda

[27] Ebd.: S. 158.

[28] Max Horkheimer/Theodor W. Adorno: *Dialektik der Aufklärung. Philosophische Fragmente*. Frankfurt a.M.: Fischer 1996, S. 128-176 (Nachweis von weiteren Zitaten durch Seitenzahlen im Fließtext). Vgl. für das folgende auch vom Verf.: Werbung und/oder Leibhaftigkeit. Zwei Ansichten zur Reklametechnik aus der ersten Hälfte des 20. Jahrhunderts. In: Anette Keck/Nicolas Pethes (Hg.): *Mediale Anatomien. Menschenbilder als Medienprojektionen*. Bielefeld 2001, S. 289-310.

[29] Vgl. zuletzt Johannes Windrich: Dialektik des Opfers. Das 'Kulturindustrie'-Kapitel aus der *Dialektik der Aufklärung* als Replik auf Walter Benjamins Essay *Das Kunstwerk im Zeitalter seiner technischen Reproduzierbarkeit*. In: *DVjs* 73/1999, S. 92 - 114 (hier 92-111).

Kultur heute schlägt alles mit Ähnlichkeit

auf dem Plan, in der ein Propagandaminister „den Begriff ‚Führer' und das Leitbild der ‚Volksgemeinschaft' zu Markennamen machte, in denen das Bild der ‚Ware' mit dem ‚Bild der Sehnsucht' des Wähler-Käuferpublikums zur Deckung kommen sollte. Soweit wie möglich und mit allen Mitteln."[27] Dabei ist diese dezidiert ‚werbetechnische' Diktion und Dimension der Analyse des Nazi-Propagandaapparats nicht erst das Produkt heutiger Sicht. Sie prägt bereits die zeitgenössische Auseinandersetzung mit dem Gegenstand.

Ein in dieser Hinsicht berühmt gewordener und ebenso wirkmächtiger Text ist das Kapitel über die „Kulturindustrie" in dem von Max Horkheimer und Theodor W. Adorno verfassten Buch zur *Dialektik der Aufklärung*.[28] Die kurz nach dem Zweiten Weltkrieg in Amsterdam erschienene Schrift wurde von den Autoren 1944 im amerikanischen Exil beendet und gehört zu den Grundlagentexten der Kritischen Theorie. Der Abschnitt über die Kulturindustrie beginnt mit der beinahe sprichwörtlichen These: „Kultur heute schlägt alles mit Ähnlichkeit." (128) Dabei ist diese These wiederholt als ‚Antwort' auf Benjamins Diagnose des Auraverlustes in der technischen Reproduzierbarkeit von Kunst und Welt gelesen worden.[29] Im Unterschied zu Benjamin, der darin ja ein primär emanzipatives Moment – Befreiung des Aufnehmenden vom Aurakult – erkennt, wenden Horkheimer und Adorno ihren Ansatz jedoch unter dem Eindruck des europäischen Faschismus einerseits, der Erfahrung des amerikanischen Kapitalismus andererseits in Richtung seines größten anzunehmenden Unfalls: Die kulturindustrielle Vormacht gipfelt in einer „rücksichtslose[n] Einheit" und „Reproduktion des Immergleichen" (131 und 142), die jede differenzierte und differente Artikulation unmöglich machen. Darin entbehrt die Dominanz des Ähnlichen jeder Differenz, wenn sie auf einer Selbstorganisation fußt, die bruchlos zirkuliert, weil sie noch ihre Negation produktiv zu integrieren weiß. So werden beispielsweise „[a]lle Verstöße gegen die Usancen des Metiers, die Orson Welles begeht", von der Filmindustrie „verziehen, weil sie als berechnete Unarten die Geltung des Systems um so eifriger bekräftigen." (137) Doch ist dieses Exempel von den Autoren keineswegs

zufällig gewählt: Es zeigt, dass auch die von Hork-
heimer/Adorno als letzte Ausnahme von den Regelkreisläufen der Sinnstiftung favorisierte Kunst in der
Kulturindustrie zerschlagen wird.[30] Am Ende ist alles
einer „Psychotechnik" als einem „Verfahren der Menschenbehandlung" (173) unterworfen, das im Zeichen
der Mobilmachung und Automatisierung steht.

Für dieses Verfahren zentral ist zunächst allerdings
weniger der Transport einer bestimmten Ideologie
oder eines bestimmten (ökonomischen oder sonstigen)
Wissens, da diese selbst in den Mechanismen der Kulturindustrie gefangen bleiben; sie erwachsen nachträglich aus diesen: Erst die automatische Wiederholung
des Zirkels aus „Manipulation und rückwirkendem
Bedürfnis" (129) schafft die Illusionen, welche versprechen, über die reine Erlebniserregung und -qualität der
Sensationsmaschinerie hinauszuweisen, d.h. das darin
enthaltene Dilemma radikaler Kontingenz zu überbrücken. Indem der Text auf diese Weise und vorerst nicht
im Sinne einer spezifischen Kultur- oder Ideologiekritik, sondern allgemein diagnostisch verfährt, stellt er
die Strukturen fest, auf deren Basis sich die angepeil-
ten Phänomene als kritisierbare erweisen. Dort können
jetzt drei Säulen des Systems unterschieden werden:

a). Verwerfung des Anderen im Medienverbund

Horkheimer und Adorno beschreiben die Kulturindustrie als ein Medienverbundsystem aus Presse, Film
und Radio (vgl. S. 129-132) sowie darin als lückenlose
„Übereinstimmung von Wort, Bild und Musik" (132).
Von da aus lässt sich die Grundoperation dieser Struktur als eine Exklusion fassen, deren Logik doppelt codiert ist: „[W]as sie als Wahrheit draußen auslöscht,
kann sie drinnen als Lüge beliebig reproduzieren."
(143) Die vollkommene Nivellierung (Auslöschung)
des Außen gestattet demnach den Sieg jener „technologischen Vernunft" (146), die nach innen als Ausprägung von Ideologien auftritt. Diese entfalten ihr sinn-
stiftendes Potential streng strategisch: Insofern sie der
alltäglichen „Standardisierung" (129) einen scheinbaren Sinn verleihen, simulieren sie eine Fremdreferenz
(z.B. der ‚Naturgesetze' der Technik, des Marktes, der

[30] „Das ist das Geheimnis
der ästhetischen Sublimie-
rung: Erfüllung als gebrochene darzustellen. Kulturindustrie sublimiert nicht,
sondern unterdrückt." (148)

Auslöschung

[31] Zur Verwerfung des Anderen in der Ideologie vgl. Thanos Lipowatz: *Politik der Psyche. Eine Einführung in die Psychopathologie des Politischen*. Wien 1998, S. 169-171.

[32] Vgl. dazu auch Windrich: Dialektik des Opfers. Das 'Kulturindustrie'-Kapitel aus der *Dialektik der Aufklärung* als Replik auf Walter Benjamins Essay *Das Kunstwerk im Zeitalter seiner technischen Reproduzierbarkeit* (Anm. 29), S 107.

[33] Ders.: Beantwortung der Frage: Was ist Aufklärung? In: *Werkausgabe: in 12 Bänden* (hg. von Wilhelm Weischedel) Bd. XI. Frankfurt a.M. 1977, S. 53-61 (hier: S. 53).

[34] Dabei ist diese Umkehrung für Horkheimer und Adorno nur der Höhepunkt eines bereits in der Aufklärung, ihrer Dialektik, selbst angelegten Prozesses: Kants Fetischismus der Pflicht und Sades Ratio der Peinigung sind zwei Seiten derselben Medaille (vgl. Horkheimer/ Adorno: *Dialektik der Aufklärung* [Anm. 28], S. 88-127). Siehe dazu Rudolf Wansing: Ausdruckscharakter von Kunst: Bekundungen philosophischer Verbindlichkeit? Zur Komplementarität von Philosophie und Kunst bei Adorno. In: Gregor Schwering/Carsten Zelle (Hg.): *Ästhetische Positionen nach Adorno*. München 2002, S. 59-86 (hier: S. 64f.)

[35] Vgl. dazu in knapper Form Friedrich Balke: Kulturindustrie. In: Ralf Schnell (Hg.): *Lexikon Kultur der Gegenwart. Themen und Theori-*

'Rassenlehre') und sichern von da aus den Fortbestand des Eigenen auf zweifach aggressive Weise. Der Auslöschung des Außen entspricht ein Zwangscharakter des Innen: „Technische Rationalität heute ist die Rationalität der Herrschaft selbst." (129) So liegt diese Rationalität zum einen in der Propagierung jener imaginären Lebenswelt vor, die sich selbst beherrscht, d.h. sich auf Anderes nur im Rahmen dieser Selbstpanzerung und ihrer Erhaltung einlassen kann. Zum anderen und dem voraus aber ist die in der Kulturindustrie als (psycho-) technische Menschenbehandlung angelegte Macht eine Verwerfung des Anderen in letzter Konsequenz.[31] Nicht nur darf eine Differenz nicht aufkommen, sie wird bereits voranfänglich aus dem Verbund entfernt, wenn sie niemals in ihn aufgenommen ward: „Die vollendete Ähnlichkeit ist der absolute Unterschied. Die Identität der Gattung verbietet die der Fälle." (154)[32] Darin ist der Filter der Kulturindustrie total, insofern er ein radikal Imaginäres zur Folge hat, das in seiner praktischen Struktur alles – Raum und Zeit – umspannt: „Die ganze Welt wird durch das Filter der Kulturindustrie geleitet." (134) und: „Immergleichheit regelt auch das Verhältnis zum Vergangenen" (142).

b). „Aufklärung als Massenbetrug": Reklame – der Motor des Totalitären

Zugleich vollstreckt die Rationalität der Herrschaft als Herrschaft technologischer Vernunft das Ideal der Aufklärung auf perverse Art. Wo für Immanuel Kant im Zentrum der Aufklärung der *„Ausgang des Menschen aus seiner selbst verschuldeten Unmündigkeit"* zur Debatte stand,[33] regiert, so Horkheimer/ Adorno, in der Kulturindustrie der „Massenbetrug" (128).[34] Denn allein dazu erhebt die Kulturindustrie die Angleichung der Menschen an die Technik des Marktes und die Technik überhaupt zur einzig vernünftigen – aufgeklärten – Sache:[35] „Von Interessenten wird die Kulturindustrie gern technologisch erklärt. Die Teilnahme der Millionen an ihr erzwinge Reproduktionsverfahren, die es wiederum unabwendbar machten, dass an zahllosen Stellen gleiche Bedürfnisse mit Standardgütern beliefert werden." (129) Um diesen Zustand technologischer

Vernunft nun maßgeblich auf Dauer zu stellen, bedarf es im Zentrum der Kulturindustrie allerdings eines Trägers, der sowohl Sperre (primordiale Ausgrenzung) als auch 'Erträglichkeit' dieser Sperre ist, da er den zwanghaften Schein als schönen maskiert, aufrechterhält sowie ihm eine Lebensqualität zuspricht. Dieses Prinzip finden Horkheimer/Adorno in der Reklame: „Der herrschende Geschmack bezieht sein Ideal von der Reklame, der Gebrauchsschönheit" und „Reklame ist heute ein negatives Prinzip, eine Sperrvorrichtung"; gleichzeitig ist alles, „was nicht ihren Stempel" trägt, „anrüchig" (165 und 171). Damit wird die Reklame zum Hauptfaktor kulturindustrieller Durchdringung der Gesellschaft, weil sie zweifaches erlaubt. Einerseits vermittelt sie den Tauschwert oder Warencharakter der Dinge und bewahrt darin die strukturelle Kraft systematischer Selektion aus dem Geiste der Ökonomie; was nicht Ware ist oder werden kann, findet nicht statt. Andererseits übernimmt die Reklame die in der ursächlichen Verwerfung der Nicht-Identität vakant gewordene Stelle der ästhetischen Funktion. Indem sie selbst als Kunstwerk auftritt oder als solches gehandelt wird, neutralisiert sie das Kunstwerk in seinem subversiven Gehalt, seiner experimentellen Denkart und ideellen Unverkäuflichkeit.[36] In genau letzterem aber zeigt sich die Reklame in ihrer perfidesten Seinsweise, da sie von dieser Stelle aus, d.h. als Liquidation der Spur des Unverfügbaren, auf die Politik übergreift: „Reklame wird zur Kunst schlechthin, mit der Goebbels ahnungsvoll sie in eins setzte, l'art pour l'art, Reklame für sich selber, reine Darstellung der gesellschaftlichen Macht." (172) Insofern Reklame nicht nur eine totale Selbstreflexivität in Szene setzt, sondern diese auch praktisch herstellt und perpetuiert, wiederholt sie das Moment der Verwerfung am Grunde der Kulturindustrie in reinster Form. Sie wird zum „Lebenselixier" (171) kulturindustrieller Praxis und ist als Kunst ‚aufklärender' Unterhaltung nicht Aus-, sondern Eingang der Menschen in ihre Unmündigkeit.[37]

So steht für die Verfasser der *Kulturindustrie* am Ende der Verschmelzung eines technischen und eines sozialen Dispositivs die „Führerrede" (168). Sie ist es, auf die alles hinausläuft und sie ist weiterhin das, was

en, Formen und Institutionen seit 1945. Stuttgart/Weimar 2000, S. 270-272.

[36] Vgl. zu letzterem Christoph Menke: *Die Souveränität der Kunst. Ästhetische Erfahrung nach Adorno und Derrida*. Frankfurt a.M. 1991, S. 27-29.

[37] Zum Schwerpunkt der Unterhaltung in der Kulturindustrie vgl. auch Kap. 2.

Reklame und Kunst

[38] Dies.: Interesse am Körper. In: Dies.: *Dialektik der Aufklärung* (Anm. 28), S. 248 (folgende Zitate ebd.).

in diesem Prozess immer schon drohte und droht. Dabei hängt diese Insistenz oder Inkubationszeit mit der Struktur der Verwerfung selbst zusammen, insofern diese vor ihrer offen totalitären Manifestation Entdifferenzierung und Rationalisierung ist. Im Falle der Kulturindustrie zeigt sich dies in der dortigen Anpreisung des Technischen, das in seiner anscheinend besonderen Dynamik das Verfahren der Vereinheitlichung geradezu herbeizitiert. Ist aber der erste Schritt einmal getan, erfolgt der zweite mechanisch. Die anfänglich noch harmlos auftretende Reklame, welche vorgibt, bloß den fortgeschrittenen Ansprüchen und Bedürfnissen einer massenmedial verbundenen Gesellschaft Genüge zu tun, befördert strukturell bereits den Kern der Propaganda als zum gegebenen Zeitpunkt fertig hervortretendes Kennzeichen der Diktatur. Mustergültig dafür ist, so fassen es Horkheimer und Adorno in einem der kurzen Essays am Ende ihres Buches zusammen, die „Lobpreisung der Vitalphänomene" in der Kulturindustrie: Sie „mündet unausweichlich in den Sarongfilm, die Vitamin- und Hautcremeplakate ein, die nur Platzhalter des immanenten Ziels der Reklame sind: des neuen, großen, schönen, edlen Menschentypus: der Führer und ihrer Truppen." [38]

c). Austreibung des Leibes

Leib/Körper

Vor diesem Hintergrund ist gerade das „Interesse am Körper" niemals unschuldig. Vielmehr transportiert es alle wichtigen Merkmale der Kulturindustrie. Denn eingeschnürt in deren Korsett ist „[d]er Körper" nicht „wieder zurückzuverwandeln in den Leib. Er bleibt die Leiche, auch wenn er noch so sehr ertüchtigt wird." Die hier von Horkheimer/Adorno vorgenommene, nicht allein begriffliche, sondern auch analytische Unterscheidung zwischen Körper und Leib markiert damit wiederum die Differenz, welche die Autoren in ihrem Abriss der Kulturindustrie als verworfene ausmachen. Insofern der Körper dort nämlich durchweg als – lebende – Leiche in Erscheinung tritt, ist er zugleich jeglicher Eigendynamik beraubt. Er verdinglicht sich zur Statue, zum Reklameabziehbildchen, zur propagandistischen Karikatur und wird darin in seiner leiblichen, d.h.

problematischen Vitalität unmöglich:[39] Zwar hofieren die Spektakel der Kulturindustrie den Körper pausenlos, da sie ihn positiv (als leuchtendes Vorbild) und negativ (als abschreckendes Beispiel) zur Schau stellen sowie ihn im Starkult verklären. Doch liegt über der massenhaften Inszenierung eine klinische Friedhofsruhe, wenn es in dieser endlos um „blendend weiße Zähne und Freiheit von Achselschweiß und Emotionen" (176) geht. Damit kreist das Karussell der Kulturindustrie letztlich um ‚das Eine', indem sie es in seiner dauernden Beschwörung ausschließt: „Gerade weil er nie passieren darf, dreht sich alles um den Koitus."(149)[40]

Mit dieser paradoxalen Zuspitzung wäre der Akt der Verwerfung in der Kulturindustrie nochmals zu präzisieren: Dadurch, dass dieser Akt den Leib in seiner Sexualität, seinem diffizilen Begehren, seiner daraus resultierenden Unberechenbarkeit vom Körper abtrennt, bringt er diesen erneut und wahnhaft zum Ausdruck. Der kulturindustrielle Entzug des Leibes verknüpft sich mit einer monströsen Renovierung des Körpers, d.h. mit einem Zwang zur Perfektion, dessen Ziel „seit je" das „Töten" ist:[41] Die Faschisten gehen „mit dem Körper um, hantieren mit seinen Gliedern, als wären sie schon abgetrennt."[42] So setzt der mithilfe der Propaganda ge- und durchformte Körper zur Schindung anderer Körper an, weil er sie als leibhaftige Andere weder respektieren kann noch will. Wer sich der – im doppelten Sinne des Wortes – reproduktionstechnischen *Zucht* des Körpers nicht fügt, weil er ein anderes Begehren verfolgt, fällt der Ächtung, dem Konzentrationslager, dem Todesurteil anheim.[43]

Damit ist der Höhepunkt massenhafter Entmündigung für Horkheimer/Adorno in einer Form der Reklame erreicht, die als Propaganda das Programm der Kulturindustrie auf brutale Weise vollstreckt. Hierin schreitet der Wahn omnipotenter (Selbst-) Ermächtigung zu einer Vermessung des Körpers als Verwerfung des individuellen Leibes. Diesbezügliches Indiz ist die totale Anonymität des Systems und seiner Systematik: „Allen wird etwas aufgewartet." (165) Psychologisch geht es dabei um einen Konsumdruck, der sich im Zuge seiner Automatisierung dermaßen verschärft, dass er zuletzt durchsichtig erscheint, ohne dadurch

[39] Zu letzterem vgl. im Anschluss an Edmund Husserl und Maurice Merleau-Ponty: Bernard Waldenfels: *Das leibliche Selbst. Vorlesungen zur Phänomenologie des Leibes*. Frankfurt a.M. 2000, S. 9-44.

[40] Sowie: „Die Serienproduktion des Sexuellen leistet automatisch seine Verdrängung." (148). Mit dieser Bestimmung des Verhältnisses von Sexualität und Macht nähern sich Horkheimer/Adorno den späteren Thesen von Michel Foucault: „Gehen wir ab von der Vorstellung, dass der Sex eine autonome Instanz ist, die dann an ihrer Berührungsfläche mit der Macht auch noch die vielfältigen Effekte der Sexualität hervorbringt. Der Sex ist das spekulativste, das idealste, das innerlichste Element in einem Sexualitätsdispositiv, das die Macht in ihren Zugriffen auf die Körper, ihre Materialität, ihre Kräfte, ihre Energien, ihre Empfindungen, ihre Lüste organisiert." (ders.: *Der Wille zum Wissen. Sexualität und Wahrheit Bd. 1.* Übersetzt von Ulrich Raulff und Walter Seitter. Frankfurt a.M. 1983, S. 185).

[41] Horkheimer/Adorno: Interesse am Körper (Anm. 38), S. 249.

[42] Ebd.: S. 250.

[43] Vgl. ebd.

Konsumdruck

schwächer zu werden. Diese Erfahrung einer Entfrem-
dung als Auslieferung der Subjekte an „die zugleich
durchschauten Kulturwaren" (175) löst einen Schock
der Ohnmacht und der Langeweile aus, der nun konstitutiv nicht für einen Widerstand der Verbraucher,
sondern für die Stärkung des Betriebs ist. Zwar ist es
mit den „müden Auge[n]" der Zuschauer tatsächlich
„fraglich geworden", ob „die Kulturindustrie selbst die
Funktion der Ablenkung noch erfüllt" (147), doch ist
die Angst der im Getriebe Eingeschlossenen vor dem
Verlust der einzigen Stütze ihres Universums so groß,

Vorauseilender Gehorsam   dass sie sich schon vorauseilend in ihr Gewohntes schi-
cken: „Unbeirrbar bestehen sie [die Beherrschten; G.S.]
auf der Ideologie, durch die man sie versklavt." (142)
In dieser totalen Perversion des Kantschen Diktums
ist nun jede Zurückverwandlung der Konditionen unmöglich. Die „Mimesis" der Konsumenten im Geschäft
der Angleichung geht bruchlos in einen „Triumph der
Reklame" über, in dem Technokraten und „totalitäre
Reklamechefs" (175f.) die Macht übernehmen.[44]

Medienumbruch um 1900: Ein Ende mit Schrecken?

In Horkheimers und Adornos furiosem Entwurf der
Kulturindustrie verdichtet sich all das Misstrauen, dass
den neuen Medien von Anfang an entgegenschlägt zu
einem Bild, das an Düsternis seines Gleichen sucht. Ob
Pfemferts Gedanke der Einbindung des Mediums in ein
Gefüge ideologischer Staatsapparate oder Arnheims
Verdacht, es könne dort zur Einbindung und Ausbeu-
tung unterbewusster Anteile der Psyche kommen, ob
Münsterbergs Versuch, die Funktion des „zentralen
Nervenprozesses" technologisch zu klären und somit
an die Technik zu koppeln oder die Befürchtung der
Kinoreformer, das Medium setze sich an die Stelle der
und unterdrücke die Entfaltung echter künstlerischer
Potenz – jedes der bisher diskutierten Modelle findet
in Horkheimer / Adornos Studie seinen Platz und wird
nochmals dynamisiert. Und so treffen wir in diesem
Sinne ebenso auf Köppens Skizze des Filmrisses, insofern sie das Andere, die Unterbrechung oder Differenz
ist, welche die Kulturindustrie ursächlich verworfen
hat, und die sie daher mit allen Mitteln zu verhindern

sucht. Gleichzeitig aber erhält sich die Kulturindustrie in dem Prozess und es bleibt mithin eine offene Frage, wie ihre Maschine zu stoppen sei. In der Folge laufen für Horkheimer und Adorno die Neuerungen des Medienumbruchs um 1900 geradewegs auf die Tyrannei des Faschismus oder die Lohnsklaverei des Kapitalismus hinaus. *Von Caligari zu Hitler* könnte somit ein Teil auch ihres Mottos lauten,[45] unter dem sie noch in Überbietung von Kracauers These nun ihrerseits die Medienkultur als unterschiedslos bösartig denunzieren. Dass diese Kritik der technologischen Vernunft damit zum einen gefährlich kulturpessimistisch verfährt, zum anderen auch selbst in die Reichweite einer Ideologie gerät, ist später häufig bemerkt und beanstandet worden. Trotzdem sieht ihre Abrechnung in vielerlei Hinsicht genau hin und schreibt darin in avancierter Form eine medientheoretische Tendenz fort, welche den Diskurs über die neuen Medien über Jahre hinaus maßgeblich bestimmen wird. Denn noch Marshall McLuhan geht zwanzig Jahre nach der Beendigung von Horkheimers und Adornos Text davon aus, dass „[w]enn wir einmal unsere Sinne und unser Nervensystem der persönlichen Manipulation jener überlassen haben, die unsere Augen und Ohren pachten und Zinsen daraus zu schlagen versuchen" uns „eigentlich keine Rechte mehr [bleiben]."[46] Dabei ist dieser ‚Wenn'-Punkt bereits überschritten: Auch für McLuhan ist ausschlaggebend, dass die Medien als „Ausweitungen unserer Körper und Sinne" aufgrund dieser Ähnlichkeit in der Lage sind,[47] sinnliche Andersheit zu kassieren, d.h., nach Kittler, „unentscheidbar [zu machen], wer Mensch und wer Maschine" ist:[48] Da auf diese Weise in den Medien „[d]ie Technik der Elektrizität" mit „unserem Zentralnervensystem direkt verbunden" ist, ist es für McLuhan einfach „lächerlich", darüber zu diskutieren, „,was das Publikum' auf seinen Nerven gespielt haben ‚will'."[49] An Stelle dessen hat es sich anzupassen bzw. sieht sich mit einem Programm konfrontiert, dass die „Operationen" der „neuen Medien und Techniken [...] ohne antiseptische Mittel am Körper der Gesellschaft" vornimmt.[50]

Doch gibt es ebenfalls Tendenzen, solche Einschätzungen zu versachlichen. Eine davon ist das Kom-

Mensch-Maschinen

[45] Auch Siegfried Kracauers berühmtes Buch erschien 1947 (vgl. dazu Kap. 1).

[46] Ders.: *Die magischen Kanäle/Understanding Media.* Übersetzt von Meinrad Amman. Basel 1994, S. 113.

[47] Ebd.: S. 112.

[48] Ders.: *Grammophon Film Typewriter* (Anm. 3), S. 219. Avital Ronell fühlt sich an dieser Stelle an Frankensteins Monster erinnert (vgl. dies.: *The Telephone Book. Technology, Schizophrenia, Electric Speech.* Lincoln/London 1989, S. 89).

[49] McLuhan: *Die magischen Kanäle/Understanding Media* (Anm. 46), S. 113.

[50] Ebd.: S. 107.

Mathematische Theorie der Kommunikation

munikationsmodell das Claude E. Shannon und sein Assistent Warren Weaver 1949 in dem Buch *The Mathematical Theory of Communication* entwickeln.[51] Dort entspricht die Theorie der Übertragung von Nachrichten einer elementaren Kommunikationsstruktur (Sender, Empfänger, Signal, Kanal), in der sich Informationsproduzenten und -rezipienten gemäß der zwischen ihnen zu vermittelnden Botschaft gegenüberstehen: Die auf der einen Seite, dem Sender, zum Signal encodierte Information ist auf der andere Seite – Empfänger – erneut zu decodieren. Beide sind dazu vermittels eines Kanals, den das Signal durchläuft, verbunden. Dabei liegt der Vorteil des Modells in dessen struktureller Allgemeinheit und Kohärenz. Es kann sowohl die *face-to-face* Situation als auch einen massenkommunikativen Zusammenhang, d.h. Programmangebote an ein anonymes Publikum beschreiben. Zugleich lässt sich dieser funktionale Minimalismus aber ebenso als Nachteil des Modells ausweisen: Indem es Allseitigkeit beansprucht, muss es die Komplexität der Kommunikation reduzieren. Ein Beispiel dafür ist der Status, den die Störung im Konzept der beiden Autoren einnimmt: Laut Shannon/Weaver ist das Signal in seiner Versendung durch eine stete Störanfälligkeit markiert. Der Übertragungskanal, durch den es geleitet wird, rauscht *(noise)*. Allerdings und trotzdem bleibt er innerhalb des Modells in seiner verbindenden Manifestation unhinterfragt – zwar ist die Störung da, sie fällt jedoch, überschreitet sie ein vorher exakt berechenbares Maß nicht, nicht ins Gewicht. Wird Information dermaßen codiert, ist das Rauschen, das sie begleitet, erträglich. In diesem Sinne leitet sich die operationale Schließung des Entwurfs von den Anforderungen einer prinzipiell anzusetzenden, kommunikativen Transparenz ab: Das Basisproblem der Kommunikation definiert sich vor allem durch die Annahme eines möglichst verlustfreien Wegs der Übertragung einer Nachricht vom Sender zum Empfänger. So betrachtet, geht es um die Emergenz einer Medienrealität, die maßgeblich von ihrer Konsistenz als einem zunächst alternativlos reziproken Verhältnis zwischen Sender und Empfänger abhängt; sie rekurriert auf eine Wirklichkeit der Medien, die als statistisch zu erhebende normativ von ihrer Positivität oder Wahrscheinlichkeit her gedacht wird. Mithin rückt die übermittelte Botschaft sowie deren Wirkungen in den Vorder-, die Instabilität – Unwahrscheinlichkeit – ihrer Übertragung in den Hintergrund. In der Konsequenz ergeben sich Medienwirkungen als emotionale oder kognitive Verhaltensweisen, die durch den Kontakt mit den Mitteln individueller oder kollektiver Kommunikation ausgelöst werden, hauptsächlich im Kreislauf eines Stimulus-Response-Schemas. Effekte, die von dieser Primärannahme einer messbaren Symmetrie des Medienverbunds abweichen, da sie hier diffus bleiben oder Grenzbereiche der Kommunikation andeuten, bleiben weitgehend unberücksichtigt: Es ist im Sinne des mathematischen Modells von Shannon und Weaver nur eingeschränkt möglich, jene Merkmale der Kommunikation angemessen zu reflektieren, die deren Unsicherheit, Vieldeutigkeit und Kontextabhängigkeit betreffen.

Aber auch auf der anderen Seite des Atlantiks fällt die Bilanz des Medienumbruchs um 1900 negativ aus. Hier schreibt Guy Debord, der Cheftheoretiker der damaligen französischen Avantgarde, der ,Situationistischen Internationale',[52] ein einflussreiches Buch, das die Gesellschaft in einer Entfesselung des Spektakels verkümmern sieht:[53] „Das ganze Leben der Gesellschaften, in welchen die modernen Produktionsbedingungen herrschen, erscheint als eine ungeheure Sammlung von *Spektakeln*. Alles, was unmittelbar erlebt wurde, ist in eine Vorstellung entwichen."(13) Wiederum stellen „spezialisierte Vermittlungen" als „technische Organisation des Konsums" die Instrumente bereit, welche die „nicht mehr unmittelbar greifbare Welt *zur Schau* […] *stellen*". (S. 19 und 150) Gleichzeitig etabliert und verfestigt sich mit der medialen Entkernung der Lebenswelt eine „*Warenvernunft*" (S. 53), an der alle sonstigen, nicht direkt konsumtauglichen Regungen zerschellen. So jedoch muss das Spektakel nicht „als Übertreibung einer Welt des Schauens, als Produkt der Techniken der Massenverbreitung von Bildern […] begriffen werden", sondern als darin komprimierte „*Weltanschauung*" (14). Mit ihr dämmert die Gesellschaft im Würgegriff und in der Scheinwelt einer Medien-Ökonomie dahin, die nur ein Ziel kennt: im Bild des Spektakels

[52] Zur ,Situationistischen Internationale' (SI) vgl. Roberto Ohrt: *Phantom Avantgarde. Eine Geschichte der situationistischen Internationale und der modernen Kunst*. Hamburg 1990.

[53] Ders.: *Die Gesellschaft des Spektakels*. Übersetzt von Jean-Jacques Raspaud. Berlin 1996 (Nachweis von Zitaten im folgenden durch Seitenzahlen im Fließtext).

Spektakel

[54] Reichel: *Der schöne Schein des Dritten Reiches* (Anm. 24), S. 156.

[55] Vgl. dazu vom Verf.: Werbung und/oder Leibhaftigkeit. Zwei Ansichten zur Reklametechnik aus der ersten Hälfte des 20. Jahrhunderts. (Anm. 28), S. 302-310.

[56] Vgl. Kap. 6.

[57] Ders.: *Die geheimen Verführer. Der Griff nach dem Unbewussten in jedermann.* Düsseldorf 1958.

[58] Vgl. den Titel des Buches von Marshall McLuhan: *The Medium is the Massage. An Inventory of Effects.* New York 1967.

[59] Wolfgang Fritz Haug: *Kritik der Warenästhetik.* Frankfurt a.M. 1973, S. 64.

[60] Ebd.: S. 39.

[61] Dirk Reinhardt: *Von der Reklame zum Marketing. Geschichte der Wirtschaftswerbung in Deutschland.* Berlin 1993, S. 7f.

alltäglich jene Betäubung zu liefern, die jedem Erwachen aus dem Traum vorbeugt und ihn somit rigoros auszubeuten erlaubt: „Das Spektakel ist der schlechte Traum der gefesselten, modernen Gesellschaft, der schließlich nur ihren Wunsch zu schlafen ausdrückt. Das Spektakel ist der Wächter dieses Schlafs." (21) Damit scheint die „Steigerung des Nervenlebens", von der Simmel sprach, an ihr ultimatives und paradoxes Ende gekommen: Die absolute Steigerung des Nervenlebens ist der Schlaf als Unabwendbarkeit des bösen Traums, der sich mit den modernen Medien als real existierend erweist.

In der Medientheorie nach dem Zweiten Weltkrieg zeigt sich, dass der Aufstieg und Fall des Faschismus die „Struktur der politischen Öffentlichkeit" und die „Medienkultur" nachhaltig „beschädigt" hat.[54] Zugleich trifft dieser Schrecken und sein Ende auch die Medientheorie selbst: Während Benjamins Versuche, den neuen Medien und der Reklame[55] zuvorderst demokratische Reichweiten abzugewinnen,[56] in den Hintergrund tritt, dominiert die Perspektive einer, wie ein damals populärer Buchtitel von Vance Packard plakativ formuliert, ‚geheimen Verführung'.[57] In diesem Sinne erscheinen die Subjekte als Objekte einer Seelenmassage – *the medium is the massage*[58] –, welche in ihrer medialen Verbreitung allgegenwärtig und als Einbeziehung des Unbewussten übermächtig ist: Der in den Medien und ihrem Verbund offerierte „Schein dient sich an, als kündete er die Befriedigung an, er errät einen, liest einem die Wünsche von den Augen ab, bringt sie ans Licht auf der Oberfläche der Ware. Indem der Schein, in dem die Waren einherkommen, die Menschen ausdeutet, versieht er sie mit einer Sprache zur Ausdeutung ihrer selbst und der Welt. Eine andere, als die von den Waren gelieferte, steht schon bald nicht mehr zur Verfügung."[59] Unschwer lassen sich hier die Spuren von Horkheimers und Adornos brillanter Abrechnung mit dem, so Haug, „'Markentechniker'" Goebbels erkennen.[60] Doch und wie gesagt verkürzt diese kritische Theorie sich selbst, wenn sie die Mediennutzer primär als „willenlos […] dahintreibend in einem Meer aus meist massenmedial, seltener personal vermittelten Informationen" zeichnet.[61] Gleichwohl deutet sich darin ebenso ein Umschwung an: „Die neue Linke der sechziger Jahre hat die Entwicklung der Medien auf einen einzigen Begriff gebracht: den der Manipulation. Er war ursprünglich von großem heuristischen Nutzen und hat eine lange Reihe von analytischen Einzeluntersuchungen ermöglicht, droht jedoch zu einem bloßen Schlagwort herunterzukommen, das mehr verbirgt als es aufklären kann, und das deshalb seinerseits einer Analyse bedarf."[62] Enzensbergers direkter Anschluss an Benjamins *Kunstwerkaufsatz* und Brechts *Radiotheorie* sowie seine Aufforderung, sich produktiv mit McLuhans Satz *The medium is the message* auseinander zu setzen,[63] greift die Perspektive eines „[e]manzipatorische[n] Mediengebrauch[s]" (173) erneut auf: „Mit einer einzigen großen Ausnahme, der Walter Benjamins (und in seiner Nachfolge Brechts) haben die Marxisten die Bewusstseins-Industrie nicht verstanden und an ihr nur die bürgerlich-kapitalistische Rückseite, nicht ihre sozialistischen Möglichkeiten wahrgenommen." (175f.) Indem dieser Anschluss gegen eine Beschwörung des Misstrauens und des Verdachts auf jene Theoriebildungen setzt, welche die „subversiven Möglichkeiten" (173) der neuen Medien behauptet und zu nutzen vorgeschlagen hatten, schert er aus der Reihe der „fatalistischen Anhänger der Manipulations-These" (ebd.) aus.[64] Darin tritt er für ein anderes Potential des und einen anderen Umgang mit dem Medienumbruch(s) ein, an dessen Anfang das Kino gestanden und dessen Ende im Terror des Faschismus längst nicht ausgemacht war. In dieser Hinsicht geht Enzensberger einen ersten Schritt in jene Richtung, die sich gegenwärtig u.a. wie folgt präsentiert: „'Die Macht' ist also nicht in ‚die Medien' eingebaut; sondern Mediengebrauch einer bestimmten Art kann dazu führen, dass die Praxis diktatorischer politischer Systeme, nur *eine* Art von Medien und Mediennutzung zuzulassen und alles andere gewaltsam bzw. mit Sanktionen auszuschließen, als (illegitimer) Machtanspruch beobachtbar wird. Diktaturen basieren auf gewaltsam durchgesetzten Beobachtungsrestriktionen; wer diese lockert, bringt sie zu Fall. Und Medien sind solche Lockerungsinstrumente par exellence."[65]

[62] Hans-Magnus Enzensberger: Baukasten zu einer Theorie der Medien. In: *Kursbuch 20 / 1970*, S. 159-186 (hier: S. 163). (Nachweis von Zitaten im folgenden durch Seitenzahlen im Fließtext). Und: „Jeder Vorstoß auf diesem Feld begegnet von vornherein dem Integrationsverdacht. Dieser Verdacht ist nicht unbegründet. Er kann jedoch auch die eigene Ambivalenz und Unsicherheit kaschieren." (ebd.)

[63] Zu Enzensbergers Rezeption McLuhans vgl. 177f. McLuhans vielleicht berühmteste Formel findet sich in ders.: *Die magischen Kanäle/Understanding Media* (Anm. 46), S. 21.

[64] Anderer Ansicht ist bekanntlich Jean Baudrillard: Requiem für die Medien. Übersetzt von Hans-Joachim Metzger. In: Claus Pias u.a. (Hg.): *Kursbuch Medienkultur. Die maßgeblichen Theorien von Brecht bis Baudrillard.* Stuttgart 1999, S. 279-299.

[65] Siegfried J. Schmidt: Technik – Medien – Politik. Die Erwartbarkeit des Unerwartbaren. In: Rudolf Maresch/Niels Werber (Hg.): *Kommunikation Medien Macht.* Frankfurt a.M. 1999, S. 108-132 (hier: S. 123f.). Für eine andere Perspektive desselben vgl. Bernhard Siegert: Es gibt keine Massenmedien. In: Rudolf Maresch (Hg.): *Medien und Öffentlichkeit. Positionierungen Symptome Simualtionsbrüche.* München 1996, S. 108-115 (hier S. 114f.)

6. Vom Publikum zur Masse zum Massenpublikum

Treffen wir auf eine große Menschenmenge, nennen wir sie auch Masse. Das ist zunächst kein Problem. Das Rätsel, um das es nachstehend gehen wird, taucht erst dann auf, wenn eine große Anzahl von Individuen sich einem „gemeinsamen Beachtungsobjekt zuwendet".[1] Dabei erscheint eine solche Attraktion, eine solche Versammlung zunächst widersprüchlich: Wie können unterschiedliche Einzelne derart zusammenwachsen, dass sich ihre diversen Interessen und Absichten zu einem oder einer bündeln, wie kann die große Vielfalt der Subjektivitäten auf einen kleinsten gemeinsamen Nenner schrumpfen? Die Schwierigkeit eines dermaßen übergreifenden Zusammenhalts, der dort sich anbahnenden und wirksamen Dynamik(en) sowie die Medien (und ihre Rolle), die ein massenweises Begehren anstoßen, bilden den Fokus der folgenden Ausarbeitung.

Die Menschenmasse hat, und das nicht erst seit ihrer ‚nervösen' Zusammenballung in den Metropolen des 20. Jahrhunderts,[2] keinen guten Ruf. Schon Niccolò Machiavelli, der um 1500 das Konzept rigoroser Staatsraison gegen die religiöse Herrschaftsbegründung in Stellung bringt, warnt, dass es „nichts Furchtbareres" und gleichzeitig „nichts Schwächeres" gibt, als die „Menge ohne Haupt".[3] Die entfesselte Menschenmenge, lässt sich daraus vorab schließen, ist ein charakter- und haltloses Monster, ein Mob, der zu Allem und darin zu nichts Gutem fähig ist. So bedarf diese Menge – auch das findet sich bereits bei Macchiavelli[4] – der strengen Überwachung, sie muss in erster Linie im Zaum gehalten werden. Doch wandelt sich diese Auffassung vom, ist er einmal losgelassen, allein destruktiv agierenden, nur ziel- und zügellos sich in der Revolte zusammenrottenden Pöbels durch die Geschichte. Man beginnt, der Masse (als Bevölkerung) anderes zuzutrauen: „Seit der Amerikanischen und seit der Französischen Revolution stehen alle politischen Handlungseinheiten im Zugzwang, sich zu demokratisieren. Wie immer es um die Verwirklichung bestellt war und ist: Das Postulat der Freiheit und der Gleichberechtigung aller Menschen

[1] Gerhard Maletzke: *Psychologie der Massenkommunikation. Theorie und Systematik.* Hamburg 1963, S. 28.

[2] Vgl. dazu die Lektüre von Georg Simmels *Die Großstädte und das Geistesleben* zu Anfang des Kap. 4.

[3] Ders.: Discorsi. In: ders.: *Politische Schriften* (hg. von Herfried Münkler). Frankfurt a.M. 1990, S. 125-269 (hier: S. 209). – Die Annahme des noch Ungefügten, Amorphen spiegelt sich auch in der Herkunft des Wortes ‚Masse' aus (griech.) ‚Maza' (Brotteig) wieder (vgl. dazu ausführlich Peter Friedrich: *Die Rebellion der Masse im Textsystem. Die Sprache der Gegenwissenschaft in Elias Canettis ‚Masse und Macht'*. München 1999, S. 292-309).

[4] Das oben über die Menschenmenge gesagte „bezieht sich nicht auf eine durch die Gesetze geregelte [Menge; G.S.] wie die römische, sondern auf eine wie die syrakusanische, die Verbrechen beging, wie sie wütende, fessellose Menschen begehen [...]." Ders.: Discorsi (Anm. 3), S. 211.

Zwei Ansichten der Masse

[5] Reinhart Koselleck: *Zeitschichten. Studien zur Historik*. Frankfurt a.M. 2000, S. 229.

[6] Oswald Spengler entwirft das Portrait des Angstobjekts so: „Eine zufällige Menge wird auf der Straße zusammengeballt, sie hat *ein* Bewusstsein, *ein* Fühlen, *eine* Sprache, bis die kurzlebige Seele erlischt und jeder seiner Wege geht. Das geschah in dem Paris von 1789 täglich, sobald sich der Ruf nach der Laterne erhob." (ders.: *Der Untergang des Abendlandes. Umriss einer Morphologie der Weltgeschichte*. München ⁹1988, S. 578.

[7] Karl Marx, Friedrich Engels: Manifest der kommunistischen Partei. In: *Werke* (hg. vom Institut für Marxismus/Leninismus beim Zentralkommitee der Sozialistischen Einheitspartei Deutschlands) Bd. 4. Berlin 1972, S. 461-493 (hier: S. 469). Folgende Zitate ebd.: S. 472 und 461.

[8] „Mit der Entstehung des modernen Proletariats hat die Infragestellung des gesellschaftlichen Imaginären eine neue Dimension erreicht." (Cornelius Castoriadis: *Gesellschaft als imaginäre Institution*. Übersetzt von Horst Brühmann. Frankfurt a.M. 1990, S. 268)

[9] „Als übergreifender Terminus für eine Menschenmenge, die sich einem gemeinsamen Beachtungsobjekt zuwendet, bietet sich der Begriff des *'Publikums'* an." (Gerhard Maletzke: *Psychologie der Massenkommunikation* [Anm. 1], S. 28)

[...] versetzt seitdem jede politische Selbstorganisation unter Legitimationsdruck."[5] In diesem Sinne zeigt sich das Profil der Masse nun gespalten: Einerseits erscheint sie weiterhin im Rahmen einer Furcht vor dem Furor oder Terror des ‚Gesindels' von der Straße,[6] andererseits verknüpft sie sich mit der Hoffnung auf die berechtigte und rechtmäßige Emanzipation der Unterdrückten aus den Fesseln ihrer Unterdrücker. Gerade letztere Tendenz erhält im 19. Jahrhundert nochmals einen weithin einflussreichen Schub: Für Karl Marx ist der Massebegriff quasi synonym mit der Klasse der ausgebeuteten Arbeiter: „Arbeitermassen", beschreibt er die Praxis der „Bourgeoisie" als herrschender Klasse, werden durch sie „in der Fabrik zusammengedrängt" und „soldatisch organisiert." Darin „sind [sie] nicht nur Knechte der Bourgeoisklasse, des Bourgeoisstaates, sie sind täglich und stündlich geknechtet von der Maschine, von dem Aufseher und vor allem von den einzelnen fabrizierenden Bourgeois selbst."[7] Aus solcher Knebelung der Arbeiter in den Zwangsjacken des Kapitals leitet Marx folgende Konsequenz und Forderung ab: „Die proletarische Bewegung ist die selbstständige Bewegung der ungeheuren Mehrzahl im Interesse der ungeheuren Mehrzahl." In diesem Licht, d.h. auch im Kontext des „Gespenst des Kommunismus" als (Rollen-) Modell für eine, die Bewegung der Massen planmäßig und international betreibende Kraft, ist der Massebegriff fortan zu sehen und von daher motivieren sich – pro und contra – die Stellungnahmen zur Sache.[8] Was aber, wäre damit für einen ersten Einstieg in die Problemstellung festzuhalten, unterscheidet eine dermaßen aufgerufene Menge von dem – etwa nach einem Unfall – spontan und gleichfalls massiert auftretendem „Publikum"?[9]

Zunächst wäre jedoch eine Gemeinsamkeit festzuhalten: Ohne Anlass geht es nicht. Einerlei, ob eine Menschenmenge sich vor einem Schaufenster, vor der Großbildleinwand oder auf einem Parteitag zusammenfindet, braucht sie doch den Impuls, der die allgemeine Anteilnahme erregt und sie, wenigstens kurzzeitig, erhält. Allererst die Aufmerksamkeit für „gewisse Züge (Zeichen/Symbole)",[10] welche die Indifferenz überwinden, ergibt einen Trend zur Versammlung, in dem ein gemeinsames Beachtungsobjekt in den Fokus gerät. Damit werden jene zur Bedingung der Zusammenkunft. Mit anderen Worten: *„Die Sichtbarkeit von Massen ist stets an Medien gebunden, d.h. an die Produktion von Imagines."*[11] Allerdings ist diese Produktion von Imagines nicht beliebig, insofern sie exakt dies ausschalten will:[12] Soll sie ihren Zweck, Aufmerksamkeit zu generieren, nicht verfehlen, muss sie diese immer auch regulieren,[13] d.h. sie in der Konzentration sowohl ein- als auch ausrichten. Wie und wann, lässt sich die Eingangsfragestellung nun modifizieren, gerät ein Publikumsinteresse zum Schema einer dezidierten Weltanschauung etwa in einer politisch oder religiös motivierten Menschenmenge? Hierin ist jetzt der (Wende-) Punkt bezeichnet, von dem aus diverse Konzeptionen und Realitäten des Zusammenwirkens von Masse/Publikum und Medium (Medien) ausdifferenziert bzw. auch miteinander in Beziehung gesetzt werden sollen.

Eine Masse im Zeichen der Galgen

In seinem Buch *Masse und Macht* analysiert Elias Canetti das „Symbol" einer „Bewegung",[14] das zum Anzeichen des furchtbarsten Massenaufmarsches nicht nur des 20. Jahrhunderts werden sollte:[15] das Hakenkreuz. Dabei spricht dieses Symbol für Canetti eine eindeutige Sprache: „Das Zeichen selbst hat etwas von zwei verbogenen Galgen. Es bedroht den Betrachter auf eine etwas hinterhältige Weise, als wolle es sagen: Warte, du wirst staunen, was da noch hängen wird. Soweit das Hakenkreuz eine drehende Bewegung enthält, ist auch sie bedrohlicher Art: es gemahnt an die gebrochenen Glieder derer, die früher aufs Rad geflochten wurden. [...] Auf jeden Fall verbindet es eine Androhung von grausamen Strafen mit tückischer Verfänglichkeit und einer hintergründigen Mahnung an militärische Disziplin." (213f.) Doch lässt sich diese Ansicht, könnte man meinen, so erst nachträglich vorbringen; allein als Symbol des Terrors und der Grausamkeit ist das Hakenkreuz allererst nach dem Naziregime, dem Holocaust und dem II. Weltkrieg zu entziffern. Zuvor symbolisiert das aus der europäischen und asiatischen Tradition stammende Zeichen ein Sonnenrad und steht

[10] Thanos Lipowatz: *Politik der Psyche. Eine Einführung in die Psychopathologie des Politischen.* Wien 1998, S. 89.

[11] Susanne Lüdemann: Unsichtbare Massen. In: Inge Münz-Koenen, Wolfgang Schäffner (Hg.): *Masse und Medium. Verschiebungen in der Ordnung des Wissens und der Ort der Literatur 1800/2000.* Berlin 2002, S. 81-91 (hier: 86). Vgl. auch Eberhard Lämmert: Was verbindet Medium und Masse? In: ebd.: S. IX-XIII (hier: S. XII).

[12] Zum Imaginären in der und der Gesellschaft vgl. Castoriadis: *Gesellschaft als imaginäre Institution* (Anm. 8), S. 233-282.

[13] Zur Problematik des „Regulating Imagery" vgl. Monroe E. Price: *Television. The Public Sphere and National Identity.* Oxford 1995, S. 174-193.

[14] Ders.: Masse und Macht. In: *Werke in zehn Bänden* Bd. III. München/Wien 1994, S. 213. Der Nachweis von Zitaten erfolgt fortan durch Seitenzahlen im Fließtext.

[15] „Selbst Massen können – so lehren vergangene Glaubenskriege, aber keine Epoche schroffer als das 20. Jahrhundert – ihre Individualität brutal hervorkehren und Auserwähltheit oder Herrenmenschentum in Völkermord umsetzten, und dies – man erinnere sich! – ohne dass die meisten einzelnen hernach davon gewusst haben wollen." (Lämmert: Was verbindet Medium und Masse? [Anm. 11], S. XII)

[16] „Es schau'n aufs Hakenkreuz voll Hoffnung schon Millionen." heißt es im ‚Horst-Wessel-Lied', der ‚Parteihymne' der NSDAP, und es wird deutlich, wie sehr die Nazi-Propaganda die Masse ihrer Gefolgschaft mit dem Hakenkreuz in eins setzt.

[17] „Die Markennamen und Symbole des Regimes wurden hemmungslos zur Produktwerbung eingesetzt. [...] Die heute üblichen Kampagnen mit bedruckten T-Shirts, Schirmen, Kugelschreibern, die die Verbreitung des Markenzeichens fördern sollen, gab es also bereits zur NS-Zeit massenweise." (Sabine Behrenbeck: „Der Führer". Die Einführung eines politischen Markenartikels. In: Gerald Diesener, Rainer Gries [Hg.]: *Propaganda in Deutschland. Zur Geschichte der politischen Massenbeeinflussung im 20. Jahrhundert.* Darmstadt 1996, S. 51-78 [hier: S. 68]).

Maske I

darin für die Wende zum Glück. Erst Anfang des 20. Jahrhunderts dient es rechtsextremen Gruppierungen (z.B. den Freikorps) als manifestes Merkmal ihrer Gesinnung und wird 1920 zum Symbol von Adolf Hitlers NSDAP. Von da ab fungiert das Hakenkreuz als Signal einer Massenbewegung,[16] in welche die deutsche Bevölkerung – die Ausnahmen sind bekannt – spätestens nach 1933 insgesamt einschwenkt. 1935 erklären die Nationalsozialisten es zum Hoheitszeichen des ‚Dritten Reiches'. Zugleich avanciert das Hakenkreuz zum Vehikel des Alltags: Es ‚ziert' Lampions oder Schuhanzieher und findet sogar als Christbaumschmuck Verwendung.[17] In diesem Sinne ist es von der bei Canetti bestimmten Offensichtlichkeit weit entfernt. Es scheint sein bedrohliches Äußeres verwischt oder maskiert zu haben. Wie aber, ergibt sich daraus die Frage, kann ein Zeichen, das, laut Canetti, „Galgen" abbildet und mithin keinerlei Zweifel an seiner negativen Botschaft zulässt, Imagines produzieren und vermitteln, die in einer Menschenmenge das Gegenteil dieser Botschaft erzeugen, d.h. in denen das Zeichen der Versammlung von der Masse als ein Indiz vornehmlich positiver Verheißung wahrgenommen wird?

Eine Antwort auf diese Frage gibt Canetti indirekt auf den Seiten seiner Studie, mit denen er auf die „Maske" (442) zu sprechen kommt sowie eine Theorie derselben skizziert. Und obwohl Canetti hier die Maske im Sinne eines Theater- oder Kultusrequisit verhandelt, lassen sich daraus auch medientheoretische Schlüsse ziehen, die für die oben aufgeworfene Problematik aufschlussreich sind. Zu Beginn seiner Theorie der Maske definiert der Autor selbige als die Kehrseite von Bewegung: „Die *Maske*", schreibt er, „unterscheidet sich durch ihre Starrheit von allen übrigen Endzuständen der Verwandlung. An die Stelle eines nie zur Ruhe kommenden, immer in Bewegung befindlichen Mienenspiels setzt sie das genaue Gegenteil davon, eine vollkommene Starre und Konstanz." (443) Die Maske unterbricht also ein reiches „Verwandlungsleben" (ebd.), indem sie auf Identität umschaltet. So erregt sie Aufmerksamkeit: „Sobald sie einmal da ist, zeigt sich nichts, was *beginnt*, nichts was noch formlos unbewusster Ansatz ist. Die Maske ist *klar*, sie drückt

etwas ganz bestimmtes aus [...]: dieses Bestimmte ändert sich nicht." (444) Da die Klarheit der Maske mit
ihrer Zeitlosigkeit – „nichts, was *beginnt*" – einhergeht,
schafft sie keine Übergänge,[18] sondern markiert einen
Sprung aus einer Welt in eine andere. Dieser „*Maskensprung*" (ebd.) impliziert nun zweierlei: Insofern er
dem Kosmos der Maske zugrunde liegt, d.h. nach dessen Regeln erfolgt, garantiert er die Unantastbarkeit
der Maske (vgl. ebd.) als Fixierung einer Distanz unter
allen Umständen; was sich nie wandelt (ewig währt),
ist zuletzt nicht zu fassen. Daraus resultiert – andere
Seite der Medaille – ein Bann: „Die Starrheit der Form
wird zur Starrheit auch der Distanz: dass sie [die Maske; G.S.] sich gar nicht verändert, ist das *Bannende* an
ihr." (445) Solche reine Äußerlichkeit erlaubt nun die
Spekulation über ein Inneres und beides zusammen
potenziert sich zum Faszinosum: „'Ich bin genau, was
du siehst', sagt die Maske, ‚und alles, was du fürchtest dahinter.' Sie fasziniert, und zugleich erzwingt sie
einen Abstand." Das „*Gewisse* der Maske [...] ist von
Ungewissem geladen. Ihre Macht beruht darauf, dass
man sie genau kennt, ohne je wissen zu können, was
sie enthält." (445f.)

Im Rahmen dieser Wirkung ist die Maske eine Drohung mit dem Unbekannten, von dem sie zumindest
nicht ausschließt, dass es gefährlich sein könnte. Und
sie ist dies umso mehr, als sie das Unbekannte nahe
bringt – man kennt die Maske –, ohne es je zu enthüllen. Darin hält sie die Drohung aufrecht. Jedoch ist
sie nicht *nur* das, da sie sich ebenfalls durch ihre uniforme Präsenz auszeichnet: „Doch wenn die Maske
während gewisser Zeremonien sich genau so verhält,
wie man es von ihr gewohnt ist und erwartet, kann
sie auch beruhigend wirken." (446) In dieser Hinsicht
steht sie „*zwischen*" (ebd.) dem vermuteten Unheil und
dem Betrachter, der, solange die Maske an ihrem Ort
ist, sich vor einem möglichen Verderben in Sicherheit
wähnt: Die Maske deutet die Gefahr zwar an, doch
entrückt sie sie gleichfalls. Im selben Zug forciert sie
eine Verhaltenslehre: „Sobald man diese erlernt hat",
verspricht sie, „sobald man weiß, welchen Abstand
sie von einem erfordert", erweckt sie den Eindruck,
„vor dem Gefährlichen" zu „schütz[en]". (ebd.) Hierin

[18] „Was immer dazwischen
sein könnte, ist ausgeschal-
tet; es gibt keinen mildernden Übergang, wie er sich
etwa auf dem *Gesicht* eines
Menschen abspielen möch-
te." (ebd.)

[19] Genauer: „[D]ie soziale Verwandlung, die er so bewirkt, muss scharf umgrenzt, unabänderlich und ganz in seiner eigenen Hand sein." (ebd.)

besteht das doppelbödige Spiel der Maske, welches nicht allein den Beschauer, sondern ebenso den Träger betrifft. Denn auch er muss sich, soll die Maskerade nicht beendet sein, den Bedingungen beugen. Der Maskenträger „muss darauf achten, dass er sie nicht verliert. Sie darf nicht herunterfallen, sie darf sich nicht öffnen, auf jede Weise ist er mit Sorge um ihr Schicksal erfüllt. So bleibt die Maske selbst noch außerhalb seiner Verwandlung [in einen Maskenträger; G.S.] wie eine Waffe oder ein Gerät, das er handhaben muss." (447) Damit entpuppt sich das Spiel der Maske zuletzt als ein Marionettentheater, in dem die Figuren sich nur mittels unsichtbarer Fäden regen und austauschen. Die Maske wird darin zum Dreh- und Angelpunkt, d.h. zum Maß des Kontakts, der mit ihr und durch sie zustande kommt. Zugleich steht sie auf vielfache Weise *„zwischen"* den Akteuren: Sie vermittelt eine Beziehung, die ohne Maske, ohne ihr faszinierendes Äußeres, nicht vorstellbar wäre: „Mit ihr beginnt und mit ihr steht und fällt das *Drama*." (446) Im selben Moment vereint sie auf prekäre Art Schutz und Gefahr. Darin zwingt sie zu einer Verhaltenslehre, mit der eine Starre, ein Schlusspunkt jeder Änderung und aller mildernden Übergänge, eine, trotz allseitiger Nähe, unaufhebbare Distanz Platz greift. Die Maske ist somit ein Mittleres – Medium –, das potentielle Kehren im Zwischenraum zum Anderen – etwa das „Mienenspiel" – nicht einfach überdeckt, sondern auch lähmt. Ihr Ort ist die Verankerung einer, Canetti versäumt nicht, es zu wiederholen (vgl. 445), unmöglichen Verwandlung.

Genau das aber ist der Einsatz der Macht über eine Masse bzw. der ihrer steten Ausübung. Canetti formuliert weiter: „Der Machthaber führt einen unaufhörlichen Kampf gegen spontane und unkontrollierte Verwandlung." (447)[19] Die Maske wird ihm folglich im Kampf als „Waffe" dienen. Sie ist das Medium, das alle anderen Medien ‚gleichschaltet': Die maskenhafte Starre überträgt sich auf die Gesichter derjenigen, die sich ihr ausliefern: „Man kann sich richtig zu ihr benehmen, sobald man ein Verhältnis zu ihr hat." (446) So erfüllt die Maske für den Machthaber einen zweifachen Zweck: Als Medium der Macht ist sie ebenso deren Symbol, d.h. jenes Markenzeichen, das die Macht in allen ihren Facetten – Furcht und Schutz, Gewisses und Ungewisses, Alltägliches und Plötzliches, Willkür und Ordnung – repräsentiert. In diesem Sinne taugt die Maske zur Inszenierung der Masse. Sie ist der Zug, welcher die Masse sammelt, um sie in ein, mit dem Begriff Siegfried Kracauers, „Ornament" zu pressen.[20] Das von Kracauer beschriebene „Ornament der Masse" ist somit, liest man es mit Canetti, der Abschluss der Maskerade in einer Struktur, die in der Aufladung eines Zeichens Herrschaft schafft und rigoros perpetuiert. Darin verfügt das maskierte und dadurch ausgezeichnete Zeichen über die Kraft, Gegensätze zu integrieren, und also der mit ihm verbundenen Drohung den Anschein des Verhandelbaren beizumengen. Als „Sprung" ruft es die Masse im Zeichen offener Vielfalt an,[21] um sie als uniforme zu markieren und in Szene zu setzen. Doch kann sich der Machthaber, dessen Maskenspiel die Masse aufrüttelt, des Instruments nie völlig sicher sein.[22] Deshalb regiert er mit brutaler Härte: Auf den Versuch des „Herunterreißen[s]" der Maske „ist die Todesstrafe gesetzt." In dieser Hinsicht ist der Herrscher durch sein Mittel einem Schauspiel mit „störende[r] Grenze" unterworfen: „Es gibt andere", die darauf „warte[n]", ihm die „'Maske vom Gesicht zu reißen'". (alle Zitate: 446f) Dabei geht es für sie darum, jene störende Grenze im Zauber des Mittels sichtbar zu machen. Sie wollen zeigen, dass die magische Oberfläche der Maske sich einem (Masken-) Sprung und nicht einer höheren Gewalt oder einem unumstößlichen Gesetz verdankt.

Von hier aus können wir jetzt zum Ausgangspunkt zurückkehren: Denn was ist das Hakenkreuz in seiner planvollen Inszenierung, in seiner Aufnahme durch die Masse anderes als eine solche Maske, die gerade in der Mixtur aus Drohung und Faszination ihre höchste Wirkkraft entfaltet.[23] Gleichfalls ist es nichts anderes als ein Medium, das trotz dieser (seiner) eindeutigen Sprache ebenso als „[g]etarntes Hakenkreuz",[24] als Schutz vor der Drohung in einer geordneten Menge aufzutreten vermag. Außerdem verkörpert es das Zentrum jenes Ornaments, das die Masse erstarren lässt, sie in Marschsäulen und Blöcke verwandelt, und es fordert dabei die ‚Gleichschaltung' aller anderen

[20] Und: „Der Regelmäßigkeit ihrer Muster jubelt die durch die Tribünen gegliederte Menge zu." (Ders.: Das Ornament der Masse. In: *Schriften* Bd. 5.2 [hg. von Inka Mülder-Bach]. Frankfurt a.M. 1990, S. 57-67 [hier: S. 57])

Ornament der Masse

[21] Vgl. dazu in Anlehnung an Canetti Serge Moscovici: Die sozialen Körper. Übersetzt von Michael Sommer. In: *Hüter der Verwandlung. Beiträge zum Werk von Elias Canetti* (hg. vom Carl Hanser Verlag). Frankfurt a.M. 1985, S. 48-64 (hier: 53f.).

[22] „Seine Verwandlung kann sehr weit gehen, sie ist nie vollkommen." (447)

[23] Zur Rolle und Inszenierung des Hakenkreuzes etwa bei ‚Reichsparteitagen' vgl. Peter Reichel: *Der schöne Schein des Dritten Reiches. Faszination und Gewalt des Faschismus.* Frankfurt a.M. 1993, S. 116-138: Das Publikum „sollte schon überwältigt sein, bevor die erste Rede begann." (ebd.: S. 127)

[24] Walter Oehme, Kurt Caro: *Kommt ‚Das Dritte Reich'?* Frankfurt a.M. 1984 (Unveränderter Nachdruck der Erstausgabe [Berlin 1930]), S. 21.

[25] Vgl. dazu Kap. 1 (Film), Kap. 2 (Radio) und Kap. 5.

[26] Vgl. als Dokument dazu Oehme, Karo: *Kommt ‚Das Dritte Reich'?* (Anm. 24).

[27] „Ein Signifikant wird fetischisiert und dogmatisiert. Ängste, Phantasmen, Erwartungen und Interessen kristallisieren sich auf imaginäre Weise um diesen Signifikanten herum, der sich selbst dazu anbietet ‚missverstanden' und ‚idealisiert' zu werden." (Lipowatz: *Politik der Psyche* [Anm. 10], S. 190)

Medien im Zeichen des einen.[25] Damit ist Canettis oben zitierter Lesart des Hakenkreuzes auch, und nicht allein nachträglich, Recht zu geben. „Ich bin genau, was du siehst", sagt es, „und alles, was du fürchtest, dahinter." Das aber war, wenn auch nicht in allen ungeheuren Details und Ausmaßen, schon frühzeitig sichtbar.[26] Doch gehört es eben auch zum Hinterhalt der Maskerade, dass sie diese Spur weitestgehend (auf faszinierende Weise) verwischt.

Mit Canetti lässt sich der Massenaufmarsch des 20. Jahrhunderts, der die Epoche sowohl in seiner Realität als auch in seinen Folgen entscheidend (und bis heute) geprägt hat, als ein Verhältnis von Masse und Medium analysieren, in dem eine mediale Struktur als Maskerade,[27] als übermotiviertes Zeichen, die Bedingung einer Massierung schafft, welche die Masse zum Wegbereiter und Erfüllungsgehilfen einer Diktatur degradiert. Das Diktat besteht dort zuvorderst in der Übernahme des Zeichens durch die Masse, d.h. in jenem Sprung, der sich in der Folge verselbständigt, da er jede Verwandlung ausschließt: Hat der Kreislauf der Maske als Maskierung auch aller anderen Zeichen einmal begonnen, ist er kaum noch zu stoppen. Er überwuchert die Lebenswelt und selbst der Machthaber findet – gesetzt den Fall, er wollte es – den Ausstieg nicht mehr. In dieser Hinsicht agiert die Masse innerhalb eines Zirkels, der sich basal der Hegemonie einer Zeichensetzung als deren totaler Performanz verdankt. Einzig die Hoffnung auf eine unwillkürliche Öffnung der Ordnung als Sichtbarkeit der „störende[n] Grenze" ihrer Maskerade oder die gewaltsame Unterbrechung derselben erscheinen dazu noch als Alternativen.

Somit erfüllen sich die schlimmsten Befürchtungen einer Kritik der Massen in den Blockbildungen der Menschenmenge (im Innenraum wie auf der Tribüne der Veranstaltung) während des ‚Dritten Reiches'. Das Resultat des Massenaufmarschs war der Massenmord in einem vorher nie gekannten Ausmaß und einer zuvor ebenso unbekannten Perfektion des Tötens. Welche mediale Struktur diesem Extremismus der Masse zugrunde liegt, ist mit Canettis Theorie der Maske fruchtbar zu erhellen. Und gerade weil ein Extremismus der Masse niemals nur deren Ränder betrifft,

Extremismus der Masse

bezeichnet er als Extrem gleichwohl eine Grenze; er zeigt, wie weit die Ausformung der Individualität einer Masse gehen kann. Deshalb wird er hier zuerst eingeführt. Allerdings ist das Problem des Massenauflaufs damit keineswegs erschöpft. Es gibt andere Ansichten und Begriffe von ihm. Vor allem die Psychologie sah sich hier herausgefordert, wenn sie um 1900 einen neuen Zweig ihres Denkens einrichtet. Dazu bemerkt Sigmund Freud 1921: „Die Massenpsychologie, obwohl erst in ihren Anfängen befindlich, umfasst eine noch unübersehbare Fülle von Einzelproblemen und stellt dem Untersucher ungezählte, derzeit noch nicht einmal gut gesonderte Aufgaben."[28]

Massenpsychologie (Le Bon, Freud)

Gustave Le Bon gilt als einer der Begründer der Massenpsychologie und wird von Freud auch dementsprechend gewürdigt. Dabei ergibt sich Freuds positive Stellungnahme, so erklärt er, nicht zuletzt daraus, dass Le Bons Weise, die „Veränderung des Individuums in der Masse" zu beschreiben, „mit den Grundvoraussetzungen unserer Tiefenpsychologie in guter Übereinstimmung steh[t]."[29] Dass Freud dennoch in wesentlichen Punkten an Le Bons Vorschlag zu einer Psychologie der Massen Kritik übt, wird zu erörtern sein. Was aber hat der französische Arzt zum Thema zu sagen?

„[M]an muss sich", führt dieser in seiner *Psychologie der Massen* von 1895 aus, „zunächst an die Feststellung der modernen Psychologie erinnern, dass nicht nur im organischen Leben, sondern auch in den Vorgängen des Verstandes die unbewussten Erscheinungen eine ausschlaggebende Rolle spielen. [...] Unsere bewussten Handlungen entspringen einer unbewussten Grundlage, die namentlich durch Vererbungseinflüsse geschaffen wird." Durch solche „unbewussten Bestandteile", welche der „Rassenseele zugrunde liegen, ähneln sich alle einzelnen dieser Rasse, durch ihre bewussten Anlagen dagegen – Früchte der Erziehung [...] – unterscheiden sie sich voneinander." Daraus folgt für Le Bon: „Eben diese allgemeinen Charaktereigenschaften, die vom Unbewussten beherrscht werden und der Mehrzahl der normalen Angehörigen einer

28 Sigmund Freud: Massenpsychologie und Ich-Analyse. In: *Gesammelte Werke* (hg. von Anna Freud u.a.) Bd. XIII. Frankfurt a.M. 1999, S. 71-161 (hier: S. 75). Fünfzig Jahre später wird der Befund in nahezu gleicher Weise wiederholt (vgl. Alexander Mitscherlich: *Massenpsychologie ohne Ressentiment*. Frankfurt a.M. 1972, S. 11).

29 Freud: Massenpsychologie und Ich-Analyse (Anm. 28), S. 77.

[30] Gustave Le Bon: *Psychologie der Massen*. Übersetzt von Rudolf Eisler und Rudolf Marx. Stuttgart ¹⁵1982, S. 13f. (alle Zitate) Zitate werden im folgenden durch Seitenzahlen im Fließtext nachgewiesen.

[31] *„Die niederen Eigenschaften der Masse sind umso weniger betont, je stärker die Rassenseele ist."* (116)

Aufhebung der Unterschiede

Rasse ziemlich gleichmäßig eigen sind, werden in den Massen vergemeinschaftlich."[30] In diesem Sinne bildet ein „unveränderliche[r]", latent „vorherrschende[r] Rassenuntergrund" das *„psychologische Gesetz der seelischen Einheit der Massen"* (12); er wird zum Klebstoff dessen, was mit ihm und durch ihn sichtbar wird und was Le Bon als „organisierte Masse" (10) in ihren verschiedensten Ausprägungen – „Sekten, Kasten, Klassen" (11), „gleichartige" oder „ungleichartige Massen" (114f.) – bestimmt. Doch ist die Aktivierung der „Rassenseele" in einer Masse eine mitnichten günstige Angelegenheit. Denn jene verdirbt diese, da hierin das „Ungleichartige" im „Gleichartigen [versinkt]". (14) In dieser Hinsicht zählt Le Bon die „Hauptmerkmale des einzelnen in der Masse" wie folgt auf: „Schwinden der bewussten Persönlichkeit, Vorherrschaft des unbewussten Wesens, Leitung der Gedanken und Gefühle durch Beeinflussung und Übertragung in der gleichen Richtung, Neigung zur unverzüglichen Verwirklichung der eingeflössten Ideen. Der einzelne ist nicht mehr er selbst, er ist ein Automat geworden". Dadurch, „Glied einer Masse zu sein, steigt der Mensch also mehrere Stufen von der Leiter der Kultur hinab." Er ist zum „Barbar" mutiert. (alle Zitate: 17) Mit anderen Worten: In einer Masse ist die unbewusste „Rassenseele" nicht nur besonders aktiv, sie steht auch unter Druck. Unter solchen Umständen kann sie nicht länger als ein Merkmal der Differenz fungieren.[31] An Stelle dessen reduziert sie sich auf ein Gefühl der Einheit, das willkürlich alle Unterschiede, sogar die der „Rassenverschiedenheiten" (116), unterdrückt. Le Bons Beispiel dafür ist jenes: „Heute werden die Forderungen der Masse nach und nach immer deutlicher und laufen auf nichts Geringeres hinaus als auf den gänzlichen Umsturz der gegenwärtigen Gesellschaft, um sie jenem primitiven Kommunismus zuzuführen, der vor Beginn der Kultur der normale Zustand aller menschlichen Gesellschaft war." (3) Ein derart aufgeheiztes kollektives Unbewusstes indiziert demnach den totalen und damit eigentlichen Verfall der Gesellschaft. Dort zeigt sich überdeutlich, dass der „Staat der Masse und die Herrschaft der Masse" nichts als „Barbarei" (116) bedeuten. Wo aber die „Rassenseele" trotz Vermassung in der Lage ist, der

Menge ebenso einen Stempel der Ordnung, ein Gespür für die eigene Differenz aufzuprägen, ist Hoffnung in Sicht: „Durch Erwerbung einer festgefügten Seele schützt sich die Rasse immer mehr vor unüberlegter Gewalt der Massen und lässt die Barbarei hinter sich." (ebd.) Damit steht fest: Der „Rassenuntergrund" als Instinkt der Massen bedarf der Aufsicht und der permanenten Einschränkung, damit er nicht zum Masseninstinkt herabsinkt. Geschieht ersteres nicht, sind der Ausartung des Sozialen, dem Umsturz und der Anarchie sowie, gleichzeitig und nachfolgend, dem Automatismus der Einzelnen im endlosen Gleichschritt der Menge Tür und Tor geöffnet.

Le Bons Sicht auf die Massen steht ihnen primär skeptisch gegenüber. Zwar betont er in seinen Analysen wiederholt eine Uneinheitlichkeit der Massierung und stellt darin zum einen fest, dass zwischen verschiedenen Massen zu unterscheiden sei, zum anderen eine „psychologische" Masse zuerst aus „ungleichartigen Bestandteilen" (13) bestehe. Allerdings werden solche Differenzierungen des Gegenstandes mehrfach und dominant von der Vision einer Masse eingeholt, die alle Unterschiede zu nivellieren droht. Einer solchen Masse und ihrem eruptiv, d.h. wahllos in seiner primitiven Tendenz hervorbrechenden und zu jedem Zweck verführbaren, kollektiven Unbewussten gilt die Hauptsorge von Le Bons Studie: Aus der Perspektive einer möglichen Versammlung der Massen zum „gänzlichen Umsturz" der bestehenden Verhältnisse speist sich sein Blick auch auf gemäßigte politische Praktiken: „Die parlamentarische Regierung fasst übrigens das Ideal aller modernen Kulturvölker in sich zusammen. Es bringt den psychologisch falschen, aber allgemein anerkannten Gedanken zum Ausdruck, dass eine Vereinigung von *vielen* Menschen im gegebenen Falle fähiger ist, eine kluge und unabhängige Entscheidung zu treffen, als eine kleine Anzahl." Jedoch: „In den Parlamentsversammlungen finden sich die Grundmerkmale der Massen wieder". (beide Zitate: 137) Insofern in ihnen allein „Einseitigkeit […], Erregbarkeit, Beeinflussbarkeit, Überschwenglichkeit" vorherrschen (ebd.), dienen sie der Pflege einer „Rassenseele" nicht.[32]

[32] Vgl. dazu auch Peter R. Hofstätter: Einführung. In: Le Bon: *Psychologie der Massen* (Anm. 30), S. XIII-XXXVIII (hier: S. XXI).

Für Le Bon leitet sich der Zusammenhalt einer Masse sowohl aus einem (negativ) gesteigerten Unbewussten als auch aus der deshalb erhöhten Anfälligkeit desselben für „Erscheinungen hypnotischer Art" (15) her. Diese brisante Mischung gering zu schätzen, kann sich, so sagt Le Bon, kein Politiker in einer modernen Gesellschaft mehr leisten. Will er seinen Einfluss, seine Macht sichern, muss er die Massen ernst nehmen: „Die Kenntnis der Psychologie der Massen ist heute das letzte Hilfsmittel für den Staatsmann, der diese nicht etwa beherrschen – das ist zu schwierig geworden –, aber wenigstens nicht allzu sehr von ihnen beherrscht werden will." (6) So geraten nun die Strukturen dieses Zwecks in den Fokus der Analyse: Es geht also darum „die Mittel, die Massenseele zu beeinflussen, in allgemeiner Weise fest[zu]stellen." (71)

Da der Staatsmann mit den Massen zu rechnen hat, ist er auf Kontakt zu ihnen angewiesen. Allerdings darf er sich ihnen nicht nähern, ohne dabei die Kontrolle zu verlieren, d.h. die Gefahr eines Umsturzes herauf zu beschwören. In diesem Sinne spielen die Mittel des Verkehrs eine entscheidende und voran ambigue Rolle: „Die Regierungskunst", notiert Le Bon, „besteht wie die der Rechtsanwälte darin, dass man die Worte zu meistern versteht. Eine schwierige Kunst, denn in derselben Gesellschaft haben die gleichen Worte für die verschiedenen sozialen Schichten oft ganz verschiedene Bedeutungen. Sie gebrauchen anscheinend dieselben Worte, sprechen aber nicht dieselbe Sprache." (75)

Die Kluft gilt es für den Politiker zu überbrücken. Hierbei kommt ihm die Flexibilität des Mediums allerdings auch zugute. Denn dadurch, dass die Worte nicht in jeder Hinsicht festgestellt sind, öffnen sie sich der Kraft des Bildes: „Die Macht der Worte ist mit den Bildern verbunden, die sie hervorrufen, und völlig unabhängig von ihrer wahren Bedeutung." (72) So verschwindet die Abstraktion – „wahre Bedeutung" – des Gesagten hinter einer, die Gegensätze mischenden, bildhaften Intensität der Worte: Der Einzug der Bilder in die Sprache erreicht die Massen auch dort, wo sie sich vom Fachjargon des Politischen entfernt fühlen oder wissen: „Beim Studium der Einbildungskraft der Massen fanden wir, dass sie namentlich durch Bilder erregt wird." (71) Auf dem Spiel steht damit, so Le Bon, durch „geschickte Anwendung von Worten oder Redewendungen" (ebd.) die Reaktion der Einbildungskraft der Massen ähnlich dem Druck auf einen „Klingelknopf" (72) zu provozieren. Jedoch ist ein Gelingen nicht garantiert: Die „geheimnisvolle Macht" der Sprachbilder kann die Massenseele sowohl „besänftigen" als auch in ihr „die furchtbarsten Stürme hervor[rufen]". (71f.)

Demnach entspricht der Auftritt des Redners vor der Masse einer Gratwanderung; die spezifische Dynamik der „Übertragung" (91) von Bildern und ihre „Ansteckungskraft" (89) in der Menge helfen zwar, die ursprüngliche Kluft im Medium zu überdecken, sie kontaminieren es jedoch ebenso vorab: Das Risiko überraschender Verdichtung des Massenunbewussten eilt den Worten voraus und begleitet sie. Von da aus ist die Bemeisterung einer Sprache für die Massen zwar eine notwendige Voraussetzung des (massenhaften) Erfolgs einer Rede, doch erklärt sie ihn nicht vollends. Eher greift der Politiker im Sinne eines Führers, d.h. als wahrer „Hypnotiseur" (16) des kollektiven Unbewussten, auf noch weitere, für ihn minder prekäre „Wirkungsmittel" (88) zurück.

Nach Le Bon ist der Führer die ursprünglichste Verkörperung des Masseninstinkts. Jener ist diesem auf archaische Weise verwandt: „Sobald eine gewisse Anzahl lebender Wesen vereinigt ist, einerlei, ob eine Herde Tiere oder eine Menschenmenge, unterstellen sie sich unwillkürlich einem Oberhaupt, d.h. einem Führer." (83) Demnach gehört es zu den natürlichen Bedürfnissen einer Ansammlung von Einzelnen, ihre Mitte durch einen Häuptling zu schließen, dem sie sich ausliefern: „Die in der Masse vereinigten Einzelnen verlieren allen Willen und wenden sich instinktiv dem zu, der ihn besitzt." (84) Vor diesem Hintergrund gibt weder die Logik der demokratischen Wahl noch ein gerechtfertigtes Vertrauen der Gruppe in die Kompetenz des Führers den Ausschlag: Das bevorzugte Medium – im strengen Sinne: Mittel der „Übertragung" und „Wiederholung" (vgl. 89-91) – des Führers ist vielmehr sein „Nimbus" (92). Solches Prestige zeichnet ihn vor anderen aus und verleiht ihm die Macht, sie zu lenken. Le Bon: „Diese Bezauberung lähmt alle unsere kritischen Fähigkeiten

Führer und Nimbus

33 Napoleons „Nimbus" etwa, führt Le Bon an, „überlebte ihn und wuchs weiter. Er machte seinen unbekannten Neffen zum Kaiser." (97)

34 Vgl. Sigmund Freud: Massenpsychologie und Ich-Analyse (Anm. 28), S. 86f. und 127. Zitate aus diesem Text werden im folgenden durch Seitenzahlen im Fließtext nachgewiesen.

Führernimbus und Hypnotisierbarkeit als Achillesferse der Massengesellschaft

und erfüllt unsere Seele mit Staunen und Ehrfurcht." (93) Indem der Nimbus des Auserwählten vor jedem anderen Mittel auf die Massen wirkt, sie lähmt, kompensiert er auch die Problematik der Sprachbilder: Aus dem Mund des Führers wandelt sich ihre Ambiguität in Eindeutigkeit: Selbst dann, wenn ein Führer in seiner Anrufung der Massen in die „unwahrscheinlichsten Übertreibungen" (142) oder in schlichte „Zusammenhanglosigkeit" (143) verfällt, profitiert er dennoch vom Nimbus: „Der Erfolg einer Rede [...] hängt fast ausschließlich vom Nimbus des Redners ab". (144)

In dieser Hinsicht ist der Führer weniger ein Politiker als vielmehr ein Propagandist. Er ist ein Verführer und Demagoge, der die Masse für jede Idee, jeden Plan oder auch ‚nur' für sich zu vereinnahmen weiß. Hier liegt die Gefahr des Missbrauchs keineswegs nur nahe, sie ist, so sieht es Le Bon, die Regel. Insofern ein Führer die Massen zum Instrument macht, sie mit seinem, im Nimbus demonstrierten und beglaubigten Anspruch auf „unumschränkte Macht" (141) konfrontiert, fasst er den „Umsturz" ins Auge. So aber hat die Gesellschaft im Gefolge ihrer Vermassung vor allem eines zu fürchten: die oder den Führer. Erst sie oder er verfügen tatsächlich über die Medien bzw. brauchen sich um deren Zweischneidigkeit nicht zu sorgen, welche die „Rassenseele" im schlechten Sinne mobilisieren und organisieren. Dabei spielt es ursächlich keine Rolle, ob sich der Nimbus als Matrix des Triumphs persönlichem Charisma, einer kalkulierten Erscheinung oder der schlichten Partizipation am Prestige eines anderen verdankt;33 seine *per se* hypnotische Anziehungskraft auf den Masseninstinkt bleibt davon unberührt. Führernimbus und Hypnotisierbarkeit, d.h. die stete Anfälligkeit der Menge für beide, im kollektiven Unbewussten diffus ineinander vermengte Faktoren, werden so zur Achillesferse jeder Massengesellschaft.

An exakt diesen Punkten setzt Freuds Kritik Le Bonscher Massenpsychologie ein: Der eine (Führernimbus) erscheint ihm dabei zu kurz gedacht, der andere (Hypnose) zu „mystisch" aufgeladen.34 Einerseits, moniert Freud, gelinge es Le Bon nicht, die Herkunft der Wirkmacht des Führernimbus schlüssig darzulegen, da er sie bloß behaupte. Andererseits erläutere der Effekt der

Hypnose auf das Unbewusste vielleicht die Realität einer „Masse zu zweit" (142), doch ist ihre darin schon fragwürdige Praxis darüber hinaus keinesfalls in der Lage, die allgemeine Verfassung einer Masse im Verhältnis zum Führer zu erhellen.[35] Denn wie, wiederholt Freud die ,Gretchenfrage' einer Theorie der organisierten Masse, erklärt sich die Toleranz der Massensubjekte untereinander? Warum ist der Einzelne dort bereit, einen anderen direkt als Gleichen und Alliierten anzuerkennen? Die Antworten auf diese Fragen, betont Freud, bleibt Le Bon dem Leser schuldig, wenn er ein Einzelphänomen (genauer: ein Einzelphänomen „zu zweit") lediglich kollektiviert. Gegen die Mängel in Le Bons Denksystem macht Freud nun zwei Grundannahmen der Psychoanalyse stark: die des Ödipuskomplexes und die des Vaters der Urhorde. Beide zusammen gestatten ihm, ein hochkomplexes Bild der Identifizierung des Individuums in der Masse zu entwerfen. Welches?

Der Ödipuskomplex geht in seinem Namen auf jenen König der griechischen Sage zurück, der seinen Vater tötete und seine Mutter zur Frau nahm. Freud erkennt darin eine Konstellation des Unbewussten, in der sich die bisherige Beziehung des Kleinkindes zu den Eltern wandelt und verschärft. Der Junge beispielsweise, dessen Beziehung zur Mutter nie frei von sexuellem Begehren ist, „merkt, dass ihm der Vater bei der Mutter im Wege steht; seine Identifizierung mit dem Vater nimmt jetzt eine feindselige Tönung an und wird mit dem Wunsch identisch, den Vater auch bei der Mutter zu ersetzen." (115f.) Für das Mädchen gilt das in ähnlicher, seinem Geschlecht adäquater Weise.[36] Dabei ist die Zuspitzung der Situation dramatisch: Das Kind hegt einen Todeswunsch gegen den gegengeschlechtlichen Elternteil. Somit ergibt sich in der Spur des Ödipus eine doppelte Struktur: Der Wahl eines sexuellen Objekts auf der einen entspricht die zwiespältige Identifizierung mit einer Vorbilds- und Verbotsinstanz auf der anderen Seite: Der Vater ist für den Sohn sowohl der, den er bewundert, als auch der, den er fürchtet und hasst. Aus der Überwindung des Dilemmas während der Subjektentwicklung entspringt dann eine Identifizierung, in der die erotische Liebe zur

[35] Zu Freuds Vorbehalten gegen die Hypnose vgl. 127f. Shoshana Felman unterstreicht in Freuds Verzicht auf die Hypnose einen konstitutiven Schritt auf dem Weg zur Psychoanalyse (vgl. dies.: Welchen Unterschied macht die Psychoanalyse? Oder: die Originalität Freuds. Übersetzt von Gregor Schwering. In: Natalie Binczek, Peter Zimmermann [Hg.]: *Eigentlich könnte alles auch anders sein.* Köln 1998, S. 157-175 [hier: S. 164-167]).

[36] Die volle Komplexität ödipaler Rivalität (Ödipuskomplex des Mädchens, Homosexualität) sowie die verzweigte Geschichte des Konzepts innerhalb der Theoriebildung der Psychoanalyse kann hier nicht ausgebreitet werden. Vgl. aber ausführlich dazu: Humberto Nagera (Hg.): *Psychoanalytische Grundbegriffe. Eine Einführung in Sigmund Freuds Terminologie und Theoriebildung.* Übersetzt von Friedhelm Herborth. Frankfurt a.M. 1998, S. 151-173.

Psychoanalyse

[37] Vgl. ders.: Das Ich und das Es. In: *Gesammelte Werke* Bd. XIII (Anm. 28), S. 235-289 (hier: S. 256).

[38] Erstmals begegnen wir Freuds Hypothese in seinem Text *Totem und Tabu*.

[39] Sigmund Freud: Totem und Tabu. In: *Gesammelte Werke* (Anm. 28) Bd. IX , S. 173 (folgendes Zitat ebd.).

Mutter aufgegeben und der Vater – die Identifizierung mit ihm – zum „Ichideal" (121) wird. Damit zeigt sich wiederum zweierlei: Indem die Libido für das erste Sexualobjekt wesentlich „zielgehemm[t]" (123) bleibt, differenzieren sich im „Ichideal", Freud wird es später auch „Über-Ich" nennen,[37] die „Funktionen" der „Selbstbeobachtung" sowie das „moralische Gewissen" (121) aus. Ichideal und Ich markieren damit verschiedene Orte des Psychischen. Das ist in groben Zügen die Struktur einer individuellen, unbewussten Identifizierung nach Freud, die es desweiteren zu beachten gilt.

Die andere Theorie, die Freud zur Stützung seiner Argumentation veranschlagt, ist die des ‚Urvatermordes'.[38] Dort lehnt der Psychoanalytiker sich an Charles Darwin (vgl. 136) an, wenn er die Geschichte aus der Urzeit des Menschengeschlechts wie folgt rekonstruiert: Der Vater der Urhorde, in welcher die prähistorischen Menschen die Savannen und Wälder durchstreiften, war zugleich deren dominantes Männchen; um seine Macht zu demonstrieren und zu sichern, beanspruchte er alle Weibchen des Clans für sich: „Der Urvater hatte sein Söhne an der Befriedigung ihrer direkten sexuellen Strebungen verhindert; er zwang sie zur Abstinenz und infolgedessen zu den Gefühlsbindungen an ihn und aneinander, die aus den Strebungen mit gehemmten Sexualziel hervorgehen konnten." (138) Das gemeinsame Ziel der Brüder dagegen war ihre Befreiung aus der Fessel. Sie rotteten sich zusammen und brachten den Vater um. Doch: „Keiner der Massensieger konnte sich an seine Stelle setzen, oder wenn es einer tat, erneuerten sich die Kämpfe, bis sie einsahen, dass sie alle auf die Erbschaft des Vaters verzichten mussten." (152) Daraus resultierte fortan eine Gemeinschaft der Brüder, die „das Andenken der Mordtat erhalten und sühnen soll[te]." (152f.) Der tote Vater „wurde nun stärker, als der Lebende gewesen war".[39]

Im Akt ihres „*nachträglichen Gehorsams*'" ließen die Brüder ihn unsterblich, d.h. zu einer Gottheit werden. Damit war es der primitiven Sippschaft einerseits möglich, ihre feindseligen Impulse sowohl gegen den Vater als auch untereinander zu sublimieren, andererseits dessen Wunsch, die Frauen des Clans (Mutter und Schwestern) vom sexuellen Begehren der Söhne frei zu halten, also den Inzest auszuschließen, zu respektieren. Diese indirekte Identifizierung mit dem verehrten wie gehassten Alpha-Männchen der Urhorde bildete nun, erzählt Freud, die Keimzelle des Sozialen. An die Stelle der Gewalt in Vatermord oder Bruderkrieg tritt die Möglichkeit der Gesellschaft im Rahmen symbolischer Autorität.

[40] Vgl. auch ebd.: S. 172f.

symbolische Autorität

Die Parallelen dieser Freudschen Konstruktion zu der des Ödipuskomplexes sind augenfällig:[40] Beide Male steht eine Identifizierung auf dem Spiel, die in sich gespalten bleibt; das Potenzial, Gewalt zu vermeiden wird von derselben durchquert. Allerdings verschiebt die Geschichte vom Mord der Söhne am Urvater ihrer Horde den Akt individueller Identifizierung auf ein allgemeines Niveau. Darin findet die Problematik des Einzelnen ihre Entsprechung im Verbund der Vielen, d.h. jene ist mit diesem vereinbar, ohne aber restlos in ihm aufzugehen. Warum das so ist, wird jetzt anhand Freuds Überlegungen zur Massenbildung zu klären sein.

Wie schon bei Le Bon ist auch bei Freud die Masse immer eine geführte, sie ist „im höchsten Grade autoritätssüchtig" und will deshalb „von unbeschränkter Gewalt beherrscht werden". (142) In diesem Sinne braucht sie jemanden, der ihren, Freud bezieht sich auf Le Bon, „Durst nach Unterwerfung" (ebd.) stillt. Hier liegt die Autorität des Führers einer Masse begründet. Er nutzt die devoten Strebungen der Menge aus, indem er sich von ihr zum Ideal des Herrschers verklären lässt. Dabei bedient sich solche *„Idealisierung"* (124) der Pfade der Identifizierung, ohne deren Ambiguität zu übernehmen. Die Idealisierung folgt vielmehr dem Muster der Verliebtheit in das Sexualobjekt und erhöht es zur letzten Instanz. So aber ist *„die Objektwahl* […] *zur Identifizierung regrediert."* (118) bzw.: *„Das Objekt hat sich an die Stelle des Ichideals gesetzt."* (125) Dies verengt die Identifizierung auf einen „einzigen Zug" (117). Im Falle einer Masse ist nun ihr Führer das Objekt des Begehrens, er ist derjenige, den die Masse liebt, weil sie sich von ihm geliebt fühlt (vgl. 102f.). Jedes Mitglied der Menge sieht seine Identifizierung in der des Führers mit der Herrschaft gespiegelt und errichtet so das Phantasma gegenseitiger Bindung. Jedoch ist die Verliebtheit des

Autorität des Führers/ Identifizierung

[41] Freud verweist dazu auf
die Panik, in der die füh-
rerlose Masse zerfällt (vgl.
106).

Masenindividuums in den Führer auch von der in ein
beliebiges Sexualobjekt zu unterscheiden. Wichtig ist
dort, dass „ungehemmte Sexualstrebungen durch die
Abfuhr bei der Erreichung des jedesmaligen Sexual-
zieles eine außerordentliche Herabsetzung erfahren."
(127) Wäre dies in einer Masse der Fall, würde sich die
Attraktion alsbald verflüchtigen; der Massenauflauf
wäre nach kurzer Zeit beendet. An diesem Punkt erinnert Freud an die Funktion der Hemmung: „Wir haben
es hier mit Liebestrieben zu tun, die, ohne darum minder energisch zu wirken, doch von ihren ursprünglichen Zielen abgelenkt sind." (113) In einem geht darin
die individuelle Identifizierung eines Subjekts mit dem
von ihm verehrten Herrscher in eine kollektive über.

Denn: „Der Urvater ist das Massenideal, das an der
Stelle des Ichideals das Ich beherrscht." (142) Das Kennzeichen des Urvaters ist aber seine Unerreichbarkeit,
seine schrankenlose Macht. Aus seinem Verbot, die
Frauen des Clans betreffend, folgt die Identifizierung
der Brüder im Zeichen des Verbots. Sie halten zusammen, weil sie zur *Abstinenz*, d.h. „in die Massenpsychologie" (138) gezwungen werden. Demnach, folgert
Freud, bewirkt die Position des Führers im Sinne absoluter Hegemonie den Zusammenhalt einer Masse. Insofern er für die Verliebtheit der Einzelnen fern bleibt,

*Eintracht der Masse und
Liebe zum Führer*

können sie sich sowohl mit ihm als auch mit den anderen Mitgliedern der Menge identifizieren. Oder anders
gesagt: Da sich der Platz des Führers durch Einzigartigkeit auszeichnet, steht er über allen anderen. Darin
kann der Führer zum Objekt des Begehrens werden,
ohne dessen Befriedigung zuzulassen. Diese Untersa-
gung (ver-) eint die Mitglieder der Menge. Sie teilen
alle dasselbe Schicksal, ihre Liebe nicht unmittelbar am
Objekt ausagieren zu können. In der Konsequenz sind
sie in der Macht des Führers bereit, einander zu tolerieren und, dazu verhilft der „einzige Zug" der Idealisierung, den Herrscher weiter als solchen anzuerkennen: Die Angst, die Liebe und den Schutz des Führers
durch Ungehorsam zu verlieren,[41] ist dabei stärker als
jede Konkurrenz.

So aber ist aufgrund derartiger Identifizierung
eine Rebellion, wie sie die Brüder als erste Masse gegen ihren Vater anzetteln, ausgeschlossen. Der Führer

einer Menge gleicht dem Urvater vor allem hinsichtlich
seiner Dominanz. Er offenbart, sagt Freud, zuvorderst
den „zwanghaften Charakter der Massenbildung"
(ebd.). Wo der Urvater um seine Macht bangen musste
und sie schließlich verlor, d.h. die Masse seiner Söhne
nicht ganz unter Kontrolle hatte, kann sich der Führer
auf die Identifizierung der Massenseele mit ihm und
die Dichte des Kollektivs im Rahmen der Konstellation
verlassen. Das macht beide Phänomene, ihren Zusammenhang, in erster Linie gefährlich.

Freud steht, wie vorher Le Bon, der Masse misstrauisch gegenüber. Für ihn etabliert sich dort eine unheilvolle Verquickung von persönlicher und allgemeiner
Identifizierung: Eine Masse, definiert Freud somit, *„ist
eine Anzahl von Individuen, die ein und dasselbe Objekt an
die Stelle ihres Ichideals gesetzt und sich infolgedessen in
ihrem Ich miteinander identifiziert haben."* (128) Das Unbewusste des Einzelnen geht in einem kollektiven auf,
in dem es sich unterordnet. Darin werden die Hypo-
theken sowohl der Subjektwerdung des Individuums
als auch des Sozialen unterschlagen. Zur Debatte steht
folglich die Verleugnung des Gesetzes, das den Brü-
dern nach ihrem Verbrechen ein Zusammenleben in
Eintracht erlaubte, ohne sie erneut dazu zu drängen:
Insofern aus der tyrannischen und überwachenden
Autorität eine symbolische geworden war, wurde ein
freiwilliger Austausch möglich,[42] der gleichwohl nicht
regellos funktionierte; das Denkmal des Vaters fun-
gierte als Warnung vor Mord und Krieg im Zuge er-
zwungener Einheit. So gemahnt es an eine Offenheit
der Identifizierung, die allen anzeigt, die Spaltung im
Begehren des anderen sowie im eigenen nicht zu ig-
norieren. Das Unbewusste ist hierin weder individuell
noch kollektiv, sondern „transindividuell".[43] Es gehört
zu den Mitteln einer Übertragung auch im psychoanalytischen Sinne, die sich bei Freud eher an den Irritationen der Schrift und des gesprochenen Wortes als an
den (Massen-) Medien technischer Reproduzierbarkeit orientiert.[44] Psychoanalytisch handelt es sich dabei darum, den Phantasmen der Allmacht und deren
Verkörperung im „einzigen Zug" der Identifizierung
des Urvaters vor allem in der Sprache entgegenzu-
treten. Einerlei also, ob Freuds ‚Urszene' des sozialen

[42] Vgl. Thanos Lipowatz: Über den Begriff der Identifizierung bei Freud. In: *Riss* 12/1989, S. 19-73 (hier: S. 57).

[43] Ebd.: S. 51.

[44] Vgl. dazu Kap. 4.

⁴⁵ José Ortega y Gasset: *Der Aufstand der Massen.* Übersetzt von Helene Weyl. Stuttgart 1989, S. 5. Zitate werden im folgenden durch Seitenzahlen im Fließtext ausgewiesen.

⁴⁶ Michael Stürmer: Nachwort. In: Ortega y Gasset: *Aufstand der Massen* (Anm. 45), S. 205-223 (hier: S. 205).

Menschengeschlechts nur eine, wie er freimütig eingesteht, *„story"* (136) ist oder Wahrheitsgehalt beanspruchen kann, steht ihr ethischer Impuls dennoch fest. Diese Ethik eines transindividuellen Unbewussten (seiner Ambiguität) und symbolischer Autorität aber ist, befürchtet Freud, in der Massengesellschaft zum Tode verurteilt: Mit den Massen und ihren Führern wird in Zukunft die Vergangenheit zurückkehren.

Aufstand der Massen?
(Ortega y Gasset, Jünger, Benjamin)

Freud verschiebt Le Bons Annahme der Hypnose der Menge durch den Nimbus ihres Führers in einen strukturellen Rahmen, der nichtsdestoweniger ein Verblendungszusammenhang ist. Die Autoritätssucht der Massen ist für beide, den Psychologen wie den Psychoanalytiker, grundlegend und unbezweifelbar. Da sie zu Hörigkeit, Uniformität und Gewaltanwendung tendiert, setzt sie, das ist das Fazit der Massenpsychologie um 1900, die offene Vielfalt des Sozialen unter einen Druck, unter dem es zu zerbrechen droht. Kann daher von einem „Aufstand der Massen" gesprochen werden?⁴⁵

Die Problematik der Massenbildung beschäftigt zu der Zeit nicht nur Intellektuelle in Frankreich oder Österreich. In Spanien erscheint 1930 ebenfalls ein Buch, das sich mit ihr befasst: Ortega y Gassets Schrift ist zum „Klassiker" einer Theorie des Massenauflaufs und -aufmarsches geworden.⁴⁶ Dabei ist uns der Leitfaden des Arguments mittlerweile bekannt und wird vom Autor des *Aufstands* auch sogleich klar gestellt: „Da die Massen ihrem Wesen nach ihr eigenes Dasein nicht lenken können noch dürfen und noch weniger imstande sind, die Gemeinschaft zu regieren, ist damit gesagt, dass Europa heute in einer der schwersten Krisen steht, die über Völker, Nationen, Kulturen kommen kann. [...] Sie heißt der Aufstand der Massen." (5) Und: „Wir leben unter der brutalen Herrschaft der Massen." (14) Doch gerät neben den gängigen und hier bereits vorgestellten Formeln einer Uniformität, Verführbarkeit und Gewalt der Massen (vgl. S. 13, 78, 110) zunehmend die Rolle der Technik in den Fokus der Beobachtung.

Ortega widmet ihr ein eigenes Kapitel seines Buchs.

Dort will er zeigen, dass „die Technik, gemeinsam mit der liberalen Demokratie, den Massenmenschen im quantitativen Sinn des Wortes erzeugt hat" und, dass sie „auch im Sinn der Qualität, der schlechten Qualität, für ihn verantwortlich ist." (113) Die technische Verfügbarkeit der Welt, akzentuiert Ortega in diesem Sinne, bessert die Menschen nicht. Vielmehr ist die populäre Hoffnung mit ihrem Gegenteil zu konfrontieren: Die Technik bestärkt den Massenmenschen in seinem „Primitivismus" (79): Obwohl der Mensch von den technischen Apparaten, d.h. der Nähe zum anderen, die sie erzeugen, profitiert, weigert er sich doch, ihr künstliches Wesen zu kennen: „Der neue Mensch will das Automobil und genießt es, aber er glaubt, es wächst von selbst an einem Paradiesbaum." Und: Wie das „Kino [...] dem Durchschnittsmenschen die entferntesten Orte des Planeten vor Augen" führt, so „vermitteln ihm Zeitungen [...] die Kunde dieser geistigen Leistungen, welche die neu erfundenen technischen Apparate von den Schaufenstern her bestätigen." (83 und 40) Mit solcher Banalität der Nutzung geht alles Bewusstsein für sie verloren: Der „neue Mensch" bedient sich der Technik, als „wäre sie Natur." (83) Solche Ignoranz führt nun laut Ortega dazu, dass die Massenmenschen sich in der Technik zu Hause fühlen, ohne sie auch verantwortlich wahrzunehmen. Sie sehen in ihr allein ein Instrument, das ihrer alltäglichen „Trägheit" (61) entgegenkommt. Darin befördert moderne Technik die Menschen zur Masse, indem sie die Wege verkürzt, und umstellt sie zugleich, da sie sie lähmt; der potentiell offene Horizont der Gesellschaft verkürzt sich auf einen „Mechanismus der Verstockung" (69), den ein Phantasma der „Machtvollkommenheit" (40) begleitet.

Massen und Technik

Der Massenmensch ist der Primitive des 20. Jahrhunderts. Als solcher ist er allein auf Befriedigung aus. Die Technik führt ihn dazu, verwöhnt ihn darin und verstärkt so den Trend. In dieser Hinsicht vereint der Mensch in der Menge ebenso alle anderen Merkmale – primär: die Gewaltbereitschaft – des urzeitlichen Wilden in sich. Das ist eine Seite des Aufstands der Massen. Die andere nennt Ortega „Barbarei des Spezialistentums" (112).

[47] „Der Spezialist", erneuert Ortega seine Diagnose, „ist in seinem winzigen Weltwinkel vortrefflich zu Hause; aber er hat keine Ahnung vom Rest." (117): Dies tritt zuvorderst bei der *Masse der Techniker selbst, bei Ärzten, Ingenieuren* usw." (89) hervor.

Technokraten.

Der Spezialist ist ein Technokrat. Als „gelehrter Ignoran[t]" (118) überschaut er einen geringen Teil des unüberschaubaren Arsenals der Kultur und ihrer „Mechanisierung" (116). Ortega definiert: „Es sind Leute, die von allem, was man wissen muss, um ein verständiger Mensch zu sein, nur eine bestimmte Wissenschaft und auch von dieser nur den kleinen Teil gut kennen, in dem sie selbst gearbeitet haben. Sie proklamieren ihre Unberührtheit von allem, was außerhalb dieses schmalen, von ihnen speziell bestellten Feldes liegt, als Tugend und nennen das Interesse für die Gesamtheit des Wissens *Dilettantismus*." (ebd.) So aber stützen die Nischenkönner die Blindheit der Massengesellschaft gegenüber dem Fundament, auf dem sie ruht. Als Technokraten fügen sie sich in die Ordnung ein, um sie zu überwachen und auf Dauer zu stellen. Als graue Eminenzen, d.h. als Lenker mit angepasstem Profil,[47] heben sie sich von der Masse ab und tauchen trotzdem in sie ein. Damit bilden sie den perfekten Überbau zu deren Anonymität, sie verwalten eine „Barbarei", deren Teil sie sind: „So kommt es, dass sich selbst diese Männer, die einen Höchstfall von Qualifikation, von spezieller Begabung und sonach den Gegenpol zum Massenmenschen darstellen sollten, in fast allen Lebensbereichen wie undifferenziertes und durchschnittliches Volk betragen." (118)

Nach Ortega lassen sich die zwei wesentlichen Pole der Massengesellschaft im Zusammenhang und kurz wie folgt darstellen: Der Aufstand der Massen verdankt sich einerseits einer „Mechanisierung" als Lähmung (Schließung) des Sozialen mittels moderner Technik und bildet darin andererseits führende Spezialisten aus, die jedoch zu allgemeiner Übersicht unfähig sind. Mithin ist es die Technik, welche die Massen versammelt und als solche vernetzt. An den Knotenpunkten des Systems beobachten Fachleute dessen Effekte, um sie zu garantieren und gegebenenfalls zu optimieren. Auf diese Weise ist die Technik des 20. Jahrhunderts das ‚Massenmedium' schlechthin; sie ist das Mittel, welches für Ortega jenseits der Trennung in die Medien der Kommunikation und andere Mittel des Transports (Autos, Eisenbahn etc.) den Horizont der Massen sichtbar macht und organisiert. Mit ihrem grenzüberschreitenden Triumph – der Autor dehnt den Fokus seiner Sicht von Europa bis nach Nordamerika aus – entpuppt sich das Problem der Massen ebenso als ein weltweites. Die „liberale Demokratie", die mit am Anfang des Prozesses stand, mutiert darin zu einer Massengesellschaft, welche im Kreislauf „wurzellose[r]" (204) Mechanisierung und ihrer Kontrolleure Züge der „Barbarei" annimmt: Was hier nicht kompatibel ist bzw. sein will, findet entweder nicht statt oder wird mit Gewalt bedroht und verdrängt.[48] Das ist nicht zuletzt der Boden, der die großen Massenaufmärsche des 20. Jahrhunderts nährt: „Bolschewismus und Faschismus sind einer wie der andere falsche Morgenröten; sie führen keinen neuen Morgen herauf, sondern den Morgen eines archaischen Tages [...]; sie sind Rückfälle in die Barbarei." (96f.; vgl. auch 198-200)

Den Glauben an eine besondere Wirkmacht der Technik konfrontiert Ortega mit „[i]llusionslose[r] Skepsis".[49] Hier wendet er sich insbesondere gegen Spengler,[50] wenn er feststellt und betont, dass die Technik ohne ein „Interesse für die Prinzipien der Kultur" nicht „weiterleben [könne]" (84): Danach übersteigt die Technik den Horizont des Sozialen nicht und muss daher an dessen Prozesse rückgekoppelt werden, anstatt deren Maßstab zu sein.

Zugleich wäre es ein Kurzschluss, Ortega pauschal der Technikfeindschaft zu verdächtigen. Vielmehr ist die Bewegung der Mechanisierung für ihn doppelt codiert: „Dass ein Fortschritt gemacht ist, lässt sich nicht leugnen; aber ihn für gesichert zu halten, erscheint uns unbesonnen." (80) Nach Ortega äußert sich die bösartige Seite der Technik in ihrer massenhaften Attraktivität als einer Praxis der Instrumentalisierung. Dieser Kontakt ist vornehmlich im Auge zu behalten und, wenn möglich, zu trennen: „Aber wir müssen uns vor der Todsünde derer hüten, die das 19. Jahrhundert beherrschten: vor ihrem mangelnden Verantwortungsbewusstsein. Sie vergaßen, wachsam und auf dem Posten zu bleiben." Deswegen „ist es dringende Pflicht, die offenkundig verhängnisvollen Symptome zu betonen." (beide Zitate: 82)

Für Le Bon über Freud bis zu Ortega stellt die Massenbildung eine Regression dar, in der, so die gemeinsame These, inmitten der modernen Gesellschaft der

[48] Ein ähnliches Fazit ziehen Max Horkheimer und Theodor W. Adorno im *Kulturindustrie*-Kapitel ihrer *Dialektik der Aufklärung* (vgl. Kap. 5).

[49] Stürmer: Nachwort (Anm. 46), S. 222.

[50] „Ganz wahr ist allein die Technik, weil die Worte hier nur den Schlüssel zur Wirklichkeit bilden und die Sätze so lange abgeändert werden, bis sie nicht etwa ‚wahr', sondern wirksam sind." Das hatte Spengler im *Untergang des Abendlandes* über die Technik geschrieben und sie so von der Sprache, deren Kultur die „Rasse" und das „Leben" verleugne, abgegrenzt bzw. die Technik diesen ‚Elementarkräften' angenähert (vgl. ders.: *Der Untergang des Abendlandes* [Anm. 6], S. 730 [Anm.]).

Rückkopplung der Technik an den Horizont des Sozialen

[51] Zu ‚Massenmedien' in einem engeren Sinne vgl. Kap. 2 und 5.

[52] „World-War One ist, begrifflich gesehen, Weltkrieg, indem er an die Stelle der intuitiv-rationalen Befehlssätze einer stets begrenzten praktischen Vernunft, die die Kriege des 19. Jahrhunderts bestimmt hatten, nunmehr eine absolute Befehlsform der technisch codierten Information setzt." (Wolfgang Hagen: Der Radioruf. Zu Diskurs und Geschichte des Hörfunks. In: Martin Stingelin, Wolfgang Scherer [Hg.]: *HardWar/SoftWar. Krieg und Medien 1914 bis 1945*. München 1991, S. 243-273 [hier: S. 253f.])

Verführung?

„Naturmensch" (83) wieder erwacht. Einerlei, ob der „Rassenuntergrund", die „Urhorde" oder ein „Primitivismus" in den Vordergrund rücken, bekunden alle diese Annahmen und Befunde die Mahnung, die Freiheit des Einzelnen vor dem Aufstand der Masse und, folgt man den Seelenärzten, des Führerprinzips, in Schutz zu nehmen. Für Ortega sitzen hingegen die Technokraten in den Zentren der Macht und stellen sie auf unauffällige Weise sicher, wenn sie das Medium des Massenaufstands (die Technik) in je spezifischer Art handhaben und pflegen. Daraus lässt sich nun eine zweite Gemeinsamkeit der bis jetzt vorgestellten Massentheorien ableiten: Ein zuvor eher unbeteiligtes „Publikum" (Maletzke) verdichtet sich unter bestimmten Umständen zu einer Masse, die dann ihr spezifisches Eigenleben entwickelt. Die Einzelnen gehorchen dabei einem Gruppendruck, zu dem sie zwar selbst beisteuern, dem sie aber vor allem erliegen. Mithin erscheint die Masse als pathologische Form jenes Publikums. Alles zusammen, so kann jetzt (vorläufig) geschlossen werden, kulminiert in dem von Canetti analysierten Aufmarsch der ‚braunen' Masse, insofern die Maskerade des Zeichens dort sowohl den Nimbus und die Dominanz eines Führers als auch die mittels technokratischer Impulse forcierte Zirkulation der Maske durch die Menge umfasst.

Tendieren damit die Versuche der Massentheorie und -psychologie, ihren Gegenstand analytisch zu fassen, ebenfalls zu einer Uniformität? Ist den (Massen-) Medien – hier: vom Nimbus des Führers bis zur Technik der 1930er Jahre[51] – vorzugsweise die Rolle eines Verführers zuzuschreiben? Exakt dies gerät für uns nun anhand zweier Texte in den Blick, die sich in ihrer Theorie der Massen am Medienumbruch um 1900 orientieren.

Als Ernst Jünger 1918 von den Schlachtfeldern im Westen zurückkehrt, hat sich die Welt verändert. Gerade ist ein Krieg zu Ende gegangen, der wie zuvor kein anderer die Vorherrschaft technischer Mittel und die Antiquiertheit herkömmlicher Kriegführung unter Beweis stellte: Im Trommelfeuer schwerster Geschütze waren (fast) alle gleich geworden und über Funk ließen sich ganze Heere auf Befehl (fern-) lenken.[52] Darüber hinaus herrscht in Deutschland ein Klima massenweiser Depression, in der die, die den ‚Stahlgewittern' an der Front und im Hinterland entronnen waren, nach der Niederlage das demokratische Handwerk zu lernen beginnen. Der im Krieg zum Leutnant avancierte Heimkehrer ist ob solcher ‚Vermassung' des Lebens angeekelt. In einem seiner Kriegstagebücher schreibt er: „Masse und Gleichheit heißen unsere neuen Götter. Kann die Masse nicht werden, wie die Wenigen, so sollen die Wenigen doch werden wie die Masse. Politik, Drama, Künstler, Café, Lackschuh, Plakate, Zeitung, Moral, Europa von morgen, Welt von übermorgen: donnernde Masse. Als tausendköpfige Bestie liegt sie am Wege, zertritt, was sich nicht verschlucken lässt, neidisch, parvenühaft, gemein." Allerdings: Es gibt eine Masse, die „nicht lächerlich wirkt: das Heer."[53] Diese These sollte nun zum Einsatz des Buches werden, in dem Jünger die Physiognomie einer Masse zeichnet, die sich aller urbanen ‚Dekadenz' – „Der Bourgeois machte auch noch das Heer lächerlich."[54] – entschlägt. Es ist die des *Arbeiters*.

Der Arbeiter, wie der Autor ihn uns vorstellt, ist nicht mehr der des 19. Jahrhunderts und auch kein entrechteter Proletarier. Vielmehr taucht er in seiner ‚Herrschaft und Gestalt' aus der Spur des Weltkriegs auf.[55] Da dieser den „Unterschied zwischen Front und Heimat, zwischen Heer und Bevölkerung, zwischen Industrie und Rüstungsindustrie" (299) verwischt hat, schwindet auch die Differenz zwischen Soldaten und Arbeitern. Äußerlich zeigt sich das an einer Kleidung, die auch beim Arbeiter den Maßen der Uniform entspricht und so betont, dass „Arbeitscharakter und Kampfcharakter identisch sind." (125) Insofern beide „Tracht[en]" (ebd.) spezifischen Forderungen, nämlich denen der „Arbeits- oder Kampflandschaft" (147), gehorchen, haben sie mit den Moden der anonymen Masse der Bürger nichts gemein: Denn der Arbeiter ist keine Modeerscheinung, wenn er als Gestalt den Schatten des Krieges auf die Gegenwart und Zukunft der Gesellschaft projiziert. In diesem Sinne folgt sein „Aufstand" (39) der Maxime „Totale[r] Mobilmachung" (40), während der „Bürger" nicht „den Gestalten an[gehört], daher frisst ihn die Zeit". (39) So aber verfügt der

Der Arbeiter

[53] Ders.: Der Kampf als inneres Erlebnis. In: *Werke* Bd. 5. Stuttgart o.J., S. 11-108 (hier: S. 58f.) Vgl. dazu auch Klaus Theweleit: *Männerphantasien* Bd. 2. Reinbek bei Hamburg 1980, S. 47f. und 64-74.

[54] Ebd.: S. 59.

[55] Ernst Jünger: *Der Arbeiter. Herrschaft und Gestalt*. Stuttgart 1982. Der Nachweis von Zitaten erfolgt durch Seitenzahlen im Fließtext.

[56] Zu Jüngers (Miss-) Verständnis von Friedrich Nietzsches *Also sprach Zarathustra* vgl. Martin Meyer: *Ernst Jünger*. München/ Wien 1990, S. 167-169.

[57] Jünger: Der Kampf als inneres Erlebnis (Anm. 53), S. 106.

[58] Ebd.

[59] Vgl. ebd.: S. 20 (Zitat ebd.).

[60] Vgl. Meyer: *Ernst Jünger* (Anm. 56), S. 167.

[61] Jüngers Beispiele (vgl. ders.: *In Stahlgewittern*. Stuttgart 1983, S. 133f. und 208ff.).

Krieg und Technik

Arbeiter über das Zeug zum „Übermenschen" (45)[56] und verdankt dies vor allem einer Lektion: „Der Kampf der Maschinen ist so gewaltig, dass der Mensch ganz davor verschwindet."[57]

In den Materialschlachten des Weltkrieges musste sich der Mensch der Macht und Zerstörungskraft der Technik beugen: „Und doch:", unterstreicht Jünger, „Hinter allem steckt der Mensch. Er gibt den Maschinen erst Richtung und Sinn. […] Er ist das gefährlichste, blutdürstigste […] Wesen, das die Erde tragen muss."[58] Der Mensch kann der Technik Richtung und Sinn verleihen. Doch muss er dazu seine alte Haut abstreifen, um eine noch ältere aufzuspüren: die der ewigen „Tierheit" in ihm;[59] der im Schützengraben erwachte und aus ihm entkommene Mensch ist der neue und ganz alte zugleich.[60] Sein Auftritt kombiniert modernste Erfahrungen und Fertigkeiten mit archaischen Rhythmen und formt darin die Gestalt. Während des Krieges ist das die Stunde des Soldaten als Arbeiter. Es ist die Zeit der (Sturm-) Pioniere oder Fernmelder,[61] welche die Technik nicht nur erleiden, sondern auch in Anschlag zu bringen wissen. Nach dem Krieg wird der Arbeiter als Soldat sich daran erinnern: Bewusst kehrt er nicht als Veteran, sondern als Techniker heim. Die Uniform, die er nun wieder anzieht, ist dafür das sichtbare Zeichen.

Für Jünger steht somit fest: „Die Technik ist die Art und Weise, in der die Gestalt des Arbeiters die Welt mobilisiert." (156) Doch ist sie dabei weder nur „neutrale Macht" noch ein „Reservoir von wirksamen und bequemen Mitteln". (166) Zuerst ist sie die „Beherrschung der Sprache, die im Arbeitsraume gültig ist." (156) In dieser Hinsicht aber „spielt die Maschine eine ebenso sekundäre Rolle wie der Mensch, sie ist nur eines der Organe, durch die diese Sprache gesprochen wird." (ebd.) Derart als Sprachraum markiert, stellt die Technik für den Arbeiter, den sie umgibt, keine Bedrohung, aber auch keinen Hort der Bequemlichkeit dar. An Stelle dessen wird sie zum Netzwerk, in welchem sich Mensch und Maschine allererst treffen, zum, Jüngers Vergleich mit der Sprache zeigt es an, Medium der Mobilmachung von Welt im Gefolge des Arbeiters. Allerdings ist hier zwingend eine Umdeutung vorzunehmen: Die Sprache, so wie sie der Lebensraum des Arbeiters fordert, ist eine andere als jemals zuvor. Insofern sie sich der Gestalt öffnet, trägt und fördert sie deren Merkmale. Jünger schreibt: „Alle diese Verhältnisse treten bereits bei weitem klarer hervor in bezug auf die typischen Nachrichtenmittel, die durchaus als Mittel des 20. Jahrhunderts anzusprechen sind, also in bezug auf den Rundfunk und den Film." (278)[62]

Im Kosmos des Arbeiters geben die neuen Medien den Takt an. Um nun die Kontur des „schlechthin andersartigen Prinzips" (132), für das diese Medien einstehen und das sich in ihnen vollzieht, präzise auszuweisen, stellt der Autor das Kino dem Theater sowie der Malerei entgegen. Letztere sind, propagiert Jünger, Relikte jener bürgerlichen Welt, in der „unter Qualität der individuelle Charakter, und zwar [...] der individuelle Charakter, die einmalige Ausführung einer Ware gemeint [ist]." (ebd.) In dieser Hinsicht hat „das Bild eines alten Meisters" in einem „anderen Sinne Qualität, als es zur Zeit [seiner] Entstehung überhaupt vorstellbar war." (132f.) Der Wert des Bildes entwickelt sich danach entlang der Linie einer Tradition, welche die Originalität hofiert. Das ist, und hier drängt sich der Begriff Walter Benjamins förmlich auf, die ‚Aura',[63] die ihm im Laufe der Historie zuwächst. Derselbe Aurakult gilt im Theater als einem Ort eben jener Tradition. Jünger akzentuiert: „Der Begriff der einmaligen Ausführung tritt hier als das Versprechen des einmaligen Erlebnisses auf. Dieses einmalige Erlebnis aber gehört zu den individuellen Angelegenheiten vom ersten Rang." (133) So aber repräsentiert es mitnichten das neue Prinzip einer andersartigen Wahrnehmung. Das geschieht erst im Kino. Dort erscheint der Kult um die Originalität der Werte und Waren als das, was er im Grunde ist: eine „rein[e] Fiktion" (ebd.). Er verliert seine Wirkung in einer Welt, in welcher „der totale Arbeitscharakter sich Bahn zu brechen beginnt." (ebd.) Gleichzeitig zerfällt die Weltordnung des „absolute[n] Fürst[en], dessen sichtbare Gegenwart den Mittelpunkt bildet, der die innere Einheit des Vorgangs garantiert." (131) In der Konsequenz weicht die zivile Masse als „lächerlich[es]" Fußvolk ihres Zentrums einer anderen.

[62] Vgl. dazu auch Niels Werber: ‚Chiffre' und ‚Lage'. Zur Interaktion im Ernstfall. Ernst Jüngers Kopplungen von Literatur, technischen Medien und Politik. In: Beate Bartscher-Bechter, Martin Sexl (Hg.): *Theory Studies. Konturen kritischer Theoriebildung zu Beginn des 21. Jahrhunderts*. Innsbruck 2001, S. 197-211 (hier: S. 206f.).

[63] Zu Benjamins Aurabegriff vgl. Kap. 1.

Medien der Mobilmachung

[64] Auch der „bürgerlich[e] Roman" ist für Jünger „der Roman einer Gesellschaft von Robinsons" (133).

[65] Jüngers Beispiel ist der Journalismus (vgl. 276) oder das Kriegstagebuch: „Das Innen aber, das Jünger in dieser Tradition anbietet, ist das räumliche Innen der Gräben, Stellungen und Unterstände. Die Literatur des modernen Stellungs- oder Grabenkrieges arbeitet aus der Perspektive einer endoskopischen Kamera […], die sich darauf beschränken muss, Schützengräben zu folgen und eingedrückte, eingebrochene oder verschüttete Unterstände, Schulterwehren, Sappen oder Trichter auszuleuchten." (Heiko Christians: „Es liest sich noch schlechter, als ich gehofft hatte." Wie Leutnant Jünger und Oberst Lawrence vom Krieg erzählen. In: *Navigationen* 1, 2/ 2004, S. 61-68 [hier: S. 62]).

[66] Genauer: Die „*Möglichkeit der Unterscheidung* selbst [steht] zur Disposition." (Ingo Stöckmann: Im reinen Raum. Jünger, Schmitt, Medientechnik. In: Rudolf Maresch, Niels Werber [Hg.]: *Raum – Wissen – Macht*. Frankfurt a.M. 2002, S. 135-155 [hier: S. 141]).

Im Anschluss daran spitzt sich Jüngers Medientheorie auf folgende Frage zu: Durch welches der „beiden Medien [Film oder Theater; G.S.]" ist „der Typus mit größerer Schärfe repräsentiert"? (134) Für den Schriftsteller ist dabei klar: Das technische Medium ist radikal auf dem Vormarsch. Es allein spricht jene Sprache, mit der die Technik den Sprachraum des Bürgers infiziert und verdrängt; wo der „Nachrichtendienst" oder die Unterhaltung im Kino „höchst[e] Präzision" (277) erreichen, wo sie „beliebig" und in „mathematische[r] Präzision, die sich bis auf die Sekunde und den Millimeter erstreckt" (136) wiederholbar sind, kann der maßgebliche Ort der Sprache nicht länger die, in welcher Form auch immer,[64] Literatur sein. Ihre Elitisierung auch als Zeichen hochstilisierter Subjektivität gilt es durch einen „mathematischen Tatsachensti[l]" (276) zu ersetzen,[65] der die Welt der Maschinen und die der Kommunikation buchstäblich verknüpft. Zur Debatte steht somit das „Lebensgefühl einer sehr abgeschlossenen, sehr gleichartigen Welt." (ebd.), das die Tradition des uneinholbaren Eigensinns eines Werks oder Autors als Indiz für die „Meinung einer Masse, die sich aus Individuen zusammensetzt" (276) sprengt. Da mit dieser Zäsur nun ein „Automatismus des Verkehrs" (138) regiert, in dem die Maschinen zu sprechen beginnen und der Diskurs maschinelle Züge annimmt, also Mensch und Maschine zuletzt ineinander aufgehen, werden solche Unterschiede kassiert.[66] In einem schält sich aus der Masse ein „Typus" heraus, der als einzelner weder „Person" noch „Individuum" (113) ist. Er spricht die andere Sprache, in der die Mobilmachung des Arbeitsraums besiegelt wird: „Wo aber eine andere Sprache gesprochen wird, ist die Debatte geschlossen, und es beginnt die Aktion. Es beginnt die Revolution […]." (140) So aber folgt der Typus nur seiner reinsten Verkörperung in der Gestalt des Arbeiters. Dessen Avantgarde hat die „Meisterung der typischen Mittel" (279) bereits vollzogen, ihr dienen die neuen Medien schon und in umfassender Form zur „Repräsentation der Gestalt des Arbeiters". (ebd.)

Jüngers Text schildert den Gestaltungsraum des Arbeiters vor allem als Technik der Kommunikation, in der die Synchronisation, die „Verschmelzung des

Unterschieds zwischen organischer und mechanischer Welt" (177) zum Paradigma avanciert. Entscheidend ist dort die Vernetzung der Gesellschaft zu einer „organische[n] Konstruktion" (ebd.), welche die Koordination ihrer Teile im Gleichschritt gestattet: „Man versammelt sich nicht mehr, sondern man marschiert auf." (102) Die Masse, die im Staat des Arbeiters ihren Siegeszug antritt, ist von jeder Vermassung im Zuge bürgerlichen ‚Verfalls' weit entfernt. Stattdessen ist sie von Disziplin durchdrungen. So beerbt sie ihren soldatischen Ursprung bzw. enthüllt im „Gesicht" des Arbeiters „heroisch[e] Züge".[67] (169) Zugleich erweist sich die einerseits hochgerüstete und -moderne Mediennutzung des Arbeiters andererseits als „Elementarsprache" (ebd.),[68] die in sich die archaische Spur der Schlachtfelder trägt und bewahrt. Damit vollendet sich diese „instinktive Atmosphäre" (277) in der Überwachung, d.h. in einer „Beobachtung des Menschen" als „höchste[r] Form der Jagd", die „gerade in unserer Zeit besondere Beute verspricht." (137)[69]

Eingebettet in jene Totalität des Gleichschritts, der Disziplinierung und Überwachung ist das Gesicht des Arbeiters von ihr gezeichnet; es gerät zur Maske: Jünger schreibt: „Was zunächst rein physiognomisch auffällt, das ist die maskenhafte Starre des Gesichts, die ebensowohl erworben ist, wie sie durch äußere Mittel, etwa Bartlosigkeit, Haartracht und anliegende Kopfbedeckungen, betont und gesteigert wird." (122) In diesem Sinne verliert das Gesicht, als Antlitz, seine alle Zeichenprozesse übersteigende Eigenart.[70] Nun selbst zur Uniform mutiert, wiederholt es hervorstechend die totale und totalitäre Medialität für die diese einsteht: Als Merkmal „sehr gleichmäßig gezüchteter Körper" (ebd.) ist die Maske das Indiz – Jünger spricht vom „maskenhaften Charakter einer ganzen Zeit." (134) –, welches die Herrschaft des Arbeiters in ihrer Mensch-Maschine-Koppelung, ihrer politischen Marsch- und sozialen Ausrichtung auch zukünftig repräsentiert: „Es ist zu vermuten, dass der Maske noch ganz andere Aufgaben zufallen werden als man sie heute ahnen kann – etwa im Zusammenhang mit einer Entwicklung, innerhalb deren die Photographie den Rang einer politischen Angriffswaffe gewinnt." (122)

[67] Oder: „Daher beziehen sich sowohl Freiheit wie Ordnung nicht auf die Gesellschaft, sondern auf den Staat, und das Muster jeder Gliederung ist die Heeresgliederung, nicht aber der Gesellschaftsvertrag." (15)

[68] In seiner Beschreibung der Technik als „Elementarsprache" innerhalb des Kosmos des Arbeiters knüpft Jünger an Spengler an. Vgl. dazu Meyer: *Ernst Jünger* (Anm. 56), S. 189-191.

[69] Zum diesbezüglich „elektrisch implementierte[n] ‚Sehen'" des Arbeiters vgl. auch Stöckmann: Im reinen Raum (Anm. 66), S. 144-146 (Zitat: S. 144).

[70] In diesem Sinne hat Emmanuel Levinas die Individualität des „Antlitz[es]" markiert: „Das Antlitz ist Bedeutung, und zwar Bedeutung ohne Kontext." Es ist „für sich allein Sinn. Du, das bist Du. [...] Es ist das, was nicht ein Inhalt werden kann, den unser Denken umfassen könnte; es ist das Unenthaltbare, es führt uns darüber hinaus." (ders.: *Ethik und Unendliches* [hg. von Peter Engelmann]. Übersetzt von Dorothea Schmidt. Wien 1992, S. 65)

Maske II

[71] Vgl. dazu zu den Analogien zwischen Jüngers Entwurf und Fritz Langs Film *Metropolis*. Meyer: *Ernst Jünger* (Anm 56), S. 86.

Aufmarsch der Masse

Jüngers Fassung des Arbeiterstaates zeichnet die Form eines Räderwerks totaler Anonymität und Organisation. Das Vorbild dazu liefert ein Medienumbruch,[71] der, so sieht es der Autor, die automatische Präzision privilegiert. Die Errungenschaften des Filmbildes und die „künstlich[e] Stimme" (279) des Radios lassen alle Bemühungen um Individualität als hoffungslos anachronistisch erscheinen. Darin gewinnt der Begriff der Masse eine ebenso rigoros neue Bedeutung. Er verabschiedet sich von den Konnotationen eines mehr oder weniger zufälligen Publikums als Summe der Einzelnen, um denen eines Aufmarschs in Reih' und Glied Platz zu machen. Hier befreien sie sich von den Traditionen der Vermassung in einer bürgerlichen Gesellschaft und disziplinieren sich gleichzeitig selbst; als „Führer" ist dort nur anerkannt, wer als der „erste Soldat, der erste Arbeiter" auftritt. (15)

Indem Jünger auf diese Weise Medien- und Massentheorie zusammenführt, gelangt er zu einer Auffassung der Masse, die von den bisher aufgerufenen Modellen differiert. Der „Aufstand" des Arbeiters unterscheidet sich von den Warnungen vor einem ‚Aufstand der Massen' sowie den Gefahren des ‚Führerprinzips', da der Autor ersteren nicht als Pathologie und möglichst zu verhindernden, sondern als im Rahmen neuartiger Medialität notwendigen und demnach positiven Umbruch der Gesellschaft hinstellt. Allerdings wähnt Jünger den Menschen und seine Lebenswelt von den Strukturen eines technischen Zeitalters derart total umstellt, dass sein Konzept offen totalitäre bzw. aggressive Konturen aufweist: Die in der Gestalt des Arbeiters präsente Masse beugt sich und folgt allein dem „stählernen Gesetz" und „den Symbolen" eines „technischen Zeitalters" (110), das sie „gebieterisch" (9) sowie unter „Blutopfer[n]" (38) durchzusetzen bereit steht: In den Schützengräben eines Weltkrieges, d.h. inmitten eines technischen Infernos zur Welt gekommen und durch es in seinem Wissen um die Technik geschult, kann der Arbeiter, so suggeriert Jünger, gar nicht anders, als seine Kompetenz gewaltsam ins Werk zu setzen. In diesem Sinne ist die Revolte des Arbeiters so radikal, dass sie alle Traditionen kappt. In der Geschichte markiert sie einen Umschwung, der

Allerneuestes und Allerältestes (*Prä*historie) erstmals produktiv – restlos – vereint. Darin entledigt sich die „Totale Mobilmachung" aller Differenzen, indem sie den Menschen in den Kosmos seiner Maschinen und (insbesondere) neuen Medien einschließt.

Dem widerspricht nun eine Theorie, die in ihrer Analyse der Dynamiken „technische[r] Reproduzierbarkeit" ebenfalls von einem das Soziale massiv betreffenden Medienumbruch ausgeht.[72] Dabei wird auch Benjamin angesichts des Massenphänomens, zumal in einer technisch versierten Gesellschaft, von Skepsis geplagt. In einer früheren Variante des *Kunstwerk*-Textes betont er die „gefährlichen Spannungen", welche „die Technisierung mit ihren Folgen in den großen Massen erzeugt hat – Spannungen, die in kritischen Stadien einen psychotischen Charakter annehmen".[73] Die Technik, geht daraus hervor, begünstigt den Ausbruch von „Massenpsychosen".[74] Für Benjamin signifikant ist die Erweiterung der Wahrnehmung im Film: „Denn die mannigfachen Aspekte, die die Aufnahmeapparatur der Wirklichkeit abgewinnen kann, liegen zum großen Teile nur außerhalb eines *normalen* Spektrums der Sinneswahrnehmungen."[75] Indem der Film die Grenzen der Sinne verschiebt, nähert er sich der Halluzination. Das ist die Hypothek des „Optisch-Unbewussten" (500) im Kino oder die Spannung, der es ausgesetzt ist:[76] Insofern sich das Publikum im Kinosaal neuartigen Sinneswahrnehmungen stellt, besteht für es die Gefahr, in dieser Faszination dem Wahn des „Übernatürlichen" (487) zu verfallen. Dies nutzt die Filmindustrie im Starkult oder der Diktator in seiner Selbstdarstellung durch die und vor den Kameras. Jedoch ist vor solche Massenpsychosen durch das Medium ebenso ein Moment „psychischer Impfung" geschaltet.[77] Dieses findet sich in der „Chockwirkung" der bewegten Bilder: „In der Tat wird der Assoziationsablauf dessen, der diese Bilder betrachtet, sofort durch ihre Veränderung unterbrochen. Darauf beruht die Chockwirkung des Films […]". (503) Da das neue Medium auf der einen Seite den Eindruck des Übernatürlichen hervorbringt und fördert, kann es ihn auf der anderen Seite auch unterbrechen; in seiner Permanenz der Bewegung steht es Fixierungen des Assoziationsablaufs, d.h. dem Wahn

[72] Walter Benjamin: Das Kunstwerk im Zeitalter seiner technischen Reproduzierbarkeit (3. Fassung). In: *Gesammelte Schriften* (hg. von Rolf Tiedemann u. a.) Bd. I.2. Frankfurt a.M. 1991, S. 471-508. Der Nachweis von Zitaten aus diesem Text erfolgt fortan durch Seitenzahlen im Fließtext.

[73] Ders.: Das Kunstwerk im Zeitalter seiner technischen Reproduzierbarkeit (1. Fassung). In: *Gesammelte Schriften* (Anm. 72) Bd. I.2. Frankfurt a.M. 1991, S. 431-469 (hier: S. 462).

[74] Ebd.: S. 461.

[75] Ebd.

[76] Zum „Optisch-Unbewussten" bei Benjamin vgl. ausführlich Kap. 4.

[77] Benjamin: Das Kunstwerk im Zeitalter seiner technischen Reproduzierbarkeit (1. Fassung) (Anm. 73), S. 462. Vgl. dazu auch Norbert Bolz: Abschied von der Gutenberg-Galaxis. Medienästhetik nach Nietzsche, Benjamin, McLuhan. In: Jochen Hörisch, Michael Wetzel (Hg.): *Armaturen der Sinne*. München 1990, S. 139-156 (hier: S.150f).

Massenpsychose

[78] Den Begriff der ‚Verwerfung' verwende ich hier im Sinne Freuds, der schreibt, dass die *halluzinatorische Verworrenheit* der Psychose eine „unerträgliche Vorstellung mitsamt ihrem Affekt verwirft" und sich in der Folge „so benimmt", als sei „die Vorstellung" niemals an sie „herangetreten". (ders.: Die Abwehr-Neuropsychosen. Versuch einer psychologischen Theorie der akquirierten Hysterie, vieler Phobien und Zwangsvorstellungen und gewisser halluzinatorischer Psychosen. In: *Gesammelte Werke* [Anm. 18] Bd. I, S. 57-74 [hier: S. 72])

[79] Ders.: Das Kunstwerk im Zeitalter seiner technischen Reproduzierbarkeit (1. Fassung) (Anm. 73), S. 462.

[80] Ebd.

Rezeption in der Zerstreuung

als steter ‚Verwerfung' eines Anderen,[78] entgegen. Benjamins Beispiel dafür sind die „amerikanischen Groteskfilme", die den „vorzeitigen und heilsamen Ausbruch" eines „kollektiven Gelächters" der Identifikation der Zuschauer mit einer Erzählstruktur vorziehen.[79] Indem Micky Mouse und ihre Freunde „sadistisch[e] Phantasien oder masochistisch[e] Wahnvorstellungen" in eine surreale und hektische Betriebsamkeit übersetzen sowie diese Phantasmen dabei rigoros überspitzen, erlauben sie deren symbolisches Ausagieren als „therapeutische Sprengung des Unbewussten" und verhindern so die Wiederkehr wahnhafter Tendenzen im Realen einer Massenpsychose.[80] Bevor also, folgert Benjamin nun, das gemeinsame Kinoerlebnis die Massen zum Wahn ihrer Gleichheit verführen kann, erweist sich die „Massierung" dieses Publikums im Kino als „unmittelbar bevorstehende" (497), d.h. als vor aller Vereinheitlichung zerstreute. Diese Zerstreuung in der Rezeption aber zeichnet das neue Medium zugleich vor jeder Instrumentalisierung im Star- oder politischen Personenkult aus. Benjamin betont: *„Die Rezeption in der Zerstreuung* […], *hat am Film ihr eigentliches Übungsinstrument."* (505) In diesem Sinne wächst den Massen im Film die Chance zu, sich sowohl „organisieren" als auch „kontrollieren [zu] können." (498) Nicht die Massenpsychose als Ausbruch wahnhafter Identität, als Begriff von Masse in seiner herkömmlichen Prägung, steht darin auf dem Spiel, sondern die Organisation einer Menge zu einem Kollektiv, das gerade auf solche Identität verzichtet. Oder anders: Zwar ist der Film für Benjamin ein Medium der Massen, das Viele unter einem Dach versammelt und darin an ein gemeinschaftliches Erleben fesselt. Jedoch folgt daraus nicht zwangsläufig der Ausschluss jeder Differenz. Im Gegenteil: Das Medium ist die Differenz, welche die durch es zustande gekommene Massierung zuerst in der Spur ihrer Zerstreuung markiert bzw. von da aus die Massenpsychose als Verwerfung dieser Vielfalt kennzeichnet.

Diesbezüglich ergeben sich für Benjamin weitreichende Konsequenzen für eine Theorie der (Massen-)Gesellschaft. Denn indem der Film letztere für einen Unterschied öffnet, in dem sich die Massenpsychose von der offenen und doch kontrollierten, bei aller Zerstreutheit dennoch organisierten Zusammenkunft einer Menge trennt, revidiert er den Begriff der Masse: Die Annahmen von einem Wahn kollektiver Identität in der Masse oder die eines totalen Aufmarschs derselben im technischen Zeitalter beantwortet Benjamin mit dem Hinweis auf ein, sich gerade unter den Bedingungen technischer Reproduzierbarkeit verstärkt etablierendes, *„disperse[s] Publikum",*[81] das gleichwohl ein „Examinator" ist: „Das Publikum ist ein Examinator, doch ein zerstreuter." (505) Die Masse der Rezipienten, zumal im Kino, erscheint somit nicht mehr allein als gefährlicher Brandherd eines Aufstands, nicht mehr nur als potentielle Gefolgschaft eines Führers oder gar als automatischer Multiplikator eines „stählernen" Gesetzes, sondern zunächst als „matrix" (503), in der eine „kritische" und eine „genießende Haltung" (497) gegenüber dem neuen Medium ineins fallen.

Nach Benjamin stellt die Koppelung von Massen und Medien weder eine *per se* unheilvolle Konstellation noch die Gelegenheit zu einer Verschmelzung von Mensch und Maschine dar. Vielmehr geht es in dieser Koppelung darum, darauf hinzuweisen und -zuarbeiten, dass beide Orte an ihren Schnittstellen problematisch werden und bleiben, dass sie dort stets zusammenwachsen *und* auseinander driften: Nur wenn die „Gesellschaft" es nicht versäumt „sich die Technik zu ihrem Organ zu machen", ohne allerdings in diesem Prozess dauerhaft aufzugehen, wird sie in der Lage sein, der Massenpsychose als einem *„Aufstand der Technik"* vorzubeugen. (507) Das ist, folgt man Benjamin, die Lektion, welche der Medienumbruch um 1900 für eine Theorie der Massen und Medien bereithält.

Publikum und Masse

Im Schatten des Medienumbruchs um 1900 verändern sich mit der Umformierung der Massengesellschaft auch die Konturen des Massenbegriffs: Im „Mittelpunkt" steht nun ein „Publikum mit Freizeiterwartungen, die von städtischem Leben und moderner Lohnarbeit geprägt wurden, sowie ein neues System kommerzieller Populärkünste."[82] Davon geben sowohl Benjamins als

[81] Maletzke: *Psychologie der Massenkommunikation* (Anm. 1), S. 28.

[82] Kaspar Maase: *Grenzenloses Vergnügen. Der Aufstieg der Massenkultur 1850-1970.* Frankfurt a.M. 1997, S. 20.

disperses Publikum

auch Jüngers Text Zeugnis. Beide untersuchen und konzipieren die neuen Massen vor dem Hintergrund neuartiger Medien. Während der eine dabei von einer „Totalen Mobilmachung" ausgeht, steht für den anderen eine demokratische Mediennutzung auf dem Spiel, die gerade solche Annahmen zu kontern sucht. Beide Formate aber eint das Anliegen, eine massenhafte Mediennutzung nicht allein im Kontext des Verdachts und der Regression zu denken. So unterscheiden sie sich von jenen Analysen, die in den Dynamiken der technischen Reproduzierbarkeit eine Verschärfung der Massenproblematik diagnostizieren. Ortega y Gassets „Aufstand der Massen" verdankt sich in diesem Sinne einer Technokratie, die den offenen Horizont der Gesellschaft gegen deren „wurzellose" Mechanik tauscht. Diesen Projekten, die Strukturen einer Gesellschaft, in der die Massenbildung zum maßgeblichen Faktor wird, zu klären, treten um 1900 Versuche einer Psychologie der Massen zur Seite. Sie fragen insbesondere nach der Verführbarkeit der Massen, nach ihrer Anfälligkeit für Demagogie und Führerfiguren. In der Konsequenz geraten hier nicht techno-, sondern vielmehr psychologische Medien in den Fokus der Beobachtung. Mit Canettis (Medien-) Theorie der Maske und Maskerade lässt sich dann ein Massenaufmarsch beobachten, der Masse und Macht im Merkmal einer Zeichensetzung – „Maskensprung" – derart verschränkt, dass Führerprinzip und Technokratie zu einem Regime verwachsen, das in seiner Praxis einer ‚Gleichschaltung' von Massen und Medien Jüngers Modell beim Wort zu nehmen scheint.

Insgesamt aber ist für die Massentheorie nach und um 1900 festzuhalten, dass sie für die Mediennutzung zwischen einem Publikum, das sich dem, nach Maletzke, „gemeinsamen Beachtungsobjekt" zuwendet, ohne sich darin abzuschließen und einer Masse, welche die Pathologie dieser Beziehung ausmacht, differenzieren. Sowohl Le Bon und Freud als auch Ortega und Canetti heben eine in ihren Kommunikationsstrukturen erstarrte Masse von den diesbezüglich beweglicheren Verhältnissen einer offenen Versammlung ab. Die Medien der Massen erscheinen darin als jene Mittel, welche das Publikum anrufen, um es zu totalisieren. Umgekehrt sind die Massen allein diejenigen, welche sich bereits in ihrer Erwartungshaltung uniformieren. Jünger spitzt diesen Befund dann nochmals zu, indem er in seiner Theorie die Medien und ihr Publikum in einen Gleichschritt versetzt, der als Identität – Aufmarsch – von Mensch und Maschine die Unterscheidung zwischen Publikum und Masse für obsolet, d.h. zum absterbenden Rest einer bürgerlichen Gesellschaft erklärt. Nach Benjamin ist beides nicht akzeptabel. Weder Massen noch Medien nehmen für ihn eine primär einheitliche Form an bzw. ermöglichen ihre Verschmelzung. Das ist gleichzeitig die demokratische Chance ihrer Koppelung in einer Flexibilität, mit der ein, mit dem genauen Begriff von Maletzke, *„disperses Publikum"* ein ebenso fragiles Medienensemble nutzt, um darin in einem Zug massenweise und dennoch individuell zu handeln. So aber akzentuiert Benjamin gegen die Hypothesen der Totalisierung des Publikums zur Masse in einer Medienwelt, die sich vor allem der Manipulation verschreibt, eine „Konsumentensouveränität",[83] in der Masse und Publikum sich nicht notwendig unvereinbar gegenüber stehen.

[83] Siegfried J. Schmidt, Brigitte Spieß: *Die Kommerzialisierung der Kommunikation. Fernsehwerbung und sozialer Wandel 1956-1989.* Frankfurt a.M. 1996, S. 26.

3. Kurs

„Im Anfang war die Presse, und dann erschien die Welt."
Karl Kraus

„Im Anfang war die Sendung, für Sie geschieht die Welt."
Günther Anders

„Was wir über unsere Gesellschaft, ja über die Welt, in der wir leben, wissen, wissen wir durch die Massenmedien."
Niklas Luhmann

Fernsehdebatten –
Theorien des Fernsehens als Neues Medium

1. Das immerneue Fernsehen

Das Fernsehen hat es vermocht, sich seit seiner ersten Einführung 1935/36, insbesondere aber seit seinem zweiten Start in Deutschland am 25. Dezember 1952 und bis hinein in die informationsgesellschaftliche Gegenwart immer wieder als neues Medium zu erfinden und sich als solches, wie die Reaktionen in Presse und Öffentlichkeit belegen, auch überzeugend zu präsentieren. Technische Innovationen, Entwicklungen von Programm(en) und Format(en), politische und gesetzliche Rahmenbedingungen, hier vor allem die Zulassung privater Rundfunkanbieter seit 1984, schließlich auch Veränderungen der Fernseh-Nutzung haben die ungebrochene Popularität des Fernsehens gesichert und seine Rolle als Leitmedium bis heute gefestigt.

So hat das Fernsehen – als Rundfunkveranstaltung – sich zunächst vor allem gegen die alten audiovisuellen Medien, das Kino und das Theater durchsetzen müssen. Seine bislang größten Herausforderungen stellten sich in Gestalt des Home Video Booms der 1970er Jahre und des World Wide Web (Internet) der 1990er Jahre. Offensichtlich hat das Fernsehen sich sehr erfolgreich gegen all diese Konkurrenten behauptet, z.B. durch die Einführung des Farb-Fernsehens ab 1967, der Fernbedienung ab Mitte der 1970er Jahre, des Kabel- und

*1 Vgl. zu der gegenteiligen Position Derrick de Kerckhove: Das Internet erobert das Fernsehen. Ein trojanisches Pferd im öffentlichen Bewusstsein. In: Stefan Münker/Alexander Roesler (Hg.): *Televisionen*. Frankfurt a.M. 1999, S. 183-202.

2 Vgl. Georg Ruhrmann/ Jörg-U. Nieland: *Interaktives Fernsehen*. Opladen 1997.

3 Vgl. Joan Bleicher: Das Fernsehen am Wendepunkt der medienhistorischen Entwicklung. In: *LILI*, 26/103, 1996, S. 77-115.

4 Vgl. Thomas Becker/Helmut Hauptmeier: *TV 2010 Reloaded*. Neunkirchen 2005.

Satelliten-Fernsehens ab Mitte der 1980er Jahre, der Programm-Vervielfachung von drei auf ca. 30 Kanäle und der Diversifikation des Angebots in Spartenkanälen und Abonnement-Programmen sowie schließlich durch Web-Aktivitäten der Sender im Rahmen von Programm-Portalen, die Videostreams einzelner Sendungen, neuerdings auch den Download von Podcasts und schon bald IP-TV-Channels anbieten. Das Fernsehen ist sogar so erfolgreich, dass der Gesetzgeber ans Internet angeschlossene Computer ab 2007 als „neuartige Rundfunkgeräte" mit einer Gebühr belegt hat. Wie es aussieht, erobert das Fernsehen das Internet, nicht umgekehrt.[1] Die Television ist also für die Konvergenz-Schlacht mit Telekommunikationsdiensten (z.B. T-Home, i.e. IPTV via VDSL), Kabelnetzbetreibern (z.B. tividiFamily bei ISH) und Anbietern von AV-Content im Internet (z.B. Apple-TV) recht gut aufgestellt. Dennoch sehen Experten die Zukunft des Fernsehens keineswegs einheitlich und keineswegs nur optimistisch. So erscheint den einen das Fernsehen zukünftig als Medium der Individualkommunikation mit zunehmender Irrelevanz von Aktualität[2] und dem Verlust des Leitmedium-Status an Computer und Internet[3]. Andere sehen das Fernsehen dagegen vor einer großartigen digitalen Zukunft, die als Wohnzimmer-Revolution bereits begonnen habe[4].

Die Innovationsgeschichte des Fernsehens wurde aber auch durch neue Programmformen und Formate geschrieben. Nicht nur ging mit der beständigen Verlängerung der täglichen Sendezeiten vom Zwei-Stunden-Programm der TV-Frühzeit des Jahres 1952 bis zum Rund-um-die-Uhr-„Flow" (Williams), den seit Mitte der 1990er Jahre (ARD: 1995; ZDF: 1998) praktisch alle Sender bieten, auch ein kontinuierlich steigender Anteil von Wiederholungen am Gesamtprogramm (von ca. vier Prozent Anfang der 1960er Jahre bis zu fast 40 Prozent im Jahr 2006) einher. Auch durch die Erfindung oder den Import innovativer Formate hat das Fernsehen sich immer wieder als ein Neues Medium dargestellt, von der großen Gala und Samstag-Abend-Show, vom *„Goldenen Schuss"* bis *„Wetten dass...?"*, von den Familienserien der 60er Jahre bis zu den aktuellen Soaps und Telenovelas, von den Durbridge- und

Wallace-Straßenfegern der 60er und 70er Jahre bis zu den Tatorten und Mankell- oder Leon-Krimis unserer Tage oder von den Diskussionsrunden der ersten Stunde, etwa dem Internationalen Frühschoppen ab 1953, den berühmten Talkrunden der 70er, z.B. *„Je später der Abend"*, *„Kölner Treff"* oder *„Bios Bahnhof"*, bis zu den Late-Night-Shows von Schmidt und Kerner und dem Banal- und Affekt-Talk der Geissens, Schäfers oder Türcks – stets hat das Fernsehen es vermocht, die Variation seiner Formensprache und Inhalte dynamisch zu entwickeln. Dies gilt vor allem auch für solche Formate, die als fernsehtypisch oder fernsehspezifisch gelten, allen voran das Fernsehspiel, aber auch für Features, politische, Wissenschafts- und Kultur-Magazine, Beteiligungsformate, Reality-TV, Info- und Edutainment-Formen. Dabei stellen neben den schon genannten Progamm-Highlights auch Sendungen wie *„Die Firma Hesselbach"*, die *„Die Unverbesserlichen"*, *„Raumschiff Orion"*, *„Sportschau"*, *„Ein Herz und eine Seele"*, *„Sendung mit der Maus"*, *„Dallas"*, *„Holocaust"*, *„Heimat"*, *„Big Brother"* oder *„Deutschland sucht den Superstar"* feste Referenzgrößen im Fernsehwissen der Generationen dar, die nach dem 2. Weltkrieg die Geschichte des Fernsehens miterlebt haben. Dazu gehören auch jene besonderen, schon im doppelten Sinne der Ereignis- und der Fernsehgeschichte historischen Ereignisse, die mit dem Fernsehen im Bewusstsein von Zuschauern, Kritikern, Theoretikern und Fernsehschaffenden fest verknüpft sind: die Live-Übertragung der Krönungsfeierlichkeiten von Elisabeth II von England am 2. Juni 1953, die Live-Übertragung des Endspiels der Fußball-Weltmeisterschaft in Ungarn mit dem 3:2 Sieg Deutschlands, die Live-Übertragung der Landung amerikanischer Astronauten auf dem Mond am 21. Juli 1969, die Live-Berichterstattung vom Gladbecker Geiseldrama in den Tagen vom 16. bis 18. August 1988, die Aufnahmen der Bordkameras amerikanischer Kampfjets, die Berichterstattung des CNN-Korrespondenten Peter Arnett und die Fernsehberichte von Embedded Journalists im ersten und zweiten Golfkrieg, schließlich die Live-Übertragung der Ereignisse in New York während der terroristischen Angriffe auf das World Trade Center am 11. September 2001. Die Fernsehaufnahmen dieser

[5] Vgl. zum hier zugrunde gelegten Begriff von Theorien. Gebhard Rusch: Was sind eigentlich Theorien? In: Theo Hug (Hg.): *Wie kommt die Wissenschaft zu ihrem Wissen? Bd. 4*, Baltmannsweiler 2001, S. 93-116.

Ereignisse sind zu televisionären Schlüsselbildern geworden, die zugleich alle wesentlichen Eigenschaften dieses Mediums repräsentieren und die Faszination erahnen bzw. erinnern lassen, die Zuschauer in der Rolle teledistanter Augenzeugen ergreift.

Das „abgefilmte Radio" der ersten Fernsehstunden wandelte sich rasch zum „Fenster zur Welt", emanzipierte sich mit journalistischen Formaten und dem Fernsehspiel als originärer Gattung als eigenständiges Medium, erweiterte sich schließlich mit Videothek, Videorecorder und Camcorder zum Heim-Video-System, reüssierte mit Spielkonsolen als interaktives Medium, wurde mit großformatiger Leinwand, Beamer und Dolby-Surround-Sound zum Home-Cinema. Nun schickt es sich als High Definition Television und in digitaler Konvertierung an, mit Handy und Festnetztelefon, PC und Laptop, telematischen Fern-Aktions- und Satelliten-Navigationssystemen zu einem mobilen Next-Generation-Medium in den Smart Homes und IT-Cities der nächsten Dekade zu verschmelzen.

2. Theorien des Fernsehens als Neues Medium

Was hat das alles mit der Theorie des Fernsehens zu tun? Nun, es ist ihr Gegenstand. Dabei ist das Verhältnis von Fernsehen und Fernsehtheorie durchaus komplex. Es ändert sich nicht einfach die Theorie mit der Veränderung ihres Gegenstandes. Vielmehr hat sich das Fernsehen auch im und als Reflex seiner Theorie geändert, hat das durch Fernseh-Theorien geprägte Verständnis des Mediums auch dessen Verwirklichung in technischer, organisationaler, programmdramaturgischer und inhaltlicher Hinsicht verändert.

2.1 Theorien und Theoriendynamik

Fernseh-Macher und Fernseh-Zuschauer gehen in der alltäglichen Nutzung dieses Mediums mit Begriffen von Fernsehen um sowie mit den im Rahmen dieses Begreifens gegebenen Erwartungen, Wünschen, Zielen und Visionen[5]. Dabei ist die akademische Theoriebildung sozusagen nur die explizite und sichtbare Spitze eines Theorie-Eisberges, den die Millionen Fernsehnutzer von jung bis alt, vom TV-Profi bis hin zum Fernseh-Abstinenzler mit ihren meist impliziten Vorstellungen, ihrem unausgesprochenen Wissen über das Fernsehen und mit ihren aktiven und passiven Erfahrungen mit Empfangsgeräten, Genres und Inhalten bestücken.

Diesen Gesamtbestand fernsehtheoretischer Konzepte zu explorieren, kann hier nicht das Ziel sein. Es genügt erst einmal, sich klar zu machen, dass jede Thematisierung des Fernsehens, ob in der Presse, in der Literatur, im Kinofilm[6], in der Kritik, den technischen oder Kulturwissenschaften – oder auch in Sendungen des Fernsehens – und im Handeln der Zuschauer selbst, fernseh-theoretischen Gehalt hat, der sich immer dann empirisch, lebensweltlich, politisch, ökonomisch oder technologisch artikuliert und somit relevant wird, wenn Mediennutzer, z.B. beim Gerätekauf, bei Sender- oder Programmwahl oder in ihren Bemerkungen und Ansichten zum Fernsehen im Lichte ihres auch nur impliziten Fernseh-Wissens handeln. Hier wollen wir versuchen, stichprobenartig und fallstudienhaft zu erkunden, welche Identitäten „Fernsehen" im Spiegel seiner unterschiedlichen Theoretisierungen jeweils angenommen hat, welche Wechselwirkungen und welche Dynamik diese Theorieentwicklungen auch in historischer Perspektive aufweisen, vom audiovisuellen Rundfunk über die verschiedenen Fernsehbegriffe, die im Zuge der technischen, programmlichen und rezeptionsästhetischen Innovationen eine Rolle gespielt haben und z.T. noch spielen. Dabei sind verschiedene theoriendynamische Entwicklungsstufen und intertheoretische Relationen zu unterscheiden: die kryptotheoretischen[7] Problemaufrisse oder prä-theoretischen Approximationen aus der Vor- und Frühgeschichte des Fernsehens, die ersten Grundlegungen in Gestalt theoretischer Darstellungen und Explikationen bis etwa Mitte der 1960er Jahre, danach die weiteren theoretischen Elaborationen in Gestalt von Theoretisierungen (durch Ergänzung, Präzisierung, Differenzierung des theoretischen Apparats unter Einschluss bzw. Erhalt älterer Ansätze), Spezialisierungen (durch Beschränkungen des theoretischen Inventars und auf spezifische Ausschnitte des Anwendungsbereichs), Reduktionen (durch Entsprechungen bei anderen evtl. einfacheren

[6] Filme wie „Wag the Dog" mit Dustin Hoffman und Robert de Niro von 1997 oder „Die Truman Show" mit Jim Carey von 1998 machen z.B. Grenzüberschreitungen des TV-Journalismus vom Ereignisreport über den Ereignisfake bis hin zur Manipulation von Politik oder eine irregeleitete Fernsehwerbung, die den Menschen im wörtlichen Sinne vereinnahmt, komödiantisch zum Thema.

[7] Vgl. zum Begriff der Krytotheorie: Karl Eibl: *Kritisch-rationale Literaturwissenschaft*. München 1976.

[8] Vgl. zu intertheoretischen Relationen: Werner Diederich: *Strukturalistische Rekonstruktionen.* Braunschweig 1981, S. 63-84, 182, 189f.

[9] Vgl. dazu Monika Elsner/ Thomas Müller/Peter M. Spangenberg: Der lange Weg eines schnellen Mediums: Zur Frühgeschichte des deutschen Fernsehens. In: William Uricchio (Hg.): *Die Anfänge des deutschen Fernsehens. Kritische Annäherung an die Entwicklung bis 1945.* Tübingen 1991, S. 153-207. Zum Fernsehen im Nationalsozialismus siehe: Winfried B. Lerg: Zur Geschichte des Fernsehens in Deutschland. Das Fernsehen der Reichs-Rundfunk-Gesellschaft 1935-1944. In: Christian Longolius (Hg.): *Fernsehen in Deutschland. Gesellschaftspolitische Aufgaben und Wirkungen eines Mediums.* Mainz 1967, S. 9 -22.

Ansätzen), Approximationen (durch Herstellung oder Aufweis von Ähnlichkeit oder Idealisierungsbeziehungen, auch Näherungen zwischen verschiedenen Theorien entweder im begrifflichen Apparat oder im Anwendungsbereich), Generalisierungen (durch Verallgemeinerung auch auf andere Gegenstandsbereiche) und Relativierungen (durch konkurrierende Ansätze oder Einschränkungen des deskriptiven und explanativen Anspruchs)[8].

Im letzten Abschnitt dieses Kapitels werden wir perspektivisch sehen, wie prä- und kryptotheoretische Konzepte des am Ende des 20. Jahrhunderts entstehenden neuen Mediums Computer/Internet mit den reiferen Fernsehtheorien insbesondere der 70er und 80er Jahre interagieren.

2.2 Vortheoretische Fernsehkonzepte

Vor der zweiten Einführung des Fernsehens in Deutschland nach dem 2. Weltkrieg liegt eine fernsehtheoretisch höchst bedeutsame und interessante Früh- und Vorgeschichte[9]. Sie reicht über den weltweit ersten, zunächst experimentellen, dann regelmäßigen Fernseh-Sendebetrieb im nationalsozialistischen Deutschland in den Jahren 1935 bis 1944 zurück bis zu den Spekulationen von Schriftstellern und den Experimenten von Ingenieuren zu Ideen und technischen Möglichkeiten eines Fern-Sehens etwa seit 1875. Die teils visionären, teils utopischen Fernseh-Phantasien und Fernseh-Apparaturen entstanden also in einer Zeit, die durch die technischen, kommunikativen und kulturellen Errungenschaften der Telegraphie, des Telefons, des Grammophons, der Kinematographie und des Radios beeindruckt und beflügelt war. Bereits diese visionären und frühen literarischen und journalistischen Reflexionen angesichts eines noch gar nicht existierenden bzw. im Experimentierstadium befindlichen Fernsehens thematisieren für den gesamten weiteren Verlauf der Fernsehtheorie-Geschichte zentrale Aspekte und Eigenschaften des Mediums wie z.B. die Live-Übertragung, die Rezeptionssituation und -wirkung sowie spezifische ästhetisch-dramaturgische Bedingungen und Anforderungen. Allerdings haben diese Thematisierungen noch kaum systematischen Charakter. Als kryptotheoretische Angebote treten sie in Gestalt von Science Fiction, Sensationsmeldungen oder auch skeptischen Fragen nach Nutzen und Schaden des neuen Mediums auf. Wir haben es mit technischen, psychischen und sozialen Problemaufrissen[10] zu tun, die Chancen, Eventualitäten und Risiken eines neuen Mediums beschreiben und dadurch Möglichkeitsräume für das weitere Denken und Handeln eröffnen.

So beschrieb etwa der französische Schriftsteller Albert Robida in seinem 1883 erschienenen Roman *Le vingtième Siècle* ein „Telephonoskop":

„Mit dem Telephonoskop sieht man und hört man. Der Dialog und die Musik werden übertragen wie gewöhnliches Telephon, aber zur gleichen Zeit erscheint die Szene selbst mit ihrer Beleuchtung, ihren Dekorationen, ihren Darstellern auf der Kristallscheibe mit der Deutlichkeit der direkten Sicht. Man wohnt wirklich der Darbietung mit den Augen und Ohren bei. Die Illusion ist komplett, absolut! […] Man konnte also, oh Wunder!, in Paris Augenzeuge eines Ereignisses werden, das sich tausende Meilen von Europa entfernt abspielte."[11]

[10] Vgl. zum Begriff des Problemaufrisses: Franz Dröge/Gerd G. Kopper: *Der Medienprozeß. Zur Struktur innerer Errungenschaften der bürgerlichen Gesellschaft.* Opladen 1991.

[11] Ebd., S. 160.

Abb. 1. Telephonoskopische Übertragung eines Balletts; aus: Albert Robida: *Le vingtième Siècle.* Paris 1883.

[12] Ebd., S. 161.

Für die technische Weiterentwicklung der Fernseh-Idee von der mechanischen Bildabtastung und Wiedergabe (Nipkow-Scheibe) zum späteren elektronischen Standard (Kathodenröhre), wie von Vladimir Zworykin, Philo Farnsworth u.a. zur Reife gebracht, spielte der russische Ingenieur Boris Rosing mit seinen Ideen zur „Teleskopie", zu einem „elektronischen Auge" und mit seinen Patenten von 1907 und 1911 eine Schlüsselrolle. In einem Artikel der französischen Zeitung *Excelsior* aus dem Jahr 1911 schrieb er:

„Das Anwendungsgebiet des Telefons geht nicht über die menschliche Unterhaltung hinaus. Mittels der Teleskopie wird der Mensch nicht nur mit anderen verkehren können, sondern auch mit der Natur selbst. Ausgerüstet mit dem „elektronischen Auge" werden wir bis dahin eindringen können, wohin bisher nie ein Mensch gelangte. Wir werden sehen, was bisher nie ein Mensch sah [...] – Im gewöhnlichen Leben wird es die Verbindung unter allen Gliedern der menschlichen Gesellschaft erleichtern."[12]

Solche literarischen und technologischen Ideen und Visionen sind es, die als kryptotheoretische Konzepte die Kreativität von Ingenieuren und die Erwartungen und Phantasien der Leser von Romanen und Zeitungen orientieren, einem noch gar nicht existierenden Medium prospektiv eine Gestalt verleihen, Zwecke und Gebrauchsweisen benennen, Folgen und Wirkungen beschreiben lassen. Verstärkt, aber angesichts der technischen Mängel oft auch auf den Boden der Tatsachen zurückgeholt, wurden derartige Medienphantasien schließlich durch öffentliche Vorführungen von Fernsehapparaturen, wie John L. Baird, Dénes von Mihály und August Karolus sie in verschiedenen europäischen Ländern durchführten. In einem Artikel der *Berliner Illustrierten Zeitung* vom 3. Januar 1926 sind Einschätzungen und Befürchtungen dokumentiert, wie sie sich anlässlich einer Fernsehdemonstration von John L. Baird in London einstellten.

„Muß die Geselligkeit nicht wesentlich eingeschränkt werden, wenn die Menschen, in ihrer Wohnung sitzend, nicht bloß miteinander sprechen und Musik oder Vorträge hören können, sondern einander und jede beliebige Theatervorstellung, ja Bilderausstellungen und all sonstigen Vorstellungen mit dem Fernseher vom Lehnstuhl aus werden sehen können?"[13]

Die Beispiele zeigen einerseits die explizite Referenz auf Medien und Erfahrungen, hier das Telefon und das Telefonieren, deren Leistungs- und Wirkungsspektrum das neue Medium erstens voraussetzt, zweitens einschließt und zugleich drittens erweitert. Für die Entwicklung des Fernsehens – wie wir es heute kennen – war allerdings die Bildtelefonie, und sie ist es noch selbst in Zeiten von Video-Conferencing, Webcam und Skype, nur eine Neben-Anwendung im Vergleich mit dem Broadcast-Fernsehen. In den Theorien des Fernsehens nach 1945 spielt das Telefon als Referenzmedium praktisch keine Rolle mehr. Aus heutiger Sicht ist jedoch abzusehen, dass schon bald eine ganz andere Verbindung von Telefon und Fernsehen Gegenstand neuer Theoriebildung werden wird, nämlich der Empfang und die Wiedergabe von TV-Angeboten mit Mobiltelefonen und mobilen Abspielgeräten (wie z.B. dem iPod). Im Vergleich mit den meist von Stromnetz abhängigen Mini-TV-Geräten der 1980er Jahre bringen diese Gerätegenerationen eine Mobilisierung des Fernsehens von bisher ungekanntem Ausmaß.

Andererseits wird deutlich, dass die Idee des Fernsehens durchaus wörtlich genommen auch noch die willkürliche und selektive Auswahl ferner Ziele für das Fern-Sehen „vom Lehnstuhl aus" einschließt, ein Gedanke, der auch noch etwa 30 Jahre später bei Max Simoneit als „individuell-aktives Fernsehen"[14] eine Rolle spielen soll, dem Broadcast-Fernsehen aber ebenso äußerlich blieb wie die Bildtelefonie[15]. Dennoch muss man feststellen, dass auch solches „individuell-aktives Fernsehen", wenngleich nicht als Produkt am Fernsehmarkt, so doch in verschiedenen Näherungsformen als globales Fernrohr durch Satelliten und luftgestützte Systeme mit hochauflösenden Kameras in 2- und 3-D Technik für wissenschaftliche und militärische Anwendungen möglich geworden ist.

Schließlich veranschaulichen die drei Beispiele von Fernseh-Visionen aus der Vor- und Früh-Fernsehzeit aber auch, dass mit solchen medientechnischen

[13] Ebd., S. 167f.

[14] Max Simoneit: Fernsehen – kulturpsychologisch gesehen. In: *Rundfunk und Fernsehen 1*. 1954, S. 4.

[15] Wenn man z.B. von Korrespondenzschaltungen als Elementen von Nachrichtensendungen einmal absieht.

[16] Vgl. zum Begriff der Ge-
brauchsdefinition   Franz
Dröge/Gerd G. Kopper: *Der
Medienprozeß. Zur Struktur
innerer   Errungenschaften
der bürgerlichen Gesellschaft.*
Opladen 1991. Gebrauchs-
definitionen kann man sich
als Praktiken des Umgangs
mit Medien vorstellen, die
durch Adaptions- und An-
eignungsprozesse sowie Integration in lebensweltliche
Kontexte von den Medien-
nutzern entwickelt werden.

Optionen zugleich ein Nachdenken und Fragen einhergeht zur Integration eines solchen Mediums in die eigene Lebenswelt, in die Wohnung, in soziale und kommunikative Praktiken. Die Beispiele zeigen, wie eng
die technologische Kreativität mit der Frage möglicher,
vor allem aber sozial valider Gebrauchsdefinitionen[16]
gekoppelt ist, wie sie z.B. schon Robida in seinen Zeich-
nungen so anschaulich und visionär entworfen hat.

2.3 Frühe Fernsehtheorien:
Fernsehen als Neues Medium

Betrachtet man die z.T. explizit als Theorien des Fernsehens seit etwa 1950 präsentierten Arbeiten von
Theodor W. Adorno bis Gerhard Maletzke im Zusammenhang, so erweisen sie sich als teilweise sehr weit
elaborierte Systematisierungen und Theoretisierungen
konkreter Fernseh-Erfahrungen aus der Rezeption und
der wissenschaftlichen Beobachtung des Fernsehens
ebenso wie aus den professionellen Handlungsfeldern
der Fernseh-Produktion. Die ersten Theorien des Fernsehens nehmen jene Problemaufrisse, jene Visionen und
Fragen aus der Vor- und Frühgeschichte als analytische
Dimensionen auf. Dabei versuchen sie, Grundlagen zu
schaffen, Zusammenhänge zu erläutern und Erklärun-
gen zu geben. Darin gehen sie über die Anfänge deutlich hinaus. Die Fernsehtheorie der 1950er und 1960er
Jahre setzt die bereits aus der Vor- und Frühgeschichte
bekannten Argumentationslinien elaborativ und theo-
retisierend fort. Für das Fernsehen als neues Medium
sind diese Arbeiten der ersten Dekade der Fernsehtheorie in ihren Grundorientierungen bis heute und nicht
nur für die Fernseh-Theorie prägend;

• für den ideologiekritischen Diskurs Theodor W.
  Adorno vor allem mit seinem *„Prolog zum Fernsehen"*
  (1953), der schon im Titel den Anspruch markiert,
  die intellektuelle Zurüstung für das neue Medium
  zu liefern;
• für den fernseh-ästhetischen Diskurs Heinz Schwitzkes *„Grundthesen"* (1953) und Gerhard Eckerts *„Kunst
  des Fernsehens"* (1953), die vor allem produktionsäs-
  thetische und dramaturgische Fragen behandeln;
• für den anthropologisch-psychologischen Diskurs

Max Simoneit, der das *„Fernsehen – kulturpsychologisch"* (1954) betrachtet; schließlich

- für den philosophischen Diskurs Günther Anders mit seinem aus heutiger Sicht und in Zeiten virtueller Second Lifes und televisionärer Reality-Formate hochaktuellen Konzept der *„Welt als Phantom und Matrize"* (1956);
- und für den kommunikationswissenschaftlichen Diskurs schließlich Erich Feldmanns *„Theorie der Massenmedien"* (1962), Gerhard Maletzkes *„Psychologie der Massenkommunikation"* (1963) und Alfons Silbermanns *„Bildschirm und Wirklichkeit"* (1966). Insbesondere Maletzke hat mit seinem Werk die deutsche kommunikationswissenschaftliche Fernseh- und Medienforschung besonders nachhaltig beeindruckt.

Dieser erste deutsche fernsehtheoretische Diskurs wird vor allem mit Referenz auf englische und französische Fernseh-Theoretiker (z.B. René Claire und Roger Manvell) und – von Autoren mit Emigrationserfahrungen in den USA (Adorno, Anders) – in Auseinandersetzung mit dem amerikanischen Fernseh-System geführt, das zu jener Zeit einen Entwicklungsvorsprung von mindestens 10 Jahren und schon eine entsprechende öffentliche Präsenz hatte.

2.3.1 Die Kritische Theorie des Fernsehens

Der ideologiekritische Fernsehdiskurs im Überblick:

Die Tiefenwirkung der kritischen Theorie in der Nachkriegswissenschaft und -gesellschaft in Deutschland, speziell in den Geistes- und Sozialwissenschaften kann gar nicht überschätzt werden. So hat im Wesentlichen Theodor W. Adorno in Fortführung seines gemeinsam mit Max Horkheimer entwickelten Konzeptes der „Kulturindustrie" in zwei Artikeln der Zeitschrift *Rundfunk und Fernsehen* aus dem Jahr 1953, dem *„Prolog zum Fernsehen"* und *„Fernsehen als Ideologie"* einen kritischen fernseh- und medientheoretischen Diskurs begründet, in dessen Sog Bertolt Brechts Radiotheorie und Walter Benjamins Kunstwerkaufsatz ihre bis heute ungebrochene medientheoretische Aktualität erst gewonnen haben. Diesen medien- und speziell fernsehkritischen Diskurs haben dann - in der Ära nach 1968 – Autoren wie Hans Magnus Enzensberger mit seinem *„Baukasten zu einer Theorie der Medien"* (1970), Götz Dahlmüller u.a. mit einer *„Kritik des Fernsehens"* (1973) und Horst Holzer mit seiner *„Theorie des Fernsehens"* (1975) weitergeführt, allerdings ohne substanzielle theoretische Innovationen. Während Enzensberger die rigorose Ablehnung neuer Medien im ideologiekritischen Paradigma gewissermaßen emanzipatorisch relativiert, nämlich durch das an Brechts Radiotheorie anschließende Konzept emanzipatorischer Mediennutzung, zugleich aber auch konkurrierende Ansätze wie McLuhans Medientheorie nur scharf zu attackieren[17] vermag, ohne ihre medientheoretische Relevanz zu erkennen und fruchtbar zu machen, bringt einzig die kritische Medienpädagogik Dieter Baackes mit dem Begriff der Medienkompetenz ein neues und interdisziplinär noch immer tragfähiges Konzept ins Spiel.

Die neuen medientheoretischen Impulse kamen in den 1970er und 1980er Jahren aus England, Amerika und Frankreich. Die ideologiekritische Medientheorie der Kultur- und Bewusstseins-Industrie büßte in jener Zeit im wissenschaftlichen wie im gesellschaftlichen Raum an Bedeutung ein. Nicht nur die medientheoretische Konkurrenz trug dazu bei. Auch der Umstand, dass das ideologiekritische Paradigma z.B. aus Sicht literatur-, fernseh- und medientheoretischer Akteure ideologisch als erstarrt wahrgenommen wurde, führte zu einer klaren Abkehr von ideologiekritischen Glaubenssätzen wie der reaktionären Natur der Massenmedien und der emanzipatorischen Wirkung der Kunst.[18] Zur eigenen Marginalisierung hat schließlich Enzensberger selbst mit seinem fatalistisch-resignativen Spiegelartikel *„Die vollkommene Leere. Das Nullmedium Oder warum alle Klagen über das Fernsehen gegenstandslos sind"* (1988) maßgeblich beigetragen. Während Enzensberger die eigene ideologiekritische Tradition und die Medientheorien von McLuhan über Postman bis Baudrillard in einer Art medientheoretischem Nullsummenspiel am Nullmedium Fernsehen abprallen lässt, vollzieht Klaus Kreimeier mit seinem *„Lob des Fernsehens"* (1995) eine Wende von der ideologisch kritischen zu einer eher durch die angelsächsischen und nordamerikanischen Cultural Studies informierten kritischen Fernsehtheorie. Dass er damit womöglich eine neue Qualität kritischer Fernseh- bzw. Medientheorie geschaffen und dieser vielleicht eine neue Zukunft eröffnet haben könnte, kann angesichts des Revivals marxistischer Medientheorie, zuletzt z.B. in Gestalt des von Jens Schröter, Gregor Schwering und Urs Stäheli herausgegebenen Bandes *„Media Marx"* (2006) durchaus angenommen werden.

Prolog zum Fernsehen / Fernsehen als Ideologie

Die beiden Studien, in denen die fernsehtheoretische Position der Kritischen Theorie formuliert wird, gehen nach Angaben Th. W. Adornos auf Vorarbeiten in den Jahren 1952/53 in den USA zurück, wo er als wissenschaftlicher Leiter der Hacker Foundation[19] arbeitete. Im Hintergrund seiner Fernsehtheorie steht die 1947/48 erstmals erschienene *„Dialektik der Aufklärung"*[20], speziell das dort in gleichnamigem Kapitel explizierte Konzept der Kulturindustrie. Der Kerngedanke dort: die Medienindustrie pervertiere die Idee der Aufklärung, indem sie das Geschäft zur Ideologie mache, die letztlich einen „Zirkel von Manipulation und rückwirkendem Bedürfnis"[21] legitimiere. Das System der modernen „Kulturkonzerne", so Horkheimer und Adorno, bediene also eine selbst erst erzeugte Nachfrage allein zum Zweck des eigenen Profits. Die „Amüsierwaren" predigen nur die Aufklärung, faktisch betrügen sie die Massen durch ihr Unterhaltungsangebot gerade um die eigentlichen Errungenschaften von Aufklärung: Freiheit, Gerechtigkeit und Humanität. Die Konsumenten werden durch die industriellen Kulturprodukte so naiv gemacht und gehalten, dass sie dieses Komplott nicht durchschauen (können) und eigenen Interessen und Neigungen zu folgen glauben, wenn sie sich dem Kino, Radio oder Fernsehen zuwenden. „Die Kulturindustrie grinst: werde was du bist".[22] So erscheint - eine bittere Ironie der Geschichte - die Kulturindustrie als Negation des historischen Aufklärungsprogramms von Voltaire bis Kant, in Sonderheit des damit verbundenen Liberalismus´, der die Industrialisierung der

[19] Friedrich Hacker (1914-1989), Psychiater, Psychoanalytiker, Aggressionsforscher, emigrierte 1938 in die USA und gründete dort 1945 die Hacker Foundation, die Th. W. Adorno in den Jahren 1952/53 leitete.

[20] Max Horkheimer/Theodor W. Adorno: *Dialektik der Aufklärung.* Frankfurt a.M. 1978; vgl. ausführlicher dazu auch Gregor Schwering in diesem Band.

[21] Ebd., S. 109.

[22] Theodor W. Adorno: Prolog zum Fernsehen. In: Rundfunk und Fernsehen. 1953, 2; zitiert nach: *Gesammelte Schriften. Digitale Bibliothek.* Berlin 2004, S. 8.245.

[23] Vgl. Walter Benjamin: Das Kunstwerk im Zeitalter seiner technischen Reproduzierbarkeit. In: ders.: *Gesammelte Schriften Bd. I, 2.* Frankfurt a.M. 1991, S. 471-508.

[24] Max Horkheimer/Theodor W. Adorno: *Dialektik der Aufklärung.* Frankfurt a.M. 1978, S. 111.

[25] Ebd., S. 122.

[26] Theodor W. Adorno: Prolog zum Fernsehen. In: Rundfunk und Fernsehen, 1953, 2; zitiert nach: *Gesammelte Schriften. Digitale Bibliothek.* Berlin 2004, S. 8.233.

Kultur überhaupt erst ermöglichte. Das System der Industrien kommt zu sich selbst, nämlich zu Konsum und Profit im Zeitalter seiner kulturindustriellen Reproduzierbarkeit. So weit hatte Walter Benjamin in seinen kühnsten Thesen, z.B. im Kunstwerkaufsatz von 1936, noch nicht zu denken gewagt.[23]

„Das Fernsehen zielt auf eine Synthese von Radio und Film, […], deren unbegrenzte Möglichkeiten aber die Verarmung der ästhetischen Materialien so radikal zu steigern verspricht, dass die flüchtig getarnte Identität aller industriellen Kulturprodukte morgen schon offen triumphieren mag, hohnlachende Erfüllung des Wagnerschen Traumes vom Gesamtkunstwerk."[24] Das Fernsehen wird Horkheimer und Adorno zum Inbegriff kulturindustrieller Medien, sie identifizieren „Serienqualitäten", „Wiederholung" und „Imitation" als Ausdruck der „Totalität der Kulturindustrie"[25].

Vor dieser Folie entwickelt Adorno seinen „Prolog". Er erhebt damit – sozusagen – das erste Wort, noch bevor dieses neue Medium seine indoktrinären Wirkungen beim deutschen Publikum entfalten kann. Und tatsächlich ist dieser Artikel der erste bedeutende theoretische Beitrag zum Fernsehen der Bundesrepublik. Es geht darin um die Stellung des Fernsehens als Element im „Gesamtsystem" der Kulturindustrie. Adorno geht davon aus, dass die „gesellschaftlichen, technischen und künstlerischen Aspekte des Fernsehens […] nicht isoliert"[26] betrachtet werden können. Deshalb erläutert Adorno, wie das Fernsehen ins „Schema der Kulturindustrie" passt, mit welchen Produkten es in Erscheinung tritt, welche Voraussetzungen es beim Publikum antrifft und welche Wirkungen es hervorruft bzw. hervorrufen soll.

Schon auf der ersten Seite bringt Adorno seine ganze Fernsehtheorie kondensiert zum Ausdruck: Das Fernsehen „fällt ins umfassende *Schema der Kulturindustrie* und treibt deren Tendenz, das Bewusstsein des Publikums von allen Seiten zu umstellen und einzufangen, als Verbindung von Film und Radio weiter. Das Ziel, die gesamte sinnliche Welt in einem alle Organe erreichenden Abbild noch einmal zu haben, dem traumlosen Traum, nähert man sich durchs Fernsehen und vermag zugleich ins Duplikat der Welt unauffällig einzuschmuggeln, was immer man[27] für der realen zuträglich hält."[28] Das Fernsehen besetzt mit seiner Traumwelt nicht nur die letzte, dem Privaten noch verbliebene Zeitnische. Es trägt besser noch als anderen Medien zur Mechanisierung und Sozialisierung der individuellen Triebökonomie[29] der Zuschauer bei. Mit dem Fernsehen endlich werden die Medien ubiquitär, sind „derart ineinander gepaßt, daß keine Besinnung mehr zwischen ihnen Atem schöpfen und dessen innewerden kann, daß ihre Welt nicht die Welt ist".[30] Zur Abgrenzung des Konzepts der Kulturindustrie muss an dieser Stelle auch noch festgehalten werden, dass Adorno die Kulturindustrie der Kunst und den Konsum von Gütern der Kulturindustrie der Kunstrezeption diametral gegenüberstellt. Während die Kunst der Emanzipation und Individuierung dient, bezweckt die Kulturindustrie bloß Unterhaltung und Kollektivierung, Proust und Goethe für ästhetisch gebildete Rezipienten[31], Reklame als Kunst für den Konsumenten.[32]

So definiert das Schema der Kulturindustrie, das „Zusammenspiel" der verschiedenen Medien und ihrer Institutionen zum übergeordneten Zweck der Aufrechterhaltung des Status Quo[33] – der Existenz und Profite der Industrien sichert – die Bedingungen auch des Fernsehens. Dessen televisionäre Strategien und Ziele sind diesem übergeordneten Zweck verpflichtet und das Fernsehen ist wie kein anderes Medium geeignet, die „Distanz von Produkt und Betrachter" herabzusetzen[34], „unterschobenen Sinn" zurück zu spiegeln[35], letztlich das Unbewusste mechanisch zu reproduzieren, also die Menschen auf unbewusste Verhaltensweisen zu reduzieren[36], ihre Ohnmacht zu vollenden.[37]

In diesen Funktionshypothesen stecken weit reichende Annahmen über Voraussetzungen und Interessenlagen, Erwartungen und Wirkungsmöglichkeiten beim Publikum. Das Fernseh-Publikum und die Fernseh-Rezeption charakterisiert Adorno als naiv und unbewusst. Wer die „Fernsehbrille"[38] aufsetze, empfinde kindliches Vergnügen und betrachte die „Männchen", „Weibchen" und „Gebilde" im Fernsehen wie „Spielzeug", bilde sich ein, über sie „zu verfügen", sie zu besitzen, fühle sich „überlegen".[39] Unfähig zur ästhetischen Wahrnehmung entwickle der „Gewohnheits-

[27] Das unbestimmte Pronomen „man" bezeichnet hier letztlich alle Akteure, Kreative, Entscheider, Ausführende und sogar Begleit- und Marktforscher in den Institutionen der Kulturindustrie. Es hat der kritischen Theorie sehr geschadet, technisch ausgedrückt: ihre empirische Interpretation massiv eingeschränkt, dass sich gerade die Angehörigen dieser Gruppe nicht in der ihnen von Adorno zugewiesenen Rolle identifizieren ließen.

[28] Ebd., meine Hervorhebung.

[29] Ebd., S. 8.235.

[30] Ebd., S. 8.234.

[31] Vgl. ebd., S. 8.247f.

[32] Vgl. ebd., S. 8.238.

[33] Vgl. ebd., S. 8.235.

[34] Ebd., S. 8.238.

[35] Ebd., S. 8.240.

[36] Vgl. ebd., S. 8.246.

[37] Vgl. ebd., S. 8.249.

[38] Ebd., S. 8.237.

[39] Ebd., S. 8.236.

[40] Ebd., S. 8.243.

[41] Ebd., S. 8.239, 8.241.

[42] Ebd., S. 8.239, 8.241.

[43] Vgl. ebd., S. 8.241; Adorno scheint hier dem Phänomen auf der Spur, das Horton und Wohl später als „parasoziale" Beziehung charakterisiert.

[44] Ebd., S. 8.241; Adorno ist sich der Spekulativität seiner Aussagen zur Rezeption und Wirkung völlig bewusst. Er macht sogar Vorschläge zu deren genauerer empirischer Erforschung durch projektive Tests und psychoanalytische Studien, vgl. ebd., S. 8.242f.

[45] Ebd., S. 8.236, 8.240; vgl. auch: 8.234.

[46] Wie noch zu zeigen ist, gilt dies allgemein als Kleinod der Fernsehästhetik.

[47] Vgl. ebd., S. 8.240.

[48] Ebd., S. 8.238; vgl. auch 8.235f., 8.241.

[49] Vgl. ebd., S. 8.244, 8.246.

[50] Vgl. ebd. S. 8.236; zur Erzielung der Illusion der Lebensgröße schlägt Adorno die Projektion auf Wände vor. Wie noch zu zeigen ist, wird dieses Missverhältnis von anderen Theoretikern grundsätzlich anders eingeschätzt.

fernseher" das Bedürfnis, „sinnentleerte Freizeit totzuschlagen".[40]

Die „Distanzlosigkeit", die durch die Rezeptionssituation in der Privatwohnung noch verstärkte „fatale Nähe des Fernsehens"[41], verwischt nicht nur die „Grenze zwischen Realität und Gebilde", sondern „verdummt", „vernebelt", macht „stumpfsinnig" und reduziert die Rezeption auf die Befriedigung von Begierden.[42] Derart konditioniert verwechseln die Zuschauer nicht nur die erlebte Nähe mit Verbundenheit, sondern regredieren regelrecht.[43] Insbesondere das Fernsehen als optisches Medium, die im Vergleich mit dem Wort primitivere „Bildersprache" trage zu dieser Art der „Rückbildung"[44] zur Unbewusstheit massiv bei.

Welche Produkte bietet das Fernsehen auf, um solche Wirkungen zu entfalten? Adorno unterscheidet zunächst „ältere Sektoren" der Kulturindustrie, wie Theater, Kino, Rundfunk, illustrierte Zeitschriften, Funnies, Comics, vom „kommerziellen Fernsehen"[45], das jene älteren Formen qualitativ noch einmal unterbiete, sowohl ästhetisch als auch gesellschaftlich. Die Fernsehprogramme haben Warencharakter und erfüllen Reklamefunktionen. Selbst das Fernsehspiel[46] rückt Adorno in die Nähe von Filmskripts, Possen, Funnies und Soap Operas.[47] Wesentlich charakterisiert er das Fernsehen jedoch als bequemes und billiges „Heimkino", wie das Radio ins Haus geliefert, das Optische als Draufgabe.[48] Aber diese Draufgabe, diese „lückenlose Bilderwelt", die im Vorübergleiten nicht eigentlich betrachtet, sondern nur aufgefasst werden kann, erweist sich als „abgefeimt-psychologisch kalkuliertes Schnittmuster" aus „Stereotypen" und „archaischen Bildern" und darin als Mittel der Regression.[49] Dass das Missverhältnis zwischen relativ natürlichem Klang von Stimmen und der Zwergenhaftigkeit der Sprecher auf dem Bildschirm die regressive Wirkung nicht unterläuft oder verhindert, einstweilen lediglich die Identifikation und Heroisierung behindert, kann mit Bezug zum letzten Abschnitt schon rezeptionstheoretisch erklärt werden: die Sprecher werden als Spielzeuge wahrgenommen. Gleichzeitig weckt dieses Missverhältnis aber auch ein Bedürfnis nach der Illusion der Lebensgröße.[50]

In einem Satz hat Adorno seine kritische Fernsehtheorie auf einen prägnanten Nenner gebracht: „Je
vollständiger die Welt als Erscheinung, desto undurch-
dringlicher die Erscheinung als Ideologie".[51]

2.3.2 Fernsehästhetik und Fernsehdramaturgie

Überblick:

Der fernsehästhetische Diskurs setzte ein mit den 1953
erschienenen *„Drei Grundthesen zum Fernsehen"*[52] von
Heinz Schwitzke (1908-1991) und – vor allem – mit
Gerhard Eckerts *„Die Kunst des Fernsehens"*[53], ebenfalls
aus dem Jahr 1953 und die damals populärste Abhandlung zum neuen Medium Fernsehen.

Schwitzke war ein Mann des Hörfunks, als Autor,
Redakteur und später als Hörspielchef beim NWDR
bzw. NDR, schließlich als Gründer und Chefredakteur
des Informationsdienstes *„Kirche und Rundfunk"* den
Medien, speziell dem Radio zeitlebens verbunden. Die
„Grundthesen" gehen auf einen Vortrag zurück, der in
die ersten Tage des Neuen Fernsehens in Deutschland
fiel. Gerhard Eckert hatte 1936 über die „Gestaltung
eines literarischen Stoffes in Tonfilm und Hörspiel" am
Institut für Zeitungswissenschaften in Berlin promo-
viert und 1941 mit einer Arbeit über den *„Rundfunk als
Führungsmittel"* habilitiert. Damit hatte er sich für eine
Rundfunk-Karriere nach Kriegende disqualifiziert. Allerdings trat er als Publizist, Autor von Reiseliteratur
und mehreren Büchern zum Fernsehen[54], 1956 auch als
Gutachter für die Studienkommission für Funk- und
Fernsehwerbung im Zusammenhang mit Plänen zur
Errichtung eines zweiten ARD-Programms in Erscheinung. Schließlich war er Chefdramaturg des ersten privaten Fernsehprogramms in Deutschland, der Freies
Fernsehen Gesellschaft, die allerdings den Betrieb nach
dem Start im Jahr 1959 nach zwei Jahren aus rechtlichen Gründen einstellen musste.

Die im Wesentlichen von Schwitzke und Eckert begründete fernsehästhetische und fernsehdramaturgi-
sche Nachkriegstradition wird, obzwar das Fach an
den Hochschulen für Film und Fernsehen gelehrt wird,
als eigenes Forschungsgebiet offenbar kaum weiterent-

[51] Ebd., S. 8.235.

[52] Heinz Schwitzke: Drei
Grundthesen zum Fernse-
hen. In: *Rundfunk und Fernsehen.* 1953, Bd. 1, 2, S. 9-17.

[53] Gerhard Eckert: *Die Kunst
des Fernsehens.* Emsdetten
1953.

[54] Darunter auch *Das Fernsehbuch* in Berlin 1963 erschienen.

[55] Siehe dazu im Einzelnen Abschnitt 2.6 in diesem Kapitel.

[56] Angela Keppler: *Mediale Gegenwart. Eine Theorie des Fernsehens am Beispiel der Darstellung von Gewalt.* Frankfurt a.M. 2006. Sie hat leider weder Heinz Schwitzke, noch Gerhard Eckert konsultiert, kommt aber zu sehr ähnlichen Befunden.

[57] Umberto Eco: *Das offene Kunstwerk.* Frankfurt. a.M. 1993.

[58] Umberto Eco: *Einführung in die Semiotik.* München 1972.

[59] Ebd., S. 198; konkret benennt Eco das Ereignis im Fernsehen als Beispiel für Sinnzeichen, ein singuläres Zeichen, also ein tatsächlich existierendes Ding, Merkmal oder Phänomen.

wickelt. Die Fernsehdramaturgie steht ganz im Schatten der Filmtheorie und Filmästhetik. Erst die Fernsehgermanistik der 1970er Jahre, mit den literaturwissenschaftlichen Untersuchungen zum Unterhaltungsprogramm und zu Fernseh-Serien von Friedrich Knilli, Helmut Schanze, Helmut Kreuzer, über die Fernsehästhetiken von Josef Schweikhardt und Werner Faulstich bis hin zur Programmästhetik Knut Hickethiers setzen durch literaturtheoretische Importe neue Impulse.[55] Den jüngsten Beitrag (nicht nur) zu diesem Diskurs, aber dezidiert zu einer ästhetischen Theorie des Fernsehens hat Angela Keppler unter dem Titel *„Mediale Gegenwart"* beigetragen. Ihre Überlegungen und Argumente stehen den Anfängen des fernsehästhetischen Diskurses näher, als ihr klar zu sein scheint.[56]

So zutreffend die Generallinie des Diskurses hier auch gezogen sein mag, sie darf nicht übersehen, dass in der Phase nach den frühen Theoretikern und vor den Fernsehgermanisten Umberto Eco seine fernsehästhetische Abhandlung *„Zufall und Handlung. Fernseherfahrung und Ästhetik"*[57] veröffentlichte, zuerst 1962 in Italien als Kapitel seines Buches *„Das offene Kunstwerk"* erschienen, erst über zehn Jahre später – und dann wieder im Mainstream der Fernsehphilologie – in deutscher Übersetzung. Diese Arbeit Ecos kann durchaus als eine Art erstes Brückenglied zwischen Literaturwissenschaft, Film- und Fernsehforschung gelten, zumal Ecos Kultursemiotik[58] von 1968 (dtsch. 1972) bereits „die Direktaufnahme eines Ereignisses im Fernsehen"[59] als zeichenhaftes visuelles Kommunikationsphänomen zitiert und den kinematographischen Code des Films und Kinos expliziert, der für das Fernsehen allemal einschlägig ist. Allerdings kann Eco, der sich in „Zufall und Handlung" mit der Theorie und Dramaturgie von Live-Übertragungen befasst, den fernsehästhetischen Diskurs bereits nicht mehr mit prinzipiell neuen Einsichten bereichern.

Das dramaturgische Gesetz des Fernsehens

Schwitzkes Grundthesen erschienen in derselben Ausgabe von *„Rundfunk und Fernsehen"* zusammen mit Adornos *„Prolog"*. Und tatsächlich grenzt Schwitzke dort seine Position gegen gewisse „Problematiker" und „Pessimisten" ab, die im Fernsehen ausschließlich eine „Weltgefahr" erblicken.[60] Er plädiert dafür, das „Bedürfnis nach einfacher und harmloser Sensation" zu tolerieren und es nicht als Massenkultur zu diskreditieren. Schließlich trete auch „jene besondere Art individualistischer Absonderung" der Problematiker massenhaft auf.[61] Schwitzke argumentiert als gestandener Radiomann, der sich einen offenen Umgang mit einem neuen „Feld schöpferischer Tätigkeit" und den „zahlreichen positiven Möglichkeiten des Fernsehens" spekulativ und experimentell erarbeiten möchte. Er ist der Überzeugung, dass das Fernsehen Gestaltungsspielräume eröffnet und dass es von „unseren Fähigkeiten und von der Intensität unserer Beschäftigung mit der Sache" abhänge, „ob das neue Instrument uns mehr Vorteile als Nachteile [...] bringt".[62]

Durch die Diskussion der Grundthesen sucht Schwitzke die „menschliche, soziologische und künstlerische Wirkweise" des Fernsehens und „sein inneres dramaturgisches Gesetz" zu erkennen.[63] Die Thesen verhalten sich zueinander konsistent und bringen gemeinsam jenes dramaturgische Gesetz zum Ausdruck, dass der Mensch und das Menschliche das Grundthema des Mediums Fernsehen seien, spiegeln aber nicht die ganze Systematik seiner Fernsehästhetik, wie sie sich anhand der Thesen und Erläuterungen rekonstruieren lässt:

- Die erste These: „Das Fernsehen ist ein geeignetes Mittel, neue Erkenntnisse über den Menschen zu gewinnen. Es vernichtet das Menschliche nicht durch das objektive, photographierte, motorisch bewegte Flimmerbild (wie unser Film das weithin getan hat), sondern es ist auf die Qualität des Menschlichen geradezu angewiesen".[64]
- Die zweite These: „Wie der Inhalt des Fernsehprogramms im Wesentlichen der Mensch und das Menschliche ist, so ist auch seine Form im höchsten Maße menschlich, und das Klima und das Tempo der Blenden und es Bildwechsels ist erheblich gesünder und gemäßigter als wir es etwa vom Film, aber auch von unserer heutigen Literatur und Publizistik her gewöhnt sind."[65]

---

[60] Vgl. Heinz Schwitzke: Drei Grundthesen zum Fernsehen. In: *Rundfunk und Fernsehen*. 1953, Bd. 1, 2, S. 10.

[61] Vgl. ebd., S. 9; der Effekt solcher Abwendung ist aber, dass gerade „die ‚revolutionäre' Haltung dem Status Quo zugute kommt". Helmut Kreuzer: *Veränderung des Literaturbegriffs.* Göttingen 1975, S. 108, zur Position Friedrich Knillis u.a.

[62] Vgl. ebd., S. 10.

[63] Vgl. ebd., S. 11.

[64] Ebd.

[65] Ebd., S. 13.

66 Ebd., S. 15.

67 Ebd., S. 12.

68 Ebd.

69 Ebd., S. 17.

70 Ebd., S. 15f.

• Die dritte These: „Das Fernsehen ist ein Prüfstein für unseren Humor und kann uns, wenn wir uns nur recht bemühen, allmählich eine ganz andere, sehr viel leichtere und heiterere Einstellung zu uns selbst und zum Menschen überhaupt verschaffen."[66]

Aus heutiger Sicht, erst recht aus Sicht der Kritischen Theorie mutet mancher dieser Gedanken vielleicht zunächst naiv an. Die Thesen sind aber über die Konzepte der Wirkweise und des dramaturgischen Gesetzes zu plausibilisieren. Auch treffen sie im Kern ein immer wieder hervorgehobenes und bis heute anerkanntes Prinzip des Fernsehens, nämlich das der Nähe, Unmittelbarkeit und Präsenz bzw. Gegenwart (im doppelten, von Angela Keppler markierten Sinne der Gegenwart des Fernsehens und der Gegenwart im Fernsehen). In diesem Sinne betrachtet Schwitzke das Fernsehen vor allem für Moderatoren, Gesprächsgäste, Interviewte und live ins Bild Gesetzte als „Prüfstein menschlicher Substanz"[67]. Die vergrößernde und konzentrierende Wirkung der Kamera scheidet kompromisslos Glaubwürdigkeit von darstellerischem Blendwerk.[68] So wird der Mensch „in seiner ganzen Person als Wort und Erscheinungsbild"[69] zum Inhalt des Fernsehens. Und seine Gegenwärtigkeit und Spontanität, sein Sprechen und sein Verhalten werden dem Fernsehen zur Form. Beides wird unterstützt bzw. sogar verstärkt durch den Zwang zur Improvisation, wie er aus dem Produktionsdruck durch Programmverbrauch einerseits, aus Live- oder Quasi-Live-Produktionen heraus andererseits entsteht. „Schemasendungen" wie Diskussionen, Spiele, Foren, in denen die Akteure nur bis zu einem gewissen Grade vorbereitet sein können, in denen auswendig gelernte Rollen praktisch nicht möglich sind, erweisen sich deshalb als die dem Fernsehen am ehesten gemäße Formate.[70]

Schließlich verstärkt auch die Rezeptionssituation, in der sich das Fernsehen – wie das Radio – an den Einzelnen richtet, diesen aber im Kreise einer vor dem Gerät versammelten Gruppe, etwa der Familie antrifft, in spezifischer Weise die menschliche und soziologische Dimension des Mediums.

Die Kunst des Fernsehens

Gerhard Eckerts Buch „*Die Kunst des Fernsehens. Umrisse einer Dramaturgie*" aus dem Jahr 1953 gehört neben den Arbeiten von Günther Anders und Gerhard Maletzke zu den differenziertesten Untersuchungen, die in den ersten deutschen Fernsehjahren bis Anfang der 1960er vorgelegt wurden. Eckert will mit seinem Buch die von Emil Dovifat postulierten „selbständigen Wesensgesetze" des Fernsehens, die „Logik des Mittels Fernsehen" erschließen.[71]

Eckert stellt zunächst Bezüge zu einigen alten Medien her, denen das Fernsehen wesentliche Eigenschaften verdankt. So erlebt der Fernsehzuschauer wie im Theater „das Werden eines künstlerischen Ausdrucks" mit. Dabei ist diese „Gleichzeitigkeit von Entstehung und Erlebnis" nicht nur ein wesentliches rezeptionsästhetisches Moment, „der Fernseher ist echter Augenzeuge", sondern verweist auch darauf, dass das Fernsehen der „Bühnenproduktion" tatsächlich näher steht als dem Film. Wie der Rundfunk ist das Fernsehen „ohne das Wort überhaupt nicht denkbar"; wie der Rundfunk erfasst auch das Fernsehen sein Publikum jederzeit als Ganzes, so dass trotz der „Vereinzelung im Erlebnis" eine „Gemeinsamkeit des Erlebens" geschaffen wird. Darin erreicht das Fernsehen eine bislang nur vom Radio gekannte „Weite und Tiefe der künstlerischen Resonanz".[72] Schon deshalb „muß das Fernsehen die ‚live'-Sendung als das Originale ansehen."[73] Wie die „Familienzeitschrift" so gliedert auch das Fernsehen „Elemente der verschiedensten Herkunft in eine neue Ordnung": das Programm.[74] Es ist jedoch stärker als die Zeitschrift „an die Tagesaktualität gebunden".[75] Das Verhältnis des Fernsehens zum Film und zum Kino fasst Eckert schließlich in sieben Gegenüberstellungen zusammen, die neben rezeptions-, produktions- und wirkungsästhetischen Merkmalen auch technische, ökonomische und intermediale Dimensionen ansprechen:

„1. Der Film ist Massenerlebnis, das Fernsehen Individualerlebnis.
2. Der Film wird in einem dafür bestimmten Vorführungsraum aufgesucht. Das Fernsehen sucht mit Hilfe der drahtlosen Übertragung uns auf.

[71] Vgl. Gerhard Eckert: *Die Kunst des Fernsehens*. Emsdetten 1953, S. 3, 11.

[72] Vgl. ebd., S. 8ff.

[73] Ebd., S. 8.

[74] Vgl. dazu im Detail, S. 90ff.

[75] Vgl. ebd., S. 6, 12.

[76] Ebd., S. 12f.

[77] Vgl. ebd., S. 7; René Clair: *Reflexion Faite*. Paris 1951.

[78] Eckert theoretisiert hier die Standard-Rezeptionssituation der 50er Jahre. Diese unterscheidet sich in beiden möglichen Richtungen von der heutigen, die sowohl TV-Geräte für jedes einzelne Familienmitglied (Intimität) als auch das public screening z.B. von Sportevents (Kino-TV) kennt. „Gemeinschaftsempfang vor einer großen Projektionsfläche" (ebd., S. 31) ist aber – so Eckert – nicht das „eigentliche Fernsehen" (ebd.); vgl. dazu auch S. 37.

3. Der Film trennt die künstlerische Leistung in Aufnahme und Vorführung, die zeitlich weit auseinander liegen. Das Fernsehen schafft Gleichzeitigkeit der künstlerischen Leistung mit ihrer Entgegennahme durch ein Publikum.

4. Der Film entwickelt sich aus der Bilderzählung, das Fernsehen geht vom Wort aus.

5. Der Film läuft in einem festen Programmschema mit wenigen Formen ab. Das Fernsehen gestaltet sein Programm mit einer Vielzahl von Formen immer wieder neu.

6. Der Film ist ein Wirtschaftsprodukt, das absatzgebunden ist („Marktwirtschaft"), das Fernsehen wendet sich an einen festen Kreis von lizenzpflichtigen Teilnehmern („Kundenwirtschaft"), jedenfalls in Europa.

7. Der Film hat für das Fernsehen die Bedeutung einer Konservierungsmöglichkeit, die indessen niemals Einfluß auf die Gesetze seiner künstlerischen Gestaltung nehmen darf."[76]

Dass Eckert auffällig starkes Gewicht auf die Abgrenzung gerade gegen den Film legt, ist vor allem der theoretischen und medienpolitischen Profilierung des neuen Mediums gegen das Leitmedium jener Tage geschuldet, z.B. mit Blick auf die wissenschaftliche Kontroverse mit René Clair, der das Fernsehen lediglich als anderes Mittel zur Wiedergabe von Filmen betrachtet.[77]

Das fernsehtheoretische Kernstück des Buches befasst sich genauer mit den kognitiven und affektiven, den technischen und apparativen „Voraussetzungen" des Fernsehens. Eckert kennzeichnet die Fernsehrezeption primär als Einzelerlebnis, bis hin zur Vereinzelung im Erlebnis (s.o.). Das Fernseherlebnis ist „intim", nicht „kollektiv", findet in vertrautem Kreise statt, ist daher offen und ungezwungen. Darin unterscheidet es sich grundlegend z.B. vom kollektiven Kino-Erlebnis.[78] Zugleich ist diese Privatheit des Fernsehens ganz besonders durch die Situation, den Ort des Fernsehens, die Wohnung, das normale Zimmer und das Arrangement von Möbeln und Fernsehgerät geprägt. Und dies hat klare rezeptionsästhetische Konsequenzen. Alles übertrieben Laute, Pathetische, Hastige, Unnatürliche passt nicht in einen solchen Rahmen. So „wirkt etwa der Begleitsprecher der Wochenschau oder eines Kulturfilmes in der Kinoform für den Fernseher vollkommen unerträglich"[79]. Vom Fernsehsprecher wird dagegen ein sachlicher, persönlicher Sprachgestus erwartet.

In dieser Disposition, Situation und Atmosphäre erlebt der Zuschauer als „echter Augenzeuge" die Parallelität von zwei Raumeinheiten: dem „Da-Sein am Fernsehgerät" und dem „Dabei-Sein mittels des Fernsehgerätes". Das Fernsehen ermöglicht gewissermaßen eine „zeitweilige Doppelexistenz" mit der Folge, dass die „Grenze zwischen der Wiedergabe des Lebens und der künstlerischen Darbietung [...] fließend" wird.[80]

Dabei basiert solches Fernseherleben in nicht unerheblichem Maße einerseits auf der „Illusionsfähigkeit des Menschen"[81], andererseits auf der Konventionalisierung von „Illusionseffekten". Dass die „Zwerge mit Menschenstimmen"[82], als die Menschen auf dem Bildschirm erscheinen und zu hören sind, die Illusion der Augenzeugenschaft zulassen, ist ganz offensichtlich das Ergebnis solcher Illusionsfähigkeit.[83] Eckert verweist auf die Standardformate der Fotographie (von 6 x 9 und 9 x 12 cm), die seit langem konventionalisiert sind und der Illusionsfähigkeit offenbar genügen. Im Vergleich dazu ist das Format des Bildschirms (von seinerzeit max. ca. 34 x 26 cm) schon erheblich. „Die neuen ‚Spielregeln' für die Darbietung und die Aufnahme dieser Kunst", und damit spricht Eckert die Konventionalisierung produktions- und rezeptionsästhetischer Verfahren explizit an, „müssen erst gefunden und allgemein anerkannt werden".[84]

Es entspricht Eckerts Logik des Fernsehens, dass es unter den dargestellten Voraussetzungen und Bedingungen auch auf der Seite der „Ausdrucksmittel" spezifische Eigenschaft ausprägt. Dabei geht es natürlich auch um technische Bedingungen von Kamera, Ton, Licht, Studio, Bildmischung, Sprecher etc. und um Folgerungen für die Gestaltung und Produktion. Vor allem aber geht es ums Sujet. „Wenn es bereits eine Statistik darüber gäbe, welcher Bildinhalt des Fernsehens der häufigste ist, so würde sich wahrscheinlich herausstellen, dass es zum weitaus größten Prozentsatz der Mensch, das menschliche Gesicht ist [...] es gehört zu den ersten Erkenntnissen über das Fernsehen, dass der Mensch in diesem Sinne für das Fernsehen wirklich das Maß aller Dinge ist."[85] Eckert befindet sich hier ersichtlich in völliger Übereinstimmung mit Schwitzke. Das Fernsehbild wirkt wie eine

[79] Ebd., S. 32.

[80] Ebd., S. 39; ebd.: „So trägt das Fernsehen alle Möglichkeiten der Täuschung in sich." Besonders gilt dies für Live-Übertragung und -Berichterstattung, die „Entstellung der Wirklichkeit", „Auswahl in vielerlei Hinsicht" und „subjektiv beeinflusste Wiedergabe" ist; ebd., S. 73f. Diese Einsicht gewinnt ein knappes Jahrzehnt später auch Umberto Eco und macht sie zum zentralen Thema seiner Fernsehästhetik in „Zufall und Handlung", vgl. dazu Anm. 55.

[81] Ebd., S. 33f.

[82] Ebd.

[83] Es ist daran zu erinnern, dass Adorno in diesem Zusammenhang den kindlichen Spieltrieb und Machtphantasien der Konsumenten als Erklärung bemühte.

[84] Ebd., S. 37.

[85] Ebd., S. 66.

[86] Ebd., S. 67.

[87] Ebd., S. 68f.

[88] Ebd., S. 70.

[89] Vgl. dazu ebd., S. 72ff.

[90] Eco bringt dies auf die Formel der „Mimesis von Erfahrungen" und betont damit den Konstruktions-, aber eben auch den „Kunstcharakter der Fernseh-Live-Sendung". Vgl. Umberto Eco: Das offene Kunstwerk. Frankfurt a.M. 1993, S. 195, 197.

„Enthüllung", man glaubt den Menschen, den man auf dem Bildschirm gesehen hat, „persönlich zu kennen", das Fernsehen lässt „keine Verstellung" zu, es exponiert und exhibitioniert den Menschen „wie ein Tier im Zoo: kühl, sachlich, interessiert, ohne alle Hemmungen".[86] Und der Zuschauer kann wie nirgends sonst im Leben, die Menschen im Fernsehen voyeuristisch „anstarren" und „belauschen". Deshalb verlangt und bietet dieses Medium besondere dramaturgische Rücksichten und Möglichkeiten. Der Schauspieler soll keine Rolle spielen, sondern sie als Mensch verkörpern. Immer geht es darum, jene „doppelte Entblößung – die geistige und die seelische" – zu bedenken, der der Mensch im Fernsehen ausgesetzt ist und die das Publikum immer besser zu erkennen und einzuschätzen vermag[87] und auf der letztlich die Wirkmächtigkeit des Medium ganz wesentlich beruht. Beispielhaft erinnert Eckert an die Live-Übertragung der Krönungsfeierlichkeiten Elisabeths der Zweiten von England am 2. Juni 1953: „Millionen Menschen haben zugesehen, als der englischen Königin bei der Huldigung ihres Gatten im Verlaufe der Krönung die Tränen in die Augen stiegen. Das waren echte Tränen […] Jeder, der den Ablauf […] verfolgt hat, hat das eigenartige Gefühl, nunmehr den Menschen, den die Königin verkörpert, zu kennen."[88]

Von den „Grundformen"[89] des Fernsehens sind, neben verschiedenen Gesprächsformaten, der Reportage und Sendefolgen besonders die Übertragung und das Fernsehspiel hervorzuheben. Die dramaturgische Herausforderung der Live-Sendung, die unausweichlich „Auswahl" und „subjektive Wiedergabe" ist, besteht nach Eckert darin, eine „Koinzidenz des realen Eindrucks mit dem Fernseheindruck" herzustellen.[90] Das jeder journalistischen Ethik eingeschriebene „Postulat nach größtmöglicher Wahrhaftigkeit", also eine moralische Kategorie, bleibt aber letztlich das einzige Regulativ, um vorsätzlicher Täuschung zu begegnen, technische Schranken hat Eckert schon 1953 nicht gesehen. Als Krönung des Fernsehens, als „extremste künstlerische Äußerung des Fernsehens" sieht Eckert das Fernsehspiel, gewissermaßen das fiktionale Original des neuen Mediums. Es stellt eine „neue Form dramatisch-theatralischen Wirkens" dar, die auf dem

Zusammenwirken der Fernsehprinzipien der Intimität und der Gleichzeitigkeit von Entstehung und Erlebnis beruht.

2.3.3 Kulturpsychologie – Medienpsychologie – Medienanthropologie

Überblick:

Der Diskursrahmen von der Kulturpsychologie bis zur Medienanthropologie ist weit gespannt. Er reicht von der Massenpsychologie Gustave Le Bons und der Völkerpsychologie Wilhelm Wundts und deren kreativer Weiterverarbeitungen bei Georg H. Mead, Emil Durkheim, Franz Boas, Bronislaw Malinowski und schließlich Edward Sapir und Benjamin L. Whorf, über Sigmund Freuds Psychoanalyse und Massenpsychologie, über Lew S. Wygotskis kulturhistorische Schule, Alexander Lurijas Sprachpsychologie und Alexej Leontievs Tätigkeitspsychologie, über die Kritische Psychologie von Klaus Holzkamp und die verstehend-erklärende Psychologie Norbert Groebens bis zur Kritischen Diskursanalyse von Siegfried Jäger und den so verschiedenen Medienanthropologien Karl Ludwig Pfeiffers und Karl Eibls, der Medien-Soziobiologie von Jerome Barkow und Peter Hejl und zur Evolutionären Psychologie von David Buss.[91] In diesen nur punktuell bezeichneten Kontext gehören im engeren Sinne dann medienpsychologische Traditionen, vor allem für den aktuellen thematischen Zusammenhang einschlägige fernsehbezogene Studien wie z.B. Karl Pribrams Aufsatz „Wirklichkeit zwischen Wiedererkennen und Wiedererinnern"[92], der Lesen und Fernsehen vergleichend untersucht, die lange Reihe von Untersuchungen zur Wirkung von Gewaltdarstellungen im Fernsehen, daran z.B. direkt anknüpfende Arbeiten von Christian Pfeiffer, der vor einer Verwahrlosung durch Medienkonsum[93] warnt und von dem empirisch gestützten Befund ausgeht, dass Fernsehen, Video- und Computer-Spiele die schulische Leistung mindern. Der Neurowissenschaftler Manfred Spitzer argumentiert in seinem Buch „Vorsicht Bildschirm" auf derselben Linie, wenn er feststellt: „Bildschirmmedien machen dick

[91] Vgl. Gustave Le Bon: *Psychologie der Massen.* Stuttgart 1982; Sigmund Freud: *Massenpsychologie und Ich-Analyse.* (7.Aufl.) Frankfurt a.M. 2003; siehe dazu auch dem Beitrag von Gregor Schwering in diesem Band; Wilhelm Wundt: *Elemente der Völkerpsychologie.* Berlin 1912; George H. Mead: *Mind, Self and Society.* Chicago 1934; Emil Durkheim: *„Deutschland über alles": Die deutsche Gesinnung und der Krieg.* Lusanne 1915; Franz Boas: *Kultur und Rasse.* Leipzig 1914, ders.: *Anthropology and Modern Life.* (Orig. 1932) New Brunswick, N.J. 2004; Bronislaw Malinowski: *Eine wissenschaftliche Theorie der Kultur.* (Orig. 1949) Frankfurt a.M. 1975; Benjamin Lee Whorf: *Sprache, Denken, Wirklichkeit.* (24. Aufl.) Reinbek b. Hamburg 2004; Lew S. Wygotski: *Denken und Sprechen.* Frankfurt a.M. 1986; Alexander Lurija: *Die historische Bedingtheit individueller Erkenntnisprozesse.* Weinheim 1986; Klaus Holzkamp: *Kritische Psychologie.* Frankfurt a.M. 1982; Norbert Goeben: *Handeln, Tun, Verhalten als Einheiten einer verstehend-erklärenden Psychologie.* Tübingen 1986; Siegfried Jäger: *Kritische Diskursanalyse.* Duisburg, Münster 2004; Karl Ludwig Pfeiffer: *The Protoliterary: Steps Towards an Anthropology of Culture.* Stanford 2002; Karl Eibl: *Animal Poeta. Bausteine einer Kultur- und Literaturtheorie.* Paderborn 2004; Jerome H. Barkow / Peter M. Hejl (Hg.): *You Can´t Turn It Off: Media, Mind, Evolution.* New York, Oxford 2007; David M. Buss: *Evolutionäre Psychologie.* München 2004.

[92] Vgl. Karl Pribram: Wirklichkeit zwischen Wiedererkennen und Wiedererinnern. Sehen, Hören, Lesen und die Vorgänge im Gehirn" In: Werner D.Fröhlich/Rolf Zitzlsperger/Bodo Franzmann (Hg.): *Die verstellte Welt. Beiträge zur Medienökologie.* Weinheim/Basel 1992, S. 34 -59.

[93] Christian Pfeiffer: Medienverwahrlosung als Ursache von Schulversagen und Jugenddeliquenz? (09.2003), *http://www.kfn.de/medienverwahrlosung.pdf* (23.3.2007).

[94] Manfred Spitzer: *Vorsicht Bildschirm! Elektronische Medien, Gehirnentwicklung, Gesundheit und Gesellschaft.* München 2006, S. 281.

[95] Max Simoneit: Fernsehen – kulturpsychologisch gesehen. In: *Rundfunk und Fernsehen, 1954,* 2, S. 1-9. Im Folgenden werden nur längere Zitate aus diesem Text einzeln belegt. Begriffe und kurze Wendungen nur als zitiert kenntlich gemacht, wenn die Referenz klar ist.

[96] Vgl. Ulfried Geuter: *Die Professionalisierung der deutschen Psychologie im Nationalsozialismus.* Frankfurt a.M. 1988; Max Simoneit: *Grundriss der charakterologischen Diagnostik.* Leipzig 1943.

[97] Marshall McLuhan: *Die magischen Kanäle. Understanding Media.* Dresden/Basel 1994, S. 142.

[98] Malinowskis zweites Axiom der Kulturwissenschaft besagt, „dass jeder kulturelle Fortschritt, der die Benutzung von erzeugten Gegenständen oder Symbolen mit

und krank, wirken sich in der Schule ungünstig auf die Aufmerksamkeit und das Lesenlernen der Kinder aus und führen zu vermehrter Gewaltbereitschaft sowie tatsächlicher Gewalt."[94]

In diesem weiten Diskursfeld ist der Aufsatz von Max Simoneit mit dem Titel *„Fernsehen – kulturpsychologisch gesehen"* aus dem Jahr 1954 der erste theoretische Beitrag zum Nachkriegsfernsehen.[95] Max Simoneit (1896-1962) übernahm 1930 die Leitung der zentralen Prüfstelle für Offiziersanwärter der Wehrmacht. Von 1931-1942 war er wissenschaftlicher Leiter des psychologischen Laboratoriums beim Reichswehr- bzw. Reichskriegsministerium. Simoneit hatte Anteil an der Durchsetzung der ersten Diplomprüfungsordnung für Psychologen im Jahr 1941. Seine Schriften gelten als maßgeblich für den Professionalisierungsprozess der Psychologie in den 1930er und 40er Jahren, sie lassen einen klaren Abstand zum Nationalsozialismus erkennen. Auch dies dürfte eine Rolle bei der Abschaffung der Wehrmachtspsychologie 1942 gespielt haben.[96]

Das Fernsehen als Steigerungsapparatur des Sehens

Wer McLuhans *„Magische Kanäle"* aufmerksam gelesen hat, erlebt jetzt ein Déjà Vu. Zehn Jahre bevor McLuhan mit der Idee von „Techniken als Ausweitungen unserer Körperorgane und unseres Nervensystems"[97] in Erscheinung tritt, wendet Simoneit diesen Gedanken schon auf Hörfunk, Film und Fernsehen an. Als Psychologe war ihm die Wundt-Schule und vielleicht auch Malinowskis Kulturtheorie bekannt, in der Technik ganz allgemein als „instrumentelle Vervollkommnung" körperlichen und geistigen Vermögens gilt.[98] Simoneit geht in seinem Aufsatz von einem „lebensfunktionalen Zusammenhang" zwischen der Technik und der Entwicklung des Menschen aus, die letztlich den Sinn von Technik bestimmt. Für Simoneit ist dieser Sinn technischer Errungenschaften jedoch gebrochen. Einerseits steigert Technik körperliche und intellektuelle Fähigkeiten, andererseits verkümmert im selben Maße sinnliches und seelisch-geistiges Potential. So erweist sich der Rundfunk zwar als „Steigerungsapparatur des Ohres", Film und Fernsehen potentiell als

„Steigerungsapparatur des Sehens und Schauens", aber nur solange sie gewissermaßen monosensorisch bleiben. Die „Eigengesetzlichkeit der Technik" führt zwar zur Verwirklichung auch des Tonfilms und eines optischen Rundfunks, aber diese Formen gelten Simoneit – aus anthropologisch-kulturpsychologischer Sicht – als „unnatürlich" oder „verunreinigt"[99]. Die Konsequenz ihrer technologischen Verwirklichung, die einhergeht mit einer „epochalen Steigerung des Intellekts", zugleich aber den „Eigengesetzlichkeiten des seelischen Lebens" widerspricht, ist die Verkümmerung des Hörens und Lauschens, die Entwertung des Sehens und Schauens, der Verlust der „seelesteuernden Kraft des Bildes", des „Sinnes für Symbolbedeutungen" und der „Innerlichkeit" des Hörens als Zugang zu „Urgefühlen" und Ausdruck einer Hörkultur.

Das Fernsehen in der technischen Gestalt, in der es Mitte der 1960er Jahre realisiert ist, entspricht den sinnlich-geistigen Anforderungen des Menschen in vielerlei Hinsicht nicht. Deshalb befasst sich Simoneit vordergründig nicht primär mit dem realen Fernsehen, den „kleinen grauen Bildchen auf den armseligen Schirmchen in der Dämmerung enger Bürgerwohnungen".[100] Er analysiert stattdessen die „ideale technische Form" eines Fernsehens, das jenseits der „Leistung des technischen Geistes", jenseits der Sensation des Neuen, seinen Sinn aus einer „objektiven Leistung" gewinnt, und nicht wie das Fernsehen der Gegenwart nur dem Filmsehen oder Filmerleben dient. Solchen Sinn, solche objektive Leistung, sogar „die Eigengesetzlichkeit des Fernsehens" erkennt Simoneit darin, „über Berge und Wälder, über Meere und Länder hinweg mit den eigenen Augen schauen zu können, das ist ein Können, das über das Irdische und Menschliche hinauszuheben vermag!"[101]

Solches „individuell-aktive Fernsehen" hebt die räumlichen Grenzen des Sehens auf. „Die objektive Leistung des Fernsehens wird also erst dann durch ein vollwertiges Spezifikum zur kulturellen Wirkung kommen, wenn es gelingt, das Fernseh-Empfangsgerät auf Objekte und Orte zu richten, die der Sehende selbst auswählt. Die Ferne nach eigener Willkür selbst durchdringen zu können, das erst schafft den

sich bringt, eine instrumentelle Vervollkommnung der Anatomie des Menschen darstellt und mittelbar oder unmittelbar zur Befriedigung eines körperlichen Bedürfnisses dient", Bronislaw Malinowski: *Eine wissenschaftliche Theorie der Kultur.* (Orig. 1949) Frankfurt a.M. 1975, S. 39f.

[99] Auch Adorno lehnte den Tonfilm ab, allerdings wegen dessen Lebensnähe und Mangel an artifizieller, ästhetischer Distanz. Das Fernsehen steigerte noch die Lebens- und Gegenwartsnähe und wurde dafür von Adorno noch vehementer kritisiert; vgl. Abschnitt 2.4.1 in diesem Kapitel.

[100] Max Simoneit: Fernsehen – kulturpsychologisch gesehen. In: *Rundfunk und Fernsehen.* 2/1954, S. 1.

[101] Ebd., S. 4.

[102] Ebd., S. 6.

[103] Ebd., S. 4.

[104] Ebd.

[105] Ebd., S. 5.

[106] Ebd.

magischen Zauber, der das Fernsehen erlebenswürdig machen könnte."[102]

Diesem Ideal nähert sich das Fernsehen der Gegenwart zaghaft an durch seine „Augenblicks-Aktualität", das Gesehene geschieht im Moment des Sehens, das Credo der Live-Übertragung. Diese „Minuten-Aktualität" befriedigt aber nur ein übersteigertes Bedürfnis danach, „beim Entstehen der Wirklichkeit dabei sein zu können"[103] und besser oder früher informiert zu sein als andere. Aber diese Aktualität ist ein „Schein-Wert", weil es vielmehr darauf ankommt, „zum Bewusstsein zu bringen, dass der einzelne an der Entwicklung der Geschichte beteiligt" ist,[104] also auf so etwas wie eine „Entwicklungs-Aktualität". Simoneit geht es dabei um die Vermittlung von Hintergrundinformation, die nötig ist, um die „Bild-Aktualität" und die „journalistische Aktualität" des „monotonen Nachrichtendienstes des Rundfunks" überhaupt und in einen „historischen Zusammenhang" einordnen zu können.[105] Mit diesem Argument zieht Simoneit den Krönungsfilm, der durch „historische Reminiszenzen" Entwicklungszusammenhänge verdeutlichte, der Direktübertragung der Krönung von Elisabeth II vor, die den Zuschauern „noch reichlich zur Zeit gekommen wäre, wenn sie ihnen zwei Wochen nach der Krönung (wie der Film) gezeigt worden wäre".[106]

Simoneit traut dem Fernsehen – mit Blick auf die soziale Dimension seiner Kulturwirkungen – zu, dass es „Familienunterhaltung" und „Gemeinsamkeit kulturellen Erlebens" tatsächlich wieder ermöglichen könnte. Und zwar vor allem deshalb, weil es „zur eindeutigen räumlichen und seelisch-geistigen Konzentration auf das Fernsehgerät" zwinge. Die „Methode des Fernsehens" komme in dieser Fokussierung jedoch den Menschen entgegen, begünstige ihre Aktivierung, indem es Stoff und Anregung für Unterhaltungen biete. Das Fernsehen erweist sich in dieser „Faszinierungskraft der Darbietung" als dem Kinde in besonderer Weise angepasst. Es hat etwas „Kindliches, Naives", „steht dem Spiel sehr nahe". Daraus resultieren einerseits besondere Möglichkeiten einer Rundfunk, Film und Fernsehen einschließenden „Spiele-Industrie", aber auch spezifische Probleme aus der intensiven Fernsehnutzung von Kindern und Jugendlichen.[107]

Wie durch ein Vergrößerungsglas betrachtet, konvertieren in Simoneits Aufsatz Grundlinien und Argumente des gesamten kulturpsychologisch-medienanthropologischen Diskursfeldes von seinen Anfängen in der Völkerpsychologie bis in die Gegenwart der Neurowissenschaften.

2.3.4 Fernseh-Philosophie

Überblick:

Hat der kulturpsychologische Diskurs auch seine philosophischen Dimensionen, so werden diese dennoch nicht als Medien-Philosophie oder Fernseh-Philosophie explizit. Dies ist jenen Werken vorbehalten, die Medien oder speziell das Fernsehen in einem weiten Sinne in epistemologischer Hinsicht analysieren.[108] Medienphilosophie fragt nach dem Beitrag der Medien an Erkenntnis und Wissen, und nach den Modalitäten dieses Beitragens (Medien-Wirklichkeit). Darin ist sie Wissenschaftstheorie ebenso wie Theorie der Lebenswelt. Sie fragt auch nach den Möglichkeiten und den Grenzen, Medien zu analysieren und zu identifizieren, was wiederum nur durch und mittels Medien (Meta-Medien) geschehen kann. Darin ist sie Sprachphilosophie, Kommunikationsphilosophie und Zeichenphilosophie. Wäre Medienphilosophie bloß die Verwaltung medientheoretisch einschlägiger Ideen aus der Geschichte der Philosophie von Platon über Descartes bis Flusser, sie könnte kaum praktisch, geschweige denn kritisch werden. Ließe sie sich vom medientheoretischen Diskurs und dessen modisch wechselnden Catchwords und Schlüsselbegriffen treiben, würde sie kaum je systematisch. Für die Fernseh-Philosophie im engeren Sinne gilt dies entsprechend. Und unter diesem Aspekt herrscht weitgehend Einigkeit darüber, dass Günther Anders mit seinen Ausführungen unter dem Titel „Die Welt als Phantom und Matrize" (1956) den Auftakt philosophischer Reflexion über das Fernsehen als neues Medium gegeben hat. Etwa zehn Jahre später folgten ihm darin Otto Gmelin mit seiner „Philosophie des Fernsehens" (1967) und Arnold Gehlen mit einer „anthropo-biologischen

[107] Ebd., S. 7.

[108] Wie bei der Kulturpsychologie handelt es sich auch bei der Medienphilosophie um eine Wieder- und Neuentdeckung älterer, hier vor allem sprach- und kunstphilosophischer Ansätze und Ideen. Seit Frank Hartmann medientheoretisch lesbare Konzepte der Philosophie als Medienphilosophie präsentierte, vgl. Frank Hartmann: *Medienphilosophie.* Wien 2000, haben weitere Autoren den medienphilosophischen Approach aufgenommen, z.B. Mike Sandbothe: *Pragmatische Medienphilosophie. Grundlegung einer neuen Disziplin im Zeitalter des Internet.* Weilerswist 2001; Stefan Münker u.a. (Hg.): *Medienphilosophie. Beiträge zur Klärung eines Begriffes.* Frankfurt a.M. 2003; Mike Sandbothe, Ludwig Nagl (Hg.): *Systematische Medienphilosophie.* Berlin 2005.

[109] Günther Anders: *Die Antiquiertheit des Menschen.* München 1956, S. 97-211; Otto Gmelin: *Philosophie des Fernsehens. Heuristik und Dokumentation* Bd.1. Pfullingen 1967; Arnold Gehlen: *Moral und Hypermoral. Eine pluralitische Ethik.* Frankfurt a.M. 1969; Marshall McLuhan: *Die magischen Kanäle. Understanding Media.* (Orig. 1964; dtsch 1968). Dresden/Basel 1994; Richard Wisser: Der »Blinde Fleck« im Fernsehen In: Werner Brüssau, Dieter Stolte, Richard Wisser (Hg.): *Fernsehen. Ein Medium sieht sich selbst.* Mainz 1976; Paul Virilio: *Die Sehmaschine.* Berlin 1989; Oliver Fahle/Lorenz Engell (Hg.): *Philosophie des Fernsehens.* München 2006.

Philosophie" (Wisser) des Mediums Fernsehen in seiner auch medienethischen Abhandlung *„Moral und Hypermoral. Eine pluralistische Ethik"* (1969). In diese Zeit fällt auch das Erscheinen der deutschen Übersetzung von Marshall McLuhans *„Understanding Media"* (1968), das insbesondere die Erfahrung und Theorie des US-Fernsehens als Medienphilosophie extrapoliert, etwa mit Blick auf seine globalen, genauer würde man heute sagen: glokalen Wirkungen. Es ist wohl der Dominanz der Kritischen Theorie zuzurechnen, dass es erst nach wiederum einem knappen Jahrzehnt einen vereinzelten fernsehphilosophischen Beitrag gegeben hat, nämlich von Richard Wisser den Artikel *„Der »Blinde Fleck« im Fernsehen"* (1976). Danach lenkte die Medientheorie, flankiert von der Normalisierung des Fernsehens durch die Cultural Studies, ihre Aufmerksamkeit bereits auf das neuere Medium, den Computer und die Konvergenz von Medien, auf die Digitalisierung und die entstehende Netzkultur. In Paul Virilios *„Die Sehmaschine"* (1989) wird dann – wiederum etwa eine Dekade später – bereits ein neues, digital dramatisiertes Fernsehen zum Thema, in dem sich die Verhältnisse von Sehen und Gesehenem radikal verändern. Schließlich erscheint im Jahr 2006 der Sammelband *„Philosophie des Fernsehens"*, von Oliver Fahle und Lorenz Engell herausgegeben. Dort wird die Philosophie des Fernsehens zur Explikation der dem Medium selbst eigenen Reflexivität.[109]

Die Welt als Phantom und Matrize

Günther Anders (1902-1992), als Günther Stern in Breslau geboren, studierte bei Cassirer, Heidegger und Husserl, bei dem er 1923 über Phänomenologie promovierte. Er arbeitete als Autor und Journalist, und verfolgte zunächst privat seine wissenschaftlichen Interessen in den Feldern der Anthropologie und Kunstphilosophie. 1936 emigrierte er – nach einem dreijährigen Zwischen-Exil in Paris – in die USA, dort arbeitete er als Lecturer an der New School for Social Research. 1950 kehrte er nach Europa zurück, wo er als Rundfunkautor und Übersetzer tätig war.

Anders´ Fernsehtheorie ist im Kern eine Theorie televisionärer Wirklichkeit im doppelten Sinne der

Wirklichkeit des Fernsehens im Leben der Menschen, der durch das Fernsehen konstruierten und im Fernsehen präsentierten Wirklichkeit. Damit sind Anders´ Thesen selbst nach fünfzig Jahren höchst aktuell und lassen sich bündig z.B. an konstruktivistische Konzepte in der Medientheorie anschließen, wie sie in den letzten 10 bis 15 Jahren diskutiert worden sind. Gleichzeitig handelt es sich um eine kritische, aber unideologische Fernsehtheorie, die zahlreiche Einsichten späterer Medientheorien vorwegnimmt.

In *„Die Welt als Phantom und Matrize"* geht Anders in fünf „Philosophischen Betrachtungen über Rundfunk und Fernsehen" im ersten Teil auf „die ins Haus gelieferte Welt", auf das neue Medium selbst, die neue Rezeptionssituation und deren Wirkungen ein. Im zweiten Teil entwickelt er seine Theorie der Phantomisierung der Welt durch das Fernsehen, im dritten Teil diskutiert er Grundlagen einer Theorie der Nachricht, im vierten eine Ökonomie der Schablonen – wir könnten auch vom Zusammenfallen von TV-Formaten und kognitiven Schemata sprechen. Am Schluss verallgemeinert Anders seine Überlegungen in Form von fünf Konsequenzen für das Verhältnis von Welt, „gesendeter Welt" und Dasein.

„Kein Mittel ist nur Mittel."[110] Auf diese Formel bringt Anders eine Einsicht, die ein Jahrzehnt später in der kanadischen Variante als *„The Medium is the massage"*[111] von McLuhan präsentiert wird. Anders wählt das Beispiel eines Gottesdienstes[112], um den Zusammenhang zu verdeutlichen. „Was uns dabei aber, ob wir es wollen oder nicht, genauso stark ‚prägt' oder ‚verwandelt' wie der Gottesdienst selbst, ist die Tatsache, dass wir an ihm gerade nicht teilnehmen, sondern allein dessen Bild konsumieren. Dieser Bilderbuch-Effekt ist aber offensichtlich von dem ‚bezweckten' nicht nur verschieden, sonder dessen Gegenteil. Was uns prägt und entprägt, was uns formt und entformt, sind eben nicht nur die durch die ‚Mittel' vermittelten Gegenstände, sondern die Mittel selbst, die Geräte selbst [...]".[113]

„Massenkonsum findet heute solistisch statt [...]".[114] Anders erkennt das Fernsehen als raffiniertes Instrument der Massenproduzenten, die durch diese Art der „Streuung" ihrer Erzeugnisse in die Haushalte dasselbe

[110] Günther Anders: *Die Antiquiertheit des Menschen.* München 1956, S. 99.

[111] Vgl. Marshall McLuhan: *Die magischen Kanäle. Understanding Media.* (Orig. 1964; dtsch. 1968). Dresden/Basel 1994, Kap. 1, S. 21ff.

[112] Dieses Beispiel war bereits von Heinz Schwitzke in seinen „Grundthesen" gewählt worden, um die Unmittelbarkeit und Authentizität des Fernsehens zu illustrieren. Darauf hatte Adorno in „Fernsehen als Ideologie" diese Ausführungen heftigst kritisiert und sogar in längerer Passage zitiert. Anders scheint den Fernsehgottesdienst nun bereits als eine Art Standardbeispiel und als Anknüpfungspunkt an den Diskurs aufzunehmen, allerdings ohne Schwitzke oder Adorno zu zitieren.

[113] Günther Anders: *Die Antiquiertheit des Menschen.* München 1956, S. 100.

[114] Ebd., S. 101.

Produkt einer noch größeren Anzahl von Kunden verkaufen können. Zudem müssen diese die Geräte erwerben und sorgen dadurch für zusätzliches Geschäft. Theater und Kino haben demgegenüber stark eingeschränkte Umsatzpotentiale. So entsteht der Typus des „Massen-Eremiten", der sich außerdem und zugleich durch den Konsum von Massenware auch noch als „Heimarbeiter für die Herstellung des Massenmenschen" betätigt.

„Radio und Fernsehen werden zum negativen Familientisch; die Familie wird zum Publikum en miniature".[115] Anders hinterfragt kritisch die vermeintlichen sozialen Leistungen des Fernsehens, das die Unterhaltung im Familienkreis fördere und das Gemeinschaftsgefühl in der Gesellschaft stärke. Er stellt fest, dass die Veränderungen, die durch das Fernsehen in der Familie und im Zusammenleben ausgelöst werden, die Familie vollends auflösen, weil die Präsenz der „Außenwelt" den „Kitt zwischen den Familienmitgliedern" bröseln und die „gemeinsame Privatheit" zerfallen lasse, zum „gemeinsamen Fluchtpunkt" aus der Familie werde, die sich selbst als Gruppe von Zuschauern und ihre Wohnung als Heimkino rekonfiguriere. Das Fernsehen nehme dem Menschen auch das Sprechen ab, so dass es gerade nicht zu intensiverer Unterhaltung der Familienmitglieder miteinander, sondern lediglich zur Unterhaltung der Familie durch das Fernsehen komme.

„Die Ereignisse kommen zu uns, nicht wir zu ihnen".[116] Daraus leitet Anders einige weit reichende Folgerungen für das Verhältnis von Mensch und Welt ab. So seien die Menschen mit dem Fernsehen nicht mehr „in der Welt", sondern „schlaraffenlandartige Konsumenten" einer Welt, die „halb an- und halb abwesend, also phantomhaft" sei. Diese Welt jederzeit zu zitieren, an- und abzuschalten, suggeriere „gottähnliche Macht", die die Menschen wegen der Einseitigkeit des Mediums allerdings zugleich auch noch „mundtot" und „unfrei" mache, sie in „Lauscher" und „Voyeurs" verwandele. Die Übertragung von Ereignissen als „Sendung" mache diese omnipräsent, mobil und ortlos, wodurch sie ihre Ereignishaftigkeit einbüßen. Mobilität und Auftreten in „virtuell zahllosen Exemplaren" verwandele Ereignisse in „Serienprodukte" und

Waren. In dem Maße, wie das Ereignis „erst in seiner Reproduktionsform [...] sozial wichtig wird", wird die Grenze zwischen „Sein und Schein" zwischen „Wirklichkeit und Bild" fließend. Wird die Reproduktionsform sogar sozial wichtiger als das Original, „dann muß das Original sich nach seiner Reproduktion richten, das Ereignis also zur bloßen *Matrize* ihrer Reproduktion werden."[117]

Die entgrenzende und mobilisierende Wirkung des Fernsehens führt im Zusammenspiel mit der „Verbiederung" oder „Pseudofamiliarisierung" durch die Distanz- und Zeitlosigkeit, die scheinbare Vertrautheit und intime Nähe der Außenwelt und der Ereignisse zu einer Art Globalisierung und Panhistorisierung des Denkens. „Wir werden systematisch in Kumpane des Globus und des Universums" und in „Provinzler der Zeit"[118] verwandelt, jedoch ohne „echte Verbrüderung" und letztlich ohne Geschichte.

Den Gedanken der Phantomhaftigkeit der Welt arbeitet Anders entlang der „ontologischen Zweideutigkeit" der Fernsehbilder aus. Diese resultiert daraus, dass die „gesendeten Ereignisse zugleich gegenwärtig und abwesend, zugleich wirklich und scheinbar, zugleich da und nicht da, kurz: weil sie Phantome sind".[119] Die unmittelbare Konsequenz dieser ontologischen Zweideutigkeit und ihre spezielle Problematik ergeben sich mit der Verallgemeinerung, dass nun „alles Wirkliche phantomhaft, alles Fiktive wirklich"[120] wird. Als Beleg führt Anders u.a. den Fall eines Engländers an, der einen Fernsehschauspieler zur Aufgabe seiner Rolle zu erpressen versuchte und diesem schließlich mit der Ermordung drohte, weil seine Ehefrau sich in die Figur, die der Schauspieler im Fernsehen verkörperte, derart unsterblich verliebt hatte, dass sie ihren Gatten vernachlässigte und nur noch dem Erscheinen ihres Fernseh-Serien-Helden entgegenfieberte.[121]

Die ontologische Zweideutigkeit der gesendeten Ereignisse hat auch Folgen für den Nachrichten- und Informationsbegriff. Der „Daseinsgrund der Nachricht" besteht darin, „dem Adressaten die Möglichkeit zu geben, sich nach ihr zu richten". Die Nachricht ist – logisch betrachtet – ein Urteil, eine Aussage, zusammengesetzt aus einem Argument und einem Prädikat.

[117] Ebd., S. 111, meine Hervorhebung.

[118] Ebd., S. 119.

[119] Ebd., S. 131.

[120] Ebd., S. 142.

[121] Dieser Fall, der in der englischen Presse für Aufsehen sorgte, ist ein frühes Zeugnis für para-soziale Beziehungen und deren Intensität; vgl. ebd., S. 148 -151.

[122] Ebd., S. 155-159.

[123] Ebd., S. 159; es ist hier daran zu erinnern, dass dieser Gedanke uns bereits bei Eckert begegnete, der Live-Sendungen als „gestaltet" und „subjektiv" charakterisierte; Eco brachte den Sacherhalt schließlich auf die Formel der „Mimesis von Erfahrungen".

[124] Ebd., S. 17C.

Sie setzt also eine Teilung (Argument und Prädikat) voraus. Aber diese „Prädikation" bedeutet einen Akt der Identifizierung, die Subsumtion eines Gegenstandes unter einen Begriff. Deshalb nimmt die Nachricht dem Empfänger das eigene Urteilen ab, befreit ihn von der Mühsal der eigenen Wahrnehmung, raubt ihm aber gleichzeitig die Freiheit, selbst zu urteilen. Im Lichte dieser „pragmatischen Urteilstheorie"[122] löschen „Sendungen […] den Unterschied zwischen Sache und Nachricht aus. Sie sind verbrämte Urteile".[123]

Als solche schematisieren und „schablonisieren" die Live-Sendungen als Urteile die Erfahrung der Zuschauer, bieten Modelle (der Identifikation, Beschreibung und Erklärung) auf, ohne dass der Zuschauer deren Passung mit der Wirklichkeit überprüfen kann. Sie bieten sich sogar selbst als Weltausschnitte an, die der Zuschauer als Augenzeuge beobachten zu können glaubt. „Invertierte Magie" nennt Anders das. Die Schablonen kommen ins Haus sozusagen als eine Art „apriorische Bedingungs-Formen" der Anschauung, des Verstandes, des Gefühls und des Handelns, „als Matrizen von einer Anwendungsbreite und Leistungs-Universalität wie sie selbst spekulativste Philosophen niemals vorausgesehen hätten. Damit erhüllt sich der verborgene bzw. verheimlichte Sinn des Fernsehens: „Da der Matrizenfabrikant unterschlagen will, daß die Schablonen Schablonen, die Bedingungsformen Bedingungsformen sind, bietet er sie als „Welt" und als „Dinge" an. D.h. aber: als Phantome. Denn Phantome sind ja nichts anderes als Formen, die als Dinge auftreten. Die Phantomhaftigkeit der Sendungen entpuppt sich also als ein gewünschter Effekt; und deren angebliche ‚ontologische Zweideutigkeit' nur als Erscheinungsform einer moralischen: eben einer Irreführung."[124]

2.3.5 Fernsehforschung, medien- und kommunikations- wissenschaftliche Fernsehtheorien

Überblick:

Die Entwicklung kommunikationswissenschaftlicher Fernsehtheorien fällt zu Teilen mit der (Weiter-)Entwicklung des Faches Kommunikationswissenschaft nach dem 2. Weltkrieg zusammen, die in wesentlichen Orientierungen (z.B. Journalismus, PR, Werbung), Inhalten (z.B. Wirkung von Presse, Radio, Fernsehen) und Verfahren (z.B. Inhaltsanalyse) den Communication Studies der Lazersfeld-Schule folgte. Faktisch handelt es sich dabei um eine Art kommunikationswissenschaftlich erweiterten und verfeinerten Re-Import deutsch-österreichischer Pressesoziologie (z.B. Max Weber, Otto Groth, Paul Lazersfeld) aus den USA. Die kommunikationswissenschaftliche Fernsehtheorie wurde, abgesehen von der in Allensbach, Berlin oder Nürnberg betriebenen Zuschauerforschung, vor allem aus Universitäten bzw. universitätsnahen Instituten heraus entwickelt. Dies geschah (erst) zu einem Zeitpunkt, als das Fernsehen in Deutschland bereits ein knappes Jahrzehnt „auf Sendung" war. Die kommunikationswissenschaftlichen Theorien des Fernsehens konnten also auf Fernseherfahrungen im eigenen Land und auf eine bereits umfänglich vorhandene Forschungsliteratur besonders aus den USA und England zurückgreifen. In dem Maße, wie sie ein in seinen Grundstrukturen etabliertes und über mehrere Jahre entwickeltes Fernsehen und eine Fernsehforschung sowie deren Ergebnisse voraussetzen, gehören diese Arbeiten bereits zur zweiten Generation von Fernsehtheorien.

1960 hatte sich das Feld der Medienforschung bereits so weit ausdifferenziert, dass die Frage seiner Organisation, Struktur, Zuordnung und wissenschaftlichen Stellung virulent wurde. Erich Feldmann war Professor für Philosophie und Pädagogik an der Universität Bonn und federführend in der Deutschen Gesellschaft für Film- und Fernsehforschung tätig, als er 1962 seine „Theorie der Massenmedien" vorlegte, die „der gesamten *Medienforschung* eine wissenschaftstheoretische

[125] Erich Feldmann: *Theorie der Massenmedien. Presse, Film, Funk, Fernsehen.* München/Basel 1962, Klappentext, sowie S. 8, Vorwort, meine Hervorhebungen.

[126] Gerhard Maletzke: *Psychologie der Massenkommunikation.* Hamburg 1963.

[127] Alfons Silbermann: *Bildschirm und Wirklichkeit. Das Informationsangebot durch Presse und Fernsehen in fünf europäischen Ländern. Fernsehen im Jahre 1980.* Frankfurt a.M./Berlin 1966.

Begründung [...] geben und ihre Dignität als angewandte Kulturwissenschaft [...] rechtfertigen" sollte. Feldmann zählte die Publizistik, Rundfunkforschung, Film- und Fernsehforschung zu den *„Medienwissenschaften"*, die in Abgrenzung zu den „Grundlagenwissenschaften der Philosophie, Psychologie, Soziologie und Physiologie" auch die „Probleme der Kommunikationsforschung" enthalte und als „kulturwissenschaftliche Kommunikationsforschung mit empirischer und experimenteller Methodik" zu entwickeln sei.[125]

Die Entwicklung der Kommunikationswissenschaft war besonders in den Vereinigten Staaten inzwischen so weit fortgeschritten, dass auf Massenkommunikationstheorien und -forschung auf breiter Grundlage zurückgegriffen werden konnte. Vergleichbare Theorieangebote gab es in Deutschland noch nicht. Gerhard Maletzke, zuletzt Professor an der Universität Hohenheim, war von 1952 bis 1964 wissenschaftlicher Referent am Hans-Bredow-Institut in Hamburg, einer gemeinnützigen Stiftung des NWDR und der Universität Hamburg, deren Zweckbestimmung die interdisziplinäre Medienforschung in den Bereichen von Hörfunk, Fernsehen und anderen elektronischen Medien war und ist. Mit seiner *„Psychologie der Massenkommunikation"* legte er 1963 eine Arbeit vor, die bis heute zu den Standardwerken der Kommunikationswissenschaft zählt.[126]

Mitte der 1960er Jahre war das Fernsehen voll etabliert, fast schon ein „altes" Medium. Überdies lagen bereits Befunde der frühen und ab 1963 der kontinuierlichen Zuschauerforschung sowie aus zahlreichen Einzelstudien vor. Und es stellte sich die Frage, wie die Entwicklung des Fernsehens und der Medien weitergehen würde, welche Fernsehzukunft auf der Basis der bisherigen Kenntnisse und Erfahrungen antizipierbar sei.

Alfons Silbermann, am Institut für Soziologie der Universität Köln tätig, legte 1966 den Band *„Bildschirm und Wirklichkeit"*, in dem erstmals prospektiv die Entwicklung des Fernsehens in fünf europäischen Ländern bis zum Jahr 1980 erforscht wurde.[127] Ein Meilenstein dieses Diskurses kommunikationswissenschaftlicher Fernsehtheorie, der weder an den Grenzen des Faches noch an geographischen Grenzen endet, ist auch die Arbeit von Heribert Schatz, zum *„Fernsehen als Objekt* *und Moment des sozialen Wandels"* aus dem Jahr 1996, speziell das darin enthaltene „Analytische Modell" von Thomas Bruns, Frank Marcinkowski, Jörg-Uwe Nieland, Georg Ruhrmann und Thomas Schierl, das kulturpsychologische Konzepte des Fern-Sehens und Varianten seiner Diskursivierung aufgreift, um Fernsehen als ein dynamisches System in Interaktion mit technologischen, ökonomischen, politischen und alltagskulturellen Faktoren zu modellieren.[128]

Die Theorie der Fernseh-Empirie

Das sogenannte zweite Fernsehen in Deutschland gehört zu den am besten durch Begleitforschungen aller Art untersuchten Medien. Schon für das Jahr 1952 liegen erste Daten z.B. in dem von Elisabeth Noelle und Erich Peter Neumann herausgegebenen „*Jahrbuch der öffentlichen Meinung 1947–1955"*[129] vor. 1952 hätten 34 Prozent aller Rundfunkhörer gern ein Fernsehgerät zu Hause gehabt; 1953 hatten erst fünf Prozent der Rundfunkhörer, im Jahr 1955 bereits 68 Prozent überhaupt schon einmal ein Fernsehprogramm gesehen, und zwar in einer Gaststätte (49 Prozent), im Schaufenster (18 Prozent) und nur mit einem Anteil von zwölf Prozent in einer Privatwohnung. Den Empfang beurteilen 64 Prozent des Fernsehpublikums als gut, die Wiedergabe war für 96 Prozent „im großen und ganzen angenehm und klar genug"[130], 48 Prozent bevorzugten eine lange, den ganzen Abend dauernde Sendung, 59 Prozent wünschten zwischen den Sendungen keine Pausen, und 65 Prozent zogen eine Ansagerin einem Ansager (nur drei Prozent) vor. Auch wenn diese Angaben aus heutiger Sicht z.T. skurril anmuten, so lassen sie doch ein Profil der Fernsehnutzung und der Zuschauerinteressen erkennen, das die Fernsehtheorie-Landschaft jener Tage teilweise konterkariert. So war das Fernsehen als Medium für die Familie im trauten Heim noch eher die Ausnahme, und die daran geknüpften sozialtheoretischen und Wirkungs-Annahmen waren ganz eindeutig das Ergebnis persönlicher Einzeleindrücke oder im televisionär fortschrittlicheren Ausland gesammelter Erfahrungen, teilweise aber auch rein spekulativ. In nicht unerheblichem Maße

[128] Thomas Bruns/Frank Marcinkowski/Jörg-Uwe Nieland/Georg Ruhrmann und Thomas Schierl: Das analytische Modell. In Heribert Schatz (Hg.): *Fernsehen als Objekt und Moment des sozialen Wandels.* Opladen 1996, S. 19-56.

[129] Elisabeth Noelle/Erich Peter Neumann (Hg.): *Jahrbuch der öffentlichen Meinung 1947-1955.* Allensbach 1956, vgl. für die folgenden Angaben S. 82-85.

[130] Ebd., S. 83.

[131] Vgl. Elisabeth Noelle-Neumann: Heimtest und Experiment als Methoden der Fernsehwirkungskontrolle. In: Christian Longolius (Hg.): *Fernsehen in Deutschland. Gesellschaftspolitische Aufgaben und Wirkungen eines Mediums.* Mainz 1967, S. 313-331.

[132] Zur Geschichte der Fernsehzuschauerforschung, siehe: Walter Klingler/Gunnar Roters/Oliver Zöllner (Hg.): *Fernsehforschung in Deutschland. Themen – Akteure – Methoden.* 2 Bände. Baden-Baden 1998.

[133] Vgl. etwa die Massenkommunikationsstudien von Klaus Berg und Marie-Luise Kiefer und die Untersuchungen der Arbeitgemeinschaft Media-Analyse (ag.ma).

dürfte auch solche Theoriebildung mit ihren z.T. weit reichenden Hypothesen zur Entwicklung eines Bedarfs für empirische Fernseh-Begleitforschung beigetragen haben. Wichtiger war allerdings das Interesse der Fernseh-Veranstalter, ihr Programm den Publikumswünschen gemäß zu verbessern sowie die Erfüllung des Programmauftrages zu kontrollieren und zu dokumentieren. Noch vor Gründung des ZDF (1962, Sendebeginn 1. April 1963) gab es daher eine gewisse Institutionalisierung der Programm- und Zuschauerforschung z.B. in Form von Studiotests (Vorführungen in einem Studio werden von Probanden bewertet) und nachdem deren Grenzen mit Blick auf Repräsentativität und Wirkungsmessung erkannt waren, auch in Form sog. Heimtests (Interviewer besuchen Zuschauer zu Hause); der erste solcher Heimtests fand 1957 für den Süddeutschen Rundfunk statt.[131] Das ZDF erzeugte mit seinem Werbefernsehen einen weiteren, schließlich entscheidenden Bedarf für Zuschauerforschung: Werbezeit muss verkauft und bepreist werden. Und das geht am Besten, wenn Programmreichweiten, Sehdauern, Zusammensetzung des Publikums usw. bekannt sind. So fällt der Start kontinuierlicher Fernsehzuschauerforschung (bis 1974 durch Infratam, ab 1975 durch Teleskopie) auf dem Niveau von Haushalten und Personen in das Jahr 1963.[132] Und es war wiederum ein medienökonomischer Anlass im Hintergrund der Beauftragung der Gesellschaft für Konsumforschung (GfK), die 1985 – nach Zulassung privater Rundfunkanbieter – mit personengenauen und schließlich sogar täglichen Nutzungserhebungen diese Forschungen im Auftrag von ARD und ZDF, ab 1988 im Auftrag der Arbeitsgemeinschaft Fernsehforschung (AGF), ein Zusammenschluss öffentlich-rechtlicher und privater Programmanbieter durchführt. Neben dieser institutionalisierten Fernsehforschung sind seit den Anfängen zahllose Einzel- und Detailstudien insbesondere zu Nutzungs- und Wirkungsfragen, etwa der Wirkung von Werbung, Gewaltdarstellungen, Bildungsprogrammen oder politischen Informationen, der Wirkung auf die Nutzung anderer Medien usw. durchgeführt worden, darunter auch bedeutende Langzeitstudien.[133]

Fernsehtheoretisch ist an diesen Studien interessant, dass praktisch jede Variable ein Theorieelement bezeichnet. Beispielsweise ist der Begriff der Fernsehnutzung ein Konstrukt, das weiter in Zeit-(Budget), Raum-(Ort), soziodemographische (Nutzeralter, -geschlecht, -einkommen, etc.) und psychographische Variablen (Werteinstellungen, Lebensziele, Besitzwünsche, etc.) dekomponiert werden kann. Die Auswahl solcher Maßstäbe und Messgrößen ist immer eine theoretische (auf Begriffe gebrachte) und immer mit bestimmten Zielstellungen (Was will man wissen?) verbundene Entscheidung. Sie legt im Wesentlichen fest, als was der untersuchte Gegenstand überhaupt erscheinen kann. In der empirischen Interpretation der Ausprägung solcher Variablen erhält das Fernsehen dann z.B. sein Programm-, Nutzungs- und Nutzer-Profil, wird zu einem Medium mit spezifischen Programm-, Nutzungs- und Nutzereigenschaften. Jede Änderung der begrifflichen Maßstäbe, Messgrößen und Messverfahren hat nicht nur Folgen für die Vergleichbarkeit und Anschließbarkeit verschiedener Untersuchungen mit- und aneinander, was besonders in Langzeitstudien zum Problem wird, sondern erzeugt im buchstäblichen Sinne einen anderen Untersuchungsgegenstand. So ist empirische Zuschauerforschung alles andere als theorielos. Sie ist sogar, wenn man Messtheorien, Theorien der Repräsentativität und die Theorien statistischer Auswertungsverfahren betrachtet, ein theoretisch höchst anspruchsvolles Terrain.

Medienwissenschaftliche Theorie des Fernsehens

In seiner wissenschaftstheoretischen Schrift zur Einheit der Medienwissenschaften aus dem Jahr 1962 geht Erich Feldmann – anders als z.B. Eckert – eher von den Gemeinsamkeiten von Film und Fernsehen als von deren Unterschieden aus. „Film und Fernsehen sind durch ihre bewegliche Bildwelt zur Schaffung eines neuartigen Erfahrungsfeldes berufen, dessen Wesen in der Künstlichkeit ihrer Gestaltung liegt und dessen revolutionäre Wirkung auf die Daseinsordnung und Kultur, auf Weltanschauung und Lebensgestaltung der modernen Menschheit noch kaum abzusehen ist. Sie

134 Feldmann: *Theorie der Massenmedien. Presse, Film, Funk, Fernsehen.* München, Basel 1962, S. 7.

135 Ebd., S. 51f.; meine Hervorhebungen.

136 Ebd., S. 52.

137 Ebd., S. 53.

haben die Gesetzlichkeit und Wirkungsweise dieser künstlichen Weltschöpfung gemeinsam, während sie sich in ihren technischen und künstlerischen Arbeitsbedingungen wesentlich unterscheiden."[134] So erkennt Feldmann als den „eigentlichen Gegenstand der Film- und Fernsehforschung" die *„Kunst bewegter Bilder"* oder kurz: die „Bildkunst". Dabei geht es um die „Erzeugung künstlerischer Bilder durch technische Mittel [...], welche dem menschlichen Subjekt Geschehnisse aller Art zu lebendiger Anschauung bringen".[135] Darin unterscheidet sich die Bildkunst von Film- und Fernsehen radikal von derjenigen der Malerei und Bildhauerei. Film und Fernsehen „versetzen den Zuschauer in das Erlebnis lokaler Gegenwärtigkeit des Geschehens in der Bildwelt". Sie vermitteln ein „echtes Realitätsgefühl", die „künstliche Erfahrung einer bewegten Welt" wird „als Wirklichkeit wahrgenommen."[136] Auf dieser konzeptionellen Grundlage definiert Feldmann den Begriff des Fernsehens folgendermaßen:

„Das Fernsehen besteht in einer technisch erzeugten künstlichen Bilderfahrung veränderlicher Vorgänge und Gegenstände, welche als optische Bilder durch Elektronenstrahl punktuell abgetastet, nach ihrer Lichtintensität in entsprechenden elektrischen Signalen weitergeleitet und durch Funk verbreitet werden, so daß diese Signale beim Empfänger in adäquate Lichteffekte zurückverwandelt und punktuell wie lokalisiert auf einen Bildschirm geworfen werden können, der die Bilderfahrung mit dem Eindruck erlebter Wirklichkeit möglich macht. Die gleichlaufende akustische Wahrnehmung entspricht in der Aufnahme der Tonfilmtechnik, in der Verbreitung dem Rundfunk. Die Eigenart dieses Mediums gegenüber dem Film liegt in der Möglichkeit einer direkten Übertragung der aufgenommenen Wirklichkeit in das Bildphänomen der Fernsehapparatur. Außerdem liefert die Funksendung einer unbegrenzten Zahl von Empfängern die Bildwelt des fernen Geschehens zu jeder beliebigen Zeit und an jeden beliebigen Ort, so daß ein weit verstreutes Publikum in eine Art von Allgegenwärtigkeit versetzt wird, deren Reichweite von den technischen Bedingungen der Sendung abhängt."[137]

Auf dieser Grundlage sieht Feldmann die Aufgabe einer kulturwissenschaftlichen Medienforschung oder einer

Angewandten Kulturwissenschaft, im Unterschied zur Geisteswissenschaft, die sich den „seelischen Grundlagen aller Kulturfunktionen" zu widmen habe, darin, Film und Fernsehen als „objektive Kulturgebilde" und „Kulturtätigkeiten" zu erforschen.[138]

Mit diesem Programm war Erich Feldmann seiner Zeit um mindestens zwanzig Jahre voraus. Die anglo-amerikanischen Cultural Studies und ihr Siegeszug im Rahmen der Transformation den Geisteswissenschaften seit den 1980er Jahren finden in Feldmanns Konzeption von Kultur- und Medienwissenschaften einen frühen Vorläufer, der eine entsprechende Würdigung verdienen würde. Theoriegeschichtlich repräsentiert Feldmanns *„Theorie der Massenmedien"* im kommunikationswissenschaftlichen Kontext einen Wendepunkt in der Theoriebildung im Übergang von ästhetiktheoretischen Basiskonzepten (Kunstbegriff) zur kommunikationswissenschaftlichen Modellbildung, wie sie in der amerikanischen Kommunikationsforschung seit Harold Lasswells Formel, insbesondere aber seit Claude Shannons und Warren Weavers informationstheoretischen Kommunikationsmodell von 1949 und dessen Adaptionen z.B. durch Bruce Westley und Malcom McLeans Modell des Two-Step-Flow of Communication von 1957 zum wissenschaftlichen Standard geworden war.[139]

Fernsehen im Feld der Massenkommunikation

Gerhard Maletzke hatte sich schon seit 1953 wiederholt und intensiv mit dem Fernsehen auseinandergesetzt,[140] als er 1963 seine *„Psychologie der Massenkommunikation"* vorlegte.

Obwohl Maletzkes Grundlagenwerk das Fernsehen nicht im Titel trägt, enthält es doch zahlreiche Aussagen dazu, sodass – zumal in der Systematik des Feldschemas der Massenkommunikation, das er dort entwickelte – von substanziellen fernsehtheoretischen Elementen die Rede sein kann.

Voraussetzung für Maletzkes fernsehtheoretische Position sind seine bekannte Definition von Massenkommunikation und das Feldschema, in dem die wesentlichen Faktoren des Feldes – Kommunikator,

[138] Ebd., S. 60.

[139] Vgl. zu Lasswell, Shannon und Weaver sowie Westley; Gerhard Maletzke: *Massenkommunikationstheorien*. Tübingen 1988.

[140] Vgl. z.B.: Gerhard Maletzke: Neue Wege im amerikanischen Fernsehen? In: *Rundfunk und Fernsehen, 1953, Bd. 1, 2, S. 17;* ders.: Fernsehen im Leben der Jugend. Hamburg 1959; ders.: Passivität durch Fernsehen? In: Erich Feldmann u.a. (Hg.): *Film- und Fernsehfragen.* Emsdetten 1961, S. 237-254.

[141] Gerhard Maletzke: *Psychologie der Massenkommunikation*. Hamburg 1963, S. 32.

[142] Ebd., S.76.

[143] Ebd.

[144] Ebd., S. 77.

[145] Vgl. ebd.

Aussage, Medium und Rezipient – unter psychologischen, soziologischen, technischen und inhaltlich-formalen Aspekten analysiert sowie in ihren Beziehungen untereinander dargestellt werden.

„Unter Massenkommunikation verstehen wir jene Form der Kommunikation, bei der Aussagen öffentlich durch technische Verbreitungsmittel indirekt und einseitig an ein disperses Publikum vermittelt werden."[141]

Zusammen mit der Bestimmung von Medien als „die technischen Instrumente oder Apparaturen, mit denen Aussagen […] vermittelt werden"[142] ergeben sich bereits auch für das Fernsehen unter massenmedialem Aspekt wesentliche Voraussetzungen. Nicht nur sind die technischen Einrichtungen „in das Leben der Menschen eingefügt", stehen in „Beziehungen zum Verhalten und Erleben"[143], sie stellen auch eine Art Konstante dar, die „unabhängig und unbeeinflussbar im Beziehungsfeld steht, dabei aber selbst auf die Prozesse der Massenkommunikation entscheidend einwirkt, sie formt, strukturiert und kanalisiert".[144] Die übrigen Faktoren im Feld werden so zu vom Medium abhängigen Variablen. Unter solchen Bedingungen können Kommunikatoren und Rezipienten dem Medium „immer nur selektiv" begegnen, sodass der „Spielraum ihrer Entscheidungsfreiheit" sich auf diesen „Zwang zur Selektion" reduziert.[145] Sowohl die Dispersität des Publikums als auch der Zwang zur Selektion haben sich für das Fernsehen als wichtige Eigenschaften erwiesen, deren Wirkung z.B. in fortschreitenden Abwärts-Anpassungen des Programmniveaus und im Zapping als Ausdruck von Orientierungs- und Auswahl-Problemen beobachtet werden kann.

Die Erörterung der Einzelfaktoren und ihrer Feldrelationen erfolgt nun stets mit Blick auf die Spezifika der involvierten Einzelmedien und ihrer Wechselwirkungen. So wird bei Maletzke das Fernsehen genau wie auch die übrigen Medien – und das ist ebenfalls ein wesentliches, nicht nur theorietechnisches Moment – durch eine spezifische „Merkmalskombination" bestimmt, nämlich durch die besondere Art und Weise, wie es die Rollen von Kommunikatoren und Rezipienten bestimmt, Aussagen prägt und wie sich die technischen und Verbreitungsbedingungen des Fernsehens im Feld der Massenkommunikation darstellen. Maletzke stellt seine Untersuchungen zudem auf eine sehr breite empirische Basis, indem er für die unterschiedlichen Themenfelder und Fragestellungen Forschungsberichte und Grundlagenliteratur in seiner Argumentation verarbeitet sowie auf einschlägige empirische Studien vor allem aus dem amerikanischen Forschungskontext verweist. Maletzke thematisiert das Fernsehen im Wesentlichen im Zusammenhang der Feldrelationen.

So ist das Bild der Kommunikatoren beim Publikum im Fernsehen dominiert von den Akteuren, die „von der Kamera erfaßt" werden. Das sind nur wenige. Die Mehrheit bleibt dem Publikum, obwohl oft namentlich genannt, verborgen und unbekannt. Die sichtbaren Personen, z.B. Sprecher, Schauspieler, aber auch Politiker haben beim Publikum ein besonderes „Fernseh-Image". Weil das Fernsehen von solchen Personen „weit mehr als die anderen Massenmedien" ein Bild vermitteln kann, ist es für „Propaganda und Staatsbürgerkunde" gleichermaßen relevant.[146]

Für den Fernsehzuschauer ergeben sich unter dem „Zwang des Mediums" spezifische, von „Live" oder „Konserven"-Angeboten abhängige Konsequenzen für die Wahrnehmung, die Verhaltensfreiheit, die Zeithoheit, die räumliche und soziale Situation. Die optisch-akustische Wahrnehmung macht im Falle von Film und Fernsehen „immer nur Segmente aus der optischen und akustischen Gesamtheit einer Situation"[147] zugänglich. Auch ist der Fernseh-Zuschauer zeitlich „gebunden". Der Rezeptionszeitpunkt wird von Kommunikatoren festgelegt. Wird der Sendetermin versäumt, ist die Aussage für den Zuschauer verloren. Weil das Fernsehen einen leichten, billigen und bequemen Zugang bietet, sinkt dessen „Besonderheitswert" rasant. Das TV-Gerät wird zum „Gebrauchsmöbel des Alltags", das Fernsehen zum „Gewohnheitsverhalten".[148] Die Fernseh-Rezeption in der „Intimgruppe" setzt Maletzke „als häufigste und vermutlich auch adäquateste Situation" an. Im Gegensatz zum Kino ist die soziale Situation beim Fernsehen „lockerer, geringer strukturiert, auch labiler, für Störungen anfälliger", das Verhalten meist

[146] Vgl. Gerhard Maletzke: *Psychologie der Massenkommunikation.* Hamburg 1963, S. 114f.

[147] Ebd., S. 173.

[148] Ebd., S. 175.

[149] Ebd., S. 176f.

[150] Ebd., S. 182f.

[151] Ebd., S. 185.

ungezwungen. Zusammen mit dem kleinen Bildschirmformat bewirkt dies eine größere Distanz zum Geschehen und eine geringere „Suggestivkraft der Aussage", so dass Fernsehsendungen „wacher, bewusster, kritischer als Filme im Kino" aufgenommen werden. Die „totale Aktualität" des Fernsehens bei Live-Sendungen, also das bewusste Erleben der „Gleichzeitigkeit", übt den „besonderen Reiz und die stärkste Anziehungskraft" aus.[149]

Aus der Sicht der Rezipienten dient das Fernsehen nach Ergebnissen amerikanischer Studien der „Entspannung durch Unterhaltung", Ablenkung vom Alltag, dem Ausruhen, der „emotionalen Entspannung durch Identifikation mit Figuren" und der Information. Vielsehende Kinder zeigen sich nach einer Studie von Wilbur Schramm als Phantasie-Sucher, die nach schneller bzw. sogar unverzüglicher Bedürfnisbefriedigung streben. Maletzke zitiert englische Studien, die bei Kindern eine „Verfrühung des Sozialisationsprozesses" diagnostizieren. Der vorzeitige Einblick in das Leben der Erwachsenen – wie es Fernsehspiele und Filme zeigen – löst danach Angst vor dem eigenen Erwachsenwerden aus. Das Bild der Kinder von den Erwachsenen wird nachhaltig durch Fernseheindrücke geprägt, die mit der Realität wenig zu tun haben.

Das Fernsehen wird im Vergleich mit allen anderen Medien schon um 1960 als das mit Abstand wichtigste eingeschätzt.[150] Aber nicht nur das Prestige des Fernsehens ist – auch und gerade im Falle der Werbung – hoch, es wird dem Fernsehen auch mit „übertriebenem Vertrauen" und den höchsten Authentizitätszuschreibungen begegnet.[151]

Im theoretischen Rahmen des Feldschemas und der Feldrelationen präsentiert Maletzke ein sehr differenziertes Modell des Fernsehens, seiner produktiven und rezeptiven Nutzung, seiner Funktionen für Kommunikatoren und Rezipienten und seiner Wechselwirkungen mit anderen Massenmedien, der Gesellschaft, Kultur und Politik. Betrachtet man die empirischen Befunde der 1960er Jahre im Vergleich mit neuesten Arbeiten, etwa dem Band von Manfred Spitzer, so zeigt sich, dass die Grundlinien und Grundpositionen der Argumentationen in der Wirkungsdebatte bereits in jenen frühen Jahren markiert wurden. Tendenziell sind die kritischen Befunde der frühen Jahre im Laufe der Jahrzehnte bis heute eher bestätigt worden.

Das zukünftige Fernsehen

Das Buch mit dem Titel *„Bildschirm und Wirklichkeit"*[152], von Alfons Silbermann in Zusammenarbeit mit Abraham Moles und Gerold Ungeheuer 1966 veröffentlicht, berichtet über drei Studien: (1) eine inhaltsanalytische Vergleichsstudie zum Informationsangebot von Presse und Fernsehen in Deutschland, Frankreich, Belgien, Holland und England, (2) eine Fernsehzuschauerbefragung zur Fernsehnutzung, zu Motiven, Gründen, Einstellungen und zum Fernsehsystem in Deutschland, (3) eine „antizipationssoziologische" Studie[153] zum Fernsehen im Jahre 1980.

Mit dieser prognostischen Studie zum Fernsehen aus dem Jahr 1966 schließt sich der Kreis von den prätheoretischen Fernsehutopien und der Fernseh-Science-Fiction der Wende vom 19. zum 20. Jahrhundert bis zu der ersten theoretisch und empirisch basierten Extrapolation der Fernseh-Zukunft. Die Theorie des zukünftigen Fernsehens geht aus vom seinerzeitigen Stand der Fernsehkommunikationstechnik, vom Stand fernsehtechnischer Anwendungen, den bis dahin erkannten Wirkungen des Fernsehens auf die Gesellschaft, der sozio-kulturellen Situation Mitte der 1960er Jahre und den einsatzbereiten fernsehtechnischen Möglichkeiten sowie den in der Entwicklung befindlichen Aufnahme-, Speicherungs- und Übertragungstechniken. Dabei machen die Autoren von Zusammenhängen und Regularitäten Gebrauch, die sie als Antzipationsgesetze bezeichnen und die im Wesentlichen die Entwicklungsphasen von Erfindungen und deren jeweilige Folgen betreffen: Unzufriedenheit, Idee, Patent, erstes Produkt, Versuchsfabrik, Entwicklung, Konsum, Sättigung. Die Dauer eines solchen Zyklus wird mit 20 bis 30 Jahren angesetzt, verkürzt sich aber aufgrund der technologischen Entwicklung alle fünf Jahre um zehn Prozent. Schließlich wird angenommen, dass politische, kulturelle, soziale etc. Folgen technischer Innovationen sich erst dann

[152] Alfons Silbermann: *Bildschirm und Wirklichkeit. Das Informationsangebot durch Presse und Fernsehen in fünf europäischen Ländern. Fernsehen im Jahre 1980.* Frankfurt a.M./Berlin 1966.

[153] Im Hintergrund steht hier ein Lebenszyklus-Modell für Erfindungen und deren Diffusion. Die Verwandtschaft mit den Arbeiten von Everett Rogers aus dem Jahr 1957 ist offenkundig. Allerdings gibt es keine entsprechenden Referenzen, so dass tatsächlich von einer weitgehend unabhängigen Parallelentwicklung gesprochen werden könnte. Dafür spricht auch das übrige Werk von Abraham Moles; vgl. z.B. Abraham Moles: *Soziodynamik der Kultur.* Stuttgart 1976.

zeigen, wenn ca. 30 Prozent der Marktsättigung erreicht sind. Das ist auch der Zeitpunkt, an dem politische Regulationen einsetzen. Aus diesen Vorgaben folgern die Autoren,

„dass der größte Teil der Erfindungen als zukunftstragende Tatbestände, die ihren Einfluß in 20 Jahren ausüben werden, bereits in der Form von Unzufriedenheiten, Ideen, Patenten oder selbst Produkten besteht und daher auch die sozialen, politischen, ökonomischen und sonstigen Konsequenzen für die kommenden zehn oder zwanzig Jahre vorauszusehen sind".[154]

Die Theorie des zukünftigen Fernsehens liefert nun entsprechende Szenarien, die z.B. das Farbfernsehen als neuen Standard und die allgemeine Benutzung der Videotechnik (sowohl als Amateurfernsehen wie als Kinokonserve) für die Jahre ab 1970 in Aussicht stellen, für 1980 auch die Zusammenarbeit zwischen kinematographischen und televisionellen Industrien. Sie sehen die Funktion des Fernsehens dann überwiegend als Verbreiter anderswo produzierten Materials. Damit geht auch eine Ausweitung der Wertschöpfungsketten von Film, Rundfunk, Fernsehen und Schallplatte einher. In den Haushalten werden mehrer TV-Geräte vorhanden sein, so dass es weder „Fernsehgäste", noch mehr als zwei bis drei Personen vor dem Bildschirm geben wird. Das Fernsehen wird außerdem mobil werden, „jederzeit mit auf Reisen genommen" werden können. Das TV-Bild wird Kinoqualität erreichen und von Stereoton begleitet. Viele Zuschauer werden sich ihr Programm mit Hilfe von automatischen Videoaufzeichnungen selbst zusammenstellen. Die Satellitentechnik wird das Fernsehen globalisieren, die Nutzungsgewohnheiten werden es global standardisieren. Die Autoren sehen für 1980 die Möglichkeit, überall in Europa etwa sechs bis zehn TV-Programme zu empfangen. Neben den Fernsehnetzen werden sich Bild-Datenbanken, ähnlich den Presseagenturen entwickeln und es wird zur „multiplen Kommunikation" mit der Möglichkeit audiovisueller Verbindung (Bildtelefonie) kommen.
Sozio-kulturell hat all dies zur Folge, dass etwa 80 Prozent der Bevölkerung Freizeitaktivitäten nachgehen,

die in direkter Verbindung mit den Fernsehtechniken stehen.

Das aus der Perspektive des Jahres 1965 zukünftige Fernsehen nimmt also sowohl technisch, wie programmlich und soziokulturell hinsichtlich der Art und Intensität der Nutzung eine recht konkrete Gestalt an, die wiederum aus der Rückschau unserer Tage gesehen den Möglichkeitsraum der Entwicklungen des Fernsehens weitgehend zutreffend erschlossen hat.

2.4 Fernsehen auf den zweiten Blick:
Fernsehen und die Folgen

In den USA waren in den 1950er Jahren bereits bestimmte Gebrauchsdefinitionen des neuen Mediums konventionalisiert. Das Fernsehen war schon in Alltagsroutinen integriert bzw. selbst als Alltagsroutine etabliert, während es in Deutschland noch eine Angelegenheit von „Early Adopters" war. In den USA fanden deshalb schon Mitte der 1950er Jahre und dann am Ende jener Epoche der konzeptionellen Grundlegung der Fernsehtheorie in Deutschland bedeutende Theorie-Entwicklungen statt, die den Weg über den Atlantik in die deutschen Fernseh- und Mediendiskurse erst mit Verzögerungen von vier bzw. 45 Jahren und auf Umwegen nahmen.[155]

Diese ebenfalls inzwischen als klassisch einzustufenden Arbeiten z.B. von Donald Horton und Richard R. Wohl zur para-sozialen Kommunikation von 1956 und Marshall McLuhans „*Understanding Media*" aus dem Jahr 1964, plakativ und fernseh-affin als „*Die magischen Kanäle*" in deutscher Übersetzung erschienen, analysieren Entwicklungen, Wirkungen und Eigenschaften des neuen Mediums, die erst in technisch oder kulturell reiferen Fernsehsystemen und Fernsehgesellschaften auftreten und erst mit höherer Verfügbarkeit und intensiveren Nutzungsformen des Mediums virulent werden, wie z.B. nutzungsbedingte sozio-psychische Effekte („para-soziale Interaktion"), reichweitenbedingte soziale Effekte („globales Dorf"[156]), Medialität und Ausstrahlungseffekte auf andere Medien („Das Medium ist die Botschaft"[157]), Auswirkungen auf Wissenschaft, Technik und Gesellschaft („Beschleunigung

[155] McLuhans „Understanding Media" erschien 1968 in deutscher Übersetzung, der Aufsatz von Horton und Wohl erst im Jahre 2001 in: Adelmann, Ralf u.a. (Hg.): *Grundlagentexte zur Fernsehwissenschaft.* Konstanz 2001. Davor war es im Wesentlichen Peter Vorderer, der das Konzept der para-sozialen Interaktion für die deutsche Medienforschung verfügbar gemacht hat; vgl. Peter Vorderer: *Fernsehen als Handlung* Berlin 1992 und ders. (Hg.): *Fernsehen als Beziehungskiste.* Opladen 1996. Es ist aber auch festzuhalten, dass Günther Anders – ebenfalls 1956 – über den Fall einer para-sozialen Beziehung berichtet und diesen auch fernsehtheoretisch interpretiert hat.

[156] Marshall McLuhan: *Die magischen Kanäle. Understanding Media.* Dresden/Basel 1994, S. 146.

[157] Ebd., S. 21.

[158] Ebd., S. 149.

[159] Zwar zitiert Maletzke das Konzept der para-sozialen Interaktion in seiner Psychologie der Massenkommunkation (S. 22), allerdings als Referenz im Kontext direkter und indirekter Kommunikation. Es sieht deshalb so aus, als hätte er die Pointe des Konzepts nicht erkannt. Vgl. Gerhard Maletzke: *Psychologie der Massenkommunikation.* Hamburg 1963.

[160] Enzensberger gab dieser Zurückweisung in seinem „Baukasten zu einer Theorie der Medien" (1970) meinungsbildend Ausdruck. Das Imperium, das in Deutschland herrschende Paradigma der kritischen Theorie, schlug hart zurück gegen den seinerzeit einzigen Konkurrenten im Feld allgemeiner Medientheorien; vgl. dazu auch Rainer Leschke: *Einführung in die Medientheorie.* München 2003, S. 253.

und Aufteilung"[158]). In die Linie solcher Theorieimporte gehören schließlich auch Neil Postmans medienökologische fernseh-kritische Positionen vom *„Verschwinden der Kindheit"* (1982) und vom Zu-Tode-Amüsieren (1985). Diese Arbeiten gehen über die Grundorientierungen insofern hinaus, als sie mittelfristige empirische Effekte, Folgen und Wirkungen sowie mittelfristig erkennbare Potentiale des neuen Mediums spezialisieren (z.B. im Falle der para-sozialen Interaktion bei Horton und Wohl), theoretisieren (Medien als Extensionen von Körper und Geist bei McLuhan; Fernsehen als „Medium der totalen Enthüllung" bei Postman) und teilweise (über-)generalisieren (Fernsehen als Modell der elektronischen Medien bei McLuhan und Postman).

All diese Arbeiten teilen das Schicksal einer problematischen Rezeption in Deutschland. Während die Bedeutung der Arbeit von Horton und Wohl in der ersten Theorie-Offensive zunächst nicht richtig erkannt wurde[159] lehnte die deutsche Kommunikations- und Medienwissenschaft McLuhans Arbeiten auf breiter Front als inkonsistent und unwissenschaftlich ab.[160] Aus heutiger Sicht muss man feststellen, dass McLuhans *„Understanding Media"* für die deutsche Medientheorie jener Tage entschieden zu visionär und in ihren futurologischen Ambitionen geradezu reaktionär anmuten musste. Aber McLuhans spekulative und in gewissem Sinne radikale Medientheorie, die vom gesprochenen Wort bis zur Automation (sic!) alles unter dem Aspekt von Medialität untersuchte, war ihrer Zeit in vielem voraus und lag in vielem erstaunlich richtig, z.B. mit Blick auf jene Entwicklungen, die wir heute als Makrotrends beschreiben und die Politiker und Ökonomen in aller Welt nach Kräften befördern wie z.B. die Prozesse der Digitalisierung, Informatisierung, Mediatisierung, Globalisierung usw.

Die Postman-Rezeption verlief zwiespältig. Sie fiel in Deutschland in eine Phase, in der das Fernsehen gerade erst „gesellschaftsfähig" geworden war. Raymond Williams, James Lull, John Fiske als Repräsentanten der angelsächsischen und nordamerikanischen Cultural Studies, Harry Pross für die Mediensoziologie in Deutschland, hatten das Fernsehen um die Mitte der 1970er Jahre als Tatsache, und mehr noch als sozialen und kulturellen Faktor in der Gesellschaft erkannt. Auch linke Intellektuelle, Literatur- und Medienwissenschaftler durften seitdem offen bekennen, dass sie fernsehen. Mehr noch, sie konnten sich dem Fernsehen als Forschungsobjekt nähern, ohne Reputationsverluste durch das Studium trivialer Gegenstände, wie vordem der Trivialliteratur, fürchten zu müssen. Die pejorative Bedeutung des Begriffs „Massenmedium" und sogar dieser Begriff selbst schwanden in dem Maße, wie Zuschauergruppen, Milieus und schließlich individuelle Fernsehnutzer als Zielgruppen diversifizierter und spezialisierter Kanäle und Programme in den 1980er Jahren entdeckt wurden. Diese moralische Entlastung, z.B. Erfolgsserien jener Tage wie „*Dallas*" und „*Miami Vice*" als kulturelle Angebote konsumieren zu dürfen, wurde von Postman hintertrieben, indem er das Fernsehen als Totengräber nicht nur der Kindheit, sondern auch der Schriftkultur und aller damit verbundenen bildungsbürgerlichen Errungenschaften charakterisierte. Zugleich fand er dadurch aber auch ‚natürliche' Verbündete in Gestalt des Börsenvereins des deutschen Buchhandels und dessen Stiftung Lesen, aber auch im bewahrpädagogischen Umfeld der Erziehungsinstitutionen und in linken Kreisen, die alte Argumente durch deren medienökologische Wendung aufmunitionieren konnten.

[161] Schönert belegt den Beginn einer wissenschaftlichen Trivialliteraturforschung für das Jahr 1964; vgl. Jörg Schönert/Günter Fetzer: Zur Trivialliteraturforschung 1964-1976. Eine Bestandsaufnahme. In: *IASL* 2/1977, S. 1-39. Für diese Ursprünge steht auch Friedrich Knilli: vgl. Gerhard Schmidt-Henkel/Horst Enders/Friedrich Knilli/Wolfgang Meier: *Trivialliteratur.* Berlin 1964.

2.5 Das Fernsehen und die Transformation der Geisteswissenschaften: Fernsehen als neues Medium der Literaturwissenschaft

In der Phase zwischen McLuhan (1968. Erscheinen von „*Magische Kanäle*") und Postman („*Verschwinden der Kindheit*", 1987) und noch bevor die Arbeiten der Cultural Studies ihre volle Wirkung entfalten konnten, setzte eine weitere auch fernsehtheoretisch bedeutsame Entwicklung ein, an deren Ende – und dann massiv von den Cultural Studies und den Entwicklungen im Mediensektor getrieben – sogar eine signifikante Veränderung der Wissenschaftslandschaft stand: die Literaturwissenschaften und Philologien entdeckten – bezeichnenderweise auf dem Weg über die Trivialliteratur[161] – das Fernsehen als neuen Gegenstand.

[162] Friedrich Knilli (Hg.): *Die Unterhaltung der deutschen Fernsehfamilie. Ideologiekritische Untersuchungen.* München 1971, 4. Umschlagseite. Unter den Autoren des Bandes findet sich auch Joachim Paech, später einer der ersten Inhaber eines Lehrstuhls für Medienwissenschaft in Deutschland.

[163] Ebd., S. 11.

[164] Ebd., S. 15.

[165] Ebd., S. 16. Ein Jahr zuvor war Enzensbergers „Baukasten" erschienen, von dessen Gedanke der Möglichkeit emanzipatorischen Mediengebrauchs dieser Band noch völlig unbeeindruckt ist.

[166] Helmut Schanze: Fernsehserien: Ein literaturwissenschaftlicher Gegenstand. In: *LILI* 2/1972, S. 79-94.

[167] Ebd., S. 80.

Damit wurden wesentliche Voraussetzungen geschaffen für die spätere Institutionalisierung von Medienwissenschaften seit Ende der 1980er Jahre.

Die objekttheoretische Neuorientierung der Literaturwissenschaften und Philologien setzte in etwa ein mit Friedrich Knillis „Die Unterhaltung der deutschen Fernsehfamilie" im Jahr 1971, einem Band, der deutlich in der Tradition der kritischen Theorie stand und dem es darum ging nachzuweisen, „wie die Zuschauer durch konsumfrohe Telefamilien und Westernbrutalitäten permanent indoktriniert werden".[162] Knilli diagnostizierte eine „über Genres und Jahrhunderte hinwegreichende ideologische Konformität der Unterhaltung"[163], die sich im Fernsehen lediglich als Ersatz von Textklischees durch Bildklischees, von Textbanalitäten durch Bildbanalitäten[164] artikuliere. „Der Zynismus der Bewußtseinsindustrie nimmt zu", resümierte Knilli 1971 seine Fernsehkritik, „die Nivellierung und Proletarisierung der dort Beschäftigten, aber auch deren Widerstand gegen diese undemokratische Indoktrinationsmaschine, die eben kein Medium der Massen ist, sondern unverkennbar ein Klassenmedium […]."[165]

Schon ein Jahr später – und nun systematisch und wissenschaftsstrategisch gewendet – argumentierte Helmut Schanze für Fernsehserien als literaturwissenschaftlichen Gegenstand. Er führte aus, dass Schriftsteller wie Publikum „wohl kaum mehr auf das neue Medium Fernsehen verzichten"[166] könnten bzw. wollten. Dazu zitierte er Schriftsteller und Fernsehschaffende, ja sogar Infratest-Daten, die belegen sollten, dass die Gunst sowohl der Autoren als auch des Publikums im elektronischen Zeitalter dem Fernsehen und der Fernsehunterhaltung gelte. Angesichts solcher Tatsachen, „ergibt sich für die Literaturwissenschaft die Notwendigkeit, das traditionelle Paradigma zu überdenken, und die Möglichkeit, aus der Einseitigkeit einer medialen Möglichkeit in die Offenheit für deren Vielzahl hinauszutreten".[167] Aus Sicht der „medialen Möglichkeiten" des Fernsehens erschien Helmut Schanze dessen „Neuheit allerdings kaum so revolutionär, als dass von hier aus radikale Änderungen der „Poetologie" zu erwarten wären […]. Seiner Geschichte nach, auch der institutionellen, hat das Fernsehen die Möglichkeit zweier älterer Medien in sich aufgenommen: die des Films und die des Funks. Filme werden mit Hilfe funktechnischer Distributionseinrichtungen gesendet. Die Bildtechnik, die Poetologie darstellender Künste, ist beim Film und letztlich beim Theater zu studieren. Die extreme Dispersität des Publikums kennzeichnet bereits den Funk und letztlich auch das Buchmedium mit dem „einzelnen Leser".[168] Schanze begreift 1972 das Fernsehen als „‚gemischtes Medium' [...], in dem Möglichkeiten älterer Medien, aber in charakteristischer Verkürzung aufgehoben sind".[169]

Auf diese Weise wird die Einschlägigkeit literaturwissenschaftlicher und philologischer Zugänge auch für das neue Medium plausibel. So hat sich eine literaturwissenschaftliche Analyse mit dem „fernsehspezifischen „Textverarbeitungsprozeß" (Götz Wienold)"[170] zu befassen. Fernsehen wird als Textverarbeitung verarbeitet. Neben der Film- und Fernsehwissenschaft tritt so die Literaturwissenschaft als neuer, aber legitimer und kernkompetenter Partner auf.[171] Entsprechend geht Schanze bei seiner Analyse von Fernsehserien mit dramenanalytischen Kategorien, Programmbegriffen des Theaters und mit literaturhistorischen Beschreibungsmodellen von der Commedia dell´arte und dem Realismus des 19. Jahrhunderts bis zur Gattungslehre Gottscheds vor.

Diese Ansätze nimmt Helmut Kreuzer nur drei Jahre später bereits als „Veränderungen des Literaturbegriffs" wahr, die das „Fernsehen als Gegenstand der Literaturwissenschaft"[172] endgültig etablieren. Kreuzer kritisiert die Doppelmoral gegenüber der literarischen und der audiovisuellen Kultur in den Lagern sowohl der Literaturaristokraten als auch der Linksintellektuellen. Er kritisiert die Ignoranz eines Faches, das so tut, als setze das 20. Jahrhundert das 19. einfach fort. Er folgt der Argumentation Schanzes, indem er sowohl die ökonomische Wirklichkeit der Autoren als auch die multimedial und überwiegend audiovisuell geprägte Wirklichkeit des Publikums als Tatsache benennt und diese als Gegenstand einer „literaturwissenschaftlichen Fernsehforschung" und *„Fernsehgermanistik"*[173] anspricht. „Der Literaturbegriff der Germanistik ist heute weit genug, auch Fernsehproduktionen in sich

[168] Ebd., S. 86.

[169] Ebd., S. 87.

[170] Ebd.

[171] Joachim Paech hat vor kurzem auf die bedeutende Rolle der Film- und Fernsehwissenschaft im Prozess der Entstehung der Medienwissenschaften hingewiesen; vgl. Joachim Paech: Für eine Filmgeschichte der Medienwissenschaft. In: *LILI 132, 2003*, S. 125-132.

[172] Helmut Kreuzer: Fernsehen als Gegenstand der Literaturwissenschaft. In: ders.: *Veränderungen des Literaturbegriffs.* Göttingen 1975, S. 27-40.

[173] Ebd., S. 31, meine Hervorhebung.

[174] Ebd.

[175] Ebd., S. 33.

[176] Ebd., S. 36; Kreuzer selbst bezieht seine Äußerung an dieser Stelle auf Friedrich Knillis *Ideologiekritik der Fernsehunterhaltung.*

[177] Helmut Kreuzer (Hg.): *Fernsehsendungen und ihre Formen. Typologie, Geschichte und Kritik des Programm in der Bundesrepublik Deutschland.* Stuttgart 1979.

[178] Vgl. Josef Schweikhardt: *Ästhetik des Fernsehens.* Wien 1980; Werner Faulstich: *Ästhetik des Fernsehens.* Tübingen 1982; Knut Hickethier: *Geschichte des Fernsehens in der Bundesrepublik Deutschland. Institution, Technik und Programm. Rahmenaspekte der Programmgeschichte des Fernsehens.* München 1993.

aufzunehmen [...].“[174] Kreuzer führt sodann wissenschaftspolitische, sozialpolitische, pädagogische, literatur- und gattungstheoretische Argumente für eine solche Fernsehgermanistik ins Feld, bevor er, auch mit Bezügen auf Schanze, am Beispiel der Serie feststellt: „Serienhaftigkeit ist ein Merkmal legitimer epischer Formen, die selbstverständlich trivialisierbar sind, aber nicht notwendig trivial“[175] und die Trivialliteratur der ‚Neuen Linken‘ rügt für „die generelle, zu Unrecht generelle Gleichsetzung von Unterhaltungsliteratur mit ideologisch reaktionärer Manipulation einerseits und die Gleichsetzung, zu Unrecht generelle Gleichsetzung von Kunst und emanzipatorischer Wirkung andererseits“.[176] Mit dieser Kritik der Ideologiekritik und einem Plädoyer für eine multidisziplinäre und auch empirische Erforschung des Fernsehens ebnet Helmut Kreuzer Mitte der 1970er Jahre den Weg für die kulturwissenschaftliche Medienforschung. Kreuzer selbst leistete einen der ersten substanziellen Beiträge dazu mit dem Band „*Fernsehsendungen und ihre Formen*“[177], der zugleich auch die spezielle Kompetenz literaturwissenschaftlicher Medienforschung im Bereich der Medienästhetik, Medienpoetologie, Semiologie und Dramaturgie belegt. In dieser Tradition stehen auch die fernsehästhetischen Arbeiten von Josef Schweikhardt, Werner Faulstich und Knut Hickethier.[178]

Seit 1980 entstanden u.a als Folge dieser Mediatisierung der Literaturwissenschaft fast zeitgleich an etwa siebzig Standorten in Deutschland und in nicht minder zahlreichen Varianten medienwissenschaftliche Studiengänge und Konzeptionen teils unter dem politischen Druck der von den boomenden Neuen Medien überwältigten Öffentlichkeit z.B. in der Variante einer verallgemeinerten Medienpädagogik, teils im Sog der gesteigerten Nachfrage für Qualifikationen und Forschungen im Medienbereich als Erweiterungen aus den etablierten Medien-Fächern heraus, teils getrieben vom Innovationsdruck der nicht verstummenden Debatte um die Legitimation der Geisteswissenschaften als Medienkulturwissenschaft. Die prominentesten Mütter und Väter der Medienwissenschaften – und oft ihre ärgsten Kritiker – sind neben den Philologien und der Literaturwissenschaft vor allem die Kommunikationswissenschaften, die Film- und Fernsehwissenschaft sowie die Pädagogik. Darüber hinaus sind von den technischen Wissenschaften, über Wirtschafts-, Rechts- und Politikwissenschaften bis zur Medieninformatik und zum Mediendesign zahlreiche weitere medienaffine bzw. medienrelevante Disziplinen zu den Medienwissenschaften zu zählen.

Theorietechnisch haben wir es hier mit einer Generalisierung, einer Ausweitung des Objektbereiches zu tun, nicht in erster Linie und nur höchst selten mit einer theoretisch-methodologischen Ausdifferenzierung. Die Theoriedebatte der 1980er Jahre, die in der Gestalt der Relevanzfrage praktisch alle geisteswissenschaftlichen Disziplinen erfasst hatte, bot dafür zahlreiche Gelegenheiten.[179] Zur Diskussion stand in der Literaturwissenschaft nicht weniger als ein Paradigmenwechsel, z.B. in Gestalt einer sozialwissenschaftlichen Komplementierung im theroetisch-methodologischen Bereich. Zu einer solchen paradigmatischen Innovation ist es jedoch nicht gekommen mit der Folge, dass sich Kultur- und Sozialwissenschaften noch immer bzw. nun in ihren medienwissenschaftlichen Paradigmen als unterschiedliche Kulturen gegenüberstehen. Im kulturwissenschaftlichen Paradigma der Medienwissenschaften ging und geht es wesentlich darum, das theoretische und methodische Inventar der Literaturwissenschaft und der Philologien, also hermeneutische, textanalytische und textkritische, produktions- und rezeptionsästhetische, literarhistorische etc. Verfahren auf z.B. Fernseh-Autoren, das Fernsehpublikum, Fernsehbeiträge, Fernsehprogramme und Fernsehformate anzuwenden. Zweifellos hat diese Strategie Aufmerksamkeits- und Aktualitätsgewinne erzielt, von denen die zu Kulturwissenschaften gewendeten geisteswissenschaftlichen Disziplinen von einst erheblich profitierten. Ob sie dadurch auch an Relevanz gewonnen haben, bleibt dagegen strittig.

2.6 Theorien der Normalisierung des Fernsehens

Mitte der 1970er Jahre erreichte das Fernsehen täglich knapp 80 Prozent der Bevölkerung der Bundesrepublik. Es war nicht nur zum Alltagsmedium und zum

[179] Vgl. z.B. Siegfried J. Schmidt: *Literaturwissenschaft als argumentierende Wissenschaft*. München 1975; ders.: *Grundriß der empirischen Literaturwissenschaft* Bd.1. Braunschweig/Wiesbaden 1980; Norbert Groeben: *Rezeptionsforschung als empirische Literaturwissenschaft*. Kronberg/Ts. 1977.

[180] Raymond Williams: *Television. Technology and Cultural Form.* London/New York 1975; David Morely: *Family Television: Cultural Power and Domestic Leisure.* London 1986; John Fiske: *Television Culture.* London 1987.

festen Bestandteil der sozialen und medialen Wirklichkeit, nicht nur zu einer Tatsache in den Lebenswelten fast aller Menschen geworden, sondern eben auch eine Normalität. Das Fernsehen hatte den Reiz des Neuen lange verloren, war durch die Habitualisierung, Ritualisierung und Konventionalisierung seiner Nutzung aber noch präsenter, im politischen und kulturellen Raum noch viel bestimmender geworden als jemals zuvor. Das Fernsehen war in den 1980er Jahren dann unumkehrbar zu einem Bestandteil der Kultur und einem bestimmenden Faktor in der Gesellschaft geworden.

Dieser Entwicklung trugen eine Reihe von Ansätzen Rechnung, die überwiegend aus dem anglo-amerikanischen Bereich und aus den Departments der Cultural Studies kamen. Man kann diese Ansätze als Theorien der Normalisierung des Fernsehens bezeichnen, weil sie – wie schon die Titel der Veröffentlichungen zum Ausdruck bringen – das Fernsehen als kulturelle Form (Raymond Williams) oder kulturelle Kraft (David Morely) thematisieren oder gar von einer Fernsehkultur (John Fiske) sprechen.[180] Dies sind Ansätze, die unter dem medientheoretischen Regime der kritischen Theorie in Deutschland so nicht möglich waren, weil sich dort Kultur als emanzipatorische Kategorie und Fernsehen als Inbegriff der Bewusstseins-Industrie (Hans Magnus Enzensberger) gegenseitig ausgeschlossen haben. Auch das Konzept der Kulturindustrie (Theodor W. Adorno) taugte zur Vermittlung dieser Antagonisten – wie bereits im Abschnitt 2.4.1 dargelegt – in keiner Weise. Die Anerkennung der Kulturalität und gesellschaftlichen Normalität des Fernsehens durch die Cultural Studies, die auch selbst Wurzeln in der kritischen Theorie von Adorno bis Habermas haben, brachte aber eine Art ideologische Befreiung und stimulierte so ganz wesentlich die Entwicklung der kulturwissenschaftlichen Medienforschung.

Ein zentrales Konzept der Cultural Studies in der Medienforschung und speziell in den Untersuchungen zum Fernsehen ist dasjenige des „aktiven Publikums". John Fiske hat seiner Aufsatzsammlung „*Television Culture*" einen Beitrag dieses Titels beigefügt. Man kann sogar sagen, und bei Fiske und Morely findet man die Bezüge ganz explizit, dass der Uses and Gratification

Ansatz[181] mit seinem berühmten Motto „Wir fragen nicht, was die Medien mit den Menschen machen, sondern danach, was die Menschen mit den Medien machen", den Cultural Studies ein entscheidendes Momentum gegeben haben. In allen Arbeiten geht es praktisch darum aufzuklären, wie Menschen z.B. das Fernsehen aktiv sozial nutzen,[182] wie sie Bedeutungen aktiv konstruieren, wie sie das Medium aktiv in ihren Alltag integrieren, wie sie aktiv nach einem Nutzen des Mediums für sich suchen usf.

In Deutschland ist diese Entwicklung aus der Kommunikationswissenschaft heraus z.B. von Will Teichert bereits Anfang der 1970er Jahre mit dem Nutzenansatz, einem interaktionistisch erweiterten Modell des Uses and Gratification Konzepts angestoßen worden, der „Fernsehen als soziales Handeln"[183] analysierte. Der (Medien)- Soziologe Harry Pross untersuchte 1976 in noch ideologiekritischer Manier „Soziale Determinanten des Fernsehempfangs",[184] zitierte aber Lucien Goldmanns Begriff der „Mediengesellschaft", womit eine gewisse Relativierung zumindest angedeutet ist. Nach den Texten von Williams, Morley, Fiske und anderen prominenten Vertretern der Cultural Studies ist diese Sichtweise auf das Fernsehen auch von deutschen Medienwissenschaftlern wie z.B. von Christian Doelker als „Kulturtechnik Fernsehen"[185] mit einer medienanthropologischen Orientierung aufgenommen worden. Fernsehen als Kulturtechnik durchschaut das Medium und macht es den Bedürfnissen und Interessen von Kommunikatoren und Rezipienten verfügbar. Fernsehen wird damit zum Ausdruck einer Medienkultur, die Medien aktiv kultiviert, aneignet und gestaltet. Ausdruck einer klaren Minderung des „Besonderheitswertes" des Fernsehens (Maletzke) ist schließlich auch der Trend zum Nebenbei-Fernsehen. Das „Ereignis-Medium" der frühen Fernsehjahre wurde – wie Barbara Sichtermann es auf den Begriff brachte – zum „Tagesbegleitmedium".[186]

Mit der Normalisierung des Fernsehens und der wechselseitigen – noch immer fortschreitenden – Adaptation von Fernsehen und Alltagskultur hat auch fernsehtheoretisch eine bedeutende Wendung stattgefunden. Ging es in der vor- und frühtheoretischen

[181] Vgl. Elihu Katz/David Foulkes: On the Use of Mass Media as Escape: Clarification of a Concept. In: *Public Opinion Quarterly,* 16 1962, S. 377-388.

[182] Vgl. dazu auch James Lull: The Social Uses of Television. In: *Human Communication Research 6. 3* 1980, S. 197-209.

[183] Vgl. Will Teichert: Fernsehen als soziales Handeln. In: *Rundfunk und Fernsehen 20.* 1972, S. 421-439; ders.: Fernsehen als soziales Handeln II. In: *Rundfunk und Fernsehen 23.* 1973, S. 356-382.

[184] Vgl. Harry Pross: Soziale Determinanten des Fernseh-Empfangs. In: Werner Brüssau/Dieter Stolte/Richard Wisser (Hg.): *Fernsehen. Ein Medium sieht sich selbst.* Mainz 1976, S. 301-320.

[185] Vgl. Christian Doelker: *Kulturtechnik Fernsehen. Analyse eines Mediums.* Stuttgart 1989.

[186] Vgl. Barbara Sichtermann: Vom Medienerlebnis zum Tagesbegleitmedium. In: Stefan Münkler/Alexander Roesler (Hg.): *Televisionen.* Frankfurt a.M. 1999, S. 113-126.

Phase der Entwicklung vor allem um Theorien des Fernsehens als Technologie und Programm, so lenkt die Normalisierung die Aufmerksamkeit in erster Linie auf Theorien der Fernseh-Nutzung und der Fernseh-Nutzer. Die objekttheoretische Orientierung, die Fokussierung auf bestimmte Gegenstandsbereiche scheint auch hier, wenn man die Entwicklung der Fernsehtheorien etwa mit den Theorien des Radios oder des Computers vergleicht, im Großen und Ganzen einem theoriedynamischen Phasenmodell oder Prinzip zu folgen, das vielleicht für Theorien der Kommunikation und der Medien spezifisch ist, vielleicht aber auch für die kultur- und sozialwissenschaftliche theoretische Verarbeitung technischer Innovationen allgemein gilt: die Theoretisierung richtet sich im Schwerpunkt zuerst auf die technischen Aspekte, dann auf inhaltlich-formale Dimensionen, danach auf soziale Fragen z.B. der Nutzung und der gesamtgesellschaftlichen und kulturellen Zusammenhänge.

2.7 Theorien des neuen Fernsehens –
Fernsehen und „Die Neuen Medien"

Technische Innovationen und politische Regulationsentscheidungen haben das Fernsehen immer wieder als ein neues Medium, vor allem aber als ein sehr dynamisches und immer wieder junges Medium erscheinen lassen. Ob es die Vermehrung des Angebots zunächst durch das Zweite Deutsche Fernsehen im Jahr 1963 und dann durch die Reaktion der ARD in Gestalt der Dritten Programme ab 1964 war, ob es die technische Vervollkommnung durch das Farbfernsehen und die Stereophonie ab 1970 war, die Fernbedienung, der Video-Boom in den 1980er Jahren, oder schließlich das Kabel- und Satellitenfernsehen mit Pilotprojekten und der Zulassung privater Rundfunkanbieter im Orwell-Jahr 1984, stets nahm das Fernsehen an Entwicklung und Veränderung der Nachkriegsgesellschaft aktiv teil, erst als Treiber und Ausdruck von Aufschwung und Wirtschaftswunder, dann als Referenz für Modernität und technologischen Fortschritt, schließlich als Leitmedium in der Mediengesellschaft.

Diese Innovationen sind in sehr unterschiedlicher

Weise und zum Teil erst verspätet Gegenstand fernsehtheoretischer Reflexionen geworden.

Farbfernsehen

Das Farbfernsehen war aus fernsehtheoretischer Sicht
unergiebig, weil es im Grunde nur technisch einlöste,
was die Utopien und Theorien von Robida bis Maletzke bereits konzeptuell vorweggenommen oder
bereits theoretisch z.B. als „ontologische Zweideutigkeit" (Anders) verarbeitet hatten. Allerdings war das
Farbfernsehen ein Thema für Techniker, Regisseure,
Produzenten und vor allem für die Geräteindustrie,
erst sehr viel später auch für das Publikum und die
Gerätekäufer. Jürgen Gandela, der 1972 noch einen
der ersten Aufsätze zu diesem Thema vorlegte,[187] sieht
deshalb als treibende Kräfte bei der Einführung des
Farbfernsehens einerseits die Elektronik-Industrie, die
eine neue Gerätegeneration an den mit Schwarz-Weiß-
Geräten fast gesättigten Markt bringen möchte, andererseits aber die Fernseh-Anstalten selbst, die wissen,
dass das Publikum mit der Farbe ein modernes Image
verbindet. So setzt die ARD auf farbige Unterhaltung
und das ZDF auf farbig attraktivierte Werbung. Vor
allem aber sind die Anstalten auf die internationale
Konkurrenzfähigkeit ihrer eigenen Produktionen im
Lizenzgeschäft angewiesen. Schließlich erobern die
Bild-Techniker in der Fernsehproduktion mit der Farb-
TV-Technik vorübergehend ein Gebiet, in dem sie ihre
technischen Kompetenzen gegenüber den Regisseuren
und Produzenten ausspielen können. Hilmar Mehnert
hat in einem umfangreichen Standardwerk zur Farbe
in Film und Fernsehen die farbdramaturgischen Besonderheiten des Fernsehens auf breiter farbpsycho-
logischer, produktions- und reproduktionstechnischer
Basis untersucht, und Empfehlungen für die Gestaltung von Farbfilmen für das Fernsehen erarbeitet.[188]
Dennoch tut sich mit dem Farbfernsehen viel eher ein
technik-soziologisches Feld der Theoriebildung auf als
ein produktions- oder rezeptionsästhetisches. Auch
die bis heute andauernde Konkurrenz der Standards
bzw. Normen (NTSC, SECAM, PAL) stünde hier unter protektionistischen und organisationstheoretischen

[187] Vgl. Jürgen Gandela: Zur Einführung des Farbfernsehens in der BRD. In: Dieter Prokop (Hg.): *Massenkommunikationsforschung. Bd. 1. Produktion.* Frankfurt a.M.,
S. 167-178; vgl. auch die dort gemachten Angaben zu Artikeln von Elisbeth Noelle-Neumann und Uwe Johannsen u.a. aus den Jahren 1968 und 1969.

[188] Vgl. Hilmar Mehnert: *Die Farbe in Film und Fernsehen.* Leipzig 1974.

[189] Zit. nach: Hartmut Winkler: *Switching – Zapping.* Darmstadt 1991.

[190] Vgl. Hartmut Winkler: Ein, zwei, ein, vier, x. Switching: Die Installation der Tagtraummaschine. In: ebd. *Kirche und Rundfunk, Nr. 85, 1990,* S. 5-8. Winkler bezieht sich auf Angaben von Michael Buß.

[191] Vgl. Horst Opaschowski: *Freizeit und Fernsehkonsum im Wandel.* Hamburg 1992.

[192] Es ist dies ein keineswegs nur auf das Fernsehen beschränktes Phänomen. Auch das Überblättern von Seiten in Zeitungen, Zeitschriften oder Büchern ist ein Zapping-Phänomen.

Gesichtspunkten als technik-soziologischer und technik-politischer Sachverhalt zur Analyse an. Die Verbesserung der Bildqualität und die Leistungssteigerung durch das Farbfernsehen auf allen bislang diskutierten Wirkungsdimensionen sind so offenkundig, dass sie keine Herausforderung an die Fernsehtheorie im engeren Sinne dargestellt haben.

Remote Control: Fernbedienung der Affekte

Die Fernbedienung gilt ab Mitte der 1970er Jahre als technischer Standard. Ihr Potenzial zur Veränderung von Seh- und Nutzungsgewohnheiten konnte sie jedoch erst nach der Liberalisierung des Fernsehmarktes 1984 ausspielen, nachdem das Programmangebot sich verzehnfacht hatte. Hartmut Winkler zitiert dazu den Feuilleton-Chef der Zeit, Ulrich Greiner, mit den Worten: „Man wird das Fernsehzeitalter zukünftig in zwei Epochen einteilen müssen: In die vor der Fernbedienung und die danach."[189] Tatsächlich hat die Fernbedienung die Nutzungsweise des Fernsehens radikal geändert. Nur noch ein bis zwei Prozent der Zuschauer sehen eine Sendung vollständig von Anfang bis Ende. Die Mehrheit stellt sich eine Art eigenes Programm durch häufiges Hin- und Herschalten zusammen,[190] über drei Viertel der Zuschauer nutzen aktiv die Fernbedienung, fast jeder Dritte schaltet etwa fünfmal am Abend zwischen den Programmen hin und her, jeder Zehnte schaltet am Abend mindestens neun Mal von Programm zu Programm.[191] Die Gründe für dieses unstete, „zerstreute" (Winkler) Schauen sind vielfältig.[192] Vordergründig (fern-)bedient der Benutzer sein Fernsehgerät; rezeptionsästhetisch und rezeptionspsychologisch wird aber etwas ganz anderes remote kontrolliert: Affekte.

Mit der Zapping-Theorie des Fernsehens, die eine TV-Nutzungstheorie ist, kommt zwar kein neues Medium in den Blick, es zeigen sich aber für die Programme recht klare Ablehungsprofile als Reaktanzen z.B. gegenüber Werbeblöcken oder als langweilig oder uninteressant empfundenen Programmsequenzen und Sendungen. Das Switching wird dagegen als Suchverhalten interpretiert. Auf der Suche nach anregenden oder interessanten Programmen wird durch die Kanäle geswitcht. Davon wiederum ist das Channel-Hopping zu unterscheiden, die parallelen Verfolgung von Sendungen auf mehreren Kanälen.

Das Umschaltverhalten der Zuschauer ist dabei überwiegend affekt-getrieben; es ist eingebunden und erfüllt Funktionen im Prozess des individuellen „Mood-Managements".[193] Dolf Zillmann unterscheidet verschiedene Prinzipien der Stimmungs- oder Erlebnisqualitätsverbesserung durch Programmwahl:

> „Verbesserung durch Erregungsunverträglichkeit und durch hedonistische Unverträglichkeit. Erregungsunverträglichkeit ist offensichtlich wirksamer als Erregungsverträglichkeit. Langeweile wird besser mit erregenden als mit entspannenden Sendungen bekämpft, Streß besser mit entspannenden als mit aufpeitschenden. Gleichermaßen offensichtlich ist, dass gegen Depression besser mit aufmunternden, lustigen Sendungen vorgegangen werden kann als mit trübsinnigen, tragisch endenden."[194]

Von „kognitiver Unverträglichkeit" kann man sprechen, wenn negative Erfahrungen aus der sozialen Realität durch positive Reaktionen auf Medienangebote kompensiert werden, das „seelische Gleichgewicht" z.B. nach negativen Sanktionen durch „unterstützende Informationen" aus dem Fernsehen wieder hergestellt wird.[195]

> „Der wahrscheinlich wichtigste Mechanismus der Gemütskontrolle basiert auf emotioneller Unverträglichkeit. […] Die größtmögliche Unverträglichkeit zwischen den Emotionen, die in den Sendungen dargeboten werden, und den Emotionen, die der Rezipient zum Medienkonsum mitbringt, hat die größte Chance, störende Affektionen zu drosseln."[196]

Zillmann gibt mit seiner Theorie des Mood-Managements die entscheidende Antwort auf die Fragen, die z.B. Hartmut Winkler in seiner Zapping-Switching Theorie stellt. Was wird aus den Sinneinheiten der Sendung und des Programms, wenn diese durch das Switching „zerfleddert" werden? Welcher Sinn bleibt übrig, wenn Alles mit Allem „gemixt" wird? Winkler bietet sozusagen eine Theorie des multiplen Sinns an, die sich aus den Beziehung einzelner Einstellungen zur

[193] Vgl. Dolf Zillmann: Über behagende Unterhaltung in unbehagender Medienkultur. In: Louis Bosshart/ Wolfgang Hoffmann-Rim (Hg.): *Medienlust und Mediennutz.* München 1994, S. 41-57.

[194] Ebd., S. 47.

[195] Vgl. ebd., 47f.

[196] Ebd., S. 48.

[197] Vgl. Hartmut Winkler: Ein, zwei, ein,vier, x. Switching: Die Installation der Tagtraummaschine. In: ebd. *Kirche und Rundfunk.* Nr. 85, 1990, S. 5-8; ders.: : *Switching – Zapping.* Darmstadt 1991; S. 36 -52, 121.

[198] Ebd., S. 8.

[199] Für die folgenden Zitate: http://www.philosophia-online.de/mafc/heft2001-03/tillmann_fernbedienung.htm (28.12.2006)

Welt des Rezipienten speist. Er bietet das Aufbegehren gegen einen „diktatorischen Bildfluss", die „Struktur der Überraschung" durch Umschalten, der „Bedeutung aus Zufall" an, greift auf die ästhetischen Kategorien der „Zerstreuung" und des „Tagträumens", schließlich auf die Montage als ästhetisches Konstruktionsprinzip zurück.[197] Am Ende bleibt ein typisch postmodernes Fazit: mit dem Switching „zergeht die Vorstellung, das gutwillige Gerede der ‚talking heads' könne die Welt noch einmal zusammensetzen."[198]

Für den ungarischen Kulturwissenschafter Jozsef Tillmann übernimmt und potenziert die Fernbedienung jene ursprünglich dem Fernsehen selbst zugeschriebenen Leistungen. Er wählt Metaphern, die den vortheoretischen Fernsehutopien nahe stehen:[199]

„Mit dem Aufkommen der Fernbedienung und der Vergrößerung des Programmangebotes konnte nun auch der Zuschauer selbst den Zauberstab „in die Hand nehmen": bequem kann er jetzt den Strom der auf ihn einströmenden Bilder unterbrechen und aus ihm auswählen. In seiner Hand befindet sich eine Apparatur, die sowohl mit einem Schwert (Laserschwert), als auch mit einem Gewehr verglichen werden könnte: man kann mit ihr schneiden, aber man muß auch mit ihr zielen."

„Der Zauberstab der Fernsicht weist, was seine Gestalt und seine Anwendung betrifft, eine ebenso starke Ähnlichkeit mit der Fernbedienung auf, wie in Hinsicht auf seine Auswirkung auf die Kartographie. […] Mit einer Fernbedienung in der Hand kann sich jeder Mensch auf dem Gipfel seiner Macht fühlen. Auf ein Winken seines elektronischen Zepters können Welten vergehen und wieder auferstehen. Durch eine Handbewegung können Folgen von Bildern entstehen, werden unhörbare entfernte Laute hörbar. Unter seiner in die Ferne ausgestreckten Hand können wollüstige Wünsche oder auch Alpträume Wirklichkeit werden."

„So ist die Fernbedienung der verborgene Totempfahl in der Zeit einer von der Technik verordneten Untätigkeit und Lethargie, der Zauberstab für übergangsloses Schneiden und Wechseln, das Steuerorgan der Verbindung von Fernem und Nahem."

Video – „Die neue Potenz"[200]

Als „neue Potenz" apostrophieren Claus Eurich und Gerd Würzberg 1983 die Heim-Video-Technik, die – ein Jahr vor der Liberalisierung des Rundfunks in Deutschland – einen ersten Höhepunkt ihres Booms erreicht. Zwar hatten sich bestimmte Erwartungen, die noch 1970 mit dem „Kassettenfernsehen" verbunden wurden, nicht erfüllt. Aber einige der Befürchtungen aus jenen Tagen, als das Medium auf die Welt kam,[201] waren Anfang der 1980er Jahre bereits übertroffen.

So hatten sich, gleich nachdem 1969 das erste, noch analoge Heim-Videosystem von Philips und Grundig der Öffentlichkeit vorgestellt worden war, Medienunternehmen wie Bertelsmann, Springer oder Holtzbrinck sowie Elektronikkonzerne wie Bosch durch strategische Beteiligungen und Partnerschaften in der Geräteindustrie und bei Programmanbietern schon auf radikale Veränderungen des Fernseh-Marktes eingestellt. Wie Dieter E. Zimmer 1970, also noch vor der Markteinführung, in einem „Generalüberblick über das Thema Videokassette" in der Zeit berichtete, herrschte in der Elektronikbranche und bei den Film- und Fernseh-Produzenten eine regelrechte Aufbruchstimmung. Wer sich jetzt durchsetze, habe den „Markt der Zukunft in der Hand".[202]

Zimmers Beitrag stellt eine sehr luzide prä-theoretische, prospektive Schau auf dieses neue Medium dar. Er macht zunächst auf ein terminologisches und fernsehtheoretisch bedeutsames Problem aufmerksam, das Video-Spezifika im Vergleich mit dem Fernsehen betrifft. Den Begriff des Kassettenfernsehens hält er nämlich schon deshalb für „unpassend, weil es sich eben nicht um Fernsehen handelt, sondern gerade darum, daß der Fernsehzuschauer sich unabhängig von den Programmen machen kann […], indem sich jeder sein eigenes Programm von Bild-Ton-Konserven zusammenstellt".[203] Entsprechend müsste ein „perfektes System" optimale Bildqualität, einen akzeptablen „Einstiegspreis", „Handlichkeit und Idiotensicherheit in der Bedienung", Möglichkeiten zum Abspielen eigener Aufnahmen und zum Mitschneiden der Programme der Fernsehanstalten, den Buch- oder Schallplattenpreisen

[200] Claus Eurich/Gerd Würzberg: *30 Jahre Fernsehen. Wie das Fernsehen unser Leben verändert hat.* Reinbek b. Hamburg 1983, Kap. 5, S. 193.

[201] vgl. Dieter E. Zimmer: Ein Medium kommt auf die Welt. In: *Die Zeit*, Feuilleton, No. 11, 1970; hier zitiert nach: *http://hermes.zeit.de/pdf/archiv/archiv/1970/11/Zt19700313_013_0042_F.pdf* (2.2.2007)

[202] Ebd., S. 1.

[203] Ebd.

vergleichbare Kassettenkosten und nicht zuletzt Standbild und Einzelbild-Optionen bieten. Neben der rasanten Entwicklung der Amateur-Videographie wurde
von einem solchen System vor allem erwartet, dass es
sich, getragen von der Notwendigkeit des lebenslangen
Lernens, getrieben von Lehrerknappheit und explodie-
renden Schülerzahlen in erster Linie und massiv im Bereich der Aus- und Weiterbildung, der Lehr- und Lern-
programme etablieren würde. Deshalb hatte z.B. Bosch
bereits eine „Systemgemeinschaft" mit dem Klett Verlag gebildet. Es ging dabei um nicht weniger als die Ablösung „altmodischer Unterrichtsmethoden", die das
neue Medium „ohnehin weit übertreffen" würde. So
wurde mit „erheblichen öffentlichen Geldern" für diesen Sektor kalkuliert. Das Unterhaltungsangebot stand
zunächst tatsächlich im Hintergrund. Für die private
Nutzung dachte Dieter E. Zimmer zwar auch an „dä-
nische Pornofilme", vor allem aber an Oper, Theater,
Show und Pop-Programme auf Bildkassetten; er erwartete auch „mit Sicherheit die Kassettenthriller", noch in
Erinnerung an die Durbridge- und Wallace-Krimis der
ersten Fernsehjahre. Von der Bildkassette als Lehr- und
Lernmedium erwartete man auch die „Integration von
Schrift und Bild", ein Multi-Medium, das Kunstbücher
und Reiseliteratur, aber auch ganz neuartige Kunstwerke als/auf Bildkassetten ermöglichen würde, die „alles
in einem" sein würden: Bild, Dokument, Konzert, Film
und Roman. Auch Illustrierte als Kassettenmagazine,
nach dem Lesezirkel- oder Buchgemeinschafts-Modell
vertrieben, schienen möglich. Wegen der hohen Kosten bespielter Kassetten kamen für die Vermarktung
zunächst nur Geschäftsmodelle aus dem Bereich des
Verleihs in Frage, mit sinkenden Preisen wurde auch
der Verkauf in Buchhandlungen, Supermärkten usf.
angedacht, so dass „alle Vertriebsformen nebeneinander" genutzt werden könnten.

Solche ökonomischen, technischen und ästhetischen
Projektionen spricht Zimmer zwar noch explizit als
„Utopien" an, aber er sieht diese an der Schwelle ihrer
Verwirklichung. „Diese Zukunft", schreibt er, „beginnt
in den nächsten Monaten."

Die Fernsehanstalten befürchteten bereits eine Ab-
wanderung von Personal in die Kassettenproduktion,

den Rückgang der Zuschauerzahlen und sinkende Werbeeinnahmen. Die Verlage befürchteten eine weitere Zurückdrängung des Buches; die Kinobranche sah sich vor einer neuen Herausforderung.[204] Dem großen ökonomischen Durchbruch standen aber 1970 noch erhebliche technische Probleme wie die geringe Kopiergeschwindigkeit, hohe Kosten, vor allem aber das „Systemdurcheinander", der „Systemwirrwarr" entgegen, der aus der Entwicklung unterschiedlicher Videoformate (z.B. Video 2000, Video 8, VHS, Betamax usw.) entstanden war.

Zehn Jahre später, 1982, befand sich in jedem zehnten Haushalt der Bundesrepublik ein Videorecorder, boten etwa 5000 Videotheken oder Video-Großmärkte ca. 5000 verschiedene Video-Titel an, unter denen ‚Horror-Brutalo-Kriegs- und Action'-Filme mit ca. 50 Prozent Anteil dominierten, ‚Abenteuer, Krimi, Western' machten weitere 25 Prozent aus, ‚erotische Filme' etwa zwölf Prozent, auf die Sparte ‚Aus- und Weiterbildung' entfielen zwei Prozent.[205] In Politik und Öffentlichkeit ist von „Auswüchsen auf dem Videokassetten-Markt"[206] die Rede. Eurich und Würzberg können das Medium Video 1983 bereits im Lichte erster Nutzungsstudien und Marktentwicklungen aus einer empirischen und theoretischen Perspektive beobachten. Sie analysieren es als „ausgeprägt männliches Medium", das seine Attraktivität aus dem „Zusammenhang [...] zwischen sexuellen und technischen ‚Männerphantasien', zwischen Computer-Rationalität und männlicher Denk- und Gefühlswelt"[207] gewinnt. Werbe-Kampagnen propagieren „Video *statt* Fernsehen." „Filme per Video" zu sehen, wird zum dominanten Motiv der Videotheken-Kunden. Im *Zeit-Magazin* wird dafür der Begriff des „*Privatfernsehens*" geprägt, und *HörZu* spricht vom „Fernsehspaß, den Sie sich selber machen können".[208]

Eurich und Würzberg bieten drei Vermutungen zur Theoretisierung des Phänomens Video an.

(1) Video bietet die Möglichkeit, versäumtes Fernsehen nachzuholen. Dadurch wird die Angst, sozial obligatorische Programmangebote zu verpassen und ein daraus womöglich resultierender Fernseh-Zwang, gemindert. Für die Anstalten führt die

[204] Vgl. ebd., S. 3ff.

[205] Vgl. Claus Eurich/Gerd Würzberg: *30 Jahre Fernsehen. Wie das Fernsehen unser Leben verändert hat.* Reinbek b. Hamburg 1983, S. 194f.; dort werden diese Zahlen des Deutschen Video-Instituts für 1982 zitiert.

[206] Ebd., S. 195, meine Hervorhebung; zitiert wird dort eine dpa-Meldung über einen Antrag der SPD-Fraktion im Bundestag.

[207] Ebd., S. 197, 199.

[208] Ebd., S. 200f.

[209] Vgl., S. 202 ff.

[210] Vgl. Kay Hoffmann: Videomarkt Bundesrepublik. Strukturelle Probleme werden immer offentsichtlicher. In: *Meaia Perspektiven* 5/1989, S. 277-287.

intensive Aufzeichnung gesendeter Programme zu „umfassenden inhaltlichen Veränderungen des Fernsehprogramms", z.B. zu einer Aufwertung von Live-Formaten, in deren Folge schließlich auch die heute aktuellen Reality-Formate entstanden sind. Auch die Einblendung des Anstalts-Logos ist eine Konsequenz der Aufzeichnungs-Praxis, die einer weiteren kommerzielle Verwertung und der Verletzung von Urheberrechten vorbeugen sollte.

(2) Durch die Nutzung von Video wird die Sehdauer auch bei Kindern weiter zunehmen. Die Personalisierung des Video-Konsums nach individuellen Neigungen, die „Aufsplitterung der Rezeptionssituation in den Familien" fördert einen Prozess der Vereinzelung.

(3) Video kompensiert das mit dem Fernsehen oft verbundene „schlechte Gewissen", indem es suggeriert, das Medium „selbstbestimmt" zu nutzen. Dieser Eindruck wird durch den Besitz einer Videokamera und elementare amateurhafte Produktionskompetenzen noch verstärkt. Video wird zum „Man könnte Medium" (Michael W. Thomas). Tatsächlich gab es aber keine ernst zu nehmende „Videokultur". „Alles dreht sich um die Optimierung des Aufzeichnens, Kopierens und der Wiedergabe."[209]

Seit 1989 ist der Video-Markt nach amerikanischem Muster fest in die Verwertungsketten der Filmindustrie integriert, die Filme als VHS-Video bzw. inzwischen als DVD einige Wochen nach dem Kinostart für die Dauer weniger Monate in den Verleihbetrieb der Videotheken geben, um sie anschließend als Kaufware über alle Vertriebswege zu vermarkten.[210]

Eine weitere Entwicklung geht mit dem Video-Boom Hand in Hand: Telespiele, über Spielkonsolen (z.B. Magnavox, Atari, Nintendo Entertainment System) an das Fernsehgerät angeschlossen, und die ersten Computer-Games für Heim- und Personalcomputer wie den Commodore C64, den Atari-XL oder den IBM-PC.

Kabel- und Satelliten-Fernsehen

Am 1. Januar 1984 startete in Ludwigshafen das erste Kabelpilotprojekt, weiter Pilotprojekte folgten am

1. April in München, am 1. Juni 1985 in Dortmund und am 29. August 1985 in Berlin. Während die Kabelpilotprojekte liefen, wurden in den Ländern die gesetzlichen Voraussetzungen für den privaten Rundfunk geschaffen. Am 4. November 1986 legte das Bundesverfassungsgericht in seinem vierten Rundfunkurteil die Rahmenbedingungen des zukünftigen dualen Rundfunksystems fest.

Die Kabelpilotprojekte wurden von den politischen und wirtschaftlichen Entwicklungen sehr schnell überholt. Dennoch erbrachte die Begleitforschung wichtige Ergebnisse, die z.T. bis heute – als Elemente einer Theorie des Kabelfernsehens – Relevanz beanspruchen können. So resümiert Bernd-Peter Lange die Ergebnisse des Dortmunder Kabelpilotprojektes vor allem mit Blick auf den Lokalbezug, der über geographische Kriterien und Regionalität, Betroffenheit, Akteure vor Ort sowie lokale Schauplätze bestimmt wird. Lokalprogramme des Kabelfunks, darunter auch das Lokalfernsehen, haben die Vielfalt der lokalen Publizistik erhöht. Die Fernsehdauer ist im Pilotprojekt um eine halbe Stunde gestiegen. Private Programme wurden in erheblichem Umfang und auf Kosten öffentlich-rechtlicher Angebote genutzt. Das Nutzungsverhalten zeigt sich weitgehend abhängig vom sozialen Kontext mit der Folge soziokultureller Polarisierung.[211] Insbesondere wurden direkte Konsequenzen für den Alltag von Kindern beobachtet, z.B. nahezu eine Verdoppelung der Sehdauer. Die Begleitkommission schließt deshalb nicht aus, „dass langfristig veränderte Nutzungsgewohnheiten sich ausbilden, mit Folgen für die Entwicklung, das Lernen und das Wirklichkeitskonzept der Kinder."[212] Es zeigen sich auch Verhaltensunterschiede von Familien in verkabelten und nicht-verkabelten Haushalten. „Soziale Aktivität, Adaptabilität, verbunden mit höherer Schichtzugehörigkeit, garantieren am ehesten auch bei erweitertem Programmangebot flexible und vielseitige Kommunikationsmuster." Und: „Je problematischer Familienverhältnisse sind, desto eher wird das Fernsehen zur Problemkompensation eingesetzt."[213] In Kabelhaushalten sehen auch ältere Menschen länger fern, bei Arbeitslosen erhöhte sich die Sehdauer fast auf das Doppelte.

[211] Vgl. Bernd-Peter Lange: Wichtige Ergebnisse der Begleitforschung zum Kabelpilotprojekt Dortmund. In: *Media Perspektiven* 4/1989, S. 219.

[212] Ebd., S. 221f.

[213] Ebd., S. 222.

214 Ebd., S. 225.

Die im Dortmunder Pilotprojekt beobachtete soziokulturelle Polarisierung durch das Kabelfernsehen
veranlasst die Kommission so etwas wie verschiedene
Fernsehkulturen – eine öffentlich-rechtliche und eine
private – zu unterstellen und demgemäß auch eine
„asymmetrische Regulierung für die beiden Säulen des
dualen Rundfunksystems zu fordern.[214]

Die Hypothese der soziokulturellen Polarisierung
entlang der privaten und öffentlich-rechtlichen Fernsehprogramme gilt ebenso wie der Befund der gravie-
renden Zunahme der Sehdauern auch für das Satellitenfernsehen.

Fernsehen als Neues Medium

An dieser Stelle ist deutlich, was der Begriff der Neuen
Medien, wie er sich in den 1980er Jahren im öffentlichen und politischen Diskurs etablierte, für das Fernsehen bedeutet. Innerhalb eines Jahrzehnts (von etwa
1975 bis 1985) veränderten sich die Fernsehlandschaft
und das Medium selbst grundlegend durch:

(1) eine Vervielfachung des Programmangebots von
    drei bzw. fünf terrestrisch empfangbaren Program-
    men auf über ca. 30 im Kabelnetz verfügbare bis zu
    rund 300 über Satelliten zu empfangende Program-
    me, flankiert von einem exponentiell wachsenden
    Video-Markt mit Leih- und Kaufkassetten bzw.
    DVDs;

(2) eine Verschiebung der inhaltlich-thematischen, dra-
    maturgisch-ästhetischen   Programmschwerpunkte
    von nach öffentlich-rechtlichen Prinzipien struktu-
    rierten Vollprogrammen zu Angebotsstrukturen, die
    nach Prinzipien des werbefinanzierten Angebots
    und des Marktes auf Wünsche, Interessen und Be-
    gierden möglichst großer Publikumssegmente abge-
    stimmt werden;

(3) eine signifikante Verlängerung der durchschnitt-
    lichen Seh- und Gerätenutzungsdauern, verstärkt
    durch Spiele und Heim-Video;

(4) eine deutliche soziokulturelle Polarisierung der Ge-
    sellschaft mit gravierenden Folgen insbesondere für
    Kinder und Jugendliche;

(5) schließlich verstärkt noch die mediale, öffentliche

und politische Aufmerksamkeit sowohl auf die Medieninnovationen selbst als auch besonders auf deren „Auswüchse" und die offenkundigen medienpädagogischen Defizite den Innovations-Schock.[215]
Aus Sicht einer Geschichte der Audiovisionen[216] erscheinen solche binnenmediale Schocks jedoch als medienhistorische Normalität, sogar beinahe harmlos im Vergleich mit jenem Umbruch, der das ganze Fernsehen in allen seinen Formen und Facetten bloß als ein Zwischenspiel in der Geschichte der Audiovisionen erscheinen lassen wird.

[215] Zum Schockbegriff als mediendynamische Kategorie, vgl. Gebhard Rusch: Mediendynamik. In: *Navigationen* 7, 1, 2007, S. 13-93; dort wird der Innovations-Schock genauer als ein Interferenz- oder Resonanz-Schock analysiert.

[216] Vgl. Siegfried Zielinski: *Audiovisionen. Kino und Ferrnsehens als Zwischenspiele in der Geschichte.* Reinbek b. Hamburg 1989.

Computer als Neues Medium –
Medientheorien des Computers

Das jüngste neue Medium, der Computer, ist wie schon andere Medien zuvor nicht als Medium, sondern bekanntermaßen als Rechenmaschine erfunden worden. Und tatsächlich ist es eine erst in den letzten zehn Jahren medientheoretisch intensiver reflektierte Frage, ob der Computer als Apparat oder in seinen zahlreichen Anwendungen überhaupt ein Medium ist. Wieder war es Marshall McLuhan, der als erster Medientheoretiker schon 1964 in *Understanding Media* den „Computer", den „Elektronenrechner" als „elektrisches Medium" in einer Reihe mit Presse, Telefon, Rundfunk, Fernsehen und Fernschreiber begriffen hat. Auch in dem theoretisch expliziteren *Laws of Media* von 1988, das er zusammen mit seinem Sohn Eric verfasste[1], war er der Computer-als-Medium-Debatte, die in Deutschland etwa 1990 einsetzte, noch immer weit voraus. Dies bedeutet freilich nicht, dass Computer nicht schon sehr viel früher, z.B. bei Douglas Engelbart, als Medien genutzt und angesehen wurden, oder dass nicht auch noch früher, wie z.B. von Vannevar Bush, Visionen eines Mediums entwickelt worden wären, die der Computer in seinen Anwendungen schließlich ein- und überholte.

Auch aus der Belletristik, speziell der Science Fiction, sind Antizipationen und kryptotheoretische Konzepte eines Computermediums, hypertextueller Ästhetik und virtueller Realität bekannt, z.B. von Jorge Luis Borges *El jardin de senderos que se bifurcan* von 1941[2] oder von Herbert W. Frankes *Gedankennetz* von 1961,[3] Stanislaw Lems *Summa Technologiae* von 1964[4] oder Daniel F. Galouyes *Counterfeit World* bzw. *Simulacron-3* von 1964, ein Stoff, der zudem von Rainer Werner Fassbinder 1973 unter dem Titel *Welt am Draht* verfilmt und im deutschen Fernsehen ausgestrahlt wurde.[5] Nicht zuletzt hat eine Wortschöpfung aus William Gibsons Roman *Neuromancer* die symbolhaften Hervorbringungen von Computern, wie sie auf den Bildschirmen sichtbar werden, auf den Begriff gebracht:

„*Cyberspace*. Eine Konsens-Halluzination, tagtäglich erlebt von Milliarden zugriffsberechtigter Nutzer in allen Ländern

---

[1] Vgl. Marshall McLuhan: *Die magischen Kanäle. Understanding Media*. Dresden, Basel 1994 (Orig. 1964; dtsch. 1968), S. 520-540; ders./Eric McLuhan: *Laws of Media*. Toronto 1988, S. 188f.

[2] Vgl. Jorge Luis Borges: *Der Garten der Pfade, die sich verzweigen. In: ders.: Fiktionen.* Frankfurt a.M. 1994, S. 77-89.

[3] Vgl. Herbert W. Franke: *Das Gedankennetz*. München 1961.

[4] Vgl. Stanislaw Lem: *Summa technologiae*. Frankfurt a.M. 1981 (Originalausgabe 1964).

[5] Vgl. Daniel F. Galouyes: *Counterfeit World*. London 1964; das Buch erschien unter dem Titel *Simulacron-3* 1964 auch in New York bei Bantam Books; dtsch. *Welt am Draht*. München 1965. Der Stoff wurde zweimal verfilmt, zuerst von Rainer W. Fassbinder 1973, dann von Josef Rusnak 1999 unter dem Titel *The 13th Floor – Bist Du, was du denkst?*

[6] William Gibson: *Die Neu-romancer-Trilogie.* München 2000, S. 87 (meine Hervorhebung).

[7] So auch Lev Manovich: New Media from Borges to HTML. In: Noah Wardrip-Fruin/Nick Montfort (Hg.): *The New Media Reader.* Cambridge MA./London 2003, S. 15. Vgl. auch Helmut Schanze (Hg.): *The New Medium. Joint ALLC-ACH-Conference. Book of Abstracts.* Siegen 1990.

[8] Vgl. ebd., S. 16-23.

(…). Eine grafische Wiedergabe von Daten aus den Banken sämtlicher Computer im menschlichen System."[6]

1. Theorie der Neuen Medien

Der Begriff der „Neuen Medien" tritt im theoretischen Diskurs über die Digital- und Netzmedien vollständig in den Hintergrund. Es erscheint auch wenig nützlich, mit Blick auf Computer und Internet, digitale und mobile Medien einen Sammelbegriff theoretisch zu elaborieren, der seine historische Relativität seit Platons Schriftkritik mit jedem neuen Medium nur wieder bestätigt hat[7]. Eine Theorie der Neuen Medien kann (nur) diese Relativität beschreiben und erklären. Insofern bleibt sie zu ihrem Gegenstand, wie er auch jeweils historisch verwirklicht sein mag, immer in gewisser, wenngleich vermittelter Distanz. Niemals ist die Neuheit als solche erklärungsbedürftig, sondern das Neuartige selbst. Das ist wohl auch der Grund, warum Norbert Bolz in seiner *Theorie der neuen Medien* von 1990 nicht zur Sache kommt, sondern mit Nietzsche und Wagner, Benjamin, McLuhan und Luhmann „Urszenen der neueren Mediengeschichte" neben medientheoretischen Stereotypen und Elementen einer nicht nur medientheoretisch problematischen autopoietischen Sozialtheorie zitiert, die einfach nicht zusammenkommen, sich zu keiner Theorie der neuen Medien verdichten. Es gibt die Theorie der neuen Medien eben nur im Plural, nämlich als Darstellung, Analyse und Bewertung der historisch im diskursiven Anschluss an die Vorgänger sich entwickelnden und den Medienumbrüchen immer wieder nacheilenden Theorieangebote, wie sie im vorliegenden Band dargestellt werden.

Aber auch der Begriff der Neuen Medien ist unscharf. Lev Manovich bietet in *New Media from Borges to HTML* acht Lesarten des Konzepts der Neuen Medien an, die im öffentlichen Diskurs präsent sind:[8] Erstens lassen sich Neue Medien als computergenerierte Kultur-Produkte verstehen im Gegensatz zu einer Cyber-Kultur, die soziale Phänomene des Internet und der vernetzten Kommunikation adressiert. Zweitens kann der Begriff der Neuen Medien die Computer-Technologie insbesondere als digitale Plattform für die

Produktion, Präsentation und Distribution kultureller Produkte bezeichnen. Drittens werden Neue Medien als digitale Daten verstanden, die von Computern und Software verarbeitet werden. Viertens lassen sich Neue Medien verstehen als Mix bestehender älterer kultureller Konventionen der Datenverarbeitung (wo Daten visuelle und andere menschliche Erfahrungen repräsentieren) und neuerer Konventionen des Datenmanagements (in denen Daten rein numerischer Natur sind). Fünftens wird der Begriff der Neuen Medien für eine Entwicklungsphase (die Neue-Medien-Phase) verwendet, die jedes Medium im Prozess seiner Entstehung und zu Beginn seiner Diffusion durchläuft. Sechstens werden die computerisierten Verfahren – genauer: Algorithmen – als Neue Medien angesprochen insofern sie alternative, z.B. manuelle Verfahren ersetzen und die substituierenden Prozesse bis zur Instantaneität beschleunigen (real time), wodurch Kommunikations- und (Fern-)Steuerungsprozesse, aber auch Kunst und Kultur über ältere Raum- und Zeitgrenzen hinaus entwickelt werden können. Siebtens lassen sich die Neuen Medien als digitale Kodierung und Verwirklichung der Konzepte, Techniken und Stoffe der Avantgarde der 1920er Jahre begreifen insofern, als sie z.B. Montage- und Kollagetechniken („cut and paste") der Dadaisten und der Kinematographie als Prinzip adaptieren und – so wäre zu ergänzen – Virtualisierungstechniken des Surrealismus im Cyberspace reproduzieren. In diesem Sinne sind Neue Medien „Meta-Medien". Schließlich, achtens, greifen Neue Medien nicht nur die Avantgarde der 1920er Jahre, sondern auch die der 1960er auf, also Konzepte des Happenings, der Performance und Installation, die ein aktives Publikum verlangten, die Kunst radikal temporalisierten und ihre Werke als offene Systeme gestalteten. Weitere Bedeutungszuweisungen ließen sich denken.

Der Begriff der Neuen Medien, so wie er in den 1920er Jahren das Kino und das Radio meinte und in den 1960er Jahren das Fernsehen, wird historisch lediglich als plakatives Label für noch unverstandene Veränderungen der Verständigungs- und Repräsentationsverhältnisse aktualisiert, als begrifflich unspezifischer Ausdruck einer Belastungsreaktion, die aus

einem Überschuss utopischer Projektionen bei gleich-
zeitigem Mangel an Erfahrung und Wissen entsteht
und sich als kollektive Irritation, als kollektive Verunsicherung artikuliert.

Solche Verunsicherung, solches Erstaunen und sein
Ausmaß, die Art und Tiefenwirkung des zuletzt mit
den Digital- und Netzmedien eingetretenen medialen,
sozialen, kulturellen und ökonomischen Wandels ist allerdings erklärungs- und somit auch theoriebedürftig.
Aber hier ist keine Theorie der Neuen Medien gefragt,
sondern Theorien des Medien- und Gesellschaftswan-
dels, die die Ankunft der Digital- und Netzmedien
in ihrer Spezifik (d.h. in ihrer spezifischen Differenz)
als einen Fall beschreiben, dessen Ausgangsbedin-
gungen, dynamische Muster und Auswirkungen mit
anderen Medienumbrüchen verglichen und auf ihre
längerfristigen Folgen für den Menschen, die Gesellschaft und die Kultur befragt werden können. So dürften für den Schock der „Neuen Medien" am Ende des
20. Jahrhundert Umstände maßgeblich sein, die etwas
mit den Phasendifferenzen der Lebenszyklen der verschiedenen ko-existenten alten und jungen Medien,
zugleich aber auch mit Phaseneffekten der ökonomischen und politischen Entwicklungen zu tun haben.
Im Lichte einer Theorie sozio-medialer Dynamik kann
der Schock der „Neuen Medien" als Resultat von Re-
sonanzen und sich gegenseitig verstärkenden Interferenzen verschiedener Teilprozesse modelliert werden.
So treffen in den Jahren 1980 bis 2000 die massive Vermehrung von Fernsehprogrammen, Video- und Com-
puterspielen, das rasant wachsende World Wide Web
und die exponentielle Zunahme von Online-Präsen-
zen, -Diensten und -Nutzung, der Boom im Bereich
mobiler Telekommunikationsgeräte und -dienste sowie die allgegenwärtig werdende Computerisierung
der Dinge, des Alltags- und Berufslebens in nur ge-
ringfügiger Phasendifferenz aufeinander. Der bereits
seit den 1950er Jahren laufende und sich in den 1980er
Jahren stark beschleunigende Digitalisierungs- bzw.
Informatisierungs-Prozess in Produktion und Handel
wird von Anwendungen eben dieser neuen Technologie zunächst im Printbereich (Computersatz etc.) eingeholt, dann im Musikmarkt (DAT, CD), schließlich

in Hörfunk und Fernsehen (1984: Zulassung privater Anbieter; Ausbreitung des Kabel- und Satelliten-Fernsehens) und zuletzt vom Internet-Boom und den Prophezeiungen einer New Economy überlagert. Diese Synchronität von mehr oder weniger phasengleichen bzw. nur leicht aphasischen Diffusionsprozessen verstärkt sich akkumulativ zu einem Interferenz-Schock. Im Falle der New Economy mündete dieser Schock in eine Katastrophe. Dadurch wurde der Gesamtprozess teilweise entschleunigt und folgt seitdem einer gemäßigt progressiven Dynamik[9].

1.1 Computation - Garten konvergierender Pfade

Die verzweigte Erfindungs- und Theoriegeschichte des Computers erstreckt sich weit zurück bis in die Antike, wenn man an die Grundlagen der Mathematik und an Hilfsmittel und Werkzeuge des Rechnens denkt. Es gehören die Spieluhren und mechanischen Puppen als Simluationen menschlicher Leistungen dazu ebenso wie die Verfahren der Steuerung und Automatisierung, z.B. das 1805 von Joseph-Marie Jacquard entwickelte Lochkartensystem zur Steuerung von Webstühlen. Natürlich ist an die frühesten mechanischen Rechenmaschinen zu denken, z.B. von Blaise Pascal (1642), Gottfried Wilhelm Leibniz (1673), der zudem 1703 das duale Zahlensystem entwickelte, vor allem aber auch an die „Analytical Engine" von Charles Babagge aus dem Jahr 1837.

Erst rund 100 Jahre später wurde der erste elektronische Rechner tatsächlich gebaut. Die Elektro-Mechanisierung der Boolschen Algebra, die sich seit Claude Shannons *A Symbolic Analysis of Relay and Switching Circuits* von 1937 als Schaltalgebra in Schaltnetzen und Schaltwerken aus elektromechanischen Bauelementen materialisiert, war die weitere bedeutende Voraussetzung. Ebenfalls im Jahr 1937 meldete Konrad Zuse seine zwei ersten Patente für elektronische Rechner an, entstand mit dem Atanasoff-Berry-Computer einer der ersten Digitalrechner. Alan Turing beschrieb im selben Jahr in *On Computable Numbers, with an Application to the Entscheidungsproblem* die sogenannte Turing-Maschine, die grundlegenden Bedingungen der Berechenbarkeit.

[9] Zur sozio-medialen Dynamik des Schocks der Neuen Medien, vgl. Gebhard Rusch: Mediendynamik. In: *Navigationen* 1/2007, S. 13-93.

1938 stellte Konrad Zuse einen frei programmierbaren mechanischen Rechner, die Z1 vor. Und schon 1941 baute er die erste programmgesteuerte, digitale Rechenmaschine, die Zuse Z3, eine „turingmächtige" Maschine, die beliebige Algorithmen automatisch ausführen konnte. Diese Maschine gilt als erster funktionsfähiger Computer. Danach gelang es 1944 Howard Hathaway Aiken mit seinem Automatic Sequence Controlled Calculator (ASCC) in den Jahren 1943/44 den ersten digitalen Großrechner am MIT zu entwickeln.

John von Neumann prägte 1946 das bis heute gültige Verständnis des Computers als einer Maschine aus mehreren Hauptkomponenten, einer Recheneinheit, einer Steuereinheit, einer Buseinheit, einem Speicher sowie einer Eingabe- und Ausgabeeinheit.

Die Theoriegeschichte des Computers führt dann zu den Quellen des kybernetischen Denkens, das Norbert Wiener 1948 in *Cybernetics or Control and Communication in the Animal and the Machine* begründete, und – wiederum mit dem Namen Shannons verknüpft – zur Informationstheorie des Jahres 1949, die Claude Shannon und Warren Weaver in *The Mathematical Theory of Communication* vorlegten. Schon 1950 formulierte Alan Turing in seinem Aufsatz *Computing Machinery and Intelligence* die ersten Ideen zur künstlichen Intelligenz und beschrieb das als Turing-Test bekannt gewordene Verfahren zu ihrer Evaluation.

Bereits diese holzschnittartige Zusammenschau lässt die wichtigsten Entwicklungslinien aus der Mathematik, Mechanik, Elektrotechnik, Regelungs- und Kommunikations- bzw. Informationstheorie sowie der Simulation von Intelligenz erkennen, die sich im Computer als Hardware und Software materialisieren.

1.2 Meta-Symbol Information

Umgangssprachlich steht der Begriff der Information allgemein für alle Formen der Tatsachendarstellung, der Nachricht, des Berichts, der Darlegung von Hintergründen und Wissensbeständen sowie für den Vorgang der Beschaffung oder Aneignung, der Erstellung oder Vermittlung von Wissen. Mit dem Bezug auf eine Informationsquelle und einen Informationsadressaten wird der Begriff zu einem Synonym für Kommunikation.

Kommunikation (als Handlungszusammenhang bzw. Prozess) erscheint jedoch als Basis und Voraussetzung von Information als kommunikativem Gehalt, Inhalt oder Gegenstand.

In diesem Bedeutungsspektrum wird seit Mitte und besonders am Ende des 20. Jahrhunderts eine ganze Ära als Informationszeitalter auf den Begriff gebracht. Auf dem Weg dahin hat der Informationsbegriff zahlreiche Wandlungen, Differenzierungen und Spezialisierungen erfahren.

Das lateinische Verbum „informare" („formen", „gestalten", „bilden", „unterrichten", „darstellen", auch „sich denken", „vorstellen") und das Substantiv „informatio" („Vorstellung") haben etymologische und ideengeschichtliche Wurzeln in der griechischen Antike. In ihren Bedeutungen verweisen sie auf die Begriffe Topos, Morphe und Eidos/Idea[10]. So wird ein breites Bedeutungsfeld aufgespannt, von „Vorbild" (ethisch, pädagogisch), „Gestaltung" (organologisch), „Eingravierung" (artifiziell), „Einprägung" einer Lehre, „lernen", „überreden" (pädagogisch), über „lebhafte Beschreibung" eines Gegenstandes bzw. der Wesensart einer Person bis hin zu „Vorstellung" von den äußeren Gestalten bzw. des Wesens der Gegenstände (epistemologisch). Im Mittelalter setzt sich die aristotelische, erkenntnistheoretische und pädagogische Lesart des Informationsbegriffes durch und geht in der Neuzeit, insbesondere seit dem 17. Jahrhundert als Begriff für die Wissensermittlung (juristisch) in die Umgangssprache ein.

Es waren von Beginn an technologische Interessenlagen, die zu einer wissenschaftlichen Thematisierung und Theoretisierung des Informationsbegriffs bzw. zu Versuchen geführt haben, die „Natur" der Information aufzuklären. Wesentlich sind dafür zunächst die Erkundungen von Samuel E. Morse (1842) zur relativen Häufigkeit der einzelnen Buchstaben in der alltäglichen Schrift, um diese für das Design seines Kodierungssystems zu nutzen. Er ebnete damit einer quantitativen Bestimmung von Signalqualitäten den Weg. Dieser wurde rund 90 Jahre später von R.V.L. Hartley (1928) konsequent weiter beschritten, der eine erste

[10] Vgl. Raphael Capurro: *Information. Ein Beitrag zur etymologischen und ideengeschichtlichen Begründung des Informationsbegriffs.* München u.a. 1978.

[11] Claude Shannon/Warren Weaver: *Mathematische Grundlagen der Informationstheorie*. München 1976, S. 18. Vgl. auch Gregor Schwerings Lesart dieses Textes in diesem Band.

mathematische Explikation zum Informationsbegriff vorlegte. Er definierte den Informationsfluss einer Nachrichtenquelle als die Anzahl der Ja/Nein-Entscheidungen, die benötigt wird, um die von der Quelle ausgesandten Zeichen zu identifizieren. Daran knüpfte Claude Shannon mit seiner mathematischen Kommunikationstheorie (1949) an, die später als mathematische Informationstheorie einen bis heute gültigen Standard setzte. Dem liegen statistische Aussagen zur Häufigkeit, Wahrscheinlichkeit/Unwahrscheinlichkeit und zur Freiheit der Zeichenauswahlen zu Grunde: „Information ist ein Maß für die Freiheit der Wahl, wenn man eine Nachricht aus einer anderen aussucht [...] Der Betrag der Information ist im einfachsten Fall definiert als der Logarithmus der Anzahl der Wahlmöglichkeiten."[11] Der Informationsbetrag hängt also von der Auftretenswahrscheinlichkeit eines Zeichens, von seinem Überraschungs- oder Neuigkeitswert ab. Shannon stellt eine Analogie zur Thermodynamik her, indem er den Zustand der Gleichwahrscheinlichkeit des Auftretens jedes Zeichens eines Repertoires als maximale Unordnung oder Vermischung dieser Zeichen betrachtet, d.h. als Zustand maximaler Entropie. Durch diesen Schritt wird Information als physikalischer Ordnungs- oder Strukturierungsfaktor eingeführt. Von hier aus nehmen die Diskussionen über Information als dritte physikalische Grundgröße neben Materie und Energie ihren Ausgang.

In den Sozial- und Kulturwissenschaften ist die mathematische Informationstheorie mit wenigen Ausnahmen nur metaphorisch adaptiert worden mit der pauschalen Einsicht, dass Information Unsicherheit reduziere (so z.B. Alphons Silbermann). Bedeutender ist allerdings der Umstand, dass die Shannon und Weaversche mathematische Kommunikations-/Informationstheorie mit ihrem Grundmodell bis heute irrtümlicherweise als Theorie menschlicher Kommunikation (und nicht als nachrichtentechnische Theorie der Signalübertragung) diskutiert wird. Diesem Missverständnis hat Warren Weaver durch seine kommunikationstheoretische und semantische Interpretation der Informationstheorie, die Shannon ausdrücklich ablehnte, massiv Vorschub geleistet. Erst die kognitive und – wie man heute sagen kann – auch die systemische Wende in den Sozialwissenschaften hat die Bedeutung des Sender-Empfänger-Modells für menschliche Kommunikation deutlich relativiert.

Im wissenschaftlichen Diskurs lassen sich gegenwärtig mindestens sechs Informationsbegriffe[12] ausmachen: (1) der nachrichtentechnische Informationsbegriff, im Wesentlichen durch den Shannon/Weaver-Ansatz repräsentiert; (2) der sprachwissenschaftliche Informationsbegriff, der Information jeweils auf syntaktischer, semantischer und pragmatischer Ebene ansetzt; (3) der kybernetisch-konstruktivistische, der vor allem mit Bezug auf die Kybernetik Zweiter Ordnung (Heinz v. Foerster) durch den Vorschlag Gregory Batesons bestimmt ist, dass „Informationen [...] aus Unterschieden [bestehen], die einen Unterschied machen"[13]; (4) der kulturalistische Informationsbegriff Peter Janichs, der Information an Vollzüge, Ziele und Ergebnisse menschlicher Handlungen bindet; (5) der naturwissenschaftliche Informationsbegriff etwa Carl Friederich v. Weizsäckers, der Information als den zentralen physikalischen Grundbegriff betrachtet mit entsprechenden Implikationen etwa auch für die Biologie (z.B. genetische Information); und schließlich (6) der medien-/kommunikationswissenschaftliche Informationsbegriff, der teils unter dem Eindruck medienpolitischer und gesetzlicher Vorgaben steht, die Information als Metagenre von Bildung und Unterhaltung unterscheiden (gemäß Programmauftrag), teils dem nachrichtentechnischen und sprachwissenschaftlichen Modell folgt.

Die Unterschiedlichkeit der wissenschaftlichen Begriffsbildung zum Konzept der Information hat zwar selbst einen hohen Informationswert, lässt den Begriff aber als Schlüsselbegriff des Übergangs vom 20. zum 21. Jahrhundert weniger tauglich erscheinen. Entgegen dem nachrichtentechnischen und naturwissenschaftlichen Informationsbegriff betonen systemische, kybernetische und konstruktivistische Ansätze gerade die Relativität und Subjektivität von Information, abhängig vom jeweiligen Information konstruierenden System und dessen Wahrnehmungs-, Wissens- und Verarbeitungsvoraussetzungen (z.B. von Entwicklungs- und Lernfortschritten, Befindlichkeiten, Kontexten). Was

[12] Vgl. Hans Dieter Mutschler: Thema „Information" 2004. *http://www.forum-grenzfragen.de/grenzfragen/open/webtodate/diskussionsforen/forumgrenzfragen/01b825937f0f19309/01b825938212a6e04.html* (28.09.2004).

[13] Gregory Bateson: *Geist und Natur. Eine notwendige Einheit.* Frankfurt a.M. 1982, S. 123.

für den Einen neu und unerwartet, also informativ
sein mag, kann für den Anderen redundant sein. Welche Veränderungen oder Unterschiede ein Beobachter
aufgrund seiner eigenen Sensibilität und Erfahrung
registriert und welche Unterschiede die Beobachtung
dieser Veränderungen für ihn bedeuten (Bateson), ist
eine Frage, die nicht durch eine quantitative Analyse
der Auftretenswahrscheinlichkeiten von Ereignissen
allgemein beantwortet werden kann. Die Begriffe des
Informationszeitalters oder der Informationsgesellschaft sind entsprechend unklar; als Schlagworte der
digitalen Propaganda im politischen und kommerziellen Diskurs über Neue Medien leben sie gerade von
dieser Unschärfe.

2. Vier Schritte zum Computer als Medium

Betrachtet man die prätheoretischen und wissenschaftlichen Theorieentwürfe zum Computer als Medium im
Überblick, so zeigen sich signifikante Theoretisierungs-
Cluster, die chronologisch aufeinander folgen und deren Letztes erst die medienwissenschaftlich zentrale
Frage der Medialität des Computers explizit reflektiert.
Wie bereits für die Entwicklung des fernsehtheoretischen Diskurses festgestellt, zeigt sich auch hier eine
charakteristische Bewegung bzw. Fokussierung der
reflexiven Aufmerksamkeit und Theoriebildung von
der materiell-technischen Gegenstandskonstitution
(Computer als instrumentaler Apparat, als Werkzeug)
hin zu Fragestellungen, Gegenständen und Theorie-
Entwürfen in den Feldern der Anwendung und Nutzung (Computer als Werkzeug, das auf Identität und
Sozialität der Nutzer zurück wirkt).

Der erste medientheoretisch einschlägige Theorierahmen (ca. 1945-1970) wird über den Begriff des
(wissenschaftlichen) Arbeitens bzw. des idealen Arbeitsplatzes aufgespannt. Der Diskurs wird in diesem
Feld getragen von den Überlegungen, Entwürfen und
Entwicklungen von Vannevar Bush (1945), Douglas
Engelbart (1962), J.C.R. Licklider und Robert W. Taylor (1968). Sogar die Arbeiten von Tim Berners-Lee,
dem Erfinder des World Wide Web (1992), weisen
noch einen primären Bezug auf Arbeitsprozesse der

Forschung und Entwicklung auf. Sie können daher diesem Bereich systematisch noch zugerechnet werden. Sie zeigen überdies, trotz des großen historischen Abstands zu den Wurzeln des Diskurses, die hohe und anhaltende Relevanz des F&E-Arbeitsfeldes als Referenzbereich der technischen Entwicklung. Computer, Software und Peripherie werden hier als Werkzeuge modelliert. In Deutschland wurde in jener Frühzeit des Informationszeitalters die mediale, genauer: die kommunikative Dimension der Datenverarbeitung im Computer als Modell sozialer Verhältnisse bereits von Carl Adam Petri (1962) beschrieben mit dem Ziel, die Verständigungsverhältnisse unter den Menschen zu verbessern, ein Ansatz, der klar über das Werkzeugmodell hinausweist auf eine (Angewandte) Informatik, die erst mit den Arbeiten von Christiane Floyd, Frieder Nake, Heidi Schelhowe, Volker Wulf u.a. den sozialen Raum, die Nutzung und die Anwender in das informatische Kalkül einbringt.[14]

Als zweiter Referenzrahmen tritt das Begriffsfeld der Identität (ca. 1960-1990) hinzu. Es wird in den Arbeiten von J.C.R. Licklider (1961), David Rorvik (1971), Sherry Turkle (1984) und Donna Harraway (1985) zunächst wiederum materiell-technisch ausgerichtet auf die körperliche Identität des Menschen, der mit Computern interagiert (Mensch-Maschine-Schnittstelle), informationstechnisch ausgerüstet expandiert oder prothetisch unterstützt wird (z.B. durch Artificial Intelligence). Parallel dazu fokussiert der Diskurs auf die persönliche und soziale Identität des Menschen, der „im Netz" lebt und als Teilnehmer computergestützter Interaktion und Kommunikation „virtuelle Gemeinschaften" entstehen lässt, z.B. bei Sherry Turkle (1984) und Howard Rheingold (1991). Dieser Diskurs entwickelt sich in dem Maße, wie die informationstechnische und kommunikative Ausstattung und Aufrüstung der Arbeit, des Arbeitsplatzes und des Menschen technisch fortschreitet, vor allem aber über die engeren Grenzen der F&E-Arbeitswelt hinaus in den beruflichen und privaten Alltag diffundiert und sich in kommerzielle Anwendungen (wie z.B. E-Mail, Foren, Muds, Chat oder Desktop-Publishing) hinein verallgemeinert. Computer und Computernetze werden hier zu Medien der

[14] Vgl. dazu z.B.: Carl Adam Petri: *Kommunikation mit Automaten.* Darmstadt 1962; Christiane Floyd u.a. (Hg.): *Software-Development and Reality Construction.* Berlin 1992; Frieder Nake/Heidi Schelhowe: *Vom instrumentalen Medium. Kooperation in der Software-Entwicklung unter konfigurierenden Leitbildern.* Bremen 1993; Volker Wulf/ Markus Rohde: Towards an Integrated Organization and Technology Development. In: *Proceedings of the Symposium on Designing Interactive Systems.* Ann Arbor MI, 23.-25.08.1995, New York 1995, S. 55-64; Volker Wulf: Evolving Cooperation when Introducing Groupware: A Self-Organization Perspective. In: *Cybernetics and Human Knowing,* 2/1999, S. 55-75.

[15] Zum Strukturationsbegriff vgl. Anthony Giddens: *Die Konstitution der Gesellschaft.* Frankfurt a.M., New York 1988.

[16] Vgl. Neil Postman: *Der Technopol. Die Macht der Technologien und die Entmündigung der Gesellschaft.* Frankfurt a.M. 1992; Noam Chomsky: *Media Control. The Spectacular Achievements of Propaganda.* (2. Auflage) New York 2002; Paul Virilio: *Der negative Horizont. Bewegung – Geschwindigkeit – Beschleunigung.* München. Wien 1984; Jean Baudrillard: *Die Illusion und die Virtualität.* Bern 1994; Marshall McLuhan: *Die magischen Kanäle. Understanding Media.* Dresden, Basel 1994 (Orig. 1964; dtsch. 1968); ders. Eric McLuhan: *Laws of Media.* Toronto 1988; Vilém Flusser: *Ins Universum der technischen Bilder,* Göttingen 1989.

[17] Vgl. Al Gore: *Building the Information Superhighway.* http://www.robson.org/gary/captioning/ gorespeech.html (13.12.2001). Rede des Vize Präsidenten der USA an der Television Academy der University of California in Los Angeles, 11. Januar 1994.

[18] Vgl. Martin Bangemann: *Information Infrastructure.* http://www.ispo.cec.be/infosoc/promo/speech/ geneva. html (08.09.1997), Rede im Rahmen von Telecom Inter@ctive '97, Genf.

[19] Vgl. zur Begrifflichkeit der Apokalyptiker und Integrierten: Umberto Eco: *Apokalyptiker und Integrierte. Zur kritischen Kritik der Massenkultur.* Frankfurt a.M. 1989.

Identitätskonstruktion, der Kommunikation und der sozialen Strukturation[15].

Die Identitätsproblematik wird dann in einem dritten Referenzrahmen entsprechend auf gesellschafts- und kulturpolitische Dimensionen (ca. 1980-2000) erweitert, die bei Neil Postman, Noam Chomsky, Paul Virilio oder Jean Baudrillard apokalyptisch, bei Marshall McLuhan, Vilém Flusser[16] und vor allem bei den Promotern des „Information Superhighway" und der „European Information Society", Al Gore[17] und Martin Bangemann[18] (1994 und 1997) utopisch und integriert gelesen werden[19]. Manuel Castells bringt schließlich 1996 die globale Entwicklung in seiner berühmten Trilogie auf die Begriffe des „Information Age" und der „Network Society."[20] In diesem Zuge werden 1998 auch die ökonomischen Folgen, vor allem aber die volkswirtschaftlichen Anforderungen der IC-Technologien z.B. von Kevin Kelly, dem Gründer des Magazins *Wired,* als „Neuer Markt" bzw. „NetEconomy"[21] reflektiert. Und selbst die Kritische Theorie meldet sich mit Hans Magnus Enzensbergers *Digitalem Evangelium* im Jahr 2000 zu Wort, in dem die 1970er „Baukasten"-Hoffnungen auf „egalitäre" und „dezentrale" Strukturen „einer gewissen Nüchternheit" gewichen sind sowohl gegenüber der Realität der Medien des „digitalen Kapitalismus" als auch gegenüber einer „weltfremden" Medientheorie.[22]

Mit dieser Diskurs-Etappe werden die Medien, besonders die Neuen, die Digital- und Netz-Medien als entscheidender Faktor und Treiber im Prozess der Globalisierung (an-)erkannt. Ein ganzes Zeitalter und die ganze Gruppe nach-industrieller Gesellschaften der nördlichen und westlichen Hemisphäre (durch den Digital Divide von Ost und Süd getrennt) wird auf den Nenner der Neuen Medien gebracht, die begrenzt auf die Informationsgesellschaften und Mega-Cities zu globaler Intensivierung und Vermehrung von Kommunikation und Rezeption führen, an der jeder Zeitgenosse in der einen oder anderen Weise direkt beteiligt ist, die neue und volkswirtschaftlich tragende Dienstleistungs- und Produktmärkte in der ICT- und Medien-Branche generieren, die das Menschbild im Lichte symbolischer Operationen und Optionen verändern und die

Lebenswelt in virtuelle Räume hinein, in Spielwelten und Second Lifes erweitern. Es ist damit eine Situation eingetreten, in der die konstitutive Rolle von Kommunikation und Medien für die menschliche Identität, die Gesellschaft und den Markt nicht mehr übersehen und nicht mehr unterschätzt werden kann.

Dies ist die Situation, die den vierten medientheoretischen Diskurs- und Theorierahmen seit etwa 1995 mit der Frage nach dem medialen Status bzw. der Medialität von Computer und Internet bestimmt. Angesichts der Tatsache, dass Computer und Computer-Anwendungen bereits seit den 1940er Jahren als Medien konzipiert wurden, sowie vor der Folie der laufenden und weiter fortschreitenden Mediatisierung oder Medialisierung[23] erst der beruflichen, dann auch der privaten Lebenswelt kommt diese Reflexion erstaunlich spät. Sie ist nur zu erklären einerseits durch die späte kulturwissenschaftliche Entdeckung der elektronischen Medien, selbst des Fernsehens, als Gegenstand sowie andererseits durch die Zugzwänge, in die auch die kulturwissenschaftliche Aufmerksamkeit gegenüber den boomenden so genannten „Neuen Medien" der 1990er Jahre geriet. Erst durch deren medienwissenschaftliche Reflexion hindurch wird seit etwa einem Jahrzehnt die frühe Medialität der Computersysteme jetzt nachträglich entdeckt und medientheoretisch verarbeitet.

In der deutschen Medienwissenschaft und medienwissenschaftsnahen Angewandten Informatik haben zu diesem Diskurs z.B. Wolfgang Coy (1994), Heidi Schelhowe (1997), Hartmut Winkler (1997, 2003), Georg Christoph Tholen (1997, 1998), Sybille Krämer (1998) und jüngst Bernard Robben (2006) z.T. maßgebliche Beiträge geleistet.

3. Computer als Medium wissenschaftlichen Arbeitens

3.1 „As We May Think"

Als Vannevar Bush im Juli 1945 im Atlantic Monthly seinen Artikel *As We May Think*[24] veröffentlichte, war der 2. Weltkrieg in Europa gerade zu Ende gegangen, der Einsatz amerikanischer Atombomben gegen Japan stand unmittelbar bevor. In seinem Artikel blickt Bush

[20] Vgl. Manuel Castells: *The Rise of the Network Society, The Information Age: Economy, Society and Culture, Vol. I.* Cambridge MA./Oxford 1996; ders.: *The Power of Identity, The Information Age: Economy, Society and Culture, Vol. II.* Cambridge MA./ Oxford 1997; ders.: *The End of the Millennium, The Information Age: Economy, Society and Culture, Vol. III.* Cambridge MA./Oxford 1998.

[21] Vgl. Kevin Kelly: *Net Economy. Zehn radikale Strategien für die Wirtschaft der Zukunft.* München 2002.

[22] Vgl. Hans Magnus Enzensberger: Das digitale Evangelium. In: *Der Spiegel* 2/2000, S. 92-101.

[23] Vgl. Winfried Schulz: Medialisierung. Eine medientheoretische Rekonstruktion des Begriffs. Beitrag zur Jahrestagung der Deutschen Gesellschaft für Publizistik- und Kommunikationswissenschaft, Erfurt, 19. bis 21. Mai 2004, *http://www.kowi. wiso.uni-erlangen.de/pdf_dateien/DGPuK_Medialisierung_end.pdf* (15.6.2006); Friedrich Krotz: *Mediatisierung.* Opladen 2007.

[24] Vgl. Vannevar Bush: As We May Think. In: *Atlantic Monthly 1/ 1945,* S. 101-108; hier zitiert nach: Noah Wardrip-Fruin/Nick Montfort (Hg.): *The New Media Reader.* Cambridge MA./ London 2003, S. 37-47.

25 Vgl. ebd., S. 37.

zurück auf die Kriegsforschung als eine Zeit intensivster wissenschaftlicher Zusammenarbeit über Disziplinengrenzen hinweg und fragt, welchen Aufgaben sich die Wissenschaftlergemeinschaft in Friedenzeiten zuwenden könnte. Dazu hält er einige allgemeine, nicht nur der Kriegsforschung im engeren Sinne zu verdankende wissenschaftliche Errungenschaften fest: die verbesserte Kontrolle über die Umwelt, die Verbesserung der existenziellen Lebensbedingungen und der Sicherheit, den Zuwachs an Wissen mit positiven Folgen für die Heilung von Krankheiten und die Verlängerung des Lebens. Dann kommt er zu seinem eigentlichen Thema: den wissenschaftlichen Beiträgen zur „communication between individuals" und zur Entwicklung, Aufzeichnung, Bewahrung und Speicherung, Bearbeitung und Vermittlung („transmission") von Wissen und Ideen.[25] Es ist offenkundig, dass sich hier ein Interesse artikuliert, das auf ein Wissens-Medium und, wie man heute sagen würde, das Wissensmanagement gerichtet ist. Bush hält die überkommenen Verfahren angesichts des ständigen Wissenszuwachses, der zunehmenden Spezialisierung bei gleichzeitig immer notwendiger werdender Interdisziplinarität für total inadäquat. Er entwickelt deshalb mit explizitem Bezug auf die Rechenmaschinen von Leibniz und Babbage und die neuen technologischen Möglichkeiten der 1950er Jahre die Vision eines wissenschaftlichen Arbeitsmittels, indem er die sichtbaren Trends seiner Zeit in eine ihm als konsequente Folge erscheinende Zukunft extrapoliert. So reflektiert er über „dry photography", „impregnated papers" und „facsimile transmission", „television equipment", „mircophotography", „compression" und die „Encylopedia Britannica [...] reduced to the volume of a matchbox", über einen „voder" und „vocoder" als Sprachaufzeichnungsgerät, über „machines which will read typed figures" und über „arithmetical computation" und „rapid electrical counting", „data extraction" und „selection". Ziel seiner Überlegungen ist die Unterstützung und Verbesserung von „advanced" und „higher analysis", „scientific reasoning" und „understanding of the physical world," der Art und Weise gemäß, wie der menschliche Verstand und das Gedächtnis tatsächlich arbeiten, nämlich assoziativ.

Auf dieser breiten Grundlage computertechnologischer Optionen und Perspektiven entwirft Vannevar Bush die „Memex", „a device in which an individual stores all his books, records, and communications, and which is mechanized so that it may be consulted with exceeding speed and flexibilty. It is an enlarged intimate supplement to his memory."[26]

Wie Rainer Leschke dazu[27] betont, handelt es sich bei der Memex um eine multimediale Maschine, die zunächst Schrift, Fotografie, Film, Tonaufzeichnungen, etc. nur kombiniert. Das medienreflexive und – so wäre zu ergänzen – medienkreative Potential scheint Leschke jedoch zu unterschätzen. Die Memex geht – jedenfalls der erkennbaren Intention nach – über die Intermedialität der kombinierten alten Einzelmedien untereinander und der Memex im Verhältnis zu diesen Einzelmedien weit hinaus in eine Richtung, die Turing erst 1950 mit dem Label „Computing Intelligence" belegte. Indem Bush das Prinzip der Assoziation nach dem Modell des menschlichen Denkens zum relationalen Prinzip der Verbindungen (Links) der Memex-Inhalte und -Funktionen (z.B. Kommunikation) macht, ist er bereits auf dem Weg zur Artificial Intelligence. In diesem Sinne ist die Beschreibung der Memex eine Theorie des Computers als Medium, das einerseits die Intelligenz seiner Benutzer in Gestalt der hinterlegten Inhalte und Verbindungen repräsentiert, andererseits und dadurch die weitere Arbeit „intelligent" unterstützt.

3.2 „Augmenting Human Intellect"

Ein Jahrzehnt später verwirklicht Douglas Engelbart (1962) mit explizitem Bezug auf Bushs Memex die Idee eines „computer-aided working-system".[28] Im Begriff der „Workstation" und des „Desktop-Computers" sind diese Wurzeln in der Schreibtischarbeit noch immer lebendig. In seinem Artikel „Augmenting Human Intellect" beschreibt Engelbart noch hypothetisch die uns heute als Standard bekannte Bildschirmstruktur aus Frames oder Windows, die elementaren Manipulationsmöglichkeiten von Texten und Grafiken am Bildschirm, die Ordner-Struktur zur Ablage von Dateien, den Zugriff auf externe Rechner und den Austausch

[26] Ebd., S. 45.

[27] Rainer Leschke: *Einführung in die Medientheorie*. München 2003, S. 58f.

[28] Douglas Engelbart: Augmenting Human Intellect. Auszug in: Noah Wardrip-Fruin/Nick Montfort (Hg.): *The New Media Reader*. Cambridge, MA./London, 2003, S.95-108. Zuerst abgedruckt in: *Summary Report AFOSR-3223* under Contract AF 49(638)-1024; SRI Project 3578 from Air Force Office of Scientific Research, Menlo Park, California, October 1962. Vollständiges Dokument: *http://www.bootstrap.org/augdocs/ friedewald030402/augmentinghumanintellect/ahi62index.html* (12.03.2007).

[29] Douglas Engelbart: Augmenting Human Intellect. Zitiert nach: *http://www. bootstrap.org/augdocs/ friedewald030402/augmentinghumanintellect/ahi62index.html* (12.03.2007), meine Hervorhebungen.

von Daten zwischen Computern im Rahmen des kollaborativen Arbeitens.

Der Begriff der „Augmentation", der Verstärkung, ist für Engelbart Ausgangspunkt und Programm, wie es schon die Bezeichnung seines Instituts als Augmentation Research Center erkennen lässt. Dabei geht es zentral um die Verstärkung intellektueller und kollaborativer Leistungen durch kognitions- und kommunikationstechnische Aus- und Aufrüstung. Für McLuhan, der diesen Gedanken später ebenfalls zum Credo seiner Medientheorie macht, bedeuten solche Verstärkungen dann Extensionen und Leistungssteigerungen des menschlichen Intellekts und Körpers. Engelbart versteht Augmentation aber nicht nur als Verbesserung der Effizienz von Forschung und Entwicklung, wie es im Wesentlichen noch für Vannevar Bush gilt, sondern vor allem als Schaffung neuer Formen und Möglichkeiten wissenschaftlicher Arbeit durch die Ausschöpfung der Potentiale der Computertechnologie.

Engelbart lässt in seinem Report von 1962 einen fiktiven Experten seines Computer-based Augmentation Systems Eigenschaften, Handhabung und Gestaltungsmöglichkeiten erklären, z.B. die „Single-Frame Composition" bei der Eingabe bzw. Erstellung von Textdokumenten:

„For explanation purposes here, let's say that the lowest level at which the computer system comes into direct play in my capability hierarchy is in the task of what I'll call ‚single-frame composition.' [...] This low-level composition task is just what you normally do with a pen or pencil or typewriter on a piece of paper - that is, *assemble a bunch of symbols* before your eyes in order to portray something which you have in mind."[29]

Ein entscheidender, eigentlich der schlagende Vorteil in der Bearbeitung von Dokumenten mittels eines solchen Systems wird jedem, der selbst Texte mit der Schreibmaschine erstellt hat, sofort ersichtlich, wenn es um die "Single-Frame Manipulation", also die Bearbeitung, Korrektur, Löschung oder Ergänzung eingegebenen Textes geht:

„Even if I couldn't actually specify new symbols here any faster than with a typewriter, the *extreme flexibility* that this computer system provides for making changes in what is presented on the display screen would make me very much *more effective in creating finished text* than I could ever be on a typewriter."[30]

30 Ebd., meine Hervorhebungen.

Diese Möglichkeiten der Erstellung bzw. Kreation, der Präsentation und Manipulation symbolischer Objekte (i.e. Texte, Bilder, gelegentlich Töne) weist den Computer in dieser Funktion ganz klar als Medium aus. Präsentation bedeutet – wie im Falle der Schrift oder des Drucks – Vergegenwärtigung als physikalische Materialisierung im Schreibprozess oder der Drucklegung. Die Anbringung von Schriftzeichen auf einer Trägersubstanz ist dabei vollständig analog zur Anzeige eines Textes oder Bildes am Bildschirm. Selbst dort geht es um die – wenngleich revidierbare – physikalische Veränderung des Anzeige- bzw. Trägermediums. Im Begriff des Displays kommen alle diese Momente der Präsentation, Vergegenwärtigung/Aktualisierung, Anbringung und Anzeige zusammen.

Noch deutlicher wird der mediale Status des Computers als Medium in den von Engelbart vorgesehenen kommunikativen und kollaborativen Anwendungen.

„Let me mention another bonus feature that wasn't easily foreseen. We have experimented with having several people work together from *working stations that can provide inter-communication via their computer or computers.* That is, each person is equipped as I am here, with free access to the common working structures. There proves to be a really phenomenal boost in group effectiveness over any previous form of cooperation we have experienced. They can all work on the same symbol structure, wherever they might wish. If any two want to work simultaneously on the same material, they simply duplicate and each starts reshaping his version - and later it is easy to merge their contributions. The whole team can join forces at a moment's notice to ‚pull together' on some stubborn little problem, or to make a group decision. [...] Any idea of the moment by any member can easily be linked to where it can do some good. [...] We have been experimenting with multi-disciplinary teams and are becoming especially excited over the results. For instance, there is a great *reduction of the barrier* that their different terminologies used to represent, where one specialist couldn't really apply his experience, intuition, or conceptual feel very well unless the

[31] Ebd., meine Hervorhebungen.

[32] Das Originalvideo dieser Präsentation kann online in 35 Kapiteln angeschaut werden: http://sloan.stanford.edu/MouseSite/1968Demo.html (28.02.2007).

[33] Vgl. ebd., S. 25.

situation could be stated and framed in his accustomed manner, and yet the others couldn't work with his terminology. […] Remember the term, *synergesis*."[31]

Diese Ausführungen aus dem Jahr 1962 lesen sich auch heute als aktueller Bericht zum State of the Art und zu den Prinzipien des Basic Support for Cooperative Work (BSCW), wie der Name eine bekannten Software zur Unterstützung von Gruppenarbeit lautet. Mehr als in jeder anderen Hinsicht können Computer in solchen kommunikativen, interaktiven und kollaborativen Anwendungen als Medien gelten. Engelbart hat diese Eigenschaft vernetzter Computer sehr früh erkannt und in Hardware-Lösungen und der Entwicklung der nötigen Peripherie – er erfand u.a. die Computer-Maus – umgesetzt. Er lieferte auch die empirische Evidenz für seine Hypothesen und prospektiven Theorien des Jahres 1962. Zusammen mit seinen Mitarbeitern demonstrierte er am 9. Dezember 1968 vor rund tausend Computer-Fachleuten am Rande der Joint Computer Conference in San Francisco das NLS (oNLine System), das er im Augmentation Research Center am Stanford Research Institute entwickelt hatte. Diese Präsentation ging als „Mutter aller Demos" in die Geschichte ein. Engelbart zeigte damals im Prinzip praktisch alle der heute als Standards etablierten Leistungen und Eigenschaften vernetzter Systeme von der Dateierstellung und Bearbeitung, dem Filetransfer, bis hin zum Zugriff auf externe Rechner und zur Online-Kommunikation.[32]

3.3 Computer als Kommunikationsgerät

Die technologische Nüchternheit bleibt in den ersten Zeilen des Artikels von J.C.R. Licklider und Robert W. Taylor, *The Computer as a Communication Device*, aus eben dem Jahr, 1968 indem Engelbart sein NLS öffentlich vorstellte, ein wenig auf der Strecke. Sie waren Teilnehmer der NLS-Demonstration in San Francisco[33] und von den ersten eigenen Erfahrungen mit vernetzten Rechnern derart beeindruckt, dass sie die Face-to-Face-Kommunikation schon der Kommunikation vermittels Maschinen unterlegen ansahen. Jedoch erscheinen ihre Überlegungen, an deren Ausgangspunkt der Computer, und zwar der „programmed digital computer", wiederum als Arbeitsmedium steht, im Rückblick zutreffend und weitsichtig. Sie betonen besonders, und stellen sich damit in eine Linie mit Bush und Engelbart, die Leistung vernetzter Rechner für das kollaborative Arbeiten, speziell das „cooperative modeling" als Standardaufgabe in Forschung und Entwicklung.

„In a few years, men will be able to communicate more effectively through a machine than face to face. That is a rather startling thing to say, but it is our conclusion. As if in confirmation of it, we participated a few weeks ago in a technical meeting held through a computer. In two days, the group accomplished with the aid of a computer what normally might have taken a week. […] But to communicate is more than to send and to receive. Do two tape recorders communicate when they play to each other and record from each other? Not really-not in our sense. We believe that communicators have to do something nontrivial with the information they send and receive. And we believe that we are entering a technological age in which we will be able to interact with the richness of living information – not merely in the passive way that we have become accustomed to using books and libraries, but as *active participants in an ongoing process, bringing something to it through our interaction with it,* and not simply receiving something from it by our connection to it."[34]

Licklider und Taylor stellen den kreativen Aspekt von Kommunikation in den Vordergrund und untersuchen die Rolle, die vernetzte Computer dafür spielen können. Am Beispiel von Meetings, wie sie für F&E-Projekte typisch sind, erarbeiten und illustrieren sie, wie vernetzte Computer den kollaborativen Prozess nicht nur unterstützen, sondern inhaltlich wesentlich verändern und verbessern können, indem sie unterschiedliche Vorstellungen („mental models") der Projektbeteiligten schneller erkennen lassen, die Herausbildung neuer Regeln der Zusammenarbeit und Problemlösung fördern sowie die Voraussetzungen für gegenseitiges Verstehen verbessern.

Vor allem aber wird diese Form intensiver, aktiver und direkter Kooperation auch unter Partnern möglich, die weit voneinander entfernt sind. Dabei ist nicht nur die distante Kooperation als neue Möglichkeit von Belang, sondern die Aktivierung und Nutzung,

[34] J. C. R. Licklider/Robert W. Taylor: *The Computer as a Communication Device.* Reprinted from Science and Technology, April 1968. *http://gatekeeper. dec. com/pub/DEC/SRC/research-reports/abstracts/src-rr-061. html* (28.02.2007), S. 21, meine Hervorhebungen.

[35] Später wird dies als „kollektive Intelligenz" theoretisiert werden, z.B. von Pierre Levy: Die kollektive Intelligenz. Eine Anthropologie des Cyberspace. Mannheim 1997.

[36] Ebd., S. 28.

[37] Ebd., S. 30.

überhaupt das Zusammenkommen verteilter intellektueller Ressourcen[35].

„This kind of communication – through a single multiaccess computer with the aid of telephone lines – is beginning to foster cooperation and promote coherence more effectively [...]"[36]

Licklider und Taylor diskutieren auch bereits die Frage der erforderlichen „kritischen Masse" für die Erschließung des kreativen Potentials solcher verteilter Ressourcen, sie behandeln die Bandbreite verfügbarer Telefonverbindungen, beklagen die Inkompatibilitäten verschiedener Computersysteme und fragen nach den Kosten, die der Datenaustausch verursacht.

Unter den noch für geraume Zeit problematischen technischen und ökonomischen Möglichkeiten zeichnet sich aber bereits die Zukunft virtueller Gemeinschaften in den „information networks" und der wissenschaftlichen „interactive multiaccess computer communities" der 1970er Jahre ab.

Die Nutzungsbedingungen der Netze in der Zeit vor HTML, z.B. des ARPA-Net, das Licklider, Engelbart u.a. maßgeblich mitgestalteten, kann man in der Tat als experimentell beschreiben (siehe Exkurs: E-Mail im BITNET). Die international verteilten Mitglieder der Scientific Communities, die sich diese Technologie aneigneten und bereits unter diesen Bedingungen damit begannen, Foren und wissenschaftliche Journale als Rundmails einzurichten, bezeichnen Licklider und Taylor als sozio-technische Pioniere.

„These communities are socio-technical pioneers, in several ways out ahead of the rest of the computer world: What makes them so? First, some of their members are computer scientists and engineers who understand the concept of man-computer interaction and the technology of interactive multiaccess systems. Second, others of their members are creative people in other fields and disciplines who recognize the usefulness and who sense the impact of interactive multiaccess computing upon their work. Third, the communities have large multiaccess computers and have learned to use them. And, fourth, their efforts are regenerative."[37]

Solche Communities[38] waren es, die die ersten Gebrauchsdefinitionen für den Computer als interaktives Medium exploriert und konventionalisiert haben. Nach den Nutzungsentwürfen des Computers als Werkzeug des wissenschaftlichen Arbeitens hatte damit in der Tat eine Art Medienrevolution, nämlich die der interaktiven Digital-Medien begonnen. Licklider und Taylor dürften deshalb in ihrer Einschätzung der „ongoing revolution in the computer world" keineswegs die „medienhistorisch nur zu bekannten Überbietungsstrategien"[39] vorzuhalten sein. Vielmehr ist festzustellen, dass ihre Vision von „On-line interactive communities"[40] inzwischen zur Realität und die „network idea" zum Schlüsselkonzept der Neuen Medien geworden ist. Vor Fehleinschätzungen freilich waren sie ebenfalls nicht gefeit, Arbeitslose gibt es noch immer.

[38] Vgl. dazu auch: Gebhard Rusch: Media Communities as Catalysts of Innovation and Development. In: Brigitte Hipfl/Theo Hug (Hg.): *Media Communities*. Münster/New York 2006, S. 75-92.

[39] Rainer Leschke, a.a.O., S. 60.

[40] Licklider/Taylor a.a.O., S. 40.

Abb. 1: Auszug aus den BIT-NET Benutzeranweisungen

3.4 Exkurs: E-Mail im BITNET

Anfangs der 1980er Jahre war die Zeit des BITNET und anderer wissenschaftlicher Computer-Netze lokaler, regionaler und internationaler Ausdehnung, die das Potential vernetzter Rechner für alle Arten kollaborativen Arbeitens erprobten. E-Mail begann sich als Medium wissenschaftlicher Kommunikation zu etablieren, war aber in der Nutzung, z.B. über VAX-Mail, noch sehr kompliziert (siehe Abb. 1 und 2) und wurde u.a. deshalb vom Fax als neuem Leitmedium der Business-Kommunikation (obzwar mit der älteren Technologie) für einige Jahre unterdrückt.

Sending mail on BITNET
If you want to send mail to a user on BITNET, use the BITNET option after the To: prompt within MAIL and indicate the userid and node. Use the following format to send mail to someone via BITNET .
To: **bitnet%"userid@node"**
To send mail to Jones at Vanderbilt University (VANDVMS1), use the following format.
To: **bitnet%"jones@vandvms1"**
Note: You can also use the IN% command to send BITNET mail. Incoming BITNET mail will have an IN%-style return address. For more information on the IN% command, refer to chapter 14.

Abb. 2: Auszug aus dem VAX-Mail Handbuch

[41] Vgl. Tim Berners-Lee: Information Management: A Proposal, CERN, March 1989, May 1990. *http://www.w3.org/History/1989/proposal.html* (23.02.2007).

[42] Vgl. Ted Nelson: A File Structure for the Complex, the Changing and the Indeterminate. In: *ACM 20th National Conference 1965,* S. 84-100.

[43] Vgl. Tim Berners-Lee/Robert Ca.lliau/Jean-Francois Groff u.a.: World-Wide Web: The Information Universe. In: *Electronic Networking Research, Applications and Policy 1/1992,* S. 52-58. *http://www.w3.org/History/1992/ENRAP/Article_9202.pdf* (23.02.2007).

VAX-MAIL-Befehle	
The following are DCL ("$") commands related to the mail functions.	
$ mail :	Gets you into mail.
$ mail filename.ext username:	Mails named file to named user.:The following commands are available anytime in MAIL>.
MAIL> :	The mail prompt.
MAIL> dir :	Gives you a list of your mail.
MAIL> 4 :	Allows you to read #4.
MAIL> d 1-4 :	Deletes messages 1-4.
MAIL> print/all :	Prints all mail to the Library printer.
MAIL> select mail :	Switch betw. Newmail (new) & Oldmail (mail) folders.
MAIL> send/edit :	Send message using the LSE editor.
MAIL>CTRL Z and type: Exit:	Sends you mail.
MAIL> exit :Exit the mailer:	Go to the $ prompt

Erst die von Tim Berners-Lee entwickelte HyperText Markup Language (HTML) und das HTTP-Protokoll brachten die Standardisierung und Kompatibilisierung, die nötig war, um das World Wide Web (WWW) und das INTERNET mit seinen Datenressourcen und Kommunikationsoptionen zu einem Massenmedium werden zu lassen.

3.5 Computer als Teil des World Wide Web

Die Arbeiten von Tim Berners-Lee, dem Erfinder des World Wide Web (1992), stehen ebenfalls noch deutlich in der Tradition der „Augmentation" des wissenschaftlichen Arbeitens. Bernes-Lee führte am Kernforschungszentrum CERN in Genf in den Jahren 1989 bis 1991 ein Projekt zum internen Informationsmanagement[41] durch, in dem er die zuvor von Ted Nelson in seinem XANADU-Projekt entwickelte Idee des Hypertextes bzw. der Hypermedia[42] für die interne Kommunikation in CERN, für die Projektverwaltung und -dokumentation, das Wissensmanagement, Informationen für Mitarbeiter usw. fruchtbar machte. 1992 fasste er zusammen mit Robert Cailliau, Jean-Francois Groff und Bernd Pollmann die Ergebnisse in dem Aufsatz *World Wide Web: The Information Universe* zusammen.[43]

Den Zusammenhang mit der Forschungsarbeit im CERN stellt Berners-Lee im Begründungszusammenhang des Projekt-Proposals explizit her, indem er auf Probleme in der Personal- und Projektkoordination, insbesondere auf den Informationsverlust durch das hohe Innovationstempo und die in große Zahl immer neuer Projekte und durch den damit verbundenen

Personalwechsel verweist. Projektdetails und Kontakte gehen mit ausscheidenden Mitarbeitern für immer verloren, neue Mitarbeiter benötigen lange Einarbeitungsphasen. Der Informationsverlust betrifft z.B. Urheber von Texten oder Software, Anwendungen, die Existenz und Zugänglichkeit von Dokumenten, an Projekten beteiligte Forscher (intern und extern) usw. Dabei handelt es sich um verallgemeinerbare Probleme nicht mehr nur innerhalb solcher vernetzt arbeitenden Forscher-Communities, sondern für eine wachsende Zahl von Teilnehmern und Nutzern in Wirtschaft und Gesellschaft.

„The problems of information loss may be particularly acute at CERN, but in this case (as in certain others), CERN is a model in miniature of the rest of world in a few years time. CERN meets now some problems which the rest of the world will have to face soon."[44]

Zur Lösung dieser Probleme schlägt Berners-Lee ein System vor, dass eine Wissensbasis entstehen lässt, die mit den Veränderungen in der Community und den durchgeführten Projekten wächst und sich entwickelt. Und damit dies möglich wird, sollte das Verfahren der Speicherung all der unterschiedlichen Informationen sich möglicht nicht restriktiv auswirken, etwa durch Vorschriften zur Hierarchisierung durch Verschlagwortung oder durch vorgegebene Ordner, Baum- und Tabellen-Strukturen etc. Deshalb erschien ihm ein relationales Verfahren sinnvoll, das außer einer Verbindung zwischen den Elementen keinerlei weitere Anforderungen stellt, also nichts als Verbindungs-Strukturen zwischen den Elementen erzeugt. Bei den Elementen oder Knoten denkt Berners-Lee z.B. an Personen, Software-Module, Forscherteams, Projekte, Begriffe, Dokumente, Hardware-Typen oder Hardware-Objekte. Die Verbindungen zwischen diesen Knoten sieht Berners-Lee im Lichte von Vannevar Bushs Ideen zur assoziativen Verknüpfung der Memex-Inhalte. Zusammen mit Ted Nelsons Hypertext-Konzept und den technisch bereits entwickelten „Hot Spots", der Markierung von Textelementen, die mit weiteren Daten hinterlegt sind, ergab sich die Verlinkung bzw. Verweisstruktur als Lösung für die Verbindungen zwischen den Knoten-Objekten,

[44] Tim Berners-Lee: Information Management: A Proposal, CERN, March 1989, May 1990. *http://www.w3.org/History/1989/proposal.html* (23.02.2007), S. 3.

[45] Tim Berners-Lee/Robert Cailliau/Jean-Francois Groff u.a.: World-Wide Web: The Information Universe. In: *Electronic Networking Research, Applications and Policy* 1/1992, S. 58, meine Hervorhebungen.

[46] Vgl. Tim Berners-Lee: Information Management: A Proposal, CERN, March 1989, May 1990. *http://www.w3.org/History/1989/proposal.html* (23.02.2007), S. 12f.

die Berners-Lee bereits als multimediale Dokumente denkt.

„Since Vannevar Bush's article, men have dreamed of extending their intellect by making their collective knowledge available to each individual by using machines. Computers give us two practical techniques for the man-knowledge interface. One is hypertext, in which *links between pieces of text (or other media) mimic human association of ideas.* The other is text retrieval, which allows associations to be deduced from the content of text."[45]

An sein System stellt er folgende weitere Anforderungen: „Remote access across networks", damit Mitarbeiter an verschiedenen Standorten auf Daten zugreifen können; „Heterogenity", damit von verschiedenen Computersystemen aus Zugriffe erfolgen können, „Non-Centralization"; damit Wachstum und Verschmelzung von Datenbeständen und Verbindungen uneingeschränkt erfolgen können, „Access to existing data", damit das System schneller effizient wird, „Private links", damit jeder Nutzer individuellen Gebrauch von den verfügbaren Datenbeständen machen kann; „Bells and Whistles", grafische und andere Besonderheiten sollten erst später folgen; „Data analysis", in beschränktem Umfang, z.B. zur Suche oder Sammlung von Daten, zur Auswertung von Kommunikations-Beziehungen, zur Bewertung der Prominenz von Knoten usw.; „Live links", die wie Bookmarks bestimmte Daten aufrufen oder Programme starten, schließlich „Non requirements", die in geschlossenen Nutzergruppen weniger relevante Fragen, wie Urheberrecht oder Datensicherheit betreffen.[46]

Der durchschlagende Erfolg, den Berners-Lee und seine Kollegen mit den auf der Basis dieser Grundüberlegungen entwickelten Formaten, Protokollen und Programmen erzielten, verdankt sich ihrer Integrativität und Konnektivität für die vorhandenen Computer- und Betriebssysteme bzw. bereits in Rechner-Netzen etablierte Interaktions- und Kommunikations-Standards (FTP, GOPHER, Mail, etc.).

Aus medientheoretischer Sicht ist das W^3-System aufgrund des realisierten kommunikativen Leistungsumfangs und der Optionen des gesamten Dokumenten-

Managements klar als Medium auszuweisen. Im Konzept des World Wide Web akkumulieren vorerst alle vorangegangenen Visionen und Entwicklungen des computerunterstützten wissenschaftlichen Arbeitens.

4. Identität und Sozialität im Netz

Das Verhältnis des Menschen zum Computer ist offenbar von deutlich anderer Art als sein Verhältnis zu anderen „Maschinen". Die Unterstützung körperlicher, physischer Leistungen, die Verstärkung von Muskelkraft, Ausdauer oder Geschwindigkeit ist etwas anderes als die Augmentation intellektueller, die Unterstützung geistiger, zumal kreativer geistiger Leistungen. In zahlreichen, stets irreführenden Metaphern wie „Elektronengehirn"[47], „Denkmaschine"[48] oder „Netzintelligenz"[49] verschmelzen humanoide und maschinelle Vorstellungen, Konzepte von Mensch und Technik in einer Weise, die das Verhältnis von Mensch und Computer verändert, speziell die Rolle von Computern oder Computernetzen als Werkzeugen transformiert zu Computern als autologischen Kreatoren geistiger Leistungen. Seit von künstlicher Intelligenz gesprochen wird, ist die Mensch-Maschine-Schnittstelle skalierbar zwischen der Adaptation der Maschine an den Menschen – von McLuhans Konzept der „Extensionen", Englebarts „Augmentation" bis zur neuesten neurologischen Prothetik – und der Adaptation des Menschen an die Maschine – von der Fließbandarbeit über die Einpassung in technische und mediale Infrastrukturen[50] bis zur Cyborgisierung: *When Man Becomes Machine* (Rorvik). Es geht dabei um nicht weniger als um die Identität des Menschen im Verhältnis zum Computer. Zwischen Technikaneignung durch den Menschen und Technifizierung des Lebens, der Körper und des Geistes ist das Verhältnis von Mensch und Computer immer wieder neu zu bestimmen abhängig vom Leistungsvermögen der Rechner (z.B. im Grafikbereich) und Netze (z.B. der Bandbreiten) sowie von den Gebrauchsdefinitionen, die Menschen im Umgang mit ihnen (er-)finden. Die Augmentation bietet auch unintendierte Optionen. Sie verändert auch das Verhältnis der Menschen unter- und zueinander nicht nur in Form

[47] Vgl. dazu, Horst Güntheroth/Jürgen Perl: Mythos Elektronengehirn. In: *OBST* 7, S. 78-114.

[48] Die Idee einer Denkmaschine ist seit Leibniz´Arbeiten zur Logik und „Gedankenrechnung" lebendig; vgl. Klaus Glashoff: *Gottfried Wilhelm Leibniz – Die Utopie der Denkmaschine.* Hamburg, *http://www.logic.glashoff.net/ Texte/GottfriedWilhelmLeibniz6.pdf* (23.02.2007).

[49] Diesen Begriff thematisirte z.B. ein Workshop des VIOLA-Projekts im Forschungszentrum Caesar in Bonn am 22. und 23. März 2006; vgl. *http://www.caesar. de* und *http://www.dfn.de.*

[50] Dazu schreibt Norbert Bolz: „Menschen sind heute nicht mehr Werkzeugbenutzer, sondern Schaltmomente im Medienverbund. Deshalb setzen sich immer mehr Computermetaphern für Selbstverhältnisse durch - wir rasten in Schaltkreise ein." (Norbert Bolz: *Am Ende der Gutenberg-Galaxis. Die neuen Kommunikationsverhältnisse.* München 1993, S. 116); für das Fernsehen illustriert den Gedanken das folgende Zitat: „Die Kopplung zwischen Mensch und Fernsehen wird offensichtlich nicht mehr als Dissonanz zwischen ‚natürlicher' und technisierter, verfremdeter Wahrnehmung empfunden, im Gegenteil: Eine bereits perfekt funktionierende Konsonanz des menschlichen Bewußtseins mit dem Fernsehen verhindert die Erfahrbarkeit des Phänomens, daß Kopplung überhaupt stattgefunden hat."

Monika   Elsner/Thomas
Müller: „Der angewachsene
Fernseher" In: Hans Ulrich
Gumbrecht/Karl   Ludwig
Pfeiffer (Hg.): *Materialität
der Kommunikation.* Frank-
furt a.M. 1988, S. 393.

der Steigerung kollaborativer Forschungsleistungen,
sondern öffnet auch Spielräume für alle möglichen
Aneignungsweisen (Kommerz, Entertainment etc.),
mit allen möglichen positiven und negativen Folgen.
Zwischen Authentizität, Kollaboration und Communi-
ty-Building auf der einen Seite und Maskierung, Sabo-
tage und Subversion auf der anderen, sind die Grenzen
zwischen persönlicher und sozialer, individueller und
gemeinschaftlicher Identitätskonstruktion und -des-
truktion fließend. Wir haben also – medientheoretisch
– zu differenzieren: die Medialität des Computers an
der Mensch-Maschine Schnittstelle und die Medialität
des Computers als Mensch-Mensch-Schnittstelle.

4.1 Symbiotics

Als einer der Ersten überhaupt setzt sich Joseph Carl
Robnett Licklider (1960) programmatisch und konzeptionell mit dem Verhältnis von Mensch und Computer
auseinander. Er zieht dazu den biologischen Begriff der
Symbiose heran, den er als produktives und koopera-
tives Zusammenleben, als intimen Zusammenschluss
oder enge Verbindung zweier selbstständiger Organis-
men kennzeichnet. Für das Verhältnis von Mensch und
Computer bedeutet Symbiose dann:

„Cooperative interaction between men and electronic computers. It will involve very close coupling between the human and the electronic members of the partnership. The main
aims are 1) to let computers facilitate formulative thinking as
they now facilitate the solution of formulated problems, and
2) to enable men and computers to cooperate in making de-
cisions and controlling complex situations without inflexible
dependence on predetermined programs. In the anticipated
symbiotic partnership, men will set the goals, formulate the
hypotheses, determine the criteria, and perform the evalu-
ations. Computing machines will do the routinizable work
that must be done to prepare the way for insights and deci-
sions in technical and scientific thinking. Preliminary analy-
ses indicate that the symbiotic partnership will perform in-
tellectual operations much more effectively than man alone
can perform them. Prerequisites for the achievement of the
effective, cooperative association include developments in
computer time sharing, in memory components, in memory

organization, in programming languages, and in input and output equipment."[51]

Mit Kooperation, Kopplung oder Partnerschaft sind es durchweg positiv besetzte Begriffe, mit denen Licklider seine Vorstellung der Symbiose von Mensch und Computer expliziert. Er formatiert das Verhältnis noch ausschließlich aus der Sicht der Computerunterstützung wissenschaftlicher Arbeit und betrachtet den Entwurf einer Mensch-Computer-Symbiose als gebrauchsdefinitorisch trägfähiges Konzept für die zukünftige Ausgestaltung und ingenieurwissenschaftliche Weiterentwicklung des Mensch-Computer-Verhältnisses:

„The hope is that, in not too many years, human brains and computing machines will be coupled together very tightly, and that the resulting partnership will think as no human brain has ever thought and process data in a way not approached by the information-handling machines we know today."[52]

Diese Hoffnung hat sich inzwischen bestätigt, jedoch nicht nur in Lickliders positiv utopischem Sinne. Medientheoretisch bedeutet die Symbiose von Mensch und Computer, der im Denken der Bush-, Engelbart- und Licklider-Tradition ein Medium des wissenschaftlichen Arbeitens und der intellektuellen Kreativität ist, eine technologische Mediatisierung des Menschen selbst, nach z.B. der spiritistischen Mediatisierung des 19. und frühen 20. Jahrhunderts.

4.2 Cyborgs

Dass die Mensch-Maschinen-Partnerschaft nicht platonisch bleiben muss, sondern handfeste körperliche Formen annehmen kann, hat ein Jahrzehnt später David Rorvik in seinem Buch *As Man Becomes Machine. The Evolution of the Cyborg* (1971) beschrieben. Aus der Symbiose wird bei Rorvik die Verschmelzung von Mensch und Maschine.

„Together, man and machine become something more than either could ever have been alone, an entirely new order of life, an evolutionary chimera, a cybernetic organism, a cyborg."[53]

[51] Joseph C. R. Licklider: Man-Computer Symbiosis. In: *IRE Transactions on Human Factors in Electronics* 1/1960, S. 4; Online Dokument: *http://groups.csail.mit.edu/medg/people/psz/Licklider.html* (15.02.2007), meine Hervorhebungen.

[52] Ebd.

[53] David Rorvik: *As Man Becomes Machine*. Garden City, NY. 1971, S. XIV.

54 Ebd.: „Forged, on suspects, by a Time magazine writer, the word ,meld' is the felicitous marriage of ,melt' and ,weld', the first a force of destruction, the second a force of construction."

55 Vgl. ebd., S. 51.

56 Vgl. ebd., S. 106.

57 Ebd., S. XVIII. Dieses Thema ist immer wieder Gegenstand der Science Fiction geworden. Prominente Beispiele dafür sind: *The Forbin Project* (Film von Joseph Sargent 1966, nach dem Roman *Colossus* von Dennis Felham Jones), *2001: A Space Odyssey* (Film von Stanley Kubrick 1968), *Westworld* (Film von Michael Crichton 1973, mit Yul Brunner), *Terminator* (Film von James Cameron 1984 mit Arnold Schwarzenegger). David Rorvik nennt auch selbst noch die Romane *Brave New World* (von Aldous Huxley 1932) und *Unless Peace Comes* (von Nigel Calder 1968).

Drei Begriffe sind für Rorviks Überlegungen zentral. Er charakterisiert das neu entstehende Verhältnis von Mensch und Maschine mit dem Kunstwort „Melding"[54]. Der Begriff „Melding" geht als Kompositum aus „melting" (Schmelzen) und „welding" (Schweißen) hervor. Melding ist daher als Prozess gleichzeitiger Zerstörung und Neuanordnung, als Konstruktion durch Destruktion zu verstehen.

Zweitens sieht Rorvik die Entwicklung des Mensch-Maschinen-Verhältnisses im naturgeschichtlichen Rahmen der Evolution: von der Mensch-Maschinen-Symbiose, über die Rivalität und friedliche Ko-Existenz bis zum „Take Over" durch die Maschinen. Rorvik hält allerdings eine „participant evolution"[55] für möglich und wahrscheinlich, in deren Verlauf der Mensch und die Maschinen aktiv in die Evolution eingreifen und deren Verlauf bestimmen. Als nächsten Schritt in der „participant evolution" sieht Rorvik den „medical cyborg"[56] als Ersatzteillager für menschliche Organe. Wenn man – wie einst Thomas Edison – dem Körper allein den Zweck zuschreibt, sein Gehirn herumzutragen, dann verliert solche „total prothesis" ihren Schrecken, weil sie die Identität des Selbst nicht zerstört, das mit dem Gehirn viel enger als mit dem Körper assoziiert wird. Schließlich ist es egal, ob um ein Gehirn herum nach und nach alle Körperteile ausgetauscht werden oder ein Gehirn gleich in einen elektro-mechanischen Körper verpflanzt wird. Am Ende wäre solch eine techno-biologische, computer-medizinische Chimäre als Produkt des „bio-cybernetic engineering" virtuell unsterblich.

„It is only a matter of time before the brain, some would say the ,mind', of a man is similarly isolated and then ,implanted' in a mechanical ,body'. Such an organism (or even one in which the brain is ,drained' into a computer and then discarded) would represent the ultimate melding of man and machine, constituting a victory for both entities: man-mechanized, machine-humanized."[57]

Die „Mechanisierung des Gehirns" durch die Kopplung mit Maschinen bzw. Computern führt schließlich zu den medientheoretisch interessanteren und in gewisser Weise schon immer geltenden, nur eben nicht neuro-technisch realisierten Prinzipien der Aisthesis, der Ratio und der Emotionen. ESB (Electronic Stimulation of the Brain) ist die Grundlage der Steuerung von Hirnfunktionen, ihrer Aktivierung bzw. Deaktivierung, ihrer Intensivierung oder Dämpfung. Tätigkeiten und Bewegungen, Schlaf und Traum, Sinneseindrücke und Affekte, Erinnerung und Geistesblitze können durch ESB ausgelöst werden.[58]

Die Implantation von ESB-Chips ist inzwischen, z.B. in der Behandlung von Formen der Epilepsie oder des Tourette-Syndroms ebenfalls Realität. Als Augmentation zur Förderung intellektueller Kreativität, zur Kommunikation oder zur Unterhaltung ist es bislang noch Utopie. Faktisch dienen aber schon alle externen Medien der Stimulation des Gehirns. Wenn man Dolf Zillmann mit seiner Theorie des Mood-Managements durch Zuwendung zu Medien folgt, und wenn man diese gratifikationstheoretisch bis in das Wissensmanagement hinein verlängert, ist die Implantierung von Datenbank-Chips oder Nano-Computern für den instantanen gedanklichen Zugriff auf große Datenbestände und im Hintergrund des Bewusstseins laufende Datenverarbeitungs-Routinen auch nur noch ein kleiner Schritt. Das Kino wandert aus den Schauburgen erst als Fernsehen in die Wohnung, dann als Podcast auf das Mobiltelefon und schließlich als induktives Download zur immediaten Stimulation auf implantierte Chips. Ganz ähnlich im Falle der Kommunikationsmedien – außer Haus: Bote, Brief, Telegramm; inhouse: Telefon, Fax, E-Mail; am Körper: Mobiltelefon am Ohr mit Freisprechgarnitur. Mobiltelefon-Chips als Implantate sind, nachdem bereits RFID-Chips als Identitätsausweis implantiert werden, keine Utopie mehr.

Die Ko-Evolution von Mensch und Medien ist die Geschichte der Interiorisierung und Inkorporation der Medien, also letztlich ihrer physischen Verinnerlichung und Einverleibung. Notabene: Was Medien zu Medien macht, nämlich die Konventionalisierung von Zeichen und Formaten für Kommunikation und Rezeption, ist aber essentiell und initial eine kognitive, also schon immer geistige, also auf neurophysiologischen Prozessen ruhende Leistung.

[58] Vgl. David Rorvik: *As Man Becomes Machine.* Garden City, NY. 1971, S. 139ff.. Auch dafür gibt es ein interessantes Filmbeispiel: *eXistenz*, von David Cronenberg 1999, wo die Stimulation des ZNS durch eine Bio-Spielekonsole erfolgt.

[59] Vgl. Sherry Turkle: *The Second Self: Computers and the Human Spirit*. New York 1984.

4.3 Virtual Personality

The Second Self: Computers and the Human Spirit[59] sagt Alles. Als Sherry Turkle dieses Buch 1984 veröffentlichte, waren wiederum rund zehn Jahre akribischer Weiterentwicklung der Computertechnik und der Datennetze seit Rorviks Cyborg-Phantasien ins Land gegangen. In diesem Zeitraum hatte die Verbreitung von Computern und die Zahl der Nutzer solcher Computer bereits rasant zugenommen: der Apple II war am Markt, der IBM-PC gerade vorgestellt worden. Der Generationswechsel von den Heim- zu den Personal-Computern war in vollem Gange, die Branche feierte zweistellige Wachstumsraten. Mit der Diffusion des Computers und seiner Standard-Anwendungen über die Forschungs- und Entwicklungs-Arbeitswelt hinaus zuerst in den beruflichen Alltag in Verwaltung, Handel und Industrie, dann auch in den privaten Alltag und die Freizeit von immer mehr Menschen sowie mit der Ausdifferenzierung der Softwareangebote in kommerzielle und erste Unterhaltungs-Anwendungen (wie z.B. Textverarbeitung und Formatierung, Datenbankanwendungen, Tabellenkalkulation, Spiele, Text-Adventures), entstehen Nutzungsformen und Erfahrungen, Ideen und Irritationen, an die Engelbart und Licklider nicht im Traum gedacht hätten. Die Online- und Netzangebote sind im Wesentlichen auf E-Mail, File Transfer (FTP), Newsgroups (Usenet), Gopher (für Textdaten) und MUDs (Multi Use Dungeons) beschränkt.

Mitte der 1980er Jahre bezeichnete Sherry Turkle noch den Computer als „zweites Selbst", als Spiegel der eigenen Persönlichkeit, der in Gestalt von selbst angelegten Ordnerstrukturen, in Gestalt der selbst erzeugten Inhalte, der Kommunikationskontakte, der im Netz gesammelten Dateien usw. alle wesentlichen Aspekte der eigenen Persönlichkeit – die Interessen, die Wissensgebiete, die Kompetenzen, den Freundeskreis – spiegelt. Die Identifizierung des Computers als persönlicher Assistent, auch das Erleben der programmierten Eigenmächtigkeit und Eigenwilligkeit des Computers, das Ansprechen des Gerätes, das Schimpfen bei Abstürzen oder Datenverlusten, die Begrüßung am Morgen, wenn die „Maschine hochgefahren" wird – all dies trägt fast para-soziale Züge.

Wiederum ein Jahrzehnt später, als mit der Verbreitung des PCs vor allem die Vernetzung und durch das Internet ab etwa 1990 das Angebot exponentiell gewachsen und die Nutzung von Online Diensten einfacher geworden war, entstand ein neues Phänomen.

„Auf einer Ebene ist der Computer nichts anderes als ein Werkzeug. Er hilft uns, Texte zu schreiben, unsere Geschäftsbücher auf dem aktuellen Stand zu halten und mit anderen zu kommunizieren. Doch darüber hinaus bietet der Computer sowohl neue Modelle für die Funktionsweise unseres Bewusstseins als auch ein neues Medium an, auf das wir unsere Vorstellungen und Phantasien projizieren können. Und in jüngster Zeit kam zu dieser Funktion als Werkzeug und Spiegel noch eine andere Dimension hinzu: Wir können durch den Spiegel hindurchgehen. Wir lernen, in virtuellen Welten zu leben. Wir mögen ganz für uns allein virtuelle Ozeane befahren, virtuelle Rätsel lösen und virtuelle Wolkenkratzer entwerfen. Doch wenn wir durch den Spiegel hindurchgehen, treffen wir immer öfter auf andere Menschen."[60]

In den virtuellen Räumen (z.B. Chats, Foren oder Spielwelten) agieren Kommunikationspartner und Mitspieler als „Schöpfer ihrer Identität, indem sie durch soziale Interaktion neue ‚Selbste' entwerfen."[61] Sie agieren in einer „Welt anonymer sozialer Interaktion", die es gestattet „unerforschte Aspekte" der eigenen Persönlichkeit zu explorieren und alternative, neue Identitäten deklarativ, kommunikativ oder auch bildlich-grafisch anzunehmen und auszuprobieren. Die Selbstentwürfe können nämlich auch als Avatare virtuelle Gestalt annehmen und Design-Objekte der eigenen Gestaltung von Körpern, Köperformen, Körperoberflächen, Kleidung usw. werden. Auch Stellvertreter oder Doppelgänger (Bots), die autonomisiert die virtuellen Welten durchwandern, kann man sich zulegen, sodass die eigene virtuelle Existenz, das virtuelle Überleben auch über die Online-Sessions hinaus gesichert wird. Das eigene Selbst wird im Lichte solcher Möglichkeiten und Erfahrungen dissoziiert als „multiples, dezentriertes System" wahrgenommen, das aus zahlreichen parallelen Online-Identitäten und einer Offline-

[60] Sherry Tukle: *Leben im Netz. Identität in Zeiten des Internet*. Reinbek b. Hamburg 1998 (Orig. 1995), S. 9.

[61] Ebd., S. 13.

[62] Vgl. ebd., S. 38; vgl. dazu auch Donna Harraway: A Manifesto for Cyborgs. In: Noah Wardrip-Fruin/Nick Montfort (Hg.): *The New Media Reader*. Cambridge, MA./London 2003, S. 516-541. Orig. in: *Socialist Review*, 80/1985, S. 65-108.

[63] Vgl. Howard Rheingold: Der Alltag in meiner virtuellen Gemeinschaft. In: Manfred Faßler/Wulf Halbach (Hg.): *Cyberspace. Gemeinschaften, virtuelle Kolonien, Öffentlichkeiten.* München 1994.(Orig. 1938), S. 95-121.

Identität zusammengesetzt ist. Mit dem Konzept des „dezentrierten Selbst", auch der Selbst-Simulationskultur wird der Computer als „intimer Freund" zum Multi-Medium multipler Selbst-Verwirklichungen.[62]

4.4 Virtual Community

„Leben im Netz" bedeutet auch virtuelle Gemeinschaft[63], wie schon Licklider und Taylor wussten. Im Internet und unter Bedingungen simulierter Identitäten bekommt diese virtuelle Sozialität allerdings eine andere Dimension, sowohl quantitativ als auch qualitativ. Die soziogenetische Funktion von Kommunikation und Medien in realen sozialen Umgebungen wird hier durch zwei wesentliche Faktoren indirekt verstärkt. Erstens sind die Cybernauten, die sich im Netz begegnen, als Nutzer des Netzes bereits vorab in gewissem Sinne vergemeinschaftet. Sie weisen konsensuelle Orientierungen und wie immer partielle, so doch auch parallele Sozialisationen und Kompetenzen auf. Sie sind einander also schon vor ihrer Begegnung nicht völlig fremd. Zweitens begegnen sie sich in einer virtuellen Welt, die ihnen Gelegenheit zu längerfristiger, rekurrenter und teilweise sehr intensiver, sogar intimer Kommunikation und Interaktion bietet. Das Netz (als System vernetzter Computer) wird so als Medium sozialer Interaktion und Kommunikation zur Ermöglichungsbedingung distanter, virtueller Soziogenese. Welches politische und ökonomische Potential dieser webbasierte Vergemeinschaftungsmodus hat, konnten NGOs wie z.B. Greenpeace und Attac schon mehrfach demonstrieren. Es gelingt nicht nur international große Anzahlen von Gemeinschaftsmitgliedern zu gewinnen, sondern auch, diese in belangvollen Situationen (z.B. Brent Spar) dazu zu mobilisieren, ökonomischen Druck und politischen Einfluss auszuüben. Das neue Vertrauen in den Erfolg zivilgesellschaftlichen Engagements ist in großem Maße solchen Erfolgen virtueller Gemeinschaften zu verdanken.

5. Netzkultur – Netzpolitik – Netzökonomie

Die gesellschafts- und kulturpolitischen Dimensionen der Digital- und Netzmedien erschließt sich am besten in der Konfrontation der Promoter des „Information Superhighway"[64] (Al Gore) und der „European Information Society"[65] (Martin Bangemann) auf der einen Seite und dem *Digitalen Evangelium* Hans Magnus Enzensbergers auf der anderen. Die nordamerikanischen und europäischen politischen Visionen einer von der Informations- und Kommunikations-Wirtschaft (IKT oder auch ICT) getragenen sozio-ökonomischen Revolution werden von Enzensberger emotionslos als „digitaler Kapitalismus" analysiert.[66]

Nach den Anfängen der Digitalisierung in Forschung und Industrien seit den 1950er Jahren, nach der Verbreitung der Heim- und Personal-Computer in dem 1980ern und – vor allem – nach dem Start des World Wide Web um 1990 war nicht mehr viel Phantasie nötig, um das enorme ökonomische Potential und die Folgen der IKT für die sozio-kulturellen Systeme abzusehen. Dass die Politik sich mit eigenen Visionen und Programmen an die Spitze von aussichtsreich erscheinenden Innovationsprozessen setzt, ist kein Novum. Neu ist in diesem Fall allerdings die Intensität und Nachhaltigkeit des Engagements, zuerst der amerikanischen Administration und dann der Europäischen Union, vor allem mit Blick auf die Organisationsstrukturen, die zur Umsetzung der Programme aufgesetzt wurden, sowie die Höhe der F&E-Fördersummen, die seitdem mobilisiert und weiter in diesen Sektor investiert werden. Die Politik begleitet hier nicht nur einen sich weitgehend selbst tragenden Innovationsprozess, sie schafft nicht mehr nur die Rahmenbedingungen für Innovationen, sondern wird selbst zum Treiber und Akteur dieses Prozesses, zum Agenten der Digitalisierung, Mediatisierung und Informatisierung der Gesellschaft. Dabei tragen die neuen Digital- und Netzmedien – wie Franz Dröge und Gerd G. Kopper schon 1991 erkannt haben – wirksamer als alle „alten" Medien zuvor, nämlich verstärkend und nachhaltig zur gesellschaftlichen Integration bei.

[64] Vgl. Al Gore: *Building the Information Superhighway.* *http://www.robson.org/gary/ captioning/ gorespeech.html* (13.12.2001). 1994.

[65] Vgl. Martin Bangemann: *Information Infrastructure.* *http://www.ispo.cec.be/info- soc/promo/speech/ geneva.html* (September 8, 1997), Rede im Rahmen von Telecom Inter@ctive ´97, Genf.

[66] Vgl. Hans Magnus Enzensberger: Das digitale Evangelium. In: *Der Spiegel* 2/2000, S. 92-101.

[67] Franz Dröge/Gerd G. Kopper: *Der Medien-Prozeß. Zur Struktur innerer Errungenschaften der bürgerlichen Gesellschaft.* Opladen 1991, S. 79.

[68] Der Begriff der Netzwerkgesellschaft war zuerst von Jan van Dijk 1991 in die Diskussion eingebracht worden, vgl. Jan van Dijk: *The Network Society. Social Aspects of New Media.* London 1999. Bekannter ist der Begriff allerdings mit Manuel Castells geworden: Manuel Castells: *The Rise of the Network Society, The Information Age: Economy, Society and Culture,* Vol. I. Cambridge, MA./Oxford, 1996.

„Mit den „neuen Medien", deren technologische Spezifika als Elemententechnologie universell sind, weshalb sie inzwischen unter dieser technisch generellen Verwendungsperspektive auch unter den Oberbegriff Informations- und Kommunikationstechnologie (IuK-Technologien) subsumiert werden, wird erstmals ein Integrationsgrad erreicht sein, der durch den Einbau medialer, informationsvermittelnder, -speichernder, und -verarbeitender Elemente in sämtliche Struktureinheiten der Gesellschaft gekennzeichnet ist [...] Die Universalisierung des technisch bestimmten Kommunikations- und Informationsprozesses transformiert das historisch entwickelte Phänomen der Massenmedien zu einer spezifischen Eigenschaft sozialer Struktureinheiten schlechthin."[67]

Bei Jan van Dijk und Manuel Castells wird die Vernetzung[68] zum Medium solcher Integration und zum bestimmenden Merkmal der postindustriellen Informations- und Mediengesellschaften. Weil die mediale und kommunikative Vernetzung eine umfangreiche Reorganisation der Gesellschaft quer zu den bekannten, auf soziale Nähe und Face-to-Face-Interaktion gründenden Schichtungs-, Milieu- und Gruppenstrukturen mit sich bringt, ist die Rede von der Netzwerk-Gesellschaft gut motiviert. Anders als Dröge und Kopper sieht van Dijk die mediale Vernetzung jedoch nicht als Einbahnstraße in Richtung immer weiter fortschreitender Integration und anders als Castells betrachtet er nicht die Netzwerke selbst als so etwas wie Super-Akteure. Van Dijk erkennt in der Vernetzung einen zwiespältigen oder doppelt wirkenden Prozess von „dualer Struktur", der zwar die jeweiligen Netz-Komponenten stärker integriert als sie es zuvor gewesen sein mögen, zugleich aber die nicht zum Netzwerk gehörenden Elemente nur lose oder gar nicht koppelt. Auch haben sich Netzstrukturen als sehr flexibel und veränderlich erwiesen. Sie werden in Abhängigkeit von gemeinsamen Interessenlagen ihrer Mitglieder dynamisch stabilisiert. Enden die Gemeinsamkeiten, werden nach Zweck- und Zielaspekten neuer Vernetzungen gesucht und neue Netzwerke gebildet. Vernetzung toleriert Gegensätze und Widersprüche. Dezentralisation kann im Netzwerk zentral koordiniert werden, globale Vernetzung kann mit lokaler Autonomie zusammengehen.

Community-Bildung und Individualisierung widersprechen sich in Netzwerken nicht. Deshalb bedeutet
das Netzwerk-Prinzip der fallweisen sozialen Kopplungen im gesellschaftlichen Raum tatsächlich eine
Verflüssigung und Mobilisierung der Strukturen. Die
soziale Vernetzung setzt allerdings, um die bekannten
Netz-Effekte[69] entstehen zu lassen und soziale Vernetzung flexibel handhaben zu können, die physikalische
bzw. technische Vernetzung (wire, wireless) möglichst
von jedem mit jedem voraus.

5.1 The American Way - Information Superhighway

Am 11. Januar 1994 hielt Al Gore als amerikanischer
Vize-Präsident in Los Angeles eine Rede, die als Start-
schuss für den Bau des amerikanischen „Information
Superhighway" gilt. Mit den Worten Gores geht es in
der Rede um die Vision einer „National Information
Infrastructure" und das

„legislative package necessary to ensure the creation of that
national infrastructure in a manner which will connect and
empower the citizens of this country through broadband, interactive communication."[70]

Gore bemüht die Mediengeschichte, die Telegraphie,
das Fernsehen, das Fax, um die Bedeutung der Kommunikationsmedien für Demokratie und Ökonomie zu
verdeutlichen und den anstehenden Schritt als „digital
revolution" auszuzeichnen.

"Our new ways of communicating will entertain as well as
inform. More importantly, they will educate, promote demo-
cracy, and save lives. And in the process they will also create
a lot of new jobs. In fact, they're already doing it."

Die amerikanische Wirtschaft soll konkurrenzfähiger
und durch Marktführerschaft in den neuen Informa-
tionstechnologien erfolgreicher an den globalisierten
Märkten agieren. Die neue Technologie wird die ge-
genwärtige Medienlandschaft aus Kabel, lokaler und
Ferntelefonie, Fernsehen, Film und Computer durch
Medienkonvergenzen und in Richtung interaktiver
Formen verändern. Der neue Markt wird ein „Bit-
Business" mit „information conduits, information

[69] Vgl. Michael Katz/Carl Shapiro: Network Externalities, Comeptition, and Compatibility. In: *The American Economic Review* 3/1985, S. 424-440; Kevin Kelly: *NetEconomy. Zehn radikale Strategien für die Wirtschaft der Zukunft.* München 2001.

[70] Al Gore: *Building the Information Superhighway.* *http://www.robson.org/gary/captioning/ gorespeech.html* (13.12.2001). 1994.

[71] Vgl. für die folgenden Ausführungen: Martin Bangemann: Empfehlungen für den Europäischen Rat. Europa und die globale Informationsgesellschaft. Brüssel 1994. *http:// ec.europa.eu/archives/ISPO/ infosoc/backg/bangeman.html* (12.02.2007); vgl. auch ders.: Information Infrastructure. *http://www.ispo.cec.be/in- fosoc/promo/speech/ geneva. html,* Rede im Rahmen von Telecom Inter@ctive ´97 am 08.09.1997, Genf.

providers, information appliances and information consumers" sein. Damit diese Zukunft eintritt, wird die Regierung:

- Encourage Private Investment
- Provide and Protect Competition
- Provide Open Access to the Network
- Take Action to Avoid Creating a Society of Information ‚Haves' and ‚Have Nots'
- Encourage Flexible and Responsive Governmental Action

Gore fordert und sieht als politische Aufgabe die Sicherung des „free flow of information", des „open access", „public access" und „nondiscriminatory access to network facilities, services, functions and information". Werden diese administrativen Vorgaben umgesetzt, und die von Gore benannten Ziele erreicht, z.B. die Schulen ans Netz zu bringen, die Netze zu digitalisieren oder die Bibliotheken und Krankenhäuser zu vernetzen, wird es freie Fahrt geben auf dem amerikanischen „Information Superhighway" geben.

5.2 European Information Society

Im Mai 1994 zog die Europäische Union mit den USA gleich: Martin Bangemann, EU-Kommissar für Telekommunikation, legte seinen Report „Europe and the Global Information Society"[71] vor. Auch Bangemann bemüht den Revolutionsbegriff, spricht von einer „neuen industriellen Revolution", einer „Revolution, die sich auf Informationen stützt" und „der menschlichen Intelligenz riesige neue Kapazitäten" eröffnet. Auch Bangemann operiert mit sozialpolitischen und ökonomischen Erwartungen.

„Die breite Verfügbarkeit neuer Informationstechniken und -dienste bietet die Chance für mehr Gleichberechtigung und Ausgewogenheit in der Gesellschaft und fördert die Selbstverwirklichung. Die Informationsgesellschaft verfügt über das notwendige Potential, um die Lebensqualität der europäischen Bürger und die Effizienz unserer Gesellschaft und Wirtschaftsorganisation zu verbessern sowie den europäischen Zusammenhalt zu stärken."

Mit der Entwicklung der Informationsgesellschaft wird die Erwartung der Entstehung „neuer Märkte" verbunden, Märkte für „professionelle Anwendungen" (z.B. „Management- und Produktionssysteme", „Unternehmensorganisation", „Geschäftsmethoden"), für kleine und mittlere Unternehmen (z.B. Anschluss an Netze, „Netzverbund" mit Forschungseinrichtungen, Universitäten, Laboratorien), private Anwendungen (z.B. „Dienstleistungsangebote" vom Home-Banking bis zur Unterhaltung auf Abruf) und „Audiovisuelle Märkte" (vor allem die Stärkung der „Programmindustrie" in der Konkurrenz zu den USA).

Als wesentlich für die Errichtung der von der Informationsgesellschaft benötigten „Informationsinfrastruktur" wird zum Einen ein „nahtloser Netzverbund" und zum Anderen die „Interoperabilität" der entsprechenden Dienste und Anwendungen angesehen. Auch die Europäer betonen im weiteren Prozess den Belangen des Schutzes der Privatsphäre, des geistigen Eigentums, des Datenschutzes, der Informationssicherheit und des Besitzes von Medien in besonderer Weise Rechnung zu tragen.

Als „Bausteine" der Informationsgesellschaft werden ISDN (als erster Schritt), Breitband-Netze (als Weg zur Multimediawelt), Mobilkommunikation und Satellitentechnik benannt, für die bestimmte „Grunddienste" wie E-Mail, FTP, Multimediadienste etc. definiert werden sollen.

5.3 Digitaler Kapitalismus

Als Hans Magnus Enzensberger im Jahr 2000 seinen Artikel *Das digitale Evangelium*"[72] im *Spiegel* veröffentlichte, konnte er auf die jüngere Geschichte „neuer" Medien vom Fernsehen bis zum Internet zurückblicken und seine eigenen Einlassungen zum Thema, vor allem die Thesen des „Baukasten"-Aufsatzes von 1970 und seine Kritik des Fernsehens als „Nullmedium" von 1988 mit der Entwicklungsgeschichte auch der Neuen Medien, der Digital- und Netzmedien konfrontieren und einem (selbst-) kritischen Review unterziehen.

Sein Fazit im Jahr 2000 ist so ernüchternd wie seine „Prophezeiungen" von 1970 im Kern begründet, aber

[72] Vgl. Hans Magnus Enzensberger: Das digitale Evangelium. In: *Der Spiegel* 2/10.01.2000, S. 92-101; Online-Dokument unter: *http://service.spiegel.de/digas/find?DID=15276078* (13.02.2007).

trügerisch waren: die Neuen Medien haben emanzipatorisches Potential, aber es spielt keine Rolle. Die sozial- und kulturpolitischen Ziele, die Gore und Bangemann mit der Informationsgesellschaft dann auch noch verwirklichen wollen, prallen ab an den volks- und weltwirtschaftlichen ,Notwendigkeiten' der ökonomischen Existenz- und Zukunftssicherung, ironischerweise aber eben auch am bevorzugten Gebrauch, den die Menschen von den Medien machen. Emanzipatorischer Gebrauch ist dabei offensichtlich die Ausnahme. So ist bei Enzensberger

„das Netz tatsächlich eine utopische Erfindung: Es hat den Unterschied zwischen Sender und Empfänger abgeschafft. Eine zentrale Instanz, die im Stande wäre, es zu kontrollieren, existiert nicht mehr. […] All diese Entwicklungen bedrohten das Informationsmonopol der Regierungen und setzten zähe Auseinandersetzungen über die Kontrolle der Medien in Gang."[73]

So ist das Internet schon wegen seiner Dezentralität kaum wirksam zu beherrschen, was nicht nur Staaten wie China und Iran, sondern auch die USA und deutsche Innenminister wirklich nervös macht. Während sich aber als eigentliches ,Problem' der Kontrollierbarkeit die schiere Masse an Inhalten erweist, offenbart deren „überwältigende Banalität", wie trügerisch die „Prophezeiung von der emanzipatorischen Kraft der neuen Medien" tatsächlich ist. In dieser Banalität findet jede „Interaktivität […] ihre Grenze", was sich in der Geschichte der Neuen Medien schon bei den Kurzwellen-Amateuren, den offenen Fernsehkanälen, den interaktiven Talkshows und zuletzt in den Chatrooms belegen lässt. War die „Veröffentlichung" im Gutenberg-Zeitalter noch ein „Privileg Weniger", so wird es im Informationszeitalter zum „elektronischen Menschenrecht."

In der Tat ,ins Netz gestellt' wird oft unreflektiert Alles, bloß weil es diese Möglichkeit gibt und weil es unterhaltend sein kann, abzuwarten, ob damit etwas geschieht. Solche Wahrnehmung des neuen elektronischen Menschenrechtes konterkariert, desavouiert und entwertet aber die Netz-Öffentlichkeit zu oft, sodass das ,Einstellen von Inhalten' ins Netz als politische und kulturelle Äußerung unbrauchbar wird.

Nicht nur bringt „die Verwechslung von bloßen Daten mit sinnvoller Information [...] seltsame Chimären hervor" und lässt die *„Halbwertszeit* von Informationen" im Netz rasant verfallen. Das Internet hat auch *„den Begriff des Originals,* der schon durch frühere Medien stark beschädigt war, endgültig liquidiert."[74]

Zwar beweist das Netz tagtäglich seine Offenheit und Freiheit auch als „Dorado für Kriminelle, Intriganten, Hochstapler, Terroristen, Triebtäter, Neonazis und Verrückte", aber diese Offenheit leistet bedauerlicherweise nicht viel mehr als „schlicht und einfach die Geistesverfassung seiner Teilnehmer" abzubilden.

„Während die Web-Pioniere in ihrem elektronischen Idealismus ein Medium für den herrschaftsfreien und kostenlosen Diskurs im Sinn hatten, sah das Kapital in seiner göttergleichen Indifferenz bald die Verwertungschancen, die das Netz ihm nach beiden Seiten hin bot. Zum Einen ging es um die *ökonomische Kontrolle des Datenverkehrs,* zum Andern um die *Kommerzialisierung der Inhalte.*"[75]

Die „Kulturindustrie" wandelt sich im Informationszeitalter also zum digitalen Kapitalismus. Im Januar 2000 konnte man das Platzen der ‚Internetblase' und den Crash des Neuen Marktes bereits erahnen. Enzensberger leitete aus dieser Ahnung noch eine prinzipielle Schwäche des digitalen Kapitalismus ab, dessen Virtual Estate mit realen Buchwerten nicht zu vergleichen ist. Als das Silicon Valley sich dann im März 2000 in ein Tal der Tränen verwandelte, fühlten sich Kritiker wie Enzensberger bestätigt. Tatsächlich war der Dot-Com-Crash nicht das Ende des Digitalen Kapitalismus, sondern der Beginn seiner Konsolidierung.

Die sozialen Folgewirkungen beschreibt Enzensberger in gewisser Übereinstimmung mit den Theoretikern der Netzwerkgesellschaft. Er sieht die Entstehung von neuen Strukturen, die aus neuartigen „molekularen Klassenkämpfen" hervorgehen.

„Man könnte sagen, dass sich quer zu den ökonomischen Schichten Informationsklassen gebildet haben, deren Zukunftsaussichten auf keinen einfachen Nenner mehr zu bringen sind. [...] Der Zusammenhang mit dem Stand der Medientechnologien liegt auf der Hand. Hypothetisch lässt

[74] Vgl. ebd., meine Hervorhebungen; hier wird natürlich angespielt auf Walter Benjamins berühmte These vom Verlust der Aura von Kunstwerken durch deren technische Reproduzierbarkeit, vgl. dazu die Beiträge von Gregor Schwering in diesem Band, Kap. 1.

[75] Ebd., meine Hervorhebungen.

⁷⁶ Ebd.

⁷⁷ Ebd.

sich aus diesen Andeutungen eine neue soziologische Struktur ableiten. Man zögert, von einer Klassenanalyse zu sprechen, weil die Fraktionen, die sich abzeichnen, in sich sehr inhomogen sind. Von Klassenbewusstsein in irgendeinem hergebrachten Sinn kann ohnehin keine Rede mehr sein. Es handelt sich eher um funktionelle Differenzierungen."[76]

Bevor wir uns im nächsten Abschnitt kulturwissenschaftlichen Theorien des Computers als Medium zuwenden, sollten wir die an die Theoretiker der Neuen Medien adressierte Ermahnung Enzensbergers ernst nehmen, der die medientheoretische Hypostasierung z.B. einer Gefahr der Verwechslung von Realität und Simulation (Baudrillard) als „Weltfremdheit", als „betriebsblind", als „Überschätzung der eigenen Rolle" und als „Selbsttäuschung" brandmarkt.

„Medienpropheten, die sich und uns entweder die Apokalypse oder die Erlösung von allen Übeln weissagen, sollten wir jedoch der Lächerlichkeit preisgeben, die sie verdienen. Die Fähigkeit, eine Pfeife vom Bild einer Pfeife zu unterscheiden, ist weit verbreitet. Wer Cybersex mit Liebe verwechselt, ist reif für die Psychiatrie."[77]

6. Medientheorien des Computers

Wie die Ausführungen in den vorangehenden Abschnitten in aller Deutlichkeit zeigen, ist der Computer prospektiv und prätheoretisch von Beginn an immer auch in seiner Anwendung als Medium gedacht und gerade nach dieser Maßgabe entscheidend weiter entwickelt worden. Dass diese Entwicklungen zunächst und bis in die 1970er Jahre hinein im Rücken der Kultur-, Medien- und Kommunikationswissenschaften erfolgten, mag daran liegen, dass der Computer als Automatisierungstool, also im Wesentlichen als Maschine(nteil) die erste Phase der Digitalisierung der Arbeitswelt erlebte. Erst als in 1980er Jahren die Digitalisierung auch die Medien erfasste, zuerst den Zeitungs- und Buchsatz (Composer), dann die Spielecken im Haus (Heim-Computer, Spiele-Konsolen) und schließlich die Büro-Schreibtische (Personal-Computer, Desktop-Publishing), begannen – wie wir bereits gesehen haben – Autoren wie Sherry Turkle und Howard Rheingold sich für dieses neue

Medium zu interessieren. Vollends gelangten die Computer, die Netze und die Digitalisierung selbst aber erst als sogenannte „Neuen Medien" in den 1990er Jahren in den Fokus kulturwissenschaftlicher Aufmerksamkeit.

Erst durch die seitdem zusehends intensivierte medienwissenschaftliche Reflexion dieser Medien wird auch die frühe Medialität der Computersysteme, wie sie bei Bush, Engelbart und Licklider nachweisbar ist, entdeckt und medientheoretisch verarbeitet.

6.1 Computer als Integrationsmedium – „Das Netz ist der Computer"

Aus der Informatik heraus hat vor allem Wolfgang Coy sehr früh die Grundlinien des Diskurses über den Computer als Medium bestimmt: der Computer kann als dasselbe technische Gerät aus jeweils unterschiedlicher Perspektive sowohl als Maschine, als Werkzeug und als Medium angesehen werden.

Coy steht damit in einer informatischen Tradition, der mediale Funktionen von Computern und kommunikative Dimensionen der Datenverarbeitung schon in den 1960er Jahren vertraut waren. Carl Adam Petri machte in seiner Dissertation von 1962 die Kommunikation im Computer zum Modell für die Organisation der Verständigungsverhältnisse unter Menschen im sozialen Raum. Dies ist zwar inhaltlich ein seinerseits kritikwürdiges sozialtechnologisches Programm, das so nicht weiter verfolgt wurde; es belegt aber den engen konzeptionellen Zusammenhang zwischen Computer und Kommunikation schon für diese frühen Jahre.

Coy betrachtet den Computer als „potentiellen *Integrator* aller vorherigen Medien".[78] Er leitet diese Position direkt aus den Leistungen von Computern in der Verarbeitung von Medien einerseits und aus der „kollaborativen Vernetzung" anderseits her. In einem einfachen Dreischritt kann dies belegt werden.

Erstens: „Alle üblichen *medialen Aufzeichnungs- und Wiedergabetechniken* lassen sich in digitale Signale übertragen und damit vom Computer speichern und bearbeiten. Die Transformation von Zeichen in Signale und umgekehrt. Ton, Bild, Animation und Video erweitern den Rechner damit zur medienintegrierenden Maschine."[79]

[78] Wolfgang Coy: Aus der Vorgeschichte des Mediums Computer. In: Norbert Bolz/Friedrich Kittler/Georg Christoph Tholen (Hg.): *Computer als Medium.* München 1994, S. 30, meine Hervorhebung.

[79] Wolfgang Coy: Automat – Werkzeug – Medium. In: *Informatik Spektrum* 1/ 1995, S. 31-38; zitiert nach dem Online-Dokument unter: *http://gauge.upb.de/ ss2003/iug/uebung2/Coy_Automat-Werkzeug-Medium. pdf* (02.03.2007), S. 7; meine Hervorhebungen.

[80] Ebd., meine Hervorhebungen.

[81] Wolfgang Coy: Automat – Werkzeug – Medium. In: Informatik *Spektrum* 1/ 1995, S. 31-38; zitiert nach dem Online-Dokument unter: *http://gauge.upb.de/ ss2003/iug/uebung2/Coy_Automat-Werkzeug-Medium. pdf* (02.03.2007), S. 8; meine Hervorhebungen.

[82] Coy verweist auf Terry Winograd/Fernando Flores: *Understanding Computers and Cognition – A New Foundation for Design*. Norwood, NJ. 1986, die das kooperative Arbeiten zum Modell der Computervernetzung machen. In die gleiche Richtung weisen auch die Überlegungen in Brenda Laurel: *Computers as Theater*. Reading MA. 1991 und zum Konzept des Interface; vgl. Brenda Laurel: *The Art of Human-Computer Interface Design*. Reading, MA. 1991; vgl. dazu auch Heidi Schelhowe: *Das Medium aus der Maschine: Zur Metamorphose des Computers*. Frankfurt a.M. 1997, S. 158 ff.

[83] Ebd., S. 9; vgl. dazu auch Wolfgang Coy: turing@galaxis.com II. In: Martin Warnke/Wolfgang Coy/Georg Christoph Tholen (Hg.): *HyperKult*. Basel/Frankfurt a.M. 1997, S. 15-32.

Zweitens: „Lokale, regionale und globale *Vernetzung* verändert den singulären Charakter des Werkzeugs zur kooperativen Nutzung der miteinander verbundenen Maschinen. ‚Das Netz ist der Computer', alle Nutzer dieses Netzes verwenden ein neu entstandenes digitales Medium."[80]

Drittens: „Die Kooperation mehrerer Arbeitender im Rechnernetz folgt kaum einer Werkzeugperspektive, sondern eher dem Medienmodell, das bereits mit Telegraf und Telefon entwickelt ist und das auf Rechnernetze übertragbar scheint. Vernetzte Kooperation ist die Basis der modernen arbeitsteiligen Produktionsweise, ihre angemessene technische Unterstützung geschieht über vernetzte Rechner: *Der Computer wird zum Medium*."[81]

Man könnte sich von Wolfgang Coys Gedanken sogar soweit inspirieren lassen, zu sagen, dass aus den sozialen Formen der Kooperation und Kollaboration heraus, und dafür würde in der Tat die Engelbart- und Licklider-Tradition der Augmentation sprechen, eine Medienmetapher, festgemacht an Netz-Beispielen wie der Telegraphie und des Telefons, der Computervernetzung selbst erst als Modell gedient hat.[82] Dies ist ein interessanter Gedanke schon deshalb, weil er die Neuen Medien in einem „älteren" Licht ausleuchtet. Die Computernetze prägen gar keine neue Medialität aus, sondern stellen lediglich das elektronische Token eines viel älteren und allgemeineren (Arche-)Typs zwischenmenschlicher Interaktion dar. Die Computer-Netze verwirklichen demnach technisch, was aus dem sozialen Interaktionsmodell als Beziehung und Zusammenspiel, als ‚Sprachspiel' und Form des Zusammenwirkens bereits vertraut ist. Aus dieser soziotechnischen Intimität speist sich dann die synergetisch so überzeugende Kompatibilität von Netz und Nutzern, die soziale Plausibilität des Netz-Gedankens. Durch die kollaborative Nutzung verbundener Rechner werden digitale und Netz-Medien dann zu den „neuen Kulturmaschinen".[83]

Der Integrations-Gedanke ist tatsächlich für den Diskurs über Digitalmedien bestimmend. Er tritt auch im Gewand der Konvergenz-Debatte auf. Wie die Delphi-Studie von Klaus Beck, Peter Glotz und Gregor Vogelsang zur „Zukunft des Internet" aus dem Jahr 2000 belegt, dominiert das Integrationskonzept ganz klar die Erwartungen an die Entwicklung der Digitalmedien in den Jahren bis 2015.

„Sinnfälligstes Symbol dieser Medienintegration ist der multimediale Computer, der nicht nur als Schreibmaschine, Faxgerät, Radio, Telefon, CD-Spieler, Fotoalbum, Fernseher, Videorecorder und vieles mehr benutzt werden kann, sondern vor allem Daten mit anderen digitalen Geräten austauschen und weiterverarbeiten kann: Der Computer ist das Medium der Medienintegration."[84]

6.2 Computer als instrumentales Medium

Bewegt sich die Debatte um den Computer als Medium in der Informatik entlang der Differenzierung von Maschine, Werkzeug und Medium, so bedeutet die Herausbildung des Computers zum „postmodernen Medium" doch keineswegs eine „Negation des Instrumentalen", wie Heidi Schelhowe und Frieder Nake klarstellen.[85]

„Der Computer ist keine Maschine, wie wir sie bisher kennen, weil er für die Verarbeitung von Zeichen gedacht wird. Das unterscheidet ihn von der klassischen Maschine. Aus dem gleichen Grund ist der Computer kein Werkzeug, auch verbieten die komplexen Algorithmen, die Grundlage seines Funktionierens sind und als Automaten wirken, eine Gleichsetzung mit dem Werkzeug. Auch ist der Computer kein technisches Medium. Technische Medien verarbeiten ihre Nachrichten nicht, sie wirken nicht ‚aktiv' verändernd, sondern speichern bloß oder leiten weiter."[86]

Als gewissermaßen integratives (sic!), aber auch weiterführendes Konzept schlagen Nake und Schelhowe den Begriff des „Computers als instrumentalem Medium" vor. Damit stellen sie das Konzept der Interaktivität in den Mittelpunkt, die den Computer als Maschine und Werkzeug voraussetzt und erst – wie von Bush bis Berners-Lee gezeigt – zum Medium werden lässt. Interaktivität bedeutet aber stets „Handhabung"[87] der Maschine oder des Werkzeugs (als Hard- oder Software) auf verschiedenen Ebenen und für verschiedene Zwecke. Und in diesen Handhabungen ist der

[84] Klaus Beck/Peter Glotz/Gregor Vogelsang: *Zukunft des Internet*. Konstanz 2000, S. 47.

[85] Vgl. Heidi Schelhowe: *Das Medium aus der Maschine: Zur Metamorphose des Computers*. Frankfurt a.M. 1997; Frieder Nake/Heidi Schelhowe: *Vom instrumentalen Medium. Kooperation in der Software-Entwicklung unter konfligierenden Leitbildern*. Bremen 1993.

[86] Heidi Schelhowe: *Das Medium aus der Maschine: Zur Metamorphose des Computers*. Frankfurt a.M. 1997, S. 79.

[87] Ebd., S. 190.

[88] Ebd., S. 149.

[89] Vgl. Bernard Robben: *Computer als Medium. Eine transdisziplinäre Theorie.* Bielefeld 2006.

[90] Vgl. Sybille Krämer: Sprache und Schrift. In: *Zeitschrift für Sprachwissenschaft,* 1/1996, S. 92-112.

[91] Vgl. Bernard Robben: *Computer als Medium. Eine transdisziplinäre Theorie.* Bielefeld 2006, S. 22.

Computer ein instrumentales Medium, z.B. zur Teilnahme an Kommunikation, zur Selbsterfahrung, zur Information, und nicht zuletzt zum Design von Software, die weitere Handhabungen erschließen oder etablierte Gebrauchsweisen verändern soll.[88]

6.3 Computer als Medium der Übersetzungen

Den jüngsten informatischen Beitrag zum Diskurs lieferte 2006 Bernard Robben[89] mit dem Konzept der Übersetzung und dem Gedanken des Übergangs vom Leitmedium der Schrift zu einer verallgemeinerten Schriftsprache bzw. Notation, letztlich dem Maschinen-Code der Computer. Er setzt damit einen Ansatz fort, den zuvor bereits Sybille Krämer mit dem Vorschlag der Umstellung des Schriftbegriffs auf ein Modell operationaler, maschinenlesbarer Schriften angedacht hatte.[90]

Robben setzt nun bei der Trennung von Code und Darstellung an, um den „Computer als Medium der Übersetzungen" zu charakterisieren. Dabei wird letztlich durch Übersetzung jeder Inhalt, gleichgültig ob Text, Bild oder Ton im universellen digitalen Code notiert. Die Notation, als „Artikulation von Platzverweisen" tritt als „prozessierende Relation zwischen Kode und Notat"[91] auf. Und durch diese Unifizierung und Universalisierung wird nun der Computer zum Medium.

„Die Artikulation sinnloser Platzverweise lässt sich in Beliebiges über-setzen, zum Beispiel zum imaginären Bild. Damit ist die wichtigste Differenz zwischen analogem und digitalem Bild benannt. Letzteres verdankt sich immer einer expliziten Über-Setzung mit Hilfe einer generativen Grammatik sinn-loser Symbole. Weil Platzverweise im Computer zeitlich prozessiert werden, haben digitale Bilder außer ihrer räumlichen Darstellung immer eine zeitliche Dimension. Dies gilt zwar auch schon für analoge Bilder. Aber deren Bildliches lässt sich nur direkt durch Montage (beim Film) oder etwa durch das Ändern von Frequenzen (beim elektronischen Bildschirm), nicht aber in der Weise symbolisch manipulieren wie beim digitalen Bild. Nur das digitale Bild realisiert eine reine Zeitlichkeit des „als ob". Das Medium Computer generiert bildliche Wahrnehmungswelten aus der Artikulation des Symbolischen. Das Potenzial des digitalen Bildes liegt in der programmierbaren Über-Setzung zwischen dem Symbolischen und dem bildlich Wahrnehmbaren."[92]

„Der Ertrag des Computers als Medium ist nicht die Be-, sondern die Über-Setzung eines leeren Platzes. Geleistet wird eine Überschreitung zwischen dem nicht-wahrnehmbar Symbolischen des Kodes und einer induzierten den Sinnen zugänglichen Darstellung als maschinenhafte Semiose. Diese Überschreitung wird möglich durch die neuartige Art von Schrift: der Notation des Computers als Medium."[93]

Der Gedanke der Übersetzung als Kodierung und ihres universalisierenden Effekts ist zwar transdisziplinär anschlussfähig, aber freilich so neu nicht. Schon die Integrations- und Konvergenzdebatte, das Schlagwort der „digitalen Plattform", die Alles auf Nullen und Einsen reduziere, und erst recht das Konzept der universellen Maschine, bei Alan Turing auf den Begriff der Berechenbarkeit gebracht, drücken diesen Gedanken bereits aus. Und tatsächlich bedeutet „Über-setzung" in Robbens Sinne, noch einmal eine Ebene tiefer gelegt, Berechnung als Sortieren und Zählen. Mit dem Übersetzungskonzept erbt Robbens Ansatz aber auch alle Unschärfen-Probleme, die Übersetzungen notorisch anhaften, insbesondere das Problem der unsicheren Referenz (Quine).

6.4 Der Computer als Medium der Isolation und als symbolische Maschine

Digitalisierung ist die Zuweisung jeweils eines von zwei möglichen Werten zu einem Ausschnitt aus einem Kontinuum. Die Digitalisierung verlangt also nach Entscheidungen über die Zuweisung eines der möglichen Werte: „1" oder „0", „On" oder „Off". Aus diesem Grund charakterisiert Hartmut Winkler in *Docuverse*[94] den Computer als ein „Oder-Medium"[95], das er den analogen „Und-Medien" gegenüberstellt. Dieser Bestimmung korrespondiert eine zweite, die mit dem Begriff der „Isolation" ansetzt. Winkler geht dabei aus von der für ihn „unstrittigen" Annahme, dass der „isolationistische Charakter" des Computers „eine Art Kern des neuen Mediums" darstelle.[96] In mehreren

[92] Ebd., S. 21.

[93] Ebd. S. 22.

[94] Hartmut Winkler: *Docuverse. Zur Medientheorie der Computer.* Regensburg 1997.

[95] Ebd., S. 224.

[96] Ebd., S. 225.

[97] Ebd., S. 322.

[98] Ebd., S. 321.

[99] Ebd., S. 322.

[100] Vgl. dazu: Rainer Leschke: *Einführung in die Medientheorie*. München 2003, S. 145 ff.; Leschke bezieht sich in seiner darstellenden Kritik fast ausschließlich auf die Oder-Medien-Theorie. „Winklers Interpretation des neuen Mediums und in noch stärkerem Maße die Interpretation des Mediensystems insgesamt widersprechen [...] der von ihm verwandten basalen Unterscheidung und präferieren in charakteristischer Weise eine Hermeneutik der Medien, der nach der eigenen Systematik der Bereich des neuen Mediums ebenso systematisch verschlossen ist.", ebd., S. 149.

assoziativen Schritten arbeitet er die Isolationsthese mit Blick auf isolierte Dinge und Zeichen, Kontexte, holistische Gegenpositionen und Geschlechterdifferenzen aus, um schließlich den Computer als Medium der Isolation zu fixieren, und zwar einer Isolation, die sich mit der Unifizierung als Moment derselben Wunschkonstellation verschränkt. Der Computer, die Digitalisierung erscheinen als Wunschstruktur, und zwar als Wunsch nach einer Ordnung, die es im analogen Raum nicht gibt. Aus dieser Wunschstruktur leitet Winkler die Aggressivität und den Abwehrcharakter des Mediums als „Bollwerk gegen den Morast"[97] des Analogen ab.

„Die Datenverarbeitung, dies ist die Deutung, die sich aus dem Gesagten relativ klar ergibt, stellt eine aggressive, rapide und erfolgreiche Rückeroberung dar, eines Terrains, das schon verloren schien und das die männliche Weltsicht forthin (wie im Himmel) hätte teilen müssen. Eine Revision des Projekts, die Defekte der Vatersprache mit einer oder mehreren Muttersprachen zu konterkarieren, und die Zeichen- und Vernunftkritik, die als Sprachkritik begonnen hatte, auf dem Terrain der Medien vor entsprechend größerem Publikum fortzusetzen."[98]

„Und der Computer stellt in der Tat eine salomonische Lösung dar. Er erhebt seinen Phallus gerade nicht als positive Identität (die kritisiert und abgetragen werden könnte), sondern eben als ‚Artikulation', im ‚Dazwischen' zwischen Null und Eins, und: im wortlosen Ausschluss alles dessen, was dieser Alternative zu entkommen sucht, sie antasten oder irritieren könnte."[99]

Man muss sich am Ende der Winklerschen Medientheorie der Computer fragen, ob der Ertrag weit über die Unterscheidung von „Oder-„ und „Und-Medien" hinausgeht. Die Isolationsthese endet im einem „Dazwischen", das aus „Spaltung" und „Zerlegung" hervorgeht, aber eben in der Theorie ein nicht operationalisierbarer Gestus bleibt.[100] Der Begriff im Titel des Buches (*Docuverse*), dem der Band seine Popularität in Form häufiger Zitate verdankt, wird leider nicht sehr weit über die Einleitung hinaus verfolgt und am Ende des Kapitels zum „Datenuniversum" wird die Empfehlung gegeben, „die Phantasie eines, und sei es auch nur technisch kompatiblen, Daten-Universums, zu verabschieden" und „den Titel dieses Buches ebenfalls nur eingeklammert zu verwenden".[101]

In einem Beitrag[102] aus dem Jahr 2003 setzt Winkler neu an, unterscheidet und kritisiert zehn Varianten des Verständnisses des Computers als Medium, um schließlich mit einem elften Vorschlag ein Konzept des Mediums Computer als symbolischer Maschine anzubieten, das in fünf Schritten expliziert wird, und das nicht ohne eine gewisse Spannung im Vergleich mit den (*Docuverse*)-Grundsätzen schon zu lesen ist, weil es sich hier um ein positives Definitionsangebot handelt. Dazu, allerdings, kann man sich verhalten.

„Der Computer, dies wäre meine basale Definition, ist ein Medium, weil und insofern er eine symbolische Maschine ist."[103]

„Meine zweite Bestimmung wäre, dass der Computer als Medium Eigenschaften hat, die sich von den Eigenschaften anderer Medien klar unterscheiden."

„Eine dritte wichtige Bestimmung wäre sicher, dass Computer in der Lage sind, Signifikanten programmgesteuert automatisch zu prozessieren."

„Meine vierte Bestimmung ist in der dritten bereits impliziert: Der Computer als eine Medienmaschine hat es nicht mit ‚Daten' oder ‚Informationen', sondern mit Signifikanten zu tun."

„Und schließlich die letzte Definition. Der Computer ist ein Medium, weil oder insofern er aus der Logik der Telekommunikation die radikalste Konsequenz zieht: Der Computer hat seine Besonderheit darin, dass er den Raum der Telekommunikation mit dem inneren Funktionieren der Maschine verschmilzt."

Als symbolische Maschine ist der Computer von anderen Maschinen, auch anderen Formen der Datenverarbeitung entlang der Differenz von faktischer Veränderung von und Eingriff in Wirklichkeit auf der einen und Repräsentation, Simulation oder „Probehandeln" auf der anderen Seite zu unterscheiden. Als symbolische Maschine unterscheidet sich der Computer von anderen Medien. Insofern kann er nicht als universales Medium gelten. Zwar erfüllt er Speicher-, Übertragungs- und Verarbeitungsfunktionen (Kittler), bleibt aber z.B. auf das Prozessieren digitaler Daten beschränkt. Die

[101] Ebd., S. 80.

[102] Vgl. für die folgenden Ausführungen: Hartmut Winkler: Medium Computer. Zehn populäre Thesen zum Thema und warum sie möglicherweise falsch sind. Vortrag in der Reihe: Understanding New Media, Heinz-Nixdorf-Forum Paderborn, 19.2.2003; Online-Dokument: *http://www. uni-paderborn.de/~winkler/ compmed2.html.*

[103] Winkler nimmt hier ein Konzept von Sybille Krämer auf; vgl. Sybille Krämer: *Symbolische Maschinen. Die Geschichte der Formalisierung in historischem Abriss.* Darmstadt 1988.

[104] Vgl. Sybille Krämer: Das Medium als Spur und als Apparat. In: dies. (Hg.): *Medien, Computer, Realität. Wirklichkeitsvorstellungen und Neue Medien.* Frankfurt a.M. 1998, S. 73-94.

Digitalität wird zur Begrenzung. Das gilt umso mehr, als nur „Signifikanten" verarbeitet werden können, der Computer gegenüber der Welt also immer blind bleibt. Die letzte Bestimmung schließlich, für die allein Winkler „Originalität beansprucht", geht von der Hypothese aus, dass sich die Mediengeschichte als „Prozess zunehmender Immaterialisierung" betrachten lasse, die seit der Telegraphie von jedem neuen Medium weiter ausgebaut werde.

„Der Computer nun, und dies ist der Kern meiner Abschlussthese, zieht aus diesem Prozess die Konsequenz. Er stellt ein Kontinuum her zwischen den Modi der Übertragung, der Speicherung und der Möglichkeit, Signifikanten zu prozessieren/permutieren. Bei allen anderen Medien fallen diese Modi weit auseinander."

„Meine Behauptung also ist, dass es die Logik der Telekommunikation ist – die Logik von Transport und Zeichenzirkulation –, die hier die Macht gewinnt auch über die innere Struktur der Maschine. Im Inneren des Computers regiert die Telegraphie: Signifikanten werden hin und hergeschickt, gespeichert und prozessiert/permutiert."

Die Logik der Telekommunikation ist aber, wie bei Coy und Schelhowe gesehen, letztlich die Logik der Interaktivität und der sozialen Vernetzung. So scheinen die Medientheorien des Computers am Ende doch noch in einem Element zu konvergieren, das technologisch oder digital weder zu reduzieren, noch zu universalisieren ist.

6.5 Computer als Medium telekommunikativer Spiele

Die Konvergenzvermutung wird schließlich am Ende auch von Sibylle Krämers Überlegungen aus dem Artikel *Das Medium als Spur und als Apparat*[104] aus dem Jahr 1998 weiter genährt.

Auch Krämer situiert ihre Überlegungen im Koordinatensystem der diskursbestimmenden Unterscheidung von Maschinen, Werkzeug und Medium. Sie setzt allerdings den Akzent zunächst auf ein epistemisches (und nicht wie z.B. Schelhowe auf ein pragmatisches) Differenzkriterium.

„Die Technik als Werkzeug erspart Arbeit, die Technik als Apparat aber bringt künstliche Welten hervor, sie eröffnet Erfahrungen und ermöglicht Verfahren, die es ohne Apparaturen nicht etwa abgeschwächt, sondern überhaupt nicht gibt. Nicht Leistungssteigerung, sondern Welterzeugung ist der produktive Sinn von Medientechnologien."[105]

In einem zweiten Schritt bestimmt aber auch Krämer die Medialität des Computers über „die durch die Digitalisierung ermöglichte *Verbindung von Telekommunikation und Datenverarbeitung*".[106] Sie erkennt in solcher „interaktiven Fernkommunikation" und „telematischen Interaktion" ein Umgehen nur noch „mit Ideen und nicht mehr mit Personen".[107] Dieser Umstand wird zum Dreh- und Angelpunkt ihres Ansatzes.

Mit einem handlungstheoretisch unterlegten Kommunikationsbegriff kann sie nun im Vergleich mit der mündlichen oder schriftlichen Offline-Kommunikation feststellen, dass bei der Kommunikation im Internet „von den illokutionären Aspekten, von den moralischen, politischen und rechtlichen Verankerungen", die Kommunikation als soziale Handlung auszeichnen, gerade abzusehen sei.

„Die telematische Kommunikation beruht – jedenfalls im Prinzip – auf der Außerkraftsetzung der mit Personalität und Autorschaft verbundenen parakommunikativen Dimensionen unseres symbolischen Handelns."[108]

Wenn also die Internet-Kommunikation als ein Handlungsfeld außerhalb der Reichweite aller übrigen sozialen Obligationen und Konventionen etabliert wird, dann haben die in diesem telematischem Handlungsfeld neu entstehenden Konventionen den Charakter von „Spielregeln", deren Verletzung auch nur „symbolisch geahndet" werden kann. Damit schließt sich die rhetorische Figur dieses Arguments:

„Im Horizont dieser Unterscheidung von alltagsweltentlastetem Spiel und handlungsverstärkendem Ernst ist die telematische Kommunikation in der Terminologie von Spielzügen beschreibbar."[109]

Auch Krämers Ansatz zur Theorie des Computers als Medium kommt nicht ohne die Dimension der Kommunikation, Interaktion und Vernetzung aus. Insofern

[105] Ebd., S. 85.

[106] Ebd., S. 86; meine Hervorhebungen.

[107] Ebd., S. 87.

[108] Ebd., S. 88.

[109] Ebd., S. 89.

[110] Vgl. Siegfried J. Schmidt: *Grundriss der Empirischen Literaturwissenschaft. Bd. 1. Der gesellschaftliche Handlungsbereich Literatur.* Braunschweig/Wiesbaden 1980.

fügt sich auch die Theorie des Computers als telekommunikatives Spielmedium in die medientheoretische Generallinie ein.

Mit der Abgrenzung des telekommunikativen Handelns durch konventionale Differenzierung, im Netz herrschen Spielregeln, im Alltag Moral und Recht, bedient sie sich eines aus der sozialwissenschaftlichen Systemtheorie bereits bekannten Prinzips. So werden abhängig von Situationen oder Kontexten und abhängig von der Geltung bestimmter Konventionen soziale Handlungsbereiche bzw. Subsysteme unterschieden. Im Jahr 1980 hat Siegfried J. Schmidt exakt die von Sybille Krämer hier in Anschlag gebrachte Unterscheidung zwischen alltagsentlastetem und dem z.B. auf Tatsachentreue und Wahrheit verpflichtetem Handeln herangezogen, um den gesellschaftlichen Handlungsbereich der Kunst auszuzeichnen.[110]

Es wird also dringend nötig sein, die konventionale Differenzierung von Handeln im Netz und Handeln im Alltag zu spezialisieren, schließlich gibt es ein inzwischen sehr weites Feld telematischer Aktivitäten, die – wie etwa die Kunden von Amazon oder die Käufer und Verkäufer bei Ebay wissen – höchst alltägliche Verbindlichkeiten erzeugen. Auch erscheint es noch wenig aussichtsreich, den Usern im Second Life ihr Handeln und die Aktionen ihrer Avatare als Kunst plausibel zu machen. „Welterzeugung" ist zwar bei Sybille Krämer der „produktive Sinn von Medientechnologien", aber offenbar doch nur in einer telematischen Realität.

Literatur

Abele, Hanns: Hat der HOMO OECONOMICUS eine Rolle in Netzwerken? In: Schanze/Kammer (Hg.): *Interaktive Medien und ihre Nutzer* Bd. 1 (a.a.O.).

Abele, Hanns/Bauer, H.: *Die Bundestheater in der österreichischen Wirtschaft. Österreichischer Bundestheaterverband.* Wien 1984.

Abele, Hanns/Riva, Antonio (Hg.): *Digitalisierung und Globalisierung: Chancen und Risiken für den Rundfunk.* Verlag für Berlin 1999.

Adelmann, Ralf/Hesse, Jan-Ottmar/Keilbach, Judith (Hg.): *Grundlagentexte zur Fernsehwissenschaft.* Konstanz 2001.

Adorno, Theodor W.: Über den Fetischcharakter in der Musik und die Regression des Hörens. In: ders.: *Gesammelte Werke* Bd. 14 (hrsg. von Rolf Tiedemann) Frankfurt a.M. 1973, S. 14-50.

Adorno, Theodor W.: Prolog zum Fernsehen. In: *Rundfunk und Fernsehen* 2/1953.

Albersmeier, Franz-Josef (Hg.): *Texte zur Theorie des Films.* Stuttgart 1998.

Albersmeier, Franz-Josef: Filmtheorien in historischem Wandel. In: ders. (Hg.): *Texte zur Theorie des Films* (a.a.O.), S. 3-29.

Altenloh, Emilie: *Zur Soziologie des Kino. Die Kino-Unternehmung und die sozialen Schichten ihrer Besucher.* Jena 1914.

Althusser, Louis: Ideologie und ideologische Staatsapparate (Anmerkungen für eine Untersuchung). In: ders.: *Ideologie und ideologische Staatsapparate. Aufsätze zur marxistischen Theorie.* Hamburg/Berlin 1977, S. 107-153.

Amelunxen, Hubertus v. u.a. (Hg.): *Fotografie nach der Fotografie.* Dresden 1996.

Anders, Günther: Die Welt als Phantom und Matrize. Philosophische Betrachtungen über Rundfunk und Fernsehen. In: ders.: *Die Antiquiertheit des Menschen. Band 1: Über die Seele im Zeitalter der zweiten industriellen Revolution.* München 1956, S. 97-211.

Anderson, John R.: *Cognitive Psychology and Its Implications.* New York 1980.

Andersen, Peter B. u.a. (Hg.): *The Computer as Medium.* Cambridge 1993.

Andriopoulos, Stefan: Kinematographie und Hypnose. In: *Hofmannsthal. Jahrbuch zur Europäischen Moderne* 8/2000, S. 215-245.

Arbeitsgemeinschaft Medienanalyse (ag.ma) *http://www.agma-mmc.de/.*

Arnheim, Rudolf: *Film als Kunst.* Frankfurt a.M. 2002.

Arnheim, Rudolf: *Rundfunk als Hörkunst und weitere Aufsätze zum Hörfunk.* Frankfurt a.M. 2001.

Arnheim, Rudolf: Kiebitz, Fachmann, Lautsprecher. In: ders.: *Rundfunk als Hörkunst und weitere Aufsätze zum Hörfunk* (a.a.O.), S. 203-206.

Balázs, Béla: *Der sichtbare Mensch oder die Kultur des Films.* Frankfurt a.M. 2001.

Balke, Friedrich: Kulturindustrie: In: Schnell, Ralf (Hg.): *Lexikon Kultur der Gegenwart. Themen und Theorien, Formen und Institutionen seit 1945.* Stuttgart/Weimar 2000, S. 270-272.

Bangemann, Martin: *Empfehlungen für den Europäischen Rat. Europa und die globale Informationsgesellschaft.* Brüssel 1994. *http://ec.europa.eu/archives/ISPO /infosoc/backg/bangeman.html* (12.02.2007).

Bangemann, Martin: *Information Infrastructure. http://www.ispo.cec.be/infosoc /promo/speech/ geneva.html* (12.02.2007).

Barkow, Jerome H./Hejl, Peter M. (Hg.): *You Can´t Turn it Off: Media, Mind, Evolution.* New York/Oxford 2007.

Barthes, Roland: *Mythen des Alltags.* Frankfurt a.M. 1964.

Barthes, Roland: Der Tod des Autors. In: Jannidis, Fotis u.a. (Hg.): *Texte zur Theorie von Autorschaft.* Stuttgart 2000, S. 185-193.

Bateson, Gregory: *Geist und Natur. Eine notwendige Einheit.* Frankfurt a.M. 1982.

Baudrillard, Jean: *Die Illusion und die Virtualität.* Bern 1994.

Baudrillard, Jean: *Agonie des Realen.* Berlin 1978.

Baudrillard, Jean: Requiem für die Medien. In: Pias u.a. (Hg.): *Kursbuch Medienkultur* (a.a.O.), S. 279-299.

Baudry, Jean Louis: Das Dispositiv. Metapsychologische Betrachtungen des Realitätseindrucks. In: *Psyche* 11/1994, S. 1047-1074.

Becher, Johannes R.: Ballade von einem Bauernknecht, der Radio hörte. In: Schneider (Hg.): *Radiokultur in der Weimarer Republik* (a.a.O.), S. 49-51.

Beck, Klaus/Glotz, Peter/Vogelsang, Gregor: *Die Zukunft des Internet. Internationale Delphi-Befragung zur Entwicklung der Online-Kommunikation.* Konstanz 2000.

Beck, Ulrich: *Risikogesellschaft. Auf dem Weg in eine andere Moderne.* Frankfurt a.M. 1986.

Becker, Thomas/Hauptmeier, Helmut: *TV 2010 Reloaded.* Neunkirchen 2005.

Behmer, Markus: *Medienentwicklung und gesellschaftlicher Wandel.* Opladen 2003.

Benjamin, Walter: Das Passagen Werk. In: ders.: *Gesammelte Schriften* Bd. V.1 und 2 (hrsg. von Rolf Tiedemann). Frankfurt a.M. 1991.

Benjamin, Walter: Das Kunstwerk im Zeitalter seiner technischen Reproduzierbarkeit (3. Fassung). In: ders.: *Gesammelte Schriften* Bd. I.2 (hrsg. von R. Tiedemann und Hermann Schweppenhäuser). Frankfurt a.M. 1991, S. 470-508.

Benjamin, Walter: Das Kunstwerk im Zeitalter seiner technischen Reproduzierbarkeit (1. Fassung). In: ders.: *Gesammelte Schriften* Bd. I.2. Frankfurt a.M. 1991, S. 431-469.

Benjamin, Walter: Der Autor als Produzent. In: ders.: *Gesammelte Schriften* Bd. II.2 (hrsg. von R. Tiedemann und H. Schweppenhäuser). Frankfurt 1991, S. 638-701.

Benjamin, Walter: Der Sürrealismus. Die letzte Momentaufnahme der europäischen Intelligenz. In: ders.: *Gesammelte Schriften* Bd. II.1 (hrsg. von R. Tiedemann und H. Schweppenhäuser). Frankfurt a.M. 1991, S. 295-310.

Benjamin, Walter: Traumkitsch. In: ders.: *Gesammelte Schriften* Bd. II.2 (hrsg. von R. Tiedemann und H. Schweppenhäuser). Frankfurt 1991, S. 620-622.

Benjamin, Walter: Krisis des Romans. In: ders.: *Gesammelte Schriften* Bd. III (hrsg. von R. Tiedemann) Frankfurt a.M. 1991, S. 230-236.

Benjamin, Walter: Über Sprache überhaupt und über die Sprache des Menschen. In: ders.: *Gesammelte Schriften* Bd. II.1. Frankfurt a.M. 1991, S. 140-157.

Behrenbeck, Sabine: „Der Führer". Die Einführung eines politischen Markenartikels. In: Diesener, Gerald/Gries, Rainer (Hg.): *Propaganda in Deutschland. Zur Geschichte der politischen Massenbeeinflussung im 20. Jahrhundert.* Darmstadt 1996, S. 51-78.

Berg, Klaus/Kiefer, Marie-Luise: *Massenkommunikation V. Eine Langzeitstudie zur Mediennutzung und Medienbewertung 1964-1995.* Baden-Baden 1996.

Berners-Lee, Tim u.a.: World-Wide Web: The Information Universe. In: *Electronic Networking Research, Applications and Policy 1/ 1992*, S. 52-58.

Berners-Lee, Tim: *Information Management: A Proposal.* http://www.w3.org /History/1989/proposal.html (23.02.2007).

Binczek, Natalie/Pethes, Nicolas: Mediengeschichte der Literatur. In: Schanze (Hg.): *Handbuch der Mediengeschichte* (a.a.O.), S. 282-315.

Birbaumer, Niels/Flor, Herta/Hahlweg, Kurt u. a. (Hg.): *Enzyklopädie der Psychologie, Serie Klinische Psychologie.* Band 4, Verhaltensmedizin. Spezifische Syndrome. Göttingen 2001.

Birbaumer, Niels/Flor, Herta/Hahlweg, Kurt u. a. (Hg.): *Enzyklopädie der Psychologie. Serie Klinische Psychologie.* Band 3, Grundlagen der Verhaltensmedizin. Göttingen 1999.

Bleicher, Joan: Das Fernsehen am Wendepunkt der medienhistorischen Entwicklung. In: *LILI 26/1996*, S. 77-115.

Boas, Franz: *Anthropology and Modern Life.* New York 2004.

Boas, Franz: *Kultur und Rasse.* Leipzig 1914.

Bolter, David J.: *Writing Space.* Hillsdale, N.J. 1991.

Bolter, David J.: *Der digitale Faust. Philosophie des Computerzeitalters.* Stuttgart/ München 1990.

Bohn, Rainer/ Müller, Eggo/Ruppert, Rainer (Hg.): *Ansichten einer künftigen Medienwissenschaft.* Berlin 1988.

Bollmann, Stefan (Hg.): *Kursbuch Neue Medien. Trends in Wirtschaft und Politik, Wissenschaft und Kultur.* Mannheim 1995.

Bolz, Norbert/Kittler, Friedrich A./Tholen, Georg Christoph (Hg.): *Computer als Medium.* München 1994.

Bolz, Norbert.: *Am Ende der Gutenberg-Galaxis: Die neuen Kommunikationsverhältnisse.* München 1993.

Bolz, Norbert: *Theorie der neuen Medien.* München 1990.

Bolz, Norbert: *Auszug aus der entzauberten Welt. Philosophischer Extremismus zwischen den Weltkriegen.* München 1989.

Bolz, Norbert: Abschied von der Gutenberg-Galaxis. Medienästhetik nach Nietzsche, Benjamin und McLuhan. In: Hörisch/Wetzel (Hg.): *Armaturen der Sinne* (a.a.O.), S. 139-156.

Böhnke, Alexander: Holly´s Body. In: *Navigationen 1,2/ 2004*, S. 133-140.

Borges, Jorge Luis: Der Garten der Pfade die sich verzweigen. Buenos Aires 1941. In: ders.: *Fiktionen. Erzählungen* (hrsg.von Gisbert Haefs und Fritz Arnold) Frankfurt a.M. 1994, S. 77-89.

Bornscheuer, Lothar: *Topik. Zur Theorie der gesellschaftlichen Einbildungskraft.* Frankfurt a.M. 1976.

Braungart, Georg: *Leibhafter Sinn. Der andere Diskurs der Moderne.* Tübingen 1995.

Brecht, Bertolt: Radiotheorie. In: ders.: *Gesammelte Werke* Bd. 18. Frankfurt a.M. 1967, S. 117-134.

Brecht, Bertolt: Der Dreigroschenprozess. In: ders.: *Gesammelte Werke* Bd. 18. Frankfurt a.M. 1967.

Brecht, Bertolt: Über Film. In: Kaes (Hg.): *Kino-Debatte* (a.a.O.), S. 155f.

Brunnstein, Klaus: *Vom Internet-Chaos zu den Datenautobahnen. Datensicherheitsreport.* April 1995.

Bruns, Thomas u.a.: Das analytische Modell. In: Schatz, Heribert (Hg.): *Fernsehen als Objekt und Moment des sozialen Wandels.* Opladen 1996, S. 19-56.

Bühler, Karl: *Sprachtheorie – Die Darstellungsfunktion der Sprache.* Stuttgart 1999.

Bühler, Karl: *Die Axiomatik der Sprachwissenschaft.* Frankfurt a.M. 1969.

Bush, Vannevar: As We May Think. In: *Atlantic Monthly 1/1945*, S. 101-108.

Buss, David M.: *Evolutionäre Psychologie.* München 2004.

Canetti, Elias: Masse und Macht. In: ders.: *Werke in zehn Bänden* Bd. III. München/Wien 1994.

Capurro, Raphael: *Information. Ein Beitrag zur etymologischen und ideengeschichtlichen Begründung des Informationsbegriffs.* München u.a. 1978.

Castells, Manuel: *The End of the Millennium. The Information Age: Economy, Society and Culture, Vol. III.* Cambridge MA/Oxford 1998.

Castells, Manuel: *The Power of Identity. The Information Age: Economy, Society and Culture, Vol. II.* Cambridge MA/Oxford 1997.

Castells, Manuel: *The Rise of the Network Society. The Information Age: Economy, Society and Culture, Vol. I.* Cambridge MA/Oxford 1996.

Castoriadis, Cornelius: *Gesellschaft als imaginäre Institution. Entwurf einer politischen Philosophie.* Frankfurt a.M. 1990.

Certeau, Michel de: Der psychoanalytische ‚Roman'. Geschichte und Literatur. In: ders.: *Theoretische Fiktionen. Geschichte und Psychoanalyse* (hrsg. von Luce Giard). Wien 1997, S. 113-141.

Chomsky, Noam: *Media Control. The Spectacular Achievements of Propaganda.* New York [2]2002.

Christians, Heiko: „Es liest sich noch schlechter, als ich gehofft hatte." Wie Leutnant Jünger und Oberst Lawrence vom Krieg erzählen. In: *Navigationen* 1, 2/ 2004, S. 61-68.

Clair, René: *Reflexion Faite.* Paris 1951.

Coy, Wolfgang: Aus der Vorgeschichte des Mediums Computer. In: Bolz/Kittler/Tholen (Hg.): *Computer als Medium* (a.a.O.), S. 19-37.

Coy, Wolfgang: Automat — Werkzeug — Medium. In: *Informatik Spektrum 1/ 1995*, S. 31-38.

Coy, Wolfgang: Cultural Stability and Technological Change: The Case of Infor-. mation, Communication and Media Technology. *IFIP Congress 3/ 1994*, S. 210-217.

Coy, Wolfgang: turing@galaxis.com II. In: Warnke/Coy/Tholen (Hg.): *HyperKult* (a.a.O.), S. 15-32.

Debord, Guy: *Die Gesellschaft des Spektakels*. Berlin 1996.

Deleuze, Gilles: *Das Bewegungs-Bild. Kino 1*. Frankfurt a.M. 1997.

Derrida, Jacques: Signatur Ereignis Kontext. In: ders.: *Randgänge der Philosophie*. Wien 1988, S. 291-314.

Derrida, Jacques: Freud und der Schauplatz der Schrift. In: ders.: *Die Schrift und die Differenz*. Frankfurt a.M. 1976, S. 302-350.

Detering, Heinrich (Hg.): *Autorschaft. Positionen und Revisionen* (DFG-Symposion 2001). Stuttgart/Weimar 2002.

Didi-Huberman, Georges: *Erfindung der Hysterie. Die Photographische Klinik von Jean-Martin Charcot*. München 1997.

Diederich, Werner: *Strukturalistische Rekonstruktionen*. Braunschweig 1981.

Diederichs, Helmut H. (Hg.): *Geschichte der Filmtheorie. Kunsttheoretische Texte von Méliès bis Arnheim*. Frankfurt a.M. 2004.

Diederichs, Helmut H.: Zur Entwicklung der formästhetischen Theorie des Films. In: ders. (Hg.): *Geschichte der Filmtheorie* (a.a.O.), S. 9-27.

Diederichs, Helmut H.: Radio als Kunst. Rudolf Arnheims rundfunktheoretische Schriften im biographischen Zusammenhang. In: Arnheim: *Rundfunk als Hörkunst* (a.a.O.), S. 217-236.

Diederichs, Helmut H.: „Ihr müsst erst etwas von guter Filmkunst verstehen." Béla Balázs als Filmtheoretiker und Medienpädagoge. In: Balázs: *Der sichtbare Mensch* (a.a.O.), S. 115-147.

Dijk, Jan van: *The Network Society. Social Aspects of New Media*. London 1999.

Doelker, Christian: *Kulturtechnik Fernsehen. Analyse eines Mediums*. Stuttgart 1989.

Dolar, Mladen: Otto Rank und der Doppelgänger. In: Rank: *Der Doppelgänger* (a.a.O.), S. 119-129.

Döblin, Alfred: An Romanautoren und ihre Kritiker. Berliner Programm. In: ders.: *Ausgewählte Werke* (hrsg. von Anthony W. Riley u.a.). *Schriften zu Ästhetik, Poetik und Literatur* (hrsg. von Erich Kleinschmidt). Olten/Freiburg i. Breisgau 1989, S. 119-123.

Döblin, Alfred: Bemerkungen zum Roman. In: ders.: *Ausgewählte Werke. Schriften zu Ästhetik, Poetik und Literatur*. Olten/Freiburg i. Breisgau 1989, S. 123-127.

Döblin, Alfred: Das Theater der kleinen Leute. In: Kaes (Hg.): *Kino-Debatte* (a.a.O.), S. 37f.

Dröge, Franz/Kopper, Gerd G.: *Der Medienprozeß. Zur Struktur innerer Errungenschaften der bürgerlichen Gesellschaft*. Opladen 1991.

Durkheim, Emil: *„Deutschland über alles": Die deutsche Gesinnung und der Krieg.* Lausanne 1915.

Dussel, Konrad: *Hörfunk in Deutschland. Politik, Programm, Publikum (1923-1960).* Potsdam 2002.

Dussel, Konrad: *Deutsche Rundfunkgeschichte. Eine Einführung.* Konstanz 1999.

Dyson, E./Gilder, G./Keyworth, G./Toffler, A.: *Cyberspace and the American Dream: A Magna Carta for the Knowledge Age.* 1994. *http://www.feedmag.com/ 95.05magna1.html*

Eckert, Gerhard: *Das Fernsehbuch* (hrsg. von Karl-Heinz Kaesbach). Berlin/Darmstadt/Wien 1963.

Eckert, Gerhard: *Die Kunst des Fernsehens. Umrisse einer Dramaturgie.* Emsdetten 1953.

Eco, Umberto: *Das offene Kunstwerk.* Frankfurt a.M. 1993.

Eco, Umberto: *Apokalyptiker und Integrierte. Zur kritischen Kritik der Massenkultur.* Frankfurt a.M. 1989.

Eco, Umberto: *Einführung in die Semiotik.* München 1972.

Eibl, Karl: *Animal Poeta. Bausteine einer Kultur- und Literaturtheorie.* Paderborn 2004.

Eibl, Karl: *Kritisch-rationale Literaturwissenschaft.* München 1976.

Eisenstein, Elizabeth: *The printing press as an agent of change.* 2 Bde. Cambridge 1979.

Eisner, Lotte H.: *Die dämonische Leinwand.* Frankfurt a.M. 1979.

Elsaesser, Thomas: *Filmgeschichte und frühes Kino. Archäologie eines Medienwandels.* München 2002.

Elsner, Monika/Müller, Thomas/Spangenberg, Peter M.: Der lange Weg eines schnellen Mediums: Zur Frühgeschichte des deutschen Fernsehens. In: Uricchio, William (Hg.): *Die Anfänge des deutschen Fernsehens. Kritische Annäherung an die Entwicklung bis 1945.* Tübingen 1991, S. 153-207.

Elsner, Monika/Müller, Thomas: Der angewachsene Fernseher. In: Gumbrecht, Hans Ulrich/Pfeiffer, Karl Ludwig (Hg.): *Materialität der Kommunikation.* Frankfurt a.M. 1988, S. 392-415.

Engelbart, Douglas: *Augmenting Human Intellect. http://www.bootstrap.org/augdocs /friedewald030402/augmentinghumanintellect/ahi62index.html* (12.03.2007).

Enzensberger, Hans Magnus: Das digitale Evangelium. In: *Der Spiegel 2/ 2000.* S. 92-101.

Enzensberger, Hans Magnus: Die vollkommene Leere. Das Nullmedium oder warum alle Klagen über das Fernsehen gegenstandslos sind. In: *Der Spiegel, 20/ 1988,* S. 224-240.

Enzensberger, Hans Magnus: Baukasten zu einer Theorie der Medien. In: *Kursbuch* 20/1970, S. 159-186.

Eurich, Claus/Würzberg, Gerd: *30 Jahre Fernsehen. Wie das Fernsehen unser Leben verändert hat.* Reinbek b. Hamburg 1983.

Fahle, Oliver/Engell, Lorenz (Hg.): *Philosophie des Fernsehens.* München 2006.

Faulstich, Werner: *Ästhetik des Fernsehens*. Tübingen 1982.

Feldmann, Erich: *Theorie der Massenmedien. Presse, Film, Funk, Fernsehen.* München/Basel 1962.

Felman, Shoshana: Welchen Unterschied macht die Psychoanalyse? Oder: die Originalität Freuds. In: Binczek, Natalie/Zimmermann, Peter (Hg.): *Eigentlich könnte alles auch anders sein.* Köln 1998, S. 157-175.

Felman, Shoshana: Weiblichkeit wiederlesen. In: Vinken, Barbara (Hg.): *Dekonstruktiver Feminismus. Literaturwissenschaft in Amerika.* Frankfurt a.M. 1992, S. 33-61.

F. H.: Die Radio-Polizist-Maschine. In: Kümmel/Löffler (Hg.): *Medientheorie 1888-1933* (a.a.O.), S. 49-51.

Fiske, John: *Television Culture.* London 1987.

Fliethmann, Axel: *Stellenlektüre. Stifter – Foucault.* Tübingen 2001.

Floyd, Christiane u.a. (Hg.): *Software-Development and Reality Construction.* Berlin 1992.

Flusser, Vilém: *Ins Universum der technischen Bilder.* Göttingen 1989.

Foucault, Michel: Was ist ein Autor? In: ders.: *Schriften in vier Bänden/Dits et Écrits* (hrsg. von Defert, Daniel u.a.) Bd. I. Frankfurt a.M. 2001, S. 1003-1041.

Foucault, Michel: *Der Wille zum Wissen. Sexualität und Wahrheit Bd. 1.* Frankfurt a.M. 1983.

Foucault, Michel: *Die Ordnung der Dinge. Eine Archäologie der Humanwissenschaften.* Frankfurt a.M. 1974.

Franke, Herbert W.: *Das Gedankennetz.* München 1961.

Freud, Sigmund: Das Unbehagen in der Kultur. In: ders. *Gesammelte Werke* (hrsg. von Anna Freud u.a.) Bd. XIV. Frankfurt 1999, S. 419-506.

Freud, Sigmund: Notiz über den „Wunderblock". In: ders.: *Gesammelte Werke* Bd. XIV. Frankfurt a.M. 1999, S. 3-8.

Freud, Sigmund: Das Ich und das Es. In: ders.: *Gesammelte Werke* Bd. XIII. Frankfurt a.M. 1999, S. 235-289.

Freud, Sigmund: Massenpsychologie und Ich-Analyse. In: ders.: *Gesammelte Werke* Bd. XIII. Frankfurt a.M. 1999, S. 71-161.

Freud, Sigmund: Jenseits des Lustprinzips. In: ders.: *Gesammelte Werke* Bd. XIII. Frankfurt a.M. 1999, S. 1-69.

Freud, Sigmund: Das Unheimliche. In: ders.: *Gesammelte Werke* Bd. XII. Frankfurt a.M. 1999, S. 227-268.

Freud, Sigmund: Vorlesungen zur Einführung in die Psychoanalyse. In: ders.: *Gesammelte Werke* Bd. XI. Frankfurt a.M. 1999.

Freud, Sigmund: Totem und Tabu. In: ders.: *Gesammelte Werke* Bd. IX. Frankfurt a.M. 1999.

Freud, Sigmund: Einige Bemerkungen über den Begriff des Unbewussten in der Psychoanalyse. In: ders.: *Gesammelte Werke* Bd. VIII. Frankfurt a.M. 1999, S. 430-439.

Freud, Sigmund: Die Traumdeutung. In: ders.: *Gesammelte Werke* Bd. II/III. Frankfurt a.M. 1999.

Freud, Sigmund: Die Abwehr- Neuropsychosen. Versuch einer psychologischen Theorie der akquirierten Hysterie, vieler Phobien und Zwangsvorstellungen und gewisser halluzinatorischer Psychosen. In: ders.: *Gesammelte Werke* Bd. I. Frankfurt a.M. 1999, S, 57-74.

Freud, Sigmund: Charcot. In: *Gesammelte Werke* Bd. I. Frankfurt 1999, S. 19-35.

Fürnkäs, Josef: *Surrealismus als Erkenntnis. Walter Benjamin – Weimarer Einbahnstraße und Pariser Passagen.* Stuttgart 1988.

Galouye, Daniel F.: *Counterfeit World.* London 1964.

Gandela, Jürgen: Zur Einführung des Farbfernsehens in der BRD. In: Prokop, Dieter (Hg.): *Massenkommunikationsforschung. Bd. 1. Produktion.* Frankfurt a.M. 1972, S. 167-178.

Garncarz, Joseph: Art & Industry: German Cinema of the 1920s. In: Grievesson, Lee/Kramer, Peter (Hg.): *The Silent Cinema Reader.* London/New York 2004, S. 389-400.

Garncarz, Joseph: Film in Deutschland um 1900. Zur Etablierung eines neuen Mediums. In: *Sprache und Literatur* 1/2004, S. 7-13.

Gaupp, Robert: Der Kinematograph vom medizinischen und psychologischen Standpunkt. In: Kümmel/Löffler (Hg.): *Medientheorie 1888-1933* (a.a.O.), S. 100-113.

Gehlen, Arnold: *Moral und Hypermoral. Eine pluralistische Ethik.* Frankfurt a.M. 1969.

Gendolla, Peter/Ludes, Peter/Roloff, Volker (Hg.): *Bildschirm – Medien – Theorien.* München 2002.

Geuter, Ulfried: *Die Professionalisierung der deutschen Psychologie im Nationalsozialismus.* Frankfurt a.M. 1988.

Gibson, William: *Die Neuromancer-Trilogie.* München 2000.

Giddens, Anthony: *Die Konstitution der Gesellschaft.* Frankfurt a.M./New York 1988.

Glashoff, Klaus: *Gottfried Wilhelm Leibniz – Die Utopie der Denkmaschine. http://www.logic.glashoff.net/Texte/GottfriedWilhelmLeibniz6.pdf* (23.02.2007).

Gmelin, Otto: *Philosophie des Fernsehens. Heuristik und Dokumentation.* Pfullingen 1967.

Gore, Al: *Building the Information Super Highway. http://www.robson.org/gary/captioning/gorespeech.html* (13.12.2001).

Gorkij, Maxim (unter Pseudonym I.M. Pacatus): Flüchtige Notizen. In: *KINtop* 4/1995, S. 13-16.

Gorkij, Maxim (unter Pseudonym A. Peškov): Von der Gesamtrussischen Ausstellung. Der Kinematograph von Lumière. In: *KINtop* 4/1995, S. 16-20.

Griem, Julika: *Bildschirmfiktionen. Interferenzen zwischen Literatur und neuen Medien.* Tübingen 1999.

Grimm, Reinhold: *Strukturen. Essays zur Literatur.* Göttingen 1963.

Grimminger, Rolf: Der Sturz der alten Ideale. Sprachkrise, Sprachkritik um die Jahrhundertwende. In: ders./Murašov, Jurij/Stückrath, Jörn (Hg.): *Literarische Moderne. Europäische Literatur im 19. und 20. Jahrhundert.* Reinbek b. Hamburg 1995, S. 169-200.

Groeben, Norbert: *Handeln, Tun, Verhalten als Einheiten einer verstehend-erklärenden Psychologie.* Tübingen 1986.

Groeben, Norbert: *Rezeptionsforschung als empirische Literaturwissenschaft.* Kronberg, Taunus 1977.

Güntheroth, Horst/Perl, Jürgen: Mythos Elektronengehirn. In: *OBST 7,* S. 78-114.

Hätte ich das Kino! Die Schriftsteller und der Stummfilm (Ausstellungskatalog). Stuttgart 1976.

Hagen, Wolfgang: Der neue Mensch und die Störung. Hans Fleschs vergessene Arbeit für den frühen Rundfunk. In: Kümmel, Albert/Schüttpelz, Erhard (Hg.): *Signale der Störung.* München 2003, S. 275-286.

Hagen, Wolfgang: Zur medialen Genealogie der Elektrizität. In: Maresch/Werber (Hg.): *Kommunikation – Medien – Macht* (a.a.O.), S. 133-173.

Hagen, Wolfgang: Mediendialektik. Zur Archäologie eines Scheiterns. In: Maresch (Hg.): *Medien und Öffentlichkeit* (a.a.O.), S. 41-65.

Hagen, Wolfgang: Der Radioruf. Zu Diskurs und Geschichte des Hörfunks. In: Stingelin/Scherer (Hg.): *HardWar/SoftWar* (a.a.O.), S. 243-273.

Halefeldt, Horst O./Wittenbrink, Theresia: Sendegesellschaften und Rundfunkordnungen. In: Leonhard (Hg.): *Programmgeschichte des Hörfunks in der Weimarer Republik* (a.a.O.) S. 23-352.

Halefeldt, Horst O.: Das erste Medium für alle? Erwartungen an den Hörfunk bei seiner Einführung in Deutschland Anfang der 20er Jahre. In: Deutsches Rundfunkarchiv (Hg.): *Materialien zur Rundfunkgeschichte Bd. 2: Zur Programmgeschichte des Weimarer Rundfunks.* Frankfurt a.M. 1986, S. 83-151.

Haraway, Donna: A manifesto for cyborgs: Science, technology and socialist feminism in the 1980s. In: *Socialist Review 80/1985,* S. 65-108.

Hartley, R. V. L.: Transmission of Information. In: *Bell System Technical Journal, 7/1928.* S. 535-563.

Hartmann, Frank: *Medienphilosophie.* Wien 2000.

Hasenclever, Walter: Der Kintopp als Erzieher. Eine Apologie. In: Kaes, (Hg.): *Kino-Debatte* (a.a.O.), S. 47-49.

Hasenclever, Walter: Die Hochzeitsnacht. Ein Film in drei Akten. In: Pinthus (Hg.): *Kinobuch* (a.a.O.), S. 35-44.

Haug, Wolfgang Fritz: *Kritik der Warenästhetik.* Frankfurt a.M. 1973.

Hay, Gerhard (Hg.): *Literatur und Rundfunk 1923-1933.* Hildesheim 1975.

Heitger, Ulrich: *Vom Zeitzeichen zum politischen Führungsmittel. Entwicklungstendenzen der Nachrichtenprogramme des Rundfunks in der Weimarer Republik 1923-1932.* Münster 2003.

Helmstetter, Rudolf: Entwendet. Hofmannsthals Chandos-Brief, die Rezeptionsgeschichte und die Sprachkrise. In: *DVjs 3/2003,* 446-480.

Henke, Sylvia/Stingelin, Martin/Thüring, Hubert: Hysterie – das Theater der Epoche. In: Didi-Hubermann: *Erfindung der Hysterie* (a.a.O.), S. 359-383.

Hick, Ulrike: *Geschichte der optischen Medien.* München 1999.

Hickethier, Knut: Gibt es ein medientechnisches Apriorie? Technikdeterminismus und Medienkonfiguration in historischen Prozessen. In: Behmer u.a. (Hg.): *Medienentwicklung und gesellschaftlicher Wandel* (a.a.O.), S. 39-52.

Hickethier, Knut: *Geschichte des Fernsehens in der Bundesrepublik Deutschland. Institution, Technik und Programm. Rahmenaspekte der Programmgeschichte des Fernsehens.* München 1993.

Hochstätter, Peter R.: Einführung. In: Le Bon: *Psychologie der Massen* (a.a.O.), S. XIII-XXXVIII.

Hoffmann, Christoph: φ-Phänomen Film. Der Kinematograph als Ereignis experimenteller Psychologie um 1900. In: Andriopoulos, Stefan/Schabacher, Gabriele/Schumacher, Eckhard (Hg.): *Die Adresse des Mediums.* Köln 2001, S. 236-252.

Hoffmann, Kay: Videomarkt Bundesrepublik. Strukturelle Probleme werden immer offensichtlicher. In: *Media Perspektiven 5/1989,* S. 277-287.

Hofmannsthal, Hugo v.: Ein Brief. In: ders.: *Sämtliche Werke. Kritische Ausgabe* Bd. XXXI (hrsg. von Ellen Ritter) Frankfurt a.M. 1991, S. 45-55.

Holz, Arno: Die Kunst, ihr Wesen und ihre Gesetze. In: ders.: *Das Werk.* (hrsg. von Hans W. Fischer) Bd. X: Die neue Wortkunst. Berlin 1925.

Holzkamp, Klaus: *Kritische Psychologie.* Frankfurt a.M. 1982.

Horkheimer, Max/Adorno, Theodor W.: *Dialektik der Aufklärung. Philosophische Fragmente.* Frankfurt a.M. 1996.

Hörisch, Jochen/Wetzel, Michael (Hg.): *Armaturen der Sinne. Literarische und technische Medien 1870-1920.* München 1990.

Jäger, Siegfried: *Kritische Diskursanalyse.* Duisburg/Münster 2004.

Jannidis, Fotis u.a. (Hg.): *Rückkehr des Autors. Zur Erneuerung eines umstrittenen Begriffs.* Tübingen 1999.

Johnson-Laird, Philip: *Mental Models.* Cambridge, MA. 1983.

Jungen, Oliver: Alle Äther lügen. Eine Semantik des Radios als Stimme der Wahrheit. In: *Sprache und Literatur* 2/2002, S. 48-71.

Jünger, Ernst: *In Stahlgewittern.* Stuttgart 1983.

Jünger, Ernst: *Der Arbeiter. Herrschaft und Gestalt.* Stuttgart 1982.

Jünger, Ernst: Der Kampf als inneres Erlebnis. In: *Werke* Bd. 5. Stuttgart o.J., S. 11-108.

Kaes, Anton (Hg.): *Kino-Debatte. Texte zum Verhältnis von Literatur und Film 1909-1929.* München/Tübingen 1978.

Kaes, Anton: Einführung. In: ders. (Hg.): *Kino-Debatte* (a.a.O.), S. 1-35.

Kammer, Manfred.: Geschichte der Digitalmedien. In: Schanze (Hg.): *Handbuch der Mediengeschichte* (a.a.O.), S. 519-550.

Kammer, Manfred/Schanze, Helmut/Zimmermann, Hans J.: *Textsysteme und Veränderungen des Literaturbegriffs.* Siegen 1990.

Kant, Immanuel: Beantwortung der Frage: Was ist Aufklärung? In: ders.: *Werkausgabe: in 12 Bänden* (hrsg. von Wilhelm Weischedel) Bd. XI. Frankfurt a. M. 1977, S. 53-61.

Kant, Immanuel: Prolegomena zu einer jeden künftigen Metaphysik, die als Wissenschaft wird auftreten können. In: *Philosophische Bibliothek* (hrsg. von Karl Vorländer) Bd. 40. Hamburg 1957.

Kapust, Wolfgang: Entwicklung des Rundfunks nach 1945. In: Aufermann u.a. (Hg.): *Fernsehen und Rundfunk für die Demokratie*. Opladen 1981, S. 34-51.

Katz, Elihu/Foulkes, David: On the Use of Mass Media as Escape: Clarification of a Concept. In: *Public Opinion Quarterly. 16/1962*, S. 377-388.

Katz, Michael L./Shapiro, Carl: Network Externalities, Competition and Compatibility. In: *American Economic Review* 424, 1985.

Keck, Annette/Pethes, Nicolas (Hg.): *Mediale Anatomien. Menschenbilder als Medienprojektionen*. Bielefeld 2001.

Kelly, Kevin: *Net Economy. Zehn radikale Strategien für die Wirtschaft der Zukunft*. München 2001.

Kelly, Kevin: New Rules for the New Economy. In: *Wired*. 1997.

Keppler, Angela: *Mediale Gegenwart. Eine Theorie des Fernsehens am Beispiel der Darstellung von Gewalt*. Frankfurt a.M. 2006.

Kerckhove, Derrick de: Das Internet erobert das Fernsehen. Ein trojanisches Pferd im öffentlichen Bewusstsein. In: Münker, Stefan/ Roesler, Alexander (Hg.): *Televisionen*. Frankfurt a.M. 1999, S. 183-202.

Kessler, Frank: Zur Theorie des Lichtspiels. In: *KINtop* 5/1996, S. 207-209.

Kittler, Friedrich A.: Romantik – Psychoanalyse – Film: eine Doppelgängergeschichte. In: ders.: *Draculas Vermächtnis. Technische Schriften*. Leipzig 1993, S. 81-104.

Kittler, Friedrich A./Tholen, Georg Christoph (Hg.): *Arsenale der Seele. Literatur- und Medienanalyse seit 1870*. München 1989.

Kittler, Friedrich A.: *Grammophon Film Typewriter*. Berlin 1986.

Kittler, Friedrich A.: *Aufschreibesysteme 1800/1900*. München 1985.

Klabund: Als sie meine Stimme im Rundfunk hörte (Zum dritten Geburtstag der Funkstunde am 29. Oktober 1926). In: Schneider, Irmela (Hg.): *Radio-Kultur in der Weimarer Republik* (a.a.O), S. 43.

Klingler, Walter/Roters, Gunnar/Zöllner, Oliver (Hg.): *Fernsehforschung in Deutschland. Themen – Akteure – Methoden. 2 Bände*. Baden-Baden 1998.

Klöckner, Albert: Das Massenproblem in der Kunst. Über Wesen und Wert der Vervielfältigung (Film und Funk). In: Kümmel/Löffler (Hg.): *Medientheorie 1888-1933* (a.a.O.), S. 299-311.

Klotz, Volker: *Geschlossene und offene Form im Drama*. München 1960.

Knilli, Friedrich (Hg.): *Die Unterhaltung der deutschen Fernsehfamilie. Ideologiekritische Untersuchungen*. München 1971.

Knopf, Jan: *Brecht-Handbuch. Lyrik, Prosa, Schriften. Eine Ästhetik der Widersprüche*. Stuttgart/Weimar 1996.

Kopperschmidt, Joseph/Schanze, Helmut (Hg): *Nietzsche oder „Die Sprache der Rhetorik"*. München 1994.

Korte, Helmut: Vom Kinematographen zur Nationalen Propaganda. Zur Entwicklung des frühen deutschen Films. In: ders. (Hg.): *Film und Realität in der Weimarer Republik*. München/Wien 1978, S. 11-89.

Koselleck, Reinhart: *Zeitschichten. Studien zur Historik*. Frankfurt a.M. 2000.

Köppen, Edlef: *Heeresbericht*. Reinbek b. Hamburg 1976.

Kracauer, Siegfried: Literatur und Rundfunk. In: ders.: *Schriften* Bd. 5.2 (hrsg. von I. Mülder-Bach) Frankfurt a.M. 1999, S. 357-359.

Kracauer, Siegfried: Der ‚operierende' Schriftsteller. Zu Tretjakovs Buch „Feldherrn". In: ders.: *Schriften* Bd. 5.3 (hrsg. von Inka Mülder-Bach) Frankfurt a.M. 1990, S. 26-29.

Kracauer, Siegfried: Das Ornament der Masse. In: ders.: *Schriften* Bd. 5.2 (hrsg. von I. Mülder-Bach). Frankfurt a.M. 1990, S. 57-67.

Kracauer, Siegfried: *Theorie des Films. Die Errettung der äußeren Wirklichkeit*. (hrsg. von Karsten Witte) Frankfurt a.M. 1985.

Kracauer, Siegfried: Von Caligari zu Hitler. Eine psychologische Geschichte des Films. In: ders.: *Schriften* (hrsg. von Karsten Witte) Bd. 2. Frankfurt a.M. 1979.

Krämer, Sybille: Das Medium als Spur und als Apparat. In: dies. (Hg.): *Medien Computer Realität. Wirklichkeitsvorstellungen und Neue Medien*. Frankfurt a.M. 1998, S. 73-94.

Krämer, Sybille: Sprache und Schrift. In: *Zeitschrift für Sprachwissenschaft, 1/1996*, S. 92-112.

Krämer, Sybille: *Symbolische Maschinen. Die Idee der Formalisierung im geschichtlichen Abriß*. Darmstadt 1988.

Kreimeier, Klaus: Die Konfiguration des Bösen. Ikonographische Anmerkungen zum Bild Osama bin Ladens in den Massenmedien. In: *Navigationen 2/2003*, S. 11-20.

Kreimeier, Klaus: Mediengeschichte des Films. In: Schanze (Hg.): *Handbuch der Mediengeschichte* (a.a.O.) S. 425-454.

Kreimeier, Klaus: Dispositiv Kino. Zur Industrialisierung der Wahrnehmung im 19. und frühen 20. Jahrhundert. In: Segeberg, Harro (Hg.): *Die Perfektionierung des Scheins. Das Kino der Weimarer Republik im Kontext der Künste. Mediengeschichte des Films Bd. 3*. München 2000, S. 17-34.

Kreuzer, Helmut (Hg.): *Fernsehsendungen und ihre Formen. Typologie, Geschichte und Kritik des Programms in der Bundesrepublik Deutschland*. Stuttgart 1979.

Kreuzer, Helmut: Fernsehen als Gegenstand der Literaturwissenschaft. In: ders.: *Veränderungen des Literaturbegriffs. Fünf Beiträge zu aktuellen Problemen der Literaturwissenschaft*. Göttingen 1975, S. 27-40.

Krotz, Friedrich: *Mediatisierung*. Opladen 2007.

Kubicek, Herbert/Rolf, Arno: *Mikropolis — Mit Computernetzen in die „Informationsgesellschaft"*. Hamburg 1986.

Kuhlen, Rainer: *Hypertext – Ein nicht-lineares Medium zwischen Buch und Wissensbank* Heidelberg 1991.

Kuhlen, Rainer (Hg.): *Informationslinguistik.* Tübingen 1986.

Kümmel, Albert/Löffler, Petra (Hg.): *Medientheorie 1888-1933. Texte und Kommentare.* Frankfurt a.M. 2002.

Lacan, Jacques: Das Drängen des Buchstabens im Unbewussten oder die Vernunft seit Freud. In: ders.: *Schriften* Bd. II (hrsg. von N. Haas). Weinheim/Berlin 1991, S. 15-59.

Lacan, Jacques: Das Seminar über E.A. Poes „Der entwendete Brief". In: ders.: *Schriften* Bd. I (hrsg. von N. Haas). Weinheim/Berlin 1991, S. 7-60.

Lacan, Jacques: *Das Seminar Bd. II: Das Ich in der Theorie Freuds und in der Technik der Psychoanalyse* (hrsg. von Hans-Joachim Metzger). Weinheim/Berlin 1991.

Lacan, Jacques: Das Spiegelstadium als Bildner der Ichfunktion, wie sie uns in der psychoanalytischen Erfahrung erscheint. In: ders.: *Schriften* Bd. I (hrsg. von N. Haas). Weinheim/Berlin 1991, S. 61-70.

Lämmert, Eberhard: Was verbindet Medium und Masse? In: Münz-Koenen, Inge/Schäffner, Wolfgang (Hg.): *Masse und Medium. Verschiebungen in der Ordnung des Wissens und der Ort der Literatur 1800/2000.* Berlin 2002, S. IX-XIII.

Lange, Bernd-Peter: Wichtige Ergebnisse der Begleitforschung zum Kabelpilotprojekt Dortmund. In: *Media Perspektiven 4/1989*, S. 219.

Laurel, Brenda: *Computers as Theatre.* Reading, Mass. 1991.

Laurel, Brenda: *The Art of Human-Computer Interface Design.* New York 1990.

Lausberg, Heinrich: *Handbuch der literarischen Rhetorik,* Bd. I. Münster 1960.

Le Bon, Gustave: *Psychologie der Massen.* Stuttgart 1982.

Lee Whorf, Benjamin: *Sprache, Denken, Wirklichkeit.* Reinbek b. Hamburg ²⁴2004.

Lem, Stanislaw: *Summa technologiae.* Frankfurt a.M. 1981.

Leonhard, Joachim-Felix (Hg.): *Programmgeschichte des Hörfunks in der Weimarer Republik* Bd. 1. München 1997.

Lerg, Winfried B.: *Rundfunkpolitik in der Weimarer Republik* (= Rundfunk in Deutschland Bd. 1, hrsg. von Hans Bausch) München 1980.

Lerg, Winfried B.: Zur Geschichte des Fernsehens in Deutschland. Das Fernsehen der Reichs-Rundfunk-Gesellschaft 1935-1944. In: Longolius, Christian (Hg.): *Fernsehen in Deutschland. Gesellschaftspolitische Aufgaben und Wirkungen eines Mediums.* Mainz 1967, S. 9-22.

Lersch, Edgar/Schanze, Helmut (Hg.): *Die Idee des Radios. Von den Anfängen in Europa und den USA bis 1933* (= Jahrbuch Rundfunkgeschichte 2004). Konstanz 2004.

Lersch, Edgar: Mediengeschichte des Hörfunks. In: Schanze (Hg.): *Handbuch der Mediengeschichte* (a.a.O.), S. 455-489.

Leschke, Rainer: *Einführung in die Medientheorie.* München 2003.

Leschke, Rainer: Medientheorie. In: Schanze (Hg.): *Handbuch der Mediengeschichte* (a.a.O.), S. 14-40.

Levinas, Emmanuel: *Ethik und Unendliches* (hrsg. von Peter Engelmann). Wien 1992.

Levy, Pierre: *Die kollektive Intelligenz. Eine Anthropologie des Cyberspace.* Mannheim 1997.

Licklider, J. C. R./Taylor, Robert W.: The Computer as a Communication Device. *Reprinted from Science and Technology.* 76/1968, S. 21-41.

Licklider, Joseph C. R.: Man-Computer Symbiosis. In: *IRE Transactions on Human Factors in Electronics 1/1960*, S. 4-11.

Lindner, Burkhardt: Das Optisch-Unbewusste. Zur medientheoretischen Analyse der Reproduzierbarkeit. In: Tholen, Georg Christoph/Schmitz, Gerhard/Riepe, Manfred (Hg.): *Übertragung – Übersetzung – Überlieferung. Episteme und Sprache in der Psychoanalyse Lacans.* Bielefeld 2001, S. 271-289.

Lipowatz, Thanos: *Politik der Psyche. Eine Einführung in die Psychopathologie des Politischen.* Wien 1998.

Lipowatz, Thanos: Über das Phantasma. In: *Riss* 25/1994, S. 15-42.

Lipowatz, Thanos: Über den Begriff der Identifizierung bei Freud. In: *Riss* 12/1989, S. 19-73.

Loiperdinger, Martin: Lumières Ankunft des Zugs. Gründungsmythos eines neuen Mediums. In: *KINtop* 5/1996, S. 36-70.

Lohmann, Hans-Martin: *Freud zur Einführung.* Hamburg 1991.

Lüdemann, Susanne: Unsichtbare Massen. In: Münz-Koenen, Inge/Schäffner, Wolfgang (Hg.): *Masse und Medium. Verschiebungen in der Ordnung des Wissens und der Ort der Literatur 1800/2000.* Berlin 2002, S. 81-91.

Luhmann, Niklas: *Die Realität der Massenmedien.* Opladen ²1996.

Lull, James: The Social Uses of Television. In: *Human Communication Research, 3/1980*, S. 197-209.

Lurija, Alexander: *Die historische Bedingtheit individueller Erkenntnisprozesse.* Weinheim 1986.

Maase, Kaspar: *Grenzenloses Vergnügen. Der Aufstieg der Massenkultur 1850-1970.* Frankfurt a.M. 1997.

Macedo, Donald P. (Hg.): *Critical Education in the new Informaion Age.* Oxford 1999.

Machiavelli, Niccolò: Discorsi. In: ders.: *Politische Schriften* (hrsg. von H. Münkler). Frankfurt a.M. 1990, S. 125-269.

Maletzke, Gerhard: *Massenkommunikationstheorien.* Tübingen 1988.

Maletzke, Gerhard: *Psychologie der Massenkommunikation. Theorie und Systematik.* Hamburg 1963.

Maletzke, Gerhard: Passivität durch Fernsehen? In: Feldmann, Erich u.a. (Hg.): *Film- und Fernsehfragen.* Emsdetten 1961, S. 237-254.

Maletzke, Gerhard: *Fernsehen im Leben der Jugend.* Hamburg 1959.

Maletzke, Gerhard: Neue Wege im amerikanischen Fernsehen? In: *Rundfunk und Fernsehen 1, 2/1953*, S. 17.

Malinowski, Bronislaw: *Eine wissenschaftliche Theorie der Kultur.* Frankfurt a.M. 1975.

Manovich, Lev: New Media from Borges to HTML. In: Wardrip-Fruin, Noah/ Montfort, Nick (Hg.): *The New Media Reader.* Cambridge MA./London 2003, S. 13-25.

Manovich, Lev: *The Language of New Media.* Cambridge u.a. 2001.

Maresch, Rudolf/Werber, Niels (Hg.): *Kommunikation Medien Macht.* Frankfurt a.M. 1999.

Maresch, Rudolf (Hg.): *Medien und Öffentlichkeit. Positionierungen Symptome Simulationsbrüche.* München 1996.

Marx, Karl/Engels, Friedrich: Manifest der kommunistischen Partei. In: dies.: *Werke* (hrsg. vom Institut für Marxismus/Leninismus beim Zentralkommitee der Sozialistischen Einheitspartei Deutschlands) Bd. 4. Berlin 1972, S. 461-493.

McLuhan, Marshall: *Die Gutenberg-Galaxis. Das Ende des Buchzeitalters.* Bonn 1995.

McLuhan, Marshall: *Die magischen Kanäle/Understanding Media.* Basel 1994.

McLuhan, Marshall/Powers: B. R.: *The Global Village.* Oxford/New York/Toronto 1989.

McLuhan, Marshall/McLuhan Eric: *Laws of Media.* Toronto 1988.

McLuhan, Marshall: *The Medium is the Massage. An Inventory of Effects.* New York 1967.

Mead, George H.: *Mind, Self and Society.* Chicago 1934.

Mehnert, Hilmar: *Die Farbe in Film und Fernsehen.* Leipzig 1974.

Menke, Christoph: *Die Souveränität der Kunst. Ästhetische Erfahrung nach Adorno und Derrida.* Frankfurt a.M. 1991.

Metz, Christian: Der fiktionale Film und sein Zuschauer. Eine metapsychologische Untersuchung. In: *Psyche* 11/1994, S. 1004-1045.

Metz, Christian: *Semiologie des Films.* München 1972.

Meyer, Martin: *Ernst Jünger.* München/Wien 1990.

Meyrowitz, Joshua.: *No sense of Place.* Oxford 1985.

Minsky, Marvin: *Mentopolis.* Stuttgart 1990.

Mitscherlich, Alexander: *Massenpsychologie ohne Ressentiment.* Frankfurt a.M. 1972.

Moeller, Felix: Blitzkrieg und nationalsozialistische Filmpropaganda. Aus den Tagesaufzeichnungen von Joseph Goebbels 1939-1941. In: Daniel, Ute/ Siemann, Wolfram (Hg.): *Propaganda. Meinungskampf, Verführung und politische Sinnstiftung 1789-1989.* Frankfurt a.M. 1994, S. 133-146.

Moles, Abraham: *Soziodynamik der Kultur.* Stuttgart 1976.

Morely, David: *Family Television: Cultural Power and Domestic Leisure.* London 1986.

Moscovici, Serge: Die sozialen Körper. In: *Hüter der Verwandlung. Beiträge zum Werk von Elias Canetti.* (hrsg. vom Carl Hanser Verlag). Frankfurt a.M. 1985, S. 48-64.

Münker, Stefan/Roesler, Alexander/Sandbothe, Mike (Hg.): *Medienphilosophie. Beiträge zur Klärung eines Begriffes.* Frankfurt a.M. 2003.

Münsterberg, Hugo: *Das Lichtspiel. Eine psychologische Studie (1916) und andere Schriften zum Kino* (hrsg. von J. Schweinitz). Wien 1996.

Münsterberg, Hugo: Warum wir ins Kino gehen. In: ders.: *Das Lichtspiel* (a.a.O.), S. 107-114.

Mutschler, Hans Dieter: Thema „Information" 2004. *http://www.forum-grenzfragen.de /grenzfragen/open/webtodate/diskussionsforen/forumgrenzfragen/01b825937f0f19309 /01b825938212a6e04.html* (28.09.2004).

Musil, Robert: Ansätze zu einer neuen Ästhetik. Bemerkungen über die Dramaturgie des Films. In: ders.: *Gesammelte Werke* (hrsg. von Adolf Frisé) Bd. II. Reinbek b. Hamburg 1978, S. 1137-1154.

Nagera, Humberto (Hg.): *Psychoanalytische Grundbegriffe*. Frankfurt a.M. 1998.

Nake, Frieder/Schelhowe, Heidi: *Vom instrumentalen Medium. Kooperation in der Software-Entwicklung unter konfligierenden Leitbildern*. Bremen 1993.

Negroponte, Nicholas: *Being Digital*. New York 1995.

Nelson, Ted: A File Structure for the Complex, the Changing and the Indeterminate. In: *ACM 20th National Conference 1965*, S. 84 -100.

NLS Originalvideo *http://sloan.stanford.edu/MouseSite/1968Demo.html* (28.02.2007).

Nietzsche, Friedrich: Ueber Wahrheit und Lüge im aussermoralischen Sinne. In: ders.: *Kritische Studienausgabe* (hrsg. von Colli, Giorgio und Montinari, Mazzino) Bd. I. München/Berlin/New York 1988, S. 873-890.

Noelle, Elisabeth/Neumann, Erich Peter (Hg.): *Jahrbuch der öffentlichen Meinung 1947-1955*. Allensbach 1956.

Noelle-Neumann, Elisabeth: Heimtest und Experiment als Methoden der Fernsehwirkungskontrolle. In: Longolius, Christian (Hg.): *Fernsehen in Deutschland. Gesellschaftspolitische Aufgaben und Wirkungen eines Mediums*. Mainz 1967, S. 313-331.

Oehme, Walter/Caro, Kurt: *Kommt ‚Das Dritte Reich'?* Frankfurt a.M. 1984 (unveränderter Nachdruck der Erstausgabe [Berlin 1930]).

Ohrt, Roberto: *Phantom Avantgarde. Eine Geschichte der situationistischen Internationale und der modernen Kunst*. Hamburg 1990.

Opaschowski, Horst: *Freizeit und Fernsehkonsum im Wandel*. Hamburg 1992.

Ortega y Gasset, José: *Der Aufstand der Massen*. Stuttgart 1989.

Packard, Vance: *Die geheimen Verführer. Der Griff nach dem Unbewussten in jedermann*. Düsseldorf 1958.

Paech, Joachim: Für eine Filmgeschichte der Medienwissenschaft. In: *LILI 132/2003*, S. 125-132.

Paech, Joachim: *Literatur und Film*. Stuttgart/Weimar ²1997.

Pethes, Nicolas: Der Test des großen Bruders. Menschenexperiment Massenmedium. In: Keck/ders. (Hg.): *Mediale Anatomien* (a.a.O.), S. 351-372.

Petri, Carl Adam: *Kommunikation mit Automaten*. (Diss.) Bonn: Institut für Instrumentelle Mathematik, Schriften des IIM 2/ 1962.

Pfeiffer, Christian: Medienverwahrlosung als Ursache von Schulversagen und Jugenddeliquenz? (2003), *http://www.kfn.de/medienverwahrlosung.pdf* (23.3.2007).

Pfeiffer, Karl Ludwig: *The Protoliterary: Steps Towards an Anthropology of Culture.* Stanford 2002.

Pfemfert, Franz: Kino als Erzieher. In: Kaes (Hg.): *Kino-Debatte* (a.a.O.), S. 59-62.

Pias, Claus/Vogl, Joseph/Engell, Lorenz (Hg.): *Kursbuch Medienkultur. Die maßgeblichen Theorien von Brecht bis Baudrillard.* Stuttgart 1999.

Pinthus, Kurt: Zuvor. In ders.: (Hg.): *Menschheitsdämmerung. Ein Dokument des Expressionismus.* Reinbek bei Hamburg 1984, S. 22-32.

Pinthus, Kurt: *Das Kinobuch.* Frankfurt a.M. 1983.

Pinthus, Kurt: Vorwort zur Neuausgabe (1963). In: ders.: *Das Kinobuch* (a.a.O.), S. 7-17.

Pinthus, Kurt: Einleitung. Das Kinostück (1913). In: ders.: *Das Kinobuch* (a.a.O.), S. 19-28.

Pinthus, Kurt: Quo Vadis – Kino? In: Kaes (Hg.): *Kino-Debatte* (a.a.O.), S. 72-75.

Postman, Neil: *Der Technopol. Die Macht der Technologien und die Entmündigung der Gesellschaft.* Frankfurt a.M. 1992.

Pribram, Karl: Wirklichkeit zwischen Wiedererkennen und Wiedererinnern. Sehen, Hören, Lesen und die Vorgänge im Gehirn. In: Fröhlich, Werner D./ Zitzlsperger, Rolf/Franzmann, Bodo (Hg.): *Die verstellte Welt. Beiträge zur Medienökologie.* Weinheim/Basel 1992, S. 34-59.

Price, Monroe E.: *Television. The Public Sphere and National Identity.* Oxford 1995.

Pross, Harry: Soziale Determinanten des Fernseh-Empfangs. In: Brüssau, Werner/Stolte, Dieter/Wisser, Richard (Hg.): *Fernsehen. Ein Medium sieht sich selbst.* Mainz 1976, S. 301-320.

Prümm, Karl: Epiphanie der Form. Rudolf Arnheims ,Film als Kunst' im Kontext der zwanziger Jahre. In: Arnheim: *Film als Kunst* (a.a.O), S. 275-312.

Rank, Otto: *Der Doppelgänger. Eine psychoanalytische Studie.* Wien 1993.

Reichel, Peter: *Der schöne Schein des Dritten Reiches. Faszination und Gewalt des Faschismus.* Frankfurt a.M. 1993.

Reinhardt, Dirk: *Von der Reklame zum Marketing. Geschichte der Wirtschaftswerbung in Deutschland.* Berlin 1993.

Rheingold, H.: *The Virtual Community. Finding Connection in a Computerized World.* London 1994.

Rheingold, Howard: *Virtual Reality.* New York 1991.

Rheingold, Howard: Der Alltag in meiner virtuellen Gemeinschaft. In: Faßler, Manfred/Halbach, Wulf (Hg.): *Cyberspace. Gemeinschaften, virtuelle Kolonien, Öffentlichkeiten.* München 1994, S. 95-121.

Rieger, Stefan: *Die Individualität der Medien. Eine Geschichte der Wissenschaften vom Menschen.* Frankfurt a.M. 2001.

Rieger, Stefan: Steigerungen. Zum Verhältnis von Mensch, Medium, Moderne. In: Graevenitz, Gerhart v. (Hg.): *Konzepte der Moderne* (DFG-Symposion 1997). Stuttgart/Weimar 1999, S. 417-439.

Robben, Bernhard. *Der Computer als Medium. Eine transdisziplinäre Theorie.* Bielefeld 2006.

Robida, Albert: *Le vingtième Siècle*. Paris 1883

Romer, Paul M.: *Economic Growth*. 1993. http://www.stanford.edu/~promer/ Econgro.htm

Romer, Paul M.: *Beyond the Knowledge Worker*. 1995. http://www.stanford.edu/ ~promer/wrld_lnk.htm

Ronell, Avital: *The Telephone Book. Technology, Schizophrenia, Electric Speech*. Lincoln/London 1989.

Rorvik, David M: *As Man Becomes Machine: The Evolution of the Cyborg*. Garden City, N.Y. 1971.

Rose, Jacqueline: *Sexualität im Feld der Anschauung*. Wien 1996.

Rossnagel, Alexander u.a.: *Digitalisierung der Grundrechte?* Opladen 1990.

Roth, Gerhard: Erkenntnis und Realität: Das reale Gehirn und seine Wirklichkeit. In: Schmidt (Hg.): *Kognition und Gesellschaft* (a.a.O.).

Rötzer, Florian: *Die Telepolis — Urbanität im globalen Zeitalter*. Mannheim 1995.

Ruhrmann, Georg/Nieland, Jörg-U.: *Interaktives Fernsehen*. Opladen 1997.

Ruhs, August: Sprachspiele und Lichtspiele. Psychoanalytische Versuche in Kinematographie. In: *Riss* 39, 40/1997, S. 13-43.

Rusch, Gebhard: Mediendynamik. In: *Navigationen, 1/ 2007*, S. 13-93.

Rusch, Gebhard: Media Communities as Catalysts of Innovation and Development. In: Hipfl, Brigitte/Hug, Theo (Hg.): *Media Communities*. Münster/New York 2006, S. 75-92.

Rusch, Gebhard: Was sind eigentlich Theorien? In: Hug, Theo (Hg.): *Wie kommt die Wissenschaft zu ihrem Wissen? Bd. 4*. Baltmannsweiler 2001, S. 93-116.

Sachs, Hans: Zur Psychologie des Films. In: Kümmel/Löffler: *Medientheorie 1888-1933* (a.a.O.), S. 426-431.

Sandbothe, Mike/Nagl, Ludwig (Hg.): *Systematische Medienphilosophie*. Berlin 2005.

Sandbothe, Mike: *Pragmatische Medienphilosophie. Grundlegung einer neuen Disziplin im Zeitalter des Internet*. Weilerswist 2001.

Schanze, Helmut/Kammer, Manfred (Hg.): *Interaktive Medien und ihre Nutzer*. Bd. 4. Theorie der Nutzerrolle. Baden-Baden 2002.

Schanze, Helmut/Kammer, Manfred (Hg.): *Interaktive Medien und ihre Nutzer*. Bd. 2. Metamedien. Türen zum Netz. Baden-Baden 1998.

Schanze, Helmut/Kammer, Manfred (Hg.): *Interaktive Medien und ihre Nutzer*. Bd. 1: Voraussetzungen, Anwendungen, Perspektiven. Baden-Baden 1998

Schanze, Helmut: Rundfunk, Medium und Masse. Vorraussetzungen und Folgen der Medialisierung nach dem I. Weltkrieg. In: ders./Lersch, Edgar (Hg.): *Die Idee des Radios* (a.a.O.), S. 11-27.

Schanze Helmut (Hg.): *Handbuch der Mediengeschichte*. Stuttgart 2001.

Schanze Helmut: Integrale Mediengeschichte. In: ders. (Hg.): *Handbuch der Mediengeschichte* (a.a.O.), S. 207-280.

Schanze, Helmut: Vom Werk des Autors zum Werk des Nutzers. In: ders./Ludes, Peter (Hg.): *Qualitative Perspektiven des Medienwandels. Positionen der Medien-*

wissenschaft im Kontext „Neuer Medien". Opladen 1997, S. 189-197.

Schanze, Helmut: Ansätze zu einer Agenturtheorie der Medien unter besonderer Berücksichtigung des Fernsehens. In: Schanze, Helmut (Hg.): *Medientheorie - Medienpraxis. Fernsehtheorien zwischen Kultur und Kommerz. Arbeitshefte Bildschirmmedien 48.* Siegen: Universität-GH Siegen 1994, S. 79-87.

Schanze, Helmut: *The New Medium Book of Abstracts.* Siegen 1990.

Schanze, Helmut: Fernsehserien: Ein literaturwissenschaftlicher Gegenstand. In: *LILI 2/1972,* S. 79-94.

Schelhowe, Heidi: *Das Medium aus der Maschine. Zur Metamorphose des Computers.* Frankfurt a.M. 1997.

Schiller, Friedrich: Was heißt und zu welchem Ende studiert man Universalgeschichte? In: ders.: *Sämtliche Werke* Bd. IV (hrsg. Von Peter-André Alt). München 2004, S. 749-767.

Schinzel, Britta (Hg.): *Schnittstellen – Zwischen Informatik und Gesellschaft.* Braunschweig/Wiesbaden 1996.

Schmidt, Siegfried J.: *Kalte Faszination. Medien, Kultur, Wissenschaft in der Mediengesellschaft.* Weilerswist 2000.

Schmidt, Siegfried J./Spieß, Brigitte: *Die Kommerzialisierung der Kommunikation. Fernsehwerbung und sozialer Wandel 1956-1989.* Frankfurt a.M. 1996.

Schmidt, Siegfried J./Spieß, Brigitte: *Werbung, Medien und Kultur.* Opladen 1995.

Schmidt, Siegfried J.: (Hg.): *Kognition und Gesellschaft. Der Diskurs des Radikalen Konstruktivismus 2.* Frankfurt a.M. 1992.

Schmidt, Siegfried J.: Technik – Medien – Politik. Die Erwartbarkeit des Unerwartbaren. In: Maresch, Rudolf/Werber, Niels (Hg.): *Kommunikation Medien Macht.* (a.a.O.), S. 108-132.

Schmidt, Siegfried J.: *Grundriss der empirischen Literaturwissenschaft Bd. 1.* Braunschweig, Wiesbaden 1980.

Schmidt, Siegfried J.: *Literaturwissenschaft als argumentierende Wissenschaft.* München 1975.

Schmidt-Henkel, Gerhard/Enders, Horst/Knilli, Friedrich u.a.: *Trivialliteratur.* Berlin 1964.

Schmitz, Ulrich/Wenzel, Horst (Hg.): *Wissen und neue Medien.* Berlin 2000.

Schneider, Birgit: Die kunstseidenen Mädchen. Test- und Leitbilder des frühen Fernsehens. In: Andriopoulos, Stefan/Dotzler, Bernhard J. (Hg.): *1929. Beiträge zur Archäologie der Medien.* Frankfurt a.M. 2002, S. 54-79.

Schneider, Irmela (Hg.): *Radio-Kultur in der Weimarer Republik. Eine Dokumentation.* Tübingen 1984.

Schneider, Irmela: Radio-Kultur in der Weimarer Republik. Einige Überlegungen. In: *Sprache im technischen Zeitalter* 85/1983, S. 72-88.

Schnell, Ralf: *Medienästhetik. Zu Geschichte und Theorie audiovisueller Wahrnehmungsformen.* Stuttgart/Weimar 2000.

Schönert, Jörg/Fetzer, Günter: Zur Trivialliteraturforschung 1964 – 1976. Eine Bestandsaufnahme. In: *IASL 2/1977,* S. 1-39.

Schrage, Dominik: *Psychotechnik und Radiophonie. Subjektkonstruktionen in artifiziellen Wirklichkeiten 1918-1932.* München 2001.

Schröter, Jens/Schwering, Gregor/Stäheli, Urs (Hg.): *Media Marx. Ein Handbuch.* Bielefeld 2006.

Schröter, Jens/Böhnke, Alexander: (Hg.): *Analog/Digital – Opposition oder Kontinuum? Zur Theorie und Geschichte einer Unterscheidung.* Bielefeld 2004.

Schröter, Jens: 8448 verschiedene Jeans. Zu Wahl und Selektion im Internet. In: Balke, Friedrich/Schwering, Gregor/Stäheli, Urs: *Paradoxien der Entscheidung. Wahl/Selektion in Kunst, Literatur und Medien.* Bielefeld 2004, S. 117-137.

Schulz, Winfried: *Medialisierung. Eine medientheoretische Rekonstruktion des Begriffs.* http://www.kowi.wiso.uni-erlangen.de/pdf_dateien/DGPuK_Medialisierung_end.pdf (15.6.2006).

Schumacher, Renate: Programmstruktur und Tagesablauf der Hörer. In: Leonhard (Hg.): *Programmgeschichte des Hörfunks* (a.a.O.), S. 353-420.

Schumacher, Renate: Radio als Medium und Faktor des aktuellen Geschehens. In: Leonhard (Hg.): *Programmgeschichte des Hörfunks* (a.a.O.), S. 423-621.

Schweikhardt, Josef: *Ästhetik des Fernsehens.* Wien 1980.

Schweinitz, Jörg (Hg.): *Prolog vor dem Film. Nachdenken über ein neues Medium 1909-1914.* Leipzig 1992.

Schweinitz, Jörg: Psychotechnik, idealistische Ästhetik und der Film als mental strukturierter Wahrnehmungsraum: Die Filmtheorie von Hugo Münsterberg. In: Münsterberg: *Das Lichtspiel* (a.a.O.), S. 9-26.

Schwering, Gregor: Schriftsteller als Theoretiker und Spurensucher. Zwei Beispiele im Umfeld des Medienumbruchs um 1900: Thomas Manns *Der Zauberberg* und Hermann Hesses *Der Steppenwolf.* In: *Navigationen* 1-2/2005, S. 67-90.

Schwering, Gregor: Walter Benjamin und Walter Serner: Optisch Unbewusstes und Schaulust. Zur Signatur eines Medienumbruchs. In: *Sprache und Literatur* 1/2004, S. 14-24.

Schwering, Gregor: Autorschaft zwischen Ethik und Politik. Benjamin – Brecht – Foucault. In: *Navigationen* 2/2002, S. 15-31.

Schwering, Gregor: Medienpsychologie. In: Schanze (Hg.): *Handbuch der Mediengeschichte* (a.a.O.), S. 96-118.

Schwering, Gregor: Werbung und/oder Leibhaftigkeit. Zwei Ansichten zur Reklametechnik aus der ersten Hälfte des 20. Jahrhunderts. In: Keck/Pethes: *Mediale Anatomien* (a.a.O.), S. 289-310.

Schwitzke, Heinz: Drei Grundthesen zum Fernsehen. In: *Rundfunk und Fernsehen* 1,2/1953, S. 9-17.

Segeberg, Harro: Literarische Kino-Ästhetik. Ansichten der Kino-Debatte. In: Müller, Corinna/ders. (Hg.): *Die Modellierung des Kinofilms. Mediengeschichte des Films Bd. 2.* München 1998, S. 193-219.

Segeberg, Harro (Hg.): *Die Mobilisierung des Sehens. Zur Vor- und Frühgeschichte des Films in Literatur und Kunst. Mediengeschichte des Films Bd. 1.* München 1996.

Serner, Walter: Kino und Schaulust. In: Kaes, Anton (Hg.): *Kino-Debatte* (a.a.O.), S. 53-58.

Shannon, Claude/Weaver, Warren: *Mathematische Grundlagen der Informationstheorie.* München 1976.

Shannon, Claude: A *symbolic analysis of relay and switching circuits.* Massachusetts Institute of Technology, Dept. of Electrical Engineering, 1940.

Shapiro, Carl/Varian, Hal R.: *Information Rules: A Strategic Guide to the Network Economy.* Harvard 1998.

Sichtermann, Barbara: Vom Medienerlebnis zum Tagesbegleitmedium. In: Münkler, Stefan/Roesler, Alexander (Hg.): *Televisionen.* Frankfurt a.M. 1999, S. 113-126.

Siegert, Bernhard: Es gibt keine Massenmedien. In: Maresch, Rudolf (Hg.): *Medien und Öffentlichkeit* (a.a.O.), S. 108-115.

Silbermann, Alfons: *Bildschirm und Wirklichkeit. Das Informationsangebot durch Presse und Fernsehen in fünf europäischen Ländern. Fernsehen im Jahre 1980.* Frankfurt a.M./Berlin 1966.

Simmel, Georg: Die Großstädte und das Geistesleben. In: ders.: *Gesamtausgabe* Bd. 7 (hrsg. von Rüdiger Kramme u.a.). Frankfurt a.M. 1995, S. 116-131.

Simoneit, Max: Fernsehen – kulturpsychologisch gesehen. In: *Rundfunk und Fernsehen 1/1954,* S. 4.

Simoneit, Max: *Grundriss der charakterologischen Diagnostik.* Leipzig 1943.

Spengler, Oswald: *Der Untergang des Abendlandes. Umriss einer Morphologie der Weltgeschichte.* München 1988.

Spreen, Dierk: *Tausch, Technik, Krieg. Die Geburt der Gesellschaft im technisch-medialen Apriori.* Hamburg 1998.

Spitzer, Manfred: *Vorsicht Bildschirm! Elektronische Medien, Gehirnentwicklung, Gesundheit und Gesellschaft.* München 2006.

Sterling, Bruce: *The Hacker Crackdown. Law and Disorder on the Electronic Frontier.* New York 1992.

Stingelin, Martin/Scherer, Wolfgang (Hg.): *HardWar/SoftWar, Krieg und Medien 1914 bis 1945.* München 1991.

Stockreiter, Karl: Traumrede. Der Bruch mit der klassischen Rhetorik in der Traumdeutung. In: Marinelli, Lydia/Mayer, Andreas (Hg.): *Die Lesbarkeit der Träume. Zur Geschichte von Freuds „Traumdeutung".* Frankfurt a.M. 2000, S. 251-274.

Stöckmann, Ingo: Im reinen Raum. Jünger, Schmitt, Medientechnik. In: Maresch, Rudolf/Werber, Niels (Hg.): *Raum – Wissen – Macht.* Frankfurt a.M. 2002, S. 135-155.

Teichert, Will: ‚Fernsehen' als soziales Handeln (II). Entwürfe und Modelle zur dialogischen Kommunikation zwischen Publikum und Massenmedien. In: *Rundfunk und Fernsehen 21/1973,* S. 356-382.

Teichert, Will: ‚Fernsehen' als soziales Handeln. Zur Situation der Rezipientenforschung. In: *Rundfunk und Fernsehen 20/1972,* S. 421-439.

Theweleit, Klaus: *Männerphantasien.* Reinbek b. Hamburg 1980.

Tholen, Georg Christoph: Medium ohne Botschaft. Aspekte einer nicht-instrumentellen Medientheorie. In: *Nummer* 4, 5/1996, 102-112.

Tholen, Georg Christoph: Zwischen den Bildern. Zur Topik und Zäsur der Medien. In: Pfeil, Hannelore/Jäck, Hans Peter (Hg.): *Eingriffe im Zeitalter der Medien.* Rostock 1995, S. 123-143.

Thomsen, Christian W./Schneider, Irmela (Hg.): *Hybridkultur: Medien, Netze, Künste.* Köln 1997.

Tillmann, József: Die Fernbedienung – Über nahe und metaferne Ferne. *http://www.philosophia-online.de/mafo/heft2001-03/tillmann_fernbedienung.htm* (28.12.2006).

Toffler, Alvin: *The Third Wave.* New York 1991.

Turing, Alan M.: Computing Machinery and Intelligence. In: *Mind 59/ 1950,* S. 433-460.

Turing, Alan M.: On Computable Numbers, With an Application to the Entscheidungsproblem. In: *Proceedings of the London Mathematical Society 2, 42/ 1936* S. 230-265.

Turkle, Sherry: *Leben im Netz. Identität in Zeiten des Internet.* Reinbek b. Hamburg 1998.

Turkle, Sherry: *Die Wunschmaschine. Vom Entstehen der Computerkultur.* Reinbek b. Hamburg 1984.

Turkle, Sherry: *The Second Self: Computers and the Human Spirit.* New York 1984.

Valéry, Paul: Die Eroberung der Allgegenwärtigkeit. In: ders.: *Werke* (hrsg. Jürgen Schmidt-Radefeldt) Bd. 6. Frankfurt a.M. 1995, S. 479-483.

Van Hoddis, Jakob: Kinematograph. In: ders.: *Dichtungen und Briefe* (hrsg. von Regina Nörtemann). Zürich 1987, S. 25.

Vietta, Silvio/Kemper, Hans Georg: *Expressionismus.* München 1983.

Virilio, Paul: *Krieg und Fernsehen.* München 1993.

Virilio, Paul: *Die Sehmaschine.* Berlin 1989.

Virilio, Paul: *Der negative Horizont. Bewegung – Geschwindigkeit – Beschleunigung.* München, Wien 1984.

Vogl, Joseph: Einleitung. In: ders. (Hg.): *Gemeinschaften. Positionen zu einer Philosophie des Politischen.* Frankfurt a.M. 1994, S. 7-27.

Vorderer, Peter (Hg.): *Fernsehen als Beziehungskiste.* Opladen 1996.

Vorderer, Peter: *Fernsehen als Handlung.* Berlin 1992.

Waldenfels, Bernhard: *Das leibliche Selbst. Vorlesungen zur Phänomenologie des Leibes.* Frankfurt a.M. 2000.

Wansing, Rudolf: Ausdruckscharakter von Kunst: Bekundungen philosophischer Verbindlichkeit? Zur Komplementarität von Philosophie und Kunst bei Adorno. In: Schwering, Gregor/Zelle, Carsten (Hg.): *Ästhetische Positionen nach Adorno.* München 2002, S. 59-86.

Wardrip-Fruin, Noah/Montfort, Nick (Hg.): *The New Media Reader.* Cambridge MA./London 2003.

Warnke, Martin/Coy, Wolfgang/Tholen, Georg Christoph (Hg.): *HyperKult: Geschichte, Theorie und Kontext digitaler Medien.* Basel 1997.

Webster, F.: *Theories of the Information Society*. London 1995.

Weizenbaum, Joseph: *Die Macht der Computer und die Ohnmacht der Vernunft*. Frankfurt a.M. 1987.

Wetzel, Michael: Autor – Film – Schrift: Passage de l'image. In: *Sprache und Literatur* 1.2/2003, S. 141-150.

Wetzel, Michael: Autor/Künstler. In: Bark, Karlheinz u.a. (Hg.): *Ästhetische Grundbegriffe* Bd. 1. Stuttgart/Weimar 2000, S. 480-544.

Wetzel, Michael: *Die Enden des Buches oder die Wiederkehr der Schrift: von den literarischen zu den technischen Medien*. Weinheim 1991.

Werber, Niels: ‚Chiffre' und ‚Lage'. Zur Interaktion im Ernstfall. Ernst Jüngers Kopplungen von Literatur, technischen Medien und Politik. In: Bartscher-Bechter, Beate/Sexl, Martin (Hg.): *Theory Studies. Konturen kritischer Theoriebildung zu Beginn des 21. Jahrhunderts*. Innsbruck 2001, S. 197-211.

Wiener, Norbert: *Cybernetics or Control and Communication in the Animal and the Machine*. Paris/New York 1948.

Wilke, Jürgen: *Grundzüge der Medien- und Kommunikationsgeschichte. Von den Anfängen bis ins 20. Jahrhundert*. Köln/Weimar/Wien 2000.

Williams, Raymond: *Television. Technology and Cultural Form*. London/New York 1975.

Windrich, Johannes: Dialektik des Opfers. Das „Kulturindustrie"-Kapitel aus der *Dialektik der Aufklärung* als Replik auf Walter Benjamins Essay *Das Kunstwerk im Zeitalter seiner technischen Reproduzierbarkeit*. In: *DVjs* 73/1999, S. 92-114.

Winkler, Hartmut: Medium Computer. Zehn populäre Thesen zum Thema und warum sie möglicherweise falsch sind. Vortragsreihe: *Understanding New Media*. Heinz-Nixdorf-Forum Paderborn 19. 2. 2003. *http://www.uni-paderborn.de/~winkler/compmed2.html*.

Winkler, Hartmut: *Docuverse. Zur Medientheorie der Computer*. München 1997.

Winkler, Hartmut: *Der filmische Raum und der Zuschauer. ‚Apparatus' – Semantik – ‚Ideology'*. Heidelberg 1994.

Winkler, Hartmut: *Switching – Zapping*. Darmstadt 1991.

Winkler, Hartmut: Eins, zwei, eins, vier, x.. Switching: Die Installation der Tagtraummaschine. In: *EPD Kirche und Rundfunk, 85/1990*, S. 5-8.

Winograd, Terry/Flores, Fernando: *Understanding Computers and Cognition – A New Foundation for Design*. Norwood, NJ. 1986.

Wisser, Richard: Der ‚Blinde Fleck' im Fernsehen. In: Brüssau, Werner/Stolte, Dieter/Wisser, Richard (Hg.): *Fernsehen. Ein Medium sieht sich selbst*. Mainz 1976.

Wulf, Volker: Evolving Cooperation when Introducing Groupware: A Self-Organization Perspective. In: *Cybernetics and Human Knowing, 2/1999*, S. 55-75.

Wulf, Volker/Rohde, Markus: Towards an Integrated Organization and Technology Development. In: *Proceedings of the Symposium on Designing Interactive Systems*. Ann Arbor M, 23.-25.08.1995, New York 1995, S. 55-64.

Wundt, Wilhelm: *Elemente der Völkerpsychologie*. Berlin 1912.

Wygotski, Lew S.: *Denken und Sprechen*. Frankfurt a.M. 1986.

Zehnder, Matthias W.: *Gefahr aus dem Cyberspace? Das Internet zwischen Freiheit und Zensur*. Basel 1998.

Zielinski, Stefan: *Audiovisionen. Kino und Fernsehen als Zwischenspiele in der Geschichte*. Reinbek b. Hamburg 1989.

Zillmann, Dolf: Über behagende Unterhaltung in unbehagender Medienkultur. In: Bosshart, Louis/Hoffmann-Rim, Wolfgang (Hg.): *Medienlust und Mediennutz*. München 1994, S. 41-57.

Zimmer, Dieter E.: Ein Medium kommt auf die Welt. In: *Die Zeit, Feuilleton, 11/1970 http://hermes.zeit.de/pdf/archiv/archiv/1970/11/Zt19700313_013_0042_F.pdf* (02.02.2007).

Žižek, Slavoj: Von der virtuellen Realität zur Virtualisierung der Realität. In: Fleck, Robert (Hg.): *Zur Rechtfertigung der hypothetischen Natur der Kunst und der Nicht-Identität in der Objektwelt*. Köln 1992, S. 137-147.

Žižek, Slavoj: *The Sublime Object of Ideology*. London/New York 1989.